KB102595

경제학의 대결

Contending Economic Theories: Neoclassical, Keynesian, and Marxian
by Richard D. Wolff and Stephen A. Resnick

This Korean edition was published by Yeonamseoga in 2020
by arrangement with The MIT Press through
KCC(Korea Copyright Center Inc.), Seoul.

경제학의 대결

신고전학파, 케인스주의, 마르크스주의

리처드 울프 · 스티븐 레스닉 지음
유철수 옮김

Contending Economic Theories

연암서가

옮긴이 유철수

경상대학교 사학과를 졸업하고 같은 대학교 정치경제학 대학원에서 경제학 박사 과정을 수료했다. 2013년 진주자본읽기모임에서 공동 운영자로, 2015년 서울자본읽기모임에서 강사로 활동했으며, 경기대, 아주대, 오산대에서 경제학 강의를 했다. 번역서로 『장기불황』, 『다른 유럽을 향해서: 유럽 경제통합에 대한 계급적 분석』이 있다.

경제학의 대결

2020년 7월 20일 초판 1쇄 인쇄
2020년 7월 25일 초판 1쇄 발행

지은이 | 리처드 울프·스티븐 레스닉
옮긴이 | 유철수
펴낸이 | 권오상
펴낸곳 | 연암서가

등록 | 2007년 10월 8일(제396-2007-00107호)
주소 | 경기도 고양시 일산서구 호수로 896, 402-1101
전화 | 031-907-3010
팩스 | 031-912-3012
이메일 | yeonamseoga@naver.com

ISBN 979-11-6087-066-4 03320
값 30,000원

역자 서문

우리나라 대학과 대학원에 설치된 경제학과 교과과정을 보면 마르크스주의 같은 비주류 경제학 강의가 개설된 곳이 별로 없다. 조금 나은 곳에서는 '정치경제학'이라는 이름으로 마르크스주의 경제학을 가르치거나, 주류 경제학 비판을 교과목으로 개설하고 있다. 그러나 자본주의 경제체제를 옹호하는 주류 경제학인 신고전학파 및 케인스주의와 자본주의 체제의 문제점을 비판하며 새로운 사회경제체제로 이행을 주장하는 대안 경제학의 대표적 이론인 마르크스주의의 핵심 원리를 전체적으로 비교해서 가르치는 강의는 찾아보기 힘들다. 교육, 학문, 연구의 환경이 조금이나마 형평성을 띠려면 적어도 경제학의 주요 이론 가운데 하나인 마르크스주의 경제 이론이 모든 대학과 대학원에서 공식 교과목으로 개설되어야 하고, 주요 세 이론인 신고전학파, 케인스주의, 마르크스주의 경제 이론의 핵심 내용과 원리를 대등하게 비교하여 소개하는 강의도 공식 교과목으로 포함되어야 할 것이다.

나는 호주 시드니 대학 정치경제학과를 제외하면 세계에서 유일하게 마르크스주의 정치경제학으로 특화하여 석·박사 과정을 개설하고 있는 경상대 대학원 정치경제학과를 다녔기에 마르크스주의 경제 이론을 풍부하게 접하고 공부할 수 있었다. 그래도 아쉬웠던 것은 신고전학파, 케인스주의, 마르크스주의 경제 이론의 출발점, 대상, 논리과정, 도착점, 사회적 결과 등 이론의 핵심 내용을 전체적으로 비교분석하는 교과목이 없었고, 그런 책이 우리나라에 없다는 것이었다. 대학원 시절 장상환 교수께서 빌려준 이 책을 보고, 언젠가 기회가 되면 번역하면 좋겠다는 생각을 했었다. 그런데 2018년 말 연암서가의 권오상 대표가 번역할 만한 책을 물어왔을 때 제안하니 기꺼이 받아들여서 이제 한국어판이 세상에 나오게 되었다.

이 책은 대학생이나 대학원생뿐만 아니라 경제와 경제학에 관심있는 사람이나 알고 싶은 사람 누구나 읽으면 이해할 수 있도록 쉽고 충분하게 설명되어 있다. 중요 개념들은 본문에 모두 설명되어 있고, 보충이 필요한 것은 역주를 달았다. 혹시 익숙하지 않은 단어가 나오면 국어사전이나 백과사전을 찾아보면서 읽고, 익숙하지 않은 내용은 되풀이해서 읽으면 이해할 수 있을 것이다.

코로나19 전염병의 창궐로 전 세계가 보건위기를 겪고 있고, 동시에 경제위기가 진행 중인 상황에서 시민들로부터 대안적 사회경제체제가 요구되고 있다. 현재와 같은 끔찍한 위기를 되풀이 하지 않고, 또 다른 전염병이 창궐해도 피해를 최소화하여 사람들이 희생되지 않고, 경제위기로 인해 실직과 소득 감소의 고통을 당하지 않고, 인간으로서 존엄을 유지할 수 있는 사회경제체제를 만들기 위해서는 이론의 선택이 아주 중요하다. 더 나은 이론을 선택하여, 지혜를 모아 더 나은 사회경제체제를 고안하고 만들어 가는데, 이 책은 많은 도움을 줄 것이다.

번역하는 동안 보건의료 공익활동을 하는 시민사회단체에서 상근 활동가로 일을 했었다. 출근 전 시간과 점심시간, 퇴근 후 시간, 주말과 공휴일에 시간을 내어서 번역을 했는데, 일을 하면서 번역한다는 것은 쉬운 일이 아니었다. 그리고 이 책은 원어민들이 읽기에는 쉬운 단어와 문체로 되어 있지만, 영어와 한국어의 차이와 경제 전문서라는 특수성 때문에, 저자들의 쉬운 단어를 살려서 번역하면, 오히려 혼동스러운 문장으로 옮겨지는 문제가 나타났다. 이런 문제를 해결하면서 저자들의 의도를 살리고 원래 뜻을 해치지 않도록 번역하는 것은 고뇌가 계속되는 작업이었다. 힘들 때마다 가슴속에 살아 계시는 어머니와 아버지를 불러보곤 했다. 번역이 지겹고 피곤할 때는 마우리치오 폴리니의 베토벤 피아노 소나타 전곡 연주와 바흐 평균율 연주를 들으며 마음을 달래곤 했다. 번역을 마치는 데 노트북을 사용할 수 있는 공공 도서관이 큰 도움이 되었다. 배움과 지식 습득의 열정을 가진 사람들이 모인 공공 도서관에서 서로의 열정을 느끼며 집중할 수 있다는 것은 중요했다.

2020년 5월

유철수

한국어판 저자 서문

이 책의 한국어판을 보는 것은 영광스러운 일이다. 우리는 세 가지 이유 때문에 이 책을 썼다. 첫째, 평생에 걸쳐서 가르치고, 연구하고, 글을 쓰면서 경제학에 대해 배웠던 것을 별도로 그리고 다 같이 녹여내고 싶었다. 둘째, 우리는 경제학을 이해하는 여러 다른 방법이 항상 있었다는 것을 알거나 또는 적어도 그렇다고 의심하는 모든 학생들에게 지지와 격려를 보내고 싶었다. 마지막으로 우리는 경제학을 가르치는 새롭고 다른 방법의 예를 보여주고 싶었다. 우리는 학생들이 경쟁하는 여러 이론들을 환영하는 학자로부터 경제학을 가장 잘 배울 수 있다고 믿는다. 교육은 학생들이 일반적으로 학문과 사회 두 부문에서 일어나는 이론 투쟁의 격렬함과 중대한 이해관계를 공유할 때 가장 잘 이뤄질 수 있다.

대부분의 다른 학문들이 상이한 이론의 접근법을 인정하고 가르치지만, 고등교육 과정에서 그리고 특히 미국의 그런 과정에서 경제 이론 비교 강의는 드물다. 예를 들어 대부분 미국 대학의 경제학과는 신고전학파 경제학자들로 배타적으로 구성된 교수단에 맞춰져 있다. 케인스주의 경제학자들은 보통 상징적인 소수의 자리만 얻는다. 신고전학파와 케인스주의 경제학자들 간 적대성은 깊고, 종종 서로의 개인적인 직업상 진로도 방해한다. 신고전학파 및 케인스주의 경제학자들이 동의하는 몇 안 되는 문제 중 하나는 마르크스주의 경제학자를 교수 및 강사 자리에서 배제하고, 마르크스주의 경제학을 교과목으로서 진지한 관심을 두지 않는 것이 타당하다는 것이다. 냉전과 그 유산이 다른 학문만큼이나 또는 그 이상으로 경제학에 뚜렷이 남아 있다.

그러나 2008~2009년 경제위기부터 자본주의 체제에 도전하는 질문들이 점점 늘어났다. 그러나 정치인들과 매체들은 자본주의 체제가 자신들에게는 제대로 작동하지 않는다고 생각하는 새로운 세대들에게 대답하기를 꺼린다. 이는 자본주의와 관련된 경제 이론들에 대한 질문으로 이어지게 했다. 1970년대 후 세계적인 신자유주의 정책으로 방향 전환과 관련되어 강화된 신고전학파 경제학의 지배는 무너졌다. 케인스주의 경제학 및 마르크스주의 경제학에 대한 관심의 고조가 뒤따랐고, 계속되고 있다.

우리는 그런 상황과 고려 사항들 때문에 이 책을 썼고 2012년 초에 출판했다. 책을 낸 모든 이유가 그때보다 오늘날 더 강렬하다. 학생들과 양식 있는 시민들은 경제의 변하지 않는 모습에 점점 더 비판적으로 되어 가고 있다. 그들은 자본주의에 대한 비판과 자본주의를 오랫동안 찬양해 온 신고전학파 이론에 대한 비판을 살펴보기를 원한다. 그들은 대안적인 경제 이론이 제공해야 하는 것을 탐구하기를 원한다.

이 책은 그런 요구에 신고전학파, 케인스주의, 마르크스주의 경제학을 체계적으로 비교하며 대답하기 위해 고안되었다. 우리의 목표는 각 이론을 소개하면서 각 이론의 기본 차이점에 초점을 맞추는 것이었다. 우리는 이론의 차이와 그런 차이로 인해 나타나는 사회적 결과를 연결시키려 했다.

사회는 여러 상이한 경제 이론을 만들어내며, 항상 그런 이론들이 존재한다. 그런 이론들은 서로 다르고, 서로 논쟁하며, 서로를 변화시킨다. 그런 이론들 및 이론 간 논쟁은 그 이론들을 만들어내는 사회에서 일어나는 다른 모든 것에 의해 영향을 받는다. 마침내 그런 이론들 및 논쟁은 서로 다른 방식으로 사회를 변화시킨다. 이 책은 오늘날 세계의 세 가지 주요 경제 이론과 그것들의 사회적 맥락 간 상호작용의 복잡한 변증법을 보여주려고 시도한다.

나(울프)와 레스닉이 미국에서 받았던 교육은 신고전학파 및 케인스주의 경제학에 한정되었다. 우리가 다녔던 명문 대학들은 냉전 통제에 너무나 겁먹었거나 연루된 나머지 학생들로 하여금 마르크스주의 교수로부터 가르침을 받거나 마르크스주의 교과목을 배우지 못하게 했다. 우리는 마르크스주의 경제학을 공식 교육의 담장 너머에서 배웠다. 우리는 오랫동안 신고전학파 및 케인스주의 경제학을 가르쳤다. 이전에는 교과목에서 배제되었던, 우리가 가르친 마르크스주의 경제학 강의들이 교과목에 포함되어야 했다. 종종 상당한 투쟁이 있은 후 그렇게 되었다.

따라서 우리의 역사는 경제 이론을 비교하는 책을 쓰도록 특별히 준비하게 해주었다. 경제 이론을 비교한 책이 필요하고, 또 현재 원하는 학생들에게 그런 책이 부족한 현실을 메우는 데 도움이 되기를 희망한다. 한국의 학생들은 이제 이 체계적인 비교 접근법이 우리의 프로젝트를 다른 중요한 단계로 이끈다는 것을 고려할 수 있을 것이다. 번역에 애써주신 유철수 선생님과 한국어판의 출판을 위해 일하신 출판사 관계자 여러분께 감사의 말씀을 드린다

2020년 1월 뉴욕에서

공동 저자(스티븐 레스닉과 나)를 대표하여 리처드 울프

독자들께 드리는 글

이 책 이전에 나왔던 『경제학: 마르크스주의 대 신고전학파』는 야망이 훨씬 약한 것이었는데, 1987년에 출판된 후 좋은 평가를 받았고, 대학들에서 아주 널리 사용되었다. 그런 성공은 그 책의 두 가지 큰 목표와 그런 목표 달성의 정도로부터 온 것이라고 믿는다. 첫째, 우리는 최근 35년 동안 마르크스주의 경제학 전통에서 일어난 몇 가지 주요한 분석의 획기적 발전을 포함하면서, 또 이에 바탕을 둔 마르크스주의 경제학을 소개하려고 했다. 둘째, 우리는 그런 소개를 미국과 다른 국가들에서 지배적 이론인 신고전학파 경제 이론과 체계적 관계로 만들면서 하려 했다. 오랫동안 경제학 입문 과정을 가르치면서, 신고전학파 이론과 지속적이고 체계적으로 비교하면서 마르크스주의 경제학을 설명하는 것이 두 이론을 가르치는 아주 효과적인 방법이라고 깨달았기 때문이다.

이전 책의 많은 독자들은 내용을 개선한 새로운 책을 내도록 재촉했다. 또한 독자들은 중요한 비평을 해주었다. 하나는 케인스주의 경제학과 관련된 것인데, 체계적인 비교의 방식으로 케인스주의 경제학도 신고전학파 경제학 및 마르크스주의 경제학과 함께 다루어져야 한다는 것이었다. 2007년에 길고 심각한 경제위기가 세계를 강타하자 새 책에 케인스주의 경제학을 포함시켜 달라는 요구가 시급해졌다. 신고전학파 경제학에 대한 비판과 케인스주의 및 마르크스 경제학에 대해 다시 이는 관심이 몇 년 동안 세계적으로 확산되고 있다. 이 세 가지 주요 이론을 소개하고 비교하는 책에 대한 요구가 높아지고 있는데, 현재 그런 책이 존재하지 않는다는 까닭으로 우리는 이 책에서 그런 요구에 응하기 위해 이전의 내용을 바꾸고 확충하고 정교하게 다듬었다.

이번 새 책은 신고전학파 경제학과 케인스주의 경제학으로부터 시작하는데, 각 장에서 각 이론의 내용을 서술하고 논하지만, 또 서로 구별하고 비교한다. 이를 위해 우리는 인본주의 대 구조주의의 틀을 경제 이론을 구별하는 데까지 확대해서 이론들 사이의 긴장과 대립을 설명했다. 우리는 이론의 비교분석을 더 큰 정책 주제들과 연결시키는데, 이론가 진영은 경제와 사회에서 정부가 하는 역할에 관한 중심 주제를 놓고 둘로 나눠져 있다.

우리는 별도의 장에서 케인스주의 경제학을 다루면서, 개별 사업 투자자에게 영향을 주는 것이고, 그래서 경기순환에 대한 설명을 제공하는 것으로서 케인스의 근본적 불확실성 개념을 강조한다. 우리는 케인스의 구조주의 경제학이 어떻게 개인주의 (인본주의) 계기를 다루는지 보여주면서, 케인스주의와 이와 경쟁하는 신고전학파 이론의 주장 사이의 중요한 유사점과 차이점을 살피는 새로운 방법을 제공한다.

이전 책의 독자들은 신고전학파 경제학에 있었던 (시장의 불완전성, 정보 경제학, 새로운 균형이론, 행동경제학 등에 관한) 최근 확대와 발전에 대해서도 우리가 분석해주길 요구했다. 신고전학파 경제학에 있었던 새로운 발전은 새로 마련된 제5장에서 다루고 있다. 우리는 이 장의 공동저자 야햐 마드라(Yahya Madra)와 함께 근본적인 질문을 제기한다. 그 부분이 신고전학파 경제학 전통과 단절되는 것인가? 그것은 우리가 케인스주의 경제학과 마르크스주의 경제학을 다룰 때와 비교했을 때, 이전과 다른 담론인가? 제5장은 이 질문에 대답하기 위해 우리의 비교 접근법을 경쟁하는 경제 이론들에까지 확대한다.

1987년 예전 책이 출판된 이후 쌓은 몇 년 동안의 강의 경험과 현재의 변화된 경제 상황(2007년 세계 경제위기 이후를 포함해서)에 기초해서, 우리는 완전하게 수정된 소개의 장을 만들었다. 이제 이 장에서 새 책의 중심 주제를 강조하고 있다. 그 주제는 경쟁하는 이론들과 이 이론들의 상대적인 사회적 명성은 사회 상황의 결과이기도 하고 원인이기도 하다. 제1장은 다양한 형태와 담론의 경제 사상이 자신을 낳아준 사회에 어떻게 반응하는지에 대해 지속적인 역사적 검토를 담고 있다. 우리는 독자들이 이 수정된 장으로 이 이론들의 복잡한 사회적 원인들을 더 잘 이해할 수 있기를 바라며, 그 이론들과 그 차이점들이 시민들의 삶에 그 만큼 중요한 이유도 그렇게 이해할 수 있기를 바란다.

오랫동안 정부의 적극적 경제 개입과 소극적 경제 개입에 대한 옹호자들 간 적대감이 깊어져 우리는 완전히 새로운 제6장을 쓰게 되었다. 이 장에서 우리는 사회에서 일어나는 서로 밀접하게 관련된 두 가지 종류의 진동(振動: 시계추처럼 움직이는 것-옮긴이)을 밝히면서 논하는데, 첫째, 어떤 경제 이론과 다른 경제 이론 사이에서 사회적 우위를 놓고 움직이는 진동이고, 둘째, 자본주의 경제의 대안적 형태들 사이에서 움직이는 진동이다. 우리는 자본주의가 항상 변한다는 것을 보여주는데, 그 변동의 형태는 자유시장이 확대되고 축소되는 정도, 사유재산제도가 확대되고 축소되는 정도, 개인적 자유가 확대되고 축소되는 정도를 나타낸다. 우리는 역시 이러한 자본주의의 종류와 형태가 사회주의나 공산주의와 다른 이유를 보여준다. 우리는 이런 설명이 20세기에 걸친 주요 경제 변화와 갈등에 대해 새로운 시각을 제공해주고, 그런 변화와 갈등이 이미 21세기에 형성되고 있는 변화와 갈등에도 왜 중요한지에 대해서 그렇게 해주길 희망한다. 마찬가지로 우리는 경제 이론도 항상 변화하고, 늘 경쟁한다는 것을 보여준다. 경제 이론도 역시 하나의 접근법에서 다른 것으로 움직이고, 그런 후에 다시 되돌아온다. 신고전학파는 케인스주의 경제학의 지배에 길을 내주고, 케인스주의는 다시 신고전학파의 지배에 길을 내준다. 때때로 마르크스주의가 상이한 이론들 사이에서 일어나는 진동에서 하나의 주체로 나타나기도 한다. 제6장은 사회와 이론에서 일어나는 이런 진동들과 그 상호관계를 탐구한다.

이 책은 또한 1980년대부터 마르크스주의 경제학에서 일어난 주요 발전을 독자들에게 소개한다. 이 주요 발전과 신고전학파 및 케인스주의 분석을 통해 얻은 통찰과 비교했을 때 마르크스주의 경제학 담론이 제공하는 것이 제4장의 초점이 된다. 제4장은 그 독자들이 주제에 거의 또는 전혀 친숙하지 않다고 가정한다. 제4장은 기초 분석을 통한 기본 원리에서 다양한 응용으로 나아간다. 마르크스주의 경제학 전통에는 몇 가지 종류의 이론이 있기에, 여기서는 우리가 가장 신뢰하는 특정 이론을 밝히고, 소개한다. 그러나 이 장 및 이 책을 통해서 우리가 소개하는 마르크스주의와 마르크스 사후에 생겨나서 옛 소련을 지배한 더욱 전통적인 마르크스주의 또는 정통 마르크스주의를 구별하려고 한다.

마찬가지로 제2장 신고전학파 경제학 및 제3장 케인스주의 경제학에 대한 개괄에서는 각각 신고전학파 미시경제학과 케인스주의 거시경제학의 기초 지식을 제공한다. 우리는 이 둘을 구별하며, 이른바 현실 세계의 경제 문제를 해결하기 위한 한 벌의 중립적 도구로 환원될 있는 경제학으로 소개하기보다 경쟁하는 이론으로 다룬다. 독자들은 각 이론이 다르게 인식하고 있는 경제 문제를 포함하는 경제 세계를 어떻게 다르게 구축하고 있는지, 그런 경제 세계를 위해 어떻게 고유의 정책과 해결책을 찾고 있는지 알게 될 것이다. 이런 차이는 경쟁하는 경제학과 우리의 삶에 깊이 영향을 미치는 정책에 대한 논쟁을 만들어 낸다(세금, 정부지출, 시장 관리, 부동산의 국유화 등등).

이 책은 특히 비교하고 대조하면서 경제를 이해하는 색다른 방법에 관심 있는 독자와 그런 방법의 차이가 왜 중요한지에 맞춰졌다. 대학 강의용으로 이 책은 입문 과정뿐만 아니라 더 높은 과정을 위해 사용할 수 있다. 보충교재용으로 이 책은 (경제학 입문을 포함하여) 모든 수준의 강의에 유용하게 쓰일 수 있는데, 교수들이 학생들에게 대안적인 접근법을 소개한다거나 학생들로 하여금 신고전학파 및 케인스주의 이론을 마르크스주의 이론과 비교함으로써 이해도를 높여주고 싶을 때 그러하다. 마지막으로 사회과학을 위한 강의용으로 이 책은 자기의식을 가진 다른 학문이 대부분 그러하듯 경제학도 의견 불일치와 여러 관점들로 투쟁하는 경쟁의 영역으로 소개한다. 이 책에서 우리는 경제학을 기술적인 또는 기계적인 학문 분야로 생각하는 것에 분명히 반대한다.

이 책 전체에서 그리고 특히 제1장, 제4장, 제7장에서 중요한 철학 문제들이 경제 이론의 비교와 관련이 될 때 다루어진다. 경제학 이론 비교를 위한 우리의 방법을 뒷받침하기 위해 인식론에서 이루어진 최근 연구를 간략하게 요약하여 다룬다. 우리는 그런 비교를 위한 노력을 하면서 필연적으로 제기되는 중요한 문제, 즉 각 경제 이론이 제공하는 서로 경쟁하는 주장과 분석을 어떻게 평가하고 판결할지에 대한 문제를 다루기 위해 검증과 타당성을 논한다. 우리는 이 책의 방법을 책 전체에 걸쳐 일관성을 유지하면서, 경제학 이론의 차이는 철학 이론의 차이와 일치한다고 설명하는데, 여러 이론들을 어떻게 판결할지에 대한 인식론적인 문제도 그렇다.

이 책에서 다른 이론들을 비교하고 대조하는 특수한 방법은 다른 사고

방식을 비교하는 유용한 분석 도구이다. 우리가 여기서 각 이론의 다른 입구점 개념(entry-point concept), 논리(logic), 생성된 대상(produced objects), 사회적 결과(social consequences)로 기술한 것은 일반적으로 적용할 수 있는 이론 간 차이의 지표이다.

마무리하면, 이 책은 우리가 알기에 다른 책에서는 얻을 수 없는 두 가지의 상호 의존적인 설명을 제공한다. 첫째, 이 책은 경제학을 상이한 이론들을 지속적으로 비교하는 형식을 갖는 학문으로 설명한다. 담론 분석의 현대적 원리가 마르크스주의, 신고전학파, 케인스주의 경제 이론의 대립에 적용되었다. 경제학을 가르치는 방법으로서 대조를 사용하여 이론 간 구별되는 특징을 검토한다. 둘째, 마르크스주의는 형식적 분석을 통한 그 기본 원리와 가정으로부터 사회 분석에 대한 몇 가지 고유한 응용에까지 체계적이고 엄밀하게 서술했고, 또 비교하면서 서술하였다.

감사의 말

우리는 이 수정판을 준비하는 데 도움을 준 세 사람에게 감사드리고 싶다. 웨스턴오스트레일리아 대학교의 정치학자인 알렉스 코람(Alex Coram)은 경제학에 대해, 특히 사회선택이론과 게임 이론에 대해 글을 자주 써왔는데, 서문과 신고전학파 및 케인스주의와 관련된 장을 읽고 폭넓게 논평과 비평을 해주었다. 데이비드 루치오(David Ruccio)는 노트르담 대학교의 경제학자로서 정치경제학과 포스트모던 경제학에서 많은 글을 써왔는데, 우리에게 이전 판보다 더욱 새롭고 더욱 좋은 판을 만들도록 재촉했다. 우리는 이 두 사람의 비평과 지지에 감사를 드린다.

제5장의 공동저자 야햐 마드라에게 특별히 감사를 드린다. 그는 게티스버그 대학교의 경제학 교수를 거쳐, 현재는 터키 이스탄불의 보스포루스(Boğaziçi) 대학교에서 경제학을 가르치고 있다. 그는 '최신 신고전학파 이론'에 대해서 우리가 생각하기에 다른 책에서는 볼 수 없는 고유한 설명을 만드는 데 도움을 주었다. 제5장은 신고전학파 이론의 최근 발전을 체계적으로 검토하여 그런 발전이 어떻게 그 이론의 비판에 대응했고, 그런 발전이 어떻게 그 이론을 경제학 안팎에 있는 새로운 주제들로까지 확장시켰는지 보여준다. 이 장에서 신고전학파 이론의 살아 있는 진화를 읽

을 수 있고, 평가할 수 있다. 또 우리는 제3장에서 포스트 케인지언 경제학에 대한 논평을 준비하는 데 그의 도움과 인도에 대해 감사를 드린다.

우리는 또 몇 년 동안 함께 일한 많은 강의 조교와 미시, 거시, 마르크스주의의 경제학 강의를 들은 수천 명의 학생들에게 감사를 표한다. 이 책에 들어 있는 생각에 보여주었던 그들의 반응은 이 책이 완성되는 데 도움을 주었다. 미지막으로 우리 책을 형성하는 데 복합적인 다중결정이 있었다는 것을 아주 잘 깨닫고 있으며, 우리의 배우자들과 아이들의 심오한 영향력에 대해서도 인정하고 싶다.

차례

일러두기

1. 이 책에 나오는 주요 용어인 overdetermination은 루이 알튀세르가 지그문트 프로이트의 개념을 차용하고 발전시킨 것을 계승하여 발전시킨 개념이다. 보통 과잉결정론 또는 과대결정론으로 번역되며, 드물게 중층결정론 또는 초결정론으로 번역된다. 그 의미는 어떤 결과를 낳는 원인이 하나가 아니라 여러 개 있으며, 그러한 여러 원인이 함께 상호작용하여 그 결과를 낳으며, 결과 또한 그 원인들을 결정하는 원인이 될 수 있다는 것이다. 다시 말해 여러 원인이 함께 작용하여 어떤 결과를 낳으며, 원인과 결과는 서로를 결정한다는 의미다. '과잉결정론' 또는 '과대결정론'이란 번역어는 원인의 힘에 비해 지나친 결과를 낳는다는 오해를 불러일으킬 수 있고, 원래의 의미를 제대로 또는 선명하게 떠올릴 수 있는 낱말의 구성이라 할 수 없다고 생각한다. 중층결정론은 과잉결정론보다는 나은 번역어라고 생각하나 여러 원인들의 서열이 정해져 있다는 뜻이 선명한 부분이 있어서 비서열적인 원인들이 함께 작용한다는 의미를 나타내기에는 부족함이 있고, 서열이 정해져 있다는 어감상 원인과 결과가 양방향으로 결정된다는 의미보다는 한 방향 결정의 의미가 들어 있어 적절한 번역어로서 부족함이 있는 것 같다. 그래서 여러 원인이 함께 작용하여 결과를 낳는다는 의미와 결과 또한 원인을 결정할 수 있다는 의미를 잘 드러내기 위한 낱말의 구성으로 된 번역어로는 '다중결정론'이 좋다고 생각해서 이를 선택했다.
   마르크스주의 학계에서 '과잉결정론' 또는 '과대결정론'을 선호하는 중요한 이유 가운데 한 가지는 underdetermination의 번역어인 '과소결정론'과 짝으로 번역어를 고려했기 때문이다. 그런데 철학과 과학철학에서 underdetermination은 어떤 결론을 내리는 데 사용된 증거를 가지고 다른 결론이 나올 수도 있는 상황을 의미한다. 다시 말해 현재 이용 가능한 증거로 어떤 결론을 내리기 어려운 상태, 즉 어떤 결론을 내리기에 증거가 불충분한 상태를 일컫는다. 즉, 사용된 증거로 결론의 참과 거짓을 확정할 수 없는 상태이다. 따라서 underdetermination의 번역어로는 과학철학에서 이미 사용하는 '불충분결정론'이 적합하다고 생각한다.
2. 이 책에 등장하는 다른 주요 용어 humanism은 일반적으로 '인문주의'로 번역되나 여기서는 '인본주의'를 번역어로 선택한다. 개인을 중심에 두고 경제현상을 분석하는 신고전학파의 근간이 되는 철학으로서 번역어를 선택해야 하고, 중세의 신을 중심으로 바라봤던 세계관과 케인스주의의 바탕 철학인 구조주의와 대비하기에 가장 적절한 번역어가 '인본주의'라고 생각하기 때문이다.

제1장

세 가지 다른 이론들

이 책과 경제학 이론들

이 책은 아주 다르면서 대립하는 세 경제학을 대조한다. 첫째는 보통 신고전학파(또는 미시) 경제학이라고 불리는 것이고, 둘째는 케인스주의(또는 거시) 경제학이고, 셋째는 마르크스주의 경제학이다. 각 이론은 경제가 어떻게 작동하는지, 그리고 경제가 사회 전반과 어떻게 관계하는지를 이해하는 데 서로 다른 방법을 가진다. 달리 말하면, 이 경제학들은 사회의 경제 부문에 관한 세 가지 다른 이론들이다. 이 책에서는 이 세 이론과 서로의 차이에 대해 여러분에게 소개할 것이다. 왜냐하면 이 이론들이 오늘날 정부, 기업, 노조, 그리고 다른 주체들의 행동을 형성시키고 있을 뿐만 아니라 우리의 주의를 끌기 위해 경쟁하고 있기 때문이다. 요컨대, 이 세 가지 이론들은 기본적인 방식으로 우리 삶에 영향을 주고 있다.

한편 우리는 학생들이 경제학에는 단지 신고전학파와 케인스주의 외에도 다른 이론이 있다는 것을 알아야 하기 때문에 이 책을 썼다. 그리고 학생들이 신고전학파 이론과 케인스주의 이론이 서로 어떻게 다른지뿐만 아니라 이 두 이론이 마르크스주의와는 어떻게 다른지 알아야 할 자격이 있다고 생각한다. 우리는 이 경쟁하는 이론들을 배우게 되면 어떤 시점에서 인기 없는 이론을 기각하고 억압하고 심지어 악마화하는 경향을 약하게 만들 수 있을 것이라고 희망한다.

기장 중요하게는 우리는 각 이론들이 어떻게 다르게 개인, 가계, 기업, 정부, 사회를 이해하는지 보여주길 원한다. 바로 시작부터 우리는 이 중요한 점을 보여주기 위해 예를 들 것이다. 이는 다른 경제 이론과 대립하는 어떤 경제 이론을 채택하면 우리의 삶이 어떻게 달라지는가라는 질문에 대한 대답이다.

기업에 대한 사적 소유와 민간 시장의 경제구조를 가진 사회를 고려해 보자. 이 두 가지 제도가 존재하면 보통 자본주의로 불린다. 사람들이 자본주의를 뭐라고 하든, 이 체제는 심각한 경제 불안정성 또는 불균등을 보여준다. 경제 팽창의 시기는 경제 수축의 시기에 길을 내주는데, 이 시기는 경제 팽창을 재개하기 위한 휴지기가 된다. 간단히 말해서 자본주의는 상승과 하강을 보여주는데, 경제전문가와 정치가와 언론인과 다른 이들은 이것을 경기순환이라고 부른다.

이 세 가지 이론은 경기순환의 원인과 그에 대한 해법과 그것의 본성을 다르게 이해한다. 그런 차이가 우리 삶의 형성에 아주 중요하다. 우리는 첫째 신고전학파와 케인스주의 이론을 살펴봄으로써 그리고 그 이론들이 자본주의 경제를 어떻게 바라보는지 고려함으로써 이를 보여줄 수 있다. 그 두 이론에서 자본주의는 비유를 사용하자면 정말 훌륭한 기계이다. 불균등한 운동을 포함하여 자본주의의 모든 결함에도 불구하고, 그 체제는 비교할 수 있는 모든 기계들 가운데서 가장 좋은 것이다. 그 두 이론은 자본주의만이 인간이 생산할 수 있는 최대의 부를 제공할 수 있다고 단언한다(그리고 보통 그렇게 상정한다). 그리고 자본주의는 큰 정치적 권리, 즉 생산자와 소비자가 개인의 경제 이익을 위해 행동하는 자유에 토대를 두어 이런 경제적 풍요를 가져다준다고 한다. 애덤 스미스의 유명한 '보이지 않는 손'에 따르면, 사유재산제도, 시장, 모든 것에서 자유로운 행동과 사적 이익을 추구하는 구매자와 판매자가 있는 경제는 가능한 가장 큰 부를 가져다주는 사회를 만들 수 있다(마치 자애로운 신이 모든 것을 다스리듯이).

이 두 이론의 비판적인 관점에서 보면 인간의 역사에서 있었던 가능한 다른 경제체제(봉건제, 노예제, 독립 생산자, 사회주의, 공산주의)는 같은 생활수준과 정치적 자유를 가져다 줄 수 없다. 그러나 두 이론은 자본주의의 경이로움과 함께 또한 결함도 인정한다.

이 마술 같은 기계는 주기적으로 아주 빠르게 움직이기도 하고, 아주 느려지기도 하는데, 즉 경기가 순환한다. 그 결과 개인들은 (팽창의 시기에 모든 가격이 상승하면서) 더 많은 부에 대한 환상과 (침체 때는 실업과 생산 축소가 커지면서) 더 적은 부라는 현실로 고통을 겪는다. 악화되고 장기화되는 팽창기 또는 침체기에는 사회에 위험을 더욱 키울 수 있는데, 잘못된 자원 배분 또는 자원 낭비, 사회적 분노, 개인의 소외, 정치적 불안이 그런 사례다. 불만과 자포자기 상태에서 사람들은 자본주의에 반대하여, 대안적이고 비자본주의적인 방식으로 경제를 조직하는 것을 추구할 수 있다. 20세기에 걸쳐서 자본주의의 기능장애 불안정성(dysfunctional instability)에 대한 해법으로서 사회주의와 공산주의는 보통 마르크스주의 경제학 차원에서 자본주의의 대안 원리를 제공했다. 신고전학파와 케인스주의 경제학은 자본주의와 비교할 때 사회주의와 공산주의는 부를 적게 생산하고 개인의 자유를 적게 제공하는 경제체제라고 주장하면서 대응했다. 그러나 신고전학파와 케인스주의 경제학 모두 자본주의의 불안정성, 즉 반복되는 경기순환을 다루어야 했는데, 특히 2007년 시작된 것처럼 침체가 (수많은 사람들에게 부정적으로 영향을 주는) 심각하고, 장기간 지속될 때 그러했다.

신고전학파와 케인스주의 이론은 자본주의 경기순환을 어떻게 다루어야 할지에 대해 의견이 다르다. 신고전학파와 그 옹호자들이 자본주의 불안정성에 대해 제안한 해결책은 아주 간단한데, 스스로 수정할 수 있도록 자본주의 기계를 그대로 내버려 두어라는 것이다. 그 중심된 사상은 기계와 같은 자본주의는 자동하게 내버려두면 팽창과 침체를 수정하는 체계를 가지고 있다는 것이다. 그런 자기수정 체계는 경쟁적인 민간 시장이다.

신고전학파 이론이 가리키는 방향은 그 추종자들에게 명확한데, 자본주의의 경기순환을 관리(조절)하기 위해서 '외부(국가를 의미)' 개입이 거의 필요하지 않거나 전혀 필요하지 않다는 것이다. 시장경제는 그대로 내버려두면 스스로 가장 잘 관리된다는 것이다. 아무리 좋은 의도라고 하더라도 경제를 관리하려는 목적의 외부 (즉 국가) 개입은 가령 시장 거래를 규제하는 것은 시장 체제의 성공적인 자기수정 특성을 약화시킨다는 것이다. 신고전학파 이론 신봉자들은 ①시장 규제 철폐를 주장하며, ②경제 문제를 다루기 위해 기존 시장 확대와 새로운 시장 창출을 주장하며, ③(자유시장을 보호하기보다는 다른 것을 하려는) 국가 개입은 경제에 부담을 주고 비생산적인 역할을 한다는 것을 인식해야 한다고 주장한다.

케인스주의 경제학과 그 정책은 이와 완전히 대조가 되는데, 국가가 시장을 감시하고, 경기순환을 만드는 불가피한 시장 불완전성과 시장 실패를 다루기 위해 개입하는 준비태세를 유지하기를 원한다. 케인스주의자들은 국가 개입이 없다면, 시장 불완전성과 불균형, 그로 인한 침체가 아주 장기화될 수 있고, 매우 심각한 타격을 입을 수 있다고 믿는다. 그들에게 신고전학파의 자기수정 체계는 자유시장주의자들이 주장하는 것처럼 작동하지 않거나 매우 느리게 작동하여 실질적인 효과가 나타나지 않는다. 케인스주의자들은 국가 개입이 없다면 장기 팽창 또는 침체의 계속되는 출현으로 고통을 겪고 두려워진 시민들이 신고전학파와 케인스주의 이론가들이 거부하는 사회주의 또는 공산주의 대안을 추구할 수 있다고 주장한다.

경제위기에 그리고 더 일반적으로는 모든 경제문제들에 대응하는 국가 역할에 대한 이해에서 두 이론이 가지고 있는 뚜렷한 차이를 살펴보자. 케인스주의자들은 자본주의 경제의 호황과 불황에 대한 해법을 위해 국가에 더 많이 기댄다. 그들은 지속되는 빈곤, 보건, 교육, 은퇴 문제를 다루는 데 국가 프로그램을 선호한다. 반대로 신고전학파 경제학자들은 그런 문제를 해결 하기 위한 더 나은 수단으로서 개인과 기업이 사적 결정으로 대응하는 것과 시장 유인을 이용하는 것을 선호한다.

사실 두 이론 간 차이는 훨씬 복잡하며 흥미로운데, (사회의 구성 요소로서) 개인들을 사회 전체와 연결 짓는 방식이 아주 대립되기 때문이다. 우리는 이런 중요한 대립에 대해 더 많이 얘기할 것인데, 경제가 어떻게 작동하는지와 그리고 경제가 잘 작동하지 않을 때 시민들이 무엇을 해야 하는지에 대해서 신고전학파와 케인스주의 이론이 가지는 차이에 대해 설명하는데, 도움을 주기 때문이다. 두 이론이 선호하는 경제 체제로서 자본주의를 옹호하지만, 바로 우리는 그 차이점에서 두 이론이 어떻게 우리의 삶에 다른 영향을 주는지를 이해하는 것을 시작할 수 있다.

신고전학파 및 케인스주의 이론과 다르게 마르크스주의 경제학은 자본주의 경기순환과 이것에서 비롯되는 커다란 사회적 비용을 경제의 다른 구성요소, 즉 계급구조와 연결시킨다. 마르크스주의자들은 자본주의 위기를 효과적으로 다루기 위해 계급구조를 바꾸는 것이 필요하다고 주장한다. 자본주의 계급구조가 변하지 않은 채로 있다면, 정부가 경제 개입을 더 많이 하든(케인스주의) 더 적게 하든(신고전학파) 경기순환을 해결할 수 없다고 그들은 말한다. 마르크스주의자들은 지난 75년 동안 신고전학파 및 케인스주의로부터 영향을 받은 수많은 정치 지도자들이 자신들의 정책으로 자본주의 경제에서 발생할 경제위기를 방지하겠다고 약속했지만 그 약속은 아직 지켜지지 않았다고 지적한다.

이 책에서 분명히 보여줄 텐데, 마르크스주의 이론은 자본주의에 대해 훨씬 비판적이다. 자본주의 경제가 상대적으로 순조롭게 움직이는 시기에도 마르크스주의는 이 경제체제가 최대한의 효율성을 가지고 있지도 않고, 가장 좋게 이용할 수 있는 체제도 아니라고 한다. 마르크스주의 이론은 자본주의를 노동자를 착취하고, 모든 경기순환의 단계에서 자본가와 노동자들을 대립시키는 파괴적인 경제체제라고 묘사한다. 이것이 마르크스주의 이론만이 자본주의를 고치거나 조절하기보다 자본주의를 넘어서자는 것을 옹호하는 이유다. 그래서 마르크스주의 경제 이론 옹호자들은 신고전학파나 케인스주의 경제학자들이 옹호하는 정책과 아주 다른 것을 제안하면서 자본주의 경기순환에 대응하자고 주장한다.

경제 이론과 다른 이론들

경제 이론은 경제가 어떻게 작동하는지 이해하기 위한 시도이다. 경제 이론은 우리가 삶에서 관심을 가지는 다른 일들이 어떻게 작동하는지에 관한 이론과 함께 우리 마음속에 존재한다. 가정, 학교, 직장, 그리고 그 외의 장소에 대한 환경에 의존하면서, 우리는 세상을 이해하기 위해 사용하는 특수한 이론을 다소 인식하게 된다. 우리 각자가 사용하는 이론을 의식적으로 가지고 있든 무의식적으로 가지고 있든, 그것은 우리의 모든 경험과 행동을 형성하는 데 중요한 역할을 한다.

우리는 금방 서로 다른 경제 이론들이 경기 순환에 어떻게 아주 다른 대응을 만드는지에 대한 실례를 소개했다. 다른 예들도 이 요점을 강조할 수 있다. 우리가 가지고 있는 사랑과 느낌에 대한 특수한 이론은 평생 우리의 친밀한 관계에 영향을 미칠 수 있다. 사랑과 섹스가 동일하다고 생각하는 사랑 이론을 가진 사람은 사랑과 섹스는 관련이 있으나 다르다고 생각하는 사람과 삶에서 아주 다른 경험을 할 것이다. 영성과 종교에 대한 이론은 일상생활의 많은 측면에 영향을 미친다. 성경이나 코란이 법의 절대적인 원천이라고 간주하는 이론에 기초하고 있는 정부는 종교와 정치의 분리가 필요하다고 주장하는 이론을 가진 정부와 종종 매우 다르게 행동한다. 사람들이 무엇이 아름다운지에 대해 다른 이론을 가지면, 도시의 거리와 공원을 어떻게 건설할지에 대해, 건축가들이 어떻게 집과 건물을 디자인할지에 대해, 개인들이 어떻게 머리와 옷의 스타일과 개인의 행동양식을 정할지에 대해 서로 다른 선택을 한다.

자연과학자들은 생물학, 화학, 물리학 분야의 경쟁하는 이론들을 두고 논쟁하는데, 이 이론들도 아주 다른 연구 프로그램과 발견으로 이어지게 한다. 기술 변화는 부분적으로 공동체 구성원 일반과 과학자들이 어떤 이론을 믿고 실천에 옮기느냐에 따라 공동체별로 다양하게 나타난다. 질병과 의학에 대한 여러 이론도 치료와 의학에 대해 경쟁하는 이론을 낳는다.

마찬가지로 신고전학파 및 케인스주의 이론은 우리 사회에서 시장과 국가의 역할에 대한 다른 선택을 취하게 하는데, 시장의 역할을 확대하거나 국가의 역할을 축소하거나이다. 마르크스주의 이론은 우리로 하여금 경제에서 대안적인 계급구조를 깨닫고 선택하는 쪽으로 유도한다. 정치지도자들은 자신들의 경제 이해(선호하는 이론)에 의존하여 시장, 국가, 계급을 목표로 삼는 경제 정책을 선호한다. 정치인들이 신고전학파 이론을 채택하면 자본주의 경제에 개입을 훨씬 적게 하는 결과를 낳는다. 정치인들이 케인스주의 이론을 지지하면 자본주의를 조절하기 위해 국가개입을 확대하는 쪽으로 이어진다. 정치인들이 마르크스주의를 채택하면 경제의 계급구조를 근본적으로 바꾸고 자본주의를 극복하기 위한 조치에 초점을 맞추는 쪽으로 나아간다.

물론 개인들은 한 가지 이상의 관점을 가질 수 있다. 예를 들어 경제가 좋은 시기에 어떤 사람은 시장 스스로 수정하도록 내버려 둘 경우 모든 것에 가장 좋다는 신고전학파 입장을 지지할 수 있다. 그러고 나서 경제가 어려운 시기가 되면, 그 사람은 국가 개입을 확대하는 이론과 정책으로 입장을 전환할 수 있다. 만약 경제가 더욱 어려운 시기가 되면, 그 사람은 계급과 계급 교체에 초점을 맞추는 마르크스주의 입장을 채택할 수도 있다. 이런 선택의 변화는 기회주의일 수도 있지만, 한 사람의 생각에 여러 이론이 상존함을 반영하는 것일 수 있으며, 환경의 변화에 따라 다른 이론이 사람의 마음에 일어나는 것이다.

견해가 다른 경제 이론들

모든 사람이 경제가 어떻게 작동하는지에 대해 견해가 일치한다면, 이 책이 필요하지 않을 것이다. 하나의 경제 이론이 완전한 동의를 얻는다면, 아마도 대수학, 문법, 자동차 정비에서 일반적으로 가르치는 방식같이 가르칠 수 있을 것이다. 그런 경우에는 정규 교과서로 충분할 것이다. 하지만 경제학은 항상 견해가 일치하기보다는 크게 불일치하는 특징을 가지고 있기 때문에, 이 학문을 배우려면 이론 간 차이에 관여하는 것이 필요하다.

미국에서 그리고 전 세계에서, 서로 다른 이론들은 경제가 어떻게 작동하는지, 경제가 어떻게 발전하는지, 경제가 변화해야 하는지와 어떻게 변화해야 하는지에 대해 심도 있는 논쟁을 만들어 낸다. 신고전학파, 케인스주의, 마르크스주의 경제 이론은 기본 방식에서 서로 대립한다. 각 이론의 옹호자들은 사람들의 충성심을 얻기 위해 경합한다(동시에 한층 복잡하게는 신고전학파 이론, 케인스주의 이론, 마르크스주의 이론 내부의 서로 다른 갈래들은 그들 사이에서 논쟁한다. 이 책에서는 세 가지 주요 경제 이론에 집중할 것이며, 단지 부차적으로 상이한 갈래를 살펴볼 것이다). 우리는 세 경제 이론 사이에서 벌어지는 투쟁의 결과를 수용할 수밖에 없기 때문에, 이 책은 여러분들이 그 세 이론을 비교하고 평가할 수 있도록 도움을 줄 것이다.

감명 깊은 생각과 신념은 사람들이 믿고 사용하는 경제 이론으로 짜여진다. 경제에 대해 어떻게 생각하는지는 자연, 인간사회, 정치, 종교, 인과관계 등등을 어떻게 생각하는지로부터 영향을 받는다. 우리는 어떤 경제 이론에 대한 충성심을 쉽게 바꾸지 않는데, 정확하게 이 이론들이 세상과 우리에 대한 이해와 밀접하게 관련되기 때문이다. 요컨대, 서로 다른 기초 철학은 서로 다른 경제 이론과 관련된다. 따라서 많은 것이 경제 이론 사이에 일어나는 현재의 논쟁과 충돌에 성패가 달려 있다. 여러분들이 이 이론들에 관한 생각을 가진다면, 각 이론을 명확하게 구별하는 것에서 이점을 얻을 것이다.

우리 모두는 경제 이론가인가?

모든 사람들은 경제 이론화에 참여한다. 우리 모두는 재화와 서비스의 생산과 분배를 어느 정도 이해하고 있다. 하지만 많은 개인들은 스스로 사용하는 특정 경제 이론에 대해 인식하지 못한다. 생산, 구매, 투자, 저축을 결정하려 하거나 다른 사람들에게 이윤의 원천, 경기순환, 제품의 가격을 설명하려 할 때, 머릿속에는 이론화가 일어난다. 즉, 스스로 설명과 결정에 도달하려할 때 다양한 요인을 고려하고 평가한다. 정치인들이 사회 보장, 금융 규제, 세금 및 지출, 정부적자, 의료보장제도와 관련된 계획과 정책을 설명하는 것을 들을 때마다, 사람들은 그들이 말하는 것을 이해하려고 노력하며, 지지할지 반대할지와 관심을 가지지 말지를 결정하기 위해 애쓴다. 자신을 둘러싼 경제 현실과 정책을 이해하면, 좋아하는 것과 싫어하는 것을 판단하고, 학교 교육, 채용, 선거에 관해 결정을 내리는 데 도움이 된다. 어떤 상품의 가격을 설명할지 말지, 세금에 관한 정치인의 결정을 평가할지 말지, 특정 일자리 제안을 받아들이는 것을 어떻게 결정하지에 대해 스스로 하는 설명, 평가, 결정의 많은 측면과 의미와 결과 가운데 단지 몇몇 사항만 고려할 수도 있다. 그 많은 요인 가운데 어떤 것을 고려할지 그리고 어떻게 그것들을 평가할지는 경제가 어떻게 작동하는지에 관해 자신이 가지고 있는 특정 이론에 달려 있다.

사람들은 자신의 설명을 정립하고 결정에 도달할 때 모든 것을 생각하고 고려할 수 없다. 누구나 할 수 있는 모든 것은 단지 **어떤** 것을 고려하고, **어떤** 요인들을 평가하고, **어떤** 측면에 초점을 맞추는 것이다. 각자는 어떤 것들만 선택해서, 그것을 적절하다고 생각하는 특정 방식으로 살핀다. 우리가 무엇을 선택해서 어떻게 살피는지는 우리가 사용하는 이론에서 온다. 따라서 우리가 어떻게 생각할지를 만드는 것, 즉 우리 머릿속에 있는 이론은 역시 우리가 어떻게 행동할지에 영향을 미친다.

사람들은 경제가 어떻게 작동하는지 이해하고 자신의 경제적 결정을 할 때 사용하는 이론을 의식하지 못할 수도 있다. 그럼에도 불구하고 그러한 것들은 경제 이론으로부터 영향을 받는다. 그러므로 경제학의 공식 과정을 거쳤든 않든 사람들은 평생 어떤 경제 이론을 사용하기 마련이다. 이론들을 알지 못하는 상태로 있을 때보다는 여러분이 사용할 수 있는 여러 이론을 알게 된다면, 한 가지 이상의 이론을 알게 된다면, 여러분들의 생각과 행동에 훨씬 도움이 될 것이다.

누군가는 어떤 사람들은 부자이고 다른 이들은 가난한 이유를 설명하려 할 때마다 경제 이론을 사용해서 설명을 내놓는다. 이는 어떤 사람은 고용이 되고 다른 사람들은 실직하는 이유, 어떤 국가는 소득 수준이 높고 다른 국가는 낮은 이유, 어떤 직업은 전망이 좋은데, 다른 직업은 그렇지 않은 이유에도 적용된다. 이는 우리가 언제 가게에 가야 하는지와 새로 나와서 마음을 끄는 전자기기의 가격이 아주 높은 이유를 추측하는 데도 적용된다. 우리가 가진 이론으로 내놓는 설명은 우리로 하여금 어떤 행동을 취하게 한다. 그런데 그 행동은 우리가 사용하는 이론에 따라 다를 것이다.

예를 들어, 우리가 사용하는 이론에서 개인들의 소득은 생산에 기여한 것에 대한 보상이라고 주장한다고 가정해보자. 각자 재화와 서비스에 지출하게 되는 것이 그것들을 생산하기 위해 기여한 것과 같다. 노동자는 노동을 제공하고, 지주는 토지를 제공하고, 자본가는 돈과 설비(기계, 사무실, 공장 등)를 제공한다. 이 이론에서 임금과 급여는 노동자에게 주는 보상이고, 지대는 지주를 위한 보상이며, 이자와 이윤은 자본가에게 가는 보상이다. 이 이론의 관점에서는 소득이 기여와 일치하는 것으로 개인의 소득이 정당해 보일 수도 있다. 부자들이 많은 기여를 하는 동안, 가난한 이들은 거의 아무것도 제공하지 않는다. 이 이론의 신봉자는 소득을 부자에게서 가난한 이들에게 이전시키려는 정부 프로그램에 반대할 수도 있다. 그런 소득 재분배는 부당할 수 있는데, 생산에 많이 기여한 이들을 처벌하고, 적게 기여한 이들을 보상해주기 때문이다. 이런 식으로 이론화하는 사람은 재분배 또한 반대할 수 있는데, 그것이 생산에 크게 기여하는 사람들의 의지를 꺾고, 그리하여 사회의 재화와 서비스 총산출액이 줄어들게 할 수도 있기 때문이다.

우리가 다른 이론, 즉 어떤 개인들이 당연히 벌 수 있는 소득을 벌지 못하게 하는 사회적 장벽이 있는 반면에 다른 이들은 그런 장벽을 이용하여 이익을 취한다고 생각하는 이론을 가지고 있다고 가정해보자. 예를 들어 어떤 개인들과 집단이 다른 이들에 비해 시장에 대한 큰 힘을 가지고 있거나 다른 이들은 이용할 수 없는 가치 있는 경제 정보에 접근할 수 있다고 고려해보자. 어떤 기업은 경쟁 가격보다 더 높게 상품 가격을 매길 수 있는 독점 기업일 수도 있고, 어떤 자본가 집단은 공유할 수 없는 시장 위험에 대한 지식을 얻을 수도 있다. 사회적 장벽의 다른 사례로는 인종·성·종교·민족 특징 때문에 어떤 개인들은 직장 또는 상품에 대한 접근이 거부된다. 그런 장벽은 시장지배력을 만들고, 정보에 대한 특권을 가진 이들과 차별을 당하는 인종·성·민족 특징을 가지고 있지 않는 이들에게 우호적이면서 불평등한 소득분배를 낳을 수 있다. 이와 같은 장벽의 존재와 결과를 이론화하는 사람은 소득을 생산 활동 기여에 대한 보상이라고 생각하는 사람들과는 아주 다르게 소득 재분배의 바람직함에 관한 결론에 도달할 수 있다.

자본주의 경제에 대한 또 다른 이론의 접근법은 시장 참여자에게 영향을 미치는 열정과 흥분, 신뢰와 공포, 낙관과 비관 같은 기분의 변화에 여전히 초점을 맞춘다. 이런 관점에서는 알 수 없는 미래에 대한 예상이 소득분배를 포함한 경제 결과를 만든다. 예를 들어 고용주가 경제의 미래가 암울하다고 예상하면, 사업을 확대하는 계획을 포기하고 노동자들을 해고하고 은행으로부터 대출을 중단하는 결정을 할 수 있다. 그런 행동은 그들이 고용한 노동자들과 다른 고용주들이 지출을 줄이게 하여 사회적 재분배에 영향을 주는 하강의 소용돌이에 빠져들게 하는 경기축소를 부채질 할 수 있다. 또는 고용주들의 희망찬 기대는 고용주들의 씀씀이를 느슨하게 할 수 있고, 일자리와 성장을 만들 수 있고, 소득분배에 아주 다른 영향을 미칠 수도 있다. 그런 이론을 이용하는 사람은 고용주들의 예상이 비관으로 바뀌는 것을 막거나 해결하는 방법을 구하려 하면서 시민들이 받을 수 있는 것보다 낮은 소득을 받지 않게 하려 한다. 그런 사람은 국가가 인간의 열정과 예상의 결과를 조절하고 관리해서 경제를 안정시키기를 원한다.

이 두 가지 이론(하나는 시장이 공평하고 적절한 소득분배를 만든다고 보는 반면, 다른 것은 적절한 재분배를 달성하려면 국가 개입이 필요하다고 생각한다)을 넘어서, 세 번째의 다른 이론을 살펴보자. 이 세 번째 이론은 자본주의 경제에서는 어떤 사람들은 전혀 기여하는 것 없이 소득을 받으며, 반면에 다른 사람들은 소득으로 가져가는 것 보다 많은 것을 생산한다고 믿는다. 어떤 사람들이 생산한 재화와 서비스의 일부(종종 잉여라고 부름)가 재화와 서비스의 생산에 참여하지 않은 이들에게 이전된다. 그래서 부자란 집중된 힘, 정보 불평등, 차별 같은 사회적 장벽이 존재하든 않든 다른 이들로부터 잉여를 획득하는 사회적 위치에 있는 사람으로 이해된다. 이 이론의 신봉자는 그가 사회에서 위장된 도둑질이라고 간주하는 것, 즉 비노동자들이 노동자들로부터 착취하는 잉여에 분노할 수도 있다. 따라서 그렇게 분노하는 이는 공평하고 적절한 소득 재분배에 우호적인 태도를 지지할 수 있다.

이 세 가지 이론을 가지고 세상을 다르게 보는 사람들은 각 이론에 따라서 (시장, 세금, 복지 등에 대한) 서로 다른 정책들을 옹호하고, 다른 정당을 지지하고, 부와 빈곤에 대해 다른 태도를 보일 수 있다. 요컨대, 다르게 생각하는 만큼 다르게 행동할 수 있다.

이론과 사회

지금까지 경제 이론이 얼마나 중요한지와 상이한 경제 이론은 사람들로 하여금 사회에서 다른 결론, 다른 경험, 다른 행동으로 이어지게 한다는 것을 강조했다. 그러나 이론과 사회의 관계는 양방향 도로와 같다. 이론이 사회를 만들 뿐만 아니라 사회가 이론을 만든다. 정확히 상이한 이론은 사람들과 공동체를 서로 다른 방향으로 이끌기 때문에 우리는 왜 상이한 이론이 존재하는지 질문을 해야 한다.

이 질문은 인간의 역사에 걸쳐 다양한 대답(과 철학 체계)을 유발했다. 우리는 사회 상황이 상이한 이론을 만들거나 지지하게 되는 방식으로 개인들에게 영향을 미친다고 생각한다. 다른 환경에서 사람들은 다른 삶을 경험하고, 삶의 의미에 대해서도 다르게 생각한다. 때때로 상이한 이론은 꽤 비슷하면서 양립하기도 한다. 그러면 사람들은 '일치한다'는 느낌, 즉 세상이 어떻게 작동하는지에 대한 관점이 같다는 느낌을 가진다. 다른 때는 상이한 이론은 서로 대립한다. 그러면 사람들은 대화와 소통을 방해하는 불일치를 어떻게 이해하고 해결할지에 대해 어떤 긴장감을 느낄 수도 있다.

이런 관점에 따라 우리는 사람들이 경제를 다르게 이해할 수 있고, 말그대로 자신을 둘러싼 경제 상황을 조사할 때 다른 것을 볼 수 있다. 생활환경과 경험이 달랐기 때문에 보는 것과 생각하는 것이 다르다. 우리 삶의 복잡한 다양성은 주위 환경을 관찰하고 사고하는 여러 방식을 유발하며, 이는 다른 모든 것에 대한 상이한 이론들과 함께 경제가 어떻게 작동하는지에 대한 상이한 이론을 유발한다.

때때로 다른 이론들이 서로 비슷한 듯 보이는 것 같지만, 19세기에 마르크스주의가 고전학파 정치경제 이론에 도전하고, 케인스주의 경제학이

20세기에 신고전학파 이론에 도전했던 이후에는 그렇지가 않다. 오늘날 신고전학파, 마르크스주의, 케인스주의 경제학은 차이가 큰 이론으로 서로 충돌할 뿐만 아니라, 그 이론들은 대부분 사람들의 마음속에서 우리 시대의 열정에 개입하는 그 외의 이론적·사회적 충돌과도 연결된다.

각 이론은 또한 사회이론 안에서 아주 폭넓게 전통으로 자리 잡은 기본적인 차이의 부분이다. 이 전통은 세 경제 이론이 왜 서로 다른지와 왜 서로 경쟁하여 사회에 영향을 미치는지를 설명하는 데 도움이 되기 때문에, 이해하는 것이 중요하다. 신고전학파 경제 이론은 서유럽에서 르네상스와 봉건주의에서 자본주의로 이행의 일환으로 일어난 사회이론의 전통인 **인본주의**의 부분이다. 반대로 케인스주의는 인본주의와 함께 사회 이론의 대안적 전통으로서 생겨난 **구조주의**의 한 부분인데, 특히 지난 세기 동안에 생겨났다. 인본주의와 구조주의는 철학의 역사에서 고대적 조상이 있지만, 여기서는 현대적 형태에 관심을 두기로 한다. 마지막으로 또 다른 이론적 전통인 마르크스주의는 인본주의 및 구조주의와 항상 투쟁해 왔다. '정통'으로 불리게 된 마르크스주의의 일부는 기본적으로 사회를 구조주의적으로 이해하는 공통점을 가졌다. 하지만 이 책에서 소개하는 마르크스주의의 다른 일부는 사회를 이해하는 다른 방법을 세우기 위해 기본적으로 인본주의 및 구조주의로부터 단절한다.

유럽의 변화와 인본주의 전통

유럽이 봉건주의에서 자본주의로 전환되자 그 곳 삶의 방식이 근본적으로 바뀌었다. 특히 17세기와 18세기를 지나면서 모든 것이 바뀌었는데, 땅을 어떻게 경작할 것인지, 아이를 어떻게 키울 것인지, 신을 어떻게 이해할 것인지, 사회를 어떻게 생각할 것인지, 경제를 어떻게 만들 것인지가 이에 포함된다. 새로운 이론이 생겨났고, 서로 대립했고, 생산적인 면에서 상호작용이 일어났다. 점차 몇몇 이론은 대중으로부터 인기를 얻었고, 변화한 세상을 이해하는 방식으로 널리 수용되었다.

봉건사회에서 태어나서 발전했던, 그런 사회와 관련된 낡은 이론은 대부분의 유럽인에게 더 이상 적합하지 않거나 받아들일 수 없는 것으로 여겨졌다. 새로운 사회 상황은 이를 이해하기 위한 새로운 이론을 유발했을 뿐만 아니라 요구했다. 사람들은 자주 삶에 충격을 줄 수 있는 빠르게 변하는 사건에 대해 어떤 통제력을 가지려고 한다. 새로운 이론들은 그런 통제력을 얻는 데 도움을 주는 중요한 수단으로 보였다.

이론들은 사회변화에 대응하고 심지어는 변화의 방향을 정하는 데 도움을 줄 것으로 기대 되었다. 새로운 이론들은 사회적 행동을 위한 실질적인 지침이 되었다. 일단 널리 받아들여지자, 그 이론들은 자본주의가 실제 어떻게 발전해야 할지에 대해 큰 영향력을 행사했다. 새로운 이론의 투입으로 유럽에서 자본주의 발전이 이뤄졌을 뿐만 아니라, 식민지 획득의 물결을 통해 유럽 자본주의가 팽창하면서 세계적으로도 그렇게 되었다.

봉건주의에서 물려받은 많은 이론들은 수세기에 걸쳐 자본주의로 이행하는 동안 커다란 변화를 겪었다. 예를 들어 신에 대한 종교이론이 많이 변화하여, 유럽인들 사이에서 장기화된 군사적 행동을 포함한 큰 갈등을 유발했다. 완전히 새로운 이론과 제도가 생겨났는데, 프로테스탄티즘이다. 이는 이전 시기를 지배했던 로마 가톨릭 전통과 다른 것이었다. 이 새로운 기독교 흐름의 중요한 종파는 개인을 강조했고, 특별히 지명된 종교 지도자가 매개자로 활동하는 것 없이 신과 직접 소통하는 개인의 능력을 강조했다. 로마 가톨릭교는 훼손되지 않고 자본주의로 이행을 겪었다. 현재까지 살아남은 로마 가톨릭교는 크게 변화한 세계에 적응하는 능력을 증명했다.

자연과학 이론도 급격하게 변화했다. 뉴턴과 갈릴레이와 코페르니쿠스와 많은 과학자들은 우주와 자연이 어떻게 작동하는지에 관해 새로운 이론을 만들어냈고, 더 확장된 우주에서 지구가 차지하는 위상을 다시 생각하게 되었다. 모든 종류의 과학적인 조사는 성서의 서술에 도전했으며, 아니면 적어도 수정했다.

신을 생명의 기원으로 언급하면서 생명의 신비로움에 관한 질문에 답하는 대신에 과학은 그 기원을 다른 곳에서 찾았는데, 보통 자연의 측면과 개인(물리학, 생물학, 정치학, 경제학 등에서 밝혀진 법칙)에게서 찾았다. 그 결과는 단지 자연이 어떻게 작동하고 사람들이 그것을 얼마나 통제할 수 있는지에 대한 새로운 이론만 포함하지 않았다. 개인의 중요성·힘·가능성· 권리에 대한 새로운 이해 또한 확산되었다. 시인 알렉산더 포프(Alexander Pope)가 나중에 말했듯이, "인류에 대한 적절한 연구는 인간이다."

과학의 힘 있는 부상은 종교 안의 변화와 분열과 결합되어 전반적으로 새로운 이론적 태도를 만들었다. 자연과 사회의 신비에 대해 이전에는 신의 의지와 작업이라고 생각했는데, 이제는 풀 수 있는 수수께끼라고 여겼다. 자연과 사회가 어떻게 작동하는지에 대한 면밀한 조사로서 여겨진 과학으로 세계의 신비를 풀 수 있다고, 그리고 풀어야 한다고 생각했다. 신의 의지가 아니라 중력이나 열역학이나 원심력이나 생명체를 가지고 자연에서 발생하는 일을 설명할 수 있다고 생각했다. 신의 의지가 아니라 시장, 부의 축적, 정치권력에 대한 개인들의 갈망 같은 것이 사회에서 일어나는 일을 설명할 수 있다고 생각했다.

봉건주의에서 자본주의로 이행할 때 사고방식에서 일어난 상호 연관된 복잡한 변화는 대부분의 새로운 이론에서 몇몇 기본 주제가 생겨나게 했다. 신이 아니라 인간 개인이 중심 무대를 차지했다. 새로운 이론은 개인을 관심의 중심에 두었는데, 개인이 우주를 이해할 수 있으며, 개인이 세계를 운영하며, 실제로 사회생활의 참된 토대라고 생각했다.

아마도 생각의 변화 가운데 가장 놀라운 변화는 유럽인들이 고대 그리스의 정치생활 관념을 재해석하고 재발견한 것이었다. 특히 민주주의에 대한 생각은 사람들의 관심과 영감을 증대시켰다. 이 유럽인들이 민주주의를 이해하게 되면서, 이로써 사회의 궁극적인 토대를 설명했다. 즉 사회는 개인들이 자유에 제한을 받아들이는 한에서만 존재할 수 있다는 것이다. 따라서 어떤 사회에서 유일하게 받아들일 수 있고, 궁극적으로 지속될 수 있는 정부의 형태는 토머스 제퍼슨의 표현으로 '피통치자의 합의'로부터 힘과 정통성을 물려받은 것이다. 이는 정부가 신의 뜻을 대리한다는 봉건적 개념과는 아주 다르다. 봉건적 시대에, 왕과 귀족은 신권으로부터 생겨난 통치권(신이 부여한 것)을 주장했다. 자본주의가 봉건주의를 대체하면서, 신권뿐만 아니라 왕과 귀족들도 널리 사라졌다. 대신에, 계몽, 사회 자체, 진보는 교회와 왕의 권위와 전통이 아니라 인류의 고유한 추론력(논리)로부터 생겨나는 것으로 간주되었다.

'인본주의'는 르네상스와 나중에 출현한 자본주의에 동반된 이론적 태도의 전반적 변화에 붙인 이름이었다. 이는 사회와 사상의 궁극적 원천 또는 본질적 기원으로서 개인에 새롭게 초점을 맞춘 것으로 요약된다. 인본주의는 이전의 종교 사상이 했던 것과 다르게, 우주의 중심에 (그리고 우주의 본질로서) 개인을 놓았다. 실제로 인간 본질주의는 이전의 신 본질주의를 대체했다. 독일 철학자 루트비히 포이어바흐는 "신이 인간을 창조한 것이 아니라 인간이 신을 창조했다."고 말했다.

새로운 경제 이론

유럽의 새로운 사회로 이행은 기존 이론의 변형뿐만 아니라 완전히 새로운 이론의 탄생을 촉진했다. 경제 이론이 그런 새로운 이론이다. 경제를 사회의 다른 측면으로서 생각하는 것, 다시 말해 사회의 다른 부분(즉, 공동체 생활이나 가정생활, 도덕 활동이나 종교 활동)과 분리시키는 생각은 새로운 것이었다. 경제는 사회 안에 있는 특수한 관계의 체계라는 생각도 새로운 것이었다. 재화와 서비스의 생산과 분배가 고유의 체계적 법칙을 따르는 특수한 사회 영역을 구성한다는 생각은 기본 명제였다.

'경제'를 대상으로 한 이론의 성장은 유럽에 강력한 영향을 주었다. 이 이론들이 경제에 관해 진술(개념과 주장)을 정교하게 다듬으면서 사람들은 '경제'라고 부르는 사회의 특수한 부분이 존재한다는 생각을 믿게 되었다. 사람들은 결국 전체로서 모든 사회는 그 내부에 있는 경제체제에 중요한 방식으로 의존하고 있다는 것을 받아들였다. 그래서 개인들이 경제를 연구하고 특수한 경제 결과(즉, 부·무역·고용의 증대)를 추구하기 위해 개입할 때 정부가 사용할 정책을 고안하는 것이 의미를 가지게 되었다. 개인들과 정부들은 여러 경제 이론 가운데 이런 저런 것을 활용하여 유럽 전역의 사회 발전 경로에 영향을 줄 수 있는 결정을 하고, 정책을 만들었다.

17세기와 18세기에 사람들이 새로 생겨난 자본주의 세계를 이해하기 위해 분투하면서 이런 저런 대부분의 경제 이론이 만들어졌다. 빠르게 성장하는 도시에서 발전하고 있던 새로운 생산체계에 관한 여러 소논문이 쓰였다. 그런 곳에서는 임금지불과 관련된 고용인-피고용인 관계가 이전의 봉건주의적 영주-농민-지대 체계를 대체하고 있었다. 생산자(또는 작은 지역의 마을) 스스로 사용하기 위한 것이 아니라 시장에서 판매하기 위한 재화와 서비스의 생산으로, 사람들은 열망을 가지고 시장이 어떻게 작동하는지에 관해 숙고했다. 사람들은 시장가격이 등락하는 이유를 이해하기 위해 가장 주의해서 관심을 가졌는데, 자신들의 후생이 시장가격에 점점 더 좌우되었기 때문이다.

그런 주제에 대한 글이 예전에는 시장거래를 통해 재화와 서비스의 생산과 분배를 이루지 못했지만, 이제는 상품거래가 발전하여 사회를 뒤흔든 어느 곳에서나 쏟아져 나왔다. 이런 곳은 주로 봉건 사회였는데, 어떤 생산물을 생산할지, 누가 생산할지, 대중들에게 어떻게 분배할지에 대한 결정의 대부분이 종교와 관습법으로 이뤄졌다. 그런 사회는 시장가격의 움직임을 걱정할 필요가 거의 없었는데, 시장교환에 별로 또는 전혀 의존하지 않았기 때문이다. 시장거래가 성장했을 때, 즉 자본주의 시장거래가 거의 보편화 되었을 때, 가격변동이란 신비에 대해서 걱정이 커졌고, 정확하게 무엇이 가격을 결정하는지 설명하기 위한 이론 형성으로 나아갔다.

화폐는 이전에도 있었지만, 시장에서 구매와 판매를 위한 거의 보편적 매개 수단이 되면서 새로운 중요성을 가졌다. 화폐는 사람들의 생계를 위해 시장경제에서 성공적으로 기능하는 게 요구되었다. 소논문 집필자들은 화폐의 신비와 힘, 즉 화폐가 아주 가치가 있는 이유와 무엇이 화폐의 정확한 가치를 결정하는지에 대해 많은 글을 썼다. 정부의 문제 또한 그들의 관심을 빼앗았다. 정부는 세금, 화폐 공급, 임금 규정, 가격, 지대, 이자, 수로·항구·도로 건설, 해외무역 등에 관한 정책을 어떻게 고안하고 집행할지에 대한 자문을 구했다.

경제 분석에 대한 가치 있는 많은 기여가 그 시기에 나왔던 소논문, 전문지, 기타 출판물에서 이뤄졌다. 활동적인 필자 집단이 성장하면서 열정적인 논쟁이 촉발되었다. 특히 서유럽과 무엇보다 영국에서 그러했는데, 봉건주의에서 자본주의로 이행이 다른 곳보다 훨씬 빠르게 이루어지던 곳이었다. 18세기 종반에는 글쓰기에 대한 관심이 일반화되고, 그 작업이 풍부해져서 2세기 동안 단편적으로 이루어졌던 생각들을 종합하여 자본주의 경제가 어떻게 작동하는지에 대해 처음으로 일반이론으로 구성할 수 있었다.

고전 정치경제학

놀랍지 않게 새로운 일반이론은 구조와 논조에서 아주 인본주의적이었다. 그래서 경제의 원인과 동력은 개인으로 가정되었다. 부의 성장은 개인의 이성과 노동을 위한 노력, 진취성, 재주, 사적 이익의 추구에 의존했다. 경제를 괴롭히는 문제와 위기는 개인들이 직면한 특수한 사회 환경 내에서 사적 이익을 추구하는 개인의 행동들이 상호작용한 결과로서 이해되었다. 요컨대, 이 첫 번째 현대 일반 경제 이론은 이 책에서 다루고 있는 그 후 발전한 신고전학파 이론의 기초로 기능했다.

애덤 스미스(Adam Smith)의 『국부론』(1776)에서 처음으로 일반이론이 소개되었다. 두 번째 영국인 저술가 데이비드 리카도(David Ricardo)는 다소 장황한 애덤 스미스의 글을 수정하고 압축하고 심화시켜서 더욱 형식을 갖춘 교재 형태로 기초 경제 이론을 설명하는 『정치경제학과 과세의 원리에 대하여』(1817)을 펴냈다. 스미스와 리카도가 제공한 일반 경제 이론은 '고전 정치경제학' 또는 그냥 '정치경제학'으로 널리 알려지게 되었다. 많은 추가와 변화를 겪으면서 그 이론은 1780년부터 1880년까지 경제학에 대한 유럽인들의 생각을 지배했다. 카를 마르크스는 스미스와 리카도의 저작들을 아주 면밀하게 읽었고, 그것들에 대해 많은 분량으로 비평 작업을 했다. 마르크스의 『자본』 1권(1867)은 스미스와 리카도의 이론에 대해 대안적 기초 경제 이론을 제공했다. 마르크스는 『자본』의 부제를 '정치경제학 비판'으로 붙였다.

지난 100년 동안 고전 경제학과 마르크스주의 경제학은 내용에서 변화와 추가를 겪었다. 두 이론은 원래 내용에서는 없었던 분야로까지 확장됐다. 각 진영의 이론가들은 진영 내의 이론가뿐만 아니라 반대 진영의 이론가들과 논쟁을 했다. 그 결과 두 이론에서 중요한 변화가 계속해서 만들어졌다.

신고전학파 경제학의 역사

가장 큰 변화 가운데 하나는 1870년대와 그 후에 고전 경제학파가 초점을 아주 급격하게 이동시켰다는 것이다. 고전 경제학은 거시경제 주제, 즉 전체로서 자본주의 경제, 특히 시간의 흐름에 따른 성장에서 개인과 개별 기업의 결정과정에 대한 상세한 연구, 즉 우리가 현재 미시경제 주제라고 부르는 것으로 관심을 옮겼다. '개인 선호'와 '한계 효용', '생산함수'와 '한계비용', '일반 균형' 같은 개념이 고전 경제학에서는 거의 없었는데, 이제 중심 무대를 차지하게 되었다.

고전 경제학자들 모두가 미시경제학자가 된 건 아니었다. 주요 거시경제 문제들(인플레이션, 불황, 성장의 부진 등)이 주기적으로 모든 자본주의 경제를 괴롭혔기 때문에, 어떤 경제학자들은 그런 경제 전체의 문제에 초점을 유지했다. 그러나 전반적 이동은 모든 경제 사건을 엄격히 사적 이익을 추구하는 개인과 기업이 내린 결정의 결과로 보는 것으로 표현한 미시경제 이론의 기초 쪽으로 나아갔다. 이런 이동은 고전 경제학에 신고전학파 경제학이라는 새로운 이름을 보장할 만큼 넓고 깊게 이루어졌다. 1870년부터 1930년까지 시기 동안 신고전학파 경제학의 기본 명제 대부분이 정립되고 수학적인 틀로 정리되어 인상적인 일반 경제 이론이 되었다.

인본주의 전통 속으로 들어가면서 신고전학파 이론은 개인의 정신 및 육체적 측면을 규정함으로써 경제 분석을 시작했다. 이는 기본적으로 개인의 정신(논리적으로 추론하는 내재된 능력)과 개인의 몸(소비의 대상을 위해 노동하고 욕망하는 선천적 능력)이었다. 경제에서 일어나는 다른 모든 것, 즉 가격, 소득, 부, 성장은 개인들의 정신과 몸이 상호작용함으로써 만들어지고 일어나는 것으로 이해되었다. 따라서 인간의 행동이 경제구조의 기원과 본질을 만드는 것으로 여겨졌다.

인본주의는 지구상에서 인간이 만물의 영장임을 주장했다. 인간의 행동만이 인간의 더 나은 삶을 만들 수 있다고 했다. 신고전학파 경제학은 부의 생산과 분배에 그런 인본주의 개념을 적용했다. 신고전학파 경제학의 명제들은 주어진 조건에서 최선의 경제성과를 얻기 위해 어떻게 모든 인간들이 자신의 추론 능력과 노동 능력을 사용하여 투쟁하면서 부를 만들어내는지에 대해 설명한다. 생산에 대한 사람들의 기여의 차이와 소비에 대한 욕망을 고려했을 때, 외부 개입으로 방해를 받지 않는다면, 사적이익을 추구하는 개인들 간 자유시장 교환은 모두에게 가능한 가장 큰 부(후생과 동일시하는 것)를 만들 것이라고 주장했다.

신고전학파 경제학에서 두드러진 것은 개인이 사적 이익의 추구를 위해 구매하고, 판매하고, 일하고, 저축하는 활동의 결과가 실로 경제의 이상향, 즉 모든 개인들 사이에서 그리고 인간과 자연 사이에서 있을 수 있는 완전한 경제 조화라는 주장이다. 신고전학파 이론에 따르면, 이런 이상향에 도달하기 위해서 사회는 ①각 개인들에게 사적이익의 추구를 위해 행동할 수 있는 완전한 자유를 부여해야 하고, 또 이것을 보호해야 하며, ②그런 자유를 보장하는 제도의 틀(경쟁 시장과 사유재산제도)을 수립해야 한다.

스미스가 자본주의에 대한 이런 전망을 내놓기 1세기 전에, 또 한 명의 유명한 영국 철학자이자 정치 사상가인 토머스 홉스는 아주 다른 것을 주장했다. 그는 사회적 제한이 없는 사적이익의 추구를 시민들에게 허용하는 사회는 아주 끔찍한 결과를 낳을 것이라고 했다. 그런 사회는 시민들 사이에 끝없는 갈등과 전쟁을 수반하여, 시민들의 삶을 끔찍하고, 야만적이고, 비천하게 만든다고 주장했다. 그래서 홉스는 사회의 조화와 평화를 보장하기 위해 '힘 있는 손'(리바이어던, 즉 일반적으로 강력한 국가)의 개입 필요성을 요구했다.

스미스는 사적이익을 추구하는 개인들이 충돌할 수 있다는 것을 인정했지만, 홉스의 강력한 국가(스미스와 다른 사람들은 이를 과거 유럽의 봉건 전제군주와 연결시켰다)는 기각했다. 대신에 스미스는 국가 개입이나 통제 없이도 자본주의의 두 가지 주요 제도인 자유시장과 사유재산제도로 개인들의 사적이익 추구가 (마치 보이지 않는 손이 이끌 듯) 자동적으로 사회의 이상향으로 나아가게 할 수 있으며 그렇게 할 것이라고 주장했다. 체제로서 자본주의는 적절하게 조직된다면, 홉스의 끔찍한 사회를 스미스의 이상향으로 바꿀 수 있다고 여겨졌다. 그런 생각은 고전 정치경제학의 기초가 되었고, 영감을 주었다. 이는 산업혁명 시기 자본가들에게 대단한 매력을 가졌다. 그런 매력은 오늘날에도 계속되고 있다.

케인스주의 경제학의 역사

그러나 1930년대 동안 예상치 못한 파괴적이고 오래 지속된 불황은 신고전학파 경제학을 뿌리째 흔들었고, 그 근간이 되는 인본주의 전통과 자본주의를 이상향으로 생각한 신념에 도전했다. '대불황'은 거의 모든 서유럽 및 북미 자본주의 경제를 휘청거리게 했다. 대규모 실업, 임금 및 물가 하락, 파산, 주택 압류, 그리고 그런 일의 결과로 일어난 사회 혼란과 충돌이 1930년대를 채웠다. 그런 일들은 신고전학파 경제학자들로 하여금 다시 처음으로 돌아가게 했다. 원래 고전파 형태와 1870년 이후 신고전학파 형태로 된 그들의 이론에선 그와 같은 불황에 대한 준비는 고사하고 그런 불황이 일어나는 것에 대해서도 상상하지 못하게 했다. 자본주의가 가져왔거나 보증했던 경제 이상향에 대한 대부분의 관념이 빠르게 퇴색되었다. 유럽 전체에서 독일과 소련만이 대불황에 대한 해법을 가진 국가였다. 그런 국가들은 완전고용 프로그램을 시행했다. 하지만 독일의 경우 이런 해법에 파시즘이 함께 했고, 소련은 공산주의가 함께 했다.

신고전학파 경제학자들은 경제위기에 거의 설명을 제공하지 못했고, 1930년대에 확산된 엄청난 인간 비극과 공포의 증가에 적합할 것 같은 해법은 더더욱 제시하지 못했다. 모든 것 가운데 가장 심각한 것은 국가는 "아무 것도 하지 말아야 한다"고 제안한 것인데, 신고전학파 이론가들은 자본주의 체제의 유명한 자기 수정체계가 문제를 가장 잘 해결할 수 있다고 믿었다. 큰 고통에 직면한 사람에게 내버려두기 정책은 효과가 없고, 작동하지 않으며, 참을 수 없이 잔인한 것으로 여겨졌다. 1930년대에 걸쳐 미국과 영국을 포함한 대부분의 자본주의 국가의 전례 없이 악화된 경제는 많은 사람들에게 아주 망가져버린 자본주의 기계로 보였다.

마르크스주의는 경제위기에 대해 다른 분석을 내놓았는데, 경제위기는 자본주의 체제의 내적 모순에 근원을 두고 있으며, 그것으로부터 생겨난다는 것이다. 마르크스주의는 또한 다른 해법을 제시했는데, 사유재산제도를 사회적 또는 집단적 소유로 바꾸고 시장을 국가 계획으로 대체하는 것이었다. 그런 사회 변화를 이룩하기 위해서는 자본주의 국가들에서 부와 권력의 정상을 차지하고 있는 이들의 강고한 권력과 대규모 대립이 필요했다. 미국과 영국과 그 외 대부분의 나라에서 충분치 않은 수의 사람들이 경제와 정치에서 정상을 차지하는 이들을 쓰러뜨리기 위해 필요한 투쟁들을 수행하려 했다. 이것이 미국에서 새로 선출된 루스벨트 행정부가 대응해야 했던 사회 분위기였다.

영국에서 한 혁신적인 경제학자가 대불황의 절정에서 신고전학파 이론을 비판적인 시각으로 살폈다. 존 메이너드 케인스(John Maynard Keynes)는 자본주의 큰 위기에 대한 중요한 이론적 대응으로 『고용, 이자, 화폐에 관한 일반이론』(1936)을 출판했다. 이 책에서 케인스는 그가 서문에서 '정통'이라고 부른 신고전학파 경제학자들로 하여금 "그들의 기본 가설들을 비판적으로 재검토하도록" 설득하려 했다. 케인스는 신고전학파 이론의 가설을 단순히 비판하고 분석의 주요 초점을 미시경제학에서 거시경제학으로 되돌리는 것을 넘어선다. 그는 경제를 인식하는 완전히 새로운 방법과 완전히 새로운 국가 정책을 제공했다. 이후 학문으로서 경제학은 완전히 달라졌다.

1930년대에 겪은 전반적 고통이 많은 대중들을 독일의 국가사회주의나 소련의 공산주의로 이끈다는 두려움 때문에, 미국의 루스벨트 행정부는 암암리에 케인스주의 경제학으로 옮아갔다. 미국 자본주의를 구하기 위한 선택은 국가개입의 확대였다. 미국 정부는 수백만 명의 실직 노동자들을 고용하기 위해 연방 프로그램과 공공 일자리를 만들었다. 가장 자유로웠던 시장을 규제하기 위한 목적으로 새로운 법을 통과시켰다.

이런 변화가 극적이고 루스벨트 정부의 개입으로 많은 사람들이 직접 지원을 받았다 할지라도, 정부의 개입은 완전고용에 가까울 정도로 무엇을 회복시키기에는 절대 충분치 않았다. 결국엔 제2차 세계대전과 군사동원만이 그 문제를 해결했다. 그럼에도 불구하고 1930년대 국가개입과 전쟁비용 조달을 위한 국가 지출의 급격한 증가와 유례없는 민간 시장에 대한 통제 증가는 강력한 케인스주의 교훈을 주었다. 신고전학파 경제학자들이 오랫동안 주장했던 것과 대조적으로, 국가 지출, 증세, 적자, 생산과 시장에 대한 국가의 규제는 완전고용 또는 성장과 부합했을 뿐만 아니라 그런 것을 달성하는 데 필수적으로 보였다.

미국인의 삶에 다른 변화들도 일어났는데, 이는 케인스주의 이론이 대불황 이후 30년 동안 경제학에 관한 지배적 사고방식이 되는 데 도움을 주었다. 그 가운데 하나는 미국경제학자로서 처음으로 노벨상을 받은 폴

새뮤얼슨(Paul Samuelson, 1915~2009)이 쓴 새롭고 혁명적인 교과서였다. 그 책은 제2차 세계대전이 끝난 지 몇 년 후 출판되어 새로운 세대의 대학생들에게 케인스주의 기초 이론을 명확하고 설득력 있게 가르쳐주었다. 그들 가운데 많은 이들이 새로운 기업 관리자, 정치 관리자가 되었고, 역시 그 시대의 지도적 학자가 되었다. 새뮤얼슨이 쓴 교과서는 또한 '신고전학파와 케인스주의 경제학의 종합'을 새롭게 보여주었다. 그 책은 그동안 두 이론이 해왔던 것보다 훨씬 더 자본주의의 작동체계를 잘 이해할 뿐만 아니라 인간적인 (완전고용의, 공평한, 효율적인) 자본주의를 달성하고 지속하는 더 좋은 방법을 제공한다고 주장한다. 간단히 말하면, 국가는 경제에서 완전고용을 달성하고 유지시키는 역할을 한다(케인스주의 유산). 일단 그렇게 되면, 개인과 기업은 개별적으로 시장 유인에 반응하며, 따라서 사회의 조화와 성장을 낳는다(신고전학파 유산).

미국인의 삶에서 일어난 또 다른 변화도 경제학계 안팎에서 케인스 이론이 지배적으로 되는 데 기여했다. 대불황기 동안 개인들의 삶을 위한 국가 역할에 대한 태도는 완전히 바뀌었다. 루스벨트 정부는 (수백만 명 고용과 사회보장법 및 실업보상법 통과로) 대중의 고통을 완화시켰다. 또 이 정부는 정의로운 것처럼 보인 전쟁을 수행했고, 이겼다. 개인들은 더욱더 국가가 인간적이고 공정한 자본주의, 즉 두드러진 경제 불평등이 줄어들고 완전고용이 유지되는 경제를 만들고 유지하기를 기대했다.

이런 방식으로 경제생활과 관련하여 있었던 개인과 집단의 사회적 역할에 대한 미국의 옛 토론에서는 대체로 국가의 개입을 확대하는 쪽으로 해법이 한동안 도출되었다. 국가는 모든 사람들에게 공평(불평등의 축소)하고 좋은(완전고용)사회를 제공하기 위한 집단의 필수적이고 효과적인 도구로 여겨졌다. 케인스주의 경제 이론이 탄생하고 이 이론이 정당성을 부여한 국가정책이 도입된 후 현대 '복지국가'가 미국에 도래했다.

케인스주의 이론

신고전학파 이론에서 케인스주의 이론으로 전환은 또한 인본주의에서 구조주의로의 철학적 전환이었다. 사회이론에서 구조주의는 사회의 내적 규칙 또는 법칙이 그 사회의 개인들의 행동을 결정하거나 행동의 원인이 된다고 주장한다. 유명한 스위스 심리학자 장 피아제(Jean Piaget)는 "구조의 요소들은 법칙에 종속되며, 구조 전체 또는 체계가 정의되는 것은 이런 법칙들의 차원에서다."[1]라고 말했다.

신고전학파 경제학의 인본주의 전통(개인이 본질적 출발점임)과 아주 다른 케인스주의의 구조주의는 거시경제 구조의 내적 규칙 또는 법칙으로 시작한다. 전체로서 경제는 대부분의 시장에서 일어나는 개인들의 행동, 그리고 재화와 서비스의 가격을 매기는 것이나 얼마나 소비할지 결정하는 것 등에서 일어나는 개인들의 행동을 지배한다. 구조주의의 한 형태로서 케인스주의 이론은 (1)경제의 전체 구조를 만드는 규칙과 법칙, (2)전체 구조가 본질적으로 생산자, 소비자, 그 외 개별 경제 주체들의 행동을 지배하는 방식을 분석하고 보여준다. 예를 들어, 소비자는 소득에서 얼마만큼 소비하고(한계소비성향) 얼마만큼 저축하는지를 지배하는 구조적 규칙을 따른다. 다른 예로, 개별 기업가들은 이윤을 벌기 위해 상품 가격을 정할 때('상품 비용에 대해서 이윤markup'을 정할 때) 다른 구조적 규칙을 따른다. 개인들의 지출, 가격 설정, 기타 경제 행위는 경제 구조를 구성하는 그런 본질적 규칙들을 따른다. 일단 모든 규칙을 규정하면, 케인스주의 이론은 그 규칙들이 어떻게 상이한 모든 시장을 경제를 나타내는 하나의 일관된 '거시 모형'으로 형성하고 연결하는지 보여준다.

---

1 Piaget(1971), p. 7.

잠시 신고전학파 인본주의와 케인스주의 구조주의 간 차이를 살펴보자. 신고전학파 인본주의의 경우 경제는 단지 독립적으로 존재하는 개인들의 행동의 총합(또는 결과)이다. 간단히 말하면, 개인들이 먼저 있고, 경제가 어떻게 작동하는지는 개인들의 행동에 좌우되며, 그런 행동을 반영한다. 케인스주의자들은 그와 반대의 인과관계로 생각한다. 케인스주의자들에게는 경제가 먼저 있고, 개인들의 행동이 경제의 (구조적) 법칙에 좌우되고 그런 법칙을 반영한다. 두 이론 간 차이로부터 많은 것이 나타난다.

이런 차이가 자본주의는 훌륭한 기계라는 우리의 비유에 의미하는 것은 무엇인가? 신고전학파 경제학자들은 자본주의가 어떻게 작동하는지 파악하기 위해 자본주의의 본질적이면서 결정적인 미시 구성요소, 즉 고유의 욕망과 욕구를 가진 독립적으로 존재하는 개인들에 의존한다. 그들은 개인들의 욕망과 욕구가 어떻게 개인들의 행동을 형성하고 그리하여 어떻게 자본주의의 구조와 기능을 결정케 하는지 논리적으로 설명한다. 케인스주의자들은 그 대신에 자본주의의 내적 법칙이 거의 모든 미시 구성요소들의 행동들을 포함하는 자본주의의 작동을 지배한다고 주장한다. 그래서 자본주의를 이해하기 위해서 자본주의 체제의 내적 법칙을 이해하는 것이 필요하다. 우리는 '거의 모든'이란 말을 덧붙일 필요가 있는데, 개인의 투자행동은 경제 구조의 어떤 내적 법칙도 반영하지 않는다는 중요한 예외(우리가 생각하기에는 법칙을 증명하는 것)가 있기 때문이다. 투자행동을 고려할 때 케인스는 일종의 인본주의로 회귀했다. 신고전학파 이론과 아주 다르지만, 그는 투자자들의 인간 본성에 관한 새로운 가설을 도입했다. 투자자들과 투자를 다루는 케인스의 인본주의적 방식으로부터 많은 것이 나타난다.

케인스주의 이론의 발흥으로 나타난 주요 결과 가운데 왜 대불황이 발생하여 대규모 국가개입으로 끝날 때까지 지속되었는지에 대한 1930년대의 새로운 설명들이 있었다. 그런 설명들(과 그런 설명들로부터 생겨난 정책들)은 그때 논쟁을 유발했다. 자본주의의 지속적인 불안정성이 계속 크고 작은 경제위기를 만들어 내기 때문에 그런 논쟁은 여전히 일어나고 있는데, 이는 신고전학파 이론에 대한 케인스주의 이론의 도전을 계속 되살린다.

케인스주의 이론은 대불황의 원인을 민간 투자의 붕괴에서 찾는다. 아주 간단하게 말해서 (제3장에서 훨씬 주의 깊게 검토할 것이다) 케인스는 이런 붕괴 때문에 투자자들이 원하는 대출의 규모를 초월하는 민간 저축의 과잉이 만들어졌다고 믿었다. 즉 투자자들이 적게 대출하고 그 결과 저축자들이 과잉저축을 지니고 있음으로써, 경제의 총지출이 떨어졌다는 것이다. 그런 다음에 이는 소득이 줄어들게 했다. 소득이 감소한 투자자들은 지출을 더 적게 할 수 밖에 없고, 그래서 전형적인 경기하강 소용돌이로 다른 이들의 소득이 감소하면서 침체로 돌입했고, 이런 현상이 충분히 악화되면서 불황으로 접어들었다는 것이다.

케인스주의의 이런 저축이론은 구조주의의 전형적인 예이다. 저축자들이 소득에서 저축하는 몫을 지배하는 구조적 규칙을 따르는 것으로 이해된다. 케인스주의 투자이론은 매우 다른데, 오히려 인본주의 형태와 더 가깝다. 어떤 구조적 규칙도 각 개인의 투자를 지배하지 않는다. 오늘 투자자는 새로운 투자를 수행하는 비용을 계산할 수 있다(예를 들어, 도구와 설비와 원료의 비용과 대부자에게 지불하는 투자금 이자). 하지만 투자자는 현재의 투자로 판매를 위한 상품을 생산할 때, 미래의 시장 상황이 어떻게 될지를 지금 시점에서 알 수 없으며, 계산할 수 없다. 하지만 투자가 수익성이 있을지와 투자를 할 만한지를 결정하기 위하여 투자자는 현재의 투자로 일어날 미래 소득 흐름을 생각(또는 예상)하고 계산해야만 한다. 미래는 그 속성상 알 수 없기 때문에, 케인스에게 투자는 필연적으로 투자자의 미래에 대한 **기대**에 좌우된다.

현재 투자에 대한 수익을 포함해서 거의 사회의 모든 것(정치 동향, 기후 변화, 문화 변화, 경제과정 등)이 개인들의 미래에 대한 기대를 형성하는 데 영향을 준다. 따라서 투자자들이 미래에 대해 희망의 낙관주의와 두려움의 비관주의 사이를 왔다 갔다 하면서 투자지출이 변화하며, 확대되거나 축소되거나 하며, 그 속도가 느려지거나 빨라지거나 한다. 실제로 투자자들의 태도는 서로 독립적인 것이 아니다. 호경기와 낙관주의의 시기에 경기팽창이 계속될 수 없으며, 그런 이유로 신중하게 투자를 줄여야 한다고 최소한 몇몇 투자자들에게서 걱정이 자라난다. 불경기와 비관주의의 시기에는 때때로 그 반대 현상이 생긴다. 그러나 호경기가 1990년대 후반과 2003~2007년에 각각 있었던 이른바 닷컴 투자 호황과 부동산 투자 호황 같은 일종의 투자자 과열을 부추길 수도 있다. 그런 시절에 인기를 얻은 표현을 사용하자면, '비이성적 과열(irrational exuberance 이상과열로도 번역됨-옮긴이)'은 투자자들로 하여금 지속할 수 없는 투자의 '거품'을 만들도록 사로잡아서, 결국 거품이 터져서, 종종 또 하나의 불황이 일어날 수 있게 한다.

케인스주의 이론에서 개인들의 투자를 사회구조의 틀에서 파악하지 않는 것은 우리가 말하듯이 인본주의로 이동했기 때문이고, 그 반대였으면 완전한 구조주의 이론이 되었을 것이다. 그럼에도 불구하고 이와 같은 인본주의로 이동은 케인스주의 이론에서 아주 중요한데, 제3장에서 보게 되듯이, 투자가 독립변수가 되어 투자의 변동(인간의 기분 변화)이 전체 경제에 무엇이 일어날지를 결정하기 때문이다.

자신감 있는 투자자들이 저축하는 것보다 더 많이 투자하게 되면, 경제는 성장하며, 따라서 소득 규모가 확대된다. 그러면 사회는 ①저축자들이 지출하지 않고 갖고 있던 모든 현금이 대출되고, ②투자자들이 추가적으로 은행 체계로부터 새로운 자금을 끌어들여 지출하는 것을 확인하게 된다. 투자자들의 이 두 가지 행동은 소득이나 물가의 성장 또는 이 둘 모두의 성장을 가능하게 만든다. 그러나 케인스주의 이론은 1930년대 불황 같은 경기하강에 더욱 초점을 맞췄다. 그런 이유로 이 이론은 투자자들의 기대('야성적 충동'이란 케인스의 표현에 속함)가 때때로 심하게 암울해져 미래 투자 수익에 대해 심각한 비관으로 바뀌는 이유를 설명하는 데 초점을 맞췄다. 따라서 저축자들이 케인스가 규정한 사회적 규칙을 계속 따르게 되는 그 순간에 투자는 감소할 수 있다.

일단 케인스주의 이론이 경제위기의 원인을 이런 방식, 즉 계획된 투자가 저축보다 감소하는 것으로 규정하자, 정책적 해법이 뒤따랐다. 개별 투자의 감소가 일어나거나 미리 예상될 때, 이를 피하거나 약화시키기 위해 개별 투자의 감소를 상쇄하거나 막을 다른 종류의 지출을 찾아야 한다는 것이다. 케인스주의자들은 국가가 자본주의 경기순환을 관리하는 (최소화하거나 기간을 줄이거나 피하게 하는) 위치에 있고, 권한과 책임을 가진다고 밝혔다.

사회의 구조와 민간 투자자들의 인간 본성을 결합시켜서 사회적으로 발생된 민간투자 감소의 영향을 방지하거나 벌충하기 위하여 국가에 화폐, 이자율, 과세, 정부지출에 대한 통제를 가지고 사용할 수 있는 권한을 주었다. 케인스주의 경제학은 침체/불황의 구조적 원인(민간 저축과 민간 투자 사이에 사회적으로 결정된 불균형)과 구조적 해법(그런 불균형을 극복하기 위한 국가 개입) 둘 다 정식화했다.

신고전학파 이론의 귀환

50년 동안 지속됐던 케인스주의 이론과 경제정책의 지배가 1970년대에 끝났다. 정치와 문화에서 뿐만 아니라 경제에서도 다른 분위기가 세계적으로 지배력을 얻었다. 역설적이게도, 반복되는 자본주의 경기순환을 약화시켰던 (그리고 국가자본주의에서 많은 불평등을 완화시켰던) 국가개입의 부분적 성공이 이런 분위기를 만드는 데 기여했다. 대불황과 제2차 세계대전에서 고통을 겪은 세대의 아이들은 1950년대에서 1970년대까지 부모들 보다 경제적으로 더 안정적이고 편안한 삶을 누렸다. 그러나 부모세대와는 다르게 부모들이 그런 삶을 얻기 위해 투쟁해야 했다거나 그런 삶을 얻는 것에서 필요했던 국가의 역할에 대해 그들은 이해하지 못했다. 기업지도자와 보수적인 지도자들은 경제에 대한 국가의 개입이 비생산적이라고 주장하며 반대했다. 자본주의로부터 시민들을 보호해야 하는 국가의 필요성이 많은 이들에게 역사적으로 멀어져버린 그리고 관련성이 약해진 일이 된 것 같았다.

1970년대와 1980년대 초에 '스태그플레이션'이라고 불리게 된 인플레이션과 스태그네이션의 결합이라는 유령이 출몰하여 많은 자본주의 국가들의 경제에 대가를 치르게 했다. 그런 결합은 많은 이들에게 삶의 개선에 대한 기회가 사라져 가고 있다는 신호를 주었다. 개인들은 더 이상 정신적·육체적 노력으로 경제 성공을 달성할 수 없는 것 같았다. 기업 대변인들과 보수적인 대변인들은 국가 개입과 국가의 전반적 시장규제를 비난했다. 케인스주의자들이 자본주의의 근본적 불안정성에 대한 해법으로 간주했던 것을 오히려 국가 개입을 반대를 위한 체계적인 정치·경제적 변화의 필요성으로 보았다.

많은 자본주의 국가들에서 사회가 국가와 사회 '공학'에 너무 우호적으로 기울었으며, 개인의 주도권과 책임으로부터는 멀어져버렸다는 새로운 주장이 힘을 얻었다. 구조주의와 케인스주의 경제학은 국가와 사회공학과 관련되었기에, 새로 부상하는 인본주의 및 신고전학파 비평가들로부터 점점 더 공격을 받게 되었다. 그들은 너무 강력하고 지나치게 규제하는 국가 관료가 자본주의가 제대로 기능하는 것을 막았다고 주장했다. 시장이 불필요한 국가 규제, 국가가 보호하는 이해집단, 왜곡된 물가와 임금 그리고 저성장(스태그플레이션)을 낳은 세금으로 부담을 안았다고 주장했다. 개인의 자유, 책임, 주도권(그리고 그런 것이 만들 수 있는 부와 성장)이 지나친 국가 개입의 부담으로 사라지고 있다고 주장했다. 현대 사회는 자본주의가 초기에 가졌던 더 나은 조건을 회복해야 한다고 그들은 요구했다. 대처, 레이건, 부시 1세, 부시 2세, 베를루스코니 등의 선거 승리는 자본주의 경제에 대해 그런 태도를 반영하고 강화케 했다.

다른 과정들이 이런 정책 논쟁과 함께 복잡하게 얽혀 나타났다. 실제의 측면에서 많은 기업들은 대불황으로 늘어나서 이윤에 영향을 주었던 세금과 규제에 대해 오랫동안 분하게 생각했고 반대했다. 그들은 자신들이 선호하는 생각과 정책을 홍보하기 위해 정치인들, 정당, 출판 활동, 기구에 자금을 댔다. 냉전의 맥락에서 일부 기업적 관심사는 케인스주의를 사회주의 경제학과 동일시하고 둘 다 비난하는 것이었다. 이론과 학문의 영역에서 신고전학파 경제 이론이 케인스주의 이론을 반대하면서 되살아났다. 노벨상을 받은 경제학자 밀턴 프리드먼(Milton Friedman, 1912~2006)과 그의 추종자들은 1970년대 동안에 확산된 케인스주의에 대한 강한 비판을 이끌었다. 세금 인하, 민영화, 복지 개혁, 탈규제가 그것의 결정적인 주제가 되었다. 학문 기구와 정부 기구에서 일어난 변화가 서로 강화시켜 가면서 케인스주의 이론은 신고전학파 경제 이론에 길을 내줬다.

1980년대 말 소련의 몰락은 신고전학파 세계관의 타당성을 증명하는 것으로 널리 해석되었다. 민간 자본주의—종종 최소한의 국가 개입만 적용되는 민간 (개인) 행동과 관련됨—는 경쟁하던 사회주의 및 공산주의 대안(종종 최대한의 국가 개입과 관련됨)보다 우월한 것으로 찬양되었다. 민간 기업과 '자유(최소한으로 규제된)' 시장의 개념으로 정의된 자본주의는 실패한 공산주의에 대해서 승리하였고, 이를 더 확장시키면 케인스주의에 대해서도 그러했다.

신고전학파 이론 지배로 회귀와 케인스주의가 고취한 국가 경제 개입의 타도는 직접적으로 사회적인 영향을 끼쳤다. 정치인들은 기업과 개인에 대한 세금을 낮추었고, 동시에 기업과 시장에 대한 규제를 줄였다. 민영화(재화와 서비스의 국가 생산과 분배에서 민간 자본주의 생산으로 전환)가 많은 사회를 휩쓸었다. 역사의 추는 집단 주도권에서 개인 주도권으로 돌아갔다.

이런 추의 움직임의 결과는 복잡했고 모순적이었다. 그것은 경제 성장의 활개와 가격 경쟁의 재개를 포함했다. 그러나 그런 경제 성장은 또한 경제 불평등을 심각하게 만들었다. 노동자의 생산성이 계속 상승할 때도 시간당 실질임금은 정체되었지만, 기업 이윤은 치솟았다. 가계는 유례없이 더 많은 구성원이 더 많은 시간의 임금노동을 하고 개인 부채 증가를 감당해야 하는 걱정으로 인한 스트레스 때문에 붕괴했다. 더 많은 노동과 빚은 시간당 실질임금 정체 효과를 상쇄하기 위한 수단이었지만, 또한 개인의, 가족의, 사회의 비용을 유발했다. 부채는 노동자들의 가처분 소득을 줄였고, 더 많은 노동시간 때문에 공동체에서 다른 이들과 사교 활동, 문화 활동, 정치 활동을 할 시간은 적어졌다. 사람들은 '공동체' 또는 '가족 가치'의 상실에 대해 한탄했지만, 더욱 '개인적'이거나 '이기적'(이런 태도와 표현의 선택은 계속 진행되는 변화에 대한 사람들의 태도에 의존했다)으로 변했다.

1990년대에 자본주의 경제국들이 위험하게 부채와 주식 가격 또는 다른 자산 가격의 빠른 상승에 의존하게 되고, 소득과 부의 분배도 아주 불평등해지고 있고, 자연환경과의 관계도 지속가능하지 않은 것 같다는 걱정이 커졌다. 경제위기가 임박했다는 생각이 널리 퍼졌음에도 불구하고, 신고전학파의 대답은 스스로의 인본주의 뿌리에 충실했는데, 시장의 불균형이 일시적으로 일어날지라도 가장 잘 수정될 수 있도록 개인들(소비자와 기업, 대출자와 대부자, 투자자와 저축자)이 사적 이익에 충실한 행동을 자유롭게 추구하도록 내버려 두라는 것이었다.

신고전학파 및 케인스주의 경제학

2008년 경제위기가 미국 자본주의를 강타했고 빠르게 전 세계로 퍼졌다. 그 결과 정부의 긴급한 개입으로 국가의 돈을 붕괴한 신용시장에 퍼부었는데, 주로 민간은행과 다른 금융기업들을 되살렸다(구제 금융을 지원했다). 정부들은 또한 붕괴를 제한하려는 시도로 긴급 규정과 시장 보증을 세웠다. 케인스주의는 포효하며 중심으로 돌아왔는데, 경제 붕괴 전에는 케인스주의에 가장 극심한 비판가들이었던 소규모 기업의 대변자, 정치 대변자, 학계의 대변자들이 이를 종종 이끌었다. 신고전학파 경제 이론은 심각한 경기하강의 결과로 후퇴했고, 새로운 케인스주의 비판이 케인스주의를 겨누었다.

입장을 바꾼 그들이 신고전학파 비평가들의 이론적 주장으로부터 영향을 받았지만, 또한 그 시기 변화하는 경제 사건들에 대응했다. 그들은 국가가 대규모로 개입하지 않고 빠르게 조치를 취하지 않으면, 미국과 다른 자본주의 경제국들은 또 다른 대불황의 위협에 직면할 것이라는 빠르게 대두하던 공포에 사로 잡혔다. 더욱이 1930년대에 일어났던 것처럼 마르크스주의와 사회주의도 늘 위험하고 대안적인 이론과 체제로서 다시 한번 귀환했으며, 그 외의 것들은 항상 신고전학파 및 케인스주의 이론과 자본주의를 그림자처럼 따라 다녔다.

케인스의 글은 신고전학파 경제학자들의 진화하는 전통을 유발했고, 여전히 케인스주의자의 글은 그렇게 하고 있다. 1930년대 시작된 이후 그것은 전 세계에서 경제 문제와 정책에 대한 공적인 논의에 영향을 깊이 주었다. 케인스의 비판에 분노한 신고전학파 경제학자들은 그가 신고전학파 이론을 잘못 이해했고, 자본주의를 괴롭힐 수 있는 몇몇 우연적이고 일시적인 '시장 불완전성'을 너무 과대평가했다는 것을 보여주기 위해 애써왔다. 케인스와 반대로 이런 신고전학파 경제학자들은 자본주의 시장 자체가 시장 불완전성이 일시적으로 어떻게 일어나든지 간에 치유할 수 있다고 주장했다.

2007년 이후 몇 년간 자본주의 위기가 심각해졌지만 많은 신고전학파 경제학자들은 국가의 개입과 시장 규제가 민간 기업을 억압하여 경제 성장 회복을 늦출 것이라는 주장을 재개했다. 그들은 정부가 붕괴한 시장을 살리기 위해 사용할 많은 돈을 빌려서 나타난 엄청난 적자를 지적하며, 국가의 부채가 경제를 회복시키기 위해 필요한 민간 대출자들을 '몰아냈다(crowded out)'고 주장했다. 케인스주의자들이 다시 한 번 그런 주장들을 배격하자, 두 이론 간 논쟁이 지속됐다.

케인스주의에 설득된 사람들에게 자본주의 최근 위기의 주요 원인은 케인스가 보여주듯이 실로 민간 투자의 급작스러운 감소였다. 그래서 그들은 직접 지출과 민간부문이 성장을 재개하는 데 필요한 기능을 못하게 하는 시장 불완전성의 체계적 극복이라는 두 가지를 통해 민간 투자의 감소를 상쇄하기 위한 정부의 조치를 다시 한 번 강조했다. 케인스주의자들은 국가는 완전고용과 경제 성장을 만들어야 하고, 그렇게 할 수 있다고 생각했다.

경제학자들 사이에서 일어난 케인스와 스미스의 다른 유산에 대한 심도 있는 논쟁은 서로의 경제 이론을 선동하는 중심 주제였던 것 같다. 때로 그 논쟁은 미시경제학과 거시경제학을 대비하는 것이 중심이었다. 때로 양쪽은 서로에게 이성을 버렸다고 비난했다. 때로 심지어 한쪽의 논자들은 다른 쪽이 자본주의에 충성심이 없다고 비난했다. (자본주의에 대한 다

양한 사회주의적 비판도 역시 이 시기 동안 있었다는 것도 기억할 가치가 있다)

전 세계 몇몇 대학의 경제학과에서 이 두 쪽은 공존해 왔지만(심지어 한 두 명의 마르크스주의자도 포함한다) 많은 학과에서는 둘 중 한쪽이 다른 쪽을 실질적으로 배제했다. 학문에서 지배이론들 간 진동은 보통 세계 전반의 정치와 언론 매체의 진동을 반영했다. 또한 정치인들도 논쟁에 가담했고, 정치적인 논쟁도 불러 일으켰다. 미국에서는 공화당 대통령 아이젠하워(Eisenhower), 닉슨(Nixon), 포드(Ford), 레이건(Reagan), 부시 1세, 부시 2세가 종종 신고전학파에 우호적이고, 케인스주의에 반대되는 차원에서 연설을 했다. 유럽과 그 외 지역에서는 영국의 대처 같은 보수 지도자들이 아주 똑같은 말을 하면서 미국과 국제통화기금 및 세계은행 같은 주요 국제기구와 함께 신고전학파 경제 이론과 여기서 도출된 정책들을 홍보했다. 반대쪽에서는 루스벨트(Roosevelt), 트루먼(Truman), 케네디(Kennedy), 카터(Carter), 클린턴(Clinton), 오바마(Obama)가 유럽과 그 외 지역의 사회민주주의자들이 한 것처럼 자주 케인스주의를 옹호하고 신고전학파를 반대하는 언어를 선택했다(신고전학파 경제학에 대항하여 싸우는 데서 케인스주의 지지를 추구하는 예전의 그리고 지금의 사회주의자도 이에 포함된다).

주로 케인스주의 경제 전문가들로부터 영향을 받은 행정부는 큰 경제 개입의 경향을 보였다. 민간부문에 대한 정부 감독의 강화, 규제의 확대, 경제적인 동기의 지출 확대, 세제 변화 법안 발의 같은 것이 그 예이다. 실제 정치에서는 어떤 행정부도 둘 가운데 하나의 이론을 완전하게 고수하도록 좀처럼 허용하지 않았으며, 두 이론이 혼합된 접근법이 일반적이었으며, 하지만 다른 쪽 이론에 비해 한쪽의 이론을 강조하거나, 다른 쪽 이론의 정책에 비해 한쪽 이론의 정책을 강조하는 맥락에서 그러했다.

경제학자들과 정부가 지배적인 이론을 투입함으로써 사회와 그 사회를 살아가는 사람들에게 영향을 끼친 것처럼, 그런 사회들도 서로 다른 이론들 간 투쟁에 영향을 주었다. 사회와 이론은 계속 서로를 형성시켜 나갔다. 뒤에 오는 장들에서 우리는 두 이론 간 논쟁의 차원에서 두 이론을 탐구하고 분석할 것이며, 자본주의 경제가 어떻게 작동하는지에 대한 해석의 차이에 대해 그리고 변화하는 정부, 경제, 사회와 두 이론간 상호작용에 대해서도 그렇게 할 것이다. 거기서 우리의 목표는 각 이론의 옹호자들이 거의 인식하지 않고, 묻지 않고, 논하지 않았던 각 이론의 변치 않는 기본적인 특징(인본주의 또는 구조주의적 가설)을 밝히는 것이다.

마르크스주의 경제학의 역사

카를 마르크스의 글은 자본주의 경제체제에 압도적으로 초점을 맞췄다. 그는 정치경제학에 대해 글을 쓴 스미스, 리카도와 다른 선행 연구자들의 글을 연구하는 데 많은 시간과 노력을 투여했다. 그는 자주 선행자들의 글에서 얼마나 많은 것을 얻었는지 인정했다. 그러나 마르크스의 정신을 형성한 이론은 고전 정치경제학과 결별했다. 마르크스한테 봉건주의에서 자본주의로 이행은 현대 세계를 관찰하고 고찰하는 것에 대한 다른 방법을 자극했다.

고전 정치경제학자들이 봉건주의에서 자본주의의 도래를 환영하고 찬양한 반면에 마르크스는 그 이행을 아주 양면성을 가진 것으로 보았다. 그의 선행자들은 주로 기술 역동성, 생산의 효율성, 전체 경제의 빠른 성장률에 근거해서 자본주의를 정당화했다. 반대로 마르크스는 자본주의가 낳는 인간의 대규모 희생과 인구 구성원들 간 부당한 분배도 생각했다. 그는 자본주의 공장과 사무실에서 겪는 노동자들의 고통, 즉 고되고 무력한 그들의 삶에 대해 대응했다. 마르크스는 봉건주의에서 자본주의의로 이행에서 이뤄진 생산 능력의 해방이 억압적인 삶의 조건으로부터 인민 대중의 해방을 수반하지 않았다고 생각했다. 유럽에서 봉건주의에서 자본주의로 이행을 주도한 이들은 그들의 목표가 인간 자유와 진정한 민주주의라고 주장했지만, 그 결과는 자본주의였고, 이는 마르크스의 관점에서 성취하려던 목표를 방해했고, 막았다.

마르크스는 항상 자신이 "역사상 자본주의의 긍정적 기여"라고 말한 것, 특히 자본주의의 기술 및 생산의 획기적 발전을 인정했다. 그는 그런 획기적 발전에도 불구하고 농노에서 자본주의 임금 노동자로 전환이 아주 큰 고통을 야기하고 인간 해방은 아주 적었던 이유를 설명하려는 목표를 가졌다. 그의 관점에서 인민 대중은 노동과 삶의 질에서, 그리고 자신의 노동으로 소비를 가능하게 하는 것으로부터 계속 거부되었다. 봉건 경제체제와 그 외 전자본주의 경제체제에서 아주 적은 사람들에게만 오랫동안 허용되었던 자유가 마르크스가 살았고 분석했던 자본주의 체제의 인민 대중에게 계속 허용되지 않았다.

자본주의에 대한 마르크스의 반응은 선도적 고전 정치경제학자들의 반응과 분명히 달랐다. 마르크스의 이론적인 훈련 또한 아주 달랐다. 마르크스의 위대한 선행 연구자들인 애덤 스미스와 데이비드 리카도는 18세기 영국 철학의 분위기에서 자신들의 생각을 발전시켰지만, 그의 유산은 헤겔(G. W. F. Hegel)에서 절정을 이룬 독일 철학 전통이었다. 마르크스의 개인사도 대부분의 고전 정치경제학자들의 특징이었던 중간계급의 안정성과 결별했었다. 그가 선행 연구자들과 비슷한 환경에서 삶을 시작했지만(그는 교육받은 국가 관료의 아들로 대학 교육을 받았다), 그의 급진적인 배움은 자신의 삶을 바꾸었다. 정치적인 영향으로 그가 대학 교수로 직업을 삼는 것이 막혔을 때, 활발한 정치 활동을 하는 쪽으로 방향을 틀었다.

나중에 현대 독일로 통합되는 지역들에서 봉건주의로부터 자본주의로 이행 과정에 혁명적 격변이 이따금 일어났다. 그런 격변으로부터 마르크스는 자본주의의 어두운 면을 배웠고, 그런 면에 대한 반대를 분명하게 표현하게 되었다. 그런 결과 1840년대 독일 당국은 마르크스를 추방했고, 망명을 신청했던 프랑스와 벨기에에서도 당국으로부터 추방을 당했다. 그는 마침내 런던에 정착했고, 대부분 정치 난민자를 괴롭히는 끊임없는 어려움과 재정 불안 속에서 나머지 삶을 보냈다.

마르크스의 유명한 경제 분석에 대한 성숙기 저작들은 모두 영국에서 쓰였다. 자신이 태어난 독일과 단절되고, 사회 격변 장면을 바로 목격하는 것으로부터도 그렇게 되어, 마르크스는 강조점을 일상의 활동에 대한 논쟁으로부터 체계적 독서, 연구, 이론화로 옮겼다(정치적 활동이 자신의 삶의 중요한 부분으로 남아 있었지만). 반대로 애덤 스미스는 스코틀랜드 글래스고에서 대학 교수로서 삶을 보냈고, 데이비드 리카도는 런던에서 부유한 은행가로서 삶을 살았다. 존 메이너드 케인스는 케임브리지 대학 교수였고, 성공한 투자가였고, 잉글랜드 은행 총재였다.

각자 다른 삶의 환경은 어떻게 해서 그리고 왜 마르크스가 내놓은 자본주의에 대한 이해가 고전 경제학자, 신고전학파 경제학자, 케인스주의 경제학자들이 내놓은 것과 다른지 설명하는 데 도움을 준다. 고전 경제학자들은 '국부'에 초점을 맞췄고, 국부가 어떻게 그리고 왜 성장하는지 또 국부가 세 부류의 큰 계급들 (노동자, 자본가, 지주) 사이에 어떻게 그리고 왜 분배되는지에 초점을 맞췄다. 케인스는 연구 작업의 초점을 자신이 경제구조의 법칙으로 보는 것에 맞췄다. 그들과 대조적으로 마르크스는 다른 것에서 시작했고, 다른 것에서 자기 이론의 초점을 맞추었는데, 그것은 고전 경제학자들의 계급 용어가 의미했던 것과 아주 다르게 이해하는 계급 관계였다.

마르크스는 사라지는 봉건주의와 부상하는 자본주의 모두의 공통된 특징으로서 계급을 강조했다. 마르크스는 '계급'을 가지고 모든 형태의 사회에서 일부 구성원들(노동자)이 '잉여노동(surplus labor)'을 수행하는 하나의 특수한 경제 과정에 대한 의미를 부여했다. 마르크스는 잉여노동을 노동자 자신의 소비를 위해 필요한 재화와 서비스의 양을 초과하는 노동으로 정의했다. 마르크스는 봉건주의와 자본주의에서 잉여노동의 생산물(잉여)은 자동적으로 그리고 즉각적으로 잉여 생산 노동자가 아닌 다른 사람들의 재산이 된다고 믿었다. 마르크스는 이런 상황을 '착취(exploitation)'로 정의했는데, 한 집단이 잉여를 생산하고 다른 집단이 그것을 가져가는 것을 말한다. 마르크스가 계급을 말할 때는, 대체로 계급과정(class process) 속의 두 대립 집단인 잉여 생산자와 잉여 전유자(專有者, appropriator)를 의미했다.

유럽 봉건주의에서 '영주'라고 불린 사람들이 봉건적 법률과 관습에 의해 재화와 서비스를 공급하도록 의무를 부여 받은 농노로부터 정기적으로 재화와 서비스(또는 이런 것을 판매하여 받은 현금)의 잉여를 전유했다. 유럽에서 봉건주의로부터 자본주의로 이행이 이룬 것은 잉여노동 착취 형태의 변화였다. '자본가'라고 불린 새로운 사람들이 봉건 영주를 대체했지만, 그 두 부류는 모두 다른 사람들이 생산한 잉여의 전유자였다. '임금노동자' 또는 '프롤레타리아'로 불린 새로운 잉여 생산자들이 봉건 농노를 대체했다. 따라서 착취는 계속되었고, 단지 착취의 특수한 형태만 봉건주의에서 자본주의로 바뀌었다. 또한 잉여에 붙여진 이름도 봉건 '지대'에서 자본주의 '이윤'으로 바뀌었다.

마르크스 이론에서 많은 부분은 봉건주의에서 자본주의로 계급과정 형태의 역사적 변화가 낳은 중요한 경제 및 사회적 결과를 탐구했다. 그의 이론은 하나의 사회 계급이론이 되었다. 마르크스의 이론은 (1)사회의 계급과정(잉여가 어떻게 그리고 어디서 생산되고 전유되는지)을 밝힘으로써 (2)그런 계급과정이 경제와 사회에 어떤 영향을 주는지를 보여줌으로써 사회가 어떻게 작동하고 변화하는지를 파악해냈다. 마르크스가 잉여 측면에서 계급에 초점을 맞춘 것은 신고전학파 경제학자들과 큰 차이를 만드는데, 신고전학파 경제학자들은 일반적으로 계급에 무관심 했고, 잉여의 존재를 거부했고, 강조점을 오히려 개인과 개인들의 시장 상호작용에 두었다. 케인스주의자들도 잉여와 계급과정에 거의 관심을 보이지 않았고, 경제 구조가 어떻게 개인의 경제 행동을 형성시키는지에 초점을 맞췄다.

신고전학파 및 케인스주의 이론처럼 마르크스주의 경제 이론은 사회변화를 반영했고, 그 이론 옹호자들의 사회 변화를 위한 특수한 의제에 영향을 주었다. 마르크스는 자본주의를 넘어서는 사회이행을 원했다(신고전학파나 케인스주의 경제 전문가들은 그렇지 않다). 마르크스와 그의 뒤에 나온 마르크스주의자들은 착취 형태의 단순한 변화에 만족하지 않았다. 그들은 착취의 폐지를 추구했다. 마르크스는 잉여를 생산한 사람들이 잉여를 가지며, 잉여를 어떻게 이용할지 결정하는 사회, 즉 공동체로서 집단적으로 그렇게 하는 사회를 상상했다. 그는 그런 사회에 '공산주의'라는 이름을 붙였다. 공산주의 사회는 사람들이 (사회의 중심 생산 활동에서) 더 이상 잉여 생산자와 잉여 전유자로 맞서지 않는 환경이 된다.

신고전학파 및 케인스주의 경제 전문가들이 인간의 열망을 수행하는데, 국가관리 자본주의와 더욱 민간적인 자본주의의 장점을 대비하는 논쟁을 지속한 반면, 마르크스와 마르크스 이후 마르크스주의자들은 모든 자본주의의 형태를 뛰어넘어서 공산주의로 향하는 이행을 위해 분투했다. 그들은 자본주의 단계가 폐지되었지만, 공산주의는 아직 이룩되지 않은 그런 이행기를 '사회주의'로 이름 붙였다. 정치적으로 그들은 스스로를 사회주의자로 정의했는데, 이는 그런 이행기를 처음에 건설하고, 그런 다음 그 이행기를 완수하는 데 헌신하는 사람이다. 마르크스는 그의 이론이 자본주의 계급분석으로 사회주의를 건설하고 그리고 이를 뛰어넘어서 공산주의를 건설하는 정치 활동에 기여했다고 믿었다.

마르크스는 자본주의 사회가 공산주의 사회로 바뀌기 위해서는 사람들이 자본주의 계급구조를 이해하는 게 도움이 된다고 생각했다. 공산주의의 새로운 계급구조를 추구하기 전에, 사람들이 계급과정과 사회생활의 다른 과정들이 어떻게 상호작용하는지 이해해야 한다는 것이다. 당시 사회 이론들은 그와 같은 이해가 결핍되어 있다는 것을 파악했기 때문에 마르크스는 사회 변화에 관심 있는 사람들에게 필요한 방식으로 계급 문제를 다룰 새로운 이론을 발전시켰는데, 그런 사람들이 계급을 삶의 중요한 과정으로서 그리고 더 나은 삶을 위한 중요한 과정으로서 깨달을 수 있도록 하기 위해서였다.

마르크스의 이론은 사회의 계급 측면에 초점을 맞추지만, (똑같이 강력하게 사회와 역사를 형성시킨 몇몇 다른 과정을 예로 든다면) 시장, 음악, 종교, 기후 같은 것보다 계급이 더 중요한 사회적 요소이기 때문은 아니다. 마르크스는 당시 계급이 오늘날에도 그렇듯이 현대 자본주의에서 무시되고, 이론화되어 있지 않고, 종종 억압된 측면을 가졌기에 계급 이론을 발전시켰다. 그런 상황을 벌충하고 수정하기 위해 마르크스와 마르크스주의자들은 동시대 사회의 계급분석을 위한 이론 작업에 초점을 맞춘다.

대부분의 마르크스주의자들은 고전파, 신고전학파, 케인스주의 경제학이 (오랫동안 많은 이론가들이 발전시킨) 복잡하고 미묘한 이론들의 한 집합을 구성한다는 것에 동의한다. 그들은 또한 그런 이론들이 역사가 사회주의로 나아가는 것보다는 자본주의에 멈추길 원하는 사람들에게 적합하다는 것을 밝혔다. 마르크스주의자들은 일반적으로 자신들의 대안 이론이 자본주의보다 나은 사회를 사회주의에서 찾고 있는 사람들에게 적합하다고 생각한다. 자본주의와 공산주의와 또 이 둘 사이의 사회주의 이행을 어떻게 완수할 것인지에 관한 심도 있는 모든 논쟁을 하면서 마르크스주의자들은 일반적으로 마르크스가 중요한 기여를 했다고 동의했다. 마르크스는 더 나은 세상을 만드는 근본적 변화를 위한 사회주의 의제는 계급을 하나의 주제로서 심각하게 다루어야 한다고 가르쳤다. 그 의제의 지지자들은 헌신을 불러일으키는 다른 주제들(민주주의, 평등 등등)뿐만 아니라 계급을 이해해야만 했다.

마르크스는 그가 추구한 공산주의 사회에 대해 거의 쓰지 않았다. 그는 미래에 대해 상상하기보다 현재를 분석하는 것을 선호했다. 그가 공산주의에 대해 거의 말하지 않은 것은 평생 계급에 초점 맞춘 것을 반영한다. 그가 상상한 공산주의 사회는 다음과 같이 재화와 서비스의 생산을 조직한다. 잉여를 생산하는 노동자가 잉여를 가지며, 분배한다. 다시 말해 노동자와 자본가 사이의 구분이 사라진다. 노동하는 모든 사람들이 권리 상으로 얼마나 많은 잉여가 생산되어야 하고 누가 그것을 가져야 하고 그것으로 무엇을 해야 하는지에 대해 평등한 발언권을 가져야 한다.

이후 마르크스주의자들은 마르크스에 근거를 두면서 그가 별로 제안하지 않았던 것을 넘어섰다. 또한 그들은 마르크스가 거의 또는 전혀 쓰지 않았던 주제로까지 마르크스의 이론을 확장했다. 예를 들어 19세기와 20세기 유럽의 아시아, 아프리카, 라틴 아메리카로 강력한 팽창은 마르크스주의자들로 하여금 해외 무역, 식민주의, 제국주의, 국제 금융에 대한 새로운 이론으로 나아가게 했다. 마찬가지로 (종종 밀접한 협력으로 제조업자와 은행가가 연결되어 있는) 대규모 법인 기업의 성장은 선진 자본주의 국가의 독점과 경제 정체에 관한 새로운 마르크스주의 이론을 낳게 했다. 물론 어떤 이론이 새로운 주제로 확장될 때, 모든 종류의 변화를 겪으면서 현역 학자들 사이에서 논쟁을 불러일으킨다. 마르크스주의 이론도 예외는 아니었다. 마르크스주의자들은 마르크스가 1881년 사망한 후 많은 새로운 분야로 뛰어들었고, 문학비평, 심리분석, 인류학, 생물학과 같은 다양한 주제에 대한 마르크스주의 접근법을 만들었다. 종종 마르크스주의 이론은 경제학에서처럼, 그런 분야에서 지배적 이론에 대한 기본적인 대안 이론으로서 등장했다.

경제학에서 마르크스주의의 이론의 발전은 다른 학문에서 있었던 것처럼 마르크스주의자들 간 차이와 논쟁을 반영했다. 예를 들어 1917년 이후 소련의 성격과 의미에 관해 강렬한 열정과 의견 불일치가 소용돌이쳤다. 소련에서 만들어진 경제와 사회(혁명의 지도자 레닌과 관련된 초기부터 1989년 몰락까지)는 마르크스의 이론과 희망을 확인해주었는가? 아니면 마르크스의 이론과 희망에 도전이 되었는가? 아니면 마르크스의 이론과 희망을 논박한 것이었는가? 1917년부터 현재까지 이런 질문에 대한 여러 가지 대답은 마르크스주의 경제학의 많은 저술가들을 뒤흔들었다. 1949년 중화인민공화국에서 중국 공산당의 혁명이 승리한 후 비슷한 논쟁이 마르크스주의자들을 휘저었다. 마오쩌둥 지도하에서 중국 정책과 진화와 마오쩌둥 이후 중국 정책과 진화는 마르크스주의 이론에 어떻게 영향을 주었는가? 소련과 중국에 대한 다른 대답들은 양국의 역사에서 존재했고 또 그런 역사를 형성한 계급과정에 대한 조사와 검토를 불러일으켰다(Resnick and Wolff 2002; Gabriel 2009).

마르크스주의자들 사이에서 일어난 다른 논쟁 주제는 20세기 많은 국가들에서 있었던 대중에 기반을 둔 대규모 사회주의 및 공산주의 정당 발전의 성공이었다. 마르크스주의자들은 이런 정당으로부터 영향을 받았고, 때때로 그런 정당에 가입했고, 또 그런 정당이 수행하는 현실 정치 투쟁에 영향을 주려고 했다. 예를 들어 그런 정당이 수백만 명의 유권자를 동원하여 선거에서 이기기 위해 능력을 행사하려는 곳에서 몇몇 마르크스주의 이론가들은 봉건주의에서 자본주의로 이행의 특징이었던 폭력

없이도 평화롭게 성취할 수 있는 사회주의 이행에 관한 글을 쓰면서 대응했다. 몇몇은 사회주의 또는 공산주의 정당이 자본주의 지배층을 위협할 경우 반공산주의 폭력이 일어날 가능성을 다시 생각하기 시작했다. 마르크스주의자들은 또한 대규모 사회주의 정당들이 유럽 유권자들의 정치적 충성심을 얻기 위해 보수 정당들에 대항해서 싸울 때 이데올로기와 군중심리, 그리고 그런 것들과 경제과정의 상호작용에 대한 이론들을 만들었다. 다른 마르크스주의자들은 사회주의 및 공산주의 정당들이 실질적으로 자본주의를 지지하는 정당처럼 선거의 장에 들어서면서 혁명의 목표와 힘을 잃어버렸다고 주장했다.

심도 있는 마르크스주의 논쟁을 낳은 마르크스 시대 이후 다른 주요 발전은 대부분 자본주의 사회에서 일어난 힘있는 노조의 부상이었다. 자본가들과 대립하고 있는 노동자들의 처지를 개선시키기 위해 단체 행동과 협상에 헌신하는 조직으로서 노동조합은 마르크스주의자들의 이론적 관심과 분석적 관심을 끌었다. 예를 들어 마르크스주의자들은 자본가들이 노동자들과 임금, 급여, 노동조건에서 대치할 때 언제 그리고 어떻게 국가 권력을 이용하는지 이해하려 했다. 마찬가지로 그들은 노동조합 조직 전략과 관계가 있는 대기업의 투자 계획의 동향에 대한 설명을 제공했다. 또 다른 예는 마르크스주의 경제전문가들은 현대의 초국적 기업들이 선진 자본주의 국가들의 노동자들을 아시아, 아프리카, 라틴 아메리카의 이른바 저발전국의 노동자들과 어떻게 다르게 다루는지 그리고 왜 그렇게 하는지를 분석했다.

1945년 이후 마르크스주의 이론은 큰 도전과 변화를 겪었다. 이는 산업화된 자본주의 국가들에서 심도 있는 자기 검토와 재정식화의 시기였다. 마르크스주의자들은 계급분석이 사회주의와 공산주의로 향한 복잡한 운동에 마르크스주의 전통의 중심 기여로 남을 것인지에 대해 논쟁했다. 그들은 신고전학파 이론과 케인스주의 이론의 부분을 받아들이고 흡수할지에 대해, 만약 그렇게 한다면 어떤 부분을 어떤 조건으로 그렇게 할지에 대해 의견이 갈렸다. 아시아, 아프리카, 라틴 아메리카의 많은 지역에서 마르크스주의 이론가들은 이 지역의 사회가 직면한 특수한 발전 문제에 마르크스주의 이론의 적용 가능성에 관해 논쟁하고 있다. 1945년 이후 모든 시기 또는 일부 시기 동안 공산당이 지도하는 국가들에서 경제 성장과 이 국가들 간 분열은 마르크스주의를 다시 생각하도록 많이 부추겼다.

우리는 여기서 세계 역사에 영향을 준 그 모든 전개에 대해 주의를 쏟을 수 없다. 우리가 한정한 목표는 신고전학파 및 케인스주의 이론의 대안으로서 마르크스주의 이론의 기본 윤곽을 설명하는 것이다. 그러나 신고전학파 및 케인스주의 이론에 대한 우리의 논의처럼 마르크스주의 이론의 경우에도 우리는 오늘날 마르크스주의 이론에 요구하고 마르크스주의 이론에 영향을 끼치는 논쟁과 재고(再考)에 대해 설명을 해야 한다.

충분히 흥미로운 것인데, 비마르크스주의 경제학에서 있었던 인본주의/구조주의 분열이 마르크스주의 경제학에서 재현되었다. 마르크스가 죽은 후 바로 경제와 사회에 대한 구조주의적 관점이 등장했다. 이는 결국 옛 소련에서 지배적 해석이 되었다(그리고 소련에 의해 세계적으로 전파되었다). 때때로 그것은 고전 마르크스주의 또는 정통 마르크스주의로 언급되었는데 (1)내적 '법칙'이 경제의 토대, 즉 '생산양식'(mode of production: 생산양식이 일반적인 번역어이며, 생산방식으로도 번역됨-옮긴이)의 구조를 만들며 (2)경제의 구조가 궁극적으로 사회의 다른 모든 것들을 결정한다고 주장했다. 이런 정통 마르크스주의는 사회를 하나의 건축물로 도식화했는데, 생산양식(경제)은 사회의 '상부구조'(정치와 문화)를 결정하는 '토대'이다. 정치적 및 문화적 사건, 사회적 및 이데올로기적 운동, 생산체제 외의 경제 부분(시장, 가격, 소득분배 등)은 모두 근본 원인, 즉 생산양식으로 환원되었다. 따라서 정통 마르크스주의 경제 전문가들은 (시장교환 또는 총공급 및 총수요 보다) 생산을 자신들의 이론의 중심 초점으로 삼았다.

마르크스주의자에게 생산은 항상 상호작용하는 두 개의 부분 또는 측면으로 된 구조를 나타낸다. 하나의 부분에서 사람들은 자연과 상호작용하여 인간이 욕구하는 재화와 서비스를 얻기 위해 자연을 변형한다. 마르크스주의 용어 '생산력'은 노동자가 어떻게 자연을 변형하는지, 즉 종종 '기술'로 규정되는 생산의 부분을 가리킨다. 마르크스주의 용어 '생산관계'는 재화와 서비스를 생산하는 과정에서 사람들이 서로 상호작용하는지, 즉 무엇을 어떻게 어디서 생산하고, 생산물을 어떻게 할 것인지에 대한 결정을 누가 하는지를 가리킨다. 정통 마르크스주의자는 생산관계를 **재산**이라 약칭하는데, 그 중심된 관념은 생산수단(도구, 설비, 화폐, 작업장 등등)을 소유한 사람들이 중요한 생산결정을 한다는 것이다. 생산양식(기술과 재산의 구조화된 상호작용)은 궁극적으로 생산되고 구매되는 재화와 서비스의 종류를 결정하고, 실업의 증가와 감소의 이유를 만들고, 선거를 치러서 우리가 목격하는 결과가 나타나는 이유를 만들고, 어떤 종류의 음악이 인기를 얻게 되는지 등의 이유를 만든다는 것이다. 마르크스주의 분석의 임무와 목표는 어떤 사회의 생산양식이 그 사회의 특성, 갈등, 동역학을 각각의 특정 시기와 공간에서 정확히 어떻게 만드는지를 보여주는 것이다.

정통 마르크스주의자들이 가졌던 그런 인과관계에 대한 사고는 위에서 우리가 언급한 케인스주의 경제학과 유사하다. 그러나 정통 마르크스주의자는 생산양식이 궁극적으로 사회의 거의 모든 것을 결정한다고 주장하기에 케인스주의 경제학을 넘어선다. 그런 주장은 정통 마르크스주의에 '경제 결정론'이라는 이름을 얻게 해주었다. 그 지지자들의 분석 과제는 생산체제가 어떻게 경제를 형성하고, 그런 다음 경제가 가능한 모든 사회의 정치와 문화를 지배하는지 보여주는 것이었다. 사회를 바꾸기 위해서 (빈곤을 뿌리 뽑기 위해서, 민주주의를 세우기 위해서, 인종 평등과 성평등을 이루기 위해서, 생태계를 보존하기 위해서), 생산력과 생산관계의 기초 구조('생산양식')는 바뀌어야만 했다. 그 구조의 형태(생산양식)가 다르면 그에 따라 다른 사회가 만들어지며 지속된다.

마르크스주의 이론에서 그런 구조주의 해석 외에도 인본주의 해석도 있었다. 마르크스주의의 정통적 해석은 아주 구조주의적이었기 때문에, 마르크스주의 내부의 비평가들이 인본주의 해석을 종종 반박했다. 구조주의자들의 경제결정론에 대항하여 인본주의 마르크스주의자들은 정치, 문화, 개인의 생각과 행동은 어떤 결정적인 경제구조의 단순한 결과가 아니라고 주장했다. 그것들은 오히려 사회에서 거의 자율적인 인과요소였다. 자율적인 개인행동에 대한 초점과 강조로 인본주의 마르크스주의자들은 종종 신고전학파 경제학 전통의 유사 인본주의(parallel humanism)에 접근했다. 마르크스주의 경제학 내에서 그런 마르크스주의적 인본주의 경향에서 영향이 가장 큰 것은 '합리적 선택 마르크스주의'로 알려지게 되었다.

어떤 경제 이론을 구조주의 또는 인본주의로 범주화하는 것을 수정하기 위해 하나의 중요한 기준이 필요하다. 이론은 100% 구조주의이거나 인본주의이지 않다. 예를 들어서 신고전학파이론의 인본주의에도 불구하고 그것은 때때로 구조주의 요소가 있기도 하고 반면에 위에서 설명했듯이 케인스주의 이론도 마찬가지로 인본주의 요소를 가지고 있다. 정통 마르크스주의는 구조주의이지만 이 역시 인본주의 계기가 있다. 마찬가지로 인본주의 마르크스주의도 구조주의 계기를 가지고 있다. 이런 복합성과 모순은 대안 이론에서 일어난 논쟁에서 중요하게 되었는데, 이는 이 책의 뒤의 장들에서 보여준다.

다른 경제 이론 비교하기

다른 경제 이론을 비교하는 것은 까다롭다. 다른 것들을 비교하는 것은 항상 그렇다. 우리는 이론을 비교하는 문제와 정확하게 관련되는 최근의 많은 글들을 이용함으로써 우리 임무를 용이하게 할 수 있다. 이 책에서 우리는 '일반론'이라고 부르는 세 가지 종류의 신고전학파, 케인스주의, 마르크스주의 이론을 비교하고 대조할 것이다. 이 절차는 사과와 체리가 어떻게 다른 종류의 과일인지 보여줌으로써 서로 구별하는 것 또는 이글루와 양옥이 어떻게 다른 종류의 집인지 보여줌으로써 서로 구별하는 것과 아주 비슷하다.

일반론 비교하기

어떤 것에 관한 이론은 그것에 관한 문장으로 이루어진 집합이라 할 수 있다. 때때로 '개념'과 '관념'은 우리가 문장으로 의미하는 것과 동의어로 사용된다. 모든 이론을 구성하는 문장, 개념, 관념의 집합은 어떤 기초적 유사성을 보여준다. 어떤 이론의 문장들은 특수한 것, 즉 보통 이론의 '대상'이라고 부르는 것에 초점을 맞춘다. 어느 누구도 상상할 수 있는 모든 것에 대해 생각할 수 없기 때문에 모든 사람들은 필연적으로 정신력을 집중해서 가능성 있는 무한한 대상들 사이에서 몇몇을 선택하고 초점을 맞추어야 한다. 모든 이론은 어떤 특수한, 선택된 대상을 이해하기 위한 수단이다. 한 이론의 문장들은 그 이론의 대상에 의미를 부여한다. 우리가 이해하려고 선택한, 즉 이론화하려는 대상은 우리의 삶이 우리로 하여금 이해하도록 부추기는 것들이다. 다른 사회는 사람들로 하여금 다른 대상을 선택하게 하고, 그런 대상에 대해 다른 사고방식을 형성케 한다. 한 사회 내에서조차도 사람들의 위치와 경험에 따라서 다른 방식으로 다른 대상들을 생각하게 이끈다. 어떤 시기와 조건에서는 어떤 대상을 선택하고 이론화할 것인지에 대해 사람들 사이에서 차이는 클 것이다. 다른 시기와 조건에서는 그런 차이가 작을 수 있고 사람들은 '일치'한다고 말할 수도 있을 것이다.

일반론을 보여주기 위해서, 우리는 세 가지 특수한 종류의 이론을 잠시 비교할 수 있다. 달과 별의 관계는 오랫동안 사람들의 관심을 끌었으며, 우리가 물리학과 천문학이라고 부르게 된 이론을 위해 선택된 주요 대상이었다. 친밀한 사람들의 관계는 백 년 전 쯤 관심을 유발했고, 우리가 현재 심리학이라고 부르는 이론을 위해 선택한 대상이 되었다. 17-18세기 유럽에서 봉건주의에서 자본주의의 출현은 경제학에서 이론화를 위한 새로운 대상 선정을 부추겼는데, 그것은 재화와 서비스의 생산과 분배였다. 이 책에서 비교한 세 경제 이론은 그런 대상에 대해 다르게 사고하는 주요 방식과 관련된다.

어떤 이론을 구성하는 문장과 개념은 그 이론에 선택된 대상에 대한 특수한 것을 말해준다. 이론은 대상을 정의한다. 천문학 이론은 행성과 항성이 무엇인지, 즉 행성과 항성이 이해되고 분석될 수 있도록 자격을 주는 정확한 특성은 무엇인지를 정의하는 문장을 포함한다. 심리학 이론은 다른 대상을 정의한다. 현대 심리학 이론의 주요한 창시자 지그문트 프로이트(Sigmund Freud)는 인간의 마음은 그가 '무의식'이라고 정의한 것을 포함한다고 주장하는 문장을 썼다. 그는 자신의 이론에서 정의한 무의식에 대한 새로운 이론을 구성하는 많은 문장들(관찰, 분석, 결론)을 발전시켰다. 프로이트 이후 심리학자들은 심리학 이론을 정교하게 하고 발전시키면서 프로이트의 문장을 기각하거나 바꾸거나 아니면 그것에 보탰다.

또한 경제 이론은 단지 재화와 서비스, 생산과 분배와 같은 대상만을 포함하지 않는다. 경제 이론의 문장들은 이런 대상들에 대한 특수한 정의를 제공하고 그런 정의에 특수한 의미를 덧붙인다. 실제로 각 경제 이론의 내용은 의도를 위해 선택된 대상에 특수한 의미를 덧붙이는 문장들의 집합이다.

어떤 이론도 그대로 있지 않다. 사람들이 자신들을 둘러싼 세상에 대처하고 또 세상을 바꾸기 위해서 이론을 이용하듯이, 마찬가지로 계속 바뀌는 세상은 또한 사람들과 이론을 변화시킨다. 새로운 경험이 일어나면서 사람들은 그런 것들을 설명하거나, 그런 것들의 의미를 밝히거나 이해하기 위한 시도로 이론을 확장시킨다. 이론의 확장은 어떤 새로운 대상을 선택하고 정의하는 것, 어떤 낡은 대상을 바꾸거나 기각하는 것, 그런 모든 대상들 간 새로운 연관을 구축하는 것을 수반한다. 이런 방식으로 이론은 성장하고 변화한다.

천문학자들은 우주에서 새로운 물체를 발견했을 때, 그것을 설명하기 위해서만 이론을 확장 하는 것이 아니다. 그들은 또한 중력(의 개념) 또는 빛의 궤도 또는 천문학의 다른 특정 물체에 관한 특정 문장들을 수정할 필요도 느낀다. 그리하여 천문학 이론은 성장하고 변화한다. 마찬가지로 심리학 이론도 인간이 이론을 어떻게 확장하는지(이 경우에 이론적 관심의 방향을 정함)와 어떤 이론적 변화가 필요한지에 따라 성장하고 변화한다.

이는 경제학에서도 진실이다. 예를 들어 침체, 인플레이션, 해외무역 문제에 관한 새로운 경험은 경제 이론에 필요할 수 있는 이론의 확장뿐만 아니라 변화를 유발할 수 있다. 애덤 스미스의 경제 이론 정식화(선행 연구자로부터 물려받은 개념들을 확장하고 변화시키는 것)는 나중에 자본주의라고 불리게 된 새로운 경제 사건과 과정들을 1776년에 설명하는 것을 추구했다. 카를 마르크스는 19세기 중반 자본가에 대한 노동자들의 투쟁을 알리고 진전시키기 위해 잉여, 계급, 착취에 대한 경제 이론을 정식화하려고 스미스와 리카도의 이론을 확장하고 변화시켰다. 그 뒤 1930년대에 존 메이너드 케인스는 한편에선 자신이 배웠던 이전의 경제 이론에 기초하기도 했지만, 다른 한편에선 기각하고 변화시켜서 새로운 경제 이론을 발표했다. 자본주의의 반복되는 경기순환 속에 나타나는 대규모 위기에 대응하면서, 케인스도 경기순환을 다루고 관리할 수 있는 방법에 대한 이론화를 추구했다. 산업혁명, 자본-노동 충돌, 경제 불황 같은 일련의 사건들 각각은 기존 경제 이론을 급진적으로 바꾸고, 새로운 이론이 나오는 데 일조했다.

한 이론의 발전이 다른 이론들의 변화에 기여하는 것도 흔하다. 예를 들어, 화학 이론에서 일어나는 새로운 발전은 천문학자들로 하여금 천문학 이론 가운데 어떤 것을 변화시키는 결과를 낳을 수도 있다. 경제학의 역사에서 수학의 변화는 경제 이론을 변화시키는 데 일조했다. 마르크스주의 경제학 내 논쟁과 변화는 신고전학파 및 케인스주의 경제학에 영향을 주었고, 이 두 경제학의 변화는 마찬가지로 마르크스주의 경제학에 영향을 주었다. 각 이론은 이론을 형성시키는 많은 종류의 영향의 결과로서 항상 변화한다. 각 이론이 변화하면서, 이론 상호 간 끝없는 변화의 과정 속에서 다른 이론에 주는 영향도 변화하고, 이론들과 사회의 모든 비이론적 측면 간 영향도 변화한다.

각 이론의 논리

모든 이론은 이론화 대상들을 어떻게 연결하는지에 관한 특수한 규칙을 세우고 따른다. 모든 이론은 스스로 이해하려는 현실의 구성 요소를 어떻게 연결 짓는지를 지배하는 규칙에 대한 체계성, 즉 '논리'가 있다. 이론은 각 대상들을 연결 짓는 특수한 논리에 따라 서로 달라지지만, 모든 이론은 논리를 사용한다.

한 이론의 논리는 원인과 결과에 대한 자신의 특수한 관념을 포함한다. 많은 이론은 원인의 역할을 어떤 대상에 부여하고 결과의 역할을 다른 대상에 부여한다. 예를 들어 천문학자는 어떤 행성 궤도의 형태를 가까이 있는 항성 크기의 결과로 설명할 수도 있는데, 그러면 항성의 크기는 원인으로 이론화되면서, 행성의 궤도는 그 원인의 결과가 된다. 심리학으로부터 하나의 예를 든다면, 아동 학대는 원인으로, 어른 공포증은 결과로 이론화될 수 있다. 경제학의 대상인 '침체'는 다른 대상, 즉 '민간 투자의 붕괴'의 결과로 이론화될 수 있다. 한 이론에서 어떤 대상들을 다른 대상들이 결과로 나타나도록 결정하는 원인으로 볼 때, 우리는 그 이론의 논리를 '결정론적'이라고 한다.

또는 이론은 대상들을 다른 방식으로 연결시켜서 다른 논리를 보여주기도 한다. 예를 들어 어떤 이론의 모든 대상들이 항상 다른 모든 대상들의 원인과 결과로 여겨질 수도 있다. 그러면 경제 불황은 말 그대로 무수한 다른 대상들의 결과이면서 다른 모든 대상의 무수한 원인 가운데 하나로 접근될 수 있다. 그와 같은 이론에서 대상들은 우리가 '다중결정론적(overdeterminist)'이라고 부르는 상호 인과성의 논리로 서로 연결될 수 있다.

이론 간 차이는 얼마나 중요할까

세 가지 기본 과정 즉, 이론화할 대상을 선택하고, 대상을 정의하고, 대상들 간 논리적 연결을 만드는 것이 모든 이론을 구성한다. 그 세 개의 과정에 초점을 맞추면 서로 다른 천문학 이론들이나, 서로 다른 심리학 이론들이나, 서로 다른 경제학 이론들을 명확하게 구별하는 것이 가능해진다. 따라서 우리는 신고전학파 이론, 케인스주의 이론, 마르크스주의 이론이 서로 다른 방식으로 연결한 서로 다른 대상들에 관한 서로 다른 문장들의 집합이라는 것을 보여줄 수 있다. 신고전학파 이론, 케인스주의 이론, 마르크스주의 이론은 사람들이 세상을 이해하는 다른 문장들의 집합이다. 더욱 형식을 갖춘 언어로 말하면, 세 가지 다른 문장의 집합이 다른 경제학 지식 또는 다른 경제학 학문을 구성한다.

이 세 가지 이론을 비교하여 각 이론에서 다루는 대상이 어떻게 다르게 정의되고 연결되어서 경제를 어떻게 다르게 이해하는지 보여줄 것이다. 우리는 다른 이론들이 같은 단어, 예를 들어 '가치', '가격', '상품', '임금', '이윤', '자본주의'를 사용할 때조차도 그 대상들을 다르게 정의한다는 것을 말할 것이다. 각 이론은 말 그대로 그 단어들마다 다른 것을 의미한다. 이와 같은 것이 다른 모든 종류의 이론에도 적용된다. 프로이트주의 심리학자와 비프로이트주의 심리학자는 '리비도', '에고', '무의식' 같은 말에 다른 의미를 부여한다. 천문학에서 다른 이론들은 '우주', '우주의 블랙홀' 같은 용어에 다른 정의를 한다. 실제로 두 학생이 얘기할 때 같은 단어, 예를 들어 '사랑', '일', '재미'라는 같은 단어를 쓰는데, 그 단어들에 꽤 다른 의미를 부여하고 있다는 것을 발견하게 된다.

마지막으로 우리의 비교는 사람들이 다른 이론을 사용하여 경제 같은 것을 다르게 이해하게 되면 어떤 결과를 낳는지에 관한 질문으로 이어지게 할 것이다. 무엇이 당신은 이런 방식으로 나는 저런 방식으로 이론화하게 만드는가? 우리 모두는 각자 일상생활에서 적합하다고 생각하고 사용하는 다른 이론들을 정당하게 비교하고, 경이로워할 수 있을까? 또는 특정 방식으로 세상을 사고하는 사람들이 세상에 대처할 때 특정 방식으로 할 가능성이 높기 때문에 이는 더 심각한 문제인가? 누군가 자신의 경제 이론으로 미국 경제를 바꾸기 위해 분투하는데, 그 방식이 다른 이의 이론에서는 국가의 미래에 위협이 되는 것이라고 여긴다면, 이론의 불일치를 넘어서는 다루어야 할 어떤 무엇이 있는 것이다. 이론은 사람들이 어떻게 행동할지에 대해 결정을 내리는 하나의 방식이며, 그렇게 결정된 행동이 우리를 괴롭힌다면, 우리는 그런 행동 이면에 놓여 있는 이론들에 도전하려 할 것이다.

따라서 우리는 다른 경제 이론들이 우리 사회에서 어떻게 다른 중요성을 가지는지에 대한 문제에 답을 제공하도록 노력하며 이 책을 마무리 할 것이다. 다른 경제 이론을 사용하는 것에서 나타날 수 있는 사회적 결과들을 아는 것은 세 가지 이론에 대한 생각을 정리하는 데 도움을 줄 것이다.

세 이론 소개

우리의 목표는 세상의 주요 세 경제 이론들 사이에서 일어나는 현재의 대립과 논쟁을 이해하는 것이기 때문에, 각 이론에 대한 체계적 소개가 필요하다. 각 이론의 중요한 차이점을 강조하고 그리하여 각 이론이 어떻게 다르게 경제를 이해하는지를 비교하기 위해서는 소개에서 각 이론의 윤곽을 강조해야 한다. 이 소개는 또한 2장, 3장, 4장에 할애하고 있는 세 이론의 자세한 검토를 위한 전체적인 안내로서 기능할 것이다.

신고전학파 이론의 입구점, 대상, 논리

신고전학파 경제 이론은 관심의 대부분을 서로 구별되는 특정한 대상들에 둔다. 개인, 시장의 공급과 수요, 가격, 판매량 및 구매량이 가장 중요한 부분이다. 이런 대상들을 이해하는(이론화하는) 데서, 신고전학파 경제 이론은 그 외 많은 대상을 정의하고 연결시킨다. 이것들 중에 중요한 것은 개인의 욕구(선호), 자원, 기술이다. 이 세 가지 개념은 신고전학파 이론의 입구점 또는 출발점이라고 부르는 것을 형성한다. 입구점은 이론가의 선택을 보여주는 데 이론 구성을 시작하기 위해 선택한 방법, 즉 이론가가 자신의 이론적 대상 모두에 의미를 만들기 위해 초점을 맞추는 출발 개념이다. 목수가 어떤 대상물, 예를 들어 의자를 만들기 위해 도구를 사용하듯이, 입구점을 어떤 대상, 예를 들어 시장가격을 구체적으로 이해하고 의미를 부여하기 위해 이론가의 (이론적) 도구를 형성하는 것으로 생각할 수 있다. 그런 도구를 사용하지 않는다면, 의자든 가격이든 어떤 대상도 존재할 수 없다. 그것이 이론에 관하여 생각할 때 입구점이 아주 중요한 이유이다.

신고전학파 이론은 경제가 어떻게 작동하는지에 대한 전체 그림을 그리기 위해 개인의 욕구와 생산 능력(자원과 기술)이라는 특별한 도구를 사용하며 시작한다. 개인의 욕구와 생산 능력이 결합하여 현재 경제의 상태를 만든다. 따라서 경제를 이해하는 것은 개인의 물질적 후생에 대한 욕구와 이 욕구를 충족시키기 위해서 주어진 자원을 이용하는 개인의 능력이 상호작용하여 나타나는 종합 효과를 알아내는 것이다. 이런 개인들의 상호작용을 위한 핵심적이고 최적인 제도는 시장인데, 여기서 구매자와 판매자 서로에게 이로운 교환이 되는 협상이 자유롭게 일어난다. 신고전학파 이론은 생산 자원과 기술을 이용해서 생산과 시장 거래에 참여하여 각 개인이 물질적인 사적 이익을 추구할 때 모든 이들의 최대 후생이 어떻게 성취되는지를 보여준다. 경제에서 일어나는 것은 항상 개인들이 이런 방식(개인이 자유롭게 선택하는 시장거래에 외부의 방해가 더 많이 허용되는지 아니면 더 적게 허용되는지를 가지고)으로 행동하는 결과로 설명된다.

개인의 욕구와 생산 능력이라는 입구점 외에, 신고전학파 경제 이론은 입구점과 다른 모든 대상들을 연결하기 위해 사용된 특수한 인과 추론을 가지고 스스로를 차별화한다. 이런 추론은 그것의 인과 논리를 형성하는데, 입구점 개념과 함께 그것은 이론적 도구의 집합을 구성한다. 신고전학파 이론의 인과성 개념에는 보통 다른 대상의 원인으로 결합되는 몇몇 대상이 있다. 그것은 결과로 보이는 대상에 종속 변수, 원인이 되는 대상에 독립 변수라고 칭하며 그 관계를 표현한다.

이 특수한 인과성 개념은 철학자들 사이에서 오랫동안 '본질주의' 또는 때때로 '결정론'라고 불리었다. 최근 몇 년 동안에는 '환원주의'이라는 개념이 대중화되었다. 이 책에서는 이 세 용어를 동의어로 사용한다. 그 용어들은 무슨 뜻을 가졌는가?

그 용어들은 어떤 사건은 그 발생에 본질적인 원인 또는 결정 인자를 가지는 것으로 볼 수 있다는 가정을 가리킨다. 본질주의자(또는 결정론자 또는 환원주의자)의 추론은 다음과 같이 전개된다. ①사건 A가 사회에서 발생할 때, 우리는 무수한 다른 사건들이 동시에 일어나고 있고, 무수한 다른 사건들이 그 이전에 일어났다는 것을 알고 있다. ②우리는 이렇게 많은 다른 사건들 중 몇몇을 사건 A의 핵심적이고 주된 '결정적' 또는 '본질적' 원인이라고 가정한다. ③그러므로 우리는 이론 작업을 본질적 (결정적) 원인과 비본질적 (비결정적) 원인을 구별하는 것으로 정의한다. 그 결과가 A에 대한 '설명'이며, A의 원인은 몇몇 주요 결정 인자들로 환원된다. 그런 이유로 '환원주의'라는 용어는 세상에서 일어나는 사건들에 대한 설명을 그것들이 어째서 몇몇 본질적인 원인의 결과인지를 보여주는 것으로 환원하는 이론을 가리킨다.

예를 들어 사건 A를 2011년 8월 동안 일어난 재화 가격의 상승이라고 가정하자. 그달의 경제 뉴스를 빠르게 조사하면, 이자율 상승, 석유 가격 상승, 보완재 가격의 하락, 달러 가치의 상승, 실업 감소 등 많은 사건이 일어났다는 것을 알 수 있다. 연구를 더 진행하면, 2011년 8월과 또 그 이전 기간에 우리 세계의 다른 경제 측면과 비경제 측면의 많은 것들이 바뀌었음을 알 수 있을 것이다. 강우량이 줄었고, 세율이 인하되었고, 대통령의 의료보장제도가 대중의 관심을 받는 주제가 되었고, 중동에 군사 충돌이 확산되는 등의 일이 일어났다. 이렇게 2011년 8월 이전에 그리고 동시에 일어난 일들에 대한 통계 자료는 엄청나게 많고 그 모두가 아마도 재화의 가격에 직간접적인 영향을 미쳤을 것인데, 신고전학파 경제학자들은 그런 자료를 대면하면 어떻게 할까?

신고전학파 경제학자들은 가격에 영향을 끼치는 많은 것들 가운데 '어떤 것이 가장 중요한지' 결정할 수 있다고 믿으면서, 신고전학파 이론의 기본 논리를 단언한다. 그들은 재화 가격의 변화가 (재화의 공급과 수요라는 제목 아래 열거된) 몇몇 핵심 원인의 변화 때문에 일어난다고 가정한다. 그래서 신고전학파 경제학자들은 독립 변수(공급과 수요)들이 어떻게 종속변수들을 결정하는지 설명하기 위해 정확하게 조사한다. 달리 말하면, 그들은 종속변수의 변화가 어떻게 해서 독립변수 변화의 결과(로 환원되는지)인지 설명한다. 따라서 '결정론'과 '환원주의'라는 용어는 이 특수한 인과 방법론을 설명하기 위해 서로 대체될 수 있다.

환원주의자 또는 결정론자들은 본질적인 원인이라고 생각하는 것에 초점을 맞추면서 중요하다고 여기는 (이론적 관심을 가질만한) 사건을 설명한다. 그런 가정(사건들은 분리해 낼 수 있는 어떤 특수한, 근본적인 원인들을 가진다)은 많은 사람들의 의식에 깊숙이 자리 잡고 있다. 이는 신고전학파 이론뿐만 아니라 많은 이론들에서 나타난다.

신고전학파 이론은 분석적인 주장의 전체 범위에서 환원주의다. 대부분의 정식화에서 신고전학파 이론은 경제 활동(번영과 성장 또는 침체와 실업과 경기하강)의 전체 규모와 속도를 이 이론이 상정한 입구점의 결과로, 즉 이기적이고, 생산적인 개인들이 상호작용하여 한 것의 결과로 환원시킨다. 이 이론이 어떻게 작동하는지를 짧게 개괄하고, 그런 후 다음 장에서 좀 더 자세하게 검토하겠다.

시장가격은 본질적으로 수요와 공급에 의해 결정된다고 말한다. 그런 다음 수요와 공급은 궁극적 결정 원인, 즉 경제 후생을 위한 개인의 자연스러운 욕구, 개인의 자원 부존량, 주어진 생산 지식(기술)에 접근하고 또 그것을 이용할 수 있는 개인의 천부적 능력으로 환원될 수 있다. 그런 이유로 신고전학파 이론에서 인간의 욕구와 생산 능력이라는 입구점은 입구점 이상의 것이 되며, 다른 모든 대상들을 결정하는 궁극 원인 또는 본질로서도 기능한다. 시장가격은 이렇게 가정된 인간 본성의 본질적 측면의 결과로 환원된다.

이런 의미에서 인간 본성은 신고전학파 이론의 결정 토대가 된다. 인간 본성의 기원에 관한 질문은 신고전학파 경제학 교재나 강의에서 자주 제기되지 않는다. 그런 질문이 제기 되더라도 인간 본성은 신의 결과나 진화나 '지적설계론'에 있는 어떤 결합으로 당연하게 환원된다.

신고전학파 경제학자들은 환원주의 방법론에 대해 거의 문제를 제기하거나 논쟁하지 않는다. 그들은 환원주의 방법론이 마치 자연스럽거나 '과학적 방법'이거나 그야말로 유일하게 제대로 된 사고방식인 것처럼 하나 또는 몇 개의 존재가 모든 사건의 궁극적 결정 원인이라고 가정한다. 이런 본질적 원인들이 밝혀져야 하고, 그런 것들이 어떻게 사건들을 결정하는지 보여주어야 한다. 그것은 신고전학파 경제학이 가지고 있는 설명의 임무이다.

케인스주의 경제학의 입구점, 대상, 논리

케인스주의 이론의 대상은 전체 경제이다. 이는 종종 거시경제학이라고 불리는데, 신고전학파 이론이 개별 소비자, 개별 노동자, 개별 기업에 초점을 맞추는 것, 즉 미시경제학과 구별된다. 그래서 케인스주의 이론은 국내총생산, 국민소득과 국부, 화폐 공급, 실업, 소비자 물가 지수, 경제 성장 양상 같은 거시경제학의 주요 측면을 조사한다. 신고전학파 경제학과 달리, 케인스주의 경제학은 개인의 욕구와 개인의 시장 행동에 특별한 관심이 없다. 케인스주의 경제학은 전체 경제가 개인의 욕구와 생산 능력의 결과로 기능하고 발전한다고 가정하지 않는다.

한 가지 예외(뒤에 있는 장에서 보게 될 것인데, 인본주의 방식으로 개별 투자를 다룬다)를 제외하고 케인스주의 이론은 일반적으로 인과성의 방향을 반대로 본다. 개인들이 하는 것은 전체 경제가 어떻게 작동하는지에 의해, 거시경제의 주요 측면들의 연관 또는 관계에 의해 결정된다. 그 측면들과 그것들의 관계는 케인스주의 경제 이론의 거시경제학 구조를 정의한다. 케인스주의 이론은 무엇보다 거시경제학의 주요 측면들과 그 측면들의 상호 관계의 구조를 정의함으로써 경제를 이해한다. 이는 경제를 이해하고 경제가 어떻게 작동하는지 이해하기 위한 케인스주의 경제학의 고유한 출발점 또는 입구점을 형성한다.

개인들은 그런 구조 속에서 태어나서 그런 구조에 의해 만들어지며 그런 구조의 규칙에 따라서 행동한다고 가정된다. 그런 이유로 케인스주의 이론은 신고전학파 이론과 마찬가지로 그것의 입구점이 인간 행동의 궁극 원인이 된다고 가정한다. 그러나 이 두 이론은 그 입구점이 아주 다른데, 전자는 (궁극 원인으로서) 인간본성을 선택하고, 후자는 (궁극 원인으로서) 구조의 규칙을 선택한다. 케인스주의 경제학자들에게 임무는 구조를 고려하여 그 구조가 어떻게 기능하고 진화하여 사람들이 개별적으로 집단적으로 자신의 욕구를 더 잘 채울 수 있는지를 연구하고 밝히고 보여주는 것이다.

신고전학파 이론의 인본주의적 결정론은 케인스주의 이론의 구조주의적 결정론과 대립한다. 그 둘은 결정론 논리를 공통점으로 가지고 있다. 그러나 신고전학파 이론은 개별 인간의 본성을 입구점과 본질적 원인으로, 그리고 거시경제 성과를 그 결과로 삼는다. 그와 반대로 케인스주의 이론은 거시경제 구조를 입구점과 본질적 원인으로, 그리고 인간의 경제행위를 그 결과로 삼는다. 케인스주의 경제학은 거시경제 구조의 주요 구성 요소들을 연결시키는 방식에서도 다른 수준의 본질주의를 포함한다. 예를 들어, 총저축과 기업 및 개인의 총투자가 실업과 경제 성장, 침체, 번영을 결정한다. 케인스주의자들이 분석하는 거시경제 구조는 그와 같이 거시경제 구조의 구성요소 간 인과관계뿐만 아니라 거시경제구조의 구성요소와 개인들의 경제행위 간 인과관계로 채워져 있다.

마르크스주의 이론의 입구점, 대상, 논리

마르크스주의 이론 역시 다른 대상, 즉 가장 관심을 두어야 한다고 생각하는 다른 경제 측면을 가지고 있다. 이것들 가운데 첫째가 계급인데, 이 개념이 마르크스주의 경제학의 고유한 입구점을 형성한다. 마르크스주의의 경제학은 계급을 사람들의 관계로 정의하는데, 이 관계에서 어떤 사람들은 다른 사람들을 위해 일을 하지만 그 대가를 전혀 돌려받지 못한다. 계급을 설명하기 위해서 마르크스주의 이론은 잉여(surplus)라는 개념이 필요한데, 그 개념은 다음과 같이 정의된다. 사회의 어떤 사람들이 자신의 삶을 유지하기 위해 필요한 것보다 더 많이 생산하는 재화와 서비스의 양이다. 그런 다음 이 잉여는 이것의 생산에 참여하지 않는 사람들에 의해 전유되고 사회적으로 분배된다. 다른 사회 형태의 계급관계는 잉여의 생산, 전유, 분배를 조직하는 방식이 다른 것으로 정의된다. 각 사회에 구성된 잉여의 조직화(organization of surplus)는 개인에게 생산자, 전유자, 분배자의 지위를 부여한다. 상이한 잉여의 조직화는 누가 잉여를 생산하고 전유하고 분배하는지에 대해 다른 방식, 즉 다른 계급관계를 부여한다.

계급과 잉여 외에 마르크스주의 이론은 자본, 노동, 노동력, 상품, 가치, 생산과 분배, 자본의 축적, 위기, 제국주의 같은 대상에 초점을 맞춘다. 이 모든 것은 마르크스주의 이론 특유의 경제 분석을 구축하는 계급 및 잉여와 관련된다.

마르크스주의 경제 이론의 전통은 최근 150년 동안 전 세계의 많은 다양한 사회의 기여로 진화했기 때문에, 결정론적 경제 논리와 비결정론적 경제 논리 두 종류 모두 포함한다. 최근 몇 십 년 동안 지배적이었던 정통 마르크스주의 경제 이론은 결정론적이고 또 구조주의적이었다. 케인스주의 경제학과 다르게, 경제가 어떻게 작동하고 변화하는지를 결정하는 것은 거시경제구조가 아니었다. 결정론적 마르크스주의자들이 주장하는 경제의 궁극 원인 그리하여 정치와 문화의 궁극 원인은 생산관계(재산)와 생산력(기술)의 구조화된 상호작용인 생산양식이라는 입구점이었다.

결정론적 마르크스주의는 (재화와 서비스를 생산하기 위해 사용되는) 생산수단을 소유한 집단과 생산수단을 소유하지 않은 집단을 나누어서 사회를 분석한다. 그들에게 재산 소유권(property ownership)은 계급관계와 같은 말이 되었는데, 즉 부자와 빈자의 계급적 대치, 유산자와 무산자의 대치를 보여준다. 생산수단의 소유자는 그런 재산을 가지지 않은 사람들이 생산한 잉여를 전유하는 것으로 이해된다. 결정론적 논리에 충실한 정통 마르크스주의는 생산수단 소유 여부에 따라 누가 (어떤 계급이) 잉여를 생산하고 누가 (어떤 계급)이 잉여를 전유하는지를 설명한다. 잉여의 사회 조직화는 재산 소유권(에 의해 도출된, 결정된)의 결과였다.

그러나 최근 몇 십 년 동안 꽤 다르면서 비결정론적인 논리가 마르크스주의 내부에서 중요해졌다(몇몇 마르크스주의자들은 마르크스의 글에서 그런 것이 이미 존재했다고 밝혔다). 그런 관점에서 경제학과 정치학 그리고 문화는 모두 서로 결정요인이 되며 따라서 서로 의존적이다. 사회의 이런 구성요소들 가운데 어떤 것도 다른 것보다 더 큰 영향력을 행사하지 않으며, 그것들의 질적 차이는 단일한 양적인 척도로 환원되지 않는다. 따라서 이런 종류의 마르크스주의 경제학은 인본주의나 구조주의가 아닌데, 그것의 대상과 관련된 모든 종류의 결정론적 논리를 기각하기 때문이다. 대신에 그것은 개인과 구조가 변증법(사람들 간 끊임없는 대화에서 생겨나는 생각에 대한 고대 그리스 개념과 관련됨)이라고 부르는 끊임없는 과정 속에서 서로를 끊임없이 형성하고 변화시키는 것으로 이해된다고 주장한다. 다른 이들은 이런 상호작용, 상호의존성, 상호변형이라는 반결정론적(antideterminist) 개념을 다중결정론이라고 부르기를 선호한다. 현대 마르크스주의 경제학의 주요한 부분을 구별해주는 이런 차별적인 연결 논리는 제1장의 '마르크스주의 이론의 논리'와 제4장에서 더 논의할 것이다.

마르크스주의 이론은 또한 그 대상에 특수한 질과 중요한 자격을 부여한다. 예를 들어 이 이론은 잉여를 생산하고 전유하고 분배하는 상이한 종류의 계급관계를 강조한다. 실제 마르크스주의 이론은 인간 역사의 시기를 자본주의, 봉건제, 노예제, 공산주의, 그 외 몇 가지 종류로 구분하기 위해 그런 상이한 종류의 계급관계를 사용한다. 마르크스주의 이론은 또 어떤 대상들에 아주 특수한 자격을 부여했다. 예를 들어 노동과 자본은 '생산적'인 것과 '비생산적'인 것으로 잉여가치는 '절대적'인 것과 '상대적인' 것으로 구별된다. 이런 용어들과 관련된 용어들은 4장에서 정의하고 논의한다.

이런 몇몇 용어들은 신고전학파 경제학, 케인스주의 경제학, 마르크스주의 경제학 간 두 가지 두드러진 차이를 강조한다. 첫째, 같은 단어와 어구가 세 이론 모두에서 나타난다할지라도, 그것들은 세 이론에서 전적으로 다른 의미를 가진다. 예를 들어 마르크스주의 이론에서 정식화되고 사용되는 자본과 가격이라는 기본 개념은 신고전학파 이론과 케인스주의 이론에서는 완전히 다른 의미를 가진다. 둘째, 한 이론에서 사용되는 중심 용어들이 다른 이론에서는 아예 없을 수 있다. 잉여노동이 신고전학파 이론이나 케인스주의 이론에 없듯이 사적 이익을 극대화하는 개인은 마르크스주의 이론에 없다. 생산적, 비생산적, 상대적, 절대적과 같은 마르크스주의 이론에서 중요한 자격은 신고전학파 이론 또는 케인스주의 이론에서는 중요하지 않다. 신고전학파 이론과 케인스주의 이론이 그것의 대상들에 붙이는 '종속적' 대 '독립적' 같은 형용사가 다중결정론적 마르크스주의 이론에 존재하지 않듯이 말이다.

이론들과 대상들에 대한 여담

세 경제 이론의 기본 대상들에 있는 큰 차이는 이론들의 대상이 이 대상들을 관찰할 이론가들과 설명할 이론들을 단지 기다리면서 세상에 존재하는 게 아님을 보여준다. 우리가 보는 세상과 찾는 대상들은 우리가 그것들을 분석하기 위해 사용하는 이론에 의해 만들어진다. 여기서 닭이 먼저냐 달걀이 먼저냐 같은 오래된 질문에 빠져들지 않는 게 중요하다. 우리가 세상에서 찾는 대상이 먼저인지 이론이 나중인지 아니면 그 반대인지에 관한 질문은 해결할 수 없으며 그럴 필요도 없다.

오히려 인간은 항상 관찰과 생각을 동시에 한다. 우리가 생각하는 것이

부분적으로 우리가 보는 것에 의해 형성되듯이, 우리가 보는 것은 **부분적으로** 우리가 어떻게 생각하는 지에 의해 형성된다. 마르크스주의자들은 계급을 관찰하고 이것을 이론화하며, 그들의 관찰이 이론화를 형성하는 것처럼, 그들의 이론은 그들이 보는 것에 영향을 주는 역할을 한다. 신고전학파 이론가들은 개인의 극대화 행동을 관찰하며 그것을 이론화하는데, 그들의 관찰이 그 이론화를 형성하는 것처럼 그들의 이론은 그들이 보는 것에 영향을 주는 역할을 한다. 케인스주의자들은 개인들이 사회 관습적으로 소득에서 소비하는 부분의 총계를 관찰하여, 이를 이론화하는데, 그들의 경험적 관찰이 무엇을, 어떻게 이론화 할지를 형성하듯이 그 이론은 경제에서 그들이 보는 것을 형성하는 데 도움을 주는 역할을 한다.

물론 각 개인이 관찰하는 것은 각 개인이 신뢰하는 이론을 넘어서서 결정된다. 우리가 거부하는 이론이 우리의 이론에서 그런 이론의 대상을 고려하고 위상을 밝히게 할 정도로 우리 공동체에서 충분히 중요할 수도 있다. 한 이론의 옹호자는 종종 다른 이론의 부분들을 수용하여 자신의 이론을 조정하기도 한다. 예를 들어 어떤 신고전학파 경제학자와 케인스주의 경제학자는 계급이 존재한다는 것을 받아들이는데, 하지만 보통 마르크스주의자와는 아주 다르게 계급을 정의한다. 마찬가지로 어떤 마르크스주의자들은 사적이익을 극대화하는 개인과 총소비 성향이 경제 발전의 요소라는 것에 동의하지만, 대부분의 신고전학파 경제학자와 케인스주의 경제학자들이 받아들이지 않는 방식으로 그런 개념들을 다룬다.

상이한 이론은 세상을 서로 다르게 설명할 뿐만 아니라 세상을 다르게 보게끔 영향을 미친다. 다른 이론을 가진 사람들이 서로 자신이 이해하는 것을 가지고 소통하려할 때 마주치는 어려움은 각자 보는 세상이 같지 않다는 것이다. 의사소통이 성공적으로 일어나기 위해서는 양쪽이 세상을 설명하는 방법과 세상을 어떻게 인식하는지에 대해 이해할 필요가 있다.

이것이 인간이 긍정적으로 말하고 소통할 수 있는 확률을 경고하는 이유는 아니다. 세상을 다르게 보고 생각하기 때문에 사람들 사이의 소통이 불가능한 것은 아니다. 반대로 우리가 서로의 차이에 대해 솔직하게 마주하고 그런 차이를 배우려고 한다면, 서로의 차이 때문에 소통이 더욱 풍부해지고 생산적으로 될 수도 있다.

모든 문화를 풍부하게 하고 자극하는 인간 삶의 다양성은 옷 입기, 기도하기, 요리하기, 선거하기, 춤추기 등에 다양한 방식으로 적용되었다. 뿐만 아니라 생각과 관찰도 다양해졌는데, 정신이 어떻게 작동하는지, 감각(시각, 청각, 미각, 촉각, 후각)이 환경과 어떻게 상호작용하는지, 사고와 감각이 서로를 어떻게 형성하는지 말이다. 그 모든 차이에 관여하고 이해하려는 것은 모든 문화의 다양성으로부터 배우려는 선진 문명의 징표이다. 사람들 간 차이 때문에 의사소통은 필수이면서 풍부하다.

수세기 동안 문명은 먹고 입고 기도하고 사랑하고 선거하는 것에 올바른 방식이 오직 하나만 있지 않다는 것을 천천히 배웠다. 우리는 주위 환경을 보고 생각하는 것에 올바른 방식이 오직 하나만 있지 않다는 것을 기억할 필요가 있다. 사람들이 세상을 이론화하고 관찰하는 방식은 다르다. 따라서 신고전학파, 케인스주의, 마르크스주의 이론은 경제를 분석하는 방식의 차이 외에도 관련된다. 분석의 대상, 즉 그 이론들이 목표로 삼는 '관찰된 현실'도 또한 서로 다르다. 이 책의 주된 목적은 이론의 차이를 대조하고 탐구하는 것이다.

마르크스주의 이론의 논리

계급 착취라는 입구점 개념에 더해서 최근 몇 십 년 동안 마르크스주의 이론의 전통에서 가장 두드러진 발전은 다중결정론 개념이다. 인과성에 대한 이 독특하고 상호 연관적인 개념은 마르크스주의 이론의 대상들을 원인과 결과가 항상 동시에 되는 것으로서 연결시킨다. 세상의 모든 것은 다른 모든 것을 다중적으로 결정하는 데 참여하며, 스스로도 다른 모든 것에 의해 다중적으로 결정된다. 제4장에서 설명하는 것처럼 여기서 소개된 마르크스주의 경제 이론은 경제(또는 비경제적)사건이 본질적 원인이라는 가정을 기각한다. 그런 가정은 우리가 말했듯이 사건에 본질적인 경제요인이 있다고 생각하는 '경제 결정론' 또는 본질적인 문화 요인 또는 정치 요인이 사건을 궁극적으로 일으켰다고 생각하는 '문화 결정론' 또는 '정치 결정론'으로 불릴 수 있다. 여기서 소개하는 다중결정론적 마르크스주의 이론은 마르크스주의 전통에 있는 경제 결정론이나 다른 결정론들과 다르다.

대신에 제4장에 있는 마르크스주의 이론에서는 사건을 선행하여 일어났고 동시에 일어나고 있는 다른 모든 것의 결과로서 일어나는 것으로 가정한다. 세상이 무수히 많은 사건들로 구성된다고 가정하면, 어떤 사건의 발생은 '본질적인 몇 가지 사건'이 아니라 다른 모든 사건의 영향에 좌우된다. 이것은 모든 사건들이 어떤 사건 발생을 초래하는 효과 또는 영향을 주기 때문에, 어떤 단일한 사건도 그 자체로 일어나거나 다른 사건들의 존재와 무관하게 일어난다고 고려될 수 없다는 것을 의미한다. 따라서 사건들은 항상 함께 일어나며 서로 관련을 가진다. 요컨대 다중결정론적 마르크스주의 이론은 신고전학파 경제학, 케인스주의 경제학, 결정론적 마르크스주의 경제학이 함께 사용하는 독립변수와 종속변수 또는 원인과 결과라는 용어를 사용하지 않는다. 각 사건이 항상 동시에 원인(그것이 다른 사건들의 발생에 자신의 영향력을 부가한다)과 결과(그 자신의 존재가 다른 사건들의 결합된 영향력으로 초래됐다)로 이해되기 때문에 그렇게 할 수 없다.

다중결정론 해석의 마르크스주의 이론은 인본주의 경제학 이론 및 구조주의 경제학 이론과 아주 다르다. 그 이론은 인간 본성이나 구조 법칙을 경제 사건의 궁극적 결정 원인으로 이해하지 않는다. 대신에 그 이론은 각 개인의 본성을 그 개인 주위의 경제, 정치, 문화, 자연 과정으로 부터 생겨난 결과의 장으로서 이해한다. 인간 본성은 그 모든 주위 환경 과정의 결과이면서 부분적인 원인이다. 같은 주장이 사회의 구조들(즉, 전체로서 거시경제, 시장, 가계, 기업, 국가)에도 적용된다. 그런 모든 구조는 역시 주위 환경을 구성하는 상호작용하는 과정으로부터 생겨난 결과의 장이다. 다중결정론 이론의 관점에서 개인과 사회구조는 마찬가지로 이해되는데, 각각 결과의 장으로 이해된다. 그 둘은 결과들을 창조하는 과정의 연쇄로부터 독립적으로 존재할 수 없으며, 결과들을 만드는 과정들의 연쇄 속에 서로 얽혀있다.

마르크스주의 전통에서 이런 종류의 논리는 역사적으로 '변증법적' 추론이라고 일컬어졌는데, 사건이 어떻게 존재하는지(일어났는지)를 이해하는 마르크스의 방법으로부터 파생되었다. 그러나 마르크스주의 전통 내에서 그 논리가 가지는 위상에도 불구하고 우리는 이 책에서 '변증법'이라는 용어를 사용하지 않을 것이다. 우리는 대신에 이런 마르크스의 인과성 개념을 일컫기 위해 더 새롭고 더 정확한 용어 '다중결정론'을 사용할 것이다. 그 긴 역사를 고려하면, 변증법은 자주 일어난 뜨거운 논쟁으로부터 특히 마르크스주의자들 간 그런 논쟁으로부터 파생된 여러 의미가 과중하게 덧붙여진 개념이다. '다중결정론'을 선호하는 중요한 이유는 그 의미를 '변증법'에 부여되어 있는 많은 의미들과 구별하기 위함이다. 독특한 맑스주의 이론의 논리를 규정하는 이 방법으로 '변증법'의 복잡한 지성사로부터 부담을 받지 않는다.

이 다중결정론이라는 마르크스주의 개념을 설명하기 위해 경기침체 발생을 고려해보자. 경기침체가 투자 감소나 소비자의 지출 감소나 주식가격의 하락이나 그런 몇몇 제한된 결정요인 군 때문에 일어난다고 가정하지 않는다. 오히려 이런 마르크스주의 관점에서 침체는 그런 것들뿐만 아니라 세상에 존재하는 다른 모든 요인들 때문에 '일어난다'. 이는 수많은 다른 예들 가운데 계급구조에서 경제변화, 기후 및 토양 화학에서 자연변화, 은행규제·선거·법률에서 정치적 변화, 소비환경·대출·기업 신뢰에서 문화적 변화를 포함한다. 그와 같은 요인들(주위의 세계에서 일어나는 과정)은 침체의 발생과 형성에 각자의 역할을 한다. 마르크스주의 이론에서는 이 요인들 모두 각각 특수한 방식으로 된 원인이기에 침체의 원인에서 제외될 수 없다. 실로 '다중결정론'이라는 용어에서 접두사 '다중'은 독자들에게 침체라는 사건이 그런 모든 요인으로부터 생겨나는 영향에 의해 (다중적으로) 결정된다는 것을 의미한다. 우리의 관심을 몇몇 선택된 원인들로 이루어진 부분집합에 맞춘다면, 그 결과 필연적으로 부분적이고, 불완전하고, 편향된 분석이 나타난다는 것을 분명하게 깨닫고 있다면 문제는 없다.

그와 같은 인과성 개념은 때때로 사람들을 놀라게 한다. 사람들은 우리가 어떤 것을 설명하기 위해 모든 것을 조사해야 한다면 항상 어떤 것을 설명할 수 있는지에 대해서는 정당한 의문을 제기한다. 세상이 무한히 복잡하다면, 모든 것이 다른 모든 것에 의해 일어난다면, 우리는 어떤 사건을 이해하고 설명하기 위해 매번 무한한 것들을 조사하기 어렵다. 다중결정론적 마르크스주의자들은 이런 딜레마에 어떻게 대답할까?

마르크스주의자들은 설명을 위해 어떤 이론을 사용한다 하더라도, 설명은 완벽하지 않으며, 완전하지 않고, 완결되지 않는다고 대답한다. 인간은 예술 작품을 완전하게 평가할 수 없고, 다른 사람을 완전하게 이해할 수 없고, 우리의 환경을 완전히 통제할 수 없는 것처럼, 사건을 완전하게 설명할 수 없다. 대신에 우리는 그런 일들을 부분적으로 하는데, 그림을 어느 정도 평가하고 친구를 어느 정도 이해하고 우리의 환경을 어느 정도 통제하기 위해 우리가 할 수 있는 최대한 생각과 느낌을 이용한다. 그래서 그것은 어떤 이론을 가지는 것이다. 그것은 사건에 대해 특수하고, 불완전하고, 필연적으로 부분적인 설명을 내놓는 특수한 장치(대상, 자격, 인과성 개념)를 이용한다.

따라서 다중결정론적 마르크스주의자들은 다른 이론가들처럼 다른 이론과 구별되는 부분적 설명을 만들고 있다. 그들의 마르크스주의적인 부분 설명은 다른 이론들과는 다르지만 역시나 부분적 설명이다. 각 이론은 자신의 특수한 방식에 치우쳐 있다. 다중결정론적 마르크스주의자들이 자신들을 포함해서 모든 이론과 설명은 부분적이라고 가정하는 반면에, 거의 모든 신고전학파 이론가 및 케인스주의 이론가들은 사건의 궁극 원인이 존재한다고 가정한다. 그와 같은 신고전학파 경제학자들은 자신들의 이론이 그런 궁극 원인을 찾을 수 있고, 그리하여 완벽한 설명을 만들 수 있다고 믿는다. 그런 케인스주의자들은 자신들의 이론이 그렇게 할 수 있다고 믿는다. 이 두 부류의 이론가들은 정의상 궁극 원인이 일단 발견되면, 다른 것으로 환원될 수 없다고 생각한다. 이것이 그런 이론가들이 스스로 완벽한 설명을 만들어 왔다고(또는 만들 것이라고) 믿는 이유다.

반대로 다중결정론적 마르크스주의자들은 어떤 궁극 원인도 언급하지 않는데, 그들에게는 존재하는 모든 것이 원인이면서 결과이다. 그들에게는 사회의 각 측면이 다른 모든 측면에 의존하고 있는 것이다. 사회의 어떤 사건이나 어떤 측면도 독립적이지 않으며, 어떤 것도 다른 것들에 의해 결정되지 않으면서 다른 것들을 결정하지 않는다. 마르크스주의자들은 사건의 궁극 원인을 찾지 않는데, 그러한 최종 설명은 존재하지 않는다고 가정하기 때문이다. 대부분의 신고전학파 및 케인스주의 이론가들은 서로 옹호하는 본질이 다르지만, 자신들의 이론 대상들에서 그런 본질을 찾고 있으며, 찾았다고 주장한다. 그런 이유로 그들은 사회의 여러 측면을 종속변수와 독립변수로 정리하며, 더 중요한 원인과 덜 중요한 원인을 구별하며, 이런 원인들과 결과들을 구별한다.

다중결정론적 마르크스주의 이론가들은 자신들이 공인하는 경제와 사회에 대한 부분적 설명을 제공하며, 다른 이론들이 제공한 부분적 설명들과 대조한다. 계급이라는 고유의 입구점 때문에 마르크스주의 설명은 경제와 사회의 계급 측면에 초점을 두지만, 계급이 사회 구조와 변화의 본질적, 궁극 원인이기 때문에 그렇게 한다고 주장하지는 않는다. 그런 주장은 자신들이 헌신하는 다중결정론, 즉 어떤 종류의 본질적인 원인의 가정과 탐색을 기각한다는 것을 위반하게 된다. 그런 이유로 계급은 입구점이지만 궁극 원인이거나 본질은 아니다.

다른 비계급적 요소와 비경제적 요소처럼 계급이 역사 발전의 원인이 아니라면, 다중결정론적 마르크스주의 이론가들은 왜 계급을 자신들의 작업에서 입구점으로 초점을 맞추고 계급 용어로 경제적 및 사회적 사건들을 설명하는가?

이 질문에 대한 그들의 대답은 두 가지다. 첫째, 사회생활의 한 측면으로서 계급이 다른 이론이나 이론가들로부터 무시되었다. 둘째, 계급에 대한 그런 무시는 사람들로 하여금 마르크스가 보고 싶어 했던 종류의 사회를 건설하는 것을 막는다. 계급을 옹호하는 (강조하는) 사회구조 및 역사 변화에 대한 이론은 그런 무시를 바로 잡을 수 있다고 다중결정론적 마르크스주의자들은 주장한다. 그런 마르크스주의자들은 경제학에서 신고전학파 및 케인스주의 이론이 계급, 착취, 계급 갈등이 있다는 것을 무시하거나 기각한다고 지적한다. 마르크스주의자들은 관심을 계급에 돌리기를 원하는데, 그들은 계급을 사회 정의가 이뤄지기 위해 바뀌어야만 하는 사회생활의 한 부분으로 보기 때문이다. 마르크스주의자들은 그들의 이론이 필요한 관심을 자극할 것이라고 분명하게 느낀다. 계급에 초점을 맞추는 것을 정당화하는 것은 그것이 역사적 변화의 어떤 최종의, 궁극의 결정요인이라는 것이 아니라 오히려 분석적인 사고가 사회적 목표에 영향을 미치고 또 그것을 달성하기 위해 어떻게 설정되어야 하는지에 관한 판단이라는 것에 주목하자. 그것은 마르크스주의자들이 분석적 사고에서 계급을 자신들의 특수한 출발점과 개념 도구로 삼는 이유다.

신고전학파, 케인스주의, 마르크스주의 경제학자들의 소통

많은 것들이 경제학자들을 서로 나뉘게 한다. 각 진영의 경제학자들은 자신들이 살고 있는 세상을 이해하기 위해 노력하지만 서로 다르게 이해하며, 그래서 세상에 대한 설명도 다르다. 우리가 보게 되듯이 자본주의, 이윤, 임금, 가격에 대해서도 그들의 이해는 서로 다르다. 그러나 그들은 같은 세상에 살고 있고, 때때로 서로 소통 한다. 역사를 보면 그들은 다른 진영의 책과 논문을 읽었으며 때때로 학술대회에서 서로 논쟁을 하기도 한다. 경제학자가 아닌 사람들은 전체적으로 또는 부분적으로 다른 이론을 가진 사람들과 가족, 일터, 그리고 모든 종류의 집단 안에서 온갖 종류의 상황에서 역시 서로 소통한다.

그리하여 재미있는 질문이 생겨나는데, "상이한 이론을 따르는 사람들이 소통하면 어떤 일이 일어나는가?"이다. 그 대답은 다양하다. 때때로 한 쪽에서 다른 쪽에 길을 내주는데, 즉 어떤 방식으로 생각하는 사람이 마음을 바꾸기로 결정하고 다른 방식으로 생각할 때 '합의'가 일어난다. 기본적인 불일치가 만장일치에 길을 내준다. 이것이 사람들 간 의사소통의 한 종류이며, 또 그 결과이다.

때때로 세상이 어떻게 작동하는지에 대해 어떤 특정 이론을 갖고 있는 사람은 다른 이론을 믿는 사람들이 사회에 위험할 수 있는 방식으로 행동하는 경향이 있다는 의미에서 다른 이론은 사회에 위험한 결과를 초래한다는 결론에 도달한다. 그리하여 각자의 이론을 가지고 있는 사람들이 상대방의 이론을 통제하고 억제하고 때때로 심지어는 제거하려고 할 때는 논의와 의사소통이 말싸움 또는 물리적 싸움으로까지 변한다. 이 역시 의사소통의 종류이다.

신고전학파, 케인스주의, 마르크스주의 경제학자들이 (서로에게 유익한 분석의 교환에서나 '합의'가 결과로 나타나는 논의에서나 아니면 충돌을 낳는 날카로운 적대에서) 어떻게 소통할지는 그 소통을 다중적으로 결정하는 모든 사회조건에 의존한다. 지난 세기에는 이 세 종류의 의사소통 모두를 보여주었다. 미국에서 소통은 교훈이 거의 없는 너무 많은 적대와 의심으로 점철되었다. 마르크스주의자들은 마르크스주의 이론이 더 많이 노출될 수 있고 일반적인 논의의 기회가 허용될 수 있는 대학과 다른 장소로부터 종종 출입이 금지 당했기 때문에, 대부분의 미국인들은 마르크스주의 이론을 접하거나 마르크스주의 이론가들과 소통할 수 있는 기회를 거의 가지지 못했다. 이는 주류인 신고전학파 및 케인스주의자들과 비주류인 마르크스주의자들에게 부정적인 결과가 일어나게 했다. 우리는 이 책이 세 이론의 전통 간에 더 낫고 유익한 소통을 위한 가능성을 높여서 문제를 개선할 것이라고 희망한다.

결론

이 책의 주요한 목적 가운데 하나는 독자들로 하여금 오늘날 세계에서 지배적인 세 가지 경제 이론의 중요한 차이에 친숙해지도록 하는 것이다.

마찬가지로 다른 중요한 목적은 독자들이 이 세 가지 이론에 대해 자신만의 결론에 도달할 수 있도록 돕는 것이다. 결국 당신이 경제학을 어떻게 이해하는지가 당신이 세상과 세상 속 당신의 행동을 어떻게 보는지에 영향을 끼칠 것이다. 요컨대 당신의 이론은 매일 매일 당신의 대화와 당신의 행동에 분명하게 중요하다.

그러므로 이 책의 결론 장은 사람들의 일반적 믿음과 행동의 측면에서 상이한 이론의 서로 대립되는 결론 몇 가지를 소개할 것이다. 우리의 전제는 독자들이 이 책에서 설명한 이론의 차이가 어떻게 일상생활의 차이를 만드는지를 아는 데 관심을 가질 것이라는 것이다. 우리는 이 시점에서 그러한 것들이 실제 중요한 차이를 만든다는 것을 독자들에게 장담할 수 있다.

제2장

신고전학파 이론

신고전학파 전통

이 장은 신고전학파 이론의 논리 구조를 대상, 논리, 결론의 측면에서 소개한다. 케인스주의는 제3장에서, 마르크스주의는 제4장에서, 이른바 최신 신고전학파 이론은 제5장에서 소개할 것이다. 신고전학파 이론의 시작 대상(initial objects)을 규정함으로써 이 장을 시작할 것이다. 시작 대상은 이론이 분석을 구축하고 분석의 초점을 맞추는 대상이다. 제1장에서 설명했듯이 우리는 이것을 신고전학파 이론의 입구점 개념이라고 부르는데, 이 이론이 어떻게 경제 이론화에 들어서는지에 대한 것이다. 그 다음으로 우리는 신고전학파 이론의 논리, 즉 신고전학파 이론이 입구점 개념을 그 이론 구조 속에 포함하고 있는 다른 모든 대상들과 연결하는 데 이용하는 방법을 논의할 것이다. 마지막으로 우리는 이론의 결론, 즉 그 이론이 관심을 두는 대상에 대한 특유의 분석을 검토할 것이다.

신고전학파 이론의 전체 구조를 소개할 때, 독자들이 그 특수한 구성

요소에, 특히 경제학 입문 교재에서 다루고 있는 것에 기본적으로 친숙하다고 가정했다. 이 장에서 우리의 주된 의도는 신고전학파 이론의 그런 구성요소, 즉 수요와 공급에 대한 분석과 그 도출을 가르치거나 검토하는 것이 아니다. 오히려 우리의 주된 의도는 이론의 전체 구조와 논리를 논하는 것이다.

이 임무는 종종 신고전학파 입문 교재에서는 무시된다. 신고전학파 이론이 소개되고 응용되지만 이론의 특수한 내적 구조, 즉 이론의 고유한 구성요소와 그 구성요소들이 어떻게 상호작용하는지에는 거의 관심을 두지 않는다. 이론적인 자의식의 결핍은 이론의 내적 문제와 모순을 인식하고 해결할 학생들의 능력을 줄이게 한다. 이것은 이론의 창조적 적용을 악화시키고, 또한 신고전학파 경제학자들이 다른 이론과 이론가를 이해하고, 소통하고, 배우는 능력에 장애가 된다. 이 장과 뒤에 이어지는 장들은 세 가지 주요 이론의 입구점 대상, 논리, 결론을 비교하고 대조하면서 체계적으로 그런 한계를 극복하는 데 목표를 둔다.

신고전학파 이론의 기여

신고전학파 이론의 독창성은 인간의 선천적 본성이 경제의 결과를 결정한다는 관념에 있다. 이 관념에 따르면 인간은 사회에서 부를 최대한으로 생산할 수 있는 합리적이고 생산적인 내적 능력을 선천적으로 가진다. 인간에게 필요하고 인간이 역사적으로 추구해 온 것은 그런 인간의 내적 본질을 자유롭게 해주고, 그 잠재력 즉 최대치의 후생을 실현할 수 있게 해주는 최적의 사회조직(특수한 사회제도의 집합)이다. 신고전학파 경제 이론은 각 개인의 후생을 재화와 서비스의 개인 소비 측면에서 정의하는데, 최대의 소비는 최대의 후생과 같다는 것이다.

자본주의가 그런 최적의 사회라고 여겨진다. 자본주의가 정의하는 제도들(개인의 자유, 사유재산제도, 시장교환체제 등)은 기술적으로 가능한 최대의 생산과 소비수준을 달성하는 경제를 만든다고 여겨진다. 자본주의 사회는 또한 조화로운데, (기업의 최대 이윤과 개인의 최대 소비를 위한) 구성원들의 다양한 욕구가 균형을 이루게 만든다.

이른 시기의 고전 경제학자들과 나중 시기의 신고전학파 경제학자들의 글은 이 두 가지 중요한 생각(기술적으로 가능한 최대의 부와 소비를 얻는 것과 사회 조화를 성취하는 것)을 강조했다. 1776년 자본주의의 새로운 대변자이고 옹호자인 애덤 스미스(1723~1790)의 독자들에게 국부를 최대로 성취하는 수단으로서 자본주의는 혁명적인 개념이었다. 그때 자본주의는 몰락하고 있었지만 여전히 힘 있는 비자본주의 사회 제도와 사고방식의 집합인 봉건주의에 맞서 투쟁하고 있었다. 사회의 최대 부는 사적인 경제이익을 추구하는 개인의 최대 자유로부터 온다는 스미스의 주장은 조금도 과장 없이 놀라웠다. 실제로 200년이 지난 후에도 그것은 놀라운 주장으로 남아 있다.

고전 경제학자들은 최대로 가능한 부의 창조라는 생각을 강조한 반면, 나중에 신고전학파 저술가들은 자본주의에서 사적인 경제이익 추구가 갈등에 시달리는 사회보다는 조화로운 사회를 만들 수 있다는 생각에 더욱 초점을 맞췄다. 18세기 말 즈음, 영국에서 봉건주의로부터 자본주의로 긴 이행은 새로운 조건들을 창출했고, 이를 설명할 새로운 이론이 요구되었다. 설명이 요구된 것은 성장하는 산업 공장으로부터 쏟아져 나오는 새로운 거대한 부였다. ①부의 생산에 협력한 사람들 간 부의 분배, ②아주 생산적인 경제체제가 어떻게 재생산되고 확대될 수 있는지, ③이 새로운 자본주의 체제를 방해하는 경기순환의 반복에 대응하는 가장 좋은 방법 등을 설명하기 위한 새로운 생각이 또한 요구되었다.

이른 시기 고전 경제학 저술가들은 자신들이 살았던 시대의 압력에 대응했는데, 경제 사건과 경제 동향의 설명에 대한 요구뿐만 아니라 새로운 경제문제를 다루기 위한 새로운 정책에 대한 정부의 요구가 그런 것이다. 많은 이들은 국가 간에 무역제한보다 자유무역이 유리한가라는 중요 질문에 대답하는 것에 초점을 맞추었다. 다른 이들은 국가가 상업 기업에 승인해준 독점이 경제성장을 막는지를 논쟁하는 것에 관심을 두었다. 또 다른 이들은 시장에 나오는 상품에 대한 개인의 생산과 판매 제약을 없애기 위해 수공업 생산에 대한 길드 제약이 폐지되어야 하는지 질문했다. 그때 경제 분석과 정책 처방은 서로 깊이 관계했다(그 이후 줄곧 그래 왔다).

고전 경제학자들의 새로운 생각들은 자신들의 시대를 반영하면서도 시대에 대응하였다. 고전경제학은 새롭게 등장한 산업 자본가들과 임금 노동자들이 서로를 이해하고 관계 맺는 복잡한 방법을 형성하는 데 일조했다. 고전경제학은 또한 국가가 기업 및 가계와 어떻게 관계하는지에도 영향을 미쳤다. 달리 말해서 고전경제학 저술가들의 이런 생각은 자신들이 대응한 바로 그 자본주의 사회를 창조하는 데 도움을 주었고, 반면에 또한 그 사회를 바꾸기도 했다.

고전 경제학과 신고전학파 경제학의 최우선 목표는 사적인 부를 극대화하는 데 모든 장벽과 장애가 제거된다면 자본주의는 그 잠재력을 어떻게 실현할 수 있는지를 입증하는 것이었다. 심지어 존 메이너드 케인스(1883~1946)처럼 고전 및 신고전학파 이론의 가혹한 비판자들도 그 목표를 공유했다. 케인스의 경우 제거되어야 할 장애는 자본주의가 작동하는 것을 막고 왜곡하는 유효수요의 부족이었다. 그런 목표는 아주 다른 종류의 비판자(마르크스)와 아주 다른 종류의 이론(마르크스주의)으로 하여금 자본주의가 가장 많은 사람들에게 최대의 후생을 만들어 줄 수 있다는 고전

경제학자, 신고전학파 경제학자, 케인스주의 경제학자의 공통된 신념에 도전하게 만들었다.

애덤 스미스 사후 신고전학파 이론의 등장

1790년 애덤 스미스가 죽었을 때, 세계의 어떤 나라도 아직 완전한 자본주의 사회가 되지 못했다. 그러나 잉글랜드는 자본주의로 향한 길을 잘 달리고 있었으며, 1850년대 후에는 서유럽 국가들과 미국과 일본이 뒤따랐다. 고전 경제학 이론은 이 모든 국가들로 전파되었고 발전했는데, 종종 두 창시자 애덤 스미스와 데이비드 리카도(1772~1823)가 거의 언급하지 않았던 주제로까지 확장되었다. 자본주의가 세계적으로 확산되자 이와 함께 고전경제학도 확산되었을 뿐만 아니라 자본주의와 관련된 사회 분열과 긴장도 역시 그렇게 되었다. 자본가들과 노동자들은 특히 새로운 부의 생산이 모든 사람들이 인정하는 방식으로 분배되지 않자 충돌했다. 사회주의가 대두하여 자본주의에 도전했는데, 노동조합, 파업, 전국 정치에서 대중 노동당 및 사회주의당, 마르크스(1818~1883)와 마르크스 이론의 전통에 영향을 받은 새로운 비판적 경제 이론의 형태로 그렇게 했다.

이런 발전과 도전에 대한 대응으로 1870년대에 고전경제학에서 변화가 일어났다. 새로 등장한 것은 스미스와 리카도의 글에 뿌리를 두고 있었지만, 신고전학파 경제학이라는 새로운 이름을 가질만하게 충분히 달라졌다. 고전경제학이 국가 수준의 부의 창조, 성장, 정부의 경제정책에 초점을 두었던 곳에, 신고전학파는 현대 경제학의 개별 구성요소, 즉 기업, 소비자, 노동자의 경제행위에 더욱 집중했다. 내재된 욕망, 목표, 그런 결과로 나타나는 선택에 기초한 그런 주체들의 행동이 고전경제학자들과 마르크스가 노동을 원인으로 삼았던 상품가치의 결정을 포함해서 경제가 기능하는 방식을 결정하는 것으로 여겼다. 1870년대 이후 신고전학파 경제학은 계속해서 주목할 만한 이론적 전통을 만들어냈는데, 그 중심된 관심은 소득분배, 경기변동, 시장구조, 일반균형, 해외무역, 성장, 경제발전 같은 주제를 포함하는 소비자 선택과 기업의 행동에 대한 분석으로부터 자라났다. 20세기 후반에 전통적인 신고전학파 이론은 새로운 변종과 정식화에 길을 내줬는데, 이는 제5장에서 최신 신고전학파 이론으로 논한다.

1930년대 대불황은 신고전학파 이론에 큰 타격을 주었다. 많은 신고전학파 경제학자들은 60년 동안 발전해 온 이론이 부적합하다는 것에 대해 걱정했다. 신고전학파 이론이 제시한 유일한 해법은 그 이론이 최적의 경제조직으로 찬양하는 자유시장의 작동이 스스로 수정되고 그리하여 대불황을 극복할 수 있도록 내버려 두는 것이었다. 그러나 1930년대 동안 대중들의 고통은 엄청났고, 시장의 해법이 설사 작동한다하더라도 증가하는 많은 비판자들로부터 자본주의를 구하기에는 너무 늦을 수 있었다. 즉각적인 위험은 실업자, 타격을 입은 빈곤층, 자본주의 경제체제에 환상을 버린 많은 사람들에 의한 사회혁명이었다. 그와 같이 자본주의와 신고전학파 이론이 위험에 처했던 시기에, 중요한 신고전학파 경제학자였던 존 메이너드 케인스는 이론에 대해 놀라운 자아비판을 했다.

케인스는 두 가지를 시도했다. 왜 자유시장의 작동만으로 불황을 반드시 끝낼 수 없는지를 보여주는 것과 더 중요하게는 과정에서 자본주의를 파괴하지 않고 불황을 끝내는 다른 방법을 제공하는 것이었다. 케인스의 설명과 새로운 정책은 신고전학파 이론의 자유시장 찬양에 심각하게 도전하는 것이어서 현대의 비 마르크스주의 경제학을 경쟁하는 두 학파로 실질적으로 갈라지게 했다. 하나는 신고전학파라는 이름을 유지했고, 초점을 계속해서 경제 생활의 미시적 수준과 자유시장에 대한 찬양에 맞추었다. 다른 하나는 케인스주의 경제학이라고 불리게 되었는데, 시장의 한계, 경제의 거시수준, 최대 고용, 물가 안정, 경제 성장을 보장하기 위해 필요한 국가의 시장 개입에 초점을 맞추었다.

어떤 경제 이론을 소개할 것인가

신고전학파, 케인스주의, 마르크스주의 전통에 있는 모든 변종 이론을 소개하는 것은 부담되는 일인 것 같다. 그러나 각 이론으로부터 하나의 접근법만 소개하는 것은 가능성 있는 대안들을 무시한다는 비판을 불러올 수 있다.

그럼에도 불구하고, 우리는 하나의 접근법을 소개하는 것으로 선택했다. 각 이론으로부터 하나의 접근법만 소개할 것이다. 그런 접근법들은 우리가 가장 편안하게 느끼는 것인데, 왜냐하면 그것들은 가장 설득력 있고 일관성 있고 특히 각 이론에 대한 대안으로서 그러해서다. 여기서 소개하는 신고전학파 및 케인스주의 접근법도 최근 25년간 대부분의 미시경제학 및 거시경제학 교과서에 나왔던 아주 대표적인 것이다. 이 고려사항은 우리에게 약간 중요한데, 우리는 독자들이 이미 미시경제학과 거시경제학 입문 과정에서 접한 것이라고 가정하고 신고전학파 및 케인스주의 이론에 대한 장들을 준비했기 때문이다.

우리는 이런 방식에 예외를 하나 두었다. 최근 수 년 동안 많은 경제학자들은 새로운 이론적 발전으로 여기에 소개된 신고전학파, 케인스주의, 마르크스주의 이론에 대한 또 하나의 대안을 낳았다고 주장했다. 이 이론적 대안에 아직 합의된 이름표가 붙여지지 않았다. 그러나 이 이론의 지지자들은 그것이 지배적인 경제 이론과 결별했고, 개인과 경제의 작동방식을 이해하는 것에 대한 새로운 접근법을 나타낸다고 믿는다. 그런 주장의 중요성 때문에 제5장에서 우리는 그것을 검토할 것이다. 역시 그렇게 함으로써 게임 이론을 포함한 최근의 많은 이론적 발전과 경제학 입문 교과서들에 나타나기 시작한 신제도주의 경제학을 설명할 것이다. 이런 다양한 발전이 신고전학파 이론의 기본적 논리 구조에서 일어나고 계속되는 이유를 보여줄 것이다. 이런 연속성 때문에 우리는 이 같은 최근의 발전을 '최신 신고전학파 이론'으로 일컫는다.

시장가치: 공급과 수요 분석

우리는 일반적인 예비 강의 뒤에 오는 대부분의 경제학 입문 과정이 시작되는 부분에서 출발한다. 신고전학파 경제학자들이 자주 묻는 사소하지 않는 질문들은 가격과 관련된다. 첫째, 인간이 생산한 재화와 서비스의 가격은 구체적으로 무엇이 결정하는가? 둘째, 그런 재화와 서비스를 생산하는 데 필요한 자원의 가격은 무엇이 결정하는가? 예를 들어, 왜 사과는 화폐 가격을 가지는지, 왜 자동차보다는 화폐 가격이 싼지? 왜 일의 수행에는 임금, 즉 일종의 노동의 대가가 따르는지? 임금이 일에 대한 보상이라면, 우리는 이자가 저축에 대한 보상이라는 것을 어떻게 설명할 수 있을까? 사회에서 이윤의 원천은 무엇인가?

일반적으로 이런 가격 관련 질문에 대한 신고전학파의 대답과 경제에 관한 거의 모든 질문에 대한 대답은 신고전학파 경제학자가 시장분석이라고 부르는 것을 포함한다. 시장은 사회에서 가격이 결정되는 장소 또는 현장으로 고려된다. 입문 교과서에서 이미 배웠을 가능성이 높은데, 신고전학파 시장 분석의 중요한 도구는 공급과 수요의 표로 그린 그래프이다. 이 수요와 공급의 표는 개별 구매자(수요의 주체) 및 개별 판매자(공급의 주체)가 상호작용하는 행동을 반영한 것으로 고려된다. 이 구매자와 판매자의 상호작용은 그들이 구매하고 판매하는 것들의 시장 가격을 결정한다.

〈그림 2.1〉은 모든 구매자의 구매 행동을 $\sum d$(여기서 Σ는 모든 개인 구매 d의 합을 나타낸다)로 그리며, 모든 판매자의 공급 행동은 $\sum s$(여기서 Σ는 모든 개별 판매 s의 합을 나타낸다)로 그린다. 구매자와 판매자의 상호작용은 상품의 가격 p를 결정한다. 그러면 우리는 p가 이 상품의 구체적 가격은 얼마인지 질문에 대한 신고전학파 경제학자의 대답이라고 할 수 있다. 이제 우리는 이 특수한 가격이론에 따라 상품이 얼마의 가치를 가지는지를 알게 됐다.

여기서 우리는 신고전학파 이론(과 다른 이론)을 소개하기 위해 수학적 그래프와 등식의 사용을 설명해야 할 것 같다. 꼭 수학을 사용할 필요성은

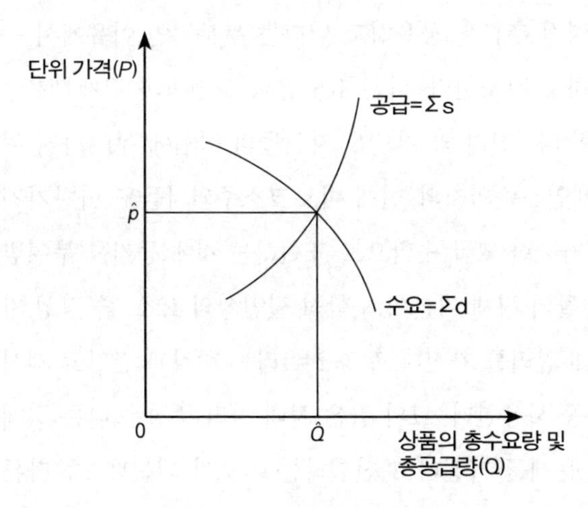

그림 2.1 수요자와 공급자의 시장 행동에 의한 가격 결정

없다. 경제학의 모든 것은 수학 없이도 명확하고 논리적으로 설명될 수 있다. 그러나 수학은 현대 신고전학파 및 케인스주의 경제학이 선호하는 언어가 되었기 때문에 우리는 그 이론들의 구조를 전달하기 위해 몇몇 수학적인 언어를 사용한다.

인간 본성에 관한 몇몇 본질적 관념들로 시작하면서 그리고 몇 가지 간단한 수학 법치들에 기초하면서, 신고전학파 이론가들은 다소 복잡하고 힘 있는 연역적 지식을 세울 수 있었다. 이들의 기본적인 수학적 추론은 일반적으로 '제약 조건하에서 극대화 문제(constraint maximization problem)'라고 부른다. 이는 사람들이 어떤 사회적 제약 아래서 각자의 후생을 극대화하는 것을 인간의 본성이라고 가정한다. 신고전학파 이론의 다른 부분들에서도 이런 생각을 표현하기 위해 기하학의 언어가 반복적으로 사용된다. 신고전학파 이론의 논리 안에서 그것의 중요한 위치를 이해하면 경제학과 학생들에게 수학의 사용은 문제가 되지 않으며, 신고전학파 이론의 기본 메시지는 더 명확해진다.

신고전학파 경제학자들은 수학 언어, 특히 기하학 언어가 신고전학파 주장에 사용되는 연역적 추론을 공유하고 있다는 부분적인 이유에서 수학적 정식화를 선호하고 강조한다. 다른 요인은 신고전학파 경제학자들이 수학에 있는 '과학'과 '진리'의 기운을 자신들의 작업에 부여하기 위한 욕구이다. 많은 케인스주의자와 현대 마르크스주의자들도 마찬가지로 자신들의 주장을 가능한 고급 수학으로 표현하는 것에 동기를 부여받고 있다. 그들은 자신들의 경제 이론이 수학적 필연성의 요소, 즉 경성 자연과학과 관련된 절대 진리를 가진다고, 2+2=4라는 주장과 같다고 제시하기 위해 수학을 종종 사용한다. 그와 같은 절대 진리 주장은 다른 경제 이론들은 총계 오차 문제를 가진다고 선언하는 기초가 되는데, 즉 다른 경제 이론은 2+2≠4와 같다고 주장하는 것과 같다. 어쨌든 우리는 현대 경제학에서 수학이 가지는 위상을 알아보기 위해서 수학을 사용하는 것이지, 어떤 경제 이론이 절대적 진리를 밝혔거나 가지고 있다고 하는 어떤 이론가의 주장을 지지하기 위해 사용하지는 않는다.

신고전학파 경제학자의 시장에 대한 수학적 분석은 사적으로 소유한 재화, 서비스, 자원을 구매하거나 판매함으로써 서로 관계 맺는 그런 주체들(개인과 기업)의 행동에 초점을 맞춘다. 이제 먼저 번 우리 질문에 대한 신고전학파의 대답이 바로 나온다. 생산된 모든 물건과 자원의 가격은 시장에서 공급 주체(판매자)와 수요 주체(구매자) 간 상호작용에 의해 결정된다. 시장에서 교환되는 물건의 가격과 양은 그런 상호작용에서 자발적이고 서로 합의된 결과다. 구매자와 판매자의 시장 행동이 이런 합의된 결과에 도달하도록 이끄는 것은 그들의 기초적인 욕구(선호)와 생산 능력이다. 수요와 공급에 대한 기하학적 분석은 잠재적인 구매자 (수요의 주체) 또는 판매자(공급의 주체)로서 서로에게 개입하는 사람들 간 다소 복잡한 관계를 보여주고, 논할 수 있는 간단한 방식이다.

그래서 사과가 가격을 가진다면 사과의 구매와 판매라는 특수한 상호작용 때문이다. 자동차의 가격과 사과의 가격이 다르다면, 그 가치를 결정하는 수요 및 공급의 상호작용이 구체적으로 다르기 때문이다. 노동자들은 자신들이 생산하고 판매하는 노동할 수 있는 능력의 특수한 수요와 구매 때문에 임금을 받는다. 저축자들은 저축을 공급함으로써 이자를 얻는데, 이는 저축의 특수한 수요와 공급 때문이다. 마지막으로 노동자들은 저축자들과 다른 액수의 돈을 받는데, 각각의 자원 시장을 특징짓는 공급과 수요의 구성이 다르기 때문이다.

이제 우리는 시장 교환의 대상은 수요와 공급에 의해 결정된 가치를 가진다는 신고전학파 이론의 부분적인 가치 정의를 알게 됐다. 하지만 이 정의는 불완전한데, 신고전학파 이론은 그런 다음에 정확하게 무엇이 개별 주체의 수요와 공급 행동을 일으키는지 묻고 있기 때문이다.

수요와 공급의 결정 요인

무엇이 공급과 수요를 결정하는가라는 질문에 대답하기 위해 신고전학파 이론은 또 하나의 단계를 밟는다. 이 이론은 시장 주체자들의 행동을 궁극적으로 형성하는 근본 요인들을 밝힌다. 아마 가장 중요한 것일 수 있는 가설에서는 관찰된 가격은 개인의 욕구와 생산 능력 간 기본적 상호작용에서 근본적으로 기인한다고 주장한다. 신고전학파 이론은 인간의 기본적인 근본 욕구와 생산 능력이 수요와 공급을 통해 궁극적으로 어떻게 가격의 결정을 지배하는지 정확하게 보여주는 것을 목표로 삼는다. 간단히 말해서 신고전학파 가설은 모든 재화, 서비스, 자원의 가치는 인간의 욕구와 생산 능력의 상호작용에 의해 결정된다고 주장한다.

이렇게 말하면, 신고전학파 이론의 환원주의 논리는 가격의 설명(즉 가격 이론)에서 분명해졌다. 처음에 가격은 수요와 공급의 주체에 의해 결정된다. 그런 다음 이 이론은 주체들의 행동의 궁극적 원인이 되는 요인들을 찾기 위해 그들의 시장 행동(구매와 판매) 이면을 '살핀다'. 마지막에 신고전학파 가격이론은 그런 요인들(인간의 욕구와 생산 능력)의 이론이 된다. '욕구(want)'는 효용(utilities), 기호(tastes), 선택(choices), 선호(preferences)를 포함하는 다양한 말로 나타나지만, 생산 능력은 일반적으로 기술과 자원의 이용 가능성을 가리킨다.

욕구와 생산 능력을 결정하는 좀 더 기본적인 결정요인을 위한 다음 단계가 있는가? 신고전학파 이론가들은 없다고 대답한다. 욕구와 생산 능력이 수요와 공급 행동의 최종 결정요인으로 따라서 가격의 최종 결정요인으로 가정된다. 어떤 이는 욕구와 생산 능력을 경제 행위의 궁극적 요소로 생각할 수 있다. 신고전학파 경제학자들이 이런 요소들에서 발견한 것은 본질, 즉 인간 본성이라는 내적 요소이다. 그러한 것들은 다른 변수들(시장가격, 재화의 생산량 및 판매량 등)에 영향을 미치는 원천이지만, 이런 변수들로부터는 영향을 받지 않는다. 개인의 욕구와 생산 능력은 수요, 공급, 가격 같은 다른 모든 경제 사건을 낳는 본질적 요인이다.

물론 인간의 기호와 생산 능력은 바뀔 수 있다. 그러나 신고전학파 이론에서 그런 변화는 비경제적 요인, 즉 신고전학파 이론이 초점을 맞추는 경제변수 외부에 있는 요인들에 의해 초래된다. 예를 들어 가격 또는 소득의 변화는 기호나 생산 능력의 변화를 초래하지 않는다. 신고전학파의 인과관계는 오직 한 방향으로 움직이는데, 개인의 욕구와 생산 능력에서 나머지 경제 영역으로이다. 이런 단일 방향의 인과관계는 정확하게 개인의 욕구와 생산 능력을 신고전학파 이론에서 경제생활의 본질로 만드는 것이다.

우리는 지금 신고전학파 이론의 전체 구조와 논리에 대해 예비적인 설명을 하는 위치에 있다. 그 출발점은 인간의 욕구와 생산 능력이라는 개념을 규정하는 것과 관련된다. 생산 능력 개념은 생산기술(**생산함수**라고 널리 일컬어진다)과 이용 가능한 생산자원(토지, 노동, 기계 등)이라는 두 가지 연결된 개념으로 나뉜다. 함께 고려된 개인의 욕구(기호 또는 선호 또는 선택), 생산함수, 생산 자원의 부존량이라는 세 가지 개념은 신고전학파 이론의 입구점 개념을 형성한다. 그러나 그것들은 경제에 대해 이론화를 시작하는 방식 이상의 것이 된다. 신고전학파 이론에서 그것들은 또한 인간의 본질적인 속성을 특징짓는 것으로 이해된다. 신고전학파 이론의 입구점이 본질로 정해지면, 그것들은 경제의 나머지 영역의 원인이 되지만, 경제의 결과가 되지는 않는다. 대조적으로 케인스주의 이론은 다른 입구점을 제시하지만 비슷한 본질주의 논리를 가지는 공통점이 있다. 이 두 이론과 아주 대조적으로 마르크스주의 이론은 완전히 다른 입구점을 제시할 뿐만 아니라 그 입구점을 본질로 정하지 않는다. 입구점은 전체 경제의 원인이 될 뿐만 아니라 전체 경제의 결과가 되기도 한다.

신고전학파 이론의 본질주의는 인간의 기호, 생산 기술, 자원 부존량이라는 세 가지 개념이 공급, 수요, 가격 같은 다른 모든 경제 개념을 낳고, 또한 저축, 대출, 경제 성장 같은 그 밖의 경제현상도 만들어 낸다는 것을 의미한다. 신고전학파 이론의 논리와 목표는 경제의 일차적이고 근본적인 원인으로 고려하는 것으로부터, 즉 개별 인간의 기호와 생산 능력으로부터 모든 이차적인 개념, 예를 들어 공급, 수요, 가격, 투자, 성장을 연역해내는 것이다. 연역, 즉 여기서 환원주의이라고 부르는 것은 신고전학파 이론의 논리이다.

신고전학파 이론이 시장에 특별한 중요성을 부여하고 있지만, 무엇이 가격을 결정하는지에 대해 단순히 공급과 수요로 답하는 것으로 만족하지 못한다. 이 이론은 시장 행동을 가격의 궁극 원인으로 이해하지 않는다. 수요와 공급은 독립적이지 않고, 자기 재생산하는 현상이며, 그것들은 외부에 있는 것에 의해 결정된다. 그래서 신고전학파 이론은 개인의 기호와 생산 능력에 도달하는데, 이는 이 이론의 가장 근본적 분석 수준이다. 이 이론은 기호와 생산 능력을 경제의 다른 것으로 환원시키지 않는다. 경제가 어떻게 작동하는지 파악하기 위해 신고전학파 이론은 분석 작업을 위해 그런 기호와 생산 능력을 '소여'(우리가 '입구점'이라고 부르는 것. 소여는 연구 따위의 입구점으로서 이의 없이 받아들이는 사실이나 원리를 말함. 쉬운 말로 하면 '주어진 것'임.-옮긴이)로 간주한다. 분석을 개별의 수준으로 두기에 일반적으로 신고전학파를 '미시경제학'으로 이해하게 되었다.

시장, 사유재산 제도, 보수주의자, 자유주의자

인간의 욕구와 생산 능력이 함께 가격을 결정한다는 신고전학파 이론의 주장을 탐구하기 전에 우리는 다음 질문에 대답할 필요가 있다. 왜 시장은 이 이론에서 아주 중요한 역할을 하는가? 우선 인간의 역사는 많은 사회에서 시장이 주변적으로 존재했거나 전혀 존재하지 않았다는 것을 보여준다. 그런 사회에서 생산된 부는 다양한 비시장 제도를 사용하여 개인에게 분배되었다. 예를 들어 선물 또는 노동 생산물 분배를 지배하는 여러 종류의 규칙과 관습 또는 (족장, 원로, 지역회의체, 승려 등에 의한) 여러 종류의 계획 절차를 사용하여 분배했다. 많은 비시장 사회가 시장 사회보다 더 긴 시간 동안 존재했다. 실제로 이는 비시장 분배 체제가 인간이 생존했던 긴 시간 동안 아주 잘 기능했기 때문이고, 결국은 비시장 체제뿐만 아니라 시장 체제를 창조했다. 신고전학파에게 시장의 중요성은 사회의 역사에서 얼마나 많이 존재했는지에 대한 중요성을 반영하지 않는다. 오히려 이 이론 내에 시장이라는 특수한 장소는 18세기와 19세기에 유럽이 봉건주의에서 자본주의로 이행할 때 이 이론 창시자 중 한 명의 주목할 만한 통찰과 시장의 유용함과 관련 있다.

200여 년 전 애덤 스미스는 시민들에게 모든 시장에서 경쟁할 수 있는 완전한 자유를 허용하는 사회는 그런 자유를 제한하는 것보다 시민들에게 더 많은 부를 만들어줄 수 있다고 이론화했다. 부가 어떤 사회의 경제 진보의 척도라면, 최대의 부가 사회의 목표라면, 그 목표의 달성에는 자유롭고 경쟁적인 시장의 건설이 요구된다. 자유경쟁 시장이라는 생각은 스미스의 고전 정치경제학에서 처음으로 중요 개념이 되었고, 나중에는 신고전학파 이론에서 그렇게 되었다.

신고전학파 이론에 따르면, 자본주의 사회는 중요한 두 가지 제도를 수립하고 보호하는 사회다. 첫째, 사유재산제도인데 각 시민은 자신의 자원과 생산된 재화를 자유롭게 소유하고, 구매하고 판매하는 권한을 가진다. 둘째는 완전경쟁 시장이라는 제도인데, 어떤 시민도 가격을 통제하는 권한을 가지지 않으며 모든 구매자와 판매자가 가격을 사실로서 받아들이며, 결정의 근거로 삼는다. 두 제도가 존재할 때 사회는 일반적으로 '민간 기업 시장경제'라고 불리는 것을 가진다. 스미스의 통찰에 따르면, 그런 사회는 또한 더 많은 것을 위한 조건을 제공하는데, 그것은 최대의 부를 달성하는 것이다. 달리 말하면, 자본주의는 시민들에게 생산과 소비의 최대 잠재력에 도달할 수 있도록 허용하고 북돋운다. 따라서 이런 시민의 선호와 생산 능력을 고려하면, 시장과 사유재산 제도는 시민들에게 가능한 최대의 부를 얻을 수 있는 최적의 기회를 제공한다.

신고전학파 이론의 이런 결론은 강력하고, 영향력 있고, 도발적이다. 경제학자들은 오랜 기간 동안 그것의 정확한 의미와 결과에 관해 주장해 왔다. 우리는 신고전학파 이론에 동의하지 않았던 경제학자들을 잠시 살펴보면서 신고전학파 이론의 사유재산 제도와 시장 중심성에 대해 평가해 볼 수 있다. 예를 들어, 어떤 경제학자들은 사유재산 제도의 어떤 사회적 결과에 불쾌해한다. 그들은 이 특수한 제도가 시민들 간에 부와 권력을 불평등하게 분배한다고 이해한다. 그런 이유로 그들은 때때로 사유재산 제도(그들은 이것이 부의 불평등한 분배를 일으킨다고 믿는다)를 폐지하고 경쟁시장 제도(그들은 이것이 최대 부의 성취를 허용한다고 믿는다)를 유지하는 것을 옹호한다. 자본주의 사회가 이런 식으로 바뀌는 것을 그들은 '비자본주의', '혼합', '사회주의'라고 다양하게 부르는데, 자본주의의 결정적인 특징, 즉 사유재산 제도의 상실 때문이다.

자본주의 경제에서 일어나는 그런 종류의 변화는 흥미롭게도 종종 '시장 사회주의' 또는 '민주적 사회주의'라고 일컬어지는 경제체제와 연결된다. 그것은 미국보다는 유럽에서 훨씬 인기 있는 종류의 경제(와 정치)이다. 시장 사회주의 또는 민주적 사회주의는 경쟁 시장을 지속할 수 있지만 생산수단(공장, 도구, 장비)의 사적 소유를 집단적 소유로 바꿀 수 있다. 집단적 소유는 사회의 너무 많은 부가 아주 소수의 시민에게 가고 또 소유되는 문제의 해결을 의도한다. 핵심 목표는 생산수단의 사적 소유 때문에 나타난다고 믿는 경제 불평등과 관련된 사회의 분노와 소외를 막는 것이다.

다른 부류의 사회주의자들과 스스로를 공산주의자라고 부르는 사람들 가운데 많은 이들은 사유재산 제도와 시장을 가지지 않는 경제 체제를 옹호해 왔다. 그들은 생산수단의 사적 소유를 집단적 소유로 바꾸는 것뿐만 아니라 자원을 생산자들에게 생산물을 소비자들에게 분배하기 위한 수단을 시장에서 정부 계획으로 바꾸는 것을 추구했다. 그들과 의견이 다른 '시장'사회주의자 또는 '민주적' 사회주의자는 경쟁 시장이 계획보다 나은 분배제도라고 주장하는데, 이유는 계획의 권한은 소수의 국가 계획자들의 손에 너무 많은 권력을 집중시킨다는 것이다. 그들은 시장이 다수의 개별 소비자들과 개별 생산자들에게 경제적 선택(구매와 판매)을 자유롭게 하는 권한을 분배한다고 주장한다. 신고전학파 이론의 추종자들처럼 시장 사회주의자들은 시장을 민주적 제도로 본다. 정부 계획자들과 다르게 시장이 기본적으로 정부의 필요와 다른 모든 시장 참여자들의 필요와 욕구를 충족시켜주는 선택(따라서 가능한 최대의 부와 소비)을 허용한다고 주장한다.

시장 사회주의자들은 경쟁시장이 사회에 위험하지 않다고 하더라도 사회를 쇠약하게 만들 수 있는 경제의 기복(되풀이 되는 번영과 침체의 순환, 호황과 불황의 순환)을 만든다고 믿는다. 따라서 민주적 사회주의자들은 그런 순환을 약화시키거나 상쇄시키기 위해 시장에 대한 국가의 통제를 옹호하는 것에서 케인스주의자들을 좇는다. 따라서 시장사회주의의 지지자들은 자신들이 세 가지 경제 이론에서 가장 좋은 측면이라고 생각하는 것들을 결합하려고 노력해 왔다. 그것들은 마르크스의 생산수단에 대한 집단 소유권, 스미스의 경쟁시장, 경쟁시장 때문에 생기는 경기순환에 대한 케인스의 국가 관리이다.

이제 우리는 대다수 신고전학파 경제학자들의 입장을 명확하게 말할 수 있다. 그들은 두 가지 제도를 옹호하고 찬성하며, 사유재산 제도와 경쟁시장이 최대의 부를 위해 필요할 뿐만 아니라 각 제도가 서로를 지지해준다고 주장한다. 그들의 관점에서 (더욱 평등한 부의 분배를 달성하기 위해 희망하면서) 사유재산 제도를 없애는 것은 최대 부의 달성을 위해 필요한 경쟁시장을 위태롭게 하는 것이다.

자신들이 가지고 있는 차이에도 불구하고, 신고전학파 경제학자, 케인스주의 경제학자, 시장 사회주의자들은 시민들이 최대 부를 성취할 수 있게 허용하고 촉진해주는 기구로서 시장의 중요성을 단언한다. 달리 말해서, 시장이 제대로 작동할 때, 사회는 효율성이 있으며, 제한된 자원을 가지고 가능한 많이 생산할 수 있다. 요컨대, 시장의 불완전성은 그 원인이 무엇이든 간에 사회가 최대 부의 생산과 소비를 달성하는 것을 막을 수 있다. 이 경제학자들은 모두 현대 사회의 시장 불완전성에 있는 주요 경제문제를 인식한다.

신고전학파 이론가들은 또한 이 문제에 대한 해법을 제안한다. 가장 보수적인 신고전학파 경제학자들은 가장 좋은 해법이 사유재산을 개혁, 규제, 파괴하려는 이들로부터 그 제도를 보호하는 것이라고 생각한다. 그들은 경쟁시장도 내버려 두어야 한다고 촉구한다. 그들은 대부분 시장 불완전성은 인간과 관료기구가 공급과 수요의 작동에 아주 가시적으로 개입함으로써 일어난다고 주장한다. 그들의 관점에서는 사유재산 제도와 경쟁시장을 개혁하거나 수정하기 위한 노력이 원천적으로 잘못인데, 그런 노력은 먼저 최대의 부에 바로 장벽을 만들어서 문제가 되기 때문이다. 그들은 구매자와 판매자도 그냥 내버려 두어라고 주장한다. 자유시장에서 구매자와 판매자가 사익을 추구하게 하고 개인의 욕구, 바람, 생산 능력을 펼칠 수 있도록 하자고 주장한다. 그러면 모든 시민들이 더 잘살 것이라고 한다. 이 경제학자들은 '보수주의'라는 딱지에 정당성을 갖는데, 사회를 '자본주의'라고 정의하고 시민들에게 최대의 부를 북돋우는 그런 제도들을 바꾸지 않고 보전하길 원하기 때문이다. 이런 관점에서 국가의 역할은 아주 작은데, 기본적으로 사유재산 제도와 경쟁시장의 작동을 무너뜨리려는 사람들과 제도로부터 그 두 제도를 보호하는 것이다.

자유주의 신고전학파 경제학자들은 시장 불완정성 문제에 대한 가장 좋은 해법은 시장이 제대로 작동할 수 있도록 개인과 기구가 이런 불완전한 시장에 개입하는 것이다. 시장 불완정성은 부분적으로 구매자와 판매자의 본성으로부터 일어난다고 이해된다. 인간 본성에 있는 이런 불완전성을 보완하기 위한 유일한 방법은 시장이 제대로 작동할 수 있도록 개입하는 것이다. 자유주의 신고전학파 이론가들의 관점에서 보수주의 신고전학파 경제학자들이 주장하듯이 시장을 내버려 두는 것은 시장의 불완정성을 계속 허용하는 것이고 따라서 사회가 부를 생산하는 것에서 효율성의 최대치까지 도달하지 못하는 위험도 허용하는 것이다.

케인스주의 경제학자들은 자유주의 신고전학파 경제학자들보다 더 나아간다. 케인스주의 경제학자들은 부의 극대화를 끊임없이 위협하는 시장 불완정성의 심각성과 장기성을 보기에 그런 시장 불완정성과 그 효과를 극복하기 위한 정부의 지속적인 감시와 개입을 요구한다. 그러나 케인스주의 경제학자들은 국가가 민간 기업 소유권을 인수하는 것을 거의 옹호하지 않는다. 그들은 그렇게 할 필요를 느끼지 않으며, 그럴 경우에 바람직한 시장의 작동이 무너지는 결과를 우려한다. 케인스주의 경제학자들은 자신들의 제안을 구체적인 국가 정책으로 한정하는데, 그런 정책들은 시장 불완정성을 막고 극복하고 상쇄하기 위해 개인과 민간 기업의 경제적 선택을 만들 수 있고 규제할 수 있는 것들이다.

시장 사회주의자들은 케인스주의 경제학자들보다 훨씬 더 나아간다. 그들은 경기순환과 사회 분열적인 부의 불평등을 제한하거나 극복하기 위한 필수적인 방법인 (적어도 몇 가지 주요 산업에서라도) 국가 소유 및 관리 기업을 창출하기 위해 생산수단의 집단 소유(국유화)를 옹호한다. 하지만 케인스주의 경제학자와 신고전학파 경제학자들처럼 그들도 경쟁 시장을 개인 및 국영기업들 간 자원과 생산물의 분배를 관리하는 최상의 제도로 찬성한다.

대다수 경제학자들은 적어도 미국에서는 삶의 시점에 따라 받아들이는 그런 관점들의 조합이 변화한다. 경제 및 정치 상황 변화의 압력으로 그들은 어떤 입장에서 다른 입장으로, 어떤 관점의 조합에서 다른 관점의 조합으로 바꾼다. 마찬가지로 그들은 어떤 관점의 조합에서 어떤 관점을 다른 관점보다 강조할 수 있고, 그래서 강조점을 바꿀 수 있다. 다중적이고 변화하는 관점을 갖는 것은 다른 경제학자들로 하여금 대부분 경제학자들의 충성을 장악하고 또 그들의 충성을 얻을 수 있는 어떤 종류의 종합을 탐구할 수 있도록 자극했다.

이런 상이한 이론 집단들(보수주의 신고전학파, 자유주의 신고전학파, 케인스주의 경제학자, 시장 사회주의자)로부터 좀처럼 도전받지 않는 것은 그들 이론 내에서 시장에 부여한 위상과 중요성이다. 그것은 오늘날 세상에서 신고전학파 이론의 권력과 설득력에 대한 증거이다. 이런 경제학자들이 시장이 제대로 작동한다는 것을 믿는지와 상관없이 그들의 논의, 가르침, 연구는 사회에 가능한 최대 부를 가져오게 하기 위한 최고의 제도로서 시장에 초점을 맞춘다.

선호: 상품의 수요를 결정

신고전학파 이론의 입구점 개념은 인간의 선호(기호나 욕구나 선택), 인간의 생산 능력, 이용 가능한 물질적 자원 및 기술이다. 뒤의 절들에서 우리는 이런 개념들이 개별적으로 또는 함께 공급 및 수요의 행태를 결정하기 위해 따라서 사회의 모든 부의 가격(여기에 자원의 가치도 포함된다)을 결정하기 위해 어떻게 작용하는지를 보여주려고 한다. 우리는 인간의 선호로 시작한다.

신고전학파 이론가들은 인간 본성에서 하나의 특수한 측면을 경제 행동의 본질적 결정 요인으로 인식한다. 그 측면은 모든 경제 기회들에 관하여 합리적 선택을 하는 능력과 욕구이다. 우리의 목적을 위해 ①시장에서 구매할 수 있는 재화 및 서비스의 소비, ②재화 및 서비스의 생산을 수행하는 사람들이 구매하는 자원의 공급과 관련한 개인들의 선택에 초점을 맞춘다. 첫 번째 선택의 조합은 시장에서 재화와 서비스의 수요를 구성한다. 두 번째 선택의 조합은 시장에서 재화와 서비스의 공급을 구성한다. 수요와 공급에서 우리는 개인의 선호에 부여된 본질적이고 결정적인 역할을 선택의 원인으로 따라서 시장에서 공급과 수요의 원인으로 살펴볼 것이다.

이론의 작동과 결론에 대해 이론의 입구점이 가지는 중요성을 고려하면 신고전학파 이론가들이 인간의 선호를 더 정확하게 이해하기 위해 오랫동안 쏟은 엄청난 노력은 놀랍지 않다. 우리는 그런 이해를 완전하게 설명하지는 않을 것이지만, 전체적으로 묘사할 것이다. 첫째, 사회에서 개인은 현재 또는 미래에 마주할 인식가능한 모든 재화와 서비스에 대해 자신의 선호를 일관성 있는 방식으로 순위를 매길 수 있다. 다시 말해, 우리는 두 가지 재화와 서비스 (아니면 다르게 구성된 재화와 서비스 꾸러미) 가운데, 더 사고 싶고 소비하고 싶은 것을 선택함으로써 더 좋아하는 (또는 똑같이 좋아하는) 재화와 서비스를 알 수 있으며 표현할 수 있다. 더 나아가 이런 선택의 표현은 그 성질상 확장될 수 있는 것으로 가정되는데, 이는 한 개인이 C대신에 B를 선택하고, B대신에 A를 선택하면, C대신에 A를 선택한다는 것을 의미한다.

신고전학파 이론에서 인간 본성의 또 하나의 중요한 구성 요소는 모든 사람이 항상 어떤 재화와 서비스를 적은 것보다는 많은 것을 원하고 선호한다는 것이다. 이는 때때로 비포화형 가정으로 일컬어진다. 인간 본성에 관한 그 외의 가정들은 이해하기 쉽지 않은 것 같지만, 그것들은 신고전학파 이론에 정말 중요하다. 그런 가정 가운데 하나는 개인이 같은 합계의 만족을 유지하기 위해 한 재화를 다른 재화로 어떻게 대체할 수 있는지와 관련된다. 달리 말하면, 개인이 어떤 재화를 계속 소비하는 것을 포기할 때 재화 소비로부터 얻는 만족의 같은 합계를 유지하기 위해 다른 재화의 양을 늘려야 한다는 것이다. 신고전학파 경제학 문헌은 이렇게 가정된 인간 소비의 특성을 두 재화 간 '한계대체율 체감'이라고 일컫는다. 더 많은 단위의 재화A를 포기해야 할 때, 재화B의 한 단위를 위해 재화A 한 단위를 포기하려는 심리적인 능력(psychological ability) 또는 의향은 줄어든다. 어떤 개인이 재화A를 적게 가지게 되면 재화A는 상대적으로 더 중요해지기 때문에, 재화A의 계속적인 감소는 오직 재화B의 계속적인 증가로 상쇄될 수 있다.

위에서 논의한 인간 본성의 특징들은 신고전학파 이론가들이 인간의 타고난 '합리성'으로 보는 것의 일부를 구성한다. 인간 합리성의 또 다른 요소는 기회를 최대한 이용하려는 충동이다. 개인은 환경과 상관없이 합리적으로 동기를 부여받고, 선택 하는 기계로 가정된다.

무엇이 이러한 인간 본성의 합리성을 결정하는가? 신고전학파 이론가들은 이 질문에서 크게 나뉘는 것 같다. 합리성은 그야말로 인간 본성의 기본 구성요소이다. 물론 합리적 선호는 (인간 본성이 바뀌는 것처럼) 바뀔 수 있으나 경제 변화에 대한 반응으로 변하진 않는다. 인간 본성의 다른 구성 요소처럼 선호는 경제 변화의 원인으로 이해되지 결과로 이해되지 않는다. 가격 또는 소득의 변화는 인간 본성에 의해 일어나지만 그런 것이 인간 본성의 원인이 되거나 인간 본성을 변화시키지 않는다. 예를 들어, 선호가 변화할 때, 그 변화는 경제에서 찾은 원인을 반영하는 것이 아니라 오히려 생물학 또는 문화의 영역에서 찾은 원인을 반영한다.

인간 본성에 관한 이런 몇 가지 가정으로부터 신고전학파 이론가들은 경제적 선택을 검토하고 심지어 예상하는 분석 도구를 구축한다. 이 도구는 선호 또는 무차별 곡선의 집합 내지 '지도'이다. 각 지도는 한 사회에서 개인이 인식할 수 있는 모든 상품에 대한 욕구를 어떻게 평가하는지 보여준다. 〈그림 2.2〉는 그런 곡선을 나타낸다. 고급 경제학 교과서는 ①인식 가능한 모든 상품 묶음의 순위를 매길 수 있는 인간의 타고난 능력을 일단 가정한다면 인간 합리성에 대한 이 지도가 어떻게 존재하고 왜 존재하는지 ②더 높은 선호곡선으로 이동은 어떻게 그리고 왜 더 높은 수

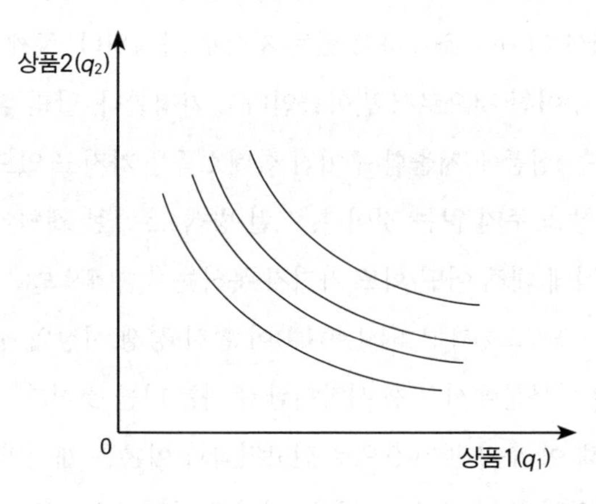

그림 2.2 두 가지 상품 q_1, q_2에 대한 개인의 기호를 보여주는 선호곡선들의 집합

준의 만족을 얻는(비포화 가정으로부터 도출됨) 것을 보여주는지 ③모든 곡선은 어떻게 그리고 왜 기울기가 음수인지(이 또한 비포화 가정에서 도출됨) ④어떻게 그리고 왜 곡선들에서 가파른 상승이나 격차가 없는지(연속성이라는 기술적 가정에서 나옴) ⑤어떻게 그리고 왜 곡선들은 겹치거나 교차하지 않는지(일관성 있는 행동이라는 가정으로부터 도출) ⑥어떻게 그리고 왜 모든 곡선은 원점을 향해서 볼록한지(한계대체율 체감이라는 가정에서 나옴)를 보여준다.

선호곡선은 신고전학파 이론에서 모든 상품 및 자원의 수요와 공급을 포함하여 개인이 하는 거의 모든 경제적 선택의 설명을 돕기 위해 사용된다. 신고전학파의 본질주의적 논리를 고려하면, 이 곡선이 하는 강력한 설명의 역할은 놀랍지 않다. 이론의 본질이 그 이론에서 다루는 다른 모든 경제 주체들의 행동을 궁극적으로 결정한다는 것은 정확하게 이론적 본질의 특징이다.

이제 신고전학파 이론은 경제가 어떻게 작동하는지에 대한 분석, 즉 경제가 어떻게 작동하는지에 대한 그림을 구축하기 위해 필요한 몇 가지 가정들을 추가한다. 첫째, 각 개인의 소득이 알려져 있다고 가정한다. 즉, 각 개인은 개인 소득에 포함되는 지대, 임금, 이윤을 낳는 토지, 노동, 자본 같은 특정한 양의 생산 자원을 소유하고 있는 것으로 가정된다. 둘째, 각 개인은 상품 가격을 주어진 것으로서 받아들인다고 가정한다. 달리 말해서 각 개인은 욕구하는 상품에 지출할 주어진 화폐소득을 가지고 있으나 상품의 가격에는 영향을 주지 않는 것이다. 그런 방식으로, 한 개인이나 개인들의 집단이 가격에 대해 어떤 힘도 가지지 못하는 것(그래서 모든 개인은 가격 수용자이지만, 어느 누구도 가격 결정자가 아니다)이 완전 경쟁 시장의 정의이다. 우리는 이 장의 뒷부분에서 경쟁 시장이란 주제를 다룰 것이다.

소득과 가격에 관해 이 추가된 가정으로 신고전학파 이론은 개인의 수요 행동을 설명하기 위한 주요 다이어그램 중 하나를 만든다. 〈그림 2.3〉

은 근본적인 질문을 제기하고 대답한다. 개인의 제한되지 않은 욕구(비포화 가정과 각 개인의 무수한 선호곡선들의 지도를 떠올려라)를 고려하면, 그들은 어떻게 제한된 돈(다이어그램에서 직선 *AB*를 보라)으로 대처 하는가[1]? 개인들은 경제 환경이 설정한 제한된 소득과 제한되지 않은 욕구를 어떻게 조화롭게 만드는가?

〈그림 2.3〉에서 *T*점은 어떤 개인이 얻을 수 있는 최고점을 나타낸다. 거기서 어떤 개인이 지출할 수 있는 자원과 소득의 제약 하에서 그가 성취할 수 있는 가장 높은 선호곡선에 도달한다(그리하여 자신의 부=만족을 극대화한다). 그러면 *T*점은 각 개인이 가능한 가장 높은 선호(만족) 수준에 도달하기 위해 자신의 시장 기회를 최고로 만들려는 각 개인의 노력(투쟁)의 결과이다. 이것은 개인의 '기회를 극대화하는 것'이라는 문구로 신고전학파 이론이 의미하는 것이다. 그것은 신고전학파 이론에서 모든 합리적 개인이 행하는 것이다.

이 해(〈그림 2.3〉에서 *T*점)를 더 주의 깊게 검토해보자. 그것은 인간의 근본적인 노력(투쟁)에 대한 신고전학파 이론의 관점을 표현한다. 그것은 개별 본성에 의해 주어진 합리적 선택을 할 수 있는 개인적 능력을 비개인적인 시장에 의해 주어진 대체 가능한 사회적 기회와 조화를 만드는 것이다. 한편으로 대체 가능한 사회적 기회는 두 상품 간 가격 비율, p_1/p_2 즉 한 상품을 다른 상품으로 대체하는 비율로 측정된다.[2] 다른 한편 개인의 합리적인 선택 능력은 개인의 본성으로부터 도출된 두 재화 간 한계 대체율에 의

1 개인의 화폐소득 y는 재화와 서비스에 지출 될 수 있는데, 이는 $p_1 \cdot q_1 + p_2 \cdot q_2$로 나타낼 수 있고 여기서 p_1과 p_2는 각각 두 상품의 가격을 나타내고 q_1과 q_2는 각각 두 상품의 수요량을 나타낸다. 〈그림 2.3〉에서 AB선의 소득 방정식은 $q_2 = \frac{y}{p_2} - \frac{p_1}{p_2} \cdot q_1$이 된다 여기서 $\frac{p_1}{p_2}$는 AB선의 기울기를 나타내는데, 즉 $\frac{\Delta q_2}{\Delta q_1} = -\frac{p_1}{p_2}$이다.

2 이 가격의 비율은 정확하게 각주 1에서 보여준 소득 방정식의 기울기이다.

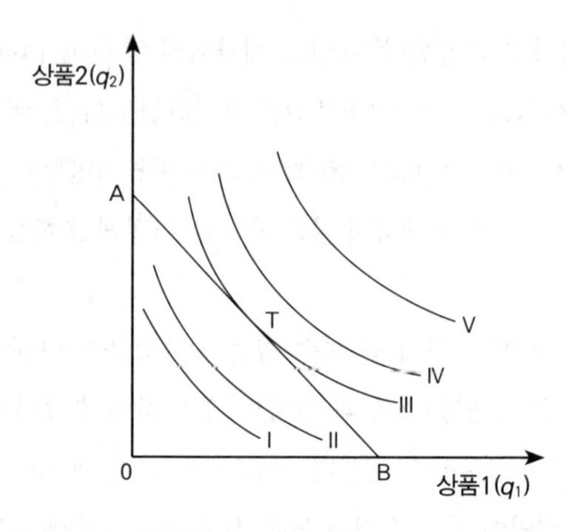

그림 2.3 소비자를 위한 최적해는 T점인데, 소득 제약(AB)하에 가장 높은 선호곡선(III)이 도달한 점이다. 최적점은 교과서에서 $mu_1/mu_2=p_1/p_2$로 묘사된다.

해 측정된다.

우리는 이제 신고전학파 이론이 선호에 기초한 상품의 합리적 선택 능력을 어떻게 표현하고 측정하는지 검토할 것이다. 같은 선호곡선에서 A점과 B점을 나타내는 〈그림 2.4〉를 살펴보자. A점과 비교하면 B점은 q_1의 증가와 q_2의 감소를 나타낸다. 한 재화의 감소와 다른 재화의 증가를 어떻게 비교해야 하는지 문제가 제기된다. 이런 감소와 증가를 비교할 수 있는 두 재화에 공통된 속성을 측정할 단위가 있는가?

신고전학파 이론은 그렇다고 답한다. 상품들은 인간 만족의 원천이 되는 속성을 공통적으로 가지고 있으며, 인간을 위한 효용을 가지고 있으며, 그래서 인간은 효용을 얻기 위해 상품을 선택한다고 한다. 모든 상품의 공통된 속성으로 가정되는 효용은 신고전학파 이론의 경제 이해에서 상품 비교의 기준으로 기능한다. 우리가 4장에서 보겠지만, 마르크스주의 이론은 같은 질문에 아주 다른 대답을 한다. 이 이론은 '효용'보다는 '추상노동시간'이 상품의 공통된 속성이라고 하며, 이것을 가지고 경제 이해

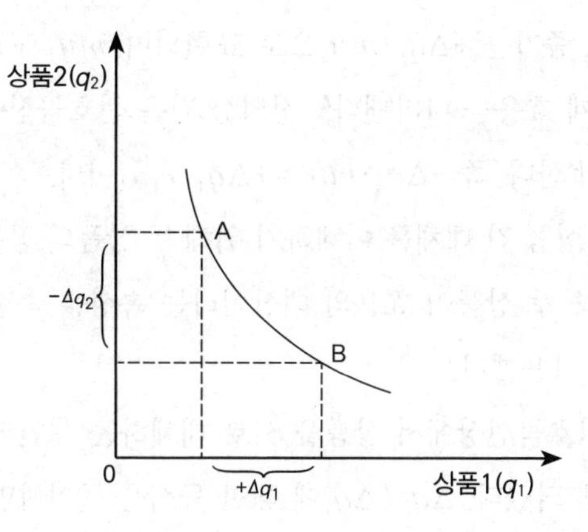

그림 2.4 선호곡선상 이동(A에서 B로)은 효용의 감소와 효용의 증가가 상쇄되는 것으로 간주된다.

$$\underbrace{-\Delta q_2 \cdot mu_{q_2}}_{\text{감소}} = \underbrace{+\Delta q_1 \cdot mu_{q_1}}_{\text{증가}}$$

를 만든다. 상이한 경제 이론들은 상품을 비교할 때 다른 기준을 만든다.

선호곡선의 정의에 따르면, 개인은 서로 다른 상품 묶음을 가져도 자신의 선호곡선 상에서는 무차별적이다. 따라서 〈그림 2.4〉에서 보듯이, 소비자는 A점과 B점에서 같은 크기의 만족 또는 효용을 얻는 것으로 이해된다. 그러므로 한 사회에서 개인이 같은 선호곡선상에 있다면, 어떤 양의 q_2를 포기함으로써 발생한 만족 또는 효용의 손실은 어떤 양의 q_1을 획득함으로써 얻는 만족 또는 효용의 증가로 정확하게 균형을 이룬다고, 즉 같아진다고 생각할 수 있다. 〈그림 2.4〉는 q_2의 손실을 $-\Delta q_2$로 보여주는데, 음의 부호는 소비자에게 q_2의 양이 감소했음을 나타낸다. 그리고 이 그림에서 q_1의 증가를 $+\Delta q_1$로 보여주는데, 양의 부호는 소비자가 q_1을 추가 소비했음을 나타낸다.[3] 만족 또는 효용의 감소는 일반적으로

3 Δ기호는 한 변수의 변화량을 나타내는 것이다. 따라서 $-\Delta q_2$는 소비량 q_2의 감소를 의미하며 $+\Delta q_1$은 소비량 q_1의 증가를 나타낸다.

$-\Delta q_2 \cdot mu_2$로 표현되고, 증가는 $+\Delta q_1 \cdot mu_1$으로 표현되며, mu_1과 mu_2는 각 상품의 단위당 한계 효용을 나타낸다[4]. 정의상 같은 선호곡선에서 두 가지 조건은 늘 같아야 한다. 즉 $-\Delta q_2 \cdot mu_2 = +\Delta q_1 \cdot mu_1$이다.

신고전학파 이론은 두 상품 간 대체를 이해하기 위해 두 상품의 공통된 속성이라고 가정한 것, 즉 두 상품이 효용의 대상이라는 속성을 측정 기준(각 상품의 한계 효용)으로 사용했다.

이제 우리는 주어진 선호곡선상에서 상품을 서로 대체하는 개인적 능력의 정확한 척도를 얻게 되었다. $\Delta q_2 / \Delta q_1$에 대한 등식을 풀이하면 다음을 얻는다.

$$MRS_{12} = \frac{\Delta q_2}{\Delta q_1} = \frac{mu_1}{mu_2},$$

여기서 MRS_{12}는 상품1과 상품2의 한계대체율을 나타낸다.

앞서 언급한 신고전학파 해를 이 새로운 조건에서 재구성해보자.

개인의 최적점(그림 2.3에서 T점)은 다음과 같이 나타낼 수 있다.

$$\frac{mu_1}{mu_2} = \frac{p_1}{p_2}$$

상품을 합리적으로 선택하는 개인적 능력은 이런 한계효용의 비율로 측정되는데, 소비하는 사회적 능력과 같으며, 이는 가격의 비율로 측정된다. 이 점에 도달하면 개인은 소비 결정에 관해 효율적인 방식으로 행동하며 제약하에 있는 시장과 마주한다고 고려하여, 가능한 최고의 소비 결

4 신고전학파 이론은 개인이 상품을 더 많이 소비하거나 더 적게 소비할 때 느끼는 한계 효용이 되는 효용의 측정을 고려한다는 것을 되새겨라.

과가 달성된다.

그것은 〈그림 2.3〉으로부터 수요곡선을 얻는 작은 절차일 뿐이다. 계속 여러 상품 가운데 하나의 가격을 다르게 함으로써, 예를 들어 p_1의 가격을 그렇게 함으로써, 개인의 수요행동, 즉 가격 변화에 따른 상품의 구매량을 예상할 수 있다. 〈그림 2.5〉는 이런 절차를 보여준다. 〈그림 2.5a〉에서 상품1의 가격은 상품2의 가격에 비해 감소하며, 이 그림에서 AC, AD, AE로 이름 붙여진 새로운 가격선은 상품1 가격의 감소를 가정한 것을 나타낸다. 개인이 직면하는 제약이 가격의 감소와 함께 변화하면서 대체를 위한 개인 능력과 사회적 능력 간 새로운 일치점이 생겨난다. 가능한 가장 높은 수준의 만족을 얻기 위한 이런 인간의 본질적 노력(투쟁)을 주장하는 이 이론의 논리는 새로운 일치점들에 도달하는 것을 보장한다.

그 결과로 나타나는 새로운 균형점들, 즉 신고전학파 경제학자들이 종종 균형점이라고 일컫는 것이 〈그림 2.5a〉에서 U, V, W으로 표시된다. 명백히 그런 점들이 많이 만들어질 수 있다. 그 균형점들 모두가 연결될 때, 가격-소비 곡선(Locus)이 만들어지는데, 〈그림 2.5a〉에서 TW로 표시되어 있다. 그래서 이 곡선에서 각 균형점은 한계효용의 비율과 그에 대응하는 가격 비율의 등식을 나타낸다.

〈그림 2.5b〉는 〈그림 2.5a〉에서 상품1에 대해 도출된 수요곡선을 보여준다. 두 그림의 가로축은 q_1의 수요량을 나타내기 때문에 연결된다. 〈그림 2.5a〉에서 가격-소비 곡선 TW의 각 점은 〈그림 2.5b〉의 수요곡선 위로 옮겨진다. 〈그림 2.5a〉에서 〈그림 2.5b〉로 점선을 따라가면 〈그림 2.5b〉에서 $T'U'V'W'$ 점을 찾을 수 있으며, 이 점들은 상품 q_1의 수요곡선을 구성한다. 우리는 그 점들이 우하향하는 것을 아는데, 가격 p_2에 비해 가격 p_1가 계속 낮다는 것과 q_a에 대한 수요 증가를 이미 가정

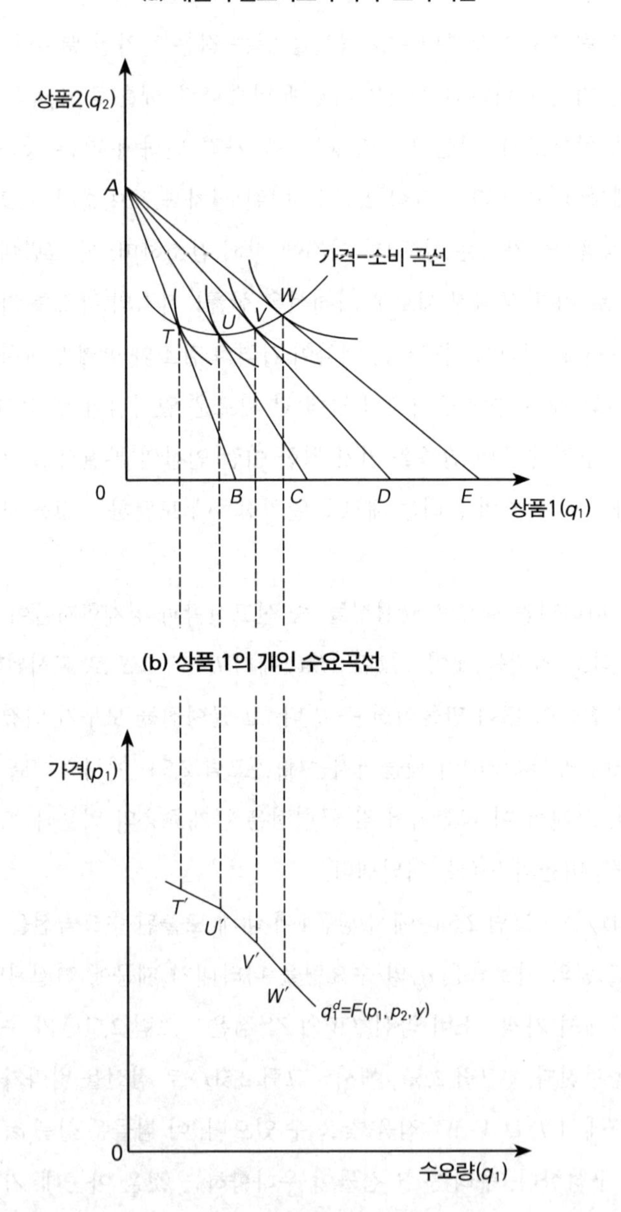

그림 2.5 개인의 가격-소비 곡선(a)로부터 상품1의 개인 수요곡선(b) 도출

했기 때문이다.[5]

따라서 잘 알려진 한 개인의 우하향 수요곡선은 2.5b에서 생겨난다. 똑같은 절차를 사용하여, 우리는 각 상품 q_1, q_2, q_3 등의 수요곡선을 끌어낼 수 있다. 모든 개인의 수요곡선을 더하면, 우리는 한 사회의 각 상품에 대한 총수요곡선을 끌어낼 수 있다(〈그림 2.1〉에서 볼 수 있다).

각 수요곡선은 개인의 선호 및 소득으로부터 그리고 개인들이 마주하는 가격으로부터 만들어질 수 있다. 다이어그램의 논리는 이렇게 수요곡선이 만들어지는 것을 보여주는데, 〈그림 2.5b〉는 〈그림 2.5a〉로부터 도출되고 〈그림 2.5a〉는 〈그림 2.3〉으로부터 도출된다. 그러므로 우리는 선호, 소득, 가격의 상호작용에서 우리의 처음 질문, 무엇이 상품에 대한 수요를 결정하는지에 대한 부분적인 답을 얻었다. 이 결론을 더 자세히 검토해보자.

특수한 개인들 누구에게나 앞서 언급한 것처럼 시장에 의해 상품 가격이 결정된다. 선호는 또한 이 경우 개인의 본성에 의해 주어진 것으로 간주된다. 그러나 무엇이 개인의 소득을 결정하는가?

어떤 개인의 임금소득은 시간당 임금률 곱하기 노동 시간수로 간주할 수 있다. w가 임금률을 나타내고, h가 개인마다 일한 시간수를 나타낸다면, 우리는 $y=w \cdot h$를 얻게 되는데, y는 벌어들인 소득을 의미한다. 그러

---

5 고급 신고전학파 이론 교과서에서는 상품 수요 변화가 두 가지 요소로 분해될 수 있다는 것을 보여준다. 첫째, 이른바 대체 효과(substitution effect)인데, 이것에서는 효용의 수준이 불변이고, 소비자는 〈그림 2.5a〉의 선호곡선을 따라 움직이며, 상품(q_2)를 가격이 하락한 상품(q_1)으로 대체한다. 둘째, 이른바 소득효과(income effect)인데, 이것에서는 처음 가격이 불변으로 있고, 소비자는 소득의 변화 때문에 더 높은 선호곡선으로 움직인다. 신고전학파 이론은 이 두 가지 효과를 결합하여 일반적으로 슬루츠키(Slutsky) 방정식을 만든다. 슬루츠키 방정식은 1915년 그 결과물을 처음 출판한 슬루츠키의 이름을 땄는데, 신고전학파 가치론의 근본적인 정립으로 고려된다. 그 방정식의 목적이 구체적으로 개인의 상품 수요 변화와 그 상품들에 대한 기저 선호(underlying preference)와의 관계를 만드는 것이기 때문이다.

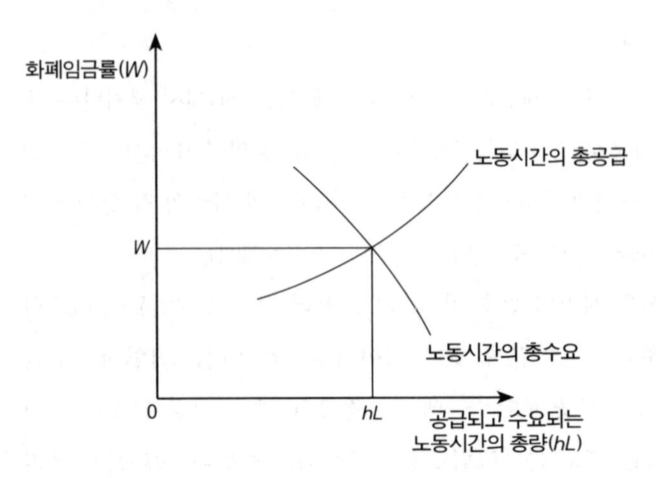

그림 2.6 화폐임금률 및 노동시장에서 수요되고 공급되는 노동시간의 결정

면 모든 개인의 총임금소득 $Y=w \cdot h \cdot L$이 되는데, L은 총노동자 수를 나타내고, Y는 총임금소득을 의미한다. 계속 신고전학파 이론의 핵심에 초점을 맞추기 위해서 우리는 총노동자 수는 고정되어 있지만, 노동자가 제공하는 노동시간 수는 변한다고 가정 단순화를 할 것이다.

이제 우리는 무엇이 노동자들의 w와 hL을 결정하는지 물을 수 있다. 그 대답은 노동의 총수요와 노동의 총공급이다. 즉 노동시간인데, 〈그림 2.6〉에서 묘사되었다. 〈그림 2.6〉은 노동시간의 총수요와 노동시간의 총공급의 교차가 개별 임금률(w)과 공급되고 수요되는 노동시간의 총량(hL)을 동시에 결정한다는 것을 보여준다. 다시 한 번 신고전학파 이론의 논리를 떠올리면서 우리는 무엇이 이 특수한 공급 및 수요의 표를 결정하고 그리하여 개인들의 임금소득을 결정하는지 질문할 수 있다.

선호: 노동의 공급을 결정

신고전학파 이론에 따르면, 개인들의 노동시간 공급은 선호와 주어진 실질임금률에 의존한다. 신고전학파 경제학자들은 개인들이 상품 구매에 소득을 지출한다고 가정하며, 그 소득은 노동으로부터 온다고 가정한다. 다시 말해 소득은 개인이 노동에 할당한 시간의 양에서 온다고 가정한다. 노동시장에 더 많은 시간을 제공하는 사람은 더 많은 소득을 받으며 더 많은 상품을 구매할 수 있다. 소득은 개인에게 만족 또는 효용을 제공하는데, 효용의 대상, 즉 상품을 구매하기 위해 사용되기 때문이다. 그러나 개인이 노동시장에 더 많은 시간을 제공할수록 여가를 위해서는 더 적은 시간을 이용할 수 있다. 신고전학파 이론가들은 여가도 구매한 상품처럼 효용을 가진다고 가정한다. 그러므로 각 개인은 (노동시간의 제공을 통한) 상품의 소비와 여가의 소비를 선택해야만 한다.

〈그림 2.7〉은 실질소득(구매 상품 묶음)과 여가 시간의 선택을 보여준다. 우리는 단지 하루에 같은 시간만 주어져 있기 때문에 두 가지 중에서 선

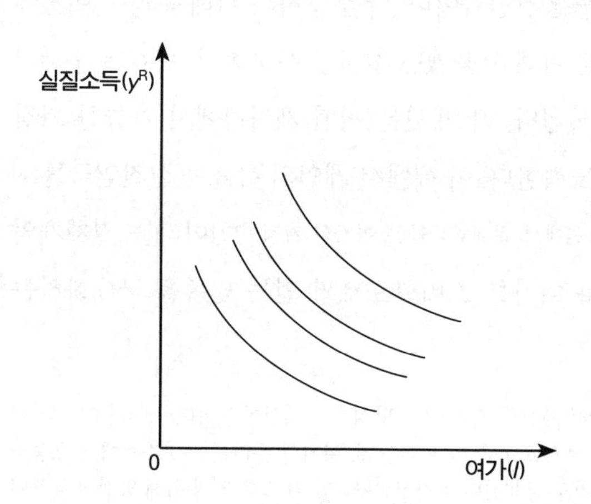

그림 2.7 실질소득(y^R)과 여가시간(l)에 대한 개인의 기호를 나타내는 선호곡선의 집합

택을 해야 한다. 앞의 선호곡선 지도와 같이 이번 다이어그램에서 소득과 여가의 맞교환을 나타내는 곡선 집합을 보여준다. 선호곡선의 근원과 관련된 이전의 모든 서술이 여기에서도 적용된다는 점을 강조할만하다. 늘 그렇듯이 그것들은 인간 본성을 따른다.

어떤 주어진 선호곡선에 따라 우리는 개인의 대체, 즉 실질소득과 여가시간 사이의 선택을 계산할 수 있다. 이번의 한계대체율과 이전의 것을 구별하기 위해서 우리는 여가에 하첨자 l을 실질소득에 하첨자 y^R을 사용할 것이다.

$$MRS_{ly^R} = -\frac{mu_l}{mu_{y^R}}$$

여기서 mu_l은 여가시간의 한계 효용을 나타내고, $mu_y{}^R$은 실질소득의 한계 효용을 나타낸다.[6]

이제 각 개인이 마주하는 실질임금률을 도입하겠다. 이 경우에 질문은 이 실질임금률과 개인의 여가 및 실질임금 선호를 고려하여 개인이 얼마나 많은 노동시간을 제공할 것인가이다. 답을 구하기 위해 우리는 이전에 두 상품간 선택의 분석을 위해 사용했던 절차를 사용한다. 똑같은 주제가 형태만 약간 다르게 반복된다. 각 개인은 어떤 제약하에서 가능한 가장 높은 선호를 얻기 위해 노력한다. 이 예에서 개인의 목표는 실질임금률(여가가 실질소득의 포기라는 측면에서 실질임금률은 여가의 가격이다)이라는 경제제약을 고려하여 실질소득과 여가를 소비함으로써 얻는 만족을 극대화하는

---

6 이 한계대체율은 우리가 앞서 계산한 것과 같은 방식으로 계산한다. 실질소득과 여가의 선호곡선으로 $-\Delta_{y^R} \cdot mu_{y^R} = +\Delta l \cdot mu_l$을 얻게 되는데, 여기서 우리는 실질소득에서 효용의 감소는 여가에서 효용의 증가로 상쇄된다고 가정한다. $\frac{\Delta y^R}{\Delta l}$의 값을 얻기 위해 방정식을 풀이하면 $\frac{\Delta y^R}{\Delta l} = -\frac{mu_y{}^R}{mu_l}$이 되는데, 이것이 mu_{ly^R}이다.

것이다. 예측된 실질임금 조건에서 여가의 가격인 실질임금률이란 경제 제약을 고려하여 실질소득과 여가를 소비하는 것으로부터 얻는 만족을 극대화하는 것이다.

〈그림 2.8〉은 실질임금률 선 AX를 보여주는데, 다음과 같은 방법으로 만들어졌다. OX가 여가와 노동을 위해 사용할 수 있는 총시간수라고 가정하자. 이는 개인이 사용할 수 있는 시간의 부존량이라고 간주된다. 현재 개인이 XX'(X로부터 측정함)시간을 일하고, 그래서 OX'(O로부터 측정함)의 여가시간을 선택한다고 가정하자. 그 사람이 $X'y'$ 달러의 총실질소득을 받는다면 시간당 실질임금률은 다음과 같다.

$$\frac{X'y'}{X'X} = \frac{\text{실질소득}}{\text{노동시간수}} = w^R$$

여기서 w^R은 시간당 실질임금률을 나타낸다.

이제 〈그림 2.7〉의 선호곡선 집합을 가지고 〈그림 2.8〉을 만들어보자.

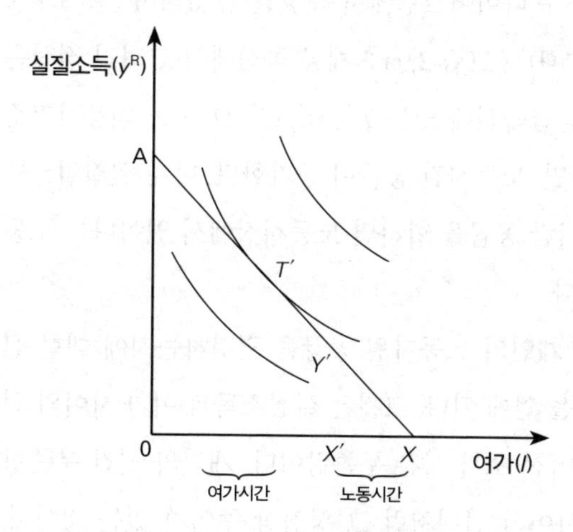

그림 2.8 노동자를 위한 최적해. 실질임금 제약하의 가장 높은 선호곡선이 T'점에 도달한다. 최적점은 $\frac{mul}{mu_{y^R}} = w^R$로 나타낼 수 있다.

앞 절에서 개인에게 가장 효율적인 소비점(〈그림 2.3〉의 T점)을 밝히기 위해 적용한 논리를 사용하면, 〈그림 2.8〉의 최적점을 T'라고 말할 수 있다. 여기서 개별 노동자들은 다시 한 번 대상들 사이에서 선택하는 개인적 능력(MRS_{ly^R})을 가장 효율적으로 소비하기 하는 사회적 능력(w^R)과 조화를 만든다. 우리는 이 새로운 균형상태를 $\frac{mu_l}{mu_{y^R}}=w^R$로 표현한다.

이 선호 지도로부터 노동시간의 공급을 끌어내기 위해서 먼저 〈그림 2.9a〉의 실질임금률을 변화시켜보자. XB, XC, XD 선으로 표시되는 것처럼 실질임금이 증가한다고 가정하자. 다이어그램에서 개인이 도달하는 새로운 균형점들이 B점, C점, D점으로 나타나며, 여기서 다시한번 MRS_{ly^R}는 각각의 새로운 실질임금률과 등식이 된다. 이 균형점들을 연결하면서, 신고전학파 경제학자들은 개인의 노동시간 제공 곡선(다이어그램에서 $TBCD$로 나타난다)을 끌어낸다. 노동시간 공급곡선은 노동시간 제공곡선에서 직접 도출된다.

〈그림 2.9b〉의 가로축과 〈그림 2.9a〉의 가로축을 대응하게 하여 개인이 제공한 노동시간 수가 두 다이어그램에서 측정될 수 있다(두 그림 모두 오른쪽에서 왼쪽 방향으로 보면 된다). 〈그림 2.9a〉 제공 곡선에서 그려진 점선은 〈그림 2.9b〉 노동시간 공급곡선에 있는 T'', B', C', D'점을 대응시켜준다. 실질임금률이 상승하면, 노동시간 공급이 증가한다. 다른 실질임금률에 있는 각 개인의 노동시간 공급을 합하면 노동시장에서 일어나는 노동시간의 총공급곡선이 된다.

그러면 우리는 무엇이 개인의 노동자원 공급을 결정하는지에 대한 신고전학파 경제학의 대답을 얻게 된다. 그것은 실질소득과 여가 사이의 선택, 주어진 실질임금, 주어진 초기 시간 부존량이다. 개인의 시간 부존량(24시간)은 소득과 여가 사이의 선택처럼 그 성질상 주어져 있는 것이며, 앞에서처럼 실질임금은 경쟁시장에서 주어져 있다. 따라서 우리는 주어

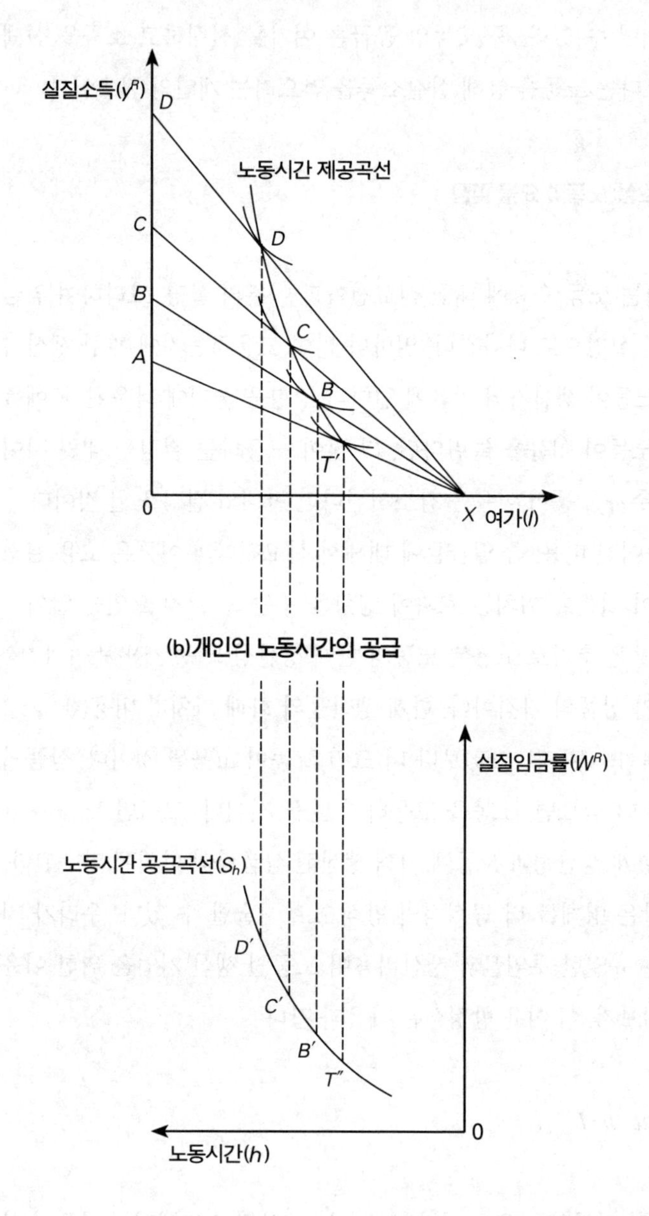

그림 2.9 개인의 노동시간 공급곡선(b)은 노동시간 제공곡선(a)으로부터 도출된다.

진 실질임금과 자원부존 때문에 노동의 공급은 인간 본성에 의해 결정된다고 결론내릴 수 있다. 즉 노동의 공급은 여가를 선택하고 소득을 선택하지 않기보다는 노동을 통해 실질소득을 얻으려는 개인의 선호이다.

선호와 희소성: 노동 수요를 결정

이제 우리는 노동 수요에 대한 신고전학파 이론의 설명, 그리하여 임금 결정에 대한 설명으로 나아간다. 얼마나 많이 고용하는지에 관한 생산자의 결정은 노동이 생산자의 이윤에 얼마나 영향을 줄지에 좌우된다. 예를 들어 추가 노동이 이윤을 늘린다면, 더 많이 고용하는 결정을 내릴 것이다. 그러나 추가 노동이 이윤을 감소시킨다면 반대의 결정을 할 것이다.

노동의 주어진 비용, 즉 임금률에 대해서 신고전학파 이론은 고용 결정과 그 결정이 이윤에 미치는 효과에 영향을 주는 두 가지 요인을 알아본다. 그 요인들은 추가로 고용된 노동의 한계 생산성(노동이 생산하는 추가 상품량)이고, 추가 상품의 가격이다. 한계 생산물의 화폐 가치가 비용(한계 생산물을 얻기 위해 지불해야 하는 임금)보다 더 크면 노동이 고용될 것이다. 상품의 화폐가치가 더 적으면, 노동을 고용하지 않을 것이다. 그러면 노동 수요는 노동의 한계 생산성과 노동에 의해 생산된 상품량의 가격에 좌우된다.

우리는 같은 명제를 더 공식적인 방식으로 서술할 수 있다. 우리가 지금 가정하는 유일한 투입물과 생산비용이 노동인 생산 기업을 위한 이윤 방정식을 써보자. 이 이윤 방정식은 다음과 같다.

$$\Pi = p \cdot q - w \cdot h \cdot L$$

여기서 Π는 기업의 이윤을 나타내고, p는 생산되고 판매되는 상품의 가격을 나타내고, q는 생산된 상품의 양을 나타내고, w는 화폐임금을 나타내고 L_i는 기업에 고용된 노동자의 수를 나타내고, h는 이미 정의되었다. 방정식은 간단히 이윤은 총수입($p \cdot q$) 빼기 총임금 비용($w \cdot h \cdot L_i$)임을 나타낸다.

이제 노동시간의 양이 바뀌면 이윤 방정식에 무엇이 일어나는지 보자. 그러나 새 방정식을 쓰기 전에 각 생산자가 상품 가격 또는 임금률에 대해 영향력이 없다고 가정한다는 것을 되새길 필요가 있다. 경쟁시장은 각 생산자에게 모든 산출물과 투입물 가격을 준다. 그러므로 위의 이윤 방정식에서 p와 w는 생산자들이 더 많은 노동을 구매하여 더 많은 상품을 생산하고 판매한다고 해서 변하지 않는다. 이것을 기억하면서, 새로운 이윤 방정식을 쓰면 다음과 같다.

$$\Delta \Pi = \bar{p} \cdot \Delta q - \bar{w} \cdot \Delta h \cdot L_i$$

여기서 Δ는 해당 변수의 변화량을 가리키고, 윗줄($^-$)은 더 많은 노동을 고용한다고 결정해도 해당 변수가 변하지 않았다는 것을 나타낸다.

노동시간의 변화가 기업의 이윤에 미치는 최종 영향을 얻기 위해 이윤 방정식의 양변을 ΔhL_i로 나누어보자.

$$\frac{\Delta \Pi}{\Delta hL_i} = \bar{p} \cdot \frac{\Delta q}{\Delta hL_i} - \bar{w}$$

$\frac{\Delta \Pi}{\Delta hL_i}$가 양이면, 명확하게 노동수요의 증가는 이윤을 증가시킨다. 이 경우 한계 생산물($\bar{p} \cdot \Delta q / \Delta hL_i$)의 화폐 가치는 비용($\bar{w}$)보다 크다. 그러나 $\frac{\Delta \Pi}{\Delta hL_i}$가 음이면, 추가노동이 고용되지 않을 것이다. 한계 생산물의 화폐 가치는 화폐 임금보다 작다. 오직 주어진 화폐임금률($\bar{w}$)이 $\frac{\bar{p} \cdot \Delta q}{\Delta hL_i}$와 같다면, 기업은 노동수요를 확대하거나 축소하는 것을 통해, 이윤을 더 얻지

도 잃지도 않는다. 이 때 기업은 가정된 목표, 즉 이윤을 극대화할 것이다.

분명히 앞의 이윤 방정식은 상품가격(p)과 노동의 한계 생산성($\Delta q/\Delta hL$)이 함께 노동수요를 결정한다는 것을 보여준다. 이런 이유로 신고전학파 경제학자들은 종종 **도출된** 노동수요, 즉 그 두 변수로부터 **도출된** 수요를 언급한다. 그러면 다음 논리적 질문은 무엇이 노동수요가 도출되는 가격과 한계 생산성을 무엇이 지배하는가이다.

가격으로 시작해보자. 이미 언급했듯이, 가격은 경쟁시장에서 생겨나서 각 생산자에게 주어진다. 이는 각 생산자가 판매하는 상품의 양이 오직 소비자의 상품 수요에 의존한다는 것을 의미한다. 소비자가 더 많이 수요하면, 각 생산자는 더 많이 판매할 수 있다. 그 결과 소비자 수요의 증가는 생산자의 노동수요에 양(+)의 효과를 가질 것이다.

어떤 주어진 임금소득과 가격에서 개인의 선호는 상품 수요를 결정한다는 것을 떠올려보자. 그러므로 노동 수요는 한편 궁극적으로 노동이 생산한 상품에 대한 소비자의 선호에서 생겨난다. 다시 한 번, 이 특수한 신고전학파 이론의 본질은 스스로의 강력한 위상을 느낄 수 있게 하는데, 이번에는 노동시장에서다.

고용된 노동시간 수는 또한 노동의 생산 능력에 좌우된다. 그리고 노동의 생산 능력은 노동이 어떤 숙련도를 가지고 있는지와 노동이 결합할 수 있는 다른 자원과 기술의 이용가능성에 좌우된다. 일반적으로 노동자 마다 더 많은 양의 자원이 있으면, 노동자의 한계 생산성은 더 높아지며, 따라서 〈그림 2.6〉에 있는 원래 노동수요곡선보다 (우상향 방향으로) 더 높아진다. 노동 수요는 또한 다른 자원들이 노동 자원으로 쉽게 대체될 수 있는 정도에 따라 영향을 받는다. 예를 들어 다른 자원들이 노동의 좋은 대체재라면, 〈그림 2.6〉에서 노동수요곡선은 그렇지 않을 때보다 더 탄력적일 것이다. 따라서 노동수요곡선의 위치와 모양은 이용가능한 자원 부존량(상품을 생산하기 위해 이용 가능한 기술을 포함)과 이런 생산단위들이 상품 생산을 위해 이용 가능한 자원을 결합하는 능력에 좌우된다.

이용 가능한 자원을 결합하는 개인의 능력은 신고전학파 이론가들이 '생산함수'라고 부르는 것에 포함되어 있다. 주어진 기술에 대해 생산함수는 투입 자원의 양과 그 투입으로 얻을 수 있는 최대 생산량 사이의 관계이다. 신고전학파 이론에서 생산함수의 이론적 위치는 이미 논했듯이 소비 투입량과 생산된 즐거움의 산출량 간 관계인 선호함수로서 중요하다. 두 함수는 신고전학파 이론에서 강력한 본질로 기능하며, 둘 다 똑같이 가치의 궁극적 결정을 설명하는 데 필수적이다.

생산함수가 가정된 특정 조건들을 만족시키면, 때때로 '신고전학파 생산함수'로 일컬어진다. 신고전학파 선호 함수와 아주 유사하게 이 조건들은 이 생산함수가 존재할 수 있게 해주며, 신고전학파 이론가들이 유용하다고 여기는 어떤 속성들을 지니게 해준다. 이 생산조건들은 선호함수와 관련된 조건들만큼이나 사회의 한 부분으로 자연스럽게 여겨진다. 이 생산조건들은 인간의 고유한 속성 또는 인간이 상호작용하는 물리적 자연의 부분으로 여겨진다.

편의를 위해 우리는 단지 두 가지 투입물, 노동과 '자본'이라 불리는 것을 가정할 것이다. 자본은 기계, 도구, 생산 과정에 쓰이는 그 외 재료를 나타낸다. 잠시 말하자면, 몇 가지 중요한 생산 조건이 있다. 생산량이 양(+)이 되려면 두 가지의 투입물, 즉 자본과 노동이 양이어야 하며, 사회가 더 많은 자본과 노동을 이용할 수 있으면, 잠재 생산량도 더 커진다. 각 투입물의 한계 생산물이 양(+)이어도, 한 투입물의 양을 불변으로 하면서 다른 투입물의 양을 늘리면, 각 투입물에 대한 한계 생산물이 감소할 것이다(교과서에서는 보통 이 특성을 한계수확 체감의 자연법칙이라 말한다). 따라서 자본(노동) 자원이 증가하고 노동 (자본) 자원이 불변이면 자본(노동)의 한계 생

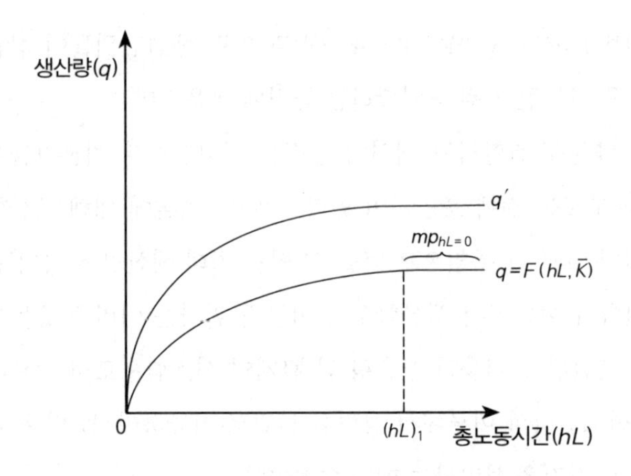

그림 2.10 생산함수는 이용 가능한 자원, 즉 변화하는 노동 투입량과 고정된 자본 투입량과 이로써 얻을 수 있는 최대 생산량(q)의 관계를 보여준다.

산물은 0에 도달할 것이며, 노동 (자본)의 양이 증가하고 자본 (노동)의 양이 불변이면, 자본 (노동)의 한계 생산물은 노동 (자본)의 양이 증가하는 만큼 무한정 커질 것이다.

〈그림 2.10〉은 그런 생산함수를 그리고 있다. 이것은 우리가 고정된 자본 투입량을 가정할 때, 노동 투입물 변화량과 실질 생산량의 관계를 보여준다.[7] 고정된 자본 투입량은 이 그림의 생산함수를 위한 방정식에서 $\overline{K}$로 나타난다. 상품을 생산하기 위해 이용 가능한 노동시간 수가 더 많을수록 생산량은 더 많아질 것이다. 그러나 신고전학파의 한계수확 체감의 법칙 때문에 생산량 증가율은 노동을 더 많이 사용할 때 감소할 것이다. 달리 말하면, 이 법칙, 즉 노동의 한계생산성의 측정치는 자본이 불변이고 노동이 증가할 때 감소한다. 결국 노동 투입만 계속 늘린다면 노동의

7 자본투입물 변화량에 따른 산출량과 고정된 노동 투입량의 관계를 가지고 비슷한 다이어그램을 만들 수 있다.

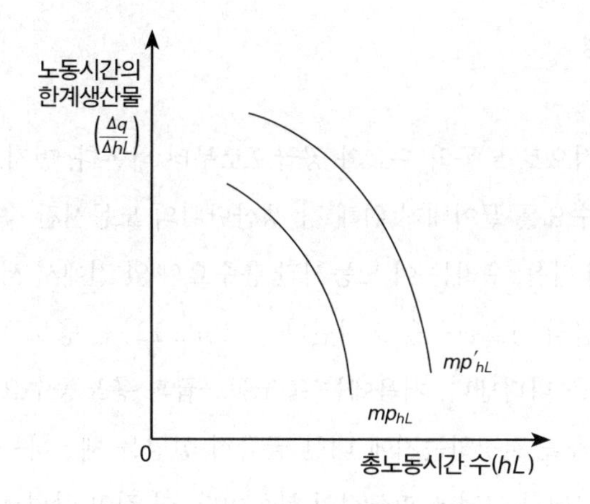

그림 2.11 노동시간의 한계 생산물은 〈그림 2.10〉에서 도출되었다. 이 곡선의 이동은 자본량의 변화 또는 기술의 변화 때문이다.

한계 생산물은 (그림에서 $(hL)_1$점을 지나) 0에 도달한다.

〈그림 2.11〉은 노동의 한계생산물 곡선을 그리고 있다. 자본의 증가는 이제 〈그림 2.10〉과 〈그림 2.11〉에서 보여주듯 생산함수와 그와 관련된 한계생산성 곡선을 위쪽으로 이동시킨다. 처음에 주어진 기술에서 개선이 일어나면 같은 일이 벌어진다. 그러므로 노동의 한계생산성은 그 모양과 원점으로부터 거리를 포함하여, 노동의 한계 생산성이 도출되는 기본 생산함수와 다른 자원(이 경우에는 자본)의 이용 가능성에 좌우된다.

인간 선호의 원천에 대한 우리의 설명처럼, 신고전학파 이론은 기본 생산함수(그것의 모든 속성)와 초기 자원 부존량을 주어진 것으로 간주한다. 다시 한 번, 우리는 인간은 노동 및 자본의 양뿐만 아니라 생산성 있는 고유한 기술력('생산함수'로 은유적으로 표현됨)이 부존되어 있다는 가정을 만난다. 그러므로 우리는 노동의 한계생산성(존재, 모양, 위치)은 신고전학파의 이 두 가지 본질, 즉 기술 및 자원 (투입물) 부존량에 의해 지배된다고 결론 내릴 수 있다.

임금과 상품 수요의 결정

임금의 결정은 논리적으로 노동의 수요와 공급으로부터 나온다. 먼저, 우리는 노동시장의 총수요를 끌어내기 위해 각 생산단위의 노동시간 수요를 모두 더한다. 그런 다음, 우리는 이 노동시간 총수요와 앞 절에서 서술한 노동시간의 총공급의 상호작용을 고려한다. 〈그림 2.12〉는 총노동시장 곡선의 상호작용을 나타낸다. 처음에는 총노동공급과 총노동수요만으로 무엇이 임금소득을 결정하는지에 대한 궁극적 설명을 제공하는 것처럼 보일 수 있다. 그러나 그것은 피상적인 분석이다. 더 깊이 살펴보면(즉, 〈그림 2.12〉를 끌어낸 앞의 그림들을 살펴보면), 우리는 노동의 시장공급과 시장수요의 궁극적 결정요인, 따라서 임금소득의 궁극적 결정요인은 인간의 기본 특성, 즉 선호, 생산함수, 자원 부존량이다. 이는 앞의 두 절에서 정확하게 보여준 것이다. 신고전학파 이론에서 어떤 다른 것도 이 세

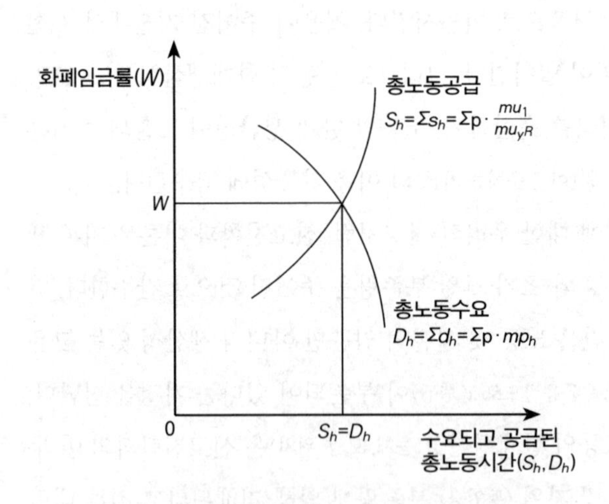

그림 2.12 노동시장에서 화폐 임금과 고용의 결정은 공급 측면의 여가-실질소득 선택과 수요 측면의 노동의 한계생산물로부터 도출된 것임.

가지 본질을 결정하지 않기 때문에 설명을 더 찾을 필요는 없다. 신고전학파 경제 이론의 본질로서 그것들은 경제 사건의 원인이 되지만 경제 사건의 결과는 되지 않는다.

각 소비자의 임금소득과 각 생산자의 임금 비용은 궁극적으로 합리적 소비자와 생산적 인간으로서 우리의 본성에 의해 결정된다. 이 결론은 과소평가되지 말아야 한다. 그것은 예를 들어 (시장 불완전성을 제외한다면) 어떤 개인들의 상대적으로 높은 소득은 그런 개인이 여가보다 노동을 선호한다거나 그들의 노동 한계생산성이 상대적으로 높다는 것에 기초해서 설명할 수 있다는 것을 의미한다. 마찬가지로 가난한 사람들의 소득은 노동을 통한 소득보다는 여가를 선택하거나 상대적으로 낮은 노동의 한계 생산성에 기초해서 설명할 수 있다. 두 경우에서 시장 불완정성을 제외하면 개인의 임금소득은 개인의 본성 또는 이용 가능한 기술에 기초해서 설명될 수 있다. 실로 주어진 기술에서 (즉 생산함수와 자원 부존량에서) 상대적인 부는 개인들이 그렇게 되려고 선택했기 때문이고, 상대적인 가난은 부자가 되려고 선택하지 않았기 때문이다. 간단히 말해서 사람들은 개인으로서 이 세상에서 누리는 부에 대하여 스스로 책임이 있다. 제4장에서 보겠지만 이런 신고전학파 결론은 소득에 대한 마르크스주의 설명과 극명하게 다르다.

우리는 신고전학파 이론의 임금 결정에 대한 설명을 살펴보았기 때문에, 신고전학파의 다른 상품들에 대한 개인 수요의 분석으로 돌아갈 수 있다. 우리는 그 수요가 논리상 어떻게 개인의 주어진 선호와 임금소득으로부터 도출되었는지 보여주었다는 것을 기억하자. 우리는 금방 선호와 생산 능력이 어떻게 개인의 임금소득을 결정하는지 보여주었다. 그러므로 우리가 이미 알고 있던 것에 이 새로운 정보를 더하면 신고전학파의 세 가지 본질(선호, 생산함수, 자원 부존량)이 개인의 상품 수요를 지배한다고 결론 내릴 수 있다.

선호: 자본의 공급을 결정

신고전학파 이론에서 노동 소유자는 자신이 소유한 노동 자원을 임금을 대가로 생산자에게 제공한다. 같은 방식으로 자본 소유자는 자신이 소유한 자원을 가격 또는 임대료를 대가로 생산자에게 제공한다. 이 대가 또는 수익률은 자본 소유자가 벌어들인 시간 단위 당 대가인데, 백분율로 나타낸 것이다. 예를 들어 개인은 1,000달러 가치의 자본을 생산기업에 공급하고 1년에 100달러를 받을 수 있다. 그러면 1,000달러 가치의 자본을 1년 간 사용하는 데 지불 받은 임대료는 100달러가 된다. 다르게 말해서 자본의 수익률은 연간 10%가 된다(10%=$100/$1,000). 생산 기업은 1,000 달러 가치의 자원(이는 생산이 수행되기 위해 필수적이라고 가정한다)을 사용하기 위해 매년 자본의 소유자에게 임대료 100달러를 지불해야 한다. 따라서 자본이 생산에 기여한 대가로 얻은 자본 소유자의 소득 매년 100달러 또는 투자자본의 가치 1,000달러에 대한 10%이다.

한 사람의 자본공급곡선을 얻기 위해서 우리는 한 사람의 노동공급곡선에서 사용한 절차를 채택한다. 개인이 현재 상품소비와 미래 상품소비 사이에서 선택할 수 있다고 가정하자. 달리 말하면, 개인은 미래 소비를 위해 지출하려고 현재 소득의 일부를 저축할 수 있다. 즉, 현재 소득을 전부 지출하는 게 아니다. 우리는 현재 소비와 미래 소비 모두 개인에게 효용을 제공한다고 가정하기 때문에 개인은 현재 상품소비와 미래 상품소비 사이에서 선택해야 한다.

〈그림 2.13〉은 이런 선택을 나타내고 있다. c_t는 현재 소비의 실제량을 나타내며, c_{t+1}은 미래 소비의 실제량을 나타낸다. 이 선호곡선은 즐거움의 대상을 위해 앞서 개괄한 모든 특성을 만족시킨다. 다시 한 번 이 특성들과 이 곡선들은 신고전학파 이론의 인간 본성이란 개념으로부터 도출

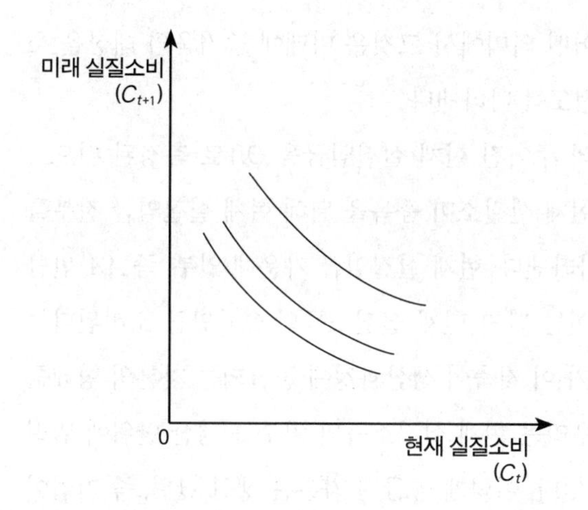

그림 2.13 미래 실질소비(C_{t+1})와 현재 실질소비(C_t)에 대한 개인의 기호를 나타내는 선호곡선의 집합

된다. 그런 선호곡선을 따라 우리는 개인이 현재 소비와 미래 소비 사이에서 선택할 수 있는 능력을 계산할 수 있다. 이 한계대체율과 앞서 나왔던 여러 한계대체율을 구별하기 위해서 우리는 하첨자를 표시한 기호 c_t와 c_{t+1}을 사용한다. 그래서 우리는 다음을 얻는다.

$$MRS_{c_t c_{t+1}} = -\frac{mu_{c_t}}{mu_{c_{t+1}}}$$

여기서 mu_{c_t}는 현재 실질소비의 한계효용을 나타내고, $mu_{c_{t+1}}$은 미래 실질소비의 한계효용을 나타낸다[8]. 신고전학파의 문헌에서는 이 측정치는 때때로 현재 소비와 미래 소비의 맞교환 시도에서 쏟는 개인의 고행을

8 이 한계율은 정확하게 앞의 것처럼 계산된다. 현재 소비와 미래 소비의 관계를 담고 있는 선호곡선으로 $-\Delta_{c_{t+1}} \cdot mu_{c_{t+1}} = +\Delta c_l \cdot mu_l$을 얻게 된다. 여기서 다시 한 번 우리는 미래 소비의 감소는 정확하게 현재 소비에서 효용의 증가로 상쇄된다고 가정한다. $\frac{\Delta c_{t+1}}{\Delta c_t}$의 값을 얻기 위해 이 방정식을 풀이하면 $\frac{\Delta c_{t+1}}{\Delta c_t} = -\frac{mu_{c_t}}{mu_{c_{t+1}}}$을 얻게 되고, 이는 $MRS_{c_t c_{t+1}}$이 된다.

나타낸다고 생각한다. 어떤 의미에서 그것은 미래에 즐거움의 대상을 소비하기 위한 참을성의 정도를 나타낸다.

〈그림 2.14〉는 개인의 주어진 현재 실질임금을 OA로 측정된 것으로 한다. A점에서 개인은 현재 실질소비 품목을 위해 현재 실질임금 전부를 사용하는데, $y_t^R = c_t$로 나타낸다. 현재 실질임금 가운데 일부, 즉 AA'만큼 저축한다고 가정하자. 이는 단지 현재 실질소득의 OA'만큼 소비된다는 것을 의미한다. 더 나아가 이 저축이 생산과정에 공급되는 자본의 형태를 갖는다고 가정해보자. 우리는 현재 실질소득의 일부를 생산 단위에 빌려주는 개인을 생각할 수 있다. 이렇게 공급된 자본은 생산 단위, 즉 기업이 더 많은 재화와 서비스를 생산할 수 있도록 하고, 그리하여 더 많은 미래 소비가 가능하게 한다.

같은 과정을 다른 식으로 생각하면, 현재 실질소득을 소비에 모두 지출하지 않은 개인은 자원을 현재 소비재 생산으로부터 새로운 자본재 (기계, 도구, 재료) 생산으로 전환되도록 할 수 있다. 그리하여 이 새로운 자본재는 미래 소비의 가능성을 높이기 위해 사용될 수 있다. 그러므로 현재 소비의 감소(즉, 저축)는 미래 소비의 확대를 가능하게 한다.

〈그림 2.14〉로 돌아가서 소득 AA'는 이 과정을 통해서 미래 소비 $A'B$로 전환될 수 있다고 가정하자. 가로축의 A점에서 B점을 지나 세로축 E점으로 이어지는 선의 기울기는 현재 소득의 지출을 포기한 대신(즉 소비하지 않고 저축한 현재 소득)에 얻는 미래 소비의 양을 보여준다. r^R이 AA' 저축으로 개인이 얻는 실질수익률이라면 $\frac{A'B}{AA'}$으로 측정된 기울기는 $(1+r^R)$과 같다. 달리 말해서 개인의 저축 AA'는 자본의 형태로 생산자에게 대출되었으며, 시간 단위당 r^R퍼센트의 사용료를 번다. 따라서 개인은 현재 포기한 것보다 미래에 더 많은 소비를 할 수 있는데, $r^R \times AA'$+원금 AA' 미래 실질소비의 총액은 늘어날 수 있는데, 다음과 같다.

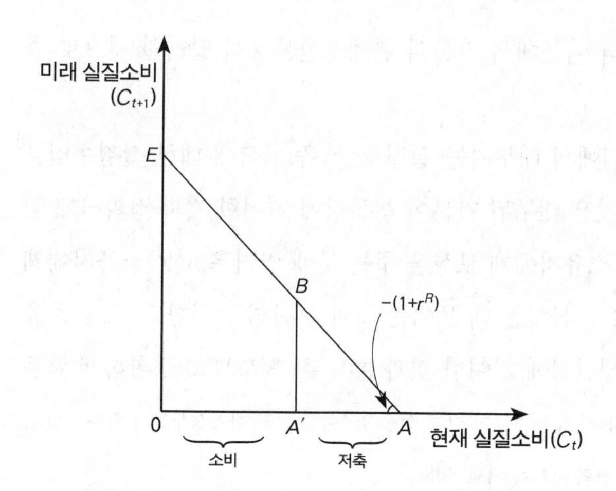

그림 2.14 현재 실질소비와 미래 실질소비의 맞교환. 공급된 자본의 실질수익률

$$A'B = AA'(1+r^R).$$ [9]

이 자본의 대출자, 즉 생산단위는 대부자의 저축을 사용한 대가를 지불하기 위해 자본을 생산적으로 사용함으로써 이 실질수익률을 얻을 수 있어야만 한다. 달리 말해서 개인이 현재 소비하지 않는 것에 대한 r^R이라는 보상은 이제 대출자가 이 자본을 생산적으로 사용함으로써 벌어들인 실질수익률과 일치해야 한다. 후자의 수익률은 생산량에 대한 자본의 기

---

9 개인이 실질소득 모두를 현재 소비를 위해 지출할지 미래 소비를 위해 실질소득 일부를 저축할지를 선택 가능하다고 가정한다. 이것을 방정식으로 정리하면 $y^R = c_t + SAV$인데, SAV는 실질임금에서 현재 저축 몫을 나타낸다. 앞의 기호에서 c_t는 개인이 현재 실질소득을 가지고 상품 q_1과 q_2를 지출한 것을 나타낸다. 우리는 저축의 차원에서 미래 소비를 $C_{t+1} = SAV(1+r^R)$로 나타낼 수 있다. 여기서 $A'B = c_{t+1}$이고 $AA' = SAV$. 개인의 현재 소득은 현재 소비와 미래 소비의 차원에서 $y^R = c_t + \frac{c_{t+1}}{(1+r^R)}$로 나타낼 수 있다. 여기서 $\frac{c_{t+1}}{(1+r^R)}$은 미래 소비의 현재 가치를 나타낸다. c_{t+1}의 값을 얻기 위해 이 방정식을 풀면, $c_{t+1} = (1+r^R) \cdot y^R - (1+r^R)c_t$와 $\frac{\Delta c_{t+1}}{\Delta c_t} = -(1+r^R)$를 얻게 되는데, 개인이 현재 소득 모두를 저축하고 전혀 상품 소비에 지출하지 않는다면 $y^R = \frac{c_{t+1}}{(1+r^R)}$이 된다. 이 후자의 경우를 간단히 하면 $y^R = SAV$가 된다.

여 또는 신고전학파 이론에서 자본의 한계생산물로서 알려진 것으로 측정된다.

이런 중요한 의미에서 대부자는 실질보상, 즉 저축에 대한 실질수익률을 돌려받는다. 그것은 대부된 자본이 생산량에 기여한 것과 정확하게 일치한다. 물론 자본 소유자에게 보상을 주는 분배 법칙은 노동 소유자에게 정확한 실질보상을 계산하는 데 쓰이는 것과 완전히 일치한다. 노동 소유자들은 자신들이 생산량에 기여한 것과 (더도 말고 덜도 말고) 정확하게 같은 실질임금을 받는다(각 노동자들이 받는 실질임금이 노동의 한계생산물과 같다는 노동 수요 및 공급에 대한 이전의 분석을 되새겨라).

자원 소유자에 대한 생산물 분배의 신고전학파 이론은 자원 소유자가 생산량에 기여한 것보다 적게 받거나 많이 받을 수 있는 가능성을 배제한다. 이 논리에 따르면, 각 자원 소유자가 한계생산물을 지불받고 나면 분배될 것이 남지 않는다. 모든 자원으로 생산한 총생산량은 소진된다. 우리가 보게 되듯이 마르크스주의 분배이론은 아주 다르다.

주체의 선호곡선들의 집합과 생산기업에 공급된 자본에 대한 실질수익률을 함께 고려해보자. 일반적인 신고전학파 가정에 따르면, 후자는 시장 경쟁의 힘에 의해 각 개인에게 주어진다. 〈그림 2.15a〉는 개인을 위한 최적점 T'를 보여준다. 이 점에서 개인은 대상들 사이에서 선택하는 개인 능력($MRS_{c_t c_{t+1}}$)과 또 그렇게 할 사회적 능력($1+r^R$) 간 균형을 이룬다. 우리는 이 새로운 방정식을 다음과 같이 쓸 수 있다.

$$\frac{mu_{c_t}}{mu_{c_{t+1}}} = (1+r^R).$$

이 방정식은 경제 제약을 고려해서 개인은 현재 소비와 미래 소비의 가능한 가장 높은 만족 수준에 도달한다는 것을 나타낸다. 그런 의미에서

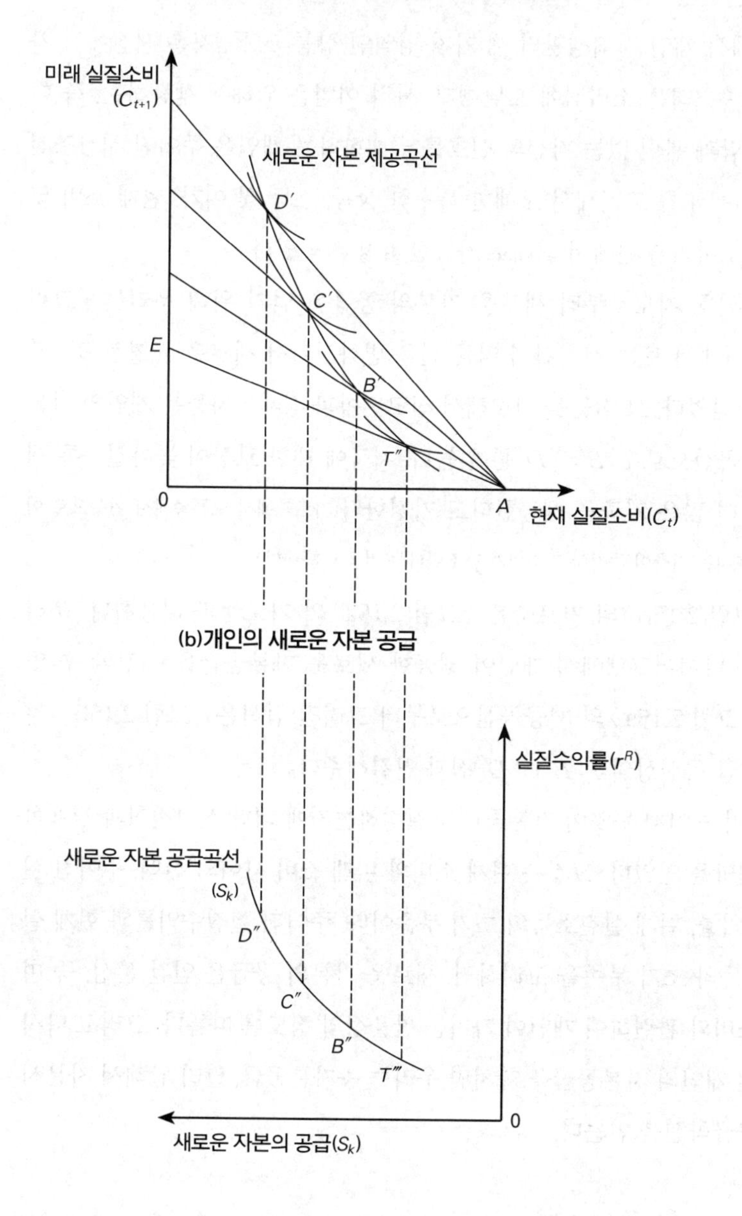

그림 2.15 개인의 새로운 자본 제공곡선 (a)로부터 개인의 새로운 자본 공급을 도출

개인은 시장 기회를 극대화한다.

그래서 개인 경제생활의 세 가지 영역인 상품, 노동, 자본 시장에서 가장 만족스러운 소비점에 도달했다. 사적 이익을 위해서 행동하는, 즉 다른 사람과 관련 없는 자신의 선호를 극대화하는 개인은 주어진 시장조건(따라서 기회)를 고려해서 구매한 특수한 상품, 소득 및 여가, 현재 소비 및 미래 소비의 조건에서 최대로 가능한 효용을 얻었다.

이 선호 지도로부터 새로운 자본의 공급을 얻기 위해 우리는 〈그림 2.15a〉에서 보는 것처럼 수익률 선을 변화시켜서 새로운 균형점 B', C', D'을 얻었다. 그 점들을 연결해서 신고전학파 경제학자들은 개인의 자본 제공 곡선으로 $T''B'C'D'$를 얻는다. 저축에 대한 보상이 높아질수록 개인은 더 많은 저축을 제공한다고 가정한다(가로축에서 오른쪽에서 왼쪽으로 이동의 표시는 저축이 증가하고 소비가 감소한다는 것을 나타낸다).

〈그림 2.15b〉의 가로축은 〈그림 2.15a〉의 가로축과 대응한다. 우리는 두 다이어그램에서 개인이 제공한 새로운 자본공급을 측정할 수 있다. 〈그림 2.15a〉의 제공곡선으로부터 그려진 점선은 〈그림 2.15b〉 자본 공급 곡선상의 $T''B''C''D''$점과 연결해준다.

우리는 이제 무엇이 자본공급을 결정하는지에 대한 신고전학파 경제학의 대답을 얻었다. 그것은 현재 소비와 미래 소비 사이의 선택, 주어진 실질수익률, 현재 실질소득의 초기 부존이다. 주어진 실질수익률과 현재 실질소득의 초기 부존을 고려하면, 새로운 자본의 공급은 인간 본성, 즉 미래 소비와 관련하여 개인이 가지는 참을성의 정도를 따른다. 그리고 다시 한 번 개인의 자본공급을 합치면 우리는 총자본공급, 달리 말해서 자본시장 공급곡선을 얻는다.

선호와 희소성: 자본의 수요를 결정

이제 무엇이 새로운 자본수요를 일으키는지를 보자. 그 논리는 노동수요의 결정을 설명하는 데 쓰인 것과 완전히 일치한다. 다시 한 번 생산함수와 효용함수가 수요의 본질적인 결정요인이다.

신고전학파 이론에서 늘 그렇듯이 개별 생산기업은 이윤(총수입과 생산비용의 차이)의 극대화를 시도한다고 가정한다. 개별 생산기업은 자본이 기여한 한계 생산물의 화폐가치와 그 비용을 균형으로 맞춤으로써 이윤 극대화를 한다. 각 기업의 이윤 극대화 상태는 다음과 같이 쓸 수 있다.

$$\bar{r} = \frac{\Delta q}{\Delta K_i} \cdot \bar{p}$$

여기서 $\frac{\Delta q}{\Delta K_i} \cdot \bar{p}$는 그 기업의 자본 한계생산물의 화폐가치이며, K_i은 그 기업이 채용하고 사용한 자본을 나타내고, $\frac{\Delta q}{\Delta K_i}$는 자본의 한계 생산물이며, $\bar{p}$는 주어진 생산물 가격을 나타내고, $\bar{r}$은 자본을 차입한 화폐 비용을 나타낸다. 기업의 관점에서는 자본을 차입한 비용을 정확하게 지불하기 위해 r이라는 화폐 수익률을 벌어야만 한다. 모든 생산단위를 합쳐서 우리는 한 경제에서 총자본수요를 얻는다.

생산물의 가격($\bar{p}$)은 궁극적으로 상품에 대한 소비자의 선호에 의해 결정된다. 자본의 한계 생산물은 기본 생산함수와 또 하나의 자원인 노동의 주어진 부존량에 의해 지배된다. 그러므로 자본수요의 존재, 모양, 위치는 세 가지 본질, 즉 미리 결정된 선호, 생산함수, 주어진 자원 부존량에 의해 지배된다.

자본 수입의 결정

수익률(r)에 공급되고 수요된 자본 총량을 곱하면 자본 소유자에게 가는 총소득, 종종 '자본소득'이라고 불리는 것을 얻게 된다. 이 소득은 다른 자원의 소유자처럼 오직 자본 소유자가 생산 과정에 기여한 것을 가리킨다.[10] 각 자원, 즉 노동과 자본은 정확하게 각자의 소득이 일어날 수 있도록 기여한 것을 경제에서 소득으로 받는다. 노동 자원의 소유자는 여가를 소비하지 않음으로써 보상을 받는데, 마치 자본 자원의 소유자가 현재 소득을 모두 소비하지 않음으로써 보상을 받는 것과 같다. 여가시간과 현재 소비를 절제하는 개인적 결정은 이런 자원이 생산 단위로 갈 수 있게 허용하며, 생산단위는 특수한 (한계) 생산성을 누린다.

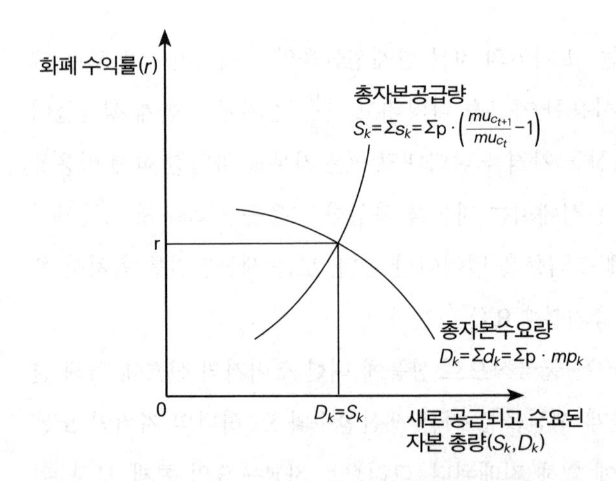

그림 2.16 공급 측면에서 현재 소비와 미래 소비에서 도출되고, 수요 측면에서 자본의 한계 생산물에서 도출된 것으로서 화폐 수익률과 자본시장에서 공급되고 수요된 자본량의 결정

10 여기서 자본 소득은 자본의 한계 수입을 의미하며, 단기 이윤(수입과 비용의 차이)을 의미하지 않는다. 단기 이윤은 장기에서는 경쟁으로 사라진다.

〈그림 2.16〉은 총자본공급량 및 총자본수요량를 종합하여 자본의 화폐 수익률과 경제에서 수요되고 공급된 자본량을 동시에 결정한다. 그러나 이제 우리는 두 시장곡선은 세 가지 요인에 근거를 두는데, 이 요인들이 곡선의 존재, 모양, 위치를 결정한다. 그러므로 이 요인들은 자본 수익률의 크기와 변화를 결정한다. 그 요인들은 자본의 한계 생산성(기술), 노동과 자본의 초기 부존량, 미래 소비에 대한 개인들의 참을성 정도(선호)이다.

소득의 분배: 자본과 노동의 수입

신고전학파 이론은 소득분배, 즉 자본과 노동의 소유자가 각각 사회의 생산물에서 받게 되는 것에 대해 고유한 설명을 제공한다. 개인이 공급하는 자원과 관련된 개인의 특유한 선호, 생산기업이 이용할 수 있는 특유한 생산함수, 초기 자원 부존량이 결합하여 임금소득과 자본소득의 분배를 결정한다. 노동과 자본의 수입은 '희소성'(주어진 생산함수와 자원 부존량으로부터 얻는 것)과 '기호'(소득과 여가의 효용함수와 현재 소비와 미래 소비의 효용 함수로부터 얻어진 것) 사이의 균형을 반영한다. 자원의 소유자는 희소성과 기호 사이의 균형 작용으로 자원에 대한 수입을 받는다.

궁극적으로 무엇이 소득과 소득분배를 결정하는지에 대한 신고전학파의 설명은 주장하는 것과 가능성을 배제하고 있는 것 때문에 이목을 끈다. 주장하는 것은 각 개인이 사회에 기여한 것에 정확히 비례해서 부의 양을 받는다는 것이다. 이런 분배 이론은 그 내적인 정당성 때문에 이목을 끈다. 신고전학파 이론은 또한 배제하는 것, 즉 착취 때문에 이목을 끈다. 착취에 대한 대가로 어떤 것도 주지 않으면서, 생산된 부를 사회로부터 수취하는 몇몇 개인 또는 일단의 개인의 관점에서 착취는 명백히 불가능하다. 그러나 마르크스주의 이론이 주장하는 착취는 정확하게 사회에 존재한다. 신고전학파 이론이 논리상에서 가능성을 배제하는 것은 사실 마르크스주의 입구점이다. 이런 역설은 지난 백년간 경제학자들을 매혹했고, 선동했다.

소득분배에 대한 최종 논평을 하려고 한다. 개인이 자본 또는 노동 (아니면 둘 다 가능) 수입의 수취자인지는 오직 개인의 기호를 조사함으로써 답해질 수 있다. 예를 들어 어떤 사람은 노동시간을 제공하고 현재 자신의 모든 소득을 소비하는 것을 선호할 수 있다. 그런 개인들은 오직 임금소득을 받는다. 다른 사람은 그 반대를 선호할 수 있다. 그들은 오직 자본소득을 받는다. 또 다른 사람들은 모두를 선호할 수 있는데, 그들은 임금소득과 자본소득 둘 다 받는다. 중요한 점은 이 두 소득 가운데 하나 또는 둘 다 취하려는 결정은 오직 개인의 선호 함수이며, 이 선호는 인간 본성에 바탕을 둔다. 한 개인이 자본소득의 수취자가 되겠다는 결정은 다른 개인의 결정과 전혀 상관없다. 이는 그런 결정을 낳는 선호가 개별성을 가진 개인의 본질적인 부분이라는 처음 가정으로 보장된다.

그러면 주어진 기술에서 개인이 절약하겠다는 결정으로, 낭비를 삼가겠다는 결정으로, 상대적으로 큰 소득이 발생한다면, 그런 자본소득을 받는 개인을 나무랄 수 있을까? 신고전학파 이론에 따르면 자본소득은 부분적으로 저축과 관련된 개인의 행동 때문이고, 부분적으로 자본이라는 사물의 생산성 때문이다. 그러므로 상대적으로 높은 자본소득을 받는 것에 대해 개인을 비판하는 것은 사실상 터무니없는 것이다. 우리는 무생물인 자본의 생산성에 대해 비난을 해야 할까(그것은 아주 아름다운 꽃에 대해 비판하는 것과 비슷한 경우가 아닌가)? 또는 우리는 저축과 미래 소비에 대한 개인의 선호를 비판해야 할까(그것은 거의 의미가 없지 않은가)?

선호와 희소성: 상품의 공급을 결정

이제 우리는 상품공급에 대한 신고전학파의 결정을 논의할 충분한 근거를 가지게 됐다. 우선 각 자원은 한계 생산물(mp)에 대한 달러 가치를 지불받는다는 것을 기억하자. 이 결과는 각 생산 단위가 이윤을 극대화하는 조건으로부터 얻는다. 우리는 각 생산자로부터 노동 및 자본에 대한 투입 수요를 얻는다.

$$w = mp_{hL} \cdot p$$

그리고

$$r = mp_K \cdot p$$

각 생산자가 마주한 가격 변수에 대한 방정식을 풀어보자

$$p = \frac{w}{mp_{hL}}$$

$$p = \frac{r}{mp_K}$$

그러면 각 생산자에 대해 다음과 같이 정리할 수 있다.

$$\frac{w}{mp_{hL}} = \frac{r}{mp_K}$$

이윤 극대화는 노동이 더한 추가 생산물(mp_{hL})당 생산자에게 생긴 추가

비용(w)과 자본이 생산한 추가 생산물(mp_K)당 지불한 추가 비용(r)의 등식이다. 이윤을 극대화하기 위해 각 생산자는 각 추가 자원 투입으로부터 취득한 추가 생산물당 추가 비용을 등치시킨다.

각 비율은 추가 생산물 단위당 기업한테 발생한 추가 화폐 비용과 같다. 이 표현은 신고전학파 경제학자들이 생산 단위의 '한계비용'이라고 부르는 것이다. 그러므로 우리는 각 생산자를 위한 위 등식을 다음과 같이 쓸 수 있다.

$$\frac{w}{mp_{hL}} = \frac{r}{mp_K} = mc_q$$

여기서 mc_q는 기업의 한계비용, 즉 추가 생산물 단위당 발생한 총추가 비용을 나타낸다.

이제 각 생산 단위는 자신의 이윤을 극대화한다는 가정을 떠올리자. 이 이윤은 총수입과 총비용의 차액과 같다.

$$\Pi = \bar{p} \cdot q - c$$

여기서 $\bar{p}$는 경쟁시장에 의해 각 생산자에게 주어지며, c는 각 생산자의 총비용, 즉 임금($w \cdot h \cdot L_i$)과 자본($r \cdot K_i$) 비용의 합을 나타낸다. 수입과 비용 모두가 변화할 때 생산자의 이윤 변화를 고려해보자.

$$\Delta\Pi = \bar{p} \cdot \Delta q - \Delta c$$

여기서 각 생산자는 가격 수용자로 가정되기 때문에 가격 $\bar{p}$는 항수이다.

생산자의 공급량 변화가 이윤에 주는 영향을 살펴보기 위해 Δq로 등식의 양변을 나누면 다음을 얻는다.

$$\frac{\Delta \Pi}{\Delta q} = \bar{p} - \frac{\Delta c}{\Delta q}$$

여기서 $\frac{\Delta c}{\Delta q}$는 기업의 투입물 비용과 생산함수($\frac{w}{mp_{hL}}$과 $\frac{r}{mp_K}$ 사이의 이윤 극대화 등식)로부터 금방 얻은 생산물의 한계비용을 나타낸다.

$\bar{p} > mc_q$이면, 생산자가 더 많은 생산물을 공급함으로써 버는 추가 화폐 이윤은 추가 화폐 비용보다 크다. 이 특수한 행태가 이윤의 크기를 늘리기 때문에 분명하게 기업은 더 많이 공급하길 원한다. 그러나 $\bar{p} < mc_q$라면, 기업은 더 많은 생산물을 공급하려는 욕구가 전혀 없을 것이다. 실제로 더 많이 생산하기 위한 추가 화폐 비용이 기업이 받는 추가 편익보다 크기 때문에 적게 생산하길 원할 것이다. 그런 상황에서 더 많이 생산하는 것은 기업의 이윤 크기만 줄일 것이다. 생산자가 이윤을 극대화하는 것은 오직 $\bar{p} = mc_q$일 때이다. 이 점에서 한계 이윤은 증가하지도 하락하지도 않는다.

이 등식과 그 결과로 나타나는 생산자의 움직임은 〈그림 2.17〉에 나타나 있다. 여기서 dd'는 생산자가 마주하는 수요곡선을, ss'는 기업의 한계비용을 나타낸다. 기업이 마주하는 가격의 크기가 다르기 때문에, 기업의 주어진 한계비용 조건에 따라 생산량이 달라질 것이다. 예를 들어 기업은 오직 주어진 수요가격이 기업의 한계비용 곡선과 교차하는 점에서 이윤을 극대화할 수 있다(다이어그램에서 U점). U점 왼쪽에 있는 점은 기업이 더 많이 공급하면, 이윤이 늘어날 수 있다는 것을 의미 한다(위 등식에서 $\bar{p} > mc_q$). 그것은 기업의 확대 신호이다. U점 오른쪽에 있는 점은 기업이 더 적게 공급하면 이윤이 확대될 수 있다는 것을 의미한다(위 등식에서 $\bar{p} < mc_q$). 이는 기업의 축소 신호이다. 신고전학파 경제학자들은 이 한계

비용 곡선이 경쟁하는 기업의 공급곡선이라고 결론짓는다. 모든 생산 단위의 모든 공급곡선을 더하면, 각 상품에 대한 산업의 총공급곡선을 얻는다. 이는 〈그림 2.17b〉에서 보여준다.[11]

신고전학파 이론에서 상품의 공급곡선은 투입물 비용과 투입물의 한계 생산성 함수이다. 그러나 앞 절들에서 보았듯이, 투입물 비용과 생산성은 개인의 선호, 생산 능력, 자원 부존량에서 얻어진다. 그러므로 한 사회의 상품 공급은 궁극적으로 세 가지 같은 본질 요소로부터 얻어진다고 결론 내릴 수 있는데, 그것들은 신고전학파 이론의 입구점을 형성한다.

이런 설명에 따르면 상품을 공급하는 기업은 순전히 수동적인 주체이다. 기업의 생산행동은 단지 더욱 기본적인 행동을 반영한다. 이런 행동들은 기업에 자원을 공급하는 자의 선호와 기업이 생산하는 상품 소비자

---

11 스미스의 통찰을 좇아서 신고전학파 이론은 수요의 이동으로 상품 가격이 상승한다면 상품 가격이 어떻게 될지 영향력 있는 이야기를 추가했다. 〈그림 2.17b〉에서 총수요가 오른쪽 위로 이동한다고 가정하자(소비자들이 더 많은 양을 수요하기 때문에). 이때 생산자가 대응할 시간을 가지기 전에는 시장가격의 상승은 이 산업의 생산자들이 유리한 이윤 조건을 맞이한다는 것을 의미한다. 시간이 지나면서 생산자들은 공급을 늘리기 위해 추가 노동을 고용하여 대응할 기회를 가진다. 그 결과 이윤 동기를 가지는 기업들이 〈그림 2.17a〉 공급곡선을 따라 생산을 확대하면서 처음에 일어났던 가격 상승은 하락하기 시작한다. 그러나 훨씬 더 흥미로운 것은 기존 기업들이 새로운 자본(아마도 새로운 기술을 장착하고 있는)과 새로운 노동의 고용을 늘릴 수 있는 충분한 시간을 가졌고, 새로운 기업(국내 기업 및 외국 기업)들이 이 산업 부문으로 진입(이 산업 부문의 이윤에 매혹되어)할 수 있는 충분한 시간이 지났을 때와 같이 장기적으로는 가격이 어떻게 되느냐이다. 장기적으로는 〈그림 2.17b〉에 있는 산업의 공급 곡선은 기존 기업들이 생산을 확대하거나 새로운 기업들이 이 산업에 진입할 이윤 유인이 더 이상 남아 있지 않을 때까지 오른쪽으로 이동할 수 있다. 이 결론은 사회적인 의미에서 극적인데, 기존 기업들과 새로운 기업들이 이윤동기에 대응할 수 있다면 단기 이윤은 경쟁으로 고갈된다는 것이다. 실제 아주 단기적으로 그런 가격 상승은 민간 기업의 공급 반응을 자극하지만, 결국 이 공급 반응은 처음에 있었던 가격 상승을 하락시키는 기능을 한다. 새 공급 곡선은 실제 아주 많이 오른쪽으로 이동하여(새로 도입된 기술과 새로운 기업들의 진입 때문에) 그 결과 새로운 균형 가격은 예전 보다 훨씬 하락한다. 시장 내와 시장 전체의 시장 경쟁에 대한 스미스의 통찰은 시장 경쟁으로 사회는 계속해서 오른쪽으로 이동하는 공급 곡선을 경험하며, 이는 사람들에게 극적인 편익을 가져준다는 것이다. 즉 생산성 향상과 가격 하락이다.

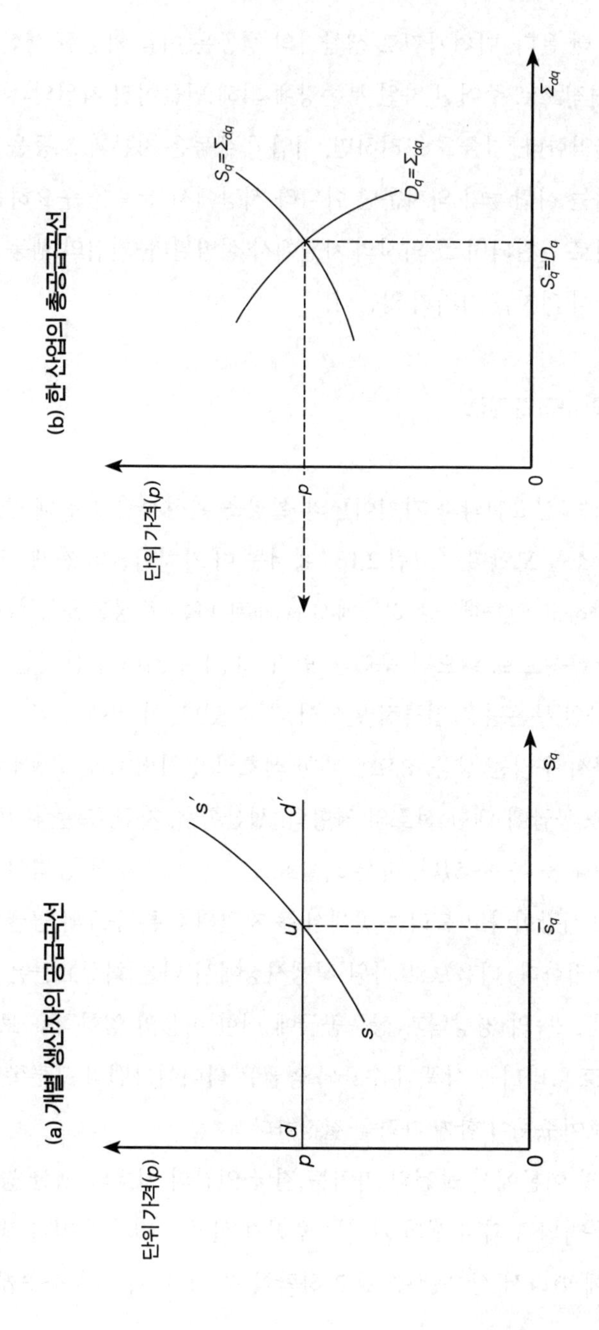

그림 2.17 개별 생산자의 공급으로부터 개별 상품의 총공급곡선 도출. 한 산업의 총공급곡선은 개별 생산자공급의 합, 즉 (a)에서 나타난 것의 합이다.

의 선호로부터 온다. 마찬가지로 생산자의 행동은 이용 가능한 생산함수(기술)와 자연적으로 주어진 자원 부존량에 의해 만들어진 자원의 상대적 희소성을 반영한다. 기술을 고려하면, 기업의 행동은 자본과 노동을 소유하고 공급하는 사람들의 의지뿐만 아니라 시장에서 상품을 수요하는 사람들의 의지로 환원되며 그 의지의 차원에서 설명된다. 기업의 행동은 그 자신의 자율적 의지를 가지지 않는다.

수요와 공급: 가격의 결정

이제 우리는 신고전학파 가치이론의 설명을 완성시키기 위해 필요한 모든 구성요소를 모았다. 〈그림 2.18〉에서는 이 가치이론의 전체 구조와 논리를 요약하고 있는데, 앞 절들에서 소개된 다른 주장들을 결합한다. 왼쪽에서 오른쪽으로 읽으면 우리는 먼저 세 가지 지배적 본질인 선호, 생산함수, 자원 부존량을 입구점 열에서 볼 수 있다. 이 열에서 나온 화살표들을 따라서 우리는 상품 수요에 대한 선호의 영향력(다이어그램의 아래쪽을 따라), 상품 공급에 대한 선호의 영향력, 생산함수, 자원 부존량(다이어그램의 위쪽을 따라)을 볼 수 있다. 다른 화살표들은 선호와 생산 능력이 어떻게 생산요소 시장이라고 불리는 곳에서 두 자원의 다른 수요와 공급을 결정하는지 추적한다. 다음으로 자원 경쟁시장에서 나온 화살표들은 상품 수요에 대한 소득의 영향력과 상품공급에 대한 비용의 영향력을 보여준다. 그 결과로 나타나는 상품의 수요와 공급은 다이어그램의 오른쪽 마지막 열에서 보여주듯이 함께 가격을 결정한다.

신고전학파 이론에서 물건의 가치는 결국 인간의 기호와 생산 능력에 의존한다. 우리의 부와 후생의 가치는 우리가 원하는 것과 우리가 생산할 수 있는 것에 따라서 상승할 수 있고 하락할 수 있다. 가치의 수수께끼는

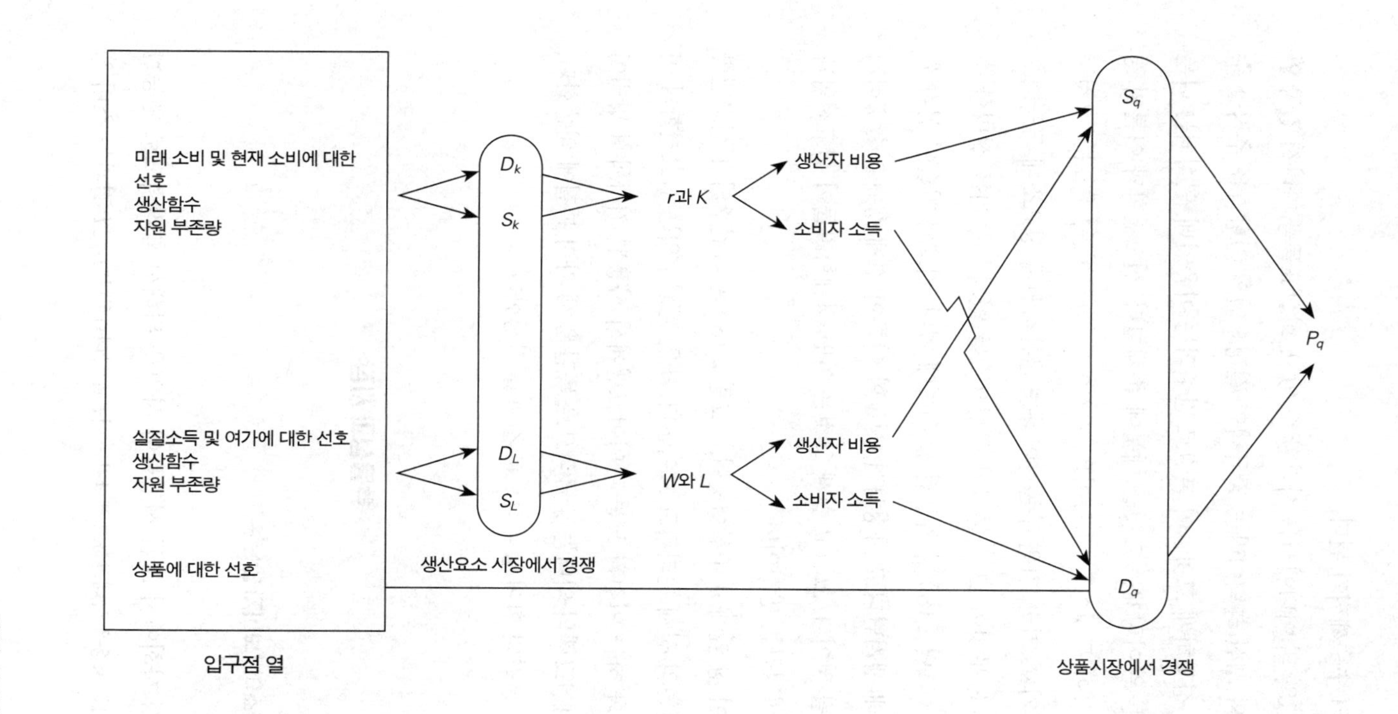

그림 2.18 신고전학파 가치이론의 구조와 논리

인간 본성의 수수께끼가 된다.

〈그림 2.18〉의 어디에서든 시작할 수 있고, 화살표들을 따라서 결국 인간의 선호와 생산 능력이라는 궁극적인 결정요인의 영향력을 추적할 수 있다. 이는 정확하게 그것들이 본질로 간주되는 이유인데, 인식되는 다른 모든 대상들은 어떻게든 그것들 때문에 존재한다. 신고전학파 이론의 경제학적 대상이 무엇이든, 소득이든, 가격이든, 공급이든, 수요든, 그것들은 인간의 기호, 기술, 자원 부존량이라는 근본적인 구성요소에 궁극적으로 기초한다. 무엇이 그 근본적인 구성요소를 있게 하는지를 설명할 수 있는 것이 〈그림 2.18〉의 입구점 열 왼쪽에 없다. 기호와 기술이 인간 유전자에 의해 생겨난다고 가정하면, 생물학 이론이 경제 행위를 설명하기 위해 요구될 것이다. 그리고 실제 그것은 어떤 경제학자들이 신고전학파 이론에서 설정하는 방향이다.

우리가 이 장 앞에서 주장했듯이, 〈그림 2.18〉은 환원주의가 신고전학파 경제 이론의 전체 논리라고 보여준다. 또한 환원주의는 신고전학파 이론을 정교화 하는 이전의 모든 다이어그램에서 사용된 기하학적 방법이다. 각 다이어그램의 의미는 궁극적으로 똑같은 세 가지 본질에 의존한다. 그 세 가지 본질의 힘이 궁극적으로 결과를 결정한다.

효율성과 시장

애덤 스미스의 '보이지 않는 손'

완전경쟁 사회에서 모든 사람들이 사익을 위해서 합리적으로 행동한다면(소비자는 효용을 극대화하고 생산자는 이윤을 극대화한다면), 그 결과는 소비 생산물과 자원 투입물의 효율적인 배분이 될 것이다. 신고전학파 이론에서 '효율적인'이라는 개념이 사회에 적용될 때는 그 사회가 주어진 제약을 고려하여 가능한 가장 큰 부를 얻는 것을 의미한다. 신고전학파 경제학자들의 특별한 결론은 각 시민이 이기적으로, 즉 사익을 극대화하기 위해 행동하고, 그리하여 모든 시장의 수요와 공급이 일치하면, 그 사회는 가능한 최대의 부를 가지게 된다는 것이다. 사회는 잠재 생산량을 완전하게 실현하게 된다.

물론 더 많은 재화와 서비스의 이용가능성이 그렇게 증가된 재화와 서비스가 시민들에게 어떻게 분배되는지에 대해 말해주는 것은 아니다. 실제로 개인의 자원 부존량과 기호가 다르다는 것을 가정하면, 어떤 사람이 다른 사람보다 더 많은 부를 받는 것을 발견하는 것은 놀랍지 않다. 신고전학파 이론가들은 항상 그런 가능성을 인정한다. 그들은 또 보상에 대한 불평등이 어떤 경제 조치를 요구하는 정치 문제가 될 수 있다는 것을 인정한다. 그런 결과 몇 년 동안 그들은 어떤 사람들에게서 다른 사람들에게 약간의 소득을 재분배할 수 있는 다양한 계획을 실제로 고안했다. 그러나 재분배 계획은 시장의 효율성을 오직 최소한도로 방해할 수 있게 고안되었다.

이런 효율적 또는 최적 소비 및 생산 결과와 경쟁시장의 역할에는 밀접한 관계가 있다. 이 관계를 보기 위해서, 먼저 경쟁시장은 개인들에게 가격 수용자가 되도록 요구한다는 것을 기억하자. 각 개인은 가격 결정에 어떤 힘도 없다고 가정한다. 또 각 개인은 모든 상품과 자원을 사적으로 소유한다고 가정한다. 그런 이유로 각 개인은 가격에 어떤 영향력도 없으며, 사적으로 소유한 부를 처분하고 취득하는 완전한 권한을 가진다.

이런 개인적 권한의 비대칭성은 한편으로 시장에 상품과 자원의 가격을 결정하는 완전한 자유를 부여하고, 다른 한편 각 개인에게 어떤 부와 얼마나 많은 부를 공급하고 수요할지 대한 완전한 자유를 제공한다. 사적으로 소유한 부의 수요와 공급에 관한 개인의 결정은 우리가 보았듯이 개인의 극대화 행동에 의존한다. 개인은 사적으로 소유하고 욕구하는 것(그것이 노동이든, 자본이든, 상품이든)을 원하는 만큼 제공하고 소유한다. 그것들의 제공과 수요는 개인의 호불호에 의존한다. 그러나 경쟁 시장이라는 사실은 모든 사람들이 가격 수용자가 되도록 강제하며, 따라서 그것들의 제공과 수요에 제약을 가한다. 우리는 개인의 효용 극대화와 사회적으로 다양하게 결정되는 가격제약 간 상호작용을 보여주는 다이어그램을 매번 소개했다.

신고전학파 이론에서 시장은 부의 소유자와 가망 있는 구매자 간 사회적 상호작용의 장소이다. 시장은 각 집단에게 부를 획득하는 기회를 준다. 개인들은 재화 또는 자원을 공급하거나 수요하는 것을 통해 부를 획득한다. 각 개인의 공통 목표는 가능한 가장 높은 선호곡선에 도달하는 것이다. 그 목표를 달성하는 것은 사회적 부를 극대화한다는 신고전학파 개념을 밝혀준다. 효율적인 또는 경쟁적인 시장은 사회의 최대부가 사적인 부를 추구하는 판매자와 구매자에 의해 달성될 수 있도록 허용한다. 신고전학파 경제학자들은 종종 약간 다른 용어로 같은 것을 말한다. 즉, 효율적인 시장은 균형 상태에 있다. 왜냐하면 그런 시장은 한 개인에게 부의 상태가 개선될 수 있는 기회를 제공하면, 다른 개인은 틀림없이 부의 상태가 나빠지기 때문이다. 반대로 비효율적인 시장은 균형상태에 있지 않은데, 이런 시장은 개별 구매자와 판매자가 다른 이들의 부의 상태가 나빠지게 하는 것 없이 부를 획득하는 기회를 제공하기 때문이다.

신고전학파 이론은 모든 즐거움을 극대화하는 개인의 결정을 결합하여 모든 상품 및 자원에 대한 시장 수요와 공급을 끌어낸다. 그래서 사적 이익을 위해 결정을 하는 각 개인들의 힘이 경쟁적으로 시장에 합쳐지고,

그러면 시장은 가격에 대해 힘을 행사하려는 개인들의 욕구를 없애도록 작용한다. 가격 지배자로서 시장의 독재는 개인이 사적인 부을 소유하고 처분하는 자유의 산물이다.

신고전학파 이론에서는 완전히 경쟁적인 사유재산제 경제와 최적으로 효율적인 경제 간 정확하고 필수적인 일치가 있다. 애덤 스미스의 통찰은 신고전학파 경제학에 들어 있는데, 사적 이익을 위해 행동하는 힘(자유)을 가진 각 개인은 마치 '보이지 않는 손'(완전 경쟁 시장)에 의한 것처럼 개인들로 구성된 사회를 위해 최대 부(효율성)를 낳는 행동으로 이끌어지게 된다는 것이다.

개인이 주어진 시장가격과 소득의 제약하에서 효용을 극대화할 때 두 소비재의 한계대체율은 두 상품의 시장가격 비율과 등식이 성립한다. 개인에 대한 그와 같은 균형 방정식을 다음과 같이 쓸 수 있다.

$$MRS_{12}^{A} = \frac{p_1}{P_2}$$

$$MRS_{12}^{B} = \frac{p_1}{P_2}$$

$$MRS_{12}^{C} = \frac{p_1}{P_2}$$

.

.

.

$$MRS_{12}^{N} = \frac{p_1}{P_2}$$

여기서 MRS_{12}^{A}, MRS_{12}^{B}, MRS_{12}^{C}은 개인 A, B, C의 상품 1과 2의 각 한계대체율을 나타낸다. 물론 각 개인들은 서로 다르기에 두 상품에 대한 각 개인의 한계대체율도 다르다.

그러나 이 등식들은 놀라운 사실을 보여준다. 서로 다른 개인의 한계대체율 모두 하나의 가격비와 등식이 성립한다는 것이다. 효용을 극대화하는 구매자 모두는 시장에서 같은 가격비를 마주한다. 정리하면 모든 개별 한계대체율은 시장 가격비와 같아야 하며, 따라서 개별 한계대체율도 서로 서로 같아야 한다. 경쟁시장은 이 등식이 만들어지게 했고, 이는 다음과 같이 표현될 수 있다.

$$MRS_{12}^{A}=MRS_{12}^{B}=MRS_{12}^{C}=\ldots=MRS_{12}^{N}$$

그러면 신고전학파의 이 중요한 결론을 요약해보자. 각 개인($A, B, C, \ldots, N$)은 사적인 이익을 극대화하기 때문에, 마치 어떤 신비로운 힘에 의한 것처럼 개인이 상품을 대체하는 능력은 서로 같다는 결과가 나온다. 이 신비로운 힘은 무엇인가? 그 답은 분명한데, 바로 경쟁시장이다. 먼저 경쟁시장은 각 개인이 가능한 최대 이득을 얻을 수 있도록 교환을 허락한다. 그런 다음 경쟁시장은 그 이득이 서로 균형 또는 조화를 이루게 한다. 그 결과로 나타나는 개별 한계대체율 간 등식은 한 사회의 개인들 간 소비재의 효율적인 분배라는 신고전학파 이론의 정확한 정의이다.

이와 같은 상품의 분배는 첫째 각 개인이 가능한 가장 높은 선호곡선에 도달하고, 그리하여 시장 기회를 최고로 만들기 때문에 효율적인 것으로 간주된다. 둘째, 그 결과로 나타나는 개별 한계대체율 간 등식은 한 개인의 후생 상태(소비 이득consumption gain)를 개선하는 것은 다른 개인의 후생 상태를 훼손시키지 않고서는 가능하지 않다는 것을 의미한다. 그러므로 신고전학파 이론은 이런 경쟁시장 해법보다 더 나은 결과의 가능성은 없다는 것을 보여준다. 이런 의미에서 개인들 간 달성된 상품 분배는 최적이다.

이제 경제의 생산측면을 살펴보자. 각 생산단위는 이윤 극대화로 생산자의 사적 이익을 위해 행동한다고 가정한다는 것을 기억해라. 각 단위는 생산자가 바라는 수량을 생산할 수 있는 완전한 자유를 가진다. 그 결과 각 생산자가 선택한 수량은 생산의 한계비용과 주어진 시장가격이 일치하는 점이라는 것을 나타낸다.

개별 생산자가 시장가격 결정의 권한을 가지지 않는다면, 무엇이 시장가격을 결정하는가? 모든 기업의 공급곡선을 합하면, 그 상품을 생산하는 산업의 총공급을 얻는다. 개별 기업의 공급곡선은 이윤을 극대화하는 행동, 즉 $\overline{p}=mc_q$에서 생겨난다. 효용을 극대화하는 모든 소비자의 수요를 합하면, 그 산업에서 생산된 상품의 총수요를 얻는다. 이 두 총계는 함께 개별 생산자와 소비자가 마주하는 가격을 결정한다(〈그림 2.17a〉와 〈그림 2.17b〉).

n수의 생산자가 존재할 때, 상품1과 상품2 생산의 균형 조건을 쓰면 다음과 같다.[12]

$$p_1=mc_1^a,\ p_2=mc_2^a$$

$$p_1=mc_1^a,\ p_2=mc_2^a$$

.

.

.

$$p_1=mc_1^n,\ p_2=mc_2^n$$

---

12 모든 개별 공급곡선을 합하면, 상품1과 상품2 각 산업의 총공급인 $S_1=\Sigma S_1^i$와 $S_2=\Sigma s_2^i$를 얻는다. 여기서 Σ□는 합을 나타내고, i는 n수만큼의 생산자를 나타낸다. 총수요는 $D_1=\Sigma d_1^j$와 $D_2=\Sigma d_2^j$ 로 나타낼 수 있는데, j는 n수만큼의 소비자를 나타낸다. 각 시장에서 균형조건은 $S_1=D_1$과 $S_2=D_1$이다.

이제는 지금까지 말한 이야기의 두 측면을 종합해보자. 사적 이익(소비)을 극대화함으로써 각 소비자는 효율적인 소비 결과를 얻는다.

$$MRS_{12}^{j} = \frac{p_1}{P_2}$$

여기서 j는 A부터 N까지 개인(소비자)이다. 사적 이익(이유)을 극대화함으로써, 두 산업의 각 생산자는 효율적인 생산결과를 낳는다. 한 경제에서 생산된 두 상품에 대해 우리는 그 결과를 생산자의 한계비용 비와 시장가격 비의 등식으로 놓을 수 있다.

$$\frac{mc_1^i}{mc_2^i} = \frac{p_1}{p_2}$$

여기서 i는 a부터 n까지 생산자이다.

개인의 한계대체율과 생산자의 한계비용 비는 둘 다 시장가격 비와 등치된다. 그러므로 그것들은 서로 서로 등치된다. 한계효용의 조건에서 한계대체율을 다시 쓰면 한 경쟁 경제에서 최적 결과를 얻게 되는데 다음과 같다.

$$\frac{m\mu_1}{m\mu_2} = \frac{mc_1}{mc_2}$$

신고전학파 이론가들은 이와 같은 '소비'와 '생산'의 등식을 '파레토 최적점'이라고 부르는데, 윌프레도 파레토(1848-1923)가 처음 발견했기 때문이다. 그것은 경제의 수요(한계효용의 비)와 공급(한계비용의 비) 측면이 서로 균형을 이룬다는 것을 나타낸다.

파레토 최적

파레토 최적점은 사회가 잠재 생산량을 완전하게 실현했다는 것을 나타낸다는 의미에서 최적이다. 그것은 이용할 수 있는 기술과 자원 부존량을 고려해서 생산 능력의 외측 한계(outer limit)에서 작동한다. 이것을 보기 위해서 먼저 사회의 잠재 생산량이란 개념을 고려해보자. 이것은 주어진 생산 기술과 초기 자원 부존량으로 잠재적으로 생산할 수 있는 총재화 생산량을 일컫는다. 신고전학파 이론은 이 개념을 실증하기 위해 기하학적 다이어그램을 사용한다. 〈그림 2.19〉에서 보듯이 이 다이어그램은 '생산가능곡선'이라고 불린다.

이 다이어그램은 한 사회가 곡선 PP'를 따라 어느 점에서 작동하든 최대 잠재 생산량을 생산 한다는 것을 말한다. 이 곡선 자체는 두 상품과 '주어진 노동 및 자본 자원 부존량'의 생산함수로부터 생겨났다. 달리 말하면, 이 두 가지 신고전학파 본질은 곡선의 모양과 위치를 결정한다. 그

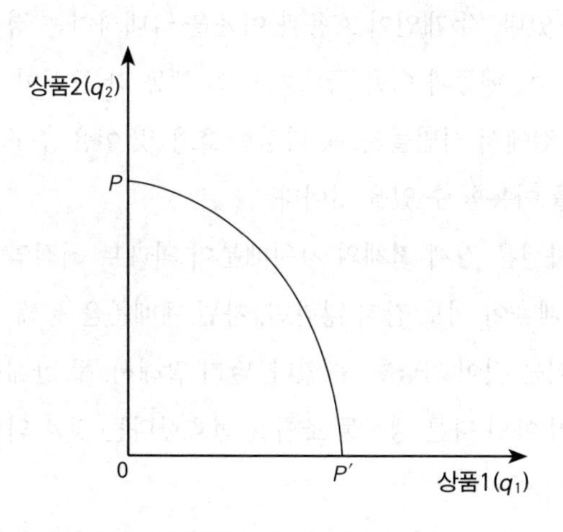

그림 2.19 사회의 생산가능곡선

러므로 우리는 상품의 상대적인 희소성은 자원의 상대적 희소성과 생산자의 생산 능력으로부터 나온다고 결론지을 수 있다.

생산가능곡선상 두 상품 간 맞교환은 신고전학파 이론에서 '한계변환율'로 알려져 있다. 그것은 상품1의 생산을 늘리기 위해 필요한 상품2의 생산이 감소하는 것을 보여준다. 곡선상의 점들은 상품1의 추가단위를 생산하는 데 필요한 노동 및 자본 자원을 투입하기 위해 감소되어야 하는 상품2의 양을 나타낸다. 상품1 생산의 한계비용은 상품의 추가단위 생산에 자원의 측면에서 얼마나 많은 비용이 발생하는지를 나타낸다. 상품1 생산이 한 단위 늘어나면, 이 비용은 MC_1이 될 것이다. MC_2에 대한 MC_1의 비는 상품1 추가 한 단위를 생산하는 데 필요한 자원의 추가 비용과 상품2 생산을 한 단위 감소시킴으로써 풀려난 자원의 관계를 나타낸다. 그러므로 이 한계비용의 비는 한계변환율과 똑같다. 둘 다 어떤 상품을 더 생산하고 어떤 상품을 적게 생산할지 고려할 때, 즉 생산가능곡선상에서 움직이면서, 한 사회가 마주하는 기회와 비용을 나타내기 때문이다.

우리는 한계 변환율을 한계비용 비로 대체할 수 있고, 파레토 최적점은 $MRT_{12}=MRS_{12}$로 쓸 수 있다. 각 개인이 효용과 이윤을 극대화하는 경쟁경제에서 효용 극대화(MRS) 행동과 이윤 극대화(MRT) 행동 간 등식이 결과로 나타날 것이다. 이 점에서 시민들은, 즉 다양한 효용 및 이윤 추구자들은 가능한 최대의 부를 이용할 수 있을 것이다.

$MRS_{12}=MRT_{12}$라는 사실은 경제 전체의 자원배분이 파레토 최적임을 의미한다. 그러나 이 한계율이 서로 같지 않다면, 자원 재배분을 통해 소비의 후생 가능성을 높이는 것이 가능할 수 있다. 달리 말해서, 두 한계율 간 불일치는 생산된 것이 아닌 다른 생산물 조합을 선호한다는 것을 의미한다.

예를 들어 소비자들의 등치된 한계대체율이 1/5과 같다고 가정하자. 이는 개인들이 상품2 한 단위를 얻기 위해 상품1 다섯 단위를 포기한다는 것을 의미한다. 〈그림 2.19〉의 PP' 곡선 상 한 점에서 한계변환율이 1/3이라고 가정하자. 이는 상품2 한 단위를 추가로 생산하기 위해서는 상품1 세 단위를 포기해야 한다는 것을 의미한다. 이런 상황에서 생산자는 소비자가 원하는 것을 초과해서 상품1을 생산한다. 생산자는 포기한 상품1 세 단위의 한계비용으로 상품2 한 단위를 추가로 생산하며, 소비자는 상품2 한 단위를 추가로 얻기 위해 상품1 다섯 단위를 포기하려고 한다.

그러므로 소비자는 상품2를 더 많이 생산하고 상품1을 더 적게 생산하는 자원 재배분으로 후생을 늘릴 수 있다. 이런 일이 일어난다고 가정하자. 사회는 상품1을 세 단위 적게 생산하고 상품2를 한 단위 더 생산한다. 개인A의 실질 소비는 상품1을 세 단위 포기하는 결과로 감소한다. 상품2의 양이 충분히 많이 생산되어 개인A의 소비 손실을 벌충하고도 다른 개인들(B, C 등)의 후생을 늘릴 수 있도록 남았다.

이를 보기 위해 A를 포함하여 각 개인의 MRS_{12}가 1/5이라는 것을 기억하자. 그러면 A가 상품1 세 단위 소비를 줄이면 A의 만족 (효용) 수준을 유지하기 위해 상품2의 3/5 증가가 필요하다는 결론이 나온다. 사회가 PP' 곡선상 상품2 한 단위를 늘렸기 때문에 이 증가의 3/5이 A에게 가며, A의 후생에 전혀 변화가 없는 결과가 나타난다. 그러면 상품2의 나머지 2/5는 다른 개인들($B, C, \ldots, N$)에게 다양한 방식으로 나눠질 수 있고, 이들의 후생은 증가한다. 이 예는 생산량의 조합에서 $MRS_{12} \neq MRT_{12}$이면 최적이 아님을 보여주는데, 생산량의 조합을 바꾸기 위해 자원을 재배분하면 다른 사람의 후생이 감소하는 것 없이 최소한 한 개인의 후생을 늘리는 것이 가능하기 때문이다.

신고전학파 이론에서 생산자의 이기적인 이윤 극대화와 소비자의 이기적인 선호 극대화 사이의 일치를 달성하는 것은 물리적 자연과 인간본성

간 완전한 조화, 희소성과 선택의 완전한 조화를 달성하는 것이다. 인간 본성의 두 가지 구성요소(무제한의 욕구와 생산하고 만족을 얻는 능력)는 균형 상태에 있다. 이 점에서 각 생산자의 극대화는 각 소비자와 모든 소비자의 소비 극대화(경제적 후생)와 같다.

최대 이윤은 개인의 최대 후생과 일치하며 또 최대 후생을 위해 필수적이라는 설명은 확실히 신고전학파 이론의 근본적인 결론이다. 이는 극적인 정책 제안과 결과의 기초를 이룬다. 신고전학파 이론가들은 이윤을 개선시키는 정부 정책이 모든 사람들에게 편익을 준다는 이유로 그런 정책을 지지한다. 마찬가지로 이윤을 줄일 수 있는 정책은 반대하는데, 이윤의 감소는 필연적으로 개인 후생을 감소시킨다고 주장한다.

신고전학파 경제학자에게 이윤 극대화와 소비자의 만족 극대화 간 등식은 인간 본성을 완전하게 따르는 것으로 보인다. 그러나 제4장과 제7장에서 보듯이, 이런 결론은 이윤의 극대화가 착취의 극대화와 일치하고, 따라서 사회의 불화라고 주장하는 마르크스주의들이 도달한 결론과 근본적으로 다르다. 이 두 이론의 사회적 함의는 더 다를 수가 없을 정도다.

제3장

케인스주의 이론

케인스의 도전

존 메이너드 케인스(1883~1946)가 『고용, 이자, 화폐의 일반이론』을 출판한 1936년 이후 이 책의 의미와 신고전학파 이론에 대한 이 책의 특별한 함의는 항상 논란이 되어 왔다. 오늘날까지 이 책은 비마르크스주의 이론을 두 부류, 미시경제학과 거시경제학으로 거의 나뉘게 했다. 미시경제학은 신고전학파 이론의 형식적 구조를 다루고, 거시경제학은 일반적으로 케인스 이론의 기여를 다룬다. 다만 이것은 이 장에서 포스트 케인지언 경제학과 새 케인지언 경제학을 다룰 때 보게 되듯이 변화가 있어왔다. 거시경제학의 그런 변화에도 불구하고 비마르크스주의 경제 이론은 75년 전에 쓰인 한 경제학 교과서로 시작되었던 구분 기준으로 오늘날에도 일반적으로 교육된다.

예상할 수 있듯이 많은 경제학자들에게 이런 구분은 매우 불편하다. 그들은 수 년 동안 이 두 부분을 종합하기 위해 수고를 들였는데, 그 노력은 때때로 '신고전학파-케인스주의 종합'으로 일컬어진다. 실로 어떤 이들에게 '신고전학파'라는 용어는 전통적인 고전학파와 케인스주의의 기여를 새로운 형태의 경제논리로 구성하려는 시도를 의미한다. 이런 노력은 거의 케인스의 책에 잉크가 마르자마자 시작되었다. 1937년 존 힉스(John Hicks, 1904~1989)는 「케인스와 '고전 경제학자들': 해석 제안」[1]이라는 케인스의 기여와 그 당시 주류 경제학 이론 간 관계에 대한 설명을 제공하는 유명한 논문을 썼다. 그 이후로 정치적 신조를 가진 모든 경제학자들은 자신들의 설명을 제시했다.

그 시기 동안 몇몇 경제학자들은 케인스 이론이 신고전학파 이론에 대해 엄청난 비판을 했다고 주장했다. 그들에게 케인스 이론은 우리가 마르크스주의 이론이 그렇다고 주장하는 것만큼이나 신고전학파 이론에 근본적으로 달랐다. 반대로 다른 경제학자들은 케인스의 기여는 최선의 경우에는 부풀려졌고, 최악의 경우에는 논리적인 결함을 가진 것이었다고 주장했다. 그들에게 케인스 이론은 기본적이면서 여전히 아주 적합한 신고전학파 이론에 필요한, 약간 중요하지만 전체적으로는 사소한 변화만 제안하는 것이었다. 이 두 극단 사이에서 중간 입장이 등장했는데, 케인스 이론과 신고전학파 이론을 통합하는 게 가능하다는 것인데, 두 이론을 어느 정도 수정하여 풍부하면서도 강화된 경제학을 만드는 것이었다.

이 중간 입장은 제2차 세계대전 이후부터 대부분 경제학자들의 생각을 지배했다. 그러나 1970년대 말과 1980년대 초에 케인스주의 사상의 영향으로부터 신고전학파 이론의 정통성을 강하게 방어하는 것이 많은 으뜸 경제학자들의 글에서 다시 등장했다. 그들은 케인스 이론을 공격했고, 약간의 부차적인 변화를 꾀함으로써 신고전학파 사상의 몸통을 다시 주장

1 Econometrica(1937), 147-59

했는데, 거의 앞 장에서 소개된 방식이다. 여기서 우리는 케인스 비판의 내용과 함의를 검토할 것이다. 첫째, 케인스는 우리가 신고전학파 이론에서 찾을 수 있는 것보다 새로운 개념일 뿐만 아니라 전체적으로 새롭고 다른 입구점을 경제 이론에 도입했다. 그것은 지난 75년 동안 신고전학파 경제학자들의 주요 문제의 원천이었다고 우리는 믿는다. 추가의 그리고 별도의 논란의 원천은 신고전학파 이론의 전통적인 입구점 개념을 케인스가 기각한 것이었다. 몇 가지 새로운 입구점 개념을 추가하고 몇 가지 오래된 신고전학파 입구점 개념을 기각한 것은 신고전학파 이론가에게 어려움을 만들었고, 이들과 논쟁을 불러 일으켰다.

한편 케인스는 전통적인 신고전학파 이론이 본질로 삼은 입구점 개념인 주어진 자원의 초기 부존량과 내재된 한계생산성을 받아들였다. 다른 한편 케인스는 노골적으로 기각하지 않았지만 경제 행동, 특히 저축 및 노동의 공급과 관련한 경제 행동을 설명하는 데 주어진 인간 선호의 유용성에 대해 심각하게 문제제기를 했다. 여기서 그는 신고전학파 가치론에 있는 효용성 측면을 기각한 것 같다. 그는 개인의 효용 극대화 대신에 군중심리와 습관에 기초한 저축이라는 새로운 개념을 도입했고, 이것을 사용하여 저축의 공급을 설명했다. 또한 케인스는 제도의 힘과 군중심리에 기초한 화폐 임금이라는 새로운 개념을 도입했고, 이것을 노동시간 공급을 결정하는 데 사용했다.

그는 또한 무엇이 투자(투자재 형태로 된 새로운 자본에 대한 수요)의 규모를 결정하는지에 관한 새로운 생각을 도입했다. 개별 투자자와 이들의 목표와 욕구가 투자의 규모를 설명했다. 그러나 케인스는 불확실성이라는 요소를 도입했기 때문에 그것은 신고전학파 경제학의 개인주의적 극대화 틀로의 회귀가 아니었다. 투자자들의 태도와 불확실성에 대한 반응이 투자 규모에 관한 결정을 만들었고, 자본주의 경제 전반에 경제 불안정성 의미를 가지는 투자규모에 대한 중요한 변동성을 도입케 했다.

케인스의 신고전학파 이론 비판과 그가 도입한 변화는 논리적으로 가격, 소득, 고용에 대한 다른 설명을 낳았다. 더 나아가 개별 투자자를 제외하고, 케인스는 개인의 효용을 극대화하는 개별 결정자보다는 군중심리, 습관, 제도의 힘을 강조함으로써 경제 사고의 전체 초점을 전환했다. 달리 말해서 케인스의 분석 초점은 개인의 행동을 형성하는 전체 경제, 즉 관계의 구조에 맞춰졌다. 이와 대조적으로 신고전학파 이론은 개별 생산자 및 소비자의 역할을 전반적 경제 구조의 형성자로서 강조했다. 초점의 이런 이동은 국가에 대한 관점과 국가와 경제에 대한 적합한 관계에 대한 관점을 아주 다르게 하는 데 기여했으며, 이는 케인스를 고전파 경제학자들과 구별해주었다.

케인스는 왜 이런 방식으로 신고전학파 이론에 도전했고, 단절했는가? 왜 그는 효용에 기초한 노동시간 공급, 임금, 실업의 결정에 문제제기를 했는가? 왜 그는 효용에 기초한 저축의 공급, 이자, 투자의 결정에 문제제기를 했는가? 왜 그는 주어진 자원 및 주어진 생산제약이라는 신고전학파 가정을 받아들였는가? 케인스의 접근법을 전체적으로 고려할 때, 왜 그는 개별 투자자의 행동을 논할 때만 인본주의로 돌아갔는가? 이 질문들에 대한 대답과 케인스 경제학의 소개를 케인스가 가르치고, 글을 썼던 시기에 주목하며 시작한다.

유럽에서 제1차 세계대전이 끝난 후, 세계 경제는 전체적으로 약 12년 동안 불균등하지만 지속적인 팽창을 겪었다. 이런 성장은 1930년대 대불황으로 갑자기 끝났고, 경기하강의 시기로 접어들었다. 자본주의 국가들은 물가하락, 소득 감소, 부의 축소, 실업 증가를 겪었다. 그 결과로 나타난 고통은 많은 사람들로 하여금 비참함을 가져다준 기존 경제제도와 심지어는 전체 체제로까지 문제제기를 하도록 했다. 이 시기에는 경쟁하는 마르크스주의 이론(전 세계 많은 사람들로부터 지지를 받음)의 도전 때문에 자본주의 지속성이 위협받았다. 마르크스주의는 자본주의를 1930년대 경제위기의 원인과 사회적 대가로서 설명했을 뿐만 아니라 자본주의 위기를 영구히 없애는 것을 약속할 수 있는 대안적 사회제도를 제안했다.

역사속의 경제학자들처럼 케인스와 그의 글은 부분적으로 당시의 사건들 (부분적으로는 케인스 이론 중 몇 가지는 대불황 전에 발전되었다는 것) 때문에 도발받았다. 그럼에도 불구하고 케인스의 이론과 그의 신고전학파 이론에 대한 비판은 불황으로 자본주의에 일어난 위협에 대응했다. 전반적으로 그의 목표는 실업 증가와 부의 축소로부터 생겨난 위험으로부터 자본주의 사회를 구하는 것이었다. 그래서 그는 신고전학파 및 마르크스주의 이론가들이 보여준 것과 다른 노동 및 저축과 투자시장 발전에 대한 설명을 제시했다. 또한 자원과 생산물의 희소성 문제에 대한 그의 무관심은 당시에 엄청난 양의 생산자원을 놀리면서 생산하지 않는다는 사실로부터 나왔을 가능성이 높다. 아마도 가장 중요한 것은 케인스의 글이 불황을 끝내고 미래의 불황을 방지하려는 정책을 제시했다는 것이다. 그런 정책은 개혁을 하지만 자본주의 체제의 중요한 제도를 특히 사유재산제도, 기업, 오직 부분적으로 규제된 시장을 파괴하지 않는 것이었다. 이런 케인스의 기여는 작은 것이 아니었는데, 케인스 이론과 대부분의 케인스주의자들은 경기 침체와 불황으로 실직한 노동자에게 일어나는 심각한 사회적 피해를 인정했다. 어떤 의미에서 케인스주의자들의 접근법에 있는 유효수요에 대한 초점은 분석의 대상과 정책뿐만 아니라 노동자에 대한 그들의 관심도 반영했다. 실직한 노동자는 자본주의의 심각한 문제였고, 그 해법은 국가의 행동으로 유효수요를 진작하는 것에 있다.

자본주의 경기침체에 대한 신고전학파의 대답

케인스주의 대안과 해법을 더 잘 이해하기 위해서 우리는 잠시 경기침체에 대한 신고전학파 설명으로 돌아가겠다. 경기침체의 원인은 ①부족한 비로 인한 흉년 같은 자연의 변화 ②새로 유입된 이민자 또는 석유 비축량의 감소 ③상품 생산함수를 바꾸는 기술의 변화 ④개인이 시장에서 독점력을 얻는다거나 국가의 화폐공급 변화 같은 제도의 변화를 포함할 수 있다. 신고전학파 경제학은 경기침체를 외부에서 경제체제에 영향을 주는 외생적 사건의 차원에서 설명한다. 예를 들어 노동의 수요와 공급 간 일시적 불균형은 어떤 자연 변화로부터 생겨날 수 있다는 것이다. 그런 예 가운데 하나가 강우량 개선으로 식량공급이 증가하여 사망률이 감소하고, 그리하여 노동공급이 증가하여, 임금을 인하시키는 압력을 가한다는 것이다. 다른 예를 들면, 임금은 다른 나라들에 발생하는 문제 때문에 합법적·불법적 이민이 증가할 때 하락할 수 있다는 것이다. 따라서 어떤 시장에서든 일시적인 불균형이 일어날 분명한 가능성이 항상 있다.

신고전학파 이론은 기술의 변화를 마치 물리적 자연의 변화를 다룰 때처럼 인간에게 외생적인 것으로서 다룬다. 예를 들어 상품을 생산할 때 새롭게 개발된 자본과 노동의 결합 방식을 '강우량 개선'처럼 자연 변화에서 오는 선물로 다룰 수 있다. 외생적인 기술변화의 결과로 노동 수요곡선 모양의 변화(자본과 노동이 서로에 대한 대체가 약할수록 더욱 비탄력적이 된다)가 일어날 수 있고, 기술변화가 노동절약 기술혁신 도입 때문이면 노동수요곡선의 왼쪽 이동이 일어날 수도 있다. 이 두 경우의 고용은 반대의 경우보다 급격하게 성장이 줄어들 것이다.

시장의 불완전성은 인간본성 때문에 일어날 수 있고, 이는 일시적인 불균형의 상황을 만들 수 있다. 예를 들어 실업은 노동조합이 임금을 시장

균형보다 높게 강요하기 때문에 일어날 수 있다. 불완전성과 이것이 수반하는 시장 불균형의 원천을 힘을 좇는 개인들의 의지에서 찾는다. 따라서 노조에 조직된 노동자들은 다른 이들을 희생시킨 대가로 자신들을 위한 특별한 이점을 얻기 위해 시장통제를 시도할 수 있다는 것이다.

완전고용 임금과 임금률의 괴리에 대한 신고전학파의 모든 설명에서는 그 원인을 인간본성 또는 물리적 자연에서 찾는다. 이것은 거의 놀랍지 않는데, 우리가 이미 언급했듯이 그런 것들은 신고전학파 이론이 자신의 모든 주장들을 환원시키는 본질이기 때문이다. 그런 괴리는 자본주의 체제에 내생적이지 않으며, 자본주의 작동 방식의 내재적 측면이 아니다. 오히려 균형으로부터 괴리가 발생하는 원인을 자본주의 체제 외부에서, 경제생활의 본질적 결정요인에서 찾는다.

완전고용 균형으로부터 이런 괴리에 대한 신고전학파 해법에서는 개인들이 일반적인 시장거래를 하는 것 외에 어떤 것도 할 필요가 없고, 해서는 안 된다고 주장한다. 이는 시장이 외부 개입 없이 작동할 수 있도록 허용되면, 앞서 언급한 외생적 교란으로 곤란을 겪을 경우에 완벽하게 자연치유되는 주체이기 때문이다. 이런 신고전학파 해법에 한 가지 예외가 있는데, 가격에 대해 통제권을 얻은 개인에 의해 발생된 시장 불완전성 경우이다. 이 문제는 특별한데, 완전고용과 시민을 위한 최대 부를 시장이 달성하는 데 놓인 장애물을 사회에서 제거할 때 국가의 개입이 요구된다. 따라서 국가는 이런 저런 방식으로 개인이 시장에 대해 가지려는 힘을 누그러뜨려야 한다. 국가는 진정한 경쟁시장이 맡은 역할을 자본주의 사회에서 수행할 수 있도록 그렇게 해야 한다. 국가가 경쟁시장(과 사유재산제도)을 유지시키는 것보다 더 많은 개입을 한다면, 그런 개입은 경제 불황에 기여할 수 있다고 한다.

신고전학파 이론에서는 사유재산과 인간 본성을 고려하면, 자기 이익을 극대화할 수 있도록 각 개인을 내버려두면 경쟁시장은 내재적으로 균형으로 향한다. 그 균형은 모든 시장에서 공급과 수요가 일치하는 것으로 정의된다. 한마디로 사회는 파레토 최적점을 달성한다. 국가가 사유재산 제도와 경쟁 시장의 존재를 보장하기 위해 적절하게 최소한의 역할을 수행한다고 가정하면, 경쟁 시장은 사유재산 소유자들과 극대화 추구자들의 사회로 하여금 완전고용과 최대 생산 균형을 달성하고 재생산할 수 있도록 허용하며, 북돋울 것이라고 한다.

예를 들어 앞서 논의한 총노동시장을 고려해보자. 〈그림 3.1a〉에 다시 나타나 있다. 다이어그램에서 *AB*로 나타난 것처럼 큰 실업이 있다고 가정해보자. 신고전학파 이론에 따르면 적합한 해법은 다이어그램에서 *AB*의 초과 노동이 0이 되어서 화폐임금이 w_0로부터 균형임금 w_1로 떨어지는 것이다.

이른바 실업이 그런 균형임금에 머물러 있는 것은 그 성격상 전환이나 엄밀한 의미의 자발성으로 간주될 수 있다. 전자는 개인이 한 일자리에서 다른 일자리로 전환하는 것 때문에 일어나는 일시적인 실업의 가능성을 가리킨다. 후자는 개인이 임금 w_1에서 일하면서 받는 소득보다 여가를 선택하는 자유의지를 가리킨다. 분명히 이런 '실업'은 꽤 자발적인데, 이는 사회적인 문제가 아니며 정부의 어떤 행동도 보장하지 않는다. 그것은 소득과 여가로부터 얻는 효용을 고려하여 개인이 자신의 후생을 극대화하기 위해 자유롭게 선택하는 것이기 때문이다.

노동시장에서 이런 완전고용 수준은 또한 그 사회에서 조응하는 완전고용 생산량의 수준을 알려준다. 이것을 분명하게 보기 위해, 앞서 살펴본 신고전학파 생산함수를 나타내고 있는 〈그림 3.1b〉를 살펴보자. 우리는 두 개의 다이어그램에서 고용을 나란히 맞춰서 〈그림 3.1a〉에서 노동시간의 총수요와 총공급이 서로 일치하는 점인 완전고용점을 따라

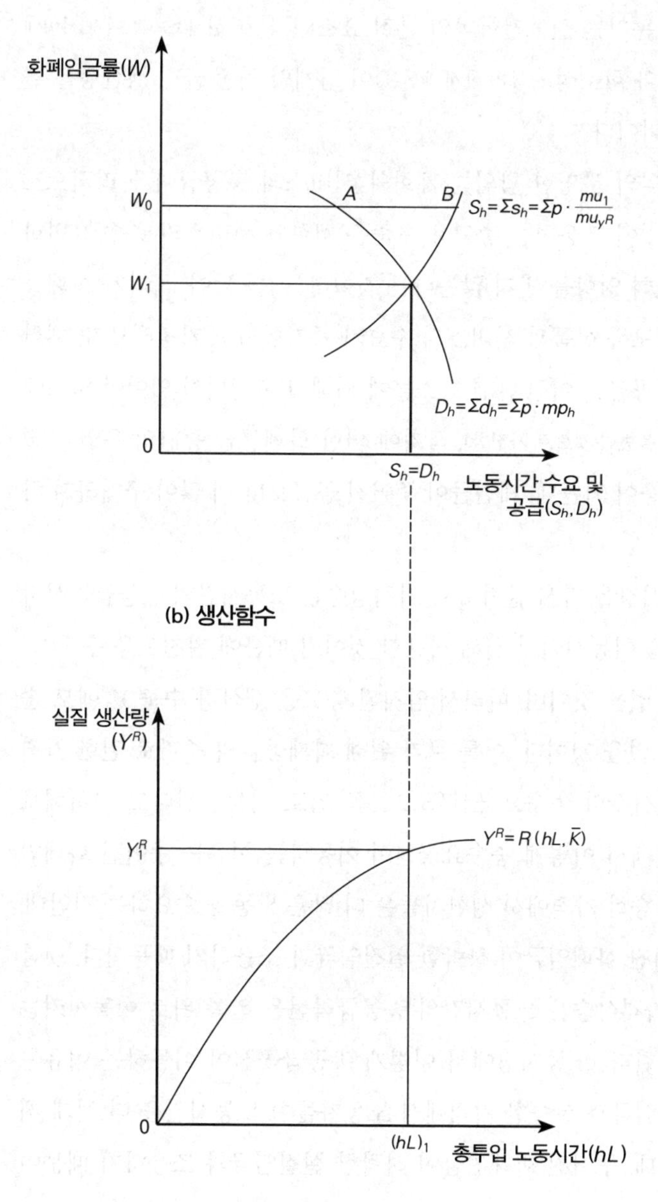

그림 3.1 노동시장에서 고용과 실질 생산량의 도출

서 〈그림 3.1b〉에 있는 Y_1^R라는 완전고용 생산량 수준도 얻을 수 있다. 이런 결정의 논리는 신고전학파의 본질 요소인 선호(실질소득과 여가 사이에서 개인의 선택)와 희소성(노동의 한계 생산물)이 경제의 최종 균형 생산량을 결정한다는 의미이다.

이 환원주의의 분명한 함의는 재화와 서비스의 총공급과 논리적으로 확장하여 그것에 조응하는 총고용 수준은 재화와 서비스의 총수요 변화에 의해서 전혀 영향을 받지 않는다는 것이다. 예를 들어, 국가가 화폐공급을 늘려서 모든 상품과 서비스의 수요가 증가한다고 가정해보자. 재화와 서비스의 공급은 이런 본질 요소들에 의해서 고정되어 있어야 하기에(본질 요소들이 불변인 것으로 가정함), 국가에 의한 화폐공급 증가의 유일한 결과는 가격상승이 되는데, 개인들이 주어진 공급보다 더 많이 구매하려 하기 때문이다.

이제 노동시장을 다시 살펴보자. 가격상승은 노동시간의 총공급곡선과 총수요곡선을 이동시키기 위해 작용할 것이기 때문에 완전고용 수준(hL)에 순효과는 없을 것이며, 따라서 암시된 총고용 생산량 수준 Y_1^R에도 순효과가 전혀 없을 것이다. 이를 보기 위해 화폐공급의 증가로 인한 가격상승이 노동시간의 총수요곡선을 오른쪽 위로 이동시킨다고 고려해보자. 노동시장에서 이렇게 총수요곡선이 이동하는 이유는 주어진 화폐임금 수준과 상승한 가격에서 생산자들은 더 많은 노동을 수요하는 것인데, 이는 그 주어진 화폐임금이 하락한 실질임금과 조응하기 때문이다. 덧붙이면, 그런 가격상승은 노동시간의 총공급곡선을 왼쪽 위로 이동시키는 쪽으로 작용한다. 노동시장에서 이렇게 총공급곡선이 이동하는 이유는 주어진 화폐임금과 상승한 가격에서 노동자들이 노동시간을 더 적게 제공하는 것인데, 주어진 화폐임금이 하락한 실질임금과 조응하기 때문이다. 우리는 〈그림 3.2〉에서 D_h^1에서 D_h^2로 S_h^1에서 S_h^2로 노동시간의 총수요

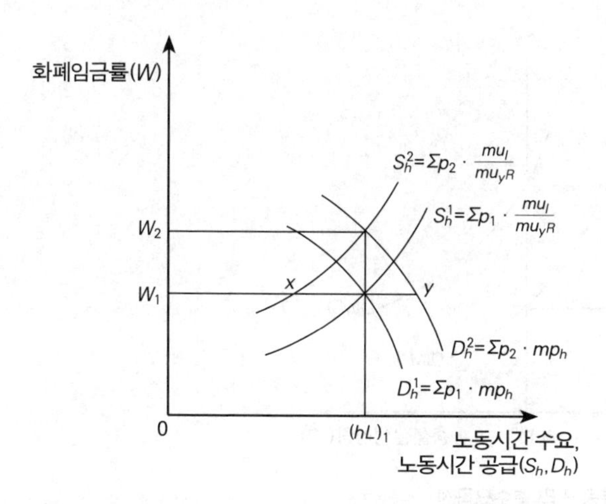

그림 3.2 가격 변화의 결과로 노동시간 공급곡선 및 노동시간 수요곡선의 이동. 같은 비율로 두 곡선이 위쪽으로 이동하여 가로축 위의 총고용시간은 변하지 않는다.

곡선 및 총공급곡선의 이동을 보여줄 것이다. 이제는 처음 화폐임금 w_1에서 노동시간에 대한 초과수요가 있을 것인데, 〈그림 3.2〉에서는 xy로 표시된다. 따라서 화폐임금은 노동시간의 초과공급이 0이 되는 점인 w_2까지 상승할 것이다.

따라서 화폐공급의 증가는 화폐임금의 상승을 만들지만, 가격의 상승은 정확하게 화폐임금의 상승을 상쇄하여 실질임금은 균형수준에 머물러 있게 된다. 실질임금이 불변이기 때문에, 고용과 실질 생산량도 불변이다. 달리 말해서, 오직 화폐공급의 확대로 일어난 가격의 상승에 비례하여 생산자의 화폐임금 비용이 상승하지 않는다면, 실질 생산량의 증가를 유발한다. 그러나 화폐임금 비용이 비례적으로 상승한다면, 실질 생산량 Y_1^R은 불변이다.

〈그림 3.3〉에서 보여준 상품의 총공급과 총수요를 살펴봄으로써 이런 신고전학파의 논리를 요약해보자. 공급은 완전 비탄력선으로 그려진다.

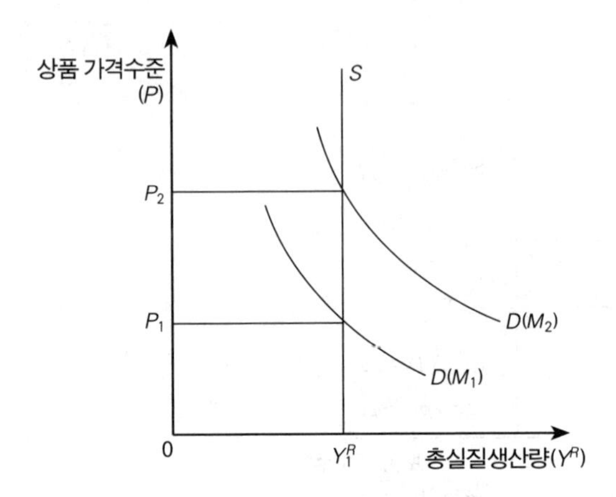

그림 3.3 신고전학파의 총공급 및 총수요곡선

그 이유는 이른바 진짜 요인들, 즉 노동과 여가의 선택, 노동의 한계 생산성이 공급을 지배하기 때문이다. 이 요인들 또는 우리가 이 책에서 불러왔던 것처럼 이 본질요소들의 작동에 의해 상품의 총공급이 주어져 있다. 따라서 공급은 총수요의 변화에 의해 영향을 받지 않는다.

물론 이는 여전히 사회에서 가격은 무엇이 결정하는지에 대한 질문을 남긴다. 다르게 표현하면, 그 질문은 무엇이 〈그림 3.3〉의 총수요 위치를 결정하는지이다. 신고전학파 경제학자들은 이 질문에 가격수준과 화폐공급이 관계를 가지는 새로운 등식을 규정함으로써 이 질문에 대답한다.

따라서 피셔(Fisher) 방정식 또는 케임브리지 방정식이 신고전학파 체계에 대한 우리의 설명을 완성시켜준다. 케임브리지 방정식을 우리는 다음과 같은 등식으로 쓸 수 있다.

$$p = \frac{M}{kY^R}$$

여기서 P는 절대가격 수준을 나타내고, M은 시장에서 상품구매에 필요한 화폐수요를 나타내고, k는 이 거래 목적을 위해 개인이 가지려는 실질소득의 비율을 나타내고, Y^R은 실질소득이다. Y^R는 이른바 경제의 실물 측면에서 (즉, 노동시장과 생산함수에 의해) 주어져 있고, k는 인간의 군중심리에 의해 주어져 있다고 가정하기 때문에, 한 사회의 가격과 화폐수요 간 단순한 관계를 얻게 된다.

이를 분명하게 살펴보기 위해 시민들이 국가에 화폐를 공급할 수 있는 권한을 부여했다고 가정하자. 이제 주어진 국가의 화폐공급 저량 $\overline{M}$을 살펴보자. 신고전학파의 총수요곡선을 얻기 위해 케임브리지 방정식을 다음과 같은 등식으로 다시 써보자.

$$\overline{M} = kPY^R$$

실질소득이 상승한다고 가정하자. 실질소득 상승은 이 등식에 따르면, 실질거래 증가 욕구에 필요한 화폐수요 증가를 의미한다(여기서는 k를 불변으로 가정한다). 그러나 국가가 화폐 공급량($\overline{M}$)을 바꾸지 않으면, 초과 화폐수요가 있을 것이다. 초과 화폐수요는 개인들이 현금잔고를 늘리려고 하면서 상품의 초과공급이 발생한다고 말하는 것과 같다.

이 같은 상품의 초과공급은 가격(위 등식에서 P)을 하락케 하는 경향이 있다. 가격은 개인들이 보유하기를 원하는 실질 현금잔고가 (k×새로운 Y^R)의 값과 같아질 때까지 하락할 것이다(여기서 분수 $\frac{\overline{M}}{P}$의 변화는 오직 분모에서만 일어난다). 그 결과 〈그림 3.3〉의 총수요곡선이 음의 기울기인 것처럼 가격수준과 실질임금 간 음(-)의 관계를 얻는다.

그러나 총수요곡선은 국가가 화폐공급을 증가시키기로 결정하면 이동할 것이다. 예를 들어 실질임금 또는 k가 변하지 않았다 해도 국가가 화폐

공급을 늘리기로 결정했다고 가정하자. 이 경우 현재의 실질소득과 가격 수준에서는 초과 화폐공급이 발생할 것이다. 이는 개인들이 주어진 상품 공급에 대해 자신들의 초과 화폐보유액을 지출하여 가격을 올리게 된다는 것을 의미한다. 이 과정은 실질 화폐잔고가 다시 ($k\times$불변의 Y^R)의 값과 같아질 때까지 계속될 것이다.(앞의 예와 대조적으로 분수 $\frac{M}{P}$에서는 분자와 분모 모두 변한다). 화폐공급의 결과로 총수요곡선의 이 같은 이동은 〈그림 3.3〉에서 보여준다. 따라서 가격은 P_1에서 P_2로 상승할 것이다.

이제 신고전학파 이론에서 국가의 지출 확대가 단지 총수요의 구성에만 영향을 주고 총수요의 크기에는 영향을 줄 수 없는 이유를 정확하게 살펴보자. 국가가 시민들에게 정부채권을 판매함으로써 상품 구매를 확대시킨다고 가정하자. 절대적으로 이는 금방 설명한 총수요-총공급 시장에 어떤 영향도 미치지 않을 것이다. 화폐공급이 불변이기 때문에 총수요곡선은 이동하지 않는다. 경제의 실물 측면(즉, 노동생산성의 변화 또는 노동과 여가 사이의 결정)에서 어떤 변화도 없기 때문에 총수요곡선의 변화는 없다.

따라서 변화는 오직 자본시장에서 일어난다. 저축에 대한 민간 수요에 이제 이 새로운 공공 수요를 더할 수 있다. 이 수요는 서로 경쟁하며, 따라서 자본 임대료를 높인다. 그런 다음 이 비용의 상승은 새로운 자본에 대한 실질 수요를 감소시키는 작용을 한다. 그리고 이렇게 유발된 민간투자 감소는 자원이 민간 부문을 위한 상품 생산에서 국가를 위한 재화 생산으로 이동하게 만든다.

신고전학파 이론에 따르면, 국가 지출의 확대는 순수하게 경제에서 재분배 효과만 있고, 실질 생산량, 수요, 고용의 기존 수준을 바꾸지 않는다. 따라서 신고전학파 경제학자들은 국가가 고용과 실질 생산량을 결정하는 역할을 하지 않는다고 결론짓는데, 고용과 실질 생산량은 경쟁시장 내에서 이미 결정되고, 궁극적으로 경쟁시장을 지배하는 진짜 요인들(본질

요소들)에 의해 결정되기 때문이다. 경쟁시장에 어떤 일시적인 불균형이 일어난다고 해도, 그대로 내버려 두면 수정된다.

자본주의 침체에 대한 케인스주의 대답

케인스주의 경제학자들은 이런 신고전학파의 관점과 국가가 개입하지 않아야 한다고 암시된 정책을 비판한다. 그들은 시장이 신고전학파 경제학자들이 잘못 가정한 방식으로 조정될 수 없으며, 또 시장은 비자발적 실업이 지속되는 결과에 너무 늦게 반응한다고 주장한다. 실제 케인스는 사회의 생산량과 실업의 결정 요인에 대한 신고전학파 설명에 도전했다. 그는 신고전학파의 기본 결정요인들에 특히 개인의 효용 역할에 문제제기를 하면서 자동 안정 장치로서 시장의 역할을 비판했고, 기각했다.

먼저 노동시간의 공급에 대한 케인스의 입장을 살펴보자. 그의 생각은 임금에 대한 노동자의 태도가 주어진 심리적 성향, 즉 화폐임금 하락에 대한 저항을 반영한다는 것이다. 이 성향 또는 행동법칙은 사회관습의 구조에 속한다. 마찬가지로 노동조합과 노동조합의 행태는 사회의 제도적 구조에 속한다. 사회관습 및 제도의 구조를 가정하면서 케인스 이론은 심리적으로 결정하는 그리고 노동조합이 결정하는 화폐임금에서 완전히 탄력적인 노동시간 공급을 만든다. 〈그림 3.4〉에서 이 공급은 고정된 화폐임금 $\overline{w}$에서 수요곡선 $D_h^c(\overline{P})$과 만나는 교차점까지 그려진 수평선에 의해 표시된다. 앞에서 본 신고전학파 개념과 아주 대조적으로 케인스는 이제 화폐임금 $\overline{w}$에서 CZ라는 비자발적 실업의 가능성을 만든다.

두 가지 관찰점을 순서대로 살펴보자. 첫째, 이 비자발적 실업은 관습 및 제도의 구조가 시장에서 어떻게 스스로를 드러내는지에 관한 케인스의 새로운 가정의 결과로 나타난다. 개인의 실질임금과 여가 사이의 선택이라는 신고전학파 효용 미적분학이 더 이상 노동자들의 공급 행동을 지배하지 않는다. 케인스는 그것을 인간 심리 및 제도적 힘의 주어진 법칙이라고 간주한 것에서 생겨난 새로운 종류의 인간 합리성으로 바꾸었다. 후자는 우리 경제구조에 근거하고 있다고 가정되는데, 신고전학파 경제학자들이 자신들의 비포화, 일관성 등에 관한 공리들이 우리의 유전자에 근거하고 있다고 가정하는 것처럼 말이다. 케인스주의 및 신고전학파 경제학자들은 서로 다른 본질 요소를 선호하지만 모두 인과성 본질주의자들이다. 케인스에게는 구조주의가 본질이고 신고전학파에게는 인본주의가 본질이다.(물론 인본주의자로서 신고전학파 경제학자들의 관점으로부터 '케인스주의 인간'은 아주 비합리적인 방식으로 행동하는 것으로 보일 수 있다. 그 이유는 신고전학파 세계에서 개인들은 이 케인스주의 화폐임금이 아니라 실질임금의 차원에서 결정을 고려하는 것으로 간주되기 때문이다. 실제로 케인스주의 인간은 종종 '화폐 환상'을 겪는다고 주장되는데, 이 환상은 그렇게 가정된 비합리성을 묘사하는 방식을 나타낸다.)

둘째, 고정된 화폐임금에서 이런 노동의 완전 탄력적 공급은 이 장 앞에서 논한 것처럼 일종의 시장 불완전성과 같다. 케인스는 노동시장이 자기 수정되는 것을 막는 장애물 찾았다. 노동의 초과공급은 화폐임금을 하락시키는 경쟁으로 사라지지 않는데, 그것은 노동시장에 도입되는 시장 불완정성이다.

우리는 노동수요가 하락할 때 시장에서 무엇이 일어나는지 주의 깊게 검토할 것이다. 우리는 또한 우선 가격이 불변이라고 가정할 것이다. 가격이 불변이라고 가정한 이유는 노동수요 하락으로 나타난 결과를 검토한 후에 제시할 것이다.

가격 불변이라는 가정을 고려하고, 노동수요의 하락이 투자 감소(아마도 미래의 매출 수익성 전망에 관한 사업 불확실성 증가 때문에 발생)로부터 일어난다고

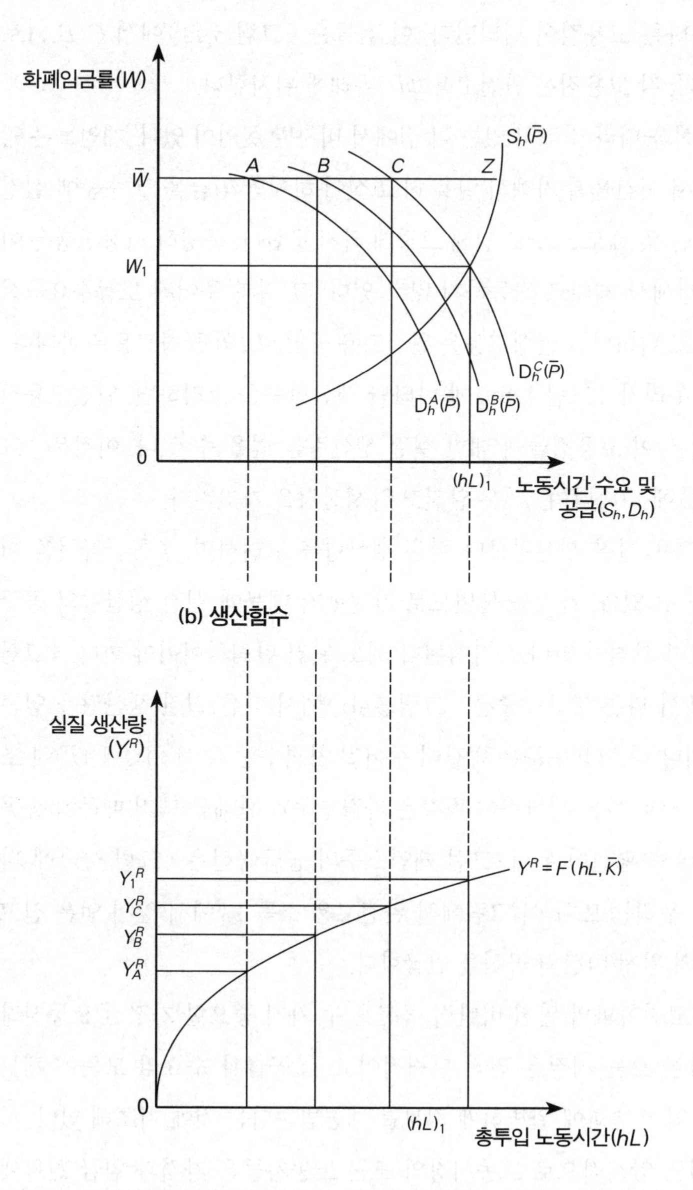

그림 3.4 화폐 임금과 가격이 불변이라고 가정한 상태에서 노동시장의 비자발적 실업과 완전 고용 생산량 미달

가정하자. 노동수요가 왼쪽으로 이동하면, 주어진 화폐임금선 $\overline{w}$을 따라 일련의 다른 고용점이 나타난다. 이 점들은 〈그림 3.4a〉에서 C, B, A로 나타난다. 각 고용점은 완전고용 $(hL)_1$아래에 위치한다.

CBA선을 따라서 찍혀 있는 각 점에서 비자발 실업이 있다. 개인들은 임금 $\overline{w}$에서 시간을 추가해서 일을 하고 싶어 하지만 임금을 그 수준에 설정하는 관습 및 제도 요소로 인해 그렇게 하지 못한다. 분명히 시장경쟁은 이 노동시장에서 제대로 작동하지 않고 있다. 그 결과 주어진 노동수요곡선에 결과로 나타나는 균형고용은 완전고용 곡선$(hL)_1$의 균형고용은 아니다.

이제 우리가 〈그림 3.4b〉에 나타난 생산함수를 고려하면, 완전고용점보다 적은 이 고용점들에 대한 실질 생산량을 얻을 수 있다. 이것은 〈그림 3.4b〉에 나타나며, Y_1^R은 완전고용 생산량을 가리킨다.

완전고용 실질 생산량보다 적은 생산량을 고려하면, 총공급곡선을 쉽게 얻을 수 있다. 가격은 불변으로 가정했기 때문에 실질 생산량의 공급은 주어진 가격이 얼마로 가정된다 해도 완전 탄력적이어야 한다. 〈그림 3.4a〉에서 다른 고용수준은 〈그림 3.4b〉에서 다른 실질 생산량을 얻는다. 그러나 각 고용수준은 똑같이 주어진 가격수준(〈그림 3.4a〉에서 $\overline{P}$)에 조응한다. 서로 다른 생산량이 똑같은 가격수준과 관계를 맺기 때문에 총공급곡선은 수평선이 된다. 그런 케인스주의 공급곡선은 〈그림 3.5〉에 나타난다. 우리는 또한 이 그림에서 완전고용 소득 Y_1^R에서 앞서 얻은 신고전학파의 완전 비탄력 곡선을 언급한다.

이 신고전학파의 완전 비탄력 곡선은 두 가지 중요한 가정 ①노동시장을 포함한 모든 시장은 완전 탄력적이고, ②공급과 수요의 모든 주체는 가격과 임금 변화에 완벽하게 정보를 제공받는다는 것에 기초해 있다. 사실 우리는 암시적으로 노동시장의 모든 노동자들은 가격과 임금 변화에 대해서 완전히 정보를 제공받고 있고, 이 시장의 작동은 시장 장벽에 의

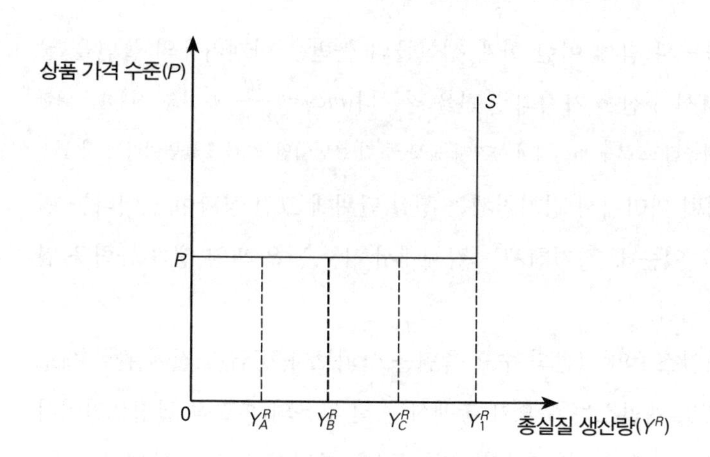

그림 3.5 케인스주의 및 신고전학파 총공급곡선

해 아무런 방해를 받지 않는다고 가정했다. 이런 신고전학파 가정과 완전히 대조적으로 케인스가 노동시장을 바라보는 방식은 불변의 화폐임금과 완전히 탄력적인 총공급곡선을 낳는다. 화폐임금의 이런 불변은 상당한 비자발적 실업에 직면해서도 지속되는데, 이 가능성을 신고전학파 이론은 배제 한다.[2]

이 같은 케인스주의의 완전 탄력적 총공급곡선에 대한 또 하나의 이유가 있다. 이는 또한 기업 생산물의 수요 변화는 가격의 변화를 낳지 않는다는 이전의 가정에도 기초해 있다. 이 가정을 기업들이 잠재 생산 능력보다 상당히 적게 생산하는 경우에는 주어진 불변의 한계 생산 비용의 차원에서 생각할 수 있다. 기업들의 공급곡선과 관련된 범위에서 노동의 한계 생산물은 추가 노동이 고용되어도 불변이라고 가정할 수 있다. 화폐

---

2 노동시장에 관한 개념들에 대해 신고전학파와 케인스주의의 몇 가지 차이를 논한 것이 이 장 부록에 있다.

임금의 불변과 함께 이런 한계 생산물의 불변은 한계비용의 불변을 낳으며, 따라서 생산물 가격의 불변을 낳는다($mc_q = \frac{w}{mp_{hL}}$과 이윤 극대화를 위한 $p=mc_q$를 떠올리고, 분수 mc_q에서 분자와 분모 둘 다 불변이면, 가격도 불변이라는 것을 기억하자). 이런 의미에서 경기침체는 생산 단위에 그런 상황이 일어나는 원인이 될 수 있는데, 경기침체는 경제에서 아주 많은 과잉 생산 능력을 만들기 때문이다.

이제 케인스주의 이론의 수요 측면을 살펴보자. 공급 조건에 관한 새로운 가정으로 케인스는 수요가 총생산량 및 고용의 본질적 결정요인이라는 이론을 만들었다. 신고전학파가 공급을 본질적 요소로 삼은 것 대신에 케인스는 수요를 본질적 요소로 삼았다. 신고전학파 이론에 따르면 수요의 변화는 실질 생산량 또는 고용에 전혀 영향을 주지 못한다. 공급 또는 실질 생산량 및 고용의 수준은 본질적으로 효용과 희소성의 결과이다. 수요의 변화는 그런 본질 요소들에 영향을 주지 못한다. 반대로 케인스는 이런 신고전학파의 본질 요소들은 완전고용에 미치지 못하는 상황에서 전혀 중요하지 않다고 강조했다. 이런 무관성은 케인스주의의 완전 탄력적 공급곡선에 의해 기하학적으로 표현되었다.

따라서 총수요 행태 이론이라는 케인스의 새로운 이론을 위한 공간이 만들어졌다. 이 수요 이론에는 기본적으로 두 가지 구성요소가 있다. 하나는 개인의 저축 및 소비 행태를 다루고, 다른 하나는 개인의 화폐 수요와 관련된다. 우리는 저축 및 소비 결정을 가지고 시작할 것이다.

케인스는 신고전학파 경제학이 개인의 선호에 새로운 자본 공급 또는 저축의 중요 결정요인으로서 부여한 역할을 기각했다. 그가 보기에 저축은 잠재 저축자들이 벌어들인 실질소득에 반응하는 것 보다 자본 임대료에 더 적게 반응했다. 자본 임대료를 고려하면, 모든 개인은 미래를 위해 소득의 일부를 저축하려는 심리적 성향(습관 또는 관습)을 가지기 때문에 저축한다. 이런 성향은 불변으로 간주되는데 '한계 저축 성향(MPS)'이라고 불리며 추가 소득 가운데 얼마나 많이 저축 될 것인지 보여주는 저축 계수이다. 케인스의 다른 심리적 성향들처럼, 한계 저축 성향도 일종의 군중심리에 근거한다.

이 저축의 심리적 법칙 반대 면에 실질소비를 결정하는 마찬가지 법칙이 있는데, 소득에서 얼마나 저축하지 않는지, 즉 소비하는지이다. 따라서 개인들의 총소비는 실질소득의 함수이다. 이런 상관성은 케인스의 소비함수라고 불린다. 이것은 추가된 소비와 추가된 소득 사이의 고정된 관계를 규정한다. 그 관계는 '한계 소비 성향(MPC)'라고 불린다.

케인스주의 이론의 차이를 더 잘 평가하기 위해서 자본시장에 대한 신고전학파의 분석을 살펴보자. 신고전학파 경제학자들에게 자본시장에서 균형을 만드는 것은 자본 임대료의 변동이다. 자본시장은 다음과 같이 작동한다. 투자가 증가하면, 새로운 자본에 대한 초과수요가 발생하는데, 투자와 저축의 새로운 균형이 상승한 자본 임대료에서 만들어질 때까지 자본 임대료를 상승시키고 추가 저축을 낳는다. 소비는 사회에서 욕구하는 증가한 투자재를 위해 자금 투입이 되도록 필요한 추가 저축을 풀기에 딱 충분한 만큼 감소할 것이다. 따라서 우리는 증가한 투자는 자본 임대료(현재 소비와 비교한 미래 가격)를 변화시킴으로써 저축 증가를 창출한다고 결론지을 수 있다.

케인스의 소비함수는 자본시장 내에서 일어난 조정만이 저축과 투자간 등식을 만든다는 신고전학파 생각에 새롭고 중요한 변화를 만들었다. 저축이 소득의 함수라면, 완전고용에 미치지 못하는 상황에서 투자 지출의 증가는 소득을 인상시키고 그리하여 저축 또한 증가시킨다. 자본 임대료에는 반드시 변화가 일어나는 것이 아니다. 새로운 균형의 자본 임대료는 (신고전학파 이론에서처럼) 반드시 상승하기 보다는 이전과 같은 가격을 유지할 가능성이 크다. 케인스는 완전고용 사회보다 적게 고용된 상태에서 투자의 증가가 소득과 고용에 미치는 영향을 강조했다.

다음으로 케인스는 이른바 화폐 시장에서 자본 임대료를 결정하는 자신의 이론을 확장했다. 그는 역시 경제구조에 속하는 또 하나의 새로운 심리적 결정요인을 도입했는데, 모든 개인은 거래를 하기 위한 전통적인 이유뿐만 아니라 유동성 또는 투기 목적을 위해 화폐를 보유하려는 성향을 가진다는 것이다. 그 결과 그는 화폐 시장에서 화폐 수요는 실질소득(앞서 케임브리지 방정식에서 규정한 것처럼)의 함수뿐만 아니라 투기 또는 유동성 욕구 때문에 자본 임대료의 함수가 된다고 이론화했다. 공식을 보면 총화폐 수요는 실질소득과 자본 임대료의 함수가 되었다. 다른 함수 공식과 마찬가지로 이 공식도 전형적으로 계수들이 화폐 행태, 거래, 유동성 욕구 또는 투기 욕구의 두 가지 법칙을 반영하는 방정식으로 표현된다.

유동성 선호에 대한 케인스 이론은 자본 임대료가 상승하면 개인의 화폐 수요가 줄어든다는 것을 시사한다. 이것은 수익이 높아진 자산(채권)을 구매할 수 있게 되면 화폐 잔고를 보유하는 데 매력이 없어지기 때문이다. 덧붙여서 자본 임대료가 상승하면, 결국 자본 임대료는 하락할 것이라는 기대가 생긴다. 그런 기대를 고려하면 개인이 현재 높은 수익을 내는 자산을 구매하려하는 것은 이치에 맞는데, 자본 임대료가 하락할 때 채권 가격이 상승(자본 이득이 생김)할 것이기 때문이다.

케인스 이론에서 저축, 투자, 채권 매수, 현금 보유 선택에 관한 결정은 자본 임대료와 실질소득에 의존한다. 이는 저축과 투자 결정이 오직 자본 임대료에만 의존하고 화폐 수요는 오직 실질소득에만 의존한다는 신고전학파 이분법과 구별된다. 자본 시장과 화폐 시장을 다르게 생각하고 연결시키면서 케인스는 균형 실질소득과 균형 자본 임대료를 동시에 결정할 수 있었다. 이 균형 수준은 주어진 한계저축성향, 내재적 자본 한계 생산물, 거래 욕구와 투기 욕구를 위한 화폐 수요 성향, 국가의 주어진 화폐 공급에 의해 결정되었다. 이 결정 요인들은 케인스 이론 안에서 새로운 본질 요소, 즉 주어진 구조 법칙(계수)이 되었다.

이런 본질 요소의 차원에서 균형 실질소득의 결정요인을 고려하면, 생산함수를 검토함으로써 균형 실질소득에 조응하는 고용 수준(균형 소득 수준을 낳는 데 필요한 노동자의 수)을 밝힐 수 있다. 케인스의 관점에서 현대 자본주의 경제체제는 완전고용을 만들거나 지속할 수 있는 내재적인 경향을 가지지 않는다.

신고전학파 관점에서, 고용(소득과 여가 사이의 선호로 결정됨)은 사회의 실질 생산량과 구성원들의 소득을 결정한다. 케인스주의 관점에서는 지출(유효 수요)이 사회의 실질소득을 결정하고 따라서 균형 고용 수준을 결정한다. 신고전학파 경제학자에게 자본 임대료는 화폐시장에서 일어나는 일과 상관없이 결정되고, 총수요는 자본시장에서 일어나는 일과 상관없이 화폐시장에서 결정된다. 아주 대조적으로 케인스주의 경제학자들에게 자본 임대료와 실질소득은 자본시장과 화폐시장에서 발생하는 요소들의 상호작용으로 동시에 결정된다.

〈그림 3.6〉에서 우리는 다시 한 번 총공급곡선에서 케인스주의 및 신고전학파 공급 측면을 살펴보자. 우리는 이것에 케인스주의 총수요곡선을 추가할 수 있다. 소비자와 투자자 중 한쪽 또는 양쪽 모두에 의해 지출의 변화가 일어나면 총수요곡선을 오른쪽으로 이동시키고 그리하여 사회 전체의 실질소득은 다이어그램에서 보듯 Y_A^R에서 Y_B^R로 증가한다. 이런 결과는 정확하게 케인스가 보여주려고 한 것이다. 그것은 〈그림 3.5〉의 케인스주의 공급곡선을 가정하고 있다.

지출에서 일어나는 이런 변화가 실질소득에 미치는 정확한 양적인 영향과 따라서 고용에 미치는 정확한 양적인 영향은 한계저축성향의 크기

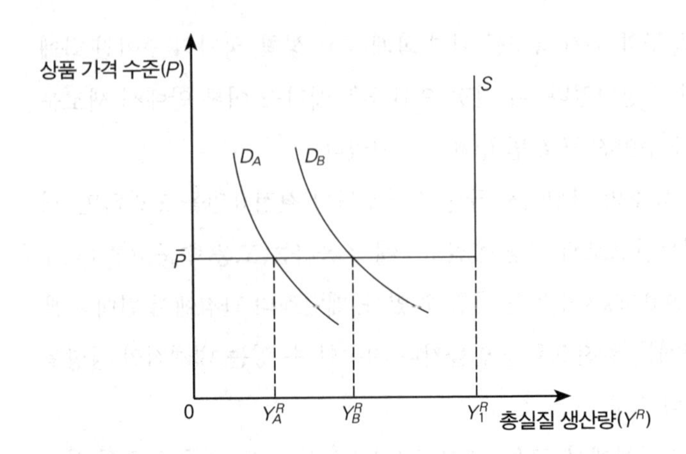

그림 3.6 케인스주의 및 신고전학파 총공급곡선과 케인스주의 총수요곡선

에 의존한다. 즉 저축한 소득 비율이 케인스 승수의 크기를 결정한다. 그런 영향은 부분적으로 사용되지 않은 자원의 존재에 의존하기 때문에 지출의 변화가 단지 가격과 임금을 높이지는 않을 것이다(그것은 완전 탄력적 공급곡선이 아주 중요해지는 이유다). 그런 영향은 지출 증가로 자본 임대료에 나타난 결과에도 의존한다. 지출 증가로 나타난 소득 증가는 화폐거래 수요 증가를 낳는다. 화폐공급이 불변이라면 화폐거래 수요 증가는 초과 화폐수요를 낳고 자본 임대료는 상승한다. 투자가 자본임대료 상승에 민감한 한에서는 지출증가가 실질소득에 주는 승수효과는 적어질 것이다. 그러나 가격과 임금이 거의 불변이거나 느리게 변한다면, 그리고 투자지출의 변화가 자본 임대료 변화에 그렇게 민감하지 않다면, 사회 총지출의 변화는 실질소득 수준에 상당한 영향을 줄 것이다.

침체된 경제 상황에서는 투자수요가 증가할 이유가 거의 없을 수 있다는 문제가 생겨난다. 실제 다음 절에서 설명하듯이 나쁜 사업 전망(기대)은 유효수요 부족을 만든다. 덧붙이면, 소비지출이 실질소득에 의존하기 때문에 소득이 침체되어 있으면, 소비가 증가할 희망이 크지 않다. 그러므로 지출 증가가 불황에 대한 케인스 해법의 본질이기 때문에 지출이 국가의 임무가 된다. 국가는 총수요곡선을 오른 쪽으로 이동시키기 위해서 지출과 화폐공급을 늘려야 하고, 그리하여 총고용 균형을 성취해야 한다.

그러므로 불황의 시기에는 개인들이 자신의 부를 화폐 형태로 가지려는 성향이 높다. 그때 화폐공급이 증가하면 대체로 현금잔고로 지니게 될 것이고, 채권 매수에 사용되지 않아서 자본 임대료를 낮추는 데는 오직 아주 적은 효과만 있을 것이다(이른바 케인스의 유동성 함정). 이 경우 실질 생산량과 고용의 궁극적 결정요인은 국가 지출이 된다. 완전고용을 달성하기 위한 핵심은 기력이 없는 경제가 완전고용 쪽으로 나아갈 수 있도록 충분히 국가가 적자재정(세금 인상으로 상쇄되지 않는 효과를 가진 지출의 증가)을 운영하는 것이다.[3]

투자 행동

케인스주의 체계에서 우리는 구조 법칙이 소비, 화폐 보유, 가격 결정, 노동시장 같은 대부분의 경제 변수에 일어나는 일을 지배한다고 보았다. 그러나 케인스는 한 가지 점에서 구조주의를 기각했는데, 그것은 투자자

---

3 일반적인 교과서의 수요 모형은 상품 시장의 고정된 가격 및 임금과 화폐 시장의 유동성 함정이라는 가정에 기초하고 있는데, $Y^R = cY^R + I + G$로 나타낼 수 있다. 여기서 c는 케인스주의 한계소비성향이고, G는 정부지출이다. Y^R의 값을 얻기 위해서 방정식을 풀이하면 $Y^R = \frac{1}{1+c} \cdot I + \frac{1}{1+c} \cdot G$를 얻게 된다. 여기서 $\frac{1}{(1+c)}$는 승수를 나타낸다. I가 변하지 않으면, $\Delta Y^R = \frac{1}{(1+c)} \cdot \Delta G$가 된다. Y^R의 본질적 결정요인는 국가가 된다.

의 투자재 수요를 고려할 때다. 인간본성의 요소들이 투자 지출을 결정한다. 이런 의미에서 케인스주의 거시경제학은 대부분 구조주의 접근법에 머물러 있지만, 투자지출의 인본주의 접근법으로 놀랍고도 중대한 전환은 제외된다.

케인스에게 불확실성은 열쇠이다. 투자자는 미래에 무슨 일이 일어날지 현재 알 수 없는 인간의 불완전성 때문에 곤란을 겪는다. 새로운 투자의 기대 수익성을 계산하려고 할 때 불확실성이 괴롭힌다. 투자자들이 오늘 하는 계산은 그들 주위에 벌어지는 모든 일과 이것들이 미래에 미치는 모든 효과로부터 영향을 받는다. 그러므로 기업투자는 아주 불안정하게 확대되거나 축소되는데, 대부분의 사회적 변화가 투자자의 마음과 기분에 어떤 영향을 주는지에 따라 기대 이윤이 달라지기 때문이다. 가장 중요한 것은 투자자들의 불규칙한 행동이 전체 경제의 확대나 축소를 부추길 수 있다는 것이다. 케인스는 자본주의의 불안전성을 불완전한 인간본성에 기초한 자본가들의 불안정한 개별 투자 행동의 결과로 만들어 버렸는데, 철학적인 인본주의다.

경기침체 또는 경기축소는 어떻게 일어날 수 있는지 살펴보자. 주식가격의 갑작스러운 하락이나 전 분기 동안 주택 압류가 증가했다는 정부 발표나 어떤 국제정치 위기 같은 것 때문에 계획한 투자의 미래 수익성에 대한 투자자들의 확신이 갑자기 무너질 수도 있다. 그런 사건이 계획된 투자의 수익성과 직접적인 관련이 거의 없다고 해도 말이다. 다른 예를 들면, 투자자들이 경기확대가 지속될 수 없다는 걱정을 시작할 수도 있다. 무엇보다 다른 사람들과 마찬가지로 그들은 너무나 자주 호황이 불황으로 갑자기 전환되는 기억을 가지고 있다. 조심스럽고 신중하게 행동하면서 그들은 새로운 투자 지출을 연기한다. 그들은 대신에 투자 위험에 대비하기 시작하는데, 미래 위험을 줄이기 위해서 순 이윤의 더 많은 부분을 위험하다고 인식된 투자재보다 상대적으로 안전한 금융자산(예를 들어, 미국 국채)을 구입하기 위해 사용된다.

이런 예에서 투자자들의 마음과 기분은 비관적으로 바뀌고, 투자재 수요곡선이 왼쪽으로 이동하는 결과가 나타난다. 이는 유효수요를 줄이고, 그런 이유로 전체 경제에서 전체 소득을 줄인다. 투자의 많은 부분이 몇백 개 기업과 그 기업의 이사회의 손에 집중되어 있기 때문에 그런 기업의 투자 결정의 변화는 많은 이들에게 큰 영향을 미칠 수 있다. 물론, 다른 상황 때문에 투자재 수요곡선이 오른쪽으로 이동할 수도 있다. 주식시장 상승, 기술혁신에 대한 소문, 기업에 우호적인 생각을 가진 정치인들의 당선, 새로 조인된 평화협정, 거대한 원유 매장지의 발견 등으로 낙관이 상승할 수 있다. 이런 경우 투자자들의 마음과 기분은 호황기가 지속되거나 곧 도래할 것이라는 확신으로 가득 찬다.

예상한 미래 환경에 대한 투자자들의 반응이 추가 자본재에 지출을 줄일 것인지 늘릴 것인지를 알기 위해서는 두 가지 중요한 질문이 필요하다(케인스는 그 질문에 답을 내놓았다). 첫째, 사회전체 소득수준에 투자가 미치는 영향은 무엇인가? 둘째, 투자지출 변화와 이것이 소득에 미치는 영향으로부터 비롯되는 하강 또는 상승 소용돌이를 다른 시장이 수정하거나 상쇄하지 못하는 이유는 무엇인가? 두 질문에 대한 대답은 케인스가 가정한 구조주의에 기초한다.

우리는 케인스 체계의 승수를 계산함으로써 투자(I) 감소가 사회의 소득(Y)에 주는 양적 효과를 정확하게 계산할 수 있다. 승수는 가정된 구조법칙의 양적 결합을 단순하게 반영한다. 주석3에서 계산된 것처럼 승수는 $\frac{1}{1-c}$×투자의 변화이다. 여기서 c는 소득변화가 일어날 때 소비변화를 결정하는 법칙(구조 계수)이다. 거시경제에 더 많은 법칙이 도입될수록 관련된 승수 계산에서 더 많은 계수가 나타난다. 그 결과로 나타난 승수에 기초해서 케인스는 첫 번째 질문에 양적인 답을 제시할 수 있었는데, $\Delta q = \frac{1}{1-c} \times \Delta I$ 이다. 투자지출 감소의 전체적 영향에 대한 그의 답은 항상 변하는 투자자의 기분 때문에 구조주의 이론의 근본적이고 강력한 가정에 기초해 있다.

두 번째 질문에 답하기 위해서 우리는 노동시장을 지배하는 가정된 구조 법칙이 어떻게 수정 체계가 자동하는 것을 막는지 다시 한 번 살펴보자. 경제가 완전고용 상태라면, 투자의 감소는 노동수요곡선을 왼쪽으로 이동시키며, 그 결과 실업이 발생한다. 그러나 화폐임금이 완전고용 임금에서 노동자의 초과공급을 없앨 수 있게 하락하지 않는다. 그 이유는 두 가지인데, 우리가 설명했듯이, 심리적 법칙이 모든 노동자의 생각을 지배하며, 그것은 노동조합이 만든 힘과 결합하여 〈그림 3.4a〉에서 임금을 $\overline{w}$에 고정시킨다. 구조적인 추론에 부합하는 노동시장의 구매자와 판매자 간 관계는 경제구조에 속하는 특수한 제도적 법칙 및 관습적 법칙(노동자들의 화폐 환상과 힘)에 의해 지배된다. 그런 이유로 실직 노동자를 없애기 위한 어떤 시장수정도 일어나지 않는다. 사실 기업이 판매하는 재화의 시장가격이 침체 때 어떤 수준으로라도 하락한다면, 기업의 실질임금 비용은 상승할 수 있다.

케인스주의 세계에 있는 개별 투자자의 인간본성은 신고전학파 세계의 것과 아주 다르다. 케인스에게 내재적으로 불확실한 세계의 인간본성은 기분 변화가 심하고 변덕스러운 투자자를 만들어내어 호황의 시기와 불황의 시기에 따라 이랬다저랬다 한다. 분명히 이는 투자자를 포함한 모든 주체들이 현재와 미래에 대한 모든 지식을 가진 조건 아래서 행동하는 인간 합리성이라는 신중하게 고안한 가정으로 신고전학파가 제시한 것과는 아주 다른 본성이다.[4]

그러면 늘 잠재적으로 불안정한 사업 투자자가 경제에 가하는 의도하지 않은 해 때문에 사회 개입이 필요하다는 것은 전혀 놀랍지 않을 수 있다. 국가의 통제는 그런 통제를 벗어난 민간 주체들(스스로의 실수가 아니라도 경제를 침체로 몰아넣을 수 있는 존재)에 의해 사회에 가해질 수 있는 잠재적 해를 최소화하기 위해 필요하다고 여겨진다. 다른 한편, 이런 식으로 불안정한 상태에 있음에도 불구하고, 기업 투자자들은 사적 소유의 시장 자본주의의 작동을 위해 필수적이다.

케인스의 투자 및 투자 이론의 중요한 다른 함의는 투자자 생각이 경제에 미치는 강력한 영향을 강조하는 것이다. 실제로 케인스는 투자자들의 생각, 즉 미래 사업 수익성에 대한 투자자들의 추측이 투자행동을 만들고 따라서 경제를 만든다고 했다. 실로 승수의 존재 때문에 투자자들의 미래에 대한 생각이 사회 모든 구성원들의 삶에 큰 영향을 줄 수 있다. 하지만 우리가 조금 전에 보았듯이 인과관계는 반대방향으로 간다. 투자자들의 생각은 경제의 변화로 인해 형성되며, 경제변화 중 어떤 것들은 바로 투자의 변화에 기인한다. 여기서 우리는 1장에서 논한 다른 예를 떠올릴 수 있다. 이론(투자자의 생각)과 사회(경제) 사이의 상호작용 또는 그때 서술한 언어를 사용하면 상호간의 다중결정론이 그것이다. 하지만 왜 오직 투자자에게는 적용되지 말아야 하는가? 이런 종류의 인과적인 상호작용이 사업 투자와 함께 모든 경제 행동에 적용 될 수 없는가? 최근 어떤 경제학자들은 최소한 개인 소비의 변화와 관련하여 이런 종류의 확장을 정확하게 주장하려고 한다(Akerlof and Shiller 2009, ch. 10).

---

4 개인이 가지는 미래에 대한 불확실성이 신고전학파 이론에서는 종종 위험 감수의 차원에서 이해된다. 즉 투자자는 확률 조건에서 결정한다는 것이다. 고급 수준에서 쓰인 것이지만, 더글러스 비커스(Douglas Vickers)는 케인스주의 불확실성이 신고전학파의 위험과 다른 이유와 이런 중요한 차이가 케인스주의 접근법에서 중요한 이유를 설명하는 비판적이고 아주 통찰력 있는 논거를 제시한다(Vickers 1994).

케인스 이후에 수많은 추종자들은 투자의 변화를 투자자의 행동을 지배하는 구조법칙의 결과로 환원함으로써 투자의 변화를 설명하려했다. 그들은 케인스의 '인본주의 계기'를 확장된 구조주의로 바꾸려고 노력했다. 예를 들어 케인스의 『일반이론』이 출판되고 얼마 지나지 않아서, 투자를 소비 지출의 변화 결과로 환원시키는 구조적 설명이 생겨났다 (Samuelson 1939). 이 경우에, 소비의 변화가 어떤 비례 관계로 새로운 투자 지출을 유도('가속')했다. 이런 설명은 승수(투자의 변화가 소득과 소비에 미치는 영향을 측정)와 새로 정의된 '가속도'(소득 변화와 소비 변화가 투자에 미치는 영향으로 측정된 것)를 결합함으로써 경제에 미치는 투자의 양적인 영향을 계산할 수 있게 했다. 그 후에는 거시경제학이 민간투자의 변화를 설명하려고 시도하면서 기업행동의 새로운 구조 법칙을 제시하는 새로운 투자 방정식이 소개되었다.

포스트 케인지언 경제학과 케인스에 대한 기타 반응들

아마도 케인스주의 이론은 자본주의 경제에서 지속적으로 나타나는 문제에 대해 말하기 때문에 케인스주의 이론이 경제학자들과 경제학에 대해 사유하는 사람들 사이에서 일으킨 반응은 케인스주의를 아주 활발하고 지속적인 사상과 정책의 전통으로 유지시켰을 것이다. 케인스주의 인기가 경제학자, 정책가, 일반대중, 국가들 사이에 기복이 있었음에도 불구하고, 지난 반세기동안 케인스주의 이론은 뚜렷하게 지속된 위상을 가졌다. 신고전학파 전통과 마르크스주의 및 마르크스주의 경제학을 기각한 이들에게 케인스주의 이론은 항상 매력적인 대안을 제공했다. 그러나 케인스주의 이론에 대한 반응이 두 가지 분파로 뚜렷하게 나타난 것이 사실이다.

첫 번째 분파적 반응은 아주 방어적이었다. 신고전학파의 두 가지 본질 구성 개념인 희소성과 선호를 견지하려는 경제학자들은 케인스주의 기여를 대개 공격으로 봤다. 그들이 생각할 때, 케인스주의 이론은 본질 요소로 여기는 것(선호와 희소성)을 제외시켰고, 구조 법칙과 경제 사건에 대해 설명되지 않은 새로운 본질적 결정요인들로 대체했다(예를 들어, 노동자와 투자자의 심리, 힘, 사회 제도). 그런 경제학자들은 케인스주의의 부각에 케인스가 대체한 것(구조법칙과 새로운 본질요소)은 그 자체가 인간 선호와 희소성의 결과(로 환원된다)라고 보여주기 위한 근거를 만듦으로써 대응했다. 그래서 그들은 신고전학파 기초이론을 다시 주장했고, 케인스주의 비판을 사소한 것으로, 신고전학파 이론이 직면하고 극복하는 많은 비판 가운데 하나로 기각했다.

케인스가 도입한 새로운 생각 또는 강조점들은 현재 남아 있다. 신고전학파 경제학자들은 그것들을 받아들였지만, 공급자와 수요자의 합리적 행동에 기초한 자기조정 시장이라는 신고전학파의 전통 내에서 쉽게 수용된 단지 부차적인 기여로써 그렇게 했다. 예를 들어 케인스의 불확실성 원리는 선택의 문제로 다뤄졌다. 합리적인 경제 주체들은 이미 알려진 또는 어떤 대안들 사이의 선택에서 일어날 개연성이 있는 대안들 사이의 선택으로 전환시킴으로써 불확실성의 문제를 해결하려 한다는 것이다. 변하지 않았을 신고전학파 이론이 불활실성을 이렇게 받아들이고 수용한 것은 신고전학파 전통의 우세성을 충족시켜주었다.

그러나 이것은 케인스의 글에서 신고전학파 전통에 대한 더욱 급진적인 비판과 미래를 알 수 없는 일종의 무능력으로서 불확실성의 개념을 읽어내는 사람들을 만족시키지 못했다. 불확실성은 대안적인 선택 결과에 대한 개연성을 아는 것 그리하여, 개연성을 평가하는 것을 배제했다. 그런 경제학자들은 새로운 개념들, 즉 '거시모형'을 개발하고 정교화함으로써 케인스의 새로운 입구점 개념인 구조법칙, 인간심리, 힘, 제도에 대응했다. 그것은 케인스의 기여를 확장했고 케인스의 신고전학파 이론에 대한 도전을 깊게 했다. 영향력이 증가한 한 집단은 스스로를 포스트 케인지언이라고 이름 붙였는데, 새롭고도 다소 이단적인 사상의 학파로서 등장했다. 포스트 케인지언 경제학은 마르크스주의 경제학 이론과는 아주 다른 신고전학파 전통에 대한 또 하나의 이단적 대안으로서 케인스 전통을 풍부하게 해주었다.

우선순위에 있는 입구점 가운데 하나로서 케인스의 '근본적 불확실성'(확률적인 불확실성과 구별됨) 개념을 사용하면서, 포스트 케인지언 경제학은 투자자의 자본축적 욕구를 자본주의 추진력으로서 상정한다(인본주의 가정). 이런 전통에 기여한 특별히 중요한 인물에 섀클(G. L. S. Shackle, 1903~1992), 하이먼 민스키(Hyman Minsky, 1919~1996), 폴 데이비슨(Paul Davison)을 포함한다. 가장 잘 알려진 공식에서 금융시장 투자자들의 기분에 따른 변덕스러운 행동은 자본주의 경제를 호황과 침체로 이끈다.[5] 전반적으로 케인스주의 전통을 따르면서 포스트 케인지언 경제학은 경제의 수요측면에서 전체 소비자 행동에 있는 기대뿐만 아니라 사회구조의 중요성을 강조한다. 그러나 경제의 생산 또는 공급 측면에서는 포스트 케인지언 경제학자들은 카를 마르크스, 미하우 칼레츠키, 피에로 스라파, 조앤 로빈슨 같은 비신고전학파 경제학자들에 천착하는 경향이 있다. 그래서 포스트 케인지언 학파는 생산물 시장과 요소 시장 둘 다 불완전한 형태의 경쟁(독점과 과점)의 특징을 가지는 것으로 이론화했다. 다양한 정도의 시장력을 가진 기업들이 가격을 결정한다. 제5장에서 설명하듯이,

5 그들 각각의 포스트 케인지언 경제학 접근법 전개에 대해서는 Shackle(1972), Davidson(1991), Minsky(1986)를 보라.

시장력은 일반적으로 평균 비용에 마크업(markup: 시장력을 가진 기업이 이윤을 극대화하기 위해 공급량을 조절하여 가격을 설정할 때 한계비용에 덧붙이는 이윤이다. 경제지대가 된다.-옮긴이)을 덧붙여서 판매가를 결정할 수 있는 이런 기업들의 차원에서 이론화된다. 그 결과 마크업 방정식에는 또 다른 구조법칙이 도입되는데, 이번에는 경제의 공급 측면에서인데, 즉 비용과 관련된 주어진 마크업 계수이다.

신고전학파와 케인스주의 사이의 중간 입장을 옹호한 것처럼 보이는 약간의 경제학자도 있는데, 두 경제학을 종합하려고 시도한다. 그들 가운데 몇몇은 시기에 따라 이쪽에서 저쪽으로 왔다 갔다 했다. 2007년 자본주의 세계 위기는 그런 움직임을 만들었다. 그 이전에 어떤 이들은 기본적으로 신고전학파 경제 이론에 대해 글을 썼으며, 그 이후에는 분석과 정책 처방에서 오히려 케인스주의 견해를 더 많이 제시했다.

그러나 또 다른 종류의 중간 입장은 기본적으로 신고전학파 이론에 전념한 경제학자가 어떤 부분에서는 케인스주의 관점을 가진 경우다. 그들은 특히 실업과 가난이 자발적이라는 신고전학파 이론의 설명과 시장이 스스로 조정된다는 주장에 관심을 보였다. 예를 들어, 새 케인스 경제학이라고 불리는 학파는 전통적 케인스주의 및 포스트 케인지언 접근법과 다르게 진화했다. 새 케인스학파는 완전히 합리적인 경제 주체라는 신고전학파 입구점을 포기하지 않고 비자발적 실업 설명을 제시했다. '정보 실패'(완전한 정보라는 가정을 완화시킴)라는 최신 신고전학파 이론을 이용하면서, 새 케인스 경제학자들은 노동시장 및 신용시장에 대한 새로운 이론을 전개했다. 새 케인스 경제학자들은 전통적 케인스주의 거시경제학이 개인주의 (또는 인본주의) 방법론의 기초가 부족하다고 지적했는데, 이는 전통적인 케인스주의 거시경제학이 신고전학파 경제학과 구별되는 점이었다. 그래서 그들은 비청산 시장 결과(nonclearing market outcomes)와 관련되는 케인스주의 통찰을 개인 선호의 미시적 기초로 보완하려고 했다. 정보실패와 시장실패(missing market)에 대해 새 케인스학파 이론들을 제5장에서 더 다룰 것인데, 이 이론들이 기본적으로 몇몇 케인스주의 주제의 영향을 보여주는 최신 신고전학파 이론들이기 때문이다.

케인스에 대한 다른 대중적 반응은 고정 가격이라는 케인스 가정을 완화했지만 화폐임금은 이전처럼 노동자의 심리와 힘에 의해서 고정된 것으로 한 것이다. 이런 다소 임시변통적인 접근법의 결과로 완전히 탄력적이지 않거나 비탄력적이지도 않은 총공급곡선이 만들어졌다. 그 곡선은 〈그림 3.7〉에 보여준다.

총수요곡선의 오른쪽 이동은 여전히 실질소득과 고용의 증가를 만들 것이고, 하지만 총수요곡선의 이동이 가격을 상승시키는 한 승수의 크기는 작아질 것이다. 〈그림 3.7〉에서 묘사된 경제에서는 신고전학파 경제학자와 케인스주의 경제학자의 관심에 대한 여지가 있는데, 정부지출, 화폐공급의 변화, 시장 조정은 모두 사회의 실질임금 및 고용 수준에 각각

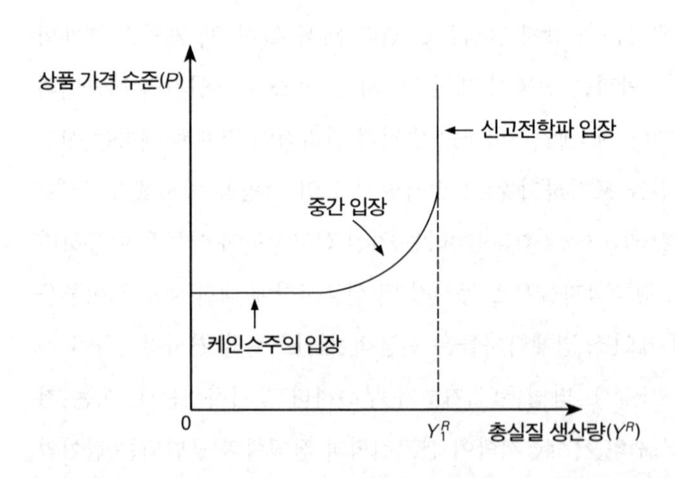

그림 3.7 케인스 이론에 의해 촉발된 세 가지 상이한 이론적 입장의 총공급곡선의 각 구간

효과를 가질 수 있다는 것이다. 예를 들어 총수요곡선이 완전고용 수준에서 왼쪽으로 이동하면(수요 감소), 그것은 자동 상쇄 경향으로 움직인다. 가격이 하락하면 개인들의 실질 현금잔고가 늘어날 것이다. 대출 가능 자금의 공급이 증가하면 이자율이 하락하고(유동성 함정이 작동하지 않는다고 가정), 그리하여 투자 지출이 자극될 것이다. 실질 현금잔고 증가는 소비지출도 자극할 것이다. 이런 두 가지 효과의 결과로 실질소득은 반대의 경우만큼이나 하락하지 않을 것이다.

그러나 화폐임금이 여전히 변동하지 않으면, 경제는 완전고용 균형보다 낮은 새로운 상태에 묶여 있게 된다. 따라서 국가 지출 증가 또는 화폐공급 증가로 총수요곡선을 이전의 완전고용 수준으로 이동시킬 수 있는 여지가 있다. 이런 자동 시장조정이 더욱 중요해질수록 국가 개입의 필요성이 줄어든다. 달리 말해서 신고전학파 요소와 케인스주의 요소 조합의 변동이 작동한다.

흥미롭게도 그런 조합은 양 극단으로 갈 수 있다. 예를 들어 임금이 상품가격만큼 변동할 수 있는 가능성을 이론화 해볼까? 그것은 정확히 경제위기가 2007년에 강타하기 전 새로운 거시경제학이라고 불리던 것의 전개에서 일어났던 것이다. 임금과 가격이 수요과 공급의 어떤 변화에도 자유롭게 적응하는 것으로써 이론화 된다면, 우리는 완전히 비타력적인 총공급곡선으로 되돌아간다. 달리 말해서 우리는 신고전학파 이론에는 국가가 총실질소득 또는 총고용에 영향을 미칠 수 있는 방법이 없다는 것을 재발견한다. 다시 한 번 선호 계산과 희소성은 모든 상품의 가치, 고용 수준, 모든 개인들의 총실질소득을 결정한다.

이 마지막 접근법은 '새 고전학파 이론(new classical theory)'이라고 불린다. 이 이름은 적합한데, 앞장에서 소개된 이 이론의 내용을 보면 그러하다. 그리고 신고전학파에 대한 케인스주의 비판과 대안은 어떻게 되는가? 기본적으로 모든 개인들의 선천적 시장 합리성을 다시 주장하여 케인스 경제학을 사라지게 하는 것으로 새 고전학파 이론은 케인스에 대응한다.[6]

자본주의 사회에서 국가의 역할

케인스 이론은 경제의 총민간지출을 두 부분, 즉 소비와 투자로 나누었고, 소비지출이 더 안정적이라고 주장했다. 그런 후 그 이론은 완전고용에 미달하여 운영되는 경제는 (대부분 민간 기업에 의해) 투자지출 감소를 겪을 가능성이 높다고 추론했다. 위에서 언급했듯이 소비지출은 케인스주의 이론에서 규정한 구조법칙을 따르지만, 투자지출은 그렇지 않다. 기업 투자자들은 불확실성에 직면하여, 피할 수 없이 본성상 알 수 없는 미래에 관한 예측과 기대에 의존하며 투자결정을 해야 한다.

따라서 케인스 이론은 사회에서 저축(소득에서 소비하고 남은 나머지)이 거의 안정적임을, 즉 총소득 가운데 상대적으로 고정된 부분이라는 것을 보여주기 위해 소비측면에서 작동하는 구조법칙을 사용한다. 다른 한편 기업 투자는 불확실하고 알 수 없는 미래에 대한 상대적으로 불안정한 예측과 기대에 의존하고 있고 따라서 불안정하다. 그 결과는 항상 저축과 투자 사이의 교란 가능성과 확률이다. 이런 의미에서 투자지출의 감소는 어느 누구의 잘못도 아니며 그 원인은 궁극적으로 불완전한 인간본성으로 환원된다. 투자가 저축에 비해 감소할 때 생산, 고용, 소득의 감소가 결과로 나타난다.

---

6 이 장의 부록을 보라.

케인스의 유동성 함정과 임금 및 가격의 경직성 같은 시장 불완전성 때문에, 경제는 스스로 수정할 수 없고 완전고용 균형을 회복할 수 없다. 그러므로 국가가 이 그림 속으로 들어온다. 케인스의 통찰로 만들어진 국가의 보이는 손은 경제를 완전고용, 즉 개인들이 마침내 실업 상태로 있을지 말지 그리고 부자가 될지 말지를 선택할 수 있는 자유를 가지는 파레토 최적점으로 돌아갈 수 있도록 안내한다. 케인스주의 경제학은 자유방임 자본주의 대신에 되풀이 되는 저축과 투자의 불균형을 예상하고 방지하고 상쇄하는 데 국가 역할이 중요하다고 본다.

국가는 경제가 완전고용 경제에 미달하여 완전고용 경제에서 생산할 수 있는 부보다 적게 생산할 때 그런 역할을 해야 한다. 그래서 국가개입의 이유 하나는 인간의 타고난 본성에 있는 한계, 인간이 알 수 있는 것에 대한 한계이다. 우리는 이제 투자를 계획하고 수행할 필요가 있는데, 투자의 성공은 불확실하고, 변동적이고, 현재 알 수 없는 미래의 상황에 좌우된다. 우리가 결과적으로 피할 수 없는 추측은 경제의 잠재 생산량 달성을 못하게 만들 수 있으며, 종종 그렇게 한다. 국가의 경제 개입 필요성의 다른 이유(다른 시장 불완전성)는 거시경제의 본성에 있는데, 전체 행동(aggregate behavior: 경제 전체에서 일어나는 개별 행동의 총합-옮긴이)의 주어진 심리적 성향 또는 법칙, 제도의 힘, 사회관습이다.

경제에 대한 케인스주의의 이해는 신고전학파 관점과 아주 다르다. 케인스주의 관점은 매우 구조주의적이다(투자는 제외됨). 신고전학파 관점은 매우 인본주의적 또는 개인주의적이다. 케인스주의가 투자자 행동 이론에서 구조주의와 결별하고 인본주의 관점을 빌려왔을 때조차도 그 관점은 매우 다른 인간본성에 기초해 있다. 그것은 완벽한 예지력과 모든 선택지에 대한 완전한 지식을 가지고 계속해서 효용을 계산하는 신고전학파 경제학자의 인간본성에 관한 생각과 아주 다르다.

신고전학파 경제학자와 케인스주의 경제학자들에게는 공통점이 있다. 사회 계급구조의 작동과 모순이 아주 다양한 상황과 매우 이질적인 이유로 투자지출 감소의 의미에서 어떻게 위기를 발생시키는지 설명하는 대안적인 마르크스주의의 관점에 대해 두 이론은 어떤 공간도 없다. 몇몇 포스트 케인지언 경제학자들은 우리의 규정에 동의하지 않는다. 그들은 마르크스주의 계급 접근법 및 분석을 완전히 받아들이지 않으면서, 완전고용 사회를 달성하기 위해 사유재산제도와 시장이라는 자본주의 제도의 능력에 대해서는 큰 의문을 가진다. 계속해서 제도의 구조(힘의 사회적 분배)와 불확실성의 결합이 자본주의 사회를 되풀이되는 심각한 위기로 빠뜨리는 징조로 본다.

결론을 지으면, 케인스주의자의 국가와 신고전학파의 시장은 종교가 낳는 것과 같은 사회적 결과를 만들어낸다. 각각은 인간본성과 인간의 한계에 의해서 사회에 주어진 어떤 악이든 개혁한다. 그러나 케인스주의와 신고전학파 둘 다 자본주의 경제(생산의 중심인 자본가와 노동자의 관계를 가지고 있는)가 노동의 열매인 부를 생산하고 분배하는 최적의 사회 제도라는 관점을 가진다. 마르크스주의는 그런 관점을 가지고 있지 않다. 또 그들은 신고전학파 경제학과 케인스주의 경제학의 이론 체계를 신뢰하지 않는다. 이렇게 다른 마르크스주의 이론은 자본주의 경제구조와 문제에 대해 완전히 다른 해석을 제공한다.

부록: 합리적 기대

누구나 신고전학파 경제학자들이 인간은 가격과 임금 변화에 대한 완전한 정보를 가진다는 가정에 대해 걱정한다고 예상할 수도 있다. 이런 이유만으로 완전고용 균형으로부터 괴리는 항상 가능성이 있는데, 개인들은 미래 가격 및 임금 변화를 예측하는 데 실수를 할 것이기 때문이다. 최근 몇 년 동안 개인의 불완전한 예측 문제가 많은 신고전학파 경제학자를 장악했다.

이른바 합리적 기대 가설 학파는 그 문제를 다루기 위해 나타났다. 이 새로운 접근법을 연구하고 있는 신고전학파는 개인이 어떻게 미래 가격 및 임금 변화에 대한 기대를 형성하는지와 관련하여 새로운 개념을 도입함으로써 이 장에서 지금까지 소개한 신고전학파 기초이론을 수정했다. 신고전학파 이론에 정보를 주는 개념들을 논리적으로 심화한 것으로 예측할 수 있듯이 개인의 기대 또는 예측은 합리적인 방법으로 만들어진다는 것이다. 이런 심화는 케인스주의 접근법에 새로운 공격을 만든다. 특히 적어도 단기적으로 화폐 임금이 고정되어 있을 때 (화폐 공급의 변화로 일어난) 노동 수요곡선의 오른쪽 이동은 경제의 고용수준을 늘릴 것이라는 케인스주의 가정에 공격이 된다.

예를 들어, 개인이 화폐 공급의 증가를 예상한다고 가정하자. 화폐 공급의 증가 예상으로 총수요곡선이 오른쪽으로 이동할 것이고, 가격은 따라서 상승할 것이다. 그런 후 이런 가격 상승은 노동시간 수요곡선을 오른쪽으로 이동시킬 것이다. 케인스주의 세계에서는 이런 가격 상승의 대응으로 노동시간 공급 곡선이 왼쪽으로 이동하지 않는데, 적어도 단기적으로는 그렇다. 따라서 노동수요곡선의 오른쪽 이동은 노동공급 곡선 불변과 결합되어 고용과 실질 생산량 증가를 가리킨다.

그러나 합리적 기대로 가정된 세계는 아주 다른 분석과 결과를 얻기 위해 이런 곡선들의 이동을 수정한다(이런 곡선들의 이동을 수정하여 아주 다른 분석과 결과를 얻었다). 합리적인 기대로 노동시간 공급곡선은 단기적으로 왼쪽으로 이동할 것인데, 왜냐하면 노동자들은 화폐 공급 증가로 가격이 상승할 것이라고 합리적으로 기대하기 때문이다. 그러므로 케인스주의의 비합리적인 것과 다르게 노동 공급자는 합리적이기 때문에 노동시간당 화폐임금 인상을 요구한다. 노동시장은 상승한 화폐 임금과 가격 수준에서 새로운 균형에 도달하지만 실질임금에서는 어떤 변화도 일어나지 않는다. 〈그림 3.2〉에서 나타난 결과가 여기서 되풀이 된다. 따라서 노동시장은 처음의 완전고용 수준으로 되돌아가고, 그 결과 경제에서 실질 생산량은 변하지 않는다.

두 접근법을 비교해보면, 우리는 케인스주의 세계에서 어떻게 노동자들이 화폐 공급 변화로 유발된 가격 상승에 '기만되거나' 느리게 반응하는지, 반면에 합리적 기대 세계에서는 어떻게 노동자들이 절대로 정책변화로 인해서는 체계적으로 기만되지 않는지를 볼 수 있다. 화폐 공급 기대에 대한 합리적 반응은 가격상승 기대를 상쇄할 화폐임금 인상 요구이다. 따라서 합리적 기대 학파는 결국 우리를 신고전학파 세계로 되돌아가게 한다. 다시 한 번 국가는 단기적으로도 실물경제 부분 예를 들어 고용수준 또는 실질 생산량에 전혀 영향을 끼치지 못한다.

제4장

마르크스주의 이론

마르크스주의 전통과 마르크스주의 이론들

마르크스주의 이론은 계급 이론이다. 이 이론의 독창성은 계급이 존재한다고 주장하는 것에 있지 않다. 왜냐하면 사람들은 수천 년 동안 계급을 이야기했고, 사회를 이해하는 데 계급을 사용했기 때문이다. 마르크스의 독창성은 그가 어떻게 계급을 이해하고 정의하는지, 그런 다음에 자신의 착취 개념을 이끌어내는지, 그리고 종내는 계급과 착취가 인간의 관념과 인지와 행동에 어떻게 영향을 미치는지 보여주는 데 있다. 마르크스주의 이론은 계급 착취가 현대 사회의 다양한 장소에서 일어나고 우리의 정치, 문학, 가족 구조, 스포츠, 텔레비전 프로그램 제작, 종교, 소득이 모두 착취에 의해 복잡하게 형성된다고 결론 내린다. 이 장에서는 가격, 소득, 부 등이 계급 착취로 어떻게 형성되는지 설명할 것이다.

이것들은 성가신 결론이 될 수도 있다. 그것들은 우리가 소중하게 생각하는 사회 제도인 정치적 자유, 가족, 민간 기업과 시장, 야구, 종교 등과 전형적으로 나쁘게 생각하는 사회관계인 착취와의 관계, 연관을 숙고하도록 강제한다. 마르크스주의 이론은 또한 착취자와 피착취자 간 긴장과 투쟁의 가능성 심지어 혁명의 가능성을 제시한다. 아마도 그와 같은 이해는 사회를 동요하게 만들겠지만 또한 해방시킬 것이다. 마르크스주의 관점에서 사회에 존재하는 착취와 그 해로운 결과를 알 수 있는 능력은 착취와 그 해로운 결과를 없애기 위해 필요한 사회변화를 달성하는 데 필수적인 단계일 수 있기 때문이다.

신고전학파 이론 및 케인스주의 이론과 마찬가지로 마르크스주의 이론도 역시 자신의 특수한 윤리적 메시지를 지니고 있다. 마르크스주의 이론은 주요 대상인 계급과정에 관심을 두는데, 이 계급과정에서 노동자들은 일반적으로 스스로의 재생산을 위해 수취하는 것보다 더 많은 상품과 서비스를 생산한다. 생산자들이 소비하는 것보다 초과된 생산물(잉여는 마르크스주의 이론의 중심이다)은 입구점일 뿐만 아니라 윤리적인 메시지를 형성한다. 마르크스주의자들은 노동자들이 생산한 잉여를 수취하고 분배할 수 있는 사회적 위치를 점하는 사회변화를 원하며, 이를 위해 노력한다. 마르크스주의자들은 노동자들이 그런 위치에 있지 않을 때, 즉 잉여를 생산하지 않은 사람들이 잉여를 수취하고 분배할 때, 일종의 사회적 절도가 일어난다고 믿는다. 마르크스주의자들에게 '사회적 절도'라는 용어는 적합한데, 도둑들(잉여 수취자)은 다른 사람들(잉여노동의 수행자들)이 생산한 것을 가져가며, 그 대가로 어떤 것도 주지 않기 때문이다. 마르크스주의자들은 양자를 '착취자'와 '피착취자'로 이름 붙인다.

사적인 도둑이 우리에게, 우리의 가족에게 우리의 공동체에 피해를 입혔을 때 화나게 되는 것처럼, 마르크스주의는 착취의 존재, 즉 한 집단의 잉여노동을 다른 집단이 사회적인 절도를 하는 것에 같은 감정으로 반응하도록 북돋운다. 사회가 사적인 절도를 반대하고 비난하는 법, 도덕, 가르침, 관습을 확립한 것처럼 마르크스주의도 사회적 절도와 관련해서 같은 것을 하자고 사회에 요구한다. 마르크스주의는 사람들의 의식과 주의를 착취를 끝내는 쪽으로 이끌기 위해 계급을 분석한다. 마르크스주의 관점에서 신고전학파 경제 이론 및 케인스주의 경제 이론은 현대 자본주의를 찬양하는 것으로 보인다(자본주의 경제에 대한 적절한 국가 개입에 대해 차이가 있더라도). 대조적으로 마르크스주의 경제 이론은 착취를 자본주의 경제의 중심으로 보여주면서 비판적인 입장을 가지며, 비착취적인 경제와 사회를 옹호하며 자본주의를 넘어서는 사회변화를 추구한다.

마르크스주의 이론은 또한 자본주의 사회가 어떻게 사회적 절도로서 착취에 대한 지식을 억누르고, '경제 진보'로서 자본주의 성장과 확산을 북돋운 (이것이 더 많은 착취를 포함한다는 인식은 없이) 사상, 정치, 경제구조를 만들었는지 강조한다. 실로 마르크스주의 관점에서 고전학파 경제학, 신고전학파 경제학, 케인스주의 경제학은 착취가 눈에 보이지 않게 함으로써 사회에서 착취가 가능할 수 있도록 돕는 사상 체계이다. 이런 상황은 마르크스와 마르크스주의자들로 하여금 자본주의 사회와 계급 착취의 존재와 사회적 결과를 부정하고 무시함으로써 자본주의 사회를 지지하는 그런 이론들에 비판을 가하는 작업을 하도록 촉진했다. 마르크스주의 전통은 이 두 가지 비판 목표를 가지고 발전했다.

이 장에 소개된 마르크스주의 경제학은 경제학을 훨씬 넘어서서 사상과 실천을 포함하는 폭넓은 마르크스주의 전통을 다루는 부분이다. 유럽 전반의 철학, 정치, 문화의 전통(봉건주의에서 자본주의로 이행에서 생겨난)이 고전학파 경제학, 신고전학파 경제학, 케인스주의 경제학에 맥락을 제공했던 것이긴 하지만 그런 전통은 마르크스주의 경제학의 맥락에서도 그러했다. 우리는 친숙하지 않기 때문에, 잠시 마르크스주의 전통 역사의 대강을 정확하게 서술할 필요가 있다. 그렇지 않으면, 학생들은 마르크스주의 경제학을 그들에게 친숙한 비마르크스주의 전통에 구겨 넣기를 시도함으로써 이해할 때 문제를 혼란스럽게 만들 수 있다. 마르크스주의와 신고전학파 및 케인스주의 경제학 이론과 차이를 이해하기 위해서는 그 차이가 무엇인지 알 필요가 있다. 마르크스주의 이론을 그 이론의 전체 전통에서 파악하면 그 차이를 이해하는 데 도움이 된다.

카를 마르크스(1818~1883)는 성년기 삶을 사는 내내 이론과 실천 두 측면에서 정치 작업을 했다. 안락한 형편의 부모(아버지는 중간 계급으로 독일 국가 관료였고, 어머니는 독일의 교육 받은 가문 출신이었다)를 둔 아이였던 마르크스는 대학 시절 생각이 급진적으로 변하였다. 그는 근본적 사회변화를 위해 대응했고, 그런 목적의 운동에 참여 했는데, 유럽의 전제적인 귀족과 군주에 대항해서 민주주의 쟁취하고, 종교의 독단 대신에 자유사상을 쟁취하고, 소수 부자를 위한 경제 후생보다는 모두에게 분배되는 경제 후생을 쟁취하기 위해서였다. 분석적인 글쓰기와 활발한 정치 조직화 활동을 한 마르크스 필생의 유산은 성장하는 마르크스주의의 전통인데, 여기에는 이론적인 성과물과 실천적인 정치조직 둘 다 포함된다.

마르크스의 작업이 시작한 전통은 그가 손대지 않았던 많은 분야로 확대되었다. 마르크스는 부모와 아이가 어떻게 상호작용하는지 또는 예술가의 작품이 사회에 어떻게 영향을 주는지 또는 법률가와 의사의 경제 문제에 대해서는 많이 이론화하지 않았다. 실로 그는 미래에 나타날 사회주의 또는 공산주의 경제가 어떻게 운영될지 또는 그런 체제가 어떤 문제에 직면하게 될지에 대해서도 거의 말한 게 없다(그는 일생 동안 그런 경제체제를 가진 국가를 경험하지 못했다). 하지만 마르크스가 죽고 난 후 125년 동안 그로부터 영향을 받은 사상가들은 이런 저런 많은 주제에 자신들의 생각을 이바지 했다. 마찬가지로 마르크스의 열망을 이끈 유럽의 근본적 사회 정의를 위한 혁명운동이 그 후 성장하여 마르크스와 마르크스주의자들의 영향 아래서 변화했다. 그런 운동은 모든 대륙에서, 거의 모든 국가에서 있었고, 마르크스의 이름과 글도 거의 그런 모든 곳에서 어느 정도 역할을 했다.

마르크스의 기여

마르크스는 독일에서 대학을 마친 후 유럽에서 지속되고 있던 사회 변화를 위한 운동에 전업 활동가로 변했다. 그는 프랑스 혁명으로 길이 열리고 전망이 보이는 민주주의 사회의 가능성에 대한 흥분을 함께 했다. 관심이 신과 신에 대한 독실함에서 인간 행복을 위한 사회 및 경제 조건으로 변화한 것은 그의 열망을 끌었다. 마르크스는 다른 이들처럼 그 시대의 많은 비참함의 원인을 자신 주위의 모든 곳에 있는 부와 권력의 커다란 불평등으로 돌렸다. 그는 사유재산 제도에 뿌리 내리고 있는 그런 불평등을 보았고, 이에 반대했다. 그는 자본주의 유럽을 종종 '사회주의' 또는 '공산주의'로 불린 자유로운 의식을 가진 사람들의 협동 연합체로 변화시키려고 하는 조직에서 활동했다. 마르크스에게 1840년대의 의미는 많은 젊은 미국인들에게 1960년대와 같은 것이었다.

하지만 1848년 유럽 전역에 일어난 혁명은 마르크스에게 임박한 사회형태 변화의 가능성을 상상할 수 있는 영감을 불어넣었지만, 사회주의 또는 공산주의를 시작할 수 있기에는 충분치 않았다. 1848년 충격의 물결은 유럽을 근본적으로 바꾸었다. 봉건주의는 결코 회복하지 못했고, 자본주의가 유럽 전역에 빠른 속도로 확산되었다. 사회주의가 아니라 자본주의가 1848년 이후 지배체제가 되었다. 이런 현실 때문에 마르크스는 유럽 사회에 대한 자신의 이해를 재고했고, 왜 1848년 혁명운동으로 사회주의 사회변화가 실현될 수 없었는지 다시 생각할 수밖에 없었다. 이는 또한 마르크스를 추방하게 만들었는데, 그의 생각이 너무나 혁명가들을 부추기기에 독일 정부는 그를 조국 독일에 살도록 허용할 수 없었다.

그는 영국으로 망명하여 여생을 보냈다. 오직 가끔씩 혁명의 실천에 참여할 수 있었기 때문에, 마르크스는 사회분석 작업에 열중했고 이 일에서 점점 유명세를 얻었고, 영향력을 가지게 됐다. 그는 자신이 참여했던 운동에서 사용된 이론들과 자신이 받아들였던 생각들을 비판하고 재평가하겠다고 결심했다. 그는 가까운 동료 프리드리히 엥겔스와 함께 혁명이론을 재정식화하는 데 목표로 삼았다. 그들은 이전의 것으로부터 교훈을 얻었고, 이전의 것에 기초해서 발전시켰을 뿐만 아니라 자본주의가 다시 반복되는 위기로 발작을 일으킬 때 더욱 성공적인 혁명운동을 이끌 수 있도록 자본주의에 대한 이해를 얻을 수 있게 기본 개념을 바꾸었다. 그의 생애 마지막 20년 동안 마르크스는 굉장한 연구와 반성의 결과이면서, 자신의 최고의 걸작이면서, 경제체제로서 자본주의에 대한 새롭고 독창적인 분석인 『자본』을 출판했다.

마르크스의 독창성은 사회이론과 사회 정의를 위한 현대 혁명운동에 영원한 기여가 되었고, 현재도 그렇다. 마르크스는 이전의 혁명가들이 유럽 사회를 이해하는 방식에 중요한 결점을 찾았다고 믿었다. 그들은 사회와 역사의 모습을 그릴 때 경제학의 중요성을 과소평가했다. 더 정확하게는 1848년 혁명가들은 계급의 역할을 무시했다. 이 계급의 역할이 마르크스에게는 자본주의 경제 내 잉여노동 수행과 잉여 생산물의 분배를 의미했다. 혁명가들은 계급 역할을 무시하여, 유럽 사회의 계급 측면을 보지 못했다. 그런 무지는 자본주의 분석을 약화시켰고, 혁명 계획의 실패에 원인이 됐다.

마르크스의 글은 그런 결점을 수정하는 것을 직접적인 목표로 삼았다. 그는 계급에 초점을 맞춰서 자본주의를 분석했다. 『자본』은 잉여의 생산 및 분배(계급구조)와 현대 자본주의 사회의 그 외 모든 측면 사이의 복잡한 상호 의존성에 관심의 초점을 맞췄다. 계급을 사회분석의 입구점으로 삼아서 동료 혁명가들이 가졌던 계급에 대한 무지를 극복했다.

마르크스는 영국으로 망명한 후에 이론에 관한 글을 썼을 뿐만 아니라 나중에는 정치 활동을 재개했다. 그는 유럽과 미국의 혁명운동을 위한 새로운 전략과 전술을 정의하는 데 도움이 될 수 있는 새로운 계급이론을 사용했다. 마르크스의 젊었을 때 열정이 성숙기 글과 혁명 정치에 대한 강력한 참여의 글에서도 다시 나타났다(예를 들어 노예제 반대 글과 미국 남북전쟁에 관한 선동을 포함한다). 그는 '냉정한 분석'이라는 생각을 비웃었으며, 그것은 사회 불의를 드러내기보다 변명하기를 좋아하는 분석의 가면이라고 의심했다. 마르크스는 모든 분석가들이 사회적 가치와 특정 종류의 미래 사회에 특별한 기여를 하고 있다고 믿었다. 마르크스주의자, 신고전학파, 케인스주의자들은 더 나은 사회를 위한 저마다의 가치, 열정, 전망을 가지고 있다. 각 이론의 차이에 있는 하나의 측면은 세 경제학파를 전형적으로 대표하는 상이한 사회적 가치, 기여, 열정이다.

마르크스에게 자본주의는 많은 모순을 가지고 있다. 선과 악의 혼재, 성장과 침체를 위한 압박 사이의 긴장 관계, 옹호와 비판 사이의 투쟁이 그러하다. 예를 들어, 한편으로 마르크스는 이전 세대에서는 상상할 수 없는 규모로 부의 생산을 약속하는 기술의 역동성에 대해서 자본주의를 칭찬했다. 다른 한편, 마르크스는 농민을 토지로부터 밀어내어 공장에서 가차 없이 노동하게 만들고, 전 세계에서 똑같이 거대한 규모로 불필요한 고통을 낳는 것에 대해 자본주의를 비판했다. 부유함에 대한 약속은 디킨스, 졸라, 도스토옙스키, 발자크가 19세기 자본주의 시대상을 반영하여 쓴 소설에 나타난 현실의 전락과는 모순된다. 한편, 자본주의는 성인들 간 자유롭고 자발적인 계약에 기초한 인간관계를 찬양한다. 다른 한편 자본주의는 사람들을 불평등한 조건으로 몰아넣어서 가난하고 억압받는 사람들이 ‘자발적으로’ 고용주와 착취관계를 맺도록 한다. 그들 스스로의 대안이 훨씬 좋지 않기 때문이다. 한편 마르크스는 자본주의가 인간의 지식과 문화 창조성에 엄청난 새로운 발전을 자극한다고 인정했다. 다른 한편 대부분의 사람들은 상대적으로 적은 돈을 벌고, 정신적으로 육체적으로 소진케 하고, 그리하여 자본주의가 자극하는 문화를 누리고 즐기는 것에서 배제되는 틀에 박힌, 하찮은 생산 업무를 하게 된다.

마르크스의 이론은 이 이론이 낳은 마르크스주의 전통처럼 스스로를 자본주의에 대한 비판일 뿐만 아니라 자본주의의 부정적 특성을 극복하고 긍정적 기여를 구하고 개선하는 시도로서 자본주의의 하나의 특수한 산물로 이해했다. 요점은 자본주의를 바꾸고, 자본주의의 억압적인 요소를 제거해서 자본주의의 잠재력을 해방시키는 것이었다. 마르크스의 관점에서 자본주의가 창조한 가능성을 해방시키려면, 다른 체제로, 생산기업이 내부적으로 착취자와 피착취자로 나뉘지 않는 노동자의 집단적 공동체로의 사회변화가 필요했다. 자본주의는 또한 희망 없는 모순의 수렁에 빠져서 대다수 사람들을 불필요하고 부당한 거부와 고통에 처하게 한다. 마르크스는 자본주의 대신에 선호한 미래로 여겼던 ‘노동자들의 연합’이라는 공동체에 특별한 이름을 적용했다. 그 이름은 공산주의였다. 이 용어는 마르크스가 사람들을 대립하게 만들었던 사회의 분배(불평등한 부의 분배와 비민주적인 권력 분배)에 대해 오랫동안 비판했던 과거의 사회 비판가들로부터 빌려왔다. 마르크스는 그런 분배(자본주의는 그런 분배를 각 기업 안에서 단단히 뿌리 내리고 있다)가 평화와 번영과 사회연대의 적이었다는 생각을 공유했다. (기업을 집단적으로 운영할 뿐만 아니라 그런 기업 안에서 일함으로써) 그런 분배를 극복하려는 노동자들의 공동체/공산주의는 기술의 열매와 문화 창조성을 해방시킬 수 있고 그리하여 모든 이들에게 평등하게 혜택을 나눠줄 수 있다.

마르크스는 공산주의를 분석하는 데 시간이나 노력을 하지 않았으나, 아무도 미리 알 수 없는 미래를 예상하는 것에 못마땅해서 가끔 그리고 단지 짧게 대략의 윤곽을 그렸던 것 같다. 그의 분석은 계급에 초점을 맞췄다. 마르크스는 계급에 대한 완전한 평가 없이 사회를 (자본주의의 분열, 투쟁, 파괴적인 사회 결과로 인한) 자본주의의 부정적인 결과로부터 해방시킬 수 없다고 믿었다. 공동체와 연대(용어의 그런 의미에서 '공산주의')에 목표를 둔 사회형태 변화를 위한 사업이 성공하려면, 사람들의 자본주의 이해에 계급이 추가되어야 했고, 계급 변화가 정치 의제에 추가되어야 했다.

마르크스 이론의 그런 해방을 위한 열망은 몇 년 뒤 작업을 한 다른 비슷한 독창적 이론가들의 것과 유사했다. 지그문트 프로이트(Sigmund Freud)는 어떤 환자들의 심한 통증과 (정신적-옮긴이) 고통을 없애는 것을 추구하는 의사로 일을 시작했다. 그와 다른 의사들이 어떤 환자들의 고통의 육체적인 원인을 찾는 데 실패했을 때(그리고 또 그것을 완화시키는 데 실패했을 때), 프로이트는 의학에서 사용하는 몸과 마음의 관계에 대한 이론을 비판적으로 재검토하기로 결정했다. 그런 방식으로 프로이트는 '무의식'이라는 자신의 새로운 이론에 도달했다.

프로이트는 동료 의사들이 간과한 인간 마음의 부분으로서 무의식이 환자의 삶과 고통에서 중요한 역할을 한다는 것을 보여주었다. 그는 환자들의 심리적인 문제를 치료할 수 있는 무의식과 치료기법(정신분석, 심리요법)을 분석하기 위해 심리학을 발전시켰다. 환자들과의 지속적으로 대화에 참여하여 심리학 훈련을 받은 의사들은 환자들의 무의식에 대한 공통된 이해를 가질 수 있었다. 예전에는 그들이 깨닫지 못했던 고통의 원인을 밝혔다. 프로이트의 인간 마음과 몸에 대한 새로운 이론은 개인의 고통을 부분적으로 무의식에 의해 형성된 측면에서 볼 수 있게 했다. 따라서 그의 목표는 사람에게 무의식을 의식하게 하고 무의식이 삶에 미치는 영향을 알리면서 고통으로부터 자유롭게 하는 것을 돕는 것이었다. 비슷한 방식으로 마르크스는 사람들로 하여금 자본주의 사회의 계급과 착취의 측면을 의식하게 함으로써 계급과 착취의 결과로부터 사람들을 해방시키는 것을 추구했다.

마르크스 이후 마르크스주의

마르크스가 1883년에 죽었을 때 어떤 국가도 아직 사회주의 또는 공산주의로 통치되지 않았다. 마르크스와 엥겔스가 깊이 감명을 받은 1871년 파리코뮌으로 세워진 노동자의 국가는 단지 몇 개월 지속되었다. 마르크스의 이론은 주로 자본주의를 뛰어넘기 위해 자본주의를 분석하고 혁명 전략을 결정하는 틀로 남았다. 마르크스의 글은 점차 유럽과 아메리카 대륙의 급진적인 사람들 사이에서 지지자를 매혹했다. 하지만 이는 개별 접촉과 마르크스와 마르크스 추종자들의 글의 소규모 판본의 확산에 의존한 느린 과정이었다.

마르크스주의가 유럽에서 성장했으며, 독일에서 가장 두드러지게 성장했다. 자본가 기업들의 노동자들에 주로 기반을 둔 정당들이 마르크스의 이론을 점점 흡수하고 적용했다. 제1차 세계 대전 전 몇 년 간 독일 사회민주당은 독일에서 주요 정치 세력이 되었다. 이런 상황은 마르크스 이론과 관련하여 새롭고 다른 압력과 영향을 낳았다. 더 이상 마르크스 이론은 소규모 혁명 집단을 중심으로 발전되지 않았다. 지켜야 할 선출된 공직자를 가지고 있고, 유지해야 할 선거 이미지를 가지고 있던 대규모 기성 정당이 마르크스주의 이론에 자극을 남겼다.

독일 마르크스주의자들은 마르크스주의 이론을 마르크스가 거의 다루지 않았던 집단과 주제로 확장했다. 법체계, 여성의 사회적 역할, 무역, 자본주의 국가 간 국제 경쟁, 자본주의로부터 공산주의로 이행에서 의회민주주의의 가능한 역할에 대한 마르크스주의 분석이 활발한 토론을 불러일으켰다. 이런 방식으로 확장되면서 마르크스주의 이론은 새로운 많은 지지자들을 끌어들였지만, 이론 또한 변화했다. 마르크스의 글에서 여러 모호함이 발견되었고, 토론의 다른 측면에서 다른 방식으로 해결되었다. 마르크스주의 이론(단수)은 마르크스주의 이론들(복수)에 길을 내주었다.

제1차 세계대전(1914~1918)은 반자본주의 운동과 정당 내 차이와 분열을 깊게 만들었다. 어떤 이들은 전쟁에서 자신의 국가를 지지했고, 반면 다른 이들은 전쟁을 경쟁하는 자본가들이 이윤을 얻기 위한 투쟁으로서 노동자들이 참전하거나 죽을 명분이 없는 것으로 비난했다. 그런 후 1917년 러시아 혁명이 마르크스주의 이론을 다시 흔들어 놓았다. 처음으로 마르크스주의 이론에 고취된 남성과 여성이 국가권력을 잡았고 대규모 사회 혁명을 목표로 삼았다. 그들의 지도자들은, 특히 레닌(V.I. Lenin, 1870~1924)은 직면한 긴급한 상황들에 마르크스주의 이론을 적용했다. 1918~1922년 러시아 내전, 황폐해진 러시아 경제를 다시 세우기 위한 시도, 러시아의 농업을 집단화하기 위한 운동, 대규모 산업화 사업 착수에 마르크스주의 용어와 개념을 사용하며 공식적으로 분석했다. 마르크스주의 이론을 그런 시험들에 적용함으로써 더욱 새로운 방식으로 마르크스주의 이론을 바꾸었다. 더 나아가 세계의 마르크스주의자들은 새로 이름 붙여진 소비에트 사회주의공화국 연방(USSR)의 의미에 대해서 의견이 갈렸다. 어떤 이들에게 이는 마르크스 사상의 실현을 보여주는 것이었다. 다른 이들은 소련의 발전을 마르크스주의 언어로 위장된 옷을 입은 마르크스주의의 왜곡으로써 부정적으로 평가했다.

때때로 이 양쪽에서 벌어졌던 뜨거운 논쟁은 마르크스주의 이론이 어떻게 이해되고 확장되는지를 바꾸었다. 어떤 마르크스주의자들은 마르크스주의 이론을 정교화하여 소련의 국내외 정치를 위한 공식 설명과 정당화로 만들었다. 다른 이들은 마르크스주의 이론을 소련의 정책들을 비판하고 공격하기 위해 발전시켰다. 두 쪽은 마르크스주의 이론을 사회주의 경제발전에 대한 분석, 자본주의와 공산주의 경제체제 간 갈등에 대한 분석, 사회주의와 공산주의 간 정의와 관계에 대한 논쟁 같은 새로운 영역으로 밀어 넣었다. 이 모든 것은 마르크스주의 전통에 훨씬 더 풍부하고 기존과 다른 마르크스주의 이론을 추가했다.

제2차 세계대전, 그 이후 소련의 미국과 대립하는 최강 지위로 성장, 옛 동맹국 중국과 결별, 아시아·아프리카·라틴아메리카 사회의 정치적 및 경제적 중요성의 성장, 전 세계 거의 모든 국가들에서 독립적인 공산주의 정당의 출현, 이 모든 전개는 마르크스주의 전통을 구성하는 훨씬 풍부한 이론 변화를 유발했다. 최근 여성들과 다양한 인종 및 민족 집단에 대한 억압적인 사회조건을 바꾸기 위한 폭넓은 운동은 다른 이론적 혁신들을 자극했다. 마르크스주의는 다양한 이론화를 풍부하게 하는 전통이 되었고, 자본주의를 비판하고 다양한 종류의 사회주의 또는 공산주의를 옹호하는 실천 경험들을 축적했다.

따라서 마르크스주의 전통에 있는 하나의 이론이 마치 전체 전통인 것처럼 다루는 것은 받아들일 수 없고, 부정확하며, 호도하는 것이 된다. 유사한 사례를 들면, 한 종류의 기독교 이론이 스페인 종교재판을 지지했고, 또 다른 종류의 기독교 이론이 남아프리카 공화국의 아파르트헤이트 체제(apartheid: 남아프리카 공화국의 극단적 인종차별정책과 제도.-옮긴이)를 지지했다. 그러나 그런 사실이 기독교와 그 두 제도를 동일시하는 것을 보증하지 않는다. 한 종류의 신고전학파 이론이 칠레와 한국의 억압적인 정부를 지지하기 위해 사용되었으나, 이것이 신고전학파 이론과 우익 독재와 고문의 동일시를 보증하지 않는다. 권력을 잡은 어떤 마르크스주의자들은 정치적 반대자들을 정치적으로 억압했으나 이것이 마르크스주의와 독재의 동일시를 보증하지 않는다. 다른 이론들의 전통처럼 마르크스주의 전통도 이론과 실천의 복잡한 다양성을 가지고 있다.

우리는 어떤 마르크스주의 이론을 소개하는가?

그러면 우리는 이 장을 어떻게 전개할 것인가? 어쨌든 마르크스주의 전통의 모든 것을 포괄하는 시도는 지루하고 긴 조사가 될 것이다. 마르크스주의 전통에 있는 하나의 이론, 중요하게 성장하는 하나의 이론을 소개하면 다른 마르크스주의 이론들을 제외한다는 비판이 일어날 것이다.

그럼에도 불구하고 우리는 두 번째 길을 선택한다. 우리는 하나의 특수한 마르크스주의 이론을 소개한다. 그것은 우리가 가장 일관성 있고, 체계 있고, 설득력 있으며 특히 신고전학파와 케인스주의 이론의 분명한 대안이 되는 것으로 생각하는 것이다. 그것은 마르크스주의 이론 중 하나이며, 마르크스주의 일반이라고 여기지 않기 때문에, 그것의 위상을 설명하고 정당화해야 할 의무가 있다.

지난 30년 동안 마르크스주의 전통은 철저히 바뀌었다. 여기에는 많은 이유가 있다. 1917년 이후 소용돌이 친 많은 마르크스주의 논쟁에서 친소련 대 반소련이라는 극이 소련의 붕괴 이후 대개 사라져 버렸다. 산업화된 선진 자본주의 국가들에서 일어난 사회 변화를 위한 운동(여성주의, 환경주의, 반인종주의 등)은 마르크스주의에 새로운 관심과 차원을 더했고, 그리하여 마르크스주의를 바꾸었다. 세계화는 자본주의가 세계에 전례 없이 깊숙이 침투하고, 많은 지역을 통합하게 만들었고, 자본주의에 대한 새로운 저항의 물결을 부추겼으며, 마르크스주의에 경험을 더했다. 2007년 1930년대 대불황 이후 자본주의 최악의 경제위기로 많은 이들이 마르크스와 마르크스주의를 새로 접하거나 다시 접하게 되었다. 현대 자본주의의 다양한 20세기 개혁과 '안정장치'가 심각하고 길게 지속되는 경기침체를 방지할 것이라던 약속이 깨져버렸다. 높은 실업률, 주택 압류, 직장 내 복리후생의 상실, 고용 불안정은 새로운 자본주의 비판자들이 많이 나오게 했다. 그들은 경제위기에 대해 마르크스주의 전통에서 축적된 분석과 경험에서 자신들의 방법을 찾았을 뿐만 아니라 마르크스주의 전통에 새로운 통찰력을 더해주었다. 21세기 마르크스주의는 이미 마르크스 사후 첫 세기 동안 존재했던 것과 크게 달라졌다.

우리는 여기서 이런 발전들 모두에 대응하는 한 마르크스주의 이론을 소개하기로 결정했다. 그 이론은 마르크스가 세운 탄탄하고 체계적인 논리적 기초 위에서 시작한다. 그 이론은 20세기 마르크스주의의 약점과 실수를 피하고 기각하면서 그것의 성취와 강점들 위에 세워졌다. 이 마르크스주의 이론의 기본 덕목은 사회의 계급과 비계급 간 상호의존성과 경제와 비경제 측면의 상호 의존성에 초점을 맞추는 데 있다. 마지막으로 이 마르크스주의 이론은 마르크스가 했던 것처럼 계급을 강조한다. 그 이론은 현대자본주의 내 계급의 존재와 그 함의를 가르치는 것을 목표로 하는데, 특히 비판적 관점에서 이해하려는 동기부여를 하고 있고 열린 자세를 가진 이들에게 그렇게 하려고 한다.

이는 마르크스와 마르크스 이후 많은 마르크스주의자로부터 끌어낸 하나의 특수한 마르크스주의 이론이다. 이 이론은 이 이론을 작업한 많은 이들로부터 혜택을 받았고, 다른 마르크스주의 이론을 작업한 이들로부터 혜택을 입었다. 이 책에 강조한 마르크스주의 이론은, 적절하게 문제제기 되고 조정될 경우 마르크스주의 이론에 많은 기여를 할 수 있고, 또 기여 하고 있는 중요한 비마르크스주의 통찰(즉 위에서 언급한 프로이트 같은 통찰)들을 통합한다. 마지막으로 이 마르크스주의 이론은 마르크스주의, 케인스주의, 신고전학파 이론 간 차이를 명확하게 하는 데 도움을 준다.

물론 독자들이 다른 경제 이론들을 구별할 수 있게 돕는 것이 이 책의 기본 목표이고 목적이다. 우리는 독자들이 신고전학파, 케인스주의, 마르크스주의 이론이 만든 논거와 주장들을 구별하고 평가하고 활용하는 데 취할 정보들을 정교하게 만드는 것을 추구한다. 우리는 독자들이 옳은 경제학과 틀린 경제학이 있다는 단순한 관념에서 벗어나는 것을 배우길 희망한다. 결국 경제학 공부는 다른 이론 군에 대한 공부와 같다. 경제학 공부는 어떤 최종적이고 절대적으로 옳은 것을 상정하고, 탐구하기보다는 다른 이론 군들 사이에 있는 차이에 주목할 필요가 있다.

마르크스주의 이론의 논리 구조

마르크스주의 이론은 경제가 어떻게 작동하고 변화하는지에 대해 다른 이해나 지식을 얻는 데 돕는다. 그런 이해나 지식은 부분적으로 마르크스주의자들이 이해하길 바라는 세계에서 그들에게 나타난 구체적 사실에 의존하고, 부분적으로 그런 이해를 얻기 위해 사용된 특수한 이론에 의존한다. 그래서 우리는 그 이론의 논리적 구조를 검토하는 것으로 시작한다.

마르크스주의 경제학의 기초 개념

마르크스주의 이론은 전체 경제와 사회의 관계에 대해 주요 관심을 가지고 경제학에 접근한다. 따라서 '경제학'은 사회에서 재화와 서비스의 생산 및 생산자와 소비자 간 분배와 관련되는 모든 과정을 일컫는다. 그래서 '비경제적'이라는 용어는 경제과정과 함께 '사회'라고 불리는 총체성을 형성하는 다른 모든 종류의 과정을 일컫는다. 세 가지 종류의 비경제 과정이 있는데, 자연, 문화, 정치이다.

자연과정은 물질의 물리적 속성의 변화(생물학적, 화학적 등)와 관련되는 것이다. 정치과정은 사회 내 개인 및 집단의 행태에 대한 통제(입법, 사법, 행정 등)와 관련되는 것이다. 마지막으로 문화과정은 의미의 구축과 확산(말하기, 쓰기, 음악 만들기, 기도하기, 공부하기 등)과 관련되는 것이다.

우리가 여기서 전개하는 마르크스주의 이론과 많은 다른 이론들 간 구체적 차이를 알기 위해서는 다른 이론들이 사회의 경제 및 비경제 측면 또는 과정 간 관계를 어떻게 이해하는지를 고려하는 게 유용하다. 다른 이론들은 일반적으로 경제 측면 또는 경제 과정을 원인으로, 비경제 측면 또는 비경제 과정을 결과로 삼는다. 삶의 경제 측면이 다른 모든 것을 결정한다는 생각을 표현하기 위해 '돈이면 다 돼' 또는 '사회의 일은 경제다' 또는 '돈으로 세상이 굴러간다' 같은 말이 있다. 여러분들은 누군가 어떤 사건의 원인은 사랑도 아니고 정치도 아니고 종교도 아니고 자연도 아니며 경제라고 주장하는 것을 얼마나 자주 들었던가? "문제는 경제야 멍청아"라며 정치인이 정치적 결과를 설명함으로써 서로를 탓하는 것을 얼마나 자주 보았던가?

그와 같은 생각을 '경제 결정론'이라 부른다. 결정론적 논리는 우리가 신고전학파 이론과 케인스주의 이론에서도 봤던 것인데, 몇몇 근본 원인이 사회의 작동과 역사를 결정한다는 것이다. 경제 결정론자들은 일반적으로 사회 사건의 최종 원인 또는 본질적 원인을 경제에 둔다. 마르크스주의는 종종 경제 결정론과 동일시된다. 그러나 그런 종류의 논리는 비(非)마르크스주의자와 반(反)마르크스주의자한테서도 자주 발견된다. 예를 들어, 제너럴 모터스 전 회장인 찰스 E. 윌슨(Charles E. Wilson)은 "지엠에 좋은 것은 미국에도 좋다."라는 유명한 말을 했다.

많은 마르크스주의자들과 비마르크스주의자들이 경제 결정론 방식으로 이론화하지만, 그렇게 하지 않는 이들도 있다. 이 책에서 분석한 마르크스주의 경제학 이론은 경제 (또는 다른 종류의) 결정론을 기각한다. 경제와 사회 간 결정론적 연결고리 대신에, 여기서 소개하는 마르크스주의 이론은 '다중결정론'이라 불리는 연결고리에 헌신한다. 제1장에서 언급했듯이, 우리는 사회, 경제, 비경제의 모든 측면의 존재와 그것들 사이의 상호작용을 묘사하기 위해 이 용어를 '변증법'이라는 전통적인 용어 대신에 사용할 것이다.

다중결정론과 과정

다중결정론 이론 관점에서 사회의 경제 및 비경제 측면은 서로에 영향을 미친다. 실로 뒤에서 설명하는 것처럼 서로를 창조한다. 결정이 한 방향에서만 아니라 양방향에서 이루어진다. 예를 들어 경제적인 고려사항은 확실히 결혼과 가정생활에 관한 결정에 영향을 미치지만 후자도 마찬가지로 사람들의 경제적인 결정에 영향을 미친다. 경제적인 계산은 미국의 해외 정책에 영향을 주고, 해외 정책 결정은 우리의 경제에도 영향을 준다. 요약하면, 여기서 소개하는 마르크스주의 이론은 사회의 비경제적 측면보다 경제적 측면에 결정의 우위를 부여하지 않는다. **각각의 모든 측면은 다른 모든 측면을 형성하고, 각각의 모든 측면은 다른 모든 측면에 의해 형성된다.** 사회의 한 부분이 또는 경제나 어떤 다른 부분이 전체 사회를 결정하지 않는다. 경제를 포함해서 사회의 모든 측면이 서로 다른 측면에 의해 다중적으로 결정된다. 여기서는 경제 결정론이나 다른 종류의 결정론은 기각되며, 다중결정론을 옹호한다.

다중결정론이 인과관계를 이해하는 독특한 방식은 신고전학파 및 케인스주의 이론의 기본 논리로서 소개된 환원주의와 상충된다. 여기서 소개하는 마르크스주의 이론은 개인, 제도, 사회의 모든 것의 원인 및 존재를 완전히 다른 방식으로 설명한다. 사회의 각 측면 또는 구성요소는 그 사회의 다른 모든 측면 또는 구성요소 간 결합된 결과로 접근한다. 이런 생각은 '구성성(constitutivity)'이라는 말로 가장 잘 묘사된다. 사회의 각 측면 또는 각 구성요소는 다른 모든 측면 또는 구성요소의 결합된 결과로 구성된다(말 그대로 창조된다). 어떤 것도 다른 모든 것에서 독립적으로 존재하지 않으며 또는 다른 모든 것의 궁극 원인으로 존재하지 않는데, 어떤 것을 구성하는 것은 다른 모든 것이기 때문이다.

요약하자면 사회의 각 측면은 다른 측면들 덕분에 존재한다. 각 측면은 사회의 다른 모든 측면 간 상호작용으로 구성된다. 다중결정론은 사회의 모든 측면이 항상 원인과 결과가 된다는 의미이다. 각 측면은 다른 모든 측면을 구성하는 데 (즉, 다른 모든 측면의 존재에 원인을 제공하는 데) 특수한 역할을 한다. 다중결정론과 반대로 신고전학파 이론은 어떤 측면(희소성과 선호)은 원인이 되지 결과는 되지 않는다고 가정한다. 이런 원인이 되는 측면은 존재 우선성을 가진다. 그것들이 먼저 존재하여 사회의 다른 측면들의 궁극적 결정요인/원인으로 기능한다. 똑같은 것이 케인스주의 경제학 이론에서 많이 적용된다. 신고전학파 및 케인스주의 이론은 원인이 결과를 구성하면서 **동시에 원인이 결과에 의해 구성된다고 가정하지 않는다.** 이는 정확하게 다중결정론 이론이 가정하는 것이다.

마르크스주의 다중결정론 이론에서, 경제가 사회의 다른 모든 자연적, 정치적, 문화적 측면에 의해 결정되기 때문에, 경제는 그런 다양한 다중결정요인들에 의해 모든 방향에서 밀고 당겨진다. 그러면 이는 경제가 항상 긴장과 변화의 상태에 있다고 의미하게 된다. 기후 변화의 발생이 어떤 종류의 생산과 분배에 유리하고, 다른 것들은 억제할 수 있다. 정치 동향의 변화가 어떤 종류의 생산과 분배에 유리하거나 억제할 수도 있다. 문화 양상의 변화도 어떤 종류의 생산과 분배를 촉진하며, 다른 것들은 없앨 수 있다.

그런 모든 변화가 경제에 같은 방식으로, 즉 같은 방향과 같은 속도로 진행되어, 영향을 줄 것이라고 기대할 이유는 없다. 오히려 경제는 모순된 충동, 긴장, 불확실성으로 가득 차있다. 이것들은 경제를 다중결정하는 많은 다른 영향을 반영한다.

한 가지 예가 사회의 어떤 측면을 구성하는 다양한 다중결정요인의 풍부한 작동을 보여줄 수 있는데, 이 경우는 개인의 결정이다. 여러분이 직업을 준비하기 위해 어떤 학과를 선택할지 고민하고 있다고 가정하자. 여러분의 생각과 정서는 예술 쪽으로 부추기고 있다. 여러분의 부모님은 법학이나 의학을 선호한다. 대학의 우선순위를 바꾸면 곧 학과가 폐지되어 전공을 선택하지 못할 수도 있다. 정치적 미래에 대한 당신의 감각은 정부에서 일하는 직업을 준비하지 말라고 암시한다. 학자금 대출 증가 때문에 빨리 돈을 벌 수 있는 직업을 선택하도록 압박을 받는다. 당신의 결정 과정은 이 모든 (그리고 더 많은) 다양한 영향에 의해 다중결정되는데, 즉 서로 모순된 방향으로 밀고 당겨진다.

여러분의 최종적인 학과 선택은 이를 다중결정하는 모든 다양한 영향력의 복합적 산물이 될 것이다. 여러분의 선택은 부분적으로 경제사건, 즉 경제에서 여러 종류의 노동 공급이 다중 결정된 부분이다. 많은 사람들이 컴퓨터학과 또는 보건학과 선택을 다중결정하게 되면, 이는 그 분야의 임금과 급여를 낮출 것이고, 이는 그 분야에서 훈련된 사람들을 고용하는 회사들의 투자 결정에 영향을 줄 것이다. 그러면 이는 컴퓨터 부품의 수출과 수입 양상에 영향을 주는 등등의 일이 일어날 것이다. 경제는 그야말로 생산과 분배에서 일어나는 모든 다중결정된 사건들의 총체이다.

비슷한 주장이 사과를 더 많이 살지 오렌지를 더 많이 살지에서 임금이 변할 때 노동을 더 많이 공급할지 적게 공급할지, 토요일 밤에 누구랑 데이트를 할지까지 개인의 모든 선택에 적용된다. 모든 선택은 사회 요인들(경제 요인과 비경제 요인)과 자연 요인들이 상호작용한 복합적 결과이다. 이것은 개인의 결정이 직접적인 경제적 영향력 또는 간접적인 경제적 영향력으로부터 영향을 받지 않는다는 신고전학파 접근법과 아주 다른 관점이다. 이런 마르크스주의 접근법에서 선택은 다중결정될 뿐만 아니라 경제의 다중결정요인 중 하나는 계급이다.

마르크스주의 관점에서 경제학은 끊임없이 변화하는데, 다중결정되기 때문이다. 사회의 비경제 측면에서 변화가 일어나면, 반드시 경제에 변화를 일으킨다. 예를 들어, 미국 대통령이 카터에서 레이건으로 바뀌었을 때, 대학 내 학과의 우선순위가 바뀌었다. 어떤 학과는 더 많은 돈을 얻어서 교수들을 채용하고, 강의 제공을 확대하는 등의 일을 했으며, 다른 학과들은 시들해졌다. 이런 변화는 학생들의 강의 및 직업 선택에 영향을 주고 경제도 그렇게 바뀌었다. 다른 예를 든다면, 출산통제 과학의 변화와 가족계획에 대한 문화적 태도의 변화는 계속해서 중대한 경제적 영향을 준다. 딱 두세 가지 예를 들면, 아이를 더 적게 가지는 부부는 주택, 오락, 자동차에 대한 자신들의 수요도 바꾸고 있다. 인구 성장률 감소는 모든 종류의 경제적인 공급 및 수요 등등에서 더 많은 변화를 유발한다.

사회의 비경제 측면에서 일어나는 각각의 변화도 경제에 특수한 영향을 준다. 사회의 많은 비경제 측면이 항상 스스로 다른 방식으로 변화하기 때문에(결국 그것들 역시 다중결정된다), 그 변화는 경제에 영향을 주며 경제의 변화를 만든다. 그런 다음 경제에서 일어나는 변화는 사회의 비경제 측면의 변화를 만들고, 무한정 변화가 일어난다. 사회의 어떤 한 부분에서 일어나는 변화는 다른 모든 부분에서 일어나는 변화의 원인이 되는 동시에 결과가 된다.

따라서 마르크스주의 이론의 다중결정론에 대한 헌신은 바로 사회의 모든 것이 영원히 변화한다는 관점으로 이어진다. 변화는 모든 것이 존재하는 방식이다. 어떤 것도 고정되어 있지 않다. 모든 사건, 인간, 제도, 관계는 변화하면서 존재한다. 이론, 정부, 경제, 자연, 음악, 모든 것은 존재의 생성, 변화, 소멸이라는 끊임없는 운동 속에 존재한다. 이런 변화는 때때로 거의 감지되지 않으며 때때로 아주 혁명적이다.

마르크스주의 이론은 모든 사회의 모든 측면에서 관찰되는 끝없는 변화를 강조하기 위해, 모든 것을 영원히 운동하는 것으로서, '과정'으로서 인식한다. 따라서 과정은 마르크스주의 이론의 사회분석의 기본 요소이다. 개인, 관계, 활동, 제도, 조직은 바로 (경제, 정치, 문화, 자연 등 네 가지 기본 종류의) 과정의 특수한 집합 분류이다. 따라서 각 사회는 많은 상이한 과정으로써, 각 과정이 다른 모든 과정에 의해 구성되는 것으로써 인식된다.

예를 들어, 경제과정은 단지 문화과정에 영향을 미치는 것에 그치지 않는다. 경제과정은 문화과정을 '구성하는 데' 돕는다. 말 그대로 문화과정이 존재하게 한다. 기업의 광고 지출은 단지 텔레비전의 문화 창조를 형성하는 게 아니라 말 그대로 텔레비전 문화의 존재가 가능하게 만든다. 북아메리카의 기후(자연과정)는 단지 곡식 수확량에 영향을 미치는 것이 아니라 곡식 수확이 가능하게 하고, 곡식 수확을 창조하는 데 돕는다. 입법의 정치과정은 단지 경제에 영향을 미치는 게 아니라 그 정치과정의 영향은 특수한 경제과정(구매, 판매, 수입, 대출, 생산 등등)의 생성을 도와서 존재하게 한다.

다른 예를 들면, 돈을 저축하는 경제과정에 참여하는 사람들을 고려해 보자. 그들은 사회의 다른 모든 과정(의 복합적 결과로서) 때문에 그렇게 한다. 저축을 구성하는 데 돕는 문화과정은 검소한 삶에 대한 생각, 미래에 대한 기대, 종교적 신념, 신문 기사 등등을 포함한다. 정치과정은 자신의 역할을 하는데, 예를 들어 우리가 저축하는 것을 소유하고 관리하는 권리를 정립하는 법을 통과시키고, 사법 결정으로 다른 이들이 저축을 빼앗아 가는 것을 막고, 행정 절차로 유산을 관리하는 등의 역할을 한다. 자연과정도 저축과정을 다중결정하는 데 참여한다. 기후와 건강에 대한 우려와 불확실성이 저축을 유발하고, 도구의 마모는 갱신을 위해 지불해야 하는 저축을 필요하게 만드는 것 등이 그 예이다. 마지막으로 그 외 경제과정도 저축을 다중결정한다. 이자 지급은 저축을 유도하고, 인플레이션 시기에는 가격변동이 저축할 마음이 줄어들게 하지만, 가격 변동도 때때로 시장침체에 대한 보험으로서 저축을 유발하며, 중앙은행의 화폐공급 관리는 저축결정에 영향을 준다.

사회의 다른 모든 과정은 저축이라는 하나의 특수한 과정이 존재할 수 있게 함께 영향을 준다. 그런 과정들은 특정한 시기의 특정 사회에서 저축이 보여주는 특징을 부여한다. 그런 다른 과정들 가운데 어느 하나를 변화시키거나 없애버리거나 아니면 새로운 것을 도입하면 그 결과는 저축과정이 변화되거나 없어지는 것이 될 것이다. 저축과정은 다른 모든 과정이 존재하기 때문에 존재한다. 그런 과정들 가운데 하나만 저축이 존재하게 하는 원인이 아니며, 그 모든 것이 원인이다. 저축은 단지 다른 모든 과정 가운데 어느 하나의 결과이거나 다른 모든 과정의 부분집합의 결과가 아니다. 저축 과정은 다른 모든 과정이 다중결정하는 결과인데, 다른 모든 과정이 서로 상호작용하기 때문이다. 그리고 이는 다른 모든 과정에도 똑같이 참이다.

여기서 소개한 마르크스주의 이론 안에서 다중결정론은 사회를 함께 형성하는 과정들 사이의 논리적 연결고리로서 기능한다. 그것은 사회의 부분을 전체로 연결하는 풀이다. 그것의 중심성은 마르크스주의 이론에 대해 두 가지 심오한 결과를 가진다. 우리는 이미 첫 번째 것을 언급했는데, 어떤 하나의 과정에서 변화가 일어나면, 다른 모든 과정의 변화로 이어지며, 그러고 나서 이 변화는 첫 번째 과정에 영향을 다시 주어, 그 어떤 하나의 과정을 변화시킨다. 마르크스주의 이론은 사회의 모든 과정의 특징을 만들고 그리하여 전체 사회의 특징을 만드는 끊임없는 변화를 강조함으로써 다중결정론에 대한 헌신의 의미를 요약한다.

모순

다중결정론에 대한 마르크스주의의 두 번째 결론은 모순들의 병렬 중심성(parallel centrality)이다. 모든 과정은 다른 모든 과정의 결과로서 존재하기 때문에 각 과정은 결과적으로 모순들의 묶음으로 되어 있다. 즉, 각 사회과정은 그 안에 그 과정의 현재 모습을 있게 해주는 다른 모든 과정으로부터 생겨나는 밀고 당김을 지니고 있다. 다른 모든 과정들이 변화하면, 그런 과정들이 가하는 밀고 당김도 변화하고, 그리하여 그런 과정들이 다중결정하는 과정에 변화를 주게 된다.

예를 들어 다른 사람을 사랑하는 과정은 다중결정되며 그런 이유로 모순적이다. 사랑은 그 내부에 우정, 성적 욕망, 자기만족, 재정상태 고려, 종교적 금기, 부모가 되고 싶은 마음, 동료집단 눈치, 외로움에 대한 두려움 등으로 인한 필요로 생겨나는 상이한 결과를 포함한다. 사랑의 과정을 다중결정하는 두 사람을 둘러싼 다른 모든 과정들이 충돌하는 방향으로 사랑을 밀고 당긴다. 더욱이 다른 모든 과정이 변화하면 그런 변화는 연인들 각자뿐만 아니라 사랑의 과정도 다르게 다중결정하며, 이는 그 모든 것을 변화시킨다.

각 과정의 변화는 그런 과정이 어떻게 다른 모든 과정을 결정하는지 또한 다른 모든 과정들 내의 모순들을 어떻게 결정하는지를 변화시킨다. 이런 새로운 모순들은 그런 과정들에 새로운 종류의 변화를 만들며, 그리하여 이런 변화는 그 새로운 모순들이 다른 과정들에 영향을 주는 방식을 변화시킨다. 마르크스주의 이론에서 모순은 다중결정론의 결과인데, 다중결정론은 변화가 사회의 보편적 존재 방식 그리고 사회의 모든 구성요소의 보편적 존재 방식이 되는 체계이다.

마르크스주의 이론은 일반적으로 어떤 사회 분석을 ①사회과정들을 밝힘으로써, ②사회과정들 간 다중결정을 조사함으로써 ③그런 후 그 과정들에서 결과로 나타나는 모순들을 보여줌으로써 진행한다. 요점은 사회에 있는 모순들로부터 생겨나는 사회 변화를 이해하는 것이다. 더 구체적으로는 마르크스주의 이론은 이론의 대상이 되는 사회 내 경제과정들과 그 과정들의 모순에 초점을 맞춘다. 이 이론은 사회에 존재하는 그 모순들이 경제 변화와 다른 변화들을 어떻게 만드는지 밝히는 것을 목표로 삼는다. 마르크스주의 정치 실천은 그런 사회를 변화시키기 위한 개입에 영향을 주기 위해 그 이론을 사용하는 것을 목표로 한다.

그에 비해 신고전학파 이론과 케인스주의 이론은 다중결정론에 헌신하지 않는다. 오히려 그런 이론들은 본성상 결정론이고 본질주의이다. 신고전학파 경제학자들에 따르면 사회변화는 일반적으로 경제 변화의 결과가 되는 것으로 환원된다. 그런 다음 경제 변화는 아주 적은 본질적 원인 즉, 개인의 선호, 생산 능력, 사적으로 소유한 자원 부존량에 의해 결정되는 것으로 환원된다.

신고전학파 경제학자들이 경제 관계를 나타내기 위해서 사용한 기하학 다이어그램은 전형적으로 어떤 경제 현상의 원인과 결과를 만드는데, 이는 본질주의 사고이다. 다른 신고전학파 모형도 원인과 결과의 단순한 연결이든 동시에 방정식의 더 복잡한 체계든 다중 결정론을 나타낼 수 없는

데, 다중 결정론은 구성요소의 의미에서 경제의 모든 측면이 서로 원인이면서 동시에 결과이고, 또한 사회의 모든 비경제 측면의 원인이면서 동시에 결과라고 의미하기 때문이다. 신고전학파 경제학의 전통적인 수학 모형은 다중 결정론의 관계를 표현하지 못하는데, 그 이론은 그런 방식으로 경제와 사회의 다른 측면들을 연결하지 못하기 때문이다.

많은 것이 케인스 경제학에도 똑같이 적용된다. 이 이론은 기업과 개인의 미시행동을 거시 수준의 사회 구조의 결과로 이론화했다. 이는 신고전학파 경제 이론의 결정론을 재생산했지만 그 방향을 뒤집었다. 개인과 기업의 미시수준의 본성은 전체 경제 및 사회 구조(를 결정하기보다)에 의해 결정된다. 이 책의 마지막 장에서 우리는 상이한 이론들이 도달하는 아주 상이한 결론과 정책 권고를 만드는 주요 결과를 보여주기 위해 신고전학파 및 케인스주의 이론의 결정론(본질주의)과 마르크스주의 이론의 다중결정론(반본질주의) 간 차이에 초점을 맞출 것이다.

과정, 활동, 관계

여기서 전개하는 마르크스주의 이론에서 과정은 결코 사회에서 홀로 일어나지 않는다. 과정은 항상 여러 과정들의 묶음으로 일어난다. 예를 들어, 독서(문화과정)하는 사람은 숨을 쉰다(자연과정). 다른 사람에게 법을 따르라고 명령(정치과정)하는 사람은 또한 생각(문화과정)하고 음식을 소화한다(자연과정). 노동자를 고용(경제과정)하는 고용주는 노동자에게 말하며(문화과정), 노동일 동안 노동자의 행동을 지휘한다(정치과정). 그와 같은 과정들의 묶음, 종종 많은 과정들의 묶음은 마르크스주의 이론이 '관계', '활동', '실천'이라고 정의하는 것이다.

사람의 활동 또는 실천은 이를 구성하는 기본 과정들로 분석하여 분해될 수 있다. 예를 들어, 어떤 사람이 거리를 내달릴 때, 그 사람은 동시에 땀을 흘리고, 생각하고, 투자에 대해 이자를 벌고, 다른 사람의 달리라는 명령을 따르면서 달릴 수 있다. 그런 과정은 함께 '달리기'라는 특수한 활동을 구성한다. 실로 이 활동을 단순히 '달리기'라고 부르는 것은 꽤 정확하지 않는데, 그 한 단어로 이름 붙이는 것은 동시에 관련되어 있는 많은 상이한 과정들을 고려하지 못하기 때문이다. 마찬가지로 노동조합을 조직하는 실천은 사람들과 말하기, 전략을 가지고 생각하기, 법 바꾸기, 리플릿을 위해 종이 사기 등등의 과정을 구성한다.

활동과 실천 같이 사람들 간 관계는 구성 과정으로 분해될 수 있다. 나와 당신이 대화할 때, 우리는 또 서로 바라보며, 가능하다면 서로 접촉하며, 가능하다면 서로 어떤 경제사업 거래 등을 한다. 각 특수한 관계는 여러 특수한 과정들의 복합적 묶음이다. 활동과 실천처럼, 관계에 어떤 하나의 이름을 부여하는 것 또는 '사업' 관계, '사랑' 관계, 또는 다른 명사로 규정하는 것은 꽤 정확하지 않다. 관계는 항상 특수한 과정들의 복합적 묶음이다. 관계를 일차원으로 해석하지 않는다는 것을 여러분이 기억한다면, 여러분의 관계에서 비탄을 피할 수 있다.

한 집단의 사람들의 활동의 완전한 집합과 그들의 관계가 사회를 형성한다(마르크스주의자들은 종종 이를 사회구성체라 부른다). 마르크스주의 사회분석은 어떤 과정들이 어떤 방식으로 특수한 활동들과 관계들로 묶여 각 사회구성체가 구별되는지를 규정하는 데 목표를 삼는다. 예를 들어 어떤 사회에서는 구매 및 판매 과정이 일어나지 않는다. 대신에 재화와 서비스는 종교 규칙을 따르는 분배의 종교적 과정에 의해 생산자로부터 소비자에게로 이동한다. 또 다른 사회에서는 정교한 의식에 따라 기도의 과정이 모든 경제 과정을 동반한다. 또 다른 사회에서는 성적인 과정이 부모가 자녀에 대해 일생 동안 엄격하게 정치적으로 통제하는 상황에서만 일어난다.

마르크스주의 이론의 관점에서 어떤 사회를 이해하려면 사회에서 일어나는 특수한 과정들에 대한 체계적 관심과 그런 특수한 과정들이 어떻게 사회를 구성하는 활동들과 관계들로 묶이는지 대한 체계적 관심이 요구된다. 그 목적은 사회에 특성, 긴장, 변화를 부여하는 모순들을 이해하고 표현하는 것이다. 마르크스주의자들은 일반적으로 특정한 종류의 사회변화에 우호적이기 때문에, 그런 사회변화를 촉진하기 위해서 어떻게 정치적으로 행동할지에 관한 개인적 결정 및 조직적 결정에 길잡이가 될 수 있는 이해를 추구한다.

이론적 딜레마

사회는 복잡한 모순으로 얽혀있는 다양한 과정, 활동, 관계의 거대한 집합이라는 마르크스주의 이론의 관점에 의해 분석 문제가 바로 제기된다. 완전히 그런 집합 모두를 보여주는 것은 불가능하고, 체계적인 설명을 하려면, 엄청난 수의 마르크스주의 이론가들에게 엄청난 시간이 들게 할 것이다. 더욱이 그 과업이 완료되는 즈음에는 이론화된 모든 과정, 활동, 관계가 변할 것이다. 마르크스주의자들이 살고 있으면서 변화시키길 원하면서 분석한 사회는 새로 존재하게 된 사회에 의해 벌써 대체되어 역사적 유물이 될 뿐이다. 그들은 모든 것을 새로 시작해야만 하는데, 같은 딜레마가 그들 앞에 있게 된다.

다중결정론이라는 개념을 고려하면, 이 딜레마는 더욱 고민스러운 문제가 된다. 어떤 사회적 과정이 존재하고, 다른 모든 사회적 과정의 결과 덕분에, 그 사회적 과정이 특성과 모순을 가지게 되면, 이론가는 그 사회적 과정을 완전하게 이해하기 위해 그 모든 것을 연구해야만 한다. 그런 완벽함은 현실적으로 불가능하다.

마르크스주의 관점에서 포괄적인 사회분석 임무의 완수는 원리상 불가능한데, 이는 마르크스주의 이론에도 그렇고, 다른 이론에도 그러하다. 이는 오히려 (기계의 도움 없이) 새처럼 나는 것을 수행하려는 사람 또는 죽음을 피하거나 삶에서 모든 외로움을 없애려고 하는 사람과 같다. 그런 불가능성처럼, 완전한 사회분석을 수행하지 못하는 인간의 무능 때문에 우리가 아주 괴로워해야 할 필요는 없다. 우리의 한계를 거부하거나 침울하게 그 한계에 천착한다고 해서 괴로운 실망 또는 우울함을 뛰어넘는 어떤 것도 약속해주지 않는다. 요점은 오히려 한계가 영향을 주지만 개인과 사회에 생산적인 상황을 만들려는 우리의 노력을 막지 못한다는 것을 인식하는 것이다.

이런 정신으로 마르크스주의자들은 모든 사회분석은 어떤 이론 틀이 분석을 위해 사용되더라도 부분적이지 결코 완전하거나 종결적이지 않다고 인식한다. 누구도 사회가 어떻게 구조화되어 있고, 어떻게 변화하는지에 대해 전체 이야기를 완전히 이해하거나 쓰는 것은 불가능하다. 누구도 역사상 그런 일을 한 적이 없다. 모든 이론은 사회분석에서 피할 수 없이 일부분을 다루는 것과 관련된다. 마르크스주의자들의 상이한 분석들도 부분적인데, 어떤 한 분석이 완전할 것이라는 헛된 희망을 거부한다. 우리 이론이 가지고 있는 능력의 한계에 실망하여, 완전함, 진리, 최종 설명에 이르는 어떤 기적의 방법을 찾았다고 상상하며 우기는 사람들의 주장을 신뢰해서는 안 된다.

이렇게 모든 이론과 사회 분석의 부분성을 인정하는 것은 마르크스주의자들 사이에서도 비마르크스주의자들 사이에서도 논란이 되고 있다. 어떤 마르크스주의자들은 이를 받아들일 수 없다고 밝히며, 그들은 어떻게든 언젠가 완전한 분석이 수행될 것이며, 그런 목표를 향해서 일하고 있다는 생각에 여전히 헌신한다. 그러나 이 책에서 논하고 있는 마르크스주의 이론의 종류는 다중결정론, 모순, 과정에 기초했다고 하더라도, 논리적으로 다른 모든 사회 이론들의 부분성뿐만 아니라 그 자신이 가진 부분성에 대해 직접 확인한다.

이런 부분성의 인정은 후퇴인가? 이는 우리가 어떤 것도 완전하게 설명할 수 없기 때문에 설명을 시도할 점이 없다는 것을 의미하는가? 마르크스주의의 이런 부분성에 대한 강조는 마르크스주의 이론의 주장과 결론을 무시하도록 이끄는가?

마르크스주의 이론과 입구점

그와 같은 질문에 대한 대답은 '아니다'이다. 다중결정론에 헌신하는 마르크스주의자는 자기이론을 사용하여 분석을 내놓는 데 주저하지 않는다. 마르크스주의자는 부분성을 모든 이론과 모든 사회분석에 공통된 특성으로 받아들인다. 어떤 이론이 다른 이론과 구별되는 것은 정확하게 각 이론이 가진 방식에서 지닌 부분성이다. 상이한 이론들은 마르크스주의 경제 이론과 비마르크스주의 경제 이론이 그 예를 보여주듯이 상이한 부분적 분석을 만든다.

어떤 이론도 완전한 분석을 만들지 못한다는 것이 마르크스주의자들을 괴롭히지 않는다. 마르크스주의자들은 모든 이론들이 자신들의 부분성에도 불구하고 이론이 만들어진 사회에 특수한 영향을 가한다고 주장한다. 신고전학파 경제학 및 케인스주의 경제학 이론으로 수행된 경제 분석은 사회적으로 영향력을 지닌다. 그런 분석은 사회의 다른 모든 것을 다중결정하는 데 참여한다. 마르크스주의 이론을 사용하는 이들이 수행한 상이한 부분적 분석도 사회의 다른 모든 것을 다중결정하는 데 참여한다. 요점은 세 종류의 이론은 다른 방식으로 다른 방향으로 사회에 영향을 주고, 사회를 밀고 나가고, 사회를 형성시킨다.

한 이론은 다른 이론과 상이한 방법에서 어떤 식으로 부분적인가? 우리가 보았듯이, 대답은 입구점이란 중요 개념에 부분적으로 놓여있다. 모든 사회 이론은 복잡한 사회 총체성, 즉 다양성의 다차원적 집합에 마주한다. 모든 이론은 사회의 선택된 측면 또는 부분을 가지고 어떤 지점에서 시작한다(모든 지점에서 시작하는 것은 가능하지 않으며, 이는 어떤 경우에서든 모순을 포함한다). 모든 이론은 자신의 특수한 입구점이 지닌 관점(에 부분적으로 의존하며)에서 사회에 관한 자신만의 특수한 의미(지식, 이해, 진리)를 만든다. 사회 이론은 사회 총체성의 모든 측면에서 이론화하는 것이 불가능하기 때문에 항상 부분적이다.

신고전학파 이론의 부분성은 이 이론의 세 가지 일반적 입구점 개념인 개인 선호, 기술, 초기 부존량으로 확인된다. 신고전학파 이론은 이 각각의 입구점으로부터 분석에 들어가면서 자신의 특수한 분석 또는 현대 경제학의 지식을 강화한다. 이는 특수한 사회구조, 군중심리 경향, 불확실성이라는 입구점 이론과 관련해서 케인스주의 이론에도 똑같이 적용된다. 마르크스주의 경제 이론은 계급이라는 아주 다른 입구점을 가지고 있고 계급과정이라는 특수한 개념으로 경제 연구에 착수함으로써 특유한 부분적 분석을 한다.

따라서 마르크스주의 이론에 대한 우리의 분석은 계급에 대한 마르크스주의의 입구점 개념이 의미하는 것을 주의 깊게 조사하는 것을 요구한다. 그렇게 함으로써 우리는 마르크스주의 이론과 신고전학파 및 케인스주의 이론 간 기본적인 차이를 명확하게 할 수 있을 것이다. 그런 후 우리는 상이한 입구점 때문에 각 이론이 어떻게 아주 다른 경제학 이해로 이어지는지 추적함으로써 각 이론의 다른 차이들을 명확하게 하는 쪽으로 나아갈 수 있다. 이 책의 마지막 장에서는 이런 이론적 차이들의 사회적 중요성(우리의 삶이 어떻게 상이한 부분적 이론들 간 투쟁에 의존하는지 그리고 그런 이론들에 헌신하는 사람들 간 투쟁에 의존하는지)을 탐구한다.

계급과정

마르크스주의 이론은 일반적으로 처음에 사회의 계급구조를 함께 구성하는 계급과정(측면)을 조사함으로써 사회에 대한 연구를 시작한다. 그런 후 사회의 계급구조가 계급구조의 사회적 맥락 또는 틀이 되는 모든 비계급과정에 의해 어떻게 다중결정되는지 조사하는 쪽으로 나아간다. 마지막으로 마르크스주의 이론은 계급과정이 어떻게 사회의 모든 비계급 측면을 다중결정하는 데 참여하는지를 보여주는 것을 목표로 삼는다.

따라서 계급은 마르크스주의 이론의 입구점 개념이다. 계급은 마르크스주의 이론이 강조하고 초점을 맞추고 이해하려고 목표로 삼는 사회의 특수한 측면이다. 마치 개별 인간의 본성이라는 개념이 신고전학파 이론에서 작동하고, 사회구조 및 심리적 성향 개념이 케인스주의 이론에서 기능하는 것처럼 계급은 마르크스주의 이론에서 작동한다. 각 이론은 각 이론의 입구점 정의로 시작하여, 그것으로부터 경제가 어떻게 작동하고 경제가 나머지 사회와 어떻게 상호작용하는지에 대해 복잡한 이해를 정교화한다.

여기서 전개된 마르크스주의 경제 이론은 마르크스의 글에서 가져온 특수한 방식으로 정의한다. 계급은 특수한 사회과정, 즉 사회의 어떤 구성원들에 의한 **잉여노동**(다음 문단에서 정의 된 것)의 생산을 일컫는다. 모든 사회는 최소한 어떤 구성원들이 자연과 상호작용하고, 또 그 구성원들 간에 상호작용하여, 모든 구성원들이 소비하는 재화와 서비스를 생산하는 것을 요구한다고 가정한다. 이런 상호작용을 **노동과정**이라 부르는데, 이는 자연에서 찾은 대상물을 인간의 필요와 욕구를 충족시켜주는 재화와 서비스로 변형하기 위한 인간의 근육, 신경, 지력의 소비다. 이런 노동을 수행하는 사회 구성원들을 **직접 노동자**라고 부른다.

그러면 잉여노동이란 무엇인가? 모든 노동은 시간이 든다. 직접 노동자는 자신의 노동시간 가운데 일부의 시간으로 노동할 능력을 재생산하기 위한 재화와 서비스를 생산한다. 그런 노동시간 부분을 **필요노동**이라고 부른다. 이는 직접 노동자의 재화와 서비스 소비 수요를 충족시키기 위해서 요구되는 것이라는 정확한 의미에서 필요이다. 그러나 직접 노동자들은 항상 필요노동보다 더 많은 노동을 수행하는데, 자신들의 필요와 욕구를 충족시키기 위해 필요한 재화와 서비스를 생산하는 데 필요한 노동시간보다 더 많은 노동시간 동안 노동한다. 이 초과 노동시간이 마르크스가 잉여노동이라고 부른 것이다.

따라서 직접 노동자는 두 가지 다른 과정에 참여하는데, 하나는 자연을 변형하는 노동과정이고 다른 하나는 잉여노동을 수행하는 계급과정이다. 인간노동을 통해 자연을 변형하는 것과 잉여노동 생산과 관련된 것은 완전히 다른 것이다. 계급과정과 노동과정은 가장 이른 시기부터 현대까지 모든 사회에 존재해 왔는데, 그러나 계급과정을 노동과정과 다른 것으로 인식하고 분석한 것은 마르크스의 글에서 비롯되는 아주 새로운 현상이다.

계급과정이 잉여노동 수행을 수반하면, 그것은 즉각적으로 잉여노동 개념의 두 가지 확장을 수반한다. 첫째는 우리가 잉여노동의 생산물이라고 부르는 것, 즉 직접 노동자가 소비하지 않는 재화 및 서비스의 생산량과 관련된다. 그래서 앞으로 이는 잉여 생산물 또는 간단하게 잉여라고 부를 것이다. 잉여노동 개념의 두 번째 즉각적 확장은 직접 노동자들이 잉여를 생산한 후에 일어나는 것과 관련된다. 마르크스는 이것을 선명한 방식으로 **잉여 분배**의 문제로 다룬다.

이제 우리는 마르크스주의 경제 이론의 입구점으로서 기능하는 계급 개념을 잉여노동의 생산과 분배의 경제과정으로 요약할 수 있다. 단수 과정으로서 계급이 복수 과정으로서 계급으로 변형되었음을 주목하라. 계급은 잉여의 생산뿐만 아니라 잉여의 분배도 가리킨다. 우리는 뒤에서 이 복합성에 대해 논할 것이다.

계급과정들은 사회를 구성하는 전체 자연, 정치, 문화, 그 외 경제 과정(비계급과정)과 상존하고 상호작용한다. 계급과정들은 그 외 모든 비계급과정들에 의해 다중결정된다. 다른 과정들처럼 계급과정들도 모순적이고, 끊임없이 변화한다. 마찬가지로 계급과정들은 모든 비계급과정의 다중결정에 참여하며, 그런 이유로 전체 사회의 모순과 변화를 만드는 데 참여한다.

마르크스주의 이론이 계급을 입구점으로 삼으면서 이해하려고 하는 사회의 복잡성을 두 가지 대립되는 구성요소 또는 측면인 계급과 비계급으로 정리하는 데 주목하자. 그리하여 마르크스주의 이론은 다루려는 주제들을 사회에 존재하는 관계들을 궁리하는 임무에 맞춰서 계급과 비계급 측면으로 구성한다. 마르크스주의 이론이 수행한 분석은 사회 전체의 계급 요소와 비계급 요소 간 상호 의존성에 초점을 맞춘다.

정교해진 마르크스주의 계급 개념

우리가 잉여노동의 차원에서 정의한 마르크스주의 계급 개념은 마르크스 이전에 수세기동안 사용된 상이한 많은 계급 개념 가운데 유일한 것이며, 이후에도 역시 사용되고 있다. 그러므로 이 장과 이 책에서 전개된 계급 개념과 몇몇 마르크스주의자들과 대부분의 비마르크스주의자들의 책에서 나타나 있는 그 외의(그리고 아주 다른) 많은 계급 개념을 구별하는 것이 중요하다. 예를 들어 고대 그리스 이후 계급은 사람들이 소유한 부와 재산에 따라 나눈 사람 집단에 대해 사용되었다. 유산계급과 무산계급이 대치된다. 부유한 계급과 가난한 계급이 대치되고, 고소득 계급과 저소득 계급이 대치된다. 이것은 재산 소유권의 차원에 따른 다양한 계급 정의이다. 두 번째, 그리고 아주 다른 계급 정의는 첫 번째 것만큼이나 오래되었는데, 이것은 부의 소유권이나 소득을 일컫지 않고 권력을 가리킨다. 이 계급 개념은 어떤 집단이 다른 집단에 대해 권력을 행사하는지(명령하고, 권위를 가지고 등등) 또는 권력을 가지는지에 따라 사람 집단을 나눈다. 이 계급 개념의 변종에는 지배계급, 파워엘리트, 힘없는 계급이 있다.

계급의 재산 및 권력 개념은 아마도 여전히 가장 널리 퍼져 있는 계급에 대한 이해이다. 그런 개념은 계급의 잉여노동 개념과 다르다. 우리는 많은 다른 이들처럼 부와 권력이 과거 사회와 현재 사회에서 어떻게 분배되었는지에 흥미를 가지고 있다. 우리는 많은 다른 이들처럼 부와 권력의 분배에 초점을 맞춘 사회 분석에서 배웠다. 우리는 또한 왜 사회는 지금까지 성취한 것보다 부와 권력의 더욱 평등한 분배를 세우는 것이 매우 어려웠는지 의문을 가졌다(그런 방향으로 움직인 미국, 프랑스, 러시아 혁명 같은 것에도 불구하고). 마르크스는 이전에 있었던 혁명의 옹호자들이 사회의 불평등을 강화하는 잉여노동 조직화의 중요성을 이해하지 못했기 때문에 혁명의 노력이 실패했다고 주장하면서 그런 의문에 답했다. 또한 부와 권력의 평등한 분배를 향한 지속적인 운동이 성공하기 위해 잉여의 조직화를 변화시켜야 하는 필요성을 혁명의 옹호자들이 이해하지 못했다고 주장했다.

그래서 마르크스는 계급분석과 평등을 위한 사회운동의 초점을 이전의 혁명 옹호자들이 간과했던 것, 즉 잉여의 사회 조직화에 맞추도록 목표를 삼았다. 마르크스는 그의 기본 요지를 납득시키기 위해, 계급을 사용하여 부와 권력의 분배를 말하는 게 아니라 잉여가치의 생산 및 분배과정을 말했다. 마르크스 스스로도 잉여가치 차원에서 계급을 새로이 사용하는 것에 100% 정합적이지는 않았다. 그는 때때로 그 이전에 발전된 계급 개념, 즉 부자와 가난한 자를 일컫고, 지배자와 피지배자를 일컫는 계급 개념을 사용하기도 했다. 결국, 그는 종종 부와 특히 권력의 측면에서 정의된 계급을 사용한 프랑스 및 미국 혁명가들의 평등주의 목표에 아주 열정적이었다. 그러나 마르크스의 고유하고 영구적인 기여는 계급의 새로운 개념과 계급분석을 만들고 발전시키는 것이었다. 그리하여 그는 각 사회의 잉여 생산과 분배의 조직화가 어떻게 사회의 작동, 역사, 부와 권력의 더 평등한 분배를 세우려는 이들에게 기회와 장애물을 만들었는지에 대한 이해를 제공하는 것을 목표로 삼았다.

근본적 계급과정과 착취

마르크스는 때때로 그의 글에서 형용사 '근본적'을 계급과정에 붙였다. 이는 독자들의 관심을 잉여노동을 생산하는 과정에 초점을 맞추려는 그의 이론 전략에서 온다. 그러나 그는 또 한 종류의 계급과정과 다른 종류의 계급과정을 구분하기 위해 그 형용사를 사용하길 원했다. 실로 우리가 이미 언급했듯이, 마르크스의 경제 이론은 두 가지 종류의 계급과정을 보여준다.

우리는 직접 노동자들이 필요노동뿐만 아니라 잉여노동을 수행하는 과정을 가리키기 위해 '근본적 노동과정'을 사용할 것이다. 직접 노동자의 필요노동은 그들이 소비하는 재화와 서비스를 생산한다. 그들의 잉여노동은 잉여 생산물 또는 단순히 잉여라고 부르는 추가적인 재화와 서비스의 양을 생산한다. 곧바로 하나의 질문이 생겨난다. "누가 잉여를 가져가는가?" 마르크스의 언어로 "누가 잉여를 전유하는가?"(자신의 손안에 직접 수취하는가?)

대답은 경우에 따라 다르다. 하나의 가능성은 직접 노동자들이 집단적으로 자신들의 잉여 생산물을 전유할 수 있다는 것이다. 예를 들어, 농업 또는 산업 노동자들의 공동체가 주기적으로 집단 노동 활동을 중단하고, 자신들의 집단 노동 활동으로 생산된 잉여를 집단적으로 수취할 수 있다. 다른 가능성은 홀로 노동하는 개인들이 각자 잉여를 전유하는 것이다. 예를 들어, 컴퓨터 소프트웨어 프로그램 독립 생산자를 고려해보자. 그는 일정량의 컴퓨터 소프트웨어 프로그램을 생산하고 판매해서 벌어들인 돈을 자신의 생활수준을 유지하기 위해 소비해야 하는 재화와 서비스를 구매하기 위해 사용한다. 이 양은 자신의 필요노동을 나타낸다. 그러나 그는 보통 이 양보다 많은 프로그램을 생산한다. 이 초과량을 자신의 것으로 판매해서 수입을 거둬들인다. 그는 이 수입을 두 가지 부분으로 나누는데, 하나는 자신의 생산물을 생산하는 데 사용한 물건들을 보충하는 데 사용되고, 다른 부분은 자신이 사용한 노동으로 생산한 잉여이다. 그는 자신의 잉여노동에 대한 개인 전유자가 된다.

이런 것이 누가 잉여를 가져가는지 질문에 대해 유일한 가능성을 가진 답이 아니다. 잉여노동을 수행하는 직접 노동자들은 집단적으로도 개인적으로도 자신의 잉여 생산물을 전유할 수 없다. 예를 들어, 직접 노동자들이 노예인 사회를 고려해보자. 노예들이 주인을 위해 노동을 수행할 때, 노동의 모든 생산물은 즉각적으로 자동적으로 주인이 소유한다. 일반적으로 주인들은 노예가 생산한 생산량 일부를 노예가 소비하도록 노예에게 돌려주는데, 그리하여 노예 체제가 유지된다. 그 부분은 노예 계급

구조의 필요노동을 구성한다. 다른 부분은 노예들이 총생산량을 생산하는 데 소모되는 재료를 보충한다. 마지막 부분은 주인이 지니는 (전유하는) 것인데, 노예의 잉여이다. 일반적으로 주인은 노예가 아니고, 생산물의 생산에 참여하지 않는다.

정확하게 이런 상황은, 즉 직접 노동자가 자신의 잉여노동을 전유하지 못하는 경우는 마르크스가 '착취'라고 부른 것이다. 마르크스주의 이론에서 어떤 사람이 다른 사람의 잉여노동을 전유한다면 어떤 사람이 다른 사람을 착취하는 것이다.

잉여의 여러 사회 조직화에 대한 마르크스주의 이론의 기본 범위는 더 많은 가능성을 포함한다. 직접 노동자가 노예가 아니고, 법적으로 자유롭고(다른 이들에 의해 소유될 수 없는), 공장 또는 사무실에서 일하는 피고용인일 경우, 자본주의 체제라고 부른다. 이 경우에 직접 노동자(보통 임금 또는 봉급 소득자)는 판매를 위한 재화 및 서비스를 생산한다. 상품이라고 불리는 재화와 서비스가 일단 생산되면, 자동적으로, 즉각적으로 고용주의 소유물이 된다. 상품을 생산한 직접 노동자들은 그것에 대한 어떤 소유권도 없다. 고용주는 보통 화폐(수입)를 위해 상품을 판매하고, 그 화폐의 일부를 직접 노동자의 임금과 봉급으로 지불하기 위해 사용한다. 그 부분은 노동자의 필요노동을 나타낸다. 고용주는 일반적으로 수입의 다른 부분을 사용해서 상품을 생산하는데, 사용된 도구, 설비, 원료를 보충한다. 마지막으로 고용주는 나머지 부분인 잉여를 전유한다.

역사적인 이유에서 이 체제를 자본주의라고 부른다. 자본은 더 많은 부를 낳는 부의 사용을 일컫는 개념이었다. 예를 들어, 화폐는 이자를 받으면서 대부할 때 자본으로 기능한다. 어떤 크기의 부, 즉 100이 어떤 시기 동안 대부되고, 그 시기의 끝에 대부자에게 그 부의 크기에 이자, 예를 들어 5가 더해져서 되돌아와야 한다. 상품을 구매해서 더 높은 가격에 판매하는 사람에게도 똑같이 적용된다. 역사적으로 상인이라고 불린 그와 같은 사람도 상업을 통해서 더 많은 부를 낳기 위해 부를 사용하기 때문에 자본가이다. 화폐대부 자본가와 상업 자본가는 인간 역사에서 아주 오래 동안 존재했다.

현대의 고용주(아주 최근의 역사적 현상이며, 특히 한 경제에서 생산을 조직하는 일반적인 방식으로서 그런 현상임)는 직접 노동자의 노동 능력을 구매(고용)하고, 또 직접 노동자들이 노동하는 데 사용할 도구, 설비, 원료를 구매하는 사람이다. 고용주는 노동, 즉 재화와 서비스를 생산하기 위해 구매한 것을 준비한다. 고용주는 또 생산의 결과인 상품의 소유자이면서 판매자이다. 생산과 판매의 결과로 벌어들이는 수입이 직접 노동자를 고용하고 생산에 소모된 재료를 구매한 비용을 초과할 때, 그 초과분은 직접 노동자들이 생산하고 고용주가 전유한 잉여를 나타낸다. 따라서 고용주는 생산과정(이것은 화폐 대부자 또는 상인이 부를 어떻게 확대하는지와 다른 방식임)을 통해 자신의 부를 확대한다. 따라서 고용주는 그들처럼 자본가인데 하지만 화폐대부 자본가 또는 상업 자본가라기보다 산업 자본가이다. 산업 자본가는 생산수단으로 부를 확대하는 자본가이다.

산업 자본가는 노예 소유주처럼 직접 노동자들의 잉여 생산물을 전유한다는 것에 주목해라. 노예 소유주는 노예들의 총생산량 가운데 일부를 노예들의 재생산을 위해 돌려준다. 산업 자본가는 직접 노동자들이 생산한 것을 판매하여 벌어들인 수입의 일부를 (임금 또는 봉급으로) 돌려준다. 그것이 직접 노동자의 필요노동 부분이다. 산업 자본가는 소모된 투입물을 보충하고 자신의 자본을 늘리기 위해 수입의 다른 부분을 사용한다. 자본가가 취득한 그 증가분은 직접 노동자들의 잉여노동을 나타내는 자본가 수입의 일부이다.

마르크스와 마르크스주의자들은 이런 방식의 생산 조직화를 산업 자본주의(또는 종종 줄여서 그냥 자본주의)라고 일컫는다. 산업 자본주의는 착취적인 계급구조인데, 잉여의 직접 생산자들이 잉여의 전유자가 아니기 때문이다. 다른 사람들, 즉 직접 노동자들을 고용하는 자본가들이 그 잉여를 전유한다. 그것이 그런 경제체제를 자본주의 착취로 정의한다.

마르크스주의 경제 이론은 또 다른 종류의 착취적인 계급구조를 인식한다. 그것들은 근본적인 계급구조의 다른 형태를 다루는 근본적 계급과정의 상이한 형태들에서 더 논할 것이다. 마르크스주의자들은 어떤 형태의 근본적 계급과정이 어떤 종류의 관계로 공존하는지에 따라 자신들이 분석하는 사회 역사의 시기를 구분한다. 이렇게 사회를 이해하는 접근법은 마르크스주의자들이 '계급분석'이라고 묘사하는 이론적 작업의 부분이다.

부차적 계급과정

근본적인 계급과정의 논리는 누가 잉여를 전유하는지에 대한 질문으로 이어졌다. 위에서 제공된 대답은 다음 질문을 낳는다. 잉여 생산물의 전유자는 그것으로 무엇을 하는가? 그들은 그것을 소비하는가? 그들은 미래에 사용하기 위해 그것을 아껴두는가? 그들은 더 많은 직접 노동자들을 고용하고 더 많은 투입물을 구매해서 생산을 확대하기 위해 사용한다는 의미에서 그것을 투자에 사용하는가? 전유자들은 잉여를 주기적으로 열리는 축제를 위해 대중들에게 분배하는가? 그들은 생산적인 일은 하지 않고 전쟁에 참가하는 특별한 집단에 먹을 것과 무기를 제공하기 위해 잉여를 사용하는가?

실제 그런 것들은 잉여 전유자들이 잉여를 사회에 분배하는 많은 가능한 방법들 가운데 몇 가지이다. 잉여 전유자들의 잉여 분배를 부차적 계급과정이라고 부르겠다. 따라서 그것은 우리가 근본적 계급과정이라고 부르는 잉여의 생산 및 전유와 다르다. 이 장과 이 책의 나머지 부분에서는 근본적 계급과정과 부차적 계급과정의 결합이 계급구조를 구성한다.

사회의 실질적인 부차적 계급과정, 즉 이 계급과정이 만드는 잉여 분배의 실질적 방법은 사람들이 삶을 어떻게 살아가는지에 영향을 준다. 잉여 전유자들이 잉여를 어떻게 나누고 누구에게 분배하는지는 사회를 특징짓는 구조, 모순, 변화를 형성하는 데 일조한다. 그러므로 마르크스주의 이론은 검토하기 위해 선택한 사회의 근본적인 계급과정뿐만 아니라 부차적 계급과정을 다중결정하는 복잡한 원인을 분석한다. 마르크스주의 이론은 또한 사회의 구조와 변화에 대한 두 가지 계급과정의 결과를 분석한다.

근본적 계급과정과 부차적 계급과정에 대해 설명할 때 마르크스는 잉여 전유자들의 모순된 입장을 강조했다. 한편으로 그들은 잉여, 즉 일반적으로 받아들여지는 직접 노동자들의 생활필수품을 생산하고 생산수단을 보충하는 데 필요한 것을 초과하는 인간 노동의 열매를 자신들의 손에 거둬들인다. 다른 한편 잉여 전유자들은 기본적으로 사회의 자유재량으로 되어 있는 자금을 처분한다. 한편 이는 잉여 전유자들을 권력의 우두머리 자리에 서게 한다. 다른 한편 이는 그들을 속박한다. 마르크스 이론이 보여주듯이 잉여 전유자들은 잉여를 다른 이들에게 분배하라는 다중적이고 복잡한 압박에 항상 놓여 있다.

잉여 분배에 대한 기본적 압박은 이것에 실패하면 잉여 전유자로서 지위와 잉여의 생산에 위협이 된다는 사실에서 온다. 한편 잉여를 생산하고 하고 잉여 전유자들이 이를 수취하게 하는 근본적인 계급과정 없이는 부차적 계급과정(잉여 분배)도 있을 수 없다는 게 명확하다. 다른 한편 마르크스가 강조하듯이, 그 반대도 역시 적용된다. 잉여가 특정한 방식으로 분배되지 않는다면, 근본적인 계급과정도 존재할 수 없다. 근본적 계급과정과 부차적 계급과정은 두 가지 계급과정과 이것들의 상호작용을 다중결정하는 모든 비계급과정의 맥락 안에서 서로 의존하고 서로를 형성하게 한다.

우리는 마르크스주의 경제학 이론의 이와 같은 기본 요점을 노예제의 직접 노동자를 착취하는 노예주를 고려함으로써 보여줄 수 있다. 노예제 노동자들은 필요노동을 하며, 노예주는 그 생산물을 노예제 노동자들이 계속 일할 수 있도록 준다. 노예제 노동자들은 잉여노동도 하는데, 노예주는 잉여 생산물을 전유한다. 그러나 노예주가 이 잉여 수취자로서 느끼는 행복은 이내 걱정으로 바뀐다. 노예주는 많은 가능성에 대해 걱정한다. 예를 들어 노예들이 잉여 생산물을 주인에게 계속 바치는 것에 대해 저항할 수도 있고, 또 거부할 수도 있다. 그렇게 되면, 노예주는 잉여를 잃게 되고, 잉여 전유자라는 지위를 잃게 된다. 이것을 방지하기 위하여, 노예주는 부차적 계급과정(전유한 노예 잉여의 분배)을 고려해야만 한다.

노예 반란을 방지하기 위한 하나의 방법은 경찰력을 유지하는 것이다. 노예주는 그런 경찰력을 고용하고, 훈련하고, 갖추기 위해 부차적 계급 지불(전유한 노예 잉여의 부분을 분배하는 것)을 해야 한다. 따라서 일단 주인이 잉여를 전유하면, 잉여의 일부는 경찰력을 유지하기 위해 분배되어야 한다. 경찰력은 노예주를 위해서 어떤 잉여도 생산하지 않을 뿐 아니라 전유한 잉여의 일부를 먹어 치워버린다.

노예 반란을 방지하는 다른 하나의 방법은 특수한 체계를 가지고 노예를 교육하는 것이다. 세속의 학교 또는 종교 학교는 반란이 헛되거나 불경스럽거나 아니면 둘 다라는 믿음을 노예에게 심어주도록 고안된 교육, 의식, 행사를 수행할 수 있다. 학교에 사람을 고용하고 학교를 갖추는 데 드는 비용이 노예주의 부차적 계급 경비에서 지출되어야만 한다.

치안 유지와 교육을 넘어서는 많은 다른 비계급과정이 노예제의 근본적 계급과정으로 노예주에게 잉여를 계속 제공하기 위해 필요할 수 있다.

죽은 노예는 대체되어야 한다. 이를 위해 새로운 노예를 구하는데 배로 탐험(선원을 고용하는 등등)하는 게 필요하다면, 그런 탐험의 비용은 노예 잉여에 청구된다. 배 선원들은 (노예제 직접 노동자와 다르게) 어떤 잉여도 생산하지 않지만, 그들의 유지와 설비비용은 노예 잉여의 부분으로 충당된다. 노예들이 효율성을 가지고 열심히 일하기 위해 감독관이 필요할 수 있다. 그런 감독관들은 직접 노동자들이 아니며, 어떤 것도 생산하지 않는다. 그러나 그들은 노예제 직접 노동자들이 주인을 위해서 계속 잉여를 생산하도록 하기 위해 (위에서 언급한 경찰, 교육자, 고용된 선원처럼) 필수 불가결할 수 있다. 감독관들을 고용하고, 갖추는 비용은 노예주가 전유한 잉여에서 나오는 부차적 계급 지불로 충당된다.

근본적 계급과정의 노예제 형태로 보여준 우리의 예는 근본적 계급과정의 자본주의 형태와 완전히 상응한다. 실로 우리는 이 장의 나머지 장에서 그런 예를 사용할 것이다. 그러나 노예제 예는 우리가 여기서 잉여 전유자들의 잉여 분배에 대한 어떤 초기 결론을 내리는 데 충분하다.

잉여 전유자들의 잉여 분배는 '부차적 계급과정'이라고 부른다. 이는 계급과정인데, 왜냐하면 잉여 노동 및 잉여 노동의 열매와 직접 관련되기 때문이다. 그것은 '부차적'이라고 부르는데, 왜냐하면 우리가 근본적인 계급과정인 잉여의 생산을 고려한 후에 잉여의 분배를 고려하는 것이 논리적이기 때문이다.

부차적 계급과정은 근본적 계급과정 다음에 일어난다. 그것의 동기는 근본적 계급과정을 지속시키고 이 과정에서 자신의 지위를 유지하려는 잉여 전유자의 목적이다. 부차적 계급과정은 그것 없이는 근본적 계급과정이 존재할 수 없는 그런 비계급과정의 활동에 잉여 전유자들이 비용을 지불하는 방식이다. 노예제 근본적 계급과정의 예에서 경찰 및 군사 과정, 교육 및 종교 과정, 노예 획득 탐험 및 감독 과정은 모두 정확하게 비계급과정이다. 이런 비계급과정을 수행하는 사람은 잉여노동을 생산하거나 전유하지 않는다. 대신에 잉여노동 존재를 위한 어떤 조건을 제공한다. 그렇게 함으로써 그들은 잉여 전유자들로부터 노예 잉여에서 분배된 몫을 받았다. 그러므로 그들은 부차적인 계급과정에 참여했다. 그들은 부차적인 계급인데, 왜냐하면 그들은 잉여 재생산의 존재 조건을 제공함으로써 잉여 분배를 얻었기 때문이다.

마르크스주의 이론에 따르면 모든 사회에서 근본적인 계급과정과 부차적인 계급과정이 일어난다. 그런 과정들은 사회를 구성하는 많은 비계급과정들과 상존한다. 다중결정론의 논리를 고려할 때 마르크스주의자들은 사회에서 다양한 형태의 근본적 계급과정과 부차적 계급과정이 서로를 형성케하고 사회의 모든 비계급과정을 형성케 하는 데 일조한다고 주장한다. 그들은 또한 동시에 비계급과정은 근본적 계급과정과 부차적 계급과정을 함께 다중 결정한다고 주장한다.

우리는 이제 사회에 대한 마르크스주의 이론의 목표와 구조에 대해서 간략한 요약을 진술할 수 있다. 이 이론은 사회에 상존하는 근본적 계급과정과 부차적 계급과정을 밝히고 분석하는 것을 목표로 삼는다. 이 이론은 더 나아가 상존하는 계급과정 간 그리고 그런 계급과정과 비계급과정의 환경 사이의 다중결정된 상호작용을 이해하려 한다. 이런 기초에서 마르크스주의 이론은 계급이 어떻게 계급구조, 계급 모순, 사회 변화에 영향을 주는지 보여주는 것을 목표로 삼는다.

근본적 계급과정의 상이한 형태들

마르크스주의 이론은 사회가 계급구조상 서로 다르다는 것을 인식한다. 모든 사회가 상존하는 근본적 계급과정과 부차적 계급과정을 보여주지만, 특수한 형태들이 혼합되어 서로 다르다. 인간 공동체의 풍부한 다양성은 남성과 여성이 잉여노동을 수행하고 그 열매를 분배하는 다양한 구성을 만들었다. 마르크스주의 이론가들은 근본적인 계급과정의 역사상 중요한 형태에 대해 묘사했지만, 현대 자본주의 형태를 가장 철저하게 조사했다.

하나의 형태가 보통 '원시 공산주의' 계급과정이라고 불리는 것인데, 마르크스가 이 표현을 처음 사용했다. 그가 사례로 들었던 특수한 예가 오래 전에 있었거나 그가 살던 당시에 경제적으로 아주 낙후된 지역에 있었기 때문에 '원시'라는 말을 사용했지만, 우리는 이런 종류의 계급과정이 존재했고, 현재에도 많은 다른 사회에서 존재한다는 것을 알고 있기 때문에 '원시'라는 표현을 버린다. 근본적인 계급과정의 공산주의 형태에서 **직접 노동자들은 자신들이 생산한 잉여를 그들 스스로가 집단적으로 전유한다.** 그런 직접 노동자들은 자신들이 소비하는 재화와 서비스(필요노동의 열매)를 생산하지만, 또 추가의 재화와 서비스(잉여노동의 열매)를 생산한다. 공산주의의 부차적 계급과정은 그런 직접 노동자들이 공산주의의 잉여의 부분을 (공산주의 근본 계급과정의 존재 조건을 제공하는 여러 비계급과정을 수행하는 데 대해) 다른 이들에게 분배할 때 일어난다. 그와 같은 다른 이들(공산주의 잉여의 분배된 몫을 받는 이들)은 공산주의의 부차적 계급을 구성한다.

근본적 계급과정의 두 번째 형태는 마르크스가 '고대'라고 부른 것이다. 그는 자신이 사례로 든 근본적 계급과정의 특수한 형태가 고대 로마의 개별 농민 농장에서 처음 나왔기 때문에 이 용어를 사용했다. 고대의 근본적 계급과정에서 직접 노동자들은 개별적으로 소비하는 것과 같은 생산물의 양을 생산하며, 또 이를 초과하는 양을 생산한다. 이를 고대 잉여라고 한다. 개별 농민이 자신의 소비수준을 보장할 뿐만 아니라 잉여를 얻기에 충분한 밀을 생산하고 판매할 때 직접 노동자로서 잉여를 전유한다. 그런 고대의 잉여 생산자 겸 전유자는 자신의 잉여 몫을 고대의 근본적 계급과정의 존재 조건, 즉 그 과정이 재생산되는 조건을 제공하는 비계급과정을 수행하는 다양한 사람들에게 분배한다. 컴퓨터 소프트웨어 프로그램, 수공예품, 의료, 배관수리 등의 독립 생산자/판매자가 고대의 근본적 계급과정의 예와 같은 것이다.

앞서 우리는 근본적 계급과정의 노예제 형태를 논의 했지만 봉건적 형태에 대해서는 아직 서술하지 않았다. 그것은 '영주'라고 불리는 토지의 소유자와 그 토지에서 노동하는 '봉건 농민 또는 농노'라고 불리는 직접 노동자와 관련된다. 직접 노동자들은 노예가 아니며 자신을 위해서 일부의 시간 동안 토지에서 노동한다. 그들은 이 노동의 열매를 가지는데, 그 노동이 필요노동이다. 나머지 시간동안 그들은 영주를 위해서 노동하면서 잉여노동을 수행한다. 영주는 그 잉여노동의 열매, 즉 봉건 잉여를 전유한다. 충성 및 의무와 관련된 복합적인 개인 관계는 영주와 농노를 연결하는 봉건제 근본 계급과정을 가능하게 하고, 실행될 수 있게 한다.

자본주의는 다른 모든 형태의 근본적 계급과정과 다르다. 직접 노동자들은 자신이 생산한 잉여를 (공산주의 형태처럼) 집단적으로 또는 (고대 형태처럼) 개별적으로 전유하지 못한다. 자본주의의 직접 노동자들은 노예(노예제 형태)의 잉여 아니면 개인적인 충성관계로 묶인 농노의(봉건제 형태) 잉여를 전유하는 사람들과 연결되지 않는다. 대신에 자본주의 형태의 근본적 계급과정은 직접 노동자와 잉여를 전유하는 사람 사이에 시장이라는 제도를 가지고 있다.

직접 노동자들은 일할 능력, 마르크스의 용어로 노동력을 자본가라 불리는 구매자 집단에 판매한다. 후자는 직접 노동자들에게 노동력의 대가를 지불한다. 그러고 나서 이 노동력의 구매자들은 노동력을 자신들이 구매한 도구, 설비, 원료('생산수단')를 가지고 노동할 수 있도록 배치하여 '소비'한다. 이 체제에서 노동력의 구매자들은 직접 노동자의 노동 생산물을 소유하고 판매할 권리를 가진다.

마르크스는 자본주의의 근본적 계급과정이 어떻게 작동하는지 계산할 때, 생산에 소모된 도구, 설비, 원료의 가치가 자동적으로 최종 생산물에 이전되는 것으로 가정하면서 진행했다. 예를 들어, 의자는 생산을 위해 소모된 나무, 접착제, 톱, 해머 등의 가치를 가지고 있다. 그러나 의자의 가치는 또한 도구 및 설비(톱, 해머 등)와 원료(나무, 접착제 등)를 가지고 인간노동이 생산한 '부가 가치'도 포함하고 있다. 의자의 가치는 의자에 들어있는 원료, 도구, 설비의 가치보다 크다. 의자의 가치는 소모된 생산수단의 가치뿐만 아니라 **직접 노동자들이 부가한 가치를 포함한다.**

마르크스 계산의 마지막 단계에서는 자본주의 근본 계급과정의 어디에서, 어떻게 잉여가 생겨나는지 밝힌다. 노동력의 구매자는 단지 직접 노동자들이 부가한 가치의 일부를 그들에게 임금으로 지급한다. 자본가는 직접 노동자들이 부가한 가치 중 나머지 부분을 소유한다. 그것은 자본가가 생산과정에서 획득하는 것이다. 실제 직접 노동자들이 노동하는 시간(노동일)의 일부 동안 자신들이 임금으로 돌려받는 것과 일치하는 가치를 부가한다. 노동일의 나머지 부분은 직접 노동자들이 역시 가치를 부가하는 시간이지만, 그 가치는 자신들에게 오는 것이 아니라 고용주에게 간다. 이는 임금으로 지불되는 것을 초과하여 부가된 가치이다.

임금을 지불하기 위해 사용된 가치를 노동자들이 부가하는 노동시간은 필요노동이다. 자본가가 소유하는 가치를 위해 노동자들이 부가하는 노동시간은 자본가들의 잉여를 구성하며, 마르크스는 이를 **잉여가치**라고 불렀다. 노동자들이 자신의 노동으로 부가한 총가치를 임금으로 받는다면, 자본가들을 위해 아무 것도 남지 않으며, 그래서 자본가들은 생산과정으로부터 어떤 것도 획득하지 못할 것이다. 자본가들은 시장에서 직접 노동자들을 고용하여, 자신들이 구매한 생산수단을 가지고 그들이 노동할 수 있도록 배치하고, 노동 생산물에 대해 배타적인 소유권을 가짐으로써 직접 노동자들이 생산한 잉여를 전유한다.

마르크스의 요점을 이해하는 또 다른 방법은 자본주의 생산물을 판매함으로써 버는 수입을 가지고 자본가들이 무엇을 하는지 고려하는 것이다. 자본가들은 수입을 세 가지 부분으로 나눈다. 첫째 부분은 직접 노동자들의 임금으로 간다(직접 노동자들의 노동력 대가로 지불). 둘째 부분은 생산과정에서 소모된 원료, 도구, 설비('생산수단')의 갱신을 위해 간다. 셋째 부분은 노동력 구매자가 전유하는 잉여이다.

마르크스와 마르크스주의자들이 밝히고 정교화한 근본적 계급과정의 다섯 가지 기본 형태인 공산주의, 고대, 노예제, 봉건제, 자본주의를 나누는 중요한 차이점이 있다. 각 형태는 잉여가 (누구에 의해서 어떻게) 생산 및 전유되고, (누구에게 어떻게, 그리고 어떤 존재 조건을 보장하기 위해서) 분배되는 방식에서 차이가 있다. 각 형태는 각 사회적 맥락의 다중결정(상존하는 다른 모든 형태의 계급과정뿐만 아니라 비계급과정의 총체성)을 반영하고 지니고 있다.

같은 사람에 의한 잉여의 생산과 전유는 비착취적인 근본적 계급과정이다. 같은 사람들에 의해 집단적으로 수행된 잉여의 생산과 전유는 마르크스주의 경제 이론에서 공산주의적인 근본적 계급과정을 의미하는 것으로 정의된다. 고대의 근본적 계급과정은 비착취적인 의미에서 공산주의와 같지만, 잉여의 생산이 집단적이지 않고 개인적이기 때문에 공산주의와 다르다. 노예제적 근본적 계급과정은 그 둘과 아주 다르다. 그것은 잉여의 생산자와 전유자가 같지 않기 때문에 착취적이다. 실제로 잉여의 생산자는 다른 사람들의 사유재산이다.

마지막으로 착취적인 근본적 계급과정의 두 가지 다른 형태가 있다. 첫째 봉건제는 노예제와 다른데, 다른 인간을 소유하는 인간을 수반하지 않기 때문이다. 노예와 노예주 대신에 봉건제적 근본적 계급과정은 충성, 개인적 의무, 종교적 승인으로 연결된 사람들과 관련된다. 그런 관계들은 한 집단의 인간들이 다른 집단의 인간들에 의해 전유되는 잉여를 생산하도록 조건을 만들고 강제한다. 예를 들면, 고전적인 유럽 봉건주의의 농노와 영주이다. 마르크스주의 계급과정의 다섯 가지 기본 형태 가운데 마지막은 자본주의이다. 자유로운 노동자들은 잉여를 전유하는 이들에게 충성, 개인적 의무, 종교로 묶여 있지 않다(그들은 농노가 아니다). 대신에 자유로운 노동자들은 고용주/피고용자의 관계로 시장에 들어가서 고용주가 전유하는 잉여를 생산한다. 자본주의의 근본적 계급과정은 노예제와 봉건제처럼 착취적이지만, 시장과 생산자원의 변형(특히 노동력)뿐만 아니라 생산물의 상품으로 전환(즉 판매를 우선하여 생산된 물건)에 중심을 둔 체제에서 일어나는 다른 방식의 착취이다.

마지막으로 마르크스주의 이론가들은 오랫동안 공산주의 계급과정의 현대적 형태를 정립하는 데 관심을 가져왔다. 그들은 현재 세계적으로 팽배한 착취적인 자본주의 형태의 근본적 계급과정보다 비착취적인 형태의 근본적 계급과정을 선호한다. 그들은 사회의 나머지 영역에서도 자본주의 계급과정에 대항하여 공산주의의 영향력을 행사하는 것을 선호한다. 대부분의 마르크스주의자들은 지배적인 자본주의 계급체제에서 자신들이 추구하는 공산주의 계급체제로의 이행은 시간이 걸린다는 것을 알고 있다. 공산주의 계급과정을 정립하기 위해 자본주의 계급과정의 궁극적 해체 쪽으로 향하는 다양한 종류와 이행기간의 이행사회가 있을 수 있다.

마르크스주의자들은 그런 이행기를 가리켜서 '사회주의'라는 이름을 붙인다. 그들은 또한 그와 같은 이행을 수행하는 데 헌신하는 사회, 운동, 정당에 사회주의라고 이름 붙인다. 때때로 가능한 미래 공산주의를 위한 사회주의 이행을 생각하는 순간에, 옹호자들은 '계급 없는 사회'에 대해 말해 왔다. 짐작건대 이는 잉여노동이 사라지기 때문에 필요노동과 잉여 노동의 구분이 사라지는 사회를 의미한다. 이런 가능한 미래를 생각할 때 마르크스주의 이론과 마르크스주의 이론가들은 자신들이 헤쳐가야 하는 조건들, 자신들이 가지고 있는 역사적 목표를 마음에 그린다. 자기 한계에 대해 비교 가능한 이론적 자의식을 신고전학파 경제학 또는 케인스주의 경제학에서는 찾을 수 없다. 이 책에서는 계급 없는 미래 사회의 가능성을 검토하지 않는다.

사회구성체와 사회이행

마르크스주의 이론은 사회를 (근본적인 그리고 부차적인) 계급과정과 비계급과정이 상호작용하는 하나의 복잡한 집합으로 접근한다. 마르크스주의 이론은 먼저 계급과정을 고려하면서, 근본적 계급과정의 어떤 형태들이 정확하게 사회에 상존하고 있는지 밝히는 것을 추구한다. 자본주의 형태와 봉건제 형태와 고대 형태 등에서 사람들은 잉여노동을 수행하고 전유하는가? 변화하는 사회에 상존하고 있는 형태들은 어떤 것인가? 어떤 것들이 팽창하면 다른 것들은 사라지는가? 새로운 형태들이 존재하게 되고, 가능하다면 두드러지게 될 것인가? 앞에서 언급했듯이 마르크스주의자들은 사회보다 사회구성체라는 용어를 더 선호하는데, 사회구성체가 사회는 여러 형태의 계급과정의 집합(구성체)라는 자신들의 특수한 접근법을 강조해주기 때문이다.

어떤 사회구성체 내에서 여러 형태의 근본적 계급과정 가운데 어떤 것이 다른 것들보다 사회적으로 훨씬 두드러진다. 어떤 사회형태에서 재화와 서비스가 다른 사회형태들에서 보다 더 많이 만들어진다. 예를 들어, 오늘날 미국은 자본주의 사회구성체이다. 이는 자본주의 형태의 근본적 계급과정이 총생산물을 생산하고 사회의 비계급과정을 형성하는 데 다른 형태들보다 압도적이라는 의미다. 그러나 비자본주의 형태의 근본적 계급과정도 미국에 존재한다. 수백 만 명의 개별 독립 생산자들이 고대 형태의 근본적인 계급과정 내에서 자신의 잉여노동을 수행하고 전유한다. 오늘날 어떤 미국인들은 때로 원시 공산주의 형태의 근본적 계급과정을 보여주고, 때로 봉건제 형태의 근본적 계급과정을 보여주는 종교 또는 세속적 '공동체(commune)'에서 살거나 일한다. 그러나 미국 전체(문화·정치·경제 과정의 복합체)를 관찰하면 대부분 마르크스주의자들은 자본주의 형태의 근본적 계급과정이 가장 두드러져 있다는 데 동의한다.

이런 이유로 마르크스주의 이론가들은 미국을 '자본주의 사회구성체'라고 부른다. 사회구성체에 붙은 이름은 그 사회구성체에서 가장 두드러진 근본적 계급 과정의 특수한 형태의 이름에서 따온다. 마르크스주의 이론은 미국의 근본적 계급과정 가운데 가장 두드러진 형태와 그 외 상존하는 형태들을 밝힌 후에, 마찬가지로 그런 형태들 사이 및 안에서 일어나는 변화 또는 이행을 평가하는 중요한 과제를 수행한다.

우리는 사회구성체 내에서 상존하는 여러 형태의 계급과정 내에서 그리고 그런 형태들 사이에서 일어나는 끊임없는 변동을 묘사할 때 '변화'라는 단어를 사용할 것이다. 어떤 사회에 있는 기존의 두드러진 근본적 계급과정이 새로운 형태에 길을 내주어서, 이 형태가 두드러지게 되는 상황을 묘사할 때는 '이행'이라는 단어를 사용할 것이다. 마르크스주의 이론의 관점에서 변화는 근본적 계급과정의 모든 형태들 안에서 그리고 그 형태들 간에 늘 일어난다. 그러나 이행은 다른데, 비교적 드물게 일어난다.

오늘날 미국에서 모든 비계급과정의 변화는 상존하고 있는 모든 형태의 근본적 계급과정의 변화와 그 형태들 간 변화를 다중결정한다. 그리고 그런 계급 변화는 상호간 변형의 끊임없는 변증법으로 미국의 비계급과정에 다시 영향을 준다. 미국과 미국 외의 지배적인 자본주의 계급구조가 2007년 이후 커다란 위기를 겪었으면서 비판의 증가에 직면해 오면서도 계급이행이 진행될 수 있는지는 답할 수 없는 하나의 문제이다.

20세기 초중반 동안 몇 개의 국가(소련, 중화인민공화국, 동유럽 국가들, 쿠바 등)를 이끌던 공산주의 정당은 자본주의 형태의 근본적 계급과정이 지배적이었던 사회에서 공산주의 계급과정이 지배할 사회로 이행을 착수했다. 그러는 동안 마르크스주의자들은 사회주의 이행을 위해 노력했던 국가들이 무엇을 성취했는지, 그런 국가들의 이행은 얼마나 진전이 있었는지, 그런 국가들은 다시 자본주의 계급과정이 지배적인 사회로 역이행을 한 것은 아닌지, 왜 역이행을 했는지에 대해 논쟁했다(그리고 여전히 지금도 논쟁하고 있다). 21세기 초에는 20세기를 특징지었던 것보다 훨씬 적게 사회주의 이행을 보여준다. 동시에 2008년 폭발하여 세계 경제를 뒤흔든 자본주의 위기는 세계의 모든 곳에서 마르크스주의의 자본주의 비판에 그리고 사회주의 이행의 새로운 기획을 다시 생각하는 것에 관심이 재개되도록 했다.

자본주의의 근본적 계급과정과 상품

마르크스의 세 권짜리 책 『자본』은 마르크스주의 경제학의 기초와 전체 논리 구조를 제공한다. 제1권에서 마르크스는 자본주의의 근본적 계급과정에 초점을 맞춘다. 제2권에서 그는 다른 이들의 이론적 접근법과 구별하면서 자신의 경제학 이론 접근법의 독창성을 강조한다. 그는 상품과 화폐의 시장 유통에 대한 계급적 분석에 집중함으로써 이를 수행했다. 제3권에서 마르크스는 부차적인 자본주의 계급과정에 주로 초점을 맞췄다. 거기서 그는 이런 근본적 계급과정과 부차적 계급과정의 상호 의존성이 어떻게 서유럽 국가들의 사회구성체의 자본주의 계급구조를 구성했는지를 보여주었다.

우리는 마르크스주의 경제 이론이 마르크스가 시작한 이후 어떻게 진화했는지를 탐구할 때, 『자본』 1권처럼 자본주의의 근본적 계급과정을 묘사함으로써 시작할 것이다. 마르크스처럼 우리는 상품을 정의하고 논함으로써 시작할 것이다. 이는 마르크스주의 경제 이론과 신고전학파 경제 이론 및 케인스주의 경제 이론을 대조하는 데 기초를 제공한다. 신고전학파 경제학과 케인스주의 경제학이 상품과 시장(교환과 분배)에 초점을 맞추는데, 마르크스와 마르크스주의 경제학은 그것들을 자본주의 분석의 2차적 측면으로 논한다. 마르크스주의 경제학 이론에서 1차적 초점은 ①잉여의 생산과 전유, ②잉여의 지속적인 생산과 전유를 보장하기 위한 잉여의 분배에 있다.

생산물, 시장, 상품

모든 인간 사회에서, 사람은 자연(땅, 물, 식물, 동물 등)에 주어져 있는 대상물을 취하며, 그것을 인간의 필요와 욕구를 충족하게끔 변형한다(노동과정). 그 결과로 재화와 서비스, 즉 생산물이 생산된다. 일반적으로 사회의 어떤 구성원들은 재화와 서비스를 생산하며 모든 구성원들은 그것들을 분배받게 되는데, 적어도 그런 생산물의 최소한을 이용하지 못하면 생존이 거의 가능하지 않기 때문이다. 그 생산물은 반드시 '상품'일 필요는 없다. 생산물이 상품이 되기 위해서는 유용성이 있어야 할 뿐만 아니라 시장에서 (화폐 또는 다른 상품과) 교환될 수 있어야 한다.

현대 사회에서 생산물은 일반적으로 시장을 통해서 생산자로부터 소비자에게로 이동한다. 대부분의 인간 역사에서 생산물은 시장을 거치지 않고 이동했다(따라서 생산물에 가격이 매겨지지 않았다). 생산 후에 대부분 사회는 관습법으로 생산물의 분배를 처리했다. 연장자 또는 족장 또는 성직자 또는 다양하게 구성된 평의회가 종종 누가 얼마의 몫으로 공동체 생산물을 가져 갈 것인가를 결정했다. 때때로 종교 규칙 또는 관습법이 생산물의 사회분배를 위한 지침이 되었다.

요약하면, 역사상 존재한 대부분 사회는 오늘날 대부분의 가족들이 만들거나 소득으로 구매하여 분배하는 만큼 생산물을 분배했다. 일반적으로 저녁을 준비하는 부모가 아이들에게 구매하도록 값을 청구하지 않는다. 한 배우자가 쓰레기를 치우면서 다른 배우자에게 값을 청구하지 않는다. 대신에 가족 상호작용의 복잡한 규칙이 누가 어떤 노동 임무를 맡을지에 대한 결정을 지배하며, 가족 간 생산물의 분배는 보통 시장 교환을 배제하는 적절한 가족 행동의 일반적인 관념에 따라서 이뤄진다.

사실, 생산물 분배 수단으로서 시장은 역사상 여러 시기와 장소에서 존재했으나 대부분 생산물은 시장을 통해 이동되지 않았다. 역사적 시기 가운데 오직 아주 최근에 어느 사회든 대부분의 생산물이 시장을 통해 이동했고, 가격을 지니게 됐다. 현대 사회의 이런 두드러진 새로운 특징은 초기의 모든 경제학자들로 하여금 특별하게 의미 있는 것으로 생각하게 만들었다. 그들은 어떤 생산물은 시장에서 높은 가격에 팔리는데 다른 생산물은 그렇지 않은 이유, 어떤 생산물의 가격이 예전에는 낮았으나 지금은 높은 이유, 어떤 생산물의 가격이 가까운 시장에서는 높으나 약간 멀리 떨어진 시장에서는 낮은 이유를 설명하는 역사적으로 새로운 문제를 다루었다. 물론, 가격에 관해서 궁금해한 사람들은 경제학자들만이 아니었고, 현대 사회의 나머지 사람들도 궁금해했고, 걱정했다.

시장이 생산자와 소비자 사이에 들어오게 되면, 모든 사람들이 가격에 관해 걱정할 수밖에 없다. 공동체를 잘 충족시키기 위한 어떤 것을 만들고, 어떤 것을 하는 것만으로 더 이상 공동체에서 편안한 위치를 보장받는데 충분치 않다. 또 하나의 시험을 통과해야만 한다. 개인의 생산물이 시장에서 팔릴 수 있는가? 그리고 그 생산자는 생산물이 판매된 가격으로 자신이 바라는 삶을 살 수 있게끔 다른 생산자의 생산물을 충분히 구매할 수 있는가? 시장 상황은 모든 이들의 삶에 중요하게 되었으나, 모든 사람들은 무엇이 시장 상황을 결정하는지 명확하게 알지는 못한다. 높은 가격과 낮은 가격의 원인과 가격 상승과 가격 하락의 원인은 무엇인가?

상품 가치

초기의 대부분 경제학자들은 시장의 수수께끼를 밝히려고 시도했다. 그들은 상품 가격과 가격 변동을 설명하기 위해 가치이론을 만들었다. 16세기, 17세기에 유럽인들은 다양한 가치이론을 알리는 많은 학술 기사, 팸플릿, 책을 썼다. 18세기 말로 향하면서, 두 저술가가 그런 문헌을 비판적으로 샅샅이 조사하여, 그 이후 경제학의 부분이 된 일반이론에 도달했다. 애덤 스미스(1723~1790)가 처음에 썼고, 그 이후 데이비드 리카도(1772~1823)가 수정하여 이 일반이론의 핵심을 정리해냈다. 이 이론은 상품의 가격을 상품에 들어 있는 노동을 주로 반영한 것으로 설명했다(나중에 '노동가치론'이라는 이름이 붙여졌다). 이 특수한 이론은 현재 우리가 '고전경제학'이라고 일컫는 것의 핵심이었다.

이들의 기본적인 생각은 상대적으로 단순했다. 시장에서 거래되는 재화 또는 서비스의 가격은 생산에 기여한 노동의 양(피땀)으로 결정되었다. 신발 한 켤레 생산하는 데 평균 2시간의 노동이 필요하다면, 그것은 단지 한 시간 걸린 꽃병보다 가격이 2배 높을 것이다. 시장에서 신발 한 켤레는

꽃병 두 개와 교환될 것이다. 신발 한 켤레당 가격이 10달러라면, 꽃병은 한 병당 5달러 일 것이다. 한 세기 후에 신고전학파 경제학은 고전파 경제학자들이 시장과 가격에 초점을 맞춘 것을 경제 분석의 중심 관심사로 재확인했지만, 효용가치론을 지지하면서 노동가치론을 기각했다.

대조적으로 마르크스는 스미스와 리카도에 다르게 반응했다. 그의 이론은 시장과 가격에 초점을 맞추지 않았다. 그의 입구점은 계급이었고 계급을 잉여가치의 생산, 전유, 분배로서 이해했다. 바로 그런 이유에서 마르크스는 스미스와 리카도가 발표한 노동가치론에 찬사를 보냈다. 마르크스의 관점에서 그들은 시장가격을 노동과 관련지으면서 마르크스가 보여주고 이론화했던 중심 관심사인 잉여가치로 이르는 길의 절반밖에 가지 못했다. 그래서 마르크스는 상품, 가치, 시장에 대한 간략한 논의(그것은 마르크스의 동시대 독자들이 경제학에 대해 이해하고 있던 것이기 때문이다)로 시작하기 위해 『자본』 1권의 체계를 구성했다. 그는 이 책에서 자신이 독창적으로 발전시킨 노동가치론 강조했다. 마르크스는 긴 내용의 나머지 부분에서 독자들을 생산에서 일어나는 잉여가치, 잉여노동, 착취에 초점을 맞춘 논의로 데려간다. 그러면서 자본 1권의 나머지 부분과 2권과 3권에서 마르크스주의 경제 이론의 핵심을 구성하는 자본주의 계급분석을 정교화한다. 이는 신고전학파 경제학의 시장에 초점을 둔, 효용에 기초한 분석에 대한 대안 체계로 서 있다. 이 두 이론은 스미스와 리카도가 정립한 현대 경제학 기초의 아주 다르고 반대되는 해석과 발전을 나타낸다.

상품과 근본적 계급과정

마르크스주의 이론에서 현대 자본주의 사회구성체의 상품은 노동 및 교환 과정의 열매일 뿐만 아니라 자본주의 근본적 계급과정의 열매이다.

직접 노동자들은 재화와 서비스를 생산할 뿐만 아니라 나중에 상품 교환(재화와 서비스가 판매될 때)에서 실현되는 가치도 부여한다. 잉여노동의 생산물 다시 말해 잉여는 다른 사람들, 즉 직접 노동자를 고용한 자본가들이 전유한다. 그러나 자본주의 계급과정과 자본주의 상품을 약간 자세하게 검토하기 전에 요점을 명확히 할 필요가 있다.

상품, 즉 시장에서 판매하기 위해 생산한 생산물이 오직 자본주의 계급구조 안에서, 그런 계급구조에 의해서만 생산될 필요는 없으며, 역사상 그러하지도 않았다. 예를 들어 노예가 직접 노동자라고 고려해보자. 노예가 생산하는 잉여는 노예주가 전유하여 시장에서 노예의 생산물을 판매한다. 마르크스주의 이론은 그것들을 노예제 상품으로 묘사한다. 수식어 '노예제'는 상품이 생겨나는 특수한 근본적 계급과정을 일컫는다. 대신에 봉건제 농민이 시장에서 판매되는 어떤 재화를 생산하는 잉여노동의 수행자이고 영주가 잉여노동의 전유자라면, 그 재화는 봉건제 상품이라 한다. 자본가들과 임금 노동자들이 각각 잉여노동의 전유자와 수행자라면, 생산물은 자본주의 상품이다. 상품과 시장의 존재가 자본주의 계급구조의 존재와 같은 의미는 아니다.

시장은 자원과 생산물을 분배하는 과거와 현재의 다양한 사회제도 가운데 하나이다. 계급구조는 잉여를 생산, 전유, 분배하는 체계이다. 시장은 다른 종류의 계급구조(봉건제, 노예제, 공산주의, 고대, 자본주의)와 상존할 수 있다. 마찬가지로 그런 계급구조는 자원과 생산물을 분배하는데, 다른 비시장제도를 이용할 수 있다. 마르크스주의 이론에서는 시장과 자본주의 계급구조를 혼동하거나, 일치시키는 필연성이나 근거가 없다.

마르크스와 마르크스주의 이론은 종종 두 가지 주된 이유로 상품을 논하면서 시작한다. 첫째, 대부분 현대 사회는 역사적인 이유에서 자원과 생산물을 분배하는 주요 제도로서 시장과 상존할 수 있는 자본주의 계급

구조를 가지고 있다. 둘째, 다른 주요한 경제 이론들, 즉 고전파 및 신고전학파 경제학과 케인스주의 경제학도 경제학을 시장과 상품에 대한 연구라고 정의할 수 있을 정도로 거의 그런 대상들에만 초점을 맞춘다. 마르크스 이후의 마르크스주의자들은 자신들의 작업을 먼저 독자들이 경제학 교과서의 대상으로 기대하는 것, 즉 상품과 시장을 논함으로써 자신들의 작업을 시작하는 것이 현명하다고 생각했다. 그러나 그들은 재빨리 독자들을 그런 대상들에서 마르크스주의 경제학의 독특한 입구점인 일반적 계급과정과 자본주의 형태의 특수한 근본적 계급과정 및 부차적 계급과정으로 이끌었다.

마르크스의 자본주의 상품 노동가치론

직접 노동자들이 자신의 일할 능력을 상품(노동력)으로 판매할 때, 그들은 이를 화폐와 교환한다. 노동력의 구매자들은 판매할 재화와 서비스를 생산하기 위해 구입한 설비 및 원료를 가지고 일할 수 있도록 노동력을 배치한다. 그 생산물은 시장에서 화폐와 교환된다. 그러면 상품의 세 가지 가치를 비교할 수 있게 되는데, 노동력의 가치, 생산에 들어간 다른 투입물의 가치(설비 및 원료), 판매된 생산물의 최종 가치이다.

소모된 설비 및 원료의 가치와 판매된 상품의 가치는 노동가치론의 차원에서 명확하게 이해된다. 상품의 투입물과 산출물의 가치는 그것들에 들어있는 노동의 양으로 결정된다. 여기서 '노동'의 의미는 각 상품을 생산하는 데 필요한 평균 노동량이다. 개별 노동자들의 상이한 숙련도는 평균화 되어서 각 상품을 생산하는 데 드는 '사회적 필요' 노동(마르크스가 그렇게 부름)을 결정한다. 개별 노동자의 생산성이 아니라 그런 평균 생산성이 각 상품의 가치를 결정한다.

노동력의 가치를 이론화하는 것은 약간 더 복잡하다. 노동력의 가치는 노동자들이 매일 자신의 노동력 판매를 유지하기 위해 필요한 재화와 서비스의 가치와 같다고 이해한다. 달리 말해서, 직접 노동자들이 소비하는 상품의 가치는 그 소비로 재생산된 노동력의 가치와 같다. 노동력의 구매자는 직접 노동자들이 매일 그 노동력을 재생산하는 데 드는 비용을 대가로 지불해야만 한다.

마르크스의 이론을 보여주기 위해서 하나의 상품, 즉 의자의 가치를 간단한 예로 들어보자. 조립라인 공장에서 의자를 생산하는 데 **현재**노동이 평균 8시간 든다고 가정하자. 그리고 현재 의자 하나를 생산하는 데 소모된 도구, 설비, 원료(접착제, 해머, 못, 나무 등)를 생산하기 위해 다른 노동자들의 **과거**노동이 평균 6시간 들었다고 가정하자. 소모된 투입물들의 가치는 최종 생산물의 가치로 이전된다. 그러면 마르크스의 이론에서 의자 하나의 가치는 14시간인데, 의자 생산에 소모되고 의자의 가치에 이전된 도구, 설비, 원료에 들어있는 과거노동(6)에 현재 소비된 산노동(8)을 더한 합계이다. 현재 수행된 산노동(8)은 생산에 소모된 도구, 설비, 원료(6)에 가치(8)를 부가하여 의자의 가치(14)를 구성한다. 우리의 예를 계속 간단하게 하기 위해 하루 평균 노동일이 8시간이라고 가정한다. 따라서 8시간 하루 노동은 14의 가치를 지닌 의자 하나를 생산한다.

다음으로 우리는 직접 노동자들의 하루 노동력(일할 능력)의 가치를 살펴보겠다. 이 가치는 직접 노동자가 매일 자신의 노동력을 재생산하고 판매하려면, 노동력 구매자 즉 고용주가 임금으로 지불해야 하는 것이다. 임금소득 직접 노동자가 매일 구매하고 소비하는 재화 및 서비스 묶음이 평균 여섯 시간을 지니고 있다고 가정하자. 달리 말해서 노동자들이 자신의 노동력을 재생산하고 판매를 유지하는 데 필요한 임금재(음식, 옷, 주거지, 오락, 여행 등등)를 생산하기 위해 6시간의 사회적 필요 노동시간이 든다는 것이다. 따라서 노동력의 구매자는 직접 노동자에게 하루 임금으로 그 노동력의 가치(6)를 지불해야 한다.

이제 마르크스주의 경제학에서 요점을 보여주기 위한 모든 것이 준비되었다. **산노동** 8시간 가치가 하루 상품 생산량 의자 1개에 들어 있다. 우리는 이 산노동에 LL이라고 꼬리표를 붙일 것이다. 그리고 과거 **체화노동** 6시간 가치는 소모되어서 의자의 최종 가치에 이전된다. 우리는 과거 체화노동에 EL이란 꼬리표를 붙일 것이다. 마지막으로 마르크스주의자들은 W를 상품 생산물의 가치를 가리키기 위해 사용하는데 이번 예에서는 이것은 의자의 가치(14)를 가리킨다.

상품 생산과정에 투입되고 산출되는 가치 간 관계식은 다음과 같이 쓸 수 있다.

$$EL+LL=W$$

여기서 체화노동EL(6시간)+산노동LL(8시간)은 생산된 총상품가치W(14)이다.

자본주의 상품생산의 노동가치론에 대한 이런 요약으로 마르크스주의 이론은 중요한 문제를 제기하고 답할 수 있다. 첫째 산노동을 수행하는 노동자들이 부가한 하루 가치(8)와 하루 임금으로 지불받는 노동력 가치(6)의 차액을 어떻게 이해해야 하는가? 마르크스가 이 질문에 대답한 하나의 방식은 자본주의 고용주가 하는 것처럼 이를 살펴보는 것이었다. 고용주는 도구, 설비, 원료를 구입하고 노동자들을 고용할 수 있는 화폐를 가지고 있을 필요가 있다. 우리의 예에서 이는 전자(6)와 후자(6)를 구매하는 데 드는 총 12의 자본을 의미한다. 이제 자본가가 의자 생산을 수행하는 동기 또는 유인이 분명해졌다. 이 구매자(자본가-옮긴이)의 비용은

12인데, 최종 생산물, 즉 의자의 가치는 14이다. 그리고 자본주의 체제에서 그 최종 생산물을 소유하고 판매하고 얻는 수입을 가지는 사람은 노동력의 구매자이다.

그래서 이 구매자는 의자 생산에서 더 많은 가치를 획득한다. 그런 더 많은(mehr) 가치(wert)에 대한 마르크스의 독일어 용어는 mehrwert(잉여가치)이며, 영어로 옮기면 surplus value(잉여가치)이다. 그 구매자는 더 많은 돈을 벌기 위해, 즉 잉여가치를 생산하고 획득하기 위해서 화폐를 사용하기 때문에, 마르크스는 이 구매자를 자본가로 정의했다. (대조적으로 다른 목적을 위해, 예를 들어, 사과를 구매해서 소비하기 위해 화폐를 사용하는 사람은 화폐를 자본으로서 사용하는 것이 아니며, 자본가가 아니다.)

잉여가치는 마르크스주의 이론의 중심 요소이다. 잉여가치는 다음과 같이 생산 내에서 그리고 생산으로부터 생겨난다. 직접 노동자는 생산일 동안 8시간 가치를 부가하지만 그것보다 적은 임금(우리의 예에서는 6시간. 노동력 가치와 같음)을 받는다. 직접 노동자가 부가한 가치는 직접 노동자에게 지불된 가치를 초과하며, 그 차액이 잉여가치이다. 자본주의 상품의 가치(자본주의 형태의 근본적 계급과정에서 생겨나는 자본주의 상품가치)는 그런 잉여가치를 포함한다. 마르크스주의 이론은 상품의 교환가치가 생겨나는 계급과정을 폭로하기 위해 상품의 교환가치를 분석(해독)한다.

자본주의 상품의 잉여가치

우리가 예로 든 의자에서는 고용된 노동자들이 하루 수행한 산노동(*LL*) 8시간은 두 가지 부분으로 분해될 수 있다. 첫 번째 부분에서 노동자들은 자신들의 노동력을 구매하는 대가로 자본가들이 지불해야 하는 것과 같은 가치(6)를 부가한다. 두 번째 부분에서 노동자들은 자신들의 노동력 대가로 지불받는 것을 초과하거나 그보다 더 많거나 잉여인 가치(2)를 부가한다. 마르크스주의 경제학의 차원에서 산노동의 부분은 지불되는 것과 지불되지 않는 것이 있다. 부불노동이 잉여가치를 생산한다.

이제 우리는 산노동(LL)을 두 가지 부분, 즉 지불노동(LL_p)과 부불노동(LL_u)으로 나누어서 앞의 방정식을 다음과 같이 다시 쓸 수 있다.

$EL+LL_p+LL_u=W$,

여기서 $LL=LL_p+LL_u$임.

이 방정식으로 마르크스주의 이론은 독자들이 상품분석에서 계급분석으로 이어지는 이론적 연결고리를 고려할 수 있도록 의도하는 결론을 끌어낼 수 있다. 잉여가치가 생산되고 이를 자본가가 수취하는 이유는 (1)자본가가 직접 노동자의 노동력을 구매하지만 (2)직접 노동자가 부가한 가치보다 적은 가치(임금)를 노동력의 대가로 지불하기 때문이다. 잉여가치는 직접 노동자의 산노동 가운데 부불부분이면서 직접노동자들이 생산한 총생산물 가운데 자본가가 전유하는 부분이다. 잉여가치는 자본주의 근본적 계급과정에서 잉여노동이 취하는 형태이다.

이런 근본적 계급과정은 생산의 노동과정과 시장의 상품 교환과정과 함께 일어난다. 마르크스주의 이론의 목표 가운데 하나는 근본적 계급과정과 부차적 계급과정을 강조하기 위해 세 가지 모든 과정, 즉 계급, 교환, 노동 과정의 복합적 상호관계를 밝히는 것이다. 대조적으로 신고전학파 및 케인스주의 경제 이론은 주로 교환과정과 시장에 1차적으로 초점을 맞추고 노동과정에는 아주 부차적으로 초점을 맞춘다. 그들은 마르크스주의 이론이 입구점으로 삼는 근본적 계급과정과 부차적 계급과정의 존재를 부정한다. 그래서 이 상이한 경제 이론들이 다른 결론에 도달하고 다른 방식으로 경제 사건을 해석하는 것이 놀랍지 않다.

마르크스주의 가치론 요약

마르크스주의 이론은 자본주의 상품에 실현되어 있는 체화노동과 산노동의 차원에서 상품의 가치를 설명한다. 산노동은 지불노동과 부불노동으로 나뉜다. 부불노동은 자본주의 고용주가 잉여가치로 전유하는 잉여노동의 자본주의 형태이다. 따라서 자본주의 상품은 마르크스주의 이론의 개념 중심인 계급과정의 차원에서 분석되며, 이 이론의 나머지 부분도 여기에 초점을 맞춘다.

마르크스주의 이론의 다중결정론 논리는 상품가치 설명에도 작동한다. 자본주의 상품을 생산하기 위한 사회적 필요노동의 양은 사회에 존재하는 다른 모든 과정에 의해 다중결정된다. 예를 들어 교환, 경쟁, 대부 같은 경제과정은 의자를 생산하는 데 얼마나 많은 노동이 필요한지에 영향을 줄 것이다. 또한 공장의 법 규정에서 기술혁신까지 정치과정 및 문화과정도 다중결정하는 데 영향을 줄 것이다. 고유한 방식으로 각 과정은 의자를 생산하는 데 사회적 필요노동의 양이 얼마가 되어야 하는지 영향을 미칠 것이다. 『자본』 전체에서 마르크스는 다양한 경제과정, 정치과정, 문화과정이 상품가치에 영향을 행사한다는 것을 보여줬다.

다중결정론의 역할은 체화노동 및 산노동과 상품 생산물의 가치와 관계를 만드는 기본 방정식의 차원에서도 보여줄 수 있다. 이는 양방향 관계식이 된다는 것을 의미한다.

$$EL + LL_p + LL_u \leftrightarrow W,$$

가치 투입물이 한 방향으로 생산물 가치를 결정한다고 추론하는 게 마르크스주의 이론의 생각이 아니다. 그렇게 생각하는 것은 본질주의 종류이며, 상품가치의 결정을 사회적 필요노동의 투입으로 환원한다. 대신에 마르크스주의 이론은 생산물도 투입물을 다중결정하는 데 참여한다고 주장한다.

예를 들어, 새로운 상품 생산물의 생산은 노동자들로 하여금 그런 상품을 수요하도록 유도할 수 있고, 그런 상품에 지불할 수 있는 임금 인상을 요구할 수 있다. 그리하여 이는 생산물(W)이 투입물(LL_p)에 영향을 미칠 수 있다. 다른 예는 의자를 제작하는 데 사용되는 새로운 기계라는 생산물에서 찾을 수 있다. 이 기계가 목재 이용의 효율성(의자 당 필요한 더 적은 보드 풋(board foot: 두께 1인치에 1평방미터인 널빤지의 부피 – 옮긴이))과 노동 이용의 효율성(기계 당 필요한 더 적은 노동자 수, 그래서 의자당 필요한 더 적은 노동자 수)을 바꿨다고 가정하자. 그런 경우 생산물(W)은 다시 여러 투입물(EL과 LL_p)에 영향을 행사한다. 다른 예를 들면, 어떤 상품 생산물의 가치는 이 상품과 관련 상품에 대한 구매자의 태도 변화를 유발할 수 있다. 생산물 가치(W)에 대한 구매자의 대응이 생산에 사용된 투입물의 양과 가치(EL과 LL)를 변화시킬 수 있다. 여기서 상품 생산물의 가치는 투입물에 영향을 준다. 그런 예는 끝없이 늘어날 수 있는데, 모든 생산물은 자신의 환경 안에 있는 모든 것에 영향을 행사하는데, 물론 이는 상품 생산을 위한 투입물도 포함한다.

마르크스주의 이론의 다중결정론 근거와 설명은 신고전학파 이론 및 케인스주의 이론의 환원주의와 대립한다. 신고전학파 이론은 가치에 대해 단일 방향 설명을 사용하여 가치를 미리 결정된 인간 본성과 그것의 세 가지 지배적 본질로 환원시킨다. 케인스주의 이론도 마찬가지로 가치를 미리 지배적 구조와 그것의 지배 법칙으로 환원시키는 단일방향 설명을 사용했다. 반대로 우리가 여기서 소개하는 마르크스주의 이론은 그 원인과 결과, 즉 투입물과 생산물이 상호 의존성을 가지게 하고, 그래서 그것들의 가치도 상호 의존적이며, 그래서 개인 또는 사회의 측면이 미리 결정된 것이 아니다. 이런 마르크스주의 이론에 아주 대조되는 것으로 전통적 마르크스주의는 비마르크스주의 이론들에 있는 것과 아주 비슷한 본질주의를 보여준다. 이런 유사성에도 불구하고 전통적인 마르크스주의는 가치를 궁극적으로 주어진 (미리 결정된) 기술적 및 물리적인 노동 필요조건(생산력)으로 환원시킴으로써 인간 본성 또는 구조 법칙과 다른 본질을 제공했다.

전통적인 마르크스주의의 본질주의 추론은 또한 논리적 모순을 만들어서 비판자들에게 자신의 가치 및 잉여가치 이론을 논박하고 기각할 무기를 제공한다. 많은 비판자들의 이념적 목표를 고려할 때, 그들은 다양한 해석과 이론화 가운데 하나의 논리적 모순에 기초하여 모든 마르크스주의를 기각했다. 우리는 노력을 기우려서 이 장의 부록B에서 그 논쟁에 대해 잠시 개괄하고 있으며 다중결정론 관점이 어떻게 그리고 왜 가치의 이해에서 논리적 모순의 문제를 해결하는지 설명한다. 그 결과 다중결정론 관점은 마르크스주의 이론이 어떻게 경제가 작동하는지 이해하는데, 가능성 있고 경쟁할 수 있는 방법으로 지속하게 해준다.

자본가와 노동자

이 책에서 논의하는 마르크스주의 이론은 선과 악, 강함과 약함, 부와 가난, 힘있음과 힘없음 같이 단순한 이분법을 기각한다. 오히려 자본가와 노동자에는 다양한 종류가 있고, 서로 다양한 종류의 관계에 관련되는 것으로 보여준다. 자본가와 노동자에 대한 마르크스주의 이론의 분석은 현대 사회이론에서 독창적이다.

자본가는 누구인가

마르크스주의 이론은 '자본가'를 잉여가치 형태로 된 잉여노동의 전유자로서 초점을 맞춘다. 이는 노동력과 다른 생산수단을 구매하고 결합하여 상품을 생산하고 판매하는 종류의 자본가로 강조해준다. 그러나 이 이론은 또한 잉여노동을 전유하지 않는 다른 종류의 자본가도 인식한다. 우리는 다른 종류의 자본가들을 명확히 하기 위해 마르크스의 표기법을 도입할 수 있다.

모든 자본가들은 가치 총액으로, 보통 화폐 형태의 가치총액 M을 가지고 시작한다. 자본가의 목표는 이 화폐를 사용하여 돈을 버는 것, 즉 원래 M의 증가분 ΔM을 얻는 것이다. 이는 수학적으로 $M \rightarrow M+\Delta M$으로 표기할 수 있다. 우리가 논의한 종류의 자본가들은 시장 구매활동을 통해 원래 M을 노동력, 설비, 원료로 전환한다. 마르크스는 노동력에 대한 지출을 '가변자본' 또는 V라고 부르는데, 이 용어를 선택한 것은 이 자본 구성요소가 가치를 증가시키거나 가치를 변화시킨다는 생각을 나타내기 위해서다. 마르크스는 설비와 원료에 대한 지출을 '불변자본' 또는 C라고 부르는데, 이 용어를 선택한 것은 이 자본 구성요소의 가치는 변하지 않은 채 생산되는 최종 상품으로 이전된다는 생각을 반영한다. 따라서 체화노동의 구매와 생산과정에서 이것의 소모는 정확하게 그 가치만 생산된 상품 생산물에 이전한다. 다음의 미완성된 표현이 이 마르크스주의적 접근법을 요약한다.

$$M = C + V \rightarrow W = M + \Delta M.$$

이 방정식은 가치 총액 M으로 시작해서 증가한 가치 총액 $M+\Delta M$으로 끝난다. ΔM은 자본이 근본적 계급과정에 참여하면서 만든 증가분을 가리킨다. ΔM은 자본주의 생산과정에서 원래 화폐 총액에 더해지는 잉여가치이다. 마르크스은 이 변화를 '가치의 자기증식'로 정의했다. 그런 후 그는 다음과 같이 자본주의 상품 생산 방정식을 완성했다.

$$C + V + S = W.$$

이 방정식은 앞의 방정식과 정확하게 일치하는데, 왜냐하면 $C = EL$이고, $V = LL_p$이고, $S = LL_u$이기 때문이다. 자본가들은 판매할 상품에 투하된 잉여노동을 전유함으로써 $C+V$를 W로 만듦으로써 자본의 증식을 성취한다. 생산과정에서 S가 추가되고, 자본가가 이 S를 전유하기 때문에 초기 자본 $C+V$는 W로 증가한다. 자본의 자기 증식률 계산은 다음과 같다.

$$\frac{\Delta M}{M} = \frac{S}{(C+V)}$$

이 비율이 상승하면, 자본은 자본증식에 상대적으로 성공하며, 그 비율이 하락하면, 문제가 된다.

마르크스주의 이론은 이런 종류의 자본가들을 다른 종류의 자본가들과 구별하기 위해서 '생산적'이라는 이름을 붙였다. 모든 자본가들은 잉여가치를 전유하지만 오직 생산적 자본가들만 직접노동자들의 잉여노동을 전유함으로써 생산적이게 된다. 이는 밀접하게 연결된 두 가지 질문을 제기한다. 어떤 다른 종류의 자본가들이 존재하는가? 사람은 어떻게 잉여

노동을 전유하지 않으면서 잉여가치를 전유할 수 있는가?

마르크스주의 이론은 자본을 어떤 사회적 과정을 거쳐서 자기증식하는 화폐 총액으로, 말 그대로 '자기증식하는 가치'로 정의한다. 근본적인 계급과정은 가치 총액 M이 자기증식하여 $M+\Delta M$이 되는 하나의 방법이다. 그러나 근본적인 계급과정은 가치가 자기증식하는 유일한 방법은 아니다.

이자를 받고 화폐를 대부하는 것은 또 다른 방식이다. M을 어떤 사람에게 대부하여, 원금과 이자 $M+\Delta M$을 돌려받게 되면, 이자 ΔM은 대부자를 위한 잉여가치이며, 대부자 자본의 자기증식 액수이다. 또 하나의 예는 토지를 임대하는 과정이다. 가치 총액 M이 토지 구매를 위해 지출된다. 그런 다음 계약된 기간 동안 임대료 ΔM을 대가로 다른 사람에게 이 토지 사용권을 준다. 임대료는 토지 소유자의 잉여가치이다. 세 번째 예는 상업 자본이다. 상인들은 전형적으로 화폐액수 M을 가지고 시작하는데, 이 화폐로 상품을 구매해서 구매가격보다 높은 가격으로 되판다. 이 판매로부터 얻은 수입 $M+\Delta M$은 상인을 위한 잉여가치 ΔM을 포함한다. 상인의 화폐는 판매를 위한 구매라는 일련의 시장 교환과정에 참여함으로써 자본(자기증식하는 가치)이 된다.

화폐대부 자본, 부동산 자본, 상업 자본은 '비생산적' 자본이라 하는데, 잉여노동과 관련되지 않기 때문이다. 이런 자본들의 자기증식은 생산에서 일어나지 않는다. 어떤 사람이 다른 사람에게 이자를 대가로 화폐를 대부하면, 대부자는 대출자를 고용하거나 대출자로부터 상품을 얻는 것이 아니다. 대출자는 대부자가 빌려주었던 것보다 더 많은 돈을 돌려주어야 한다. 대부자의 이득은 대출자에게 손실이 된다. 대부-대출 관계에서 새로운 가치는 생산되지 않으며, 노동 또는 잉여 노동이 수행되지 않으며, 새로운 상품도 생산되지 않는다. 부동산을 임대하거나 상업 거래를 통해서 얻는 잉여가치에도 똑같이 적용된다.

반대로 '생산적' 자본은 생산에 참여하는 더 정확하게는 자본주의 근본적 계급과정에 참여하는 자기증식하는 화폐로 정의된다. 그것에 고용된 직접 노동자들은 잉여노동을 수행하는데, 이 노동의 열매는 고용주들이 전유한다. 그리하여 고용주가 획득하는 잉여가치는 생산적 자본의 자기증식 크기를 보여준다. 비생산적인 자본가들은 거의 일반적으로 수천년 동안 존재했다. 고대 사회 기록은 화폐 대부자, 상인, 토지 임대사 등의 존재를 보여준다. 생산적 자본가들은 17세기 전에는 아주 적게, 산발적으로 존재했던 것 같지만 그 이후에는 현대 역사에서 전형이 되는, 힘 있고 사회적으로 지배적인 집단이 되었다.

마르크스주의 이론은 계급이라는 입구점을 고려하여 자본가들 간 차이를 강조한다. 마르크스주의 이론은 생산적 자본가들의 특수한 사회적 역할과 중요성을 정확하게 알아내기 위해 그렇게 했다. 왜냐하면 현대 사회에서 잉여노동을 전유하는 이들은 주로 생산적 자본가들이기 때문이다. 마르크스주의 이론에서 생산적 자본가들은 근본적인 계급과정 꼭대기에 앉아 있는 개인들을 나타낸다. 그래서 그들은 현대 자본주의 사회구성체 계급분석의 중요한 대상이다.

노동자는 누구인가

자본가처럼 노동자도 생산적 노동자와 비생산적 노동자가 있다. 생산적 노동자는 자신의 노동력을 생산적 자본가에게 판매해서 잉여노동을 수행하는 이들이다. 이 잉여노동은 생산적 자본가가 전유한다. 그러나 비생산적 노동자도 자본주의 계급구조에서 중요한 기능을 수행한다. 비생산적 노동자는 자신의 노동력을 자본가에게 판매하지만 **잉여노동을 수행하지 않는다.** 마르크스주의 이론은 생산적 자본가와 비생산적 자본가 간 차이를 강조할 뿐만 아니라 생산적 노동자와 비생산적 노동자도 마찬가지로 구별한다.

비생산적 노동자 예는 다음과 같다. 내가 당신에게 다음 주 토요일 2시간 동안 정원에서 일할 능력을 판매한다고 가정하자. 당신은 나의 시간과 노력에 30달러를 지불하기로 동의했다고 가정하자. 내가 정원에 가면 당신은 나에게 정원 손질을 하도록 지시한다. 나는 노동자이기에 나의 노동력을 판매한다. 나는 도구들을 사용하며, 노동과정에 참여한다. 그러나 고용주가 판매할 상품을 생산하지는 않는다. 나는 잉여노동을 수행하지 않기에, 당신은 잉여가치를 실현하지 않으며, 그래서 당신은 어떤 잉여도 전유하지 않는다. 이런 우리 사이의 관계에서 나의 노동은 비생산적이며, 내가 판매하는 노동력은 비생산적이다.(정원 손질하는 2시간 노동이 채소의 생산과 판매의 부분이 되면서 우리의 관계가 바뀐다면, 나의 노동은 생산적인 것이 된다. 달리 말해서, 우리의 관계에 근본적 계급과정을 부가함으로써 같은 노동이 생산적으로 된다.)

두 번째 예를 들어 보자. 내가 내 노동력을 생산적 자본가에게 판매한다. 앞에서 나왔던 의자를 만들고 판매하는 기업이 하나의 예가 될 수 있다. 그러나 생산적 자본가는 의자를 생산하기 위해 내 노동력과 설비 및 원료와 결합하지 않는다. 오히려 생산적 자본가가 나에게 생산적 노동자들이 잉여노동을 수행할 수 있는 어떤 조건을 제공하도록 지시한다. 그와 같은 하나의 조건이 관리 감독이다. 생산적 자본가는 나에게 생산적 노동자들이 최대로 가능한 잉여 노동을 수행하고, 지각하지 않고, 동료와 쉬거나 얘기하지 않게 감독하도록 지시한다. 이런 경우 나는 비생산적 노동을 수행하는데, 왜냐하면 나의 노동력은 자본가가 판매하는 상품을 생산하는 직접적인 역할이 아니기 때문이다. 생산적 자본가가 고용한 노동자들 가운데 상품에 투하되는 ①잉여노동을 수행하지 않고, 대신에 ②생산적 노동자들이 잉여를 생산하는 조건을 제공하는 모든 노동자들에게 비생산적이라는 꼬리표를 붙일 수 있다.

또 다른 종류의 비생산적 노동은 비생산적 자본가가 고용한 노동자들이 수행하는 것이다. 예를 들어 상업 회사, 화폐대부 회사, 부동산 임대 회사의 직원들은 고용되어 임금을 받으면서 노동을 한다. 하지만 그런 노동은 잉여노동이 투하된 상품을 생산하는 것과 직접적으로 관련이 없다. 오히려 앞에서 논의한 비생산적인 방법으로 비생산적(상인, 은행가, 지주) 자본가들의 자본증식을 돕는 것과 관련된다.

마르크스주의 이론을 이해하려면 생산적 노동자와 비생산적 노동자의 차이가 자본주의 구조의 생존과 재생산에 중요한 문제는 아니라는 것을 인지하는 게 중요하다. 두 종류의 노동은 필수 불가결하지만, 서로 다른 방식으로 그러하다. 생산적 노동자들은 생산적 자본가가 전유하는 잉여를 생산한다. 비생산적 노동자는 생산적 노동자들이 잉여를 생산하는 데 필수적인 조건을 제공한다.

'생산적'과 '비생산적'이라는 수식어는 마르크스주의 이론에서 근본적 계급과정에 참여하는 임금 노동자와 그렇지 않은 임금 노동자를 구별하는 방식이다. 이 두 부류의 노동자는 자본주의 경제에서 다른 압박에 처해 있고, 다른 역할을 한다. 이 수식어들은 자본가를 구별할 때 사용된 의미와 같은 역할을 한다. 두 경우에서 구별의 목적은 현대 자본주의 근본적 계급과정의 존재 및 특수성과 근본적 계급과정이 다른 많은 비계급과정과 다중결정된 관계를 강조하는 것이다.

착취

사람들은 오랫동안 착취라는 단어를 여러 방식으로 사용했다. 긍정적인 면에서 이 말은 때때로 '원시림과 내(川)의 기회를 이용하는(exploit) 개척인의 경우'처럼 '자원을 좋게 이용한다'는 의미를 가지고 있다. 그러나 더 자주 그 말은 '사람 또는 자원을 이용하거나 학대한다'는 부정적인 의미로 사용된다. '부모들이 자식들을 이용한다' 또는 '정부가 소수자들을 이용했다' 같은 문구는 이런 부정적인 사용의 예를 보여준다. 마르크스주의 이론은 '착취'에 완전히 다른 의미를 부여한다.

마르크스주의 이론에서 '착취'는 잉여노동을 수행하는 사람과 잉여노동을 전유하는 사람이 다른 근본적 계급과정을 나타낸다. 그러므로 잉여 전유자는 잉여 생산자를 착취하는 것으로 이해된다. 근본적 생산과정의 공산주의 형태와 고대 형태는 착취적이지 않았는데, 잉여노동 수행자들이 집단적으로 또는 개별적으로 자신의 잉여노동을 전유했기 때문이다. 노예제, 봉건제, 자본주의적 형태는 착취적이다.

자본주의 근본적 계급과정은 생산적 자본가의 생산적 노동자 착취와 관련된다. 마르크스주의 이론은 착취의 질(봉건적인지, 자본주의적인지 등)과 양(잉여가치의 양과 이것과 투자된 자본가치 및 총생산량의 관계)의 차원 모두와 관련된다. 우리가 앞서 표기한 조건에서는 잉여가치의 크기 S는 생산적 노동자의 노동시간과 노동력의 가치 간 차이에 좌우된다. 마르크스주의 이론에서 착취의 의미를 보기 위해 우리는 이 가치들 간 관계를 더 면밀하게 살펴보겠다.

일반적으로 노동력의 가치 V는 두 가지 사회적 조건에 의존한다. 첫째, 노동자들이 자신의 노동력을 계속 판매하기 위해서 어떤 종류의 상품이 얼마나 필요한가? 둘째, 그런 필요 상품들을 생산하기 위해 얼마나 많은 사회적 필요노동이 요구되는가? 두 가지 조건은 국가마다 시기마다 다르다. 어떤 시기에 노동력의 가치 V는 필요 상품 숫자 곱하기 각 상품을 생산에 들어가는 사회적 필요노동의 양이다.

노동자들이 더 높은 생활수준에 익숙해지면(때때로 '실질임금'이라고 부름),

더 많은 상품을 요구하게 되고, 따라서 노동력 가치가 더 높아진다. 그러나 상품생산이 더 효율적이게 되면, 각 상품을 생산하는 데 평균적으로 더 적은 시간이 요구된다. 이는 각 상품이 더 적은 가치를 가지게 됨(이 상품을 생산하는 데 더 적은 사회적 필요노동시간을 요구하게 됨)을 의미한다. 이는 노동력의 가치가 낮아지게 하는데, 노동자들이 소비하는 개별 상품에 더 적은 가치가 들어 있기 때문이다.

간단한 방정식으로 이 점을 분명하게 보여줄 수 있다.

$$V=e \cdot q$$

$e \cdot q$는 필수 임금재의 총량(q)에 단위당 가치(e)를 곱한 것이다. (노동자의 실질임금의 상승으로) q가 증가하는 것에 비해 e가 하락(임금재 단위당 가치의 하락으로)하면, 노동자들의 생활수준은 상승하나 노동력의 가치는 하락한다. 그런 상황이 마르크스 사후 자본주의 경제의 특징이 되어왔다. 이는 지난 수백 년 동안 생산적 노동자들이 착취 증가와 실질임금 상승을 경험했다는 것을 의미한다. 이런 놀랄만한 통찰과 가르침은 마르크스주의 이론에 독창적인 것이고 다른 이론들에서는 가능하지 않는 것이다.

마르크스주의 이론에서 '가치'는 '사회적 필요 노동시간'의 다른 말이기 때문에, 모든 것의 가치는 그것을 생산하기 위해 지출된 시간, 즉 그것을 생산하는 데 얼마나 많은 시간이 걸렸느냐에 좌우된다. 평균적 노동자들이 수행한 노동일이 더 많을수록 그 노동자들은 더 많은 가치를 부가하게 되며, 그들이 더 적은 시간을 노동할수록 더 적은 가치를 부가한다. 노동력 V라는 특수한 가치를 고려할 때, 잉여가치의 크기 S는 노동과정에서 노동자들이 평균적으로 얼마나 많은 시간을 부가하는지에 좌우된다. 노동자들이 생산한 잉여가치는 노동력이 부가한 가치와 노동력의 가치

간 차이만큼 커지거나 작아진다.

$$S = [S+V] - V$$

이것을 보여주는 다른 방법은 노동일 동안 부가된 가치에 관심을 두는 것이다. 노동일의 길이는 다음 선분 AB로 표현된다.

A ________________ B

선분 AB의 길이는 생산적 노동자가 하루에 부가한 모든 가치, 즉 8시간 가치를 나타낸다. 이제 우리는 이 선분을 두 부분으로 나눌 수 있다.

A _______ X _______ B

선분 AX의 길이는 노동력의 가치와 정확하게 일치하는 부가된 가치의 양 $AX=V$를 나타낸다. 노동자가 자신의 노동력에 대한 대가로 AX를 지불 받는다고 가정하면 노동일동안 수행한 노동 가운데 이 부분을 '지불노동'이라고 부른다. 그러면 선분 XB는 노동자가 수행한 잉여노동과 자본가가 전유한 잉여가치 S를 나타낸다. 실제 선분 XB는 노동자들이 노동일 가운데 지불받지 않고 부가한 가치를 생산한 시간을 나타낸다.

노동일 가운 데 두 부분 S와 V의 비율은 마르크스의 착취율이다.

$$착취율 = \frac{XB}{AX} = \frac{S}{V}$$

착취율은 생산적 노동자들이 수행한 필요노동에 대한 잉여노동의 비율을 나타낸다. 이는 자본주의 근본적 생산과정의 양적인 척도를 제공하는데, 생산적 자본가들이 생산적 노동자들로부터 얼마나 효과적으로 잉여가치를 전유하는지를 보여준다.

원래 들었던 의자 예를 보면 지불노동은 6시간이고 부불노동은 2시간인데, 이 의자 회사의 착취율을 계산하면 $\frac{LL_u}{LL_p}=\frac{2}{6}$ 이다. 노동력의 가치 LL_p는 불변인데, 노동일 LL이 늘어나면 즉 9시간이 되면, 잉여가치 LL_u는 3시간으로 증가된다. 이 경우 착취율은 $\frac{3}{6}$으로 상승한다.

마르크스는 노동일과 노동주의 길이에 대한 당시의 사회적 갈등을 해석하기 위해 자신의 이론을 사용했다. 18세기 19세기 유럽에서 자본주의가 확산되면서 생산적 노동자들은 종종 13시간 14시간 16시간 노동일을 요구받는 게 당연한 일이었다. 영국의 찰스 디킨스(Charles Dickens)와 프랑스의 에밀 졸라(Emile Zola)의 소설에서는 그런 환경에 있는 노동자들의 생활조건을 자세하게 묘사하고 있다. 이런 긴 노동일은 $\frac{XB}{AX}$를 늘림으로써 생산적 자본가들을 이롭게 했다. 같은 임금으로 노동자들은 더 긴 노동시간을 강요당했고, 그 긴 노동시간의 열매는 자본주의 고용주에게 돌아갔다. 마르크스주의 용어로 생산적 자본가는 노동일을 늘려서 노동착취율을 증가시켰다. 놀랍지 않게 생산적 노동자들은 끝내 투쟁하기 시작했는데, 노동조합을 조직하여 노동일의 길이를 제한하는 법을 만들기 위해 싸웠다. 주요 사회운동과 투쟁은 진화하여 노동일의 길이를 8시간으로 노동주의 길이를 40시간으로 제한하는 법을 얻어냈다. 이는 미국에서 현재까지 기본법으로 되어 있다.

그러나 자본주의 근본적 계급과정의 논리는 자본가들이 끊임없이 노동일 또는 노동주의 길이에 대한 문제를 다시 제기하도록 작동했다. 따라서 오늘날 미국에서 고용주들은 '자발적인 또는 강요된 초과근무'를 추구하며, 이를 종종 얻어내는데, 이는 현재 노동일 또는 노동주 연장이라고 불리는 것이다. 자본가들은 무감하고 탐욕에 사로잡혀 있기 때문이 아니라 자신들의 생존이 부분적으로 생산적 노동자들을 얼마나 효율적으로 착취하는지에 달려 있기 때문에 그렇게 한다. 노동시간 연장은 착취를 강화하는 하나의 방법이다.

착취율을 높이도록 생산적 자본가에게 가해지는 압박은 다름 아닌 자본가 경쟁이다. 각 자본가는 잉여노동 전유자로서 자신의 위치를 지키기 위해 행동하면서, 각자의 위치를 지키려 하는 다른 자본가들의 능력을 위협한다. 예를 들어, 한 자본가는 가치를 낮추고 그리하여 생산물당 가격을 낮추는 새로운 기술로 혁신한다. 뒤에서 설명하듯이, 이런 행동은 같은 종류의 생산물을 생산하는 모든 자본가의 생존에 위협이 된다. 자본가들 사이의 끊임없는 긴장 상태가 그 결과이다. 각 자본가는 다른 자본가들이 혁신하고 성장하고 생존하려는 시도의 결과를 두려워한다. 각 자본가는 각자의 조치를 취하면서 그런 결과를 상쇄하기 위해 싸우는데, 이는 단지 다른 자본가에게 새로운 위험과 대응만 유발한다. 마르크스주의 이론에서 경쟁은 생산적 자본가들에게 모든 종류의 행동을 유발하는 위험과 위협의 상호의존적인 관계인 것으로 이해된다. 그러나 자본가 경쟁 논의로 방향을 틀기 전에, 우리는 자본가들이 착취율을 높이려고 할 때 생산적 노동자에게 미치는 영향을 고려할 필요가 있다.

계급투쟁

생산적 노동자들이 착취율을 높이려는 자본가들에게 어떻게 대응하는가? 자신들이 마주하고 있는 복잡한 상황에 따라 생산적 노동자들은 단순히 더 많은 부불노동을 수행하는 것을 받아들일 수 있다. 한편으로 그들은 착취 증대를 위장하거나 부인하는 생각과 주장을 받아들일 수도 있다. 다른 한편, 이런 상황을 받아들이지 않는 것으로 결정할 수도 있다. 그들은 홀로 행동할 수도 있고 모든 부류의 동맹자들, 즉 배우자, 비생산적 노동자들, 고대 계급과정과 관련된 사람들, 선출된 정부관료 등과 함께 행동할 수도 있다. 그들은 자신들의 노력을 특정 고용자들에게 한정할 수도 있다. 그리고 그들은 자본주의 근본적 계급과정의 양적인 차원의 변화를 요구하는 사회운동을 조직하는 데 일조할 수도 있다. 예를 들어 노동일 또는 노동주의 길이를 줄이는 새로운 법 말이다.

자본주의 근본적 계급과정에 대한 투쟁이 뒤따르는데, 이 경우에는 *XB*와 *AX*의 비율, 즉 착취율에 대한 투쟁이다. 상이한 계급과정 및 비계급과정의 모든 방식에 관련된 모든 부류의 사람들은 이 투쟁에 편을 나눈다. 한쪽은 S/V를 높이기 위해 싸우고, 다른 쪽은 S/V를 낮추기 위해 싸운다. 이것은 계급과정에 대한 투쟁이기 때문에 마르크스주의 이론은 이것을 '계급투쟁'이라고 부른다.

생산적 노동자들의 노동조합이 임금 인상을 위해 압박하는 것은 계급투쟁이다. 경영진이 생산적 노동자들에게 강제 초과근무를 받아들이도록 압박하는 것은 계급투쟁이다. 국회에서 최저임금을 인상하기 위한 법에 대해 두 집단의 국회의원이 싸우는 것은 계급투쟁이다. 이런 각각의 예는 계급투쟁인데, 투쟁의 대상 때문에 그렇다. 투쟁 집단은 계급과 비계급과정의 모든 방식과 관련된 사람을 포함하지만, 그들의 투쟁은 계급투쟁인데, 계급이 그들 투쟁의 대상이기 때문이다.

혼합된 사람의 집단이 학교 교과목, 의료 윤리, 범죄 사법 절차, 평등한 정치권리 같은 비계급과정에 대해 싸울 때 이런 것들을 비계급투쟁이라고 말한다. 사회는 계급 및 비계급투쟁의 계속 변화하는 혼합과 관련된다. 마르크스주의 이론이 계급에 초점을 맞추기 때문에 이 이론은 항상 계급투쟁의 위상을 설정하고 계급투쟁의 정체성을 밝히고 사회에서 일어나는 다른 과정 및 투쟁과 계급투쟁을 연결 짓는 데 관심을 두었다.

계급투쟁은 자본주의에서 착취율 같은 근본적 계급과정의 양적인 측면만 관련되는 것이 아니다. 인간 집단들은 계급과정의 질적인 측면에 대해서도 투쟁한다. 예를 들어 쟁점이 근본적 계급과정 내에 지불 노동시간과 부불 노동시간의 비율이 아니라 근본적 계급과정의 다른 형태가 될 수도 있다. 한쪽에서는 자본주의 잉여노동 생산형태를 보존하는 것을 원할 수 있다. 다른 쪽은 근본적 계급관계를 다른 형태로 말하자면 공산주의 형태로 바꾸는 것을 원할 수도 있다. 이 역시 계급투쟁인데, 투쟁의 대상이 계급과정이기 때문이다. 이때 투쟁은 근본적 계급과정의 양적인 차원이 아니라 질적인 형태에 대한 것이다. 물론 사람들은 근본적 계급과정의 양과 질에 대해 동시에 투쟁할 수 있다.

지금까지 논의한 계급투쟁은 근본적인 계급과정과 관련되지만 사회 집단들은 부차적인 계급과정에 대해서도 투쟁한다. 부차적인 계급투쟁은 잉여 전유자의 잉여 분배의 크기와 형태 그리고 분배되는 잉여의 수취자와 관련된다. 예를 들어 뒤의 자본주의 부차적 계급에서 생산적 자본가가 신용을 얻기 위해 은행가에게 이자를 지불하는 것에 대한 부차적 계급투쟁을 자본주의가 어떻게 포함하는지 보여준다. 자본주의 부차적 계급은 또 생산적 자본가들의 국가 세금 납부와 관리자로 고용하고 있는 비생산적 노동자들에 대한 봉급 지급과 생산수단 소유자들에 대한 배당 지급에 대해 벌어지는 부차적 계급투쟁도 자세하게 서술하고 있다.

마르크스주의 이론은 일반적으로 사회에서 발생하고 사회에 영향을 주고 사회를 변화시키는 상이한 많은 계급투쟁(근본적, 부차적)을 살핀다. 그런 계급투쟁은 계급과정의 질적인 차원 또는 양적인 차원과 관련되거나 두 차원 모두와 관련된다. 마르크스주의 이론에서 계급투쟁은 계급과정과 같으며, 둘 다 사회에서 일어나는 다른 모든 과정과 투쟁에 의해 다중결정된다.

전통적으로 마르크스주의자들은 근본적 계급과정의 질적인 변화(때때로 '혁명적' 관점으로 일컬어진다)에 대한 필요를 강조함으로써 자신들의 관점을 다른 사회 개혁가들의 관점과 구별했다. 마르크스주의자들은 자본주의 근본적 계급과정을 정의롭고, 평화롭고, 민주적인 사회의 건설에 주요한 장벽으로 보았다. 그들은 그와 같은 사회 건설의 추구를 다른 이들에게 선언했다. 자본주의 근본적 계급과정과 부차적 계급과정을 고려하지 않고, 그런 계급과정들이 현대 사회의 나머지 부분들과 어떻게 상호작용하는지 이해하지 않으면, 우리가 원하는 방향으로 사회를 성공적으로 바꿀 수 없을 것이다. 마르크스주의 이론은 사회분석을 뛰어넘는 목표를 가지고 있기 때문에 계급을 체계적으로 고려하며, 사회 변화를 위한 운동에 영향을 주려고 하며, 계급 변화를 자신들의 의제에 포함시킨다. 물론 우리가 지금까지 살펴본 다른 경제 이론들은 다른, 즉 비계급 측면을 자신들의 다른 의제에 포함시킨다.

산업 자본가 기업들의 복잡성

생산적 노동자로부터 잉여가치를 전유하는 생산적 자본가는 개인 또는 개인들의 집단(전형적인 현대 기업 이사회)일 수 있다. 두 경우에서 잉여가치의 전유는 일반적으로 상품 생산 '회사' 또는 '기업'이라고 불리는 장소에서 아주 말 그대로 일어난다. 그런 장소는 잉여가치 분배, 즉 자본주의의 부차적 계급과정의 공간이기도 하다. 앞으로 우리는 생산적 자본가들을 '산업 자본가'로 부르며, 비생산적 자본가(예를 들어 상업 자본가, 화폐대부 자본가, 부동산 임대 자본가)와 구별할 것이다.

많은 비계급과정은 산업 자본가의 회사 내에서 (잉여가치를 전유하고 분배하는) 자본주의 계급과정과 함께 일어난다. 거기서 문화과정은 연설, 모든 종류의 기업사·보고서·전망 작성, 상품 고안, 신제품 개발을 목적으로 하는 아이디어 등등을 포함한다. 정치과정은 이 기업 안에서 일하는 사람들 간 명령을 주고받고, 피고용자 행동규칙을 작성하고, 고용된 사람들 간 분쟁 판결을 포함한다. 자연과정은 상품 생산물의 생산과정에 투입물의 물리적 변형, 회사가 위치한 곳에서 일어나는 기후 변화, 회사 내 오염 등을 포함한다. 자본주의 계급과정 외에 회사의 장소에서 일어나는 다른 경제과정은 투입물 구매와 생산물 판매, 대출과 대부, 저축과 투자를 포함한다.

시간이 지나면서 산업 자본가의 기업을 구성하는 다양한 계급과정과 비계급과정은 변화한다(모든 과정이 변화하는 것처럼). 그래서 그와 같은 모든 기업도 항상 변화한다. 변화가 극단적이면 기업은 붕괴하거나 녹아버리거나 아니면 사라질 수 있다. 예를 들어 자연과정이 변화해서 평균기온이 화씨 -100으로 떨어진다면, 산업 자본가의 기업은 끝날 수도 있다. 바이러스가 피고용인들로부터 일할 능력을 박탈한다면, 회사는 사라질 수 있다. 자연과정에서 일어나는 더 작은 변화는 산업 자본가의 기업을 파괴하지는 않지만 바꿀 수는 있다(바뀐 자연과정에 적응하기 위해 기업이 조치를 취할 수 있다는 것을 고려하면).

산업 자본가 기업의 지속은 또한 이를 다중결정하는 항상 변화하는 문화과정에 좌우되며, 그리고 기업이 그런 문화 변화를 수용하는지에 달려 있다. 피고용자들이 종교를 바꾸어서 고용주의 종교적 신념과 달라서 고용주를 위해서 일하는 것을 거부하도록 가르치는 신을 받아들인다면, 그 기업의 존재는 악화될 수 있다. 그 기업은 그 종교와 계약하기 위해 자금을 지출함으로써 대응할 수 있고, 또는 고용주들이 개종할 수도 있고, 또는 어떤 타협이 이뤄져 산업 자본가 기업이 의미 있는 방식으로 변화하여 살아남을 수도 있다.

기업 내 정치과정(예를 들어, 피고용인이 감독자의 명령을 따르는 것)은 일반적으로 잉여가치의 생산과 전유가 존재하는 중요한 조건이다. 예를 들어, 노동자들이 임금 및 노동조건에 분개하여 감독자들의 명령을 거부하게 되면, 회사는 붕괴하거나 아니면 회사를 바꿀 어떤 조정안을 찾아야 하고, 그리하여 변화한 산업 자본가 기업은 계속 지속될 수 있다.

또한 기업은 존재할 수 있는 조건을 제공하는 많은 경제과정이 필요하다. 예를 들어, 기업은 투입물을 구매하고 생산물을 판매하는 조건이 변화하거나 위협 받으면 위험에 놓일 수 있다. 예를 들어, 전쟁이나 재앙적인 기후변화는 시장교환을 방해한다. 그러면 산업 자본가 회사는 기존 시장교환을 되살리기 위해 자기 자원을 사용할 수 있고 아니면 생존을 위해 필요한 새로운 교환과정을 조직할 수 있다. 이는 성공할 수도 있고 그렇지 못할 수도 있다.

기업 안팎의 비계급과정이 변화하면(하지만, 이 산업 자본가 기업을 무너뜨리는 방식이 아닌), 기업은 살아남을 수 있다. 그 기업이 성장할지 축소될지, 어떻게 변할지는 여러 비계급적 변화가 자본주의 계급과정의 변화를, 따라서 그 기업의 전체 변화를 다중결정하는데 어떻게 결합되었는지에 달려 있다. 그러나 비계급과정의 변화는 기업의 자본주의 계급과정을 파괴하기 위해 위협하는 게 항상 가능하다. 예를 들어, 비계급적 변화 때문에 생산적 노동자들이 높은 임금 인상을 주장한다면, 산업 자본가들은 생산 중단과 기업의 문을 닫는 것을 결정할 수 있다. 그러면 자본주의가 아닌 다른 계급과정이 그 곳에서 세워지지 않는다면 기업은 사라질 수 있다. 계속 예를 들면 임금 인상을 요구하여 자본가들이 기업의 문을 닫고 난 다음에 노동자들은 그런 기업을 인수할 수 있다. 노동자들은 자신들이 집단적으로 이사회로서 기능하는 공산주의 기업으로 회사를 재개할 수 있다. 이것이 21세기 초 몇 년간 아르헨티나에서 벌어진 일이다.

산업 자본가 기업의 변화가 계속되고 심지어 소멸도 항상 가능지만, 우리는 여기서 스스로 적응하고 그리하여 영구적으로 지속할 수 있는 기업을 분석하는 데 초점을 맞춘다. 각 기업의 생존이 달려 있는 모든 비계급과정의 실질적 또는 잠재적인 변화는 계속 집중된 관심을 받는 주제이다. 그런 과정의 변화가 기업의 자본주의 계급과정에 위협으로 나타날 때, 산업 자본가는 비계급과정을 늘리거나, 제거하거나 다르게 바꿈으로써 그 위협을 피하기 위해 행동해야만 한다. 더욱이 산업 자본가들은 때때로 좋은 공격은 최선의 방어라고 빠르게 생각한다. 기업의 생존과 성장뿐만 아니라 다른 산업 자본가들에 잠재적으로 위협이 되는 행동을 좌절시키는 것을 목표로 한 여러 비계급과정을 적극적으로 바꾸는 것은 적응의 일환이다.

이런 조치들을 수행하기 위해 산업 자본가는 비계급과정의 위협적인 변화에 적응하고 공격적인 변화를 누를 수 있는 자원의 규칙적인 흐름이 필요하다. 그와 같은 자원의 흐름은 생산적 노동자들로부터 전유한 잉여가치다. 산업 자본가 전유자는 기업의 자본주의 계급과정을 보장하고 확대하기 위한 방법으로 잉여가치를 분배한다.

자본주의 근본적 계급과정은 부차적 계급과정을 가능하게 하는 잉여가치를 제공한다. 부차적 계급과정은 자본주의 근본적 계급과정을 재생산할 목적으로 잉여가치를 분배한다. 이 두 종류(근본적, 부차적)의 자본주의 계급과정은 서로 의존하며 서로를 가능하게 한다. 그것들은 서로의 존재 조건이다.

경쟁

경쟁은 산업 자본가들 사이에서 일어나는데, 생존을 확보하려는 한 기업의 행동이 종종 다른 기업들의 재생산을 악화시키기 때문이다. 이는 반드시 자본가들의 의도를 반영하는 것은 아니다. 오히려, 모든 자본가들이 활동하고 있는 계급과정과 비계급과정의 구조는 한 자본가의 자기 재생산을 위한 노력을 다른 자본가들의 생존에 위협이 되게 한다. 그 결과로 나타나는 산업 자본가들 사이의 투쟁(각 자본가가 다른 자본가들이 생존하려는 노력의 결과에서 생존을 추구하는 것인데)을 집단적으로 '경쟁'이라고 이름 붙인다.

마르크스주의 이론은 몇 가지 이유로 산업 자본가의 경쟁에 큰 의미를 부여한다. 첫째, 이런 경쟁을 위한 투쟁은 모든 현대 사회에 깊고 영구적인 영향을 계속해서 준다. 둘째 경쟁을 위한 투쟁은 경기순환에 기여한다. 셋째, 신고전학파 이론에서는 경쟁이 최적의 경제 효율성을 만드는 순전히 긍정적 요소라고 주장하는데, 이는 마르크스주의자들이 논박하는 주장이다. 넷째, 산업 자본가들 사이의 경쟁은 종종 다양한 종류의 계급투쟁을 유발한다. 마르크스주의자들은 그런 계급투쟁을 이해하여 비착취적인 근본적 계급과정 위에 세워진 사회정의와 민주주의를 위한 운동으로 바꾸는 것을 추구한다.

산업 자본가 경쟁은 여러 가지 형태를 취한다. 마르크스주의의 자본주의 분석에서 이것의 중요성 때문에 우리는 경쟁이 어떻게 작동하고 얼마나 많은 결과를 낳는지를 설명하는 부록C를 이 장에 덧붙인다. 여기서 우리는 다른 (비수치적인) 설명을 소개한다. 다시 우리의 의자 예를 고려해보자. 몇몇 자본가 기업은 동일한 의자를 생산한다고 가정하면, 그런 기업들은 경쟁적인 의자 산업을 형성한다.

이런 기업들 가운데 한 기업의 이사회가 생산적 노동자들로부터 더 높은 생산성을 원하여, 더 많은 잉여를 분배해서 노동자 감독자를 고용하여 배치하기로 결정했다고 가정하자. 이 전략은 생산적 노동자당 생산량을 늘리도록 작용한다. 즉, 이제는 더 많은 의자에 같은 양의 생산적 노동이 투하된다. 이는 산업 자본가 기업이 시장에 내놓는 각 의자는 예전보다 더 적은 가치를 가진다는 것을 의미한다. 하지만 이는 경쟁 이야기의 시작일 뿐이다.

경쟁시장에서 의자의 단위 가치(시장가치)는 의자를 생산하기 위해 각 산업 자본가들에게 필요한 노동시간의 평균이다. 어떤 자본가 기업은 그 평균 미만이고, 어떤 자본가 기업은 그 평균 이상이며, 어떤 자본가 기업은 딱 그 평균일 것이다. 달리 말해서 생산 효율성은 각 기업의 노동시간으로 측정되는 것으로 의자 산업 내 기업마다 다르다. 의자에 부여되는 사회적 필요노동은 사실 모든 개별 기업 노동시간의 평균을 정확히 계산한 것이다. 우리의 예에서 평균(사회적 필요노동)은 어떤 의자 생산자가 의자 하나를 생산하는 데 필요한 노동량을 줄이기 때문에 하락하며, 그런 이유로 평균, 즉 의자의 시장가치가 하락한다.(부록C의 앞부분을 보아라) 의자 경쟁시장은 모든 산업 자본가들이 자신의 회사에서 생산한 의자를 하락한 가치로 새로 정해진 시장가치로 판매하는 선택을 할 수밖에 없다. 의자를 높은 가치로 판매하려고 하면 전혀 팔 수 없는데, 고객들은 더 낮은 가치인 평균 가치로 판매하는 자본가 기업으로부터 같은 의자를 살 수 있기 때문이다. 달리 말해서 경쟁은 각 자본가가 시장에서 결정된 의자 가치에 대해 완전히 탄력적인 수요를 만든다는 것을 의미한다.

의자 산업에서 한 기업의 생산성 향상으로 경쟁하는 자본가들은 이제 자신들을 문 닫게 할 수 있는 잠재적 경제 재앙에 직면한다. 이렇게 존재를 위협하는 이유는 자본가들에게 나타난 수입 차이이다. 즉, 각 자본가는 의자를 하락한 새로운 평균 가치로 판매해야 하지만 의자의 생산성이 변하지 않았다면, 의자 생산비용이 그대로라는 것을 의미한다. 그런 이유로 생산성이 변하지 않은 자본가의 이윤이 감소한다. 이는 부차적인 계급 분배에 제약을 가하고 그리하여 의자 산업의 산업 자본가로서 생존에 위협이 된다. 반면에 생산성을 향상시킨 기업은 더 많은 이윤을 번다. 이런 기업은 경쟁 기업들처럼 의자를 똑같이 하락한 시장가치로 판매하나 경쟁 기업들과 다르게, 이 기업의 생산성 증가는 의자당 생산비용을 줄였다. $C+V$의 생산비용이 변하지 않았지만, 이 기업은 같은 양의 산노동으로 더 많은 의자를 생산하는 방법을 찾았다(생산성 향상). 의자당 생산비용을 줄임으로써 이 기업은 의자 산업에서 가장 적은 비용으로 의자를 생산하는 기업이 되었다. 이 기업에 이윤이 증가하면 이사회로 하여금 부차적 계급 분배를 확대할 수 있게 하여 기업을 성장시킬 수 있다.

그런 생산성 개선의 결과는 냉혹하다. 경쟁 시장은 말 그대로 산업 내에서 가장 비효율적인 자본가 기업으로부터 더욱 효율적인 자본가 기업으로 잉여가치를 분배한다(부록C를 보라). 마르크스는 효율적인 자본가 기업이 벌어들이는 추가 이윤을 '초과 이윤'이라고 불렀다. 이는 어떤 기업의 자본가가 생산 효율성을 높여서 다른 기업을 희생시킨 대가로 벌어들인 추가 가치를 나타낸다. 아주 다른 이 두 가지 가치의 원천을 혼동하지 않는 것이 중요하다. 초과 이윤은 경쟁시장에서 산업기업의 이사회가 가장 적은 비용을 들이는 생산자가 되는 전략을 구사한 것에서 발생하는 것이고, 잉여가치는 그 산업기업 이사회가 자신의 노동자들로부터 착취하여 발생하는 것이다. 전자는 수입의 원천이 비계급적(시장)이고, 후자는 그 원천이 계급적이다.

경쟁의 교훈은 모든 자본가들이 빠르게 배운다. 기업의 생산비용을 줄여라, 아니면 수입 감소와 심지어 파산을 무릅쓰게 된다. 물론 삶에서 다른 것들과 마찬가지로 교훈을 배우는 것과 그것을 실행하는 것은 다른 일이다. 예를 들어, 상대적으로 비효율적인 기업들은 당연히 경쟁으로 자신들의 이윤이 감소했다는 것을 이해할 수 있지만 가차 없는 가격경쟁 압력을 견딜 정도로 충분히 빠르게 비용 줄이기 대응 전략을 여전히 실행하지 못할 수 있다. 이런 기업들은 파산에 직면한다. 파산이 일어나면, 혁신 자본가는 파산한 기업의 고객들을 빼앗을 뿐만 아니라 그 기업의 기계, 원료, 재고 등도 낮은 가격으로 모두 살 수 있다. 경쟁은 수가 많은 상대적으로 비효율적인 기업들을 문 닫게 해서 생존한 산업 자본가들은 의자 시장 가격을 통제할 정도로 충분하게 규모가 커지며, 수는 줄어든다. 달리 말해서 경쟁 자본주의는 스스로를 반대편으로, 즉 과점 (소수 대기업) 자본주의나 심지어는 독점 자본주의로 몰아넣을 수 있다. 따라서 어떤 산업 내 자본가 경쟁은 각 자본가 기업이 효율성을 개선하지 않는 기업에 위협을 가하면서 자신의 생산적 노동자들의 효율성을 개선할 커다란 유인(이윤과 성장)를 제공한다.

그런 다른 산업 자본가들이 추가로 감독자들을 고용한 혁신 자본가의 전략을 따라하거나 비슷한 다른 전략을 추구한다고 가정하자. 어떤 자본가는 효율성(단위 생산물 당 생산비의 인하)을 높이기 위해 새로운 기계를 발명할 수도 있고, 새로 발명된 기계를 구매할 수도 있다. 다른 자본가는 더 저렴한 목재 공급원, 즉 의자 생산의 투입물을 발견할 수도 있는데, 이는 의자를 생산하는 단위 비용을 낮출 수 있다. 의자 산업의 각 산업 자본가의 생존은 그들이 얼마나 빠르게 경쟁자들의 비용 감소를 따라잡느냐에 달려 있다. 시간이 흘러가면서 각 산업 자본가의 성공은 단위 가격을 낮추기 위해 먼저 혁신(새로운 기계, 새로운 감독 과정, 새로운 경영방식, 더 저렴한 투입물 공급원을 사용하는 것)하는 것에 달려 있다.

산업 자본가들은 경쟁자들의 가능한 혁신에 대해 방어하고, 성장과 번영을 위한 공격적인 전략으로서 가치하락 혁신을 위해 노력한다. 기업의 자본주의 계급구조는 각 산업 내에서 어떤 자본가의 비용 감소가 다른 모든 자본가들에게 위협을 만드는 경쟁적인 공존으로 상호작용한다. 자본가들의 경쟁관계는 구조적이며 각 산업 내 모든 자본가들에게 부과된다.

어떤 산업 자본가들은 의식적으로든 무의식적으로든 이런 필수 요소를 내면화하며, 자신들의 성격을 조정한다. 자본가 경쟁은 특수한 인간의 특성으로부터 나오는 게 아니라 오히려 그 반대다.

경쟁과 자본의 축적

아마도 자본가 경쟁의 가장 유명한 예는 '자본을 축적하기 위한' 한 자본가의 결정과 관련될 것이다. 이 결정은 면밀히 검토할 필요가 있다. 다시 어떤 상품을 생산하는 자본가 기업의 기본 방정식을 고려해보자.

$C+V+S=W$

이 자본가는 생산적 노동자들이 생산한 의자를 판매하여 W와 같은 수입을 얻는다. 이 자본가는 W의 일부를 의자 생산에 소모된 도구와 원료를 갱신하기 위해 사용한다고 생각할 수 있다. 이는 방정식에서 C와 같다. 또한 이 자본가는 W의 다른 부분을 노동자들의 생산적 노동력을 구매한 대가를 지불하기 위해 사용한다. 이는 V와 같다. 이렇게 하여 자본가가 전유한 잉여가치 S가 남는데, 이는 자본가가 계속해서 S를 전유하는 데 필수적인 여러 조건을 확보하기 위해 분배되어야 한다.

이제 이 자본가가 S부분을 사용하여 도구와 원료를 추가로 구매하고 생산적 노동자를 추가로 고용한다고 가정하자. 이 과정은 '자본축적'이라고 불린다. S를 가지고 추가로 구매한 C와 V는 자본가를 위해 추가 S를 만들어 낸다. 우리는 이것을 두 번의 연속된 시기로 보여줄 수 있다.

시기1: $C+V+S=W$

여기서 S는 추가의 C와 S를 구매하기 위해 사용 된다(각각 ΔC와 ΔV로 표기한다).

시기2: $C+V+\Delta V+S+\Delta S=W+\Delta W$

이 두 번째 방정식은 자본가가 더 많은 도구와 원료($C+\Delta C$)를 소모하고 갱신하고 더 많은 노동력($V+\Delta V$)을 고용하는 것을 보여준다. 이렇게 늘어난 투입물 비용은 자본축적을 나타낸다. 그러나 더 많은 생산적 노동자들은 그에 맞게 더 많은 가치를 생산하기 때문에 자본가는 또한 추가의 잉여가치(ΔS)를 전유한다. 따라서 자본의 축적은 잉여가치의 양을 S에서 $S+\Delta S$로 증가시킨다.

자본축적에서 자본가의 목표는 분명하다. 시간이 지나면서 자본가가 더 많은 잉여($S+\Delta S$)를 전유할수록, 기업 생존의 조건을 확보하기 위한 부차적인 계급과정 지불을 위해 더 많은 잉여를 분배하는 것이다. 그리고 다시 경쟁 자본가들은 위험을 즉각 알아채는 반응을 할 것이다. 축적하고 있는 자본가는 비싸고 새로운 기계를 사기 위해 또는 더 많은 감독 인력을 고용하기 위해 추가된 잉여가치를 사용할 수 있는데, 축적하지 못하는 자본가는 그렇게 하지 못할 수 있다. 생산성 증가(평균 생산비 하락)는 그런 생산성을 따라 잡을 수 없는 기업들에 새로운 경쟁 압력을 가하게 될 것이다.

먼저 감독자를 늘리거나 새로운 기계를 사거나 자본을 축적하는 자본가가 경쟁 자본가들의 존립에 어려움을 주려는 의도를 가지고 있지 않으며, 단순히 자기 기업의 생존과 성장을 확보하기 위해서 행동한다는 것은 중요하지 않다. 의도가 어떻든 간에 각 자본가의 개별 행동은 다른 모든 경쟁 자본가들에 영향을 준다. 그런 이유로 경쟁 자본가들은 그 첫 자본가의 자본축적으로 야기된 위험 가능성에 위협을 느끼며 위협 받는다.

그러면 경쟁 자본가들은 비슷한 조치를 취할 가능성이 높다. 이들도 더 많은 감독자를 고용하거나 새로운 기계를 구입하거나 자본을 축적할 것이다. 그들은 스스로의 생존 안전성을 높이는 다른 조치를 취할 수도 있다. 즉 잉여가치를 부차적 계급에 분배하는 새로운 방법들을 찾을 수도 있다. 그런 조치들은 똑같은 이유에서 맨 처음 행동을 취한 자본가를 위협하게 되고, 이 자본가는 이제 더 많은 조치를 취하게 될 것이다. 경쟁은 이렇게 각 산업에서 생존하려는 자본가들 사이에서 벌어지는 끝없이 서로를 위협하는 투쟁이다.

각 산업 내 자본가들 간 이런 경쟁의 가장 흥미로운 결과 가운데 하나는 각 산업의 생산물 단위당 가치를 낮춘다는 것이다. 경쟁자들이 서로를 따라하거나 능가하면서, 각 산업의 생산물 한 단위를 생산하기 위해 요구되는 사회적 필요 노동량을 낮추었다. 이 과정은 자본주의가 지배하는 어느 곳에서든지 상품가치의 역사에서 볼 수 있다(최근 시기의 컴퓨터, 휴대폰, 전자 게임, 고화질 TV 등등의 시장가치 하락 경향을 살펴보라). 우리가 아래서 보게 되듯이, 단위 생산물 가치의 하락은 자본가 경쟁, 산업간 자본 흐름, 경기변동을 포함한 전체 자본주의 체제의 다른 측면의 경제적 결과에 영향을 준다.

자본주의 경제국들과 사회 발전

여기서 자세히 설명한 마르크스주의 이론에서 자본주의 계급과정과 상품 교환과정(시장)의 상호작용은 경쟁을 만들 뿐만 아니라 현대 사회의 모습을 만드는 데 중요하고 큰 역할을 한다. 마르크스는 그 역할의 분석을 시작했고, 그 후 마르크스주의자들이 더 많이 발전시켰다. 그들은 현대 국제 경제의 성장, 자본주의 사회의 소득분배, 자본주의 경제를 괴롭히는 호경기-불경기 순환을 설명하는 데 마르크스주의 계급이론을 사용함으로써 마르크스 계급이론의 분석 범위와 분석력을 보여주기 위해 애썼다. 여기서 그들의 주장을 잠시 살펴보면 마르크스주의 이론의 더 넓은 구조의 의미에 대한 소개가 될 수 있다.

자본주의 세계 경제의 성장

산업 자본가들 간 경쟁이 상품의 단위 가격을 낮추기에 사회적 결과는 아주 크다. 항상 저렴한 상품이 판매될 기회가 항상 크다는 것을 나타낸다. 마르크스는 자본주의의 이런 두드러진 특징에 큰 중요성을 부여했다. 자본주의가 지배하는 곳 어디서든 생산적 자본가들은 결국 상품가치 하락이 새로운 마케팅 가능성(그렇게 하락한 상품이 팔릴 수 있는)을 열었다는 것을 깨달았다. 예를 들어 18세기, 19세기에 옷감 가치가 하락하자 영국 자본가들은 이 상품을 위해 전 세계에 시장을 찾아 나섰다. 유럽, 아시아, 아프리카, 아메리카 대륙에서 생산되던 옷감은 가치가 낮은 영국 옷감과 경쟁해야만 했다. 각 대륙의 지역 생산자들이 계속 유지해 나갈 수 없으면, 산업에서 사라졌다(우리가 예로든 상대적으로 비효율적인 의자 생산자와 같다). 영국 옷감과 경쟁할 수 없었기 때문에 실제 많은 자본가들이 그렇게 되었다.

자본가 경쟁은 상품 생산물의 가치를 하락시켜서 판매 시장을 더 많이 얻게 함으로써 자본주의 근본적 계급과정의 지속과 성장을 확보하는 데 도움을 준다. 자본주의가 상대적으로 일찍 도래한 서유럽의 국가들과 북아메리카와 일본은 경쟁으로 상품 생산물 가격을 낮춘 부분적 이유로 성장할 수 있었고 강력해질 수 있었다. 수출 확대는 그런 국가들의 자본가들에게 이윤을 가져다주었고, 동시에 그들은 수출품의 하락한 가격으로 비용이 많이 들어간 세계 도처의 지역 생산물을 경쟁에서 이겼다. 그 결과 세계 곳곳의 교란된 지역 생산체계(종종 비자본주의 계급구조)는 보통 사회 해체와 사회적 취약성을 겪었다.

산업에서 쫓겨난 지역 생산자들은 이제 생존하기 위해 돈이 되는 다른 종류의 일을 찾아 나섰다. 많은 이들이 자본주의 국가들에 수출하는 식량 또는 다양한 원료 생산으로 흘러들어갔다. 어떤 이들은 국제 교역의 팽창으로 자극을 받은 항구 성장 지역에서 일을 찾았다. 이런 식으로 자본가들로부터 수출 확대는 지역 자본주의 및 비자본주의 계급구조의 확대와 상품 생산을 위한 노동공급을 창출하는 데 도움을 주었다. 여기서 생산된 상품의 일부는 수출되었는데, 즉 서유럽, 북아메리카, 일본에 있는 산업 자본가들의 수입품이 되었다.

자본가 경쟁이 가장 일찍 지배했던 국가들은 결국 세계의 나머지 지역을 식민지로 분할했다. 그런 후 그런 국가들은 식민주의자들의 부를 늘리기 위해 식민지를 더 많이 지배했고 경제적으로 재조직했다. 예를 들어 식민지는 식민주의자들의 자본가 기업들에 값싼 투입물로 보내질 식량과 원료를 생산하기 위해 만들어졌다. 요컨대 자본주의 근본적 계급과정과 교환과정의 상호작용으로부터 발생한 경쟁은 지난 3세기 동안 세계 경제의 특징이 되어 왔던 부와 소득의 심하게 불평등한 분배에 크게 기여했다.

지난 2세기는 자본주의가 세계 지배를 향해 성장한 시대, 즉 세계 자본주의 시장과 경제의 시대라고 부를 수 있다. 유럽 식민지의 많은 비자본주의 계급구조의 교란과 파괴는 봉건주의로부터 자본주의로 긴 전환기 동안 유럽에서 일어난 것의 연속이었다. 그런 후 도심에서 새로운 자본주의 산업은 상품을 대부분의 봉건 농촌 내륙에 판매하여 전통적인 생산체제를 교란했다. 고용되지 못했거나 봉건적 생산에서 해체된 인파는 도시로 이동했고, 그곳에서 생존하기 위해 산업 자본가들에게 자신의 노동력을 판매했다.

자본가 경쟁이 국내 시장 확대뿐만 아니라 해외 시장 확대를 추구하는 성장에 더욱 박차를 가하면서, 그런 국내 이주는 거대한 국제 이주로 발전했다. 예를 들어 미국과 영국의 경제 역사는 이런 국내 및 국제 이주의 결합과 뗄 수 없다. 옛 계급구조와 비자본주의 계급구조를 해체하면서 생겨나는 이주는 오늘날까지 계속된다(즉, 현대 중국의 특징인 대규모 국내 이주처럼).

비자본주의 계급구조에 기초한 사회의 교란은 19세기 후반과 20세기에 더욱 심해졌다. 그 당시 자본주의 상품 수출은 자본 자체의 수출과 결합되었다. 자본주의 계급구조가 강제하는 경쟁에 내몰려 서유럽, 북아메리카, 일본의 산업 자본가들은 세계의 나머지 지역에 투자를 했다. 식량과 원료를 본국으로 실어 나르는 것을 넘어서서 산업 자본가들은 아시아, 아프리카, 라틴 아메리카에 공장을 세워서 더 낮은 임금 수준의 노동력을 착취했다. 식민지 정부는 그런 투자에 수익성 있는 조건을 만들고 유지하는 의무를 충실하게 이행했다. 식민 권력이 식민지의 정상적인 독립국가 체제로 돌아간 후에도, 절박한 경제상황(식민주의 유산) 때문에 옛 식민지 정부의 대부분은 외국 산업 자본가의 투자를 계속해서 유치하고, 보조금을 주고, 보호했다.

몇몇 식민지 사회 또는 탈식민지 사회에서는 자본주의 상품 수출과 자본 수출이 부추긴 사회 위기가 다른 대응을 만들어냈다. 유럽 자본주의와의 관계 그 자체가 그런 사회의 위기 문제로, 원인으로 밝혀졌다. 세계 자본주의 시장으로부터 결별하는 것이 해법일 수 있었다. 소련, 중국, 쿠바, 그 외 많은 나라들은 적어도 자신들의 현대 역사의 초기 단계에서 그런 대안을 추구했다. 그런 국가들은 적어도 초기에는 세계 자본주의와 넓게 단절함으로써 내적인 빠른 경제 발전을 위한 공간을 창출했다. 그런 국가들은 사적 소유의 공장, 토지, 설비를 집단적, 공적 소유물로 바꾸어서 그렇게 했다. 또 그런 국가들은 자본주의 국가들과의 무역을 최소화하거나 또는 엄격하게 통제했고, 자신들의 나라에 해외로부터 민간 자본가 투자를 거부했다. 나중에 그런 국가들이 세계 시장 참여에 대한 대가로 이익을 얻을 수 있는 규모와 부를 달성했었다면, 여전히 많은 통제가 있었지만, 투자를 받아들였을 수도 있었을 것이다.

수십 년 동안 그런 국가들은 세계 시장으로부터 거의 문을 닫았다. 그래서 자본가 경쟁과 축적은 스스로 부추긴 반응 때문에 스스로의 한계와 장벽을 만들어냈다. 사회주의 및 공산주의가 자본주의 기업에 말 그대로 문호를 닫지 않게 한 곳인 이른바 많은 제3세계 국가들이 특히 1960년대 이후에 세계 시장에 참여하는 것으로부터 더 나은 대가를 요구했다. 몇몇 국가들은 석유수출국기구(OPEC) 또는 세계커피협정(International Coffee Agreement) 같은 카르텔을 통해서 수출 가격을 관리함으로써 그런 것을 시도했다. 또는 그런 국가들은 1970년 이전 자신들의 경제 딜레마의 일환으로 일어난 대규모 부채 상환을 중단하겠다고 위협했다. 최근 20년 동안 세계 자본주의 시장의 진화에 참여하면서 혼란을 만들어내는 축적된 불평등과 긴장을 완화하기 위해 세계 경제를 재구성하는 것에 대한 폭넓은 논의가 있었다.

자본주의 근본적 계급 관계는 시장 및 경쟁과 상호작용하면서 인간 역사에서 처음으로 진정한 세계 경제 형성에 많은 기여를 했다. 자본가 경쟁은 이미 논의한 성장에 더해 금속 제조, 엔진, 선박, 무기의 큰 기술 혁신도 촉진했다. 이러한 것들은 산업 자본가 기업의 해외 경제 활동에 동반된 운송, 무역, 전쟁을 가능하게 했다. 실제 유럽 산업 자본가들이 전유한 잉여가치의 빠른 증가로 유럽 국가들의 정부에 세금 납부를 더 많이 할 수 있었다. 그리하여 유럽 산업 자본가들은 증가하는 해외 사업에 군사적 지원과 보호를 요구했고, 그런 지원과 보호를 받았다.

마르크스주의 이론에서는 자본주의 근본적 계급과정과 식민주의·제국주의·현대 세계 경제의 역사 사이에 가장 밀접한 관계가 있다. 그런 관계를 자세하게 밝히면서 마르크스주의 이론은 세계 경제의 모순과 동학에 통찰을 만들었는데, 이는 다른 이론들의 분석과 아주 다른 것이었다.

자본주의와 실질임금

자본주의 팽창(주로 유럽에서)이 다른 곳의 사회를 교란하면서, 그곳 사회의 대부분의 사람들의 실질임금(실제 소비되는 재화와 서비스)은 급격하게 하락했다. 보통 지역의 상대적으로 아주 적은 잉여노동 전유자와 몇몇 부차적 계급들이 자본주의 팽창을 만들고, 그리하여 소득을 얻거나 개선하는 방법을 찾았다. 이는 지역 봉건 영주, 몇몇 고대 계급, 그리고 근본적 계급 가운데서 몇몇 작은 토착 자본가를 포함했다. 지역의 부차적 계급들은 일반적으로 상인, 영주, 화폐 대부자, 다양한 계층의 관료를 포함했다.

자본주의 산업화의 중심지역에서 실질임금의 변화는 불균등했다. 서유럽, 북아메리카, 일본에서 자본가 기업의 초기 단계에서는 노동자들이 보통 농촌지역에서 산업 중심지로 내몰려서 극심한 궁핍을 겪었다. 그러나 생산적 노동자와 비생산적 노동자가 세대를 바꿔가며 자본가 기업에서 일하면서 실질임금은 상승했다.

그러나 앞서 시사했듯이 마르크스주의 경제 이론에서 실질소득 상승은 동시에 일어나는 착취율 상승과 정합적일 수 있다. 이는 현대 자본주의 국가의 구조 특히 서유럽, 북미, 일본의 구조에 중요한 함의를 가진다. 그런 국가들은 산업 자본가들에게 착취율 상승과 동시에 노동자들에게 실질임금 상승을 제공했기 때문에 상대적 사회 안정을 이룰 수 있었는가? 이것은 어떻게 가능했었는가? 이것은 지속될 수 있는가? 이런 질문에 대한 답에서 마르크스주의 이론은 실질소득 상승이 어떻게 착취율 상승과 같이 존재할 수 있는지 설명한다.

마르크스주의 이론에서 모든 산업 자본가 기업들에 대한 $C+V+S=W$ 방정식에서 V와 S사이의 분배를 기억해보자. V는 노동력 가치인데, 여기서는 하루 노동력 가치라고 하자. 이는 자본가 고용주를 위해 생산적 노동자가 노동을 지속하는 데 필요한 하루치 재화와 서비스의 가치이다. 자본가는 노동자들에게 하루치 소비를 위한 상품 구매에 사용되는 화폐를 지불한다. 그 합인 V를 노동자들이 하루 동안 부가한 총가치에서 공제하면 S가 남으며 이는 산업 자본가가 전유하는 하루치 잉여가치이다.

당분간 다음 두 가지는 변하지 않는다고 가정하자. ①노동력 가치 V와 ②노동일의 길이(생산적 노동자들은 노동일 동안 $V+S$를 부가한다)는 불변이다. 그리고 잉여가치 S와 착취율 S/V도 고정되어 있다. 이제 마지막으로 임금재(식량, 옷, 집, 티브이 등등)를 생산하는 자본가들의 경쟁이 임금재의 단위 가치를 낮출 때 어떤 일이 일어날지 고려하자. 그러면 노동자들은 변동 없는 임금(노동력 가치)으로 저렴해진 임금재를 더 많이 구매할 수 있다. '실질임금' 또는 소비수준은 상승할 수 있고, 반면 자본가 고용주의 착취율은 불변일 수 있다. **마르크스주의 이론에서 실질임금과 착취율은 별개다.**

착취율 상승이 어떻게 실질소득 상승과 함께 일어날 수 있는지를 보는 것이 바로 다음 단계이다. 자본가가 생산적 노동자의 임금을 10% 깎을 수 있었다고 가정하자(V하락). 노동일의 길이는 그대로이고, 노동자들이 하루당 부가한 가치도 그대로라고 가정하자. 노동자들이 부가한 가치가 그대로이지만 그들에게 임금으로 지불된 가치가 10% 감소하면, 자본가들이 전유한 잉여 S는 증가한다. 덧붙이면 V는 감소하고 S가 증가한 것은 착취율 *S*/*V*가 상승했다는 것을 의미한다. 이제 마지막으로 임금재를 생산하는 자본가들 간 경쟁이 임금재 단위 가치를 15% 하락시켰을 가능성을 덧붙여보자. 임금으로 10% 적은 가치를 받은 노동자들(이전보다 더 많이 착취당함)이 여전히 더 높은 소비수준을 가질 수 있는데, 구매하는 임금재 가치가 더 많이 즉 15% 하락했기 때문이다(이 장의 부록D를 보라).

마르크스주의 이론의 관점에서 이런 마지막 상황은 지난 백 년 동안 자본가 기업의 중심지에서 존재했다. 노동력의 가치는 노동일의 길이가 짧아지는 것 보다 더 빠르게 하락했다. 그래서 하루 노동 가운데 잉여 부분이 상대적으로 증가했다. 따라서 *S*/*V*(착취)가 상승했다. 생산적 노동자들은 산업 자본가들에게 항상 증가하는 잉여를 가져다주었고, 그리하여 산업 자본가들의 존재와 빠른 성장의 조건을 확보할 수 있게 했다. 동시에 노동자들이 구매하는 상품의 단위 가치는 노동력의 가치보다 훨씬 빠르게 하락했다. 이는 역시 부분적으로 식량과 원료의 싼 공급지가 새로 식민화되고 착취되어 그런 것들이 본국으로 들어와서 더 싼 상품을 생산할 수 있도록 세계의 나머지 지역으로 자본주의가 팽창한 결과였다. **지난 백 년 동안 자본주의 중심지역에서 대부분 노동자들의 실질소득이 상승한 반면 그들에 대한 착취는 강화되었고 나머지 세계 노동자들의 실질소득은 하락했다.**

이런 방법으로 자본주의 계급관계는 처음에 도래한 곳에서 재생산되었고 확대되었다. 특히 서유럽, 북아메리카, 일본은 착취 증가 및 실질소득 상승을 결합한 번영에 정치적으로, 문화적으로, 심리적으로 적응했다. 한편 이는 산업 자본가와 자본주의 사회의 정부에 유례없는 부, 힘, 세계 지배를 가져다주었다. 다른 한편 이런 사회는 실질임금 상승과 착취율 상승을 계속 결합시킬 수 있는 능력에 의존하게 되었다. 그런 사회가 실질소득 상승과 착취율 상승을 누릴 수 있는 능력에 위협이 생겨나면, 심각한 대응이 일어났다.

생산적 노동자들이 S/V를 낮출 수 있도록 임금 및 노동조건의 변화를 요구하기 위해 노동조합을 조직했을 때, 그들의 조직은 보통 정치적으로, 이념적으로, 심지어는 심리적으로 억압당했다. 일반적으로 반자본주의를 명시적으로 표명한 사회주의 및 공산주의 조직과 혁명은 더욱 가혹한 억압을 겪었다. 아시아, 아프리카, 라틴 아메리카에서 경제 현대화에 대해 하나의 수단으로서 정치적 독립을 위한 운동이 자본주의 중심지의 자본가 상품 생산에 값싼 투입물 제공자로서 식민지 역할에 도전했을 때 그런 운동도 역시 억압되었다.

자본주의 중심지역 국가들의 계급구조의 번성에 대한 그와 같이 가능한 모든 위협에 대한 대응은 지역적, 국가적, 국제적 사회 긴장, 혼란, 세계 전쟁이라는 대재앙(20세기에 두 번)에 기여했다. 그런 다음 이것들은 그런 사회의 자본주의 구조의 지속에 새롭고 엄청난 장애가 되었다. 따라서 양차 세계대전은 먼저 자본주의에 비판적이고 자본주의를 반대하는 공산주의 국가 집단을 형성하고(1917년 이후) 확대하는 데(1945년 이후) 큰 역할을 했다. 양차 세계대전은 또 전쟁을 수행하는 자본주의 중심지역 국가들의 자본설비와 기반시설뿐만 아니라 수많은 노동자들의 삶을 파괴했으며, 식민지 제국을 유지할 능력을 약화시켰다. 한편 1960~1970년대 전 아시아, 아프리카, 라틴 아메리카 독립 운동에 대한 억압은 많은 국가들이 필요하다면 선진 자본주의 국가들을 희생시켜서라도 독립을 위해 싸우고 경제조건을 개선하기 위해 결심하도록 부추겼다.

이렇게 계급에 초점을 맞춘 자본주의 역사의 모순을 보면 자신의 존재조건을 보장하기 위한 산업 자본가들의 분투는 그런 조건들을 재생산 했을 뿐만 아니라 무너뜨리기도 했다. 이런 것들은 자본주의의 특유한 내부 모순 가운데 몇 가지 요소다. 자본주의 모순의 다른 집합은 마르크스가 『자본』에서 상당한 관심을 쏟았던 것인데, 자본가 경쟁으로 초래되는 주기적인 경제 교란의 순환 또는 위기를 만드는 것이다. 마르크스주의 이론이 이런 순환을 다루는 방식은 더 깊은 통찰을 보여주는데, 이는 그런 계급분석으로 가능하다.

자본주의 경제의 순환 또는 위기

마르크스가 자본주의 경제의 주기적 상승과 하강, 즉 많은 경제학자들이 '경기후퇴'와 '경기회복'이라고 부르고 대부분의 사람들이 '호경기'과 '불경기'이라고 부르는 것에 주목한 첫 관찰자가 아니었다. 그러나 마르크스주의 이론은 경기순환의 발생에 다른 설명을 제공했다. 우리는 순환의 복잡한 다중결정을 개괄할 수 있는데, 이는 『자본』에서 마르크스가 처음 소개한 예비 개념과 이 장에서 더 전개된 것에 기초했다.

경기순환은 자본주의 경제가 한 국면에서 반대 국면으로 전환되는 주기를 말한다. 호경기 또는 번영 또는 상승 국면에서 경제 현상의 특징에는 실업 감소, 생산량 증가, 자본 축적, 상품 판매 증가, 소득 증가가 포함된다. 불경기 또는 침체 또는 하강 국면의 특징이 되는 징후는 실업 증가, 생산량 감소, 자본축적 감소, 상품 판매 감소, 소득 감소이다. 자본주의 경제 역사에서 두 국면은 다양한 지속기간과 변동의 정도를 보여준다. 상승 국면이 하강 국면 보다 더 크고 길 수 있고(자본가들은 이런 시기를 장기 호황이라고 말한다) 또는 그 반대가 일어날 수도 있다(이런 경우에 종종 불황depression이라고 쓴다). 자본주의 경기 순환은 이를 없애기 위한 다양한 정책이 고안되었지만 계속되고 있다. 경기순환은 많은 경제학자들로 하여금 그 반복을 해석하고 설명하도록 부추겼다.

자본주의 경기순환은 단순히 경제학자들의 특별한 흥미를 위한 문제가 아니다. 긴급한 현실적 관심이 설명을 위한 노력의 원인이 된다. 경기하강(실업 증가, 기업 파산, 소득 감소 등등)은 정부의 세수를 줄이며, 이에 정부는 종종 공공 서비스를 축소함으로써 대응한다. 그런 경기하강을 겪지 않는 국가들의 경쟁자들은 종종 중요한 이점을 얻는다. 실직한 노동자들은 화가 나서 결국 자신들을 되풀이해서 실직의 고통을 안겨주는 자본주의 체제가 바람직한지 문제 제기를 할 수 있다. 실직한 노동자들은 때때로 이민을 가서 경기가 상승해도 돌아오지 않는다. 실직 노동자, 파산한 기업가, 이들의 가족이 겪은 개인적 손해는 경기하강을 지나 경기상승으로 들어선 후에도 길게 지속되고 대가가 큰 사회적 영향이 있을 수 있다. 그러므로 경제학자들과 많은 다른 이들은 자본주의 경기순환의 사회적 대가를 최소화하거나 가능하다면 완전히 없앨 수 있는 정부 정책을 오래 동안 조사, 연구했다.

자본주의 경기하강은 경기 상승을 재촉할 뿐만 아니라 계급구조를 포함해서 기존 경제 체제를 급진적으로 바꾸는 데 목표로 삼는 사회 운동을 촉발할 수 있다. 이전 장들에서 시사했듯이, 1930년대 불황기에 자본가들과 그 동맹자들의 우려는 불황의 사회적 비용에 초점이 맞춰져 있었다. 그때 위험은 자본주의를 비판하고 자본주의를 겨냥하는 것으로 나아갈 운동의 가능성이었고, 그런 운동은 미국과 다른 나라들에서도 성장했다. 마찬가지로 대침체(2007년 시작한 세계 위기를 미국에서 부르는 대중적 이름) 비슷한 위험을 높였다. 다시 한 번, 실직한 노동자들, 압류당한 주택 소유자들, 파산한 기업가들, 교육을 받을 경제적 능력이 안 되는 학생들, 심한 압박을 받은 가계 재정과 가정, 경제위기의 영향을 느끼는 이들은 다른, 비자본주의 경제체제에 대한 선호를 발전시킬 수도 있었다.

자본주의 경제 순환의 희생자들이 비자본주의 체제가 경제 순환과 그것으로 비롯되는 사회적 비용으로부터 해방시킬 수 있다고 믿는다면, 그들은 스스로를 정치적으로 조직할 수 있다. 경기하강의 바닥에서 숫자가 불어나면 그들은 경제의 계급구조를 급진적으로 바꾸기 위해 움직일 수 있다. 선호하는 변화는 정치적으로 오른쪽에 있는 봉건주의나 파시즘 같은 것에서부터 정치적으로 왼쪽에 있는 사회주의와 공산주의 같은 것까지 있다.

그런 변화를 방지하는 방법을 찾기 위해 신고전학파 및 케인스주의는 경기 순환, 그 원인, 그 결과, 가능한 치유책을 연구하였다. 우리는 앞에서 많은 케인스주의 정책 제안의 분명한 목표는 자본주의 경기 순환의 지속기간과 강도를 줄이는 것(그리고 부분적으로 마르크스주의 분석과 제안을 반박하는 것)이라고 언급했다. 마르크스주의자들도 경기순환을 연구했지만, 그 연구에 다른 동기를 가졌었다. 그들은 경기 순환이 자본주의에 내재해 있으면서 피할 수 없는 측면으로 역사적으로 증명되었다고 보여주었으며, 이는 마르크스주의 경제학에서 이론적으로 도달한 결론이다. 그들은 또 경기순환과 이것의 엄청난 사회적 비용을 극복하기 위해서는 경기순환을 반복하는 자본주의에서 체제이행이 필요하다고 주장했다. 요컨대, 경기순환에 대해 마르크스주의가 다루는 방식은 자본주의에 대한 마르크스주의의 비판과 사회주의를 위한 주장의 한 부분을 차지한다. 부분적으로 그런 이유에서 경기순환은 종종 마르크스주의 문헌에서 자본주의 '위기'로 언급된다.

'위기'라는 용어를 사용하는 것은 경기순환이 자본주의 경제의 생명에 중요한 순간이거나 적어도 그럴 수 있다는 마르크스주의 관념을 지지하는 것이다. 경기하강은 사람들로 하여금 자본주의에 문제제기를 하거나 때때로 자본주의 계급구조에 급진적 비판을 고려하게 할 수도 있다. 어떤 마르크스주의자들은 경기하강이 시간이 지나면서 악화되고 결국 경제 붕괴로 귀결된다고 주장한다. 이것은 자신의 내적인 경제 모순의 중압으로 피할 수 없는 자본주의 붕괴 이론이 된다.

이 장에서 다루고 있는 마르크스주의 이론은 경기순환을 다르게 해석한다. 특수한 경기하강으로 자본주의의 계급구조를 뛰어넘는 체제이행으로 귀결될 수 있을지는 경기하강을 경험하는 사회의 계급 및 비계급의 모든 과정에 의존한다. 경기순환이 그 순환의 발생, 길이, 강도에 따라 결정되는 것처럼, 경기순환에서 사회 혁명으로 이행의 가능도 그러하다.

경기순환은 어떤 본질적 원인에서 초래하는 것이 아니다. 여기서 다루는 마르크스주의 이론은 경기순환을 자본주의의 이런 저런 특성의 단순한 결과로 환원시키지 않는다. 또 이 이론은 경기순환을 국가의 경제 개입 또는 불확실성에 직면한 행동의 관습 같은 요인으로 환원하지 않는다(신고전학파 및 케인스주의 경제학자들의 방식). 오히려 마르크스주의 분석의 임무는 자본주의 계급과정이 경기순환의 반복에 기여하는 이유와 방식에 대해 특별히 강조하면서 경기순환을 다중결정하는 사회적 과정을 탐구하는 것이다. 마르크스는 『자본』에서 그 임무를 계속 수행하려고 시작했었고, 나중에 마르크스주의자들이 그것을 더 수행했다. 그들의 작업을 이어가면서 우리는 마르크스주의 이론에서 설득력 있는 위기의 근거를 개괄하려 한다.

경기순환의 발생에 기여하는 하나의 작동체계는 자본가 축적이다. 우리가 앞서 언급했듯이 산업 자본가들은 일반적으로 자본을 축적함으로써 자신의 존재 조건을 확보하기 위해 전유한 잉여가치의 일부를 사용한다. 이는 산업 자본가들이 생산수단(*C*)의 구입과 노동력(*V*) 고용을 늘린다는 것을 의미한다. 그러나 고용을 위해 예비 노동력이 항상 존재하는 것은 아니다. 추가 노동력 수요가 공급을 능가할 때, 경기순환은 나타날 수 있다.

초과 수요는 보통 노동력의 시장가격을 상승시킨다(화폐 임금을 상승시킨다). 이는 자본가들이 성공적으로 잉여를 전유하고, 경기상승을 누리고,

따라서 자본축적에 확신이 존재하는 시기의 끝으로 향해가면서 일어나는 경향이 있다. 고용되길 원하는 산업 예비군들이 고갈되었을 때 축적을 추구하는 자본가들은 다른 자본가들이 이미 고용하고 있는 생산적 노동자들을 고용함으로써만 추가 노동력을 확보할 수 있다. 이 자본가들은 다른 자본가들도 받아들이지 않으면 고용하고 있는 노동자들을 빼앗길 수밖에 없는 높은 임금을 줌으로써 그렇게 한다. 그래서 임금은 일반적으로 상승하기 시작한다.

노동일의 길이(와 그리하여 생산적 노동자들이 부가한 총가치)를 고려하면, 일반적으로 임금 상승은 자본가 고용주에게 남는 잉여를 줄인다. 이로써 자본가들 이윤 감소를 겪게 되고, 이는 자본을 축적하기 위한 원천의 감소와 동기 저하를 의미한다. 모든 자본가들이 임금 상승으로 똑같이 피해를 입지 않는다. 가장 큰 손실은 생산에서 (기계에 비해) 노동에 가장 많이 의존하고 있는 자본가들한테 일어난다. 하지만 많은 자본가들은 자본축적과 생산 활동의 몇몇 부분을 줄여서 임금상승에서 오는 이윤축소에 대응하는 데 제약이 있음을 느낄 가능성이 높다. 자본가들은 기업운영을 멈출 것이고, 노동자들을 해고할 것이고, 설비와 원료 공급자들에게 주문을 축소할 것이다. 실직한 노동자들은 임금을 못 받기 때문에 구매를 축소할 것이다. 임금재 공급자들은 매출이 감소하기 때문에 노동자들을 해고할 것이다. 따라서 실직한 노동자들은 임금재 구매를 줄이고 고용주들은 투입물 구매를 줄인다. 그 결과 실질소득 감소, 고용 수준 하락, 생산량 감소, 매출 감소, 축적 감소의 특징을 가지는 경기하강 소용돌이가 나타날 것이다.

자본주의 중요한 내재적 모순은 이것이다. 자본축적뿐만 아니라 성공적인 잉여 생산과 전유의 시기에 그 반대의 시기, 즉 고전적인 차원의 경기하강이 시작된다는 것이다. 자본주의 축적은 스스로를 부정한다. 자본주의 경기순환의 상반기는 경기상승에서 경기하강을 스스로 형성하는 시기이다. 그리고 상승기가 하강기를 형성하는 똑같은 작동체계가 반대 방향의 운동방향을 만들면서 경기순환의 하반기를 형성한다.

경기하강이 실업을 심화시키고, 생산을 충분히 축소시키면, 절박한 실직 노동자들은 하락한 임금을 받아들이기 시작하며 파산한 기업은 더 싼 가격에 설비와 상품을 제공하기 시작한다. 임금과 투입물 가격이 계속 하락하면서 결국 어떤 자본가들은 다른 자본가들이 하듯이 생산을 재개한다면 이윤을 벌 수 있을 것이라고 예상하기 시작한다. 그래서 그들은 노동자들을 다시 고용하고 생산수단과 원료를 구매하기 시작한다. 이는 다른 자본가들의 생산물에 대한 수요를 자극하고 자본가들의 활동을 서로 강화하는 경기상승 소용돌이를 만든다. 자본주의 생산의 계급구조와 투입물 및 생산물 시장과의 상호작용은 주기적인 활동 양상을 만든다.

경기순환과 자본주의 모순을 연결 짓는 이런 마르크스주의 설명은 순환이 필연적으로 축적에서 초래된다고 의미하지 않는다. 축적이 그런 결과를 가질지 말지는 동시에 일어나는 다른 것들에 좌우되는데, 즉 축적의 특수한 단계에서 존재하는 모든 조건에 좌우된다. 예를 들어, 축적이 국가내 이용 가능한 노동력 공급을 넘어서더라도, 이민 증가가 축적을 지속할 수 있다면 몇 년 동안 임금 상승은 일어나지 않을 수도 있다. 또 가족생활의 변화로 가정에 묶여 있던 주부들과 자녀들이 직업을 찾는 수가 늘어나면 임금상승 없이도 축적을 유지할 수 있다. 또는 연금지급의 축소로 퇴직자들이 다시 노동시장으로 돌아갈 수도 있다. 그런 전개의 결합으로 노동부족 또는 임금상승 없이 축적기의 무한정한 연장이 가능할 수 있다.

다른 가능성은 임금이 상승해도, 자본가들이 생산이나 축적을 축소하는 게 아니라 생산라인을 자동화함으로써 대응할 수도 있다는 것이다. 노동절약 기계를 구할 수 있다면, 자본가들은 임금 상승의 영향을 줄이기 위해 그런 기계를 구입할 수도 있다. 노동자들 가운데 어떤 이들은 자동화 때문에 실직하여 그런 기계를 생산하는 공장에서 일자리를 얻을 수도 있다. 이런 경우 축적이 임금 상승과 이윤 압박으로 이어질 수도 있지만, 길게 지속되지 못하거나 심각한 경기순환을 촉발하지 않는다. 자동화가 실업과 경기하강을 제한할 수도 있기 때문이다.

하지만 축적은 자본주의 사회에 심한 혼란이 되는 경기하강을 겪게 하는 경기순환을 만들 수 있다. 그럴 경우 (자본가들이 생산에서 소모된 *C*와 *V*를 완전히 갱신하지 않을 때) 축적 감소가 시작될 수 있고, 그리하여 생산 수준이 감소할 수 있다. 전체 국가들의 경제는 2007년 시작된 대침체처럼 몇 년 동안 축소될 수 있고, 1930년대 불황처럼 많은 해 동안 축소될 수도 있다. 그런 환경에서 급진적인 사회변화를 위한 운동은 성장할 수도 있고 어쩌면 권력을 얻을 수도 있다. 1930년대 서유럽과 북 아메리카 전역의 정치적 혼란은 이런 가능성의 예를 제공했다. 또 최근 몇 년간 전 세계에서 분출한 정치적 격변은 종종 2007년 시작된 세계 자본주의 위기에 뿌리를 두고 있다.

마르크스주의자들이 경기순환을 위기로써 말할 때는 경기하강이 자본주의를 위협할 수도 있다는 의미다. 경기하강이 자본주의를 위협할지 안 할지는 경기순환의 결과(실업, 기업 파산, 주택 압류, 일자리 및 사회 복지 수당 감소, 국가의 긴축제도 등)로 고통을 겪는 사람들이 어떻게 경기순환과 그 결과를 이해하는지에 부분적으로 달려 있다. 사람들이 경기순환이 자본주의 생산의 계급구조와 밀접하게 관련된 것이라고 보지 않는다면, 계급구조를 바꾸는 것을 경기순환 극복의 방법으로 보지 않을 가능성이 높다. 그러면 사람들은 자본주의를 넘어서는 이행을 목표로 하는 정치운동에 참여할 가능성이 높지 않다.

이는 우리를 다시 신고전학파 경제학 이론 및 케인스주의 경제학 이론으로 돌아가게 하는데, 이들 이론은 경기하강과 경기순환에 대해 아주 다른 분석과 해법을 가지고 있다. 이 두 이론은 마르크스주의 이론처럼 그런 경제 '문제'를 자본주의 생산의 계급구조와 연결시키지 않는다. 신고전학파 경제학은 자본주의 시장의 자기 수정을 외부충격으로부터 또는 사유재산제도와 자유시장의 작동에 원치 않는 국가 개입이나 다른 기구들의 개입으로 자본주의 체제에 생겨나는 불균형과 경기하강에 대한 최선의 해법이라고 주장한다. 케인스주의 이론은 위기를 시장 불완정성과 그런 불완정성 및 미래에 대한 불확실성에 직면한 인간의 결정과 연결시킨다. 그런 이유로 자본주의 경제체제의 경기순환 문제를 '해결'할 수 있는 통화 정책 및 재정 정책 같은 국가의 경제개입에 초점을 맞춘다. 국가개입은 적절한 조언과 운영이 이루어진다면, 시장의 불완전성과 불확실성 영향을 상쇄할 수 있다. 케인스주의 이론은 신고전학파 이론처럼 자본주의 생산의 계급구조를 뛰어 넘는 체제 이행은 말할 필요도 없고, 계급구조에 대한 문제를 제기할 필요성도 느끼지 못하는데, 이 이론은 계급구조와 경기순환을 연결시키지 않기 때문이다.

따라서 마르크스주의 경제 이론은 신고전학파가 확신하고 있는 자본주의의 자기 치료 특성이나 케인스주의가 확신하고 있는 국가 개입 둘 다 받아들이지 않는다. 마르크스주의 경제 이론은 대부분 자본주의 국가에서 신고전학파 이론과 케인스주의 이론 사이에서 끊임없이 벌어지고 있는 경기순환의 해법에 대한 논쟁에 특별한 관심이 없다. 마르크스주의 관점에서 보면 되풀이되는 경기 순환의 엄청난 사회적 비용이 신고전학파 접근법을 무너뜨렸으며, 또한 경기순환의 반복을 방지하려는 케인스주의 개입의 실패는 케인스주의 접근법도 무너뜨렸기 때문이다. 1930년대 대불황 후에 한동안 경기순환은 상대적으로 심각하지 않았던 것 같다 (1970년대 중반의 경기하강을 제외하면). 경기순환에 대한 마르크스주의의 관점은 지지자를 잃었다. 그러나 2007년 시작한 커다란 세계 자본주의 위기 후에 마르크스주의 분석과 해법에 대한 관심이 다시 살아났다.

경기 순환과 정책 '해법'

마지막으로 경기순환에 대해 잠시 논하기 위해 마르크스주의 관점에서 위기를 해결할 수 있는 정책에 대한 전체 아이디어를 질문할 필요가 있다. 각 위기는 무수한 사회적 과정이 다중결정된 결과인데, 그런 무수한 사회적 과정들이 서로 상호작용하여 위기라는 결과와 위기의 모든 특징을 만들어 낸다. 또한 위기를 극복하는 것은 경기하강을 경기상승으로 만들기 위한 방법으로써 그런 무수한 사회적 과정의 변화에 의존한다. 어떤 사회가 위기에 대응하기 위한 정책 또는 정책의 집합으로 선택하는 것이 단지 다중결정요인들의 아주 작은 부분집합이라면 경기하강을 끝내지 못할 것이다. 경제학이 옳은 정책 또는 중요한 정책 또는 최선의 정책을 추구 할 수 있거나 해야 한다고 생각하는 것은 결정론적 이론 기획과 관련되는 것이다. 경기순환의 주요 원인이 있다고 가정한다면 그 주요 원인을 바꿀 수 있는 정책을 찾을 수 있고 그리하여 경기하강을 역전시킬 수 있다는 것은 말이 된다. 주요 원인이 있다고 생각할 수 없다면, 대신에 다중결정론을 가정한다면, 하나의 원인 또는 몇 가지 원인에 초점을 맞춘 정책은 경기순환 문제를 '해결'하기에 전혀 충분하지 않다.

마르크스주의 다중결정론 관점에서는 다른 이론학파들이 옹호하고 논하는 정책들을 각자 이론과 사회적 의제를 전개하기 위해 자본주의의 반복되는 경기순환의 사회적 비용과 문제를 이용하는 시도로 본다. 각 이론의 정책 처방은 해법이 될 수 없는데, 적은 수의 정책 수단은 다중결정론의 관점에서 항상 그런 임무에 부적합하다. 오히려 각 이론이 제안하는 저마다의 정책들은 경기순환 대한 관심을 각 학파가 이미 믿어왔던 (모든 사람이 초점을 맞추어야 하는) 현대 경제의 중요한 측면으로 이끌기 위한 수단이다.

마르크스주의 경제학에서 이런 다중결정론 관점의 중요성은 마르크스주의 이론이 자본주의 순환의 원인으로 축적 외에 아주 다양한 원인을 인정하고 있다는 것을 탐구함으로써 더 보여줄 수 있다. 예를 들어 마르크스는 독창적으로 (그리고 유명하게) 자본가들이 더 비싼 기계를 구입함으로써 기술 개선을 해야 하는 자본가들 간 경쟁을 지적했다. 그래서 총자본 가운데 불변자본(*C*)의 부분이 가변자본(*V*)과 잉여가치(*S*)에 비해 증가한다. 그 결과(*C*+*V*)에 대한 *S*의 비율(자본가 이윤율 측정의 한 가지 방법)은 하락한다. 이윤율 하락에 직면한 자본가들은 생산을 억제하고, 그리하여 위에서 논한 경기순환 양상이 시작된다(부록C에서 더 많은 논의를 하고 있고 수치로 예증하고 있다).

또 다른 잠재적 경기순환 작동체계는 마르크스가 자주 언급했고 '실현'이라고 불렀던 문제다. 산업 자본가들은 생산적 노동자들이 생산한 상품의 구매자를 찾아야만 한다. 오직 그럴 때 산업 자본가들은 생산적 노동자들로부터 전유한 잉여가치를 화폐형태로 실현할 수 있다. 이 화폐로 산업 자본가들은 적어도 소모된 원료와 설비를 갱신할 수 있고 노동력을 유지할 수 있고 그리하여 생산과정을 유지할 수 있다. 어떤 사회 발전으로 자본가가 구매자를 찾지 못한다면, 이 또한 생산축소, 해고, 경기하강을 유발할 수 있다. 자본가들로 하여금 잉여가치 실현을 하지 못하게 하는 기후, 정치 격변, 다른 요인들 외에 마르크스주의자들은 또한 위기 작동체계가 어떻게 자본주의 체제의 내부 모순으로부터 생겨날 수 있는지 보여주려고 한다.

이 경우 실현 문제는 자본주의에서 항상 나타날 수 있는 가능성을 보여준다. 그 이유는 산업 자본가와 피고용인들 관계에 있는 모순이다. 경쟁에서 살아남기 위해서 각 자본가는 임금과 급여 지출을 가능한 낮게 유지하기 위해서 분투한다. 그러나 집단적으로 자본가들은 시장에서 소비재를 판매하기 위해 자신들의 임금으로 이를 구매할 같은 피고용인들에게 많이 의존한다. 자본가들이 더욱 성공적으로 피고용인들의 임금을 제한할수록 피고용인들이 생산한 상품을 판매하려고 할 때 더욱더 실현 문제에 직면할 가능성이 높다. 자본가들이 상품을 판매하지 못하면, 경기순환이 다시 나타난다. 임금 인하 때문에 감소한 국내 수요를 상쇄하기 위해 해외 구매자를 찾을 수 있다면, 실현 문제는 오랫동안 연기될 수도 있다. 또는 정부지출 프로그램으로 판매되지 않는 상품을 흡수하기 위해 국가개입이 있을 수 있다.

따라서 경기순환은 무수히 많은 자본주의 계급구조의 모순에서 일어날 수 있고, 그런 계급구조의 무한한 (정치, 자연, 문화, 경제) 존재 조건의 가능한 결합으로부터도 일어날 수 있다. 자본주의는 그 옹호자들이 계속 말하는 것처럼 성장과 번영을 위해 순조롭게 작동하는 확실한 엔진이 아니다. 적어도 이 장에서 전개한 마르크스주의 이론적 관점에서는 그렇다.

그 외 사회적 과정들이 특수한 집합으로 된 자본주의 모순을 변화시키거나 상쇄해서 경기하강의 잠재력이 현실로 나타나지 않게 할 수도 있다. 또한 경기하강은 어떤 역사적 상황에서 길고 강한 경기상승으로 배제될 수 있다. 그러나 마르크스주의 이론의 자본주의 계급분석은 가치 방정식을 사용하여 각 경기순환이 고유하고 다중결정된 측면을 가지더라도 왜 경기순환이 주기적으로 되풀이되는 경향을 갖는지 설명한다. 다양한 내적 모순(몇 가지 예는 위에서 소개했다)은 경기순환 운동을 갖는 경향을 가진다. 마르크스주의 이론과 경험적 기록은 자본주의 구조가 경기순환을 만든다는 생각을 뒷받침한다. 반복되는 경기순환을 설명하고 관리하는 것에 대한 신고전학파 경제학자들과 케인스주의 경제학자들 간 끊임없는 (그리고 해결되지 않은) 논쟁도 그런 생각을 뒷받침한다.

경기순환에 대한 마르크스주의 이론 특유의 해석은 신고전학파 이론과 케인스주의 이론의 방식으로 '해법'을 찾지 않는다. 오히려 마르크스주의 이론이 위기를 다루는 방식은 자본주의 비판을 위한 큰 프로젝트의 부분이다. 따라서 마르크스주의 이론은 자본주의가 다양한 존재 조건으로부터 생겨나는 위기의 수많은 원인에 얼마나 취약한지 보여주는 것을 목표로 삼는다. 더 특별하게는 자본주의 계급구조는 시장과 상호작용해서 주기적으로 되풀이되는 위기/경기 순환을 만드는 데 체계적으로 기여한다. 위기에 대한 마르크스주의 이론 접근법은 이 장에서 앞서 논의 했듯이 다른 생산의 계급구조로 이행하는 것을 옹호하기 위해 자본주의를 비판하는 프로젝트의 일환이다. 대조적으로 신고전학파 이론과 케인스주의 이론은 자본주의를 찬양하고, 마르크스주의가 옹호하는 계급 변화를 배제하는 프로젝트의 일환으로 위기에 접근한다.

마르크스주의자들이 추구하는 이행이 자본주의 경기순환에 자본주의 계급이 기여하는 요인을 없앨 수 있다는 것을 언급함으로써 위기 논의를 마무리하는 것은 가치가 있다. 그러나 그런 이행이 자본주의 이후 계급구조에서 그 비자본주의 계급구조에 고유한 불완전성을 거의 제거하지는 못할 것이다. 비자본주의 계급구조는 다른 유형의 불안정성이 생겨나게 할 것이고 마찬가지로 그런 불안정성에 대해 다른 사회 대응과 프로그램이 만들어지게 할 것이다. 그리고 상상해 보건대, 그런 자본주의 이후 사회와 경제에서 활동할 이론가들은 그런 불안정성의 원인과 적절한 대응에 대해 논쟁을 할 것이다. 그런 논쟁은 그런 사회로부터 생겨날 것이고, 그런 사회에 대해 더 넓은 태도를 취하게 만들 것이다.

자본주의 부차적 계급

지금까지 우리 논의는 주로 자본주의 근본적 계급과정에 초점을 맞췄다. 주요 주체는 생산적 노동자와 산업 자본가였으며, 이들은 각각 잉여가치의 생산자, 전유자이다. 그러나 우리가 언급했듯이, 자본주의 계급구조는 부차적 계급과정(전유한 잉여가치의 분배)과 근본적 계급과정(잉여가치의 생산과 전유) 모두 포함한다. 근본적 계급과정은 잉여가치의 생산자와 전유자를 포함한다. 부차적 계급은 전유한 잉여의 분배자와 수급자를 포함한다. 우리는 자본주의 부차계급의 몇 가지 대표적인 예를 검토하고, 부차적 계급이 자본주체 경제 체제의 기능과 동학을 만들기 위해 어떻게 자본주의 근본적 계급과 상호작용하는지 검토함으로써 마르크스주의 경제학의 치밀성과 복잡성을 보여줄 수 있다.

화폐 대부자와 부차적 계급

산업 자본가들은 경쟁으로 종종 다양한 목적을 위해 화폐 대부자로부터 대출해야만 한다. 예를 들어, 산업 자본가는 평소 때보다 싼 투입물이 있을 경우 다른 자본가가 그것을 구매하지 못하도록 자신이 구매하기 위해 대출을 해야 할 필요가 있다. 어떤 산업 자본가는 다른 경쟁자가 이미 구입한 비싼 새 기계를 구입하기 위해 대출이 필요할 수 있다. 그러나 또 다른 자본가는 상품 판매가 일시적으로 지연되면서 생산을 유지하게 하는 데 (피고용인들에게 임금을 지불하거나, 다른 곳으로 원료를 공급할 수도 있는 원료 공급자들에게 구매비용을 지불하기 위해) 필요한 화폐흐름이 중단되어 대출할 수 있다. 구매자를 찾는 시간 대신에 대출로 노동자들에게 임금과 공급자들에게 구매비용을 지불할 수 있다.

각각의 경우 대출은 산업 자본가의 경쟁으로부터 생존에 도움을 주는데, 즉 존재 조건을 확보한다. 화폐 대부자의 관점에서 대출의 최종 용도에 대해 관심이 거의 없거나 전혀 없다. 대부자의 목표는 대출해준 돈과 대출 비용인 이자를 돌려받는 것이다. 이자는 화폐 대부자의 소득이다. 산업 자본가는 대출금에 이자를 더해서 상환한다. 산업 자본가는 전유한 잉여가치의 일부를 이자상환으로 화폐 대부자에게 분배한다. 잉여가치의 한 몫을 분배받는 수취자로서, 화폐 대부는 자본주의 부차적 계급 위치를 차지한다.

우리는 자본주의 상품 생산에 대한 원래 가치 방정식을 약간 확장하여 여기서 다뤄진 경제 관계를 요약할 수 있다. 그래서 우리는 $C+V+S=W$를 다음과 같이 쓸 수 있다.

$$C+V+S_1+S_r=W$$

이 방정식에서 S_1는 전유한 잉여 가운데 화폐 대부자에게 이자 상환금으로 분배된 부분이며 S_r은 전유한 잉여가치의 나머지이다.

산업 자본가와 화폐 대부자의 관계는 사람들의 관계와 관련된 그 외 많은 과정 가운데 여기서 특별한 관심을 두는 두 가지 과정을 포함한다. 첫째 대출과 대부라는 비계급적 과정이 있다. 그것은 정확하게 (그리고 딱 그렇게) 자금을 한 사람에게서 다른 사람으로 일시적으로 이전시키는 행위이기 때문에 비계급적 과정이다. 둘째, 전유한 잉여가치 가운데 일부를 대출한 자금의 이자 상환금으로 분배하는 비계급적 과정이 있다. 이 방정식에서 S_1항은 부차적 계급과정과 두 개의 부차적 계급으로 전유한 잉여가치의 분배자(산업 자본가)와 그것의 수취자(화폐 대부자) 위치를 정의하고 설정한다.

화폐 대부자에게 S_1은 대부로 벌어들인 이자 소득, 즉 산업 자본가로부터 받은 부차적 계급 지불이다. 우리는 화폐 대부자의 관점에서 거래를 다음과 같이 나타낼 수 있다.

$$M \rightarrow M + S_1$$

화폐 대부자는 다른 종류의 자본가인데, 대부과정에서 대부자 화폐의 자기증식이 일어나기 때문이다. 앞서 언급했듯이 화폐 대부자가 행하는 가치의 자기증식은 생산적 노동자들로부터 잉여가치를 직접 전유하지 않기 때문에 산업 자본가와 다르다. 그런 이유로 우리는 그런 화폐 대부자를 '비생산적 자본가'라고 부른다.

화폐 대부과정은 다양한 현대 제도의 환경에서 일어날 수 있다. 은행, 보험사, 산업 기업, 개인, 정부, 그 외 주체들이 화폐를 대부할 수 있다. 화폐 대부자가 산업 자본가에게만 대부하지 않는다. 산업 자본가 외의 개인에게 대부된 화폐는 전유한 잉여가치의 분배와 다른 이자상환을 만든다. 오직 산업 자본가만 자본주의 계급구조에서 잉여가치를 전유하여, 부차적 계급과정에서 이를 분배할 수 있다. 오직 대출금이 산업 자본가에게 갈 때, 대부자와 대출자의 관계는 화폐 대부과정뿐만 아니라 부차적 계급과정을 포함한다. 마르크스주의 이론은 계급과정과 직접 관련된 대부와 그렇지 않은 대부를 구별하는 것에 관심을 가지는데, 그런 계급과정이 마르크스주의 이론의 대상이고 초점이기 때문이다.

산업 자본가 외의 개인 대출도 보통 이자상환을 한다. 예를 들어 어떤 노동자가 다른 노동자에게 이자를 받으면서 돈을 빌려줄 수 있다. 이때 이자 상환금은 부차적 계급 지불이 아닌데, 노동자가 상환하는 이자는 전유한 잉여가치가 아니기 때문이다. 이자 상환금은 비계급적 지불인데 정확하게 전유한 잉여의 분배와 전혀 관련이 없기 때문이다.

다양한 대출자에 대한 상대적 위험 평가와 대출금에 대한 수요와 공급이 이자율을 결정할 것이다. 자본주의 사회에서 이자율의 한 가지 다중결정요인은 계급구조이다. 즉 잉여가치의 생산, 전유, 분배의 특수한 조건들이 이자율을 결정할 것이며, 그 반대도 적용된다. 이자율을 분석하는 마르크스주의 접근법은 ①계급과정과 비계급과정의 다중결정론과 ②이자율이 계급과정을 다중결정하는데 어떻게 참여하는지 강조할 것이다. 즉 마르크스주의 이론은 계급적 이자율 분석을 보여준다.

관리자와 부차적 계급

산업 자본가들이 잉여가치 전유자로서 자신의 어떤 존재 조건을 확보하기 위해 종종 대부라는 비계급적 과정에 의존하는 것처럼, 또한 그 외 많은 비계급적 과정에 의존한다. 이런 것 가운데 하나가 사업 활동을 기획하고, 조직하고, 지휘하는 것과 관련되는 기업 관리과정이다. 관리자들은 어떤 상품은 성공하고 다른 것은 그렇지 못한 이유를 설명하는 기업의 역사를 써나가며, 다양한 경쟁 전략을 고안하고, 새로운 상품을 디자인하고 발명하는 것을 돕고, 하위 관리자들의 어떤 행동들을 통제하고, 채용한 생산적 노동자들을 감독한다. 더욱 전체적으로 감독 업무를 살펴보면서 예를 들어보자.

관리는 노동력이 상품 생산에 완전히 헌신하는지 확인하기 위해 필요하다. 산업 자본가들이 생산적 노동자들로부터 노동력을 구매한 후에 도구, 설비, 원료를 가지고 노동하도록 배치한다. 노동자들은 노동하는 동안 더 많은 또는 더 적은 상품을 생산할 수 있다. 임금을 위해 노동력을 판매한 노동자들은 상품을 생산하기 위해 열심히 일할 수도 있고 그렇지 않을 수도 있다.

노동자들이 열심히 일한다면, 자본가들에게 좋다. 그러면 산업 자본가들은 경쟁력 있게 생존할 수 있도록 다른 이들에게 잉여가치를 분배할 수 있다. 그러나 노동자들이 열심히 일할 수 없거나 일하지 않는다고 가정해보자. 이는 산업 자본가들을 걱정하게 만들며, 이런 자본가들은 열심히 일하고 1인당 생산량이 더 많은 노동자들을 채용하고 있는 산업 자본가들과 경쟁을 두려워할 수밖에 없다. 앞에서 그리고 이 장의 부록C에서 논했듯이 낮은 노동 생산성은 기업 운영의 지속에 위협이 될 수 있다. 관리자들은 노동자들의 최대 노력을 얻기 위해 감독함으로써 그 문제를 해결할 수 있다. 그래서 관리과정은 잉여노동 전유의 존재 조건이다. 관리과정을 확보하기 위해서 산업 자본가들은 관리 인력의 임금을 지불하고 관리를 수행하기 위한 수단을 구매하기 위해 전유한 잉여가치 일부를 분배해야만 한다. 관리자들은 산업 자본가들에게 자신의 노동력을 판매하고 일하지만 산업 자본가들이 판매하는 상품을 생산하지는 않는다. 관리자들은 잉여노동을 수행하거나 잉여가치를 생산하지 않는다. 그들은 부차적 계급 분배를 받는 비생산적 노동자이다.

물론 관리과정이 전유한 잉여를 분배할 필요 없이 이루어진다면, 부차적 계급과정과 관련되지 않는다. 예를 들어 감독 없이도 노동자들이 신념을 가지고 자본가들에게 헌신하여 열심히 노동한다면, 관리자들을 위한 부차적 계급 지불이 필요하지 않다. 실제 관리자들이 노동자들에게 그런 신념을 주입시킬 수 있다면, 산업 자본가들은 더 많은 잉여가치를 남겨서 다른 존재 조건을 확보하기 위해 분배하는 데 쓸 수 있다. 한 가지 예가 노동자의 자기관리 프로그램이다.

마지막으로 우리는 관리자라는 부차적 계급에 대한 마르크스주의 이론화가 화폐 대부자라는 부차적 계급의 마르크스주의 이론화와 어떻게 비슷한지 보여줄 수 있다. 우리는 관리 수단과 관리자 급여의 부차적 계급 분배를 포함하는 확장된 가치 방정식을 쓸 수 있다.

$$C+V+S_1+S_2+S_r=W$$

잉여가치 분배 S_2는 산업 자본가가 관리자에게 지급하는 부차적 계급 분배이다.

노동자들을 포함해서 사람들을 관리하는 과정은 자본주의 부차적 계급과정과 함께 일어날 필요가 없으며 종종 그렇게 일어나지 않는다. 오직 관리 당하는 사람들이 생산적 노동자일 때, 관리 비용이 산업 자본가로부터 분배된 잉여가치로부터 지불될 때 두 가지 과정이 함께 일어난다. 예를 들어 어떤 노동자가 집에 페인트칠을 하기 위해 일요일에 동료 노동자 집단과 노동자들의 관리자를 고용한다면, 어떤 부차적 계급과정도 관련되지 않는다. 이 관리자에게 지불된 임금은 잉여로부터 오지 않는데, 관리자를 고용한 노동자는 잉여를 전유하지 않기 때문이다. 관리과정이 확실히 있다고 하더라도 어떤 부차적 계급과정도 관련되지 않는다.

상인과 부차적 계급

또 하나의 잠재적인 경쟁 문제를 해결하기 위해 산업 자본가는 전유한 잉여의 일부분을 분배하는 것이 필요하다. 이 문제는 산업 자본가가 상품 구매자를 찾는 데 시간이 걸린다는 것이다. 산업 자본가가 최종재를 화폐와 더욱 빠르게 교환할수록, 이 화폐로 더욱 빠르게 노동력 및 원료와 교환할 수 있다. 산업 자본가가 말 그대로 자본을 화폐에서 상품으로, 상품에서 화폐로 더욱 빠르게 회전할 수 있다면, 연간 전유하는 잉여가치도 더 많아진다. 회전기간은 기술 효율성, 신용 접근, 품질 경영만큼이나 산업 자본가 경쟁의 결과에 중요한 영향을 줄 수 있다.

예를 들어 똑같은 크기의 초기자본, 기술, 착취율로 사업을 시작하는 두 산업 자본가를 고려해보자. 그들 사이의 유일한 차이점은 회전기간이다. 따라서 각 자본가는 노동력과 투입물 구매에서 최종상품 생산까지 한 달이 걸린다. 그러나 한 자본가는 상품 생산의 끝에서 판매까지 한 달이 걸리고 다른 자본가는 두 달이 걸린다.

첫 번째 자본가는 1월에 생산한 상품을 2월 말에 모두 팔 것이다. 판매로 실현된 수입은 노동력과 투입물 구매에 사용하여 3월에 다시 생산 주기를 시작할 것이다. 그 다음 판매는 4월말에 일어날 것이다. 두 번째 자본가는 1월 생산한 상품을 3월 말까지 판매할 수 없다. 그래서 이 자본가의 생산주기는 오직 4월에 재개될 수 있고, 이 주기에 생산된 상품은 오직 6월말이 되어서야 다 판매할 수 있다. 1년의 기간 동안 첫 번째 자본가는 자본을 6번 회전하는데, 두 번째 자본가는 단지 4번만 회전한다. 첫 번째 자본가의 자본은 1년 동안 잉여가치를 6번 생산하고 실현하지만, 두 번째 자본가의 자본은 오직 4번 생산하고 실현한다. 따라서 동일한 기술과 착취율에도 불구하고 첫 번째 자본가는 두 번째 자본가보다 연말까지 분배할 수 있는 더 많은 잉여가치를 얻게 되고, 두 번째 자본가보다 더욱 성공적으로 자신의 존재 조건을 확보할 수 있다.

따라서 두 번째 산업 자본가가 회전기간 축소를 확보하는 것은 말 그대로 생존 조건이 된다. 상인을 살펴보자. 상인은 화폐 대부자처럼 화폐를 비축하고 있다. 하지만 화폐 대부자와 다르게 상인은 대부하지 않는다. 상인들은 비축한 화폐를 상품의 구매와 판매를 위해 사용한다. 상인들은 상품과 화폐를 교환하는 비계급적 경제과정에 참여한다. 그런 교환과정은 잉여가치를 생산하고, 전유하고, 분배하는 계급과정과 다르다. 하지만 앞의 두 번째 산업 자본가가 경쟁에서 생존을 걱정하여 상인에게 거래를 제안한다고 가정하자. 상품이 생산 라인으로부터 생산되자마자 구매하는 것에 상인이 동의했다고 가정하자. 그리하여 두 번째 자본가는 상인에게 수수료를 지급한다. 이런 거래는 두 번째 산업 자본가의 회전기간의 속도를 아주 높여줄 것이고, 그리하여 첫 번째 자본가를 따돌리게 된다. 비계급과정으로 된 상인의 활동(적시 상품 교환)은 두 번째 산업 자본가가 지속적으로 잉여가치를 전유하는 존재 조건을 보장한다.

상인들은 돈을 벌 수 없다면 그런 거래 제안에 동의하지 않을 것이다. 마르크스는 그들을 상업 자본가라고 불렀는데 정확하게 그들의 상업행위(구매해서 되팔기)는 그 시작 때보다 끝에 더 많은 가치를 만들어 주기 때문이다. 상인들이 산업 자본가들의 상품을 상품의 가치에 구매해서 상품의 가치로 되판다면, 거래에서 어떤 이득도 얻지 못한다. 상인들에겐 아무런 소득이 없다. 그러므로 상인들의 적시 상품 교환 활동을 보장하기 위해서는 산업 자본가들이 상인들에게 그 활동에 대한 (서로 동의한 크기의) 수수료를 분배해야만 한다. 산업 자본가가 전유한 잉여가치 가운데 일부를 그런 수수료로 상인에게 분배한다면, 우리는 상품교환과 부차적 계급과정이 동시에 일어난다고 말할 수 있다. 따라서 그와 같은 상인은 또 하나의 자본주의 부차적 계급을 구성한다. 우리는 이 부차적 계급과정, 즉 상인 수수료 S_3을 확장된 기업 방정식에 추가 할 수 있다.

$$C+V+S_1+S_2+S_3+S_r=W$$

실제 산업 자본가들과 부차적인 상인은 화폐흐름의 두 가지 반대 방향을 투명하게 보여준다. 첫째는 상인이 상품을 구매하면서 산업 자본가에게 행하는 지불이고, 둘째는 산업 자본가가 상품을 적시 구매하는 상인에게 수수료를 지불하는 것이다. 산업 자본가는 상인에게 상품을 전체 가치로 판매하지 않으며, 그리하여 수수료 수표를 준다. 즉 산업 자본가는 보통 상인들에게 판매하는 상품 가격에서 상인 수수료를 공제한다. 오직 하나의 결합된 거래가 일어난다. 상인은 산업 자본가의 상품을 **할인된 가치**로 구매하며, 이 상인 할인(merchant's discount)은 동의한 수수료와 같다. 상인이 상품을 상품의 가치대로 판매할 때 상인의 소득은 정확하게 상품을 사기 위해 지출한 상인 자본의 크기와 그 상품을 판매했을 때 벌어들인 상인 수입 크기의 차이다.

상인의 관점에서 이 거래를 다음과 같이 표기할 수 있다.

$$M \to C \to M + \Delta M$$

여기서 ΔM은 상인이 상품을 구매하기 위해 지불한 돈과 판매 수입의 차이를 나타낸다. 마르크스주의 이론은 잉여가치의 생산, 전유, 분배에 대한 상인과의 관계에 초점을 맞춤으로서 상인에 대한 차별화된 경제학 해석을 제공한다. 우리의 예에서 ΔM은 산업 자본가가 회전 기간 최소화로 알려진 존재 조건을 확보하기 위해 행하는 부차적 계급 지불이다. 그래서 $\Delta M = S_3$이다.

따라서 상인은 산업 자본가 및 화폐 대부 자본가와 또 다른 종류의 자본가이다. 상인은 자본가인데, 이들이 구매와 판매로 보통 가치의 자기증식(자기증식 하는 가치는 자본의 정의이다)을 성취하기 때문이다. 그러나 그들은 산업 자본가와 다른데, 잉여가치를 전유하거나 상품을 생산하지 않기 때문이다. 그들은 생산과정에서 착취를 통해서가 아니라 구매와 판매를 통해서 자본을 증식한다. 상업 자본가들은 화폐 대부 자본가와 다른데, 그들이 수행하는 자본의 자기증식은 대부라는 비계급과정과 관계없기 때문이다. 오히려 상품교환이라는 비계급과정과 관계있다.

상업 자본가들은 상품을 구매해서 구매한 비용보다 높은 가격에 되팔기 위해 자본을 투자한다. 이들의 목표는 ΔM으로 자기 자본을 늘리는 것이다. 화폐 대부 자본가들은 대부하기 위해 자본을 투자하며, 그들의 목표는 이자 상환금으로 자본을 늘리는 것이다. 산업 자본가들은 상품을 생산하는 데 자본을 투자하며, 그들의 목표는 잉여가치 S를 전유하여 자본을 늘리는 것이다. 이런 다른 종류의 투자 간에 자본의 이동이 있을 수 있다. 상업 또는 대부에서 더 큰 자본 증식을 이룰 수 있을 것 같은 산업 자본가가 산업투자에서 상업 또는 대부로 투자를 옮길 수 있다. 또는 그 반대가 일어날 수도 있다. 따라서 마르크스주의 이론은 상쇄 경향이 발생하지 않을 경우 세 가지 종류의 투자 사이에서 자본의 수익률이 수렴하는 경향이 있다고 예상한다.

화폐 대부와 관리라는 비계급과정의 경우에서 언급했듯이, 상업이라는 비계급과정은 부차적 계급과정과 함께 일어날 수도 있고 그렇지 않을 수도 있다. 상인이 생산과정에서 잉여를 전유하지 않는 사람으로부터 상품을 구매한다면 잉여의 어떤 부차적 계급분배가 상품 교환 과정과 함께 일어나지 않는다. 예를 들어 관리자가 중고차를 상인에게 판매하고, 상인이 더 비싼 가격에 되판다면, 이 상업 자본가는 실제로 자신의 자본을 증식하게 된다. 그러나 증식의 원천인 상업 방정식에 있는 ΔM이 그 관리자가 전유한 잉여가치가 아니다. 관리자는 잉여가치를 전유하지 않으며 오직 산업 자본가만 잉여가치를 전유한다.

계급분석 프로젝트로서 마르크스주의 이론은 계급과정과 비계급과정의 관계와 상호작용을 탐구한다. 마르크스주의 이론은 계급과정이 대부, 관리, 상품 교환 같은 비계급과정에 의해 언제 어떻게 형성되는지 명확히 할 것을 추구한다. 신고전학파 경제학과 케인스주의 경제학도 대부, 관리, 상품 교환을 다루지만 계급과정과의 상호작용을 탐구하지는 않는다.

기타 자본주의 부차적 계급

화폐 대부, 관리, 상업은 많은 비계급과정 가운데서 자본주의 부차적 계급과정과 함께 일어날 수도 있고 그렇지 않을 수도 있는 딱 세 가지이다. 다른 비계급과정들에서 수행자들은 산업 자본가로부터 잉여가치의 몫을 분배 받는다. 몇몇 다른 비계급과정에 대해 짧게 논의하면 비계급 개념을 더욱 명확하게 할 수 있으며, 마르크스주의 이론이 어떻게 확장되어 자본주의 경제에 대한 훨씬 뚜렷한 특징을 포괄하는지 보여준다.

지주는 부차적 계급 위치를 점할 수도 있다. 그들은 자신들이 소유하고 있는 지표면 일부에 대한 사용권을 산업 자본가에게 준다. 산업 자본가는 잉여가치를 전유하기 위해 어떤 토지에 대한 사용권을 얻어야만 한다. 산업 자본가는 전유한 잉여가치의 몫을 토지 소유자에게 분배함으로써 이런 특수한 존재 조건을 확보한다. 역사적인 이유로 사적으로 소유한 토지 사용권에 대한 지불금을 지대라고 부른다. 잉여 생산을 위한 존재 조건을 얻기 위해 잉여 전유자가 지대를 지불하면 부차적 계급 분배가 된다.

다른 종류의 지대 지불은 부차적 계급과정과 함께 일어나지 않는데, 따라서 부자적 계급 지불이 아니다. 예를 들어 사적으로 소유한 토지 사용권을 잉여 전유자가 아닌 사람에게 제공하면 보통 대가로 지대를 지불받는다. 그러나 이때 지대는 분명히 부차적 계급 지불이 아닌데, 지대 지불자가 전유한 잉여 몫의 분배가 아니기 때문이다.

지대 지불이 사라질 수도 있다. 예를 들어 자본주의 사회에서 토지의 사유재산 제도가 폐지되고 대신에 정부가 토지를 어떤 윤리적 규칙 또는 정치적 규칙에 따라 자본주의 생산자들에게 분배한다면, 어떤 지대 지불도 일어나지 않을 것이다. 이런 경우 (물론 자본주의 근본적 계급과정의 존재 조건은 남는다) 지표면 사용권은 잉여가치의 분배를 요구하지 않는다. 그런 이유로 그렇게 지표면 사용권을 제공하는 비계급적 과정은 지대 지불 과정이나 자본주의 부차적 계급과정과 결합되지 않고 일어난다.

대부분 자본주의 사회에서 국가는 산업 자본가들에게 어떤 존재 조건을 제공하며 보통 그 대가로 세금을 받는데, 그런 세금은 부차적 계급 지불이다. 예를 들어 첨단 산업 자본가들은 고급 기술을 가진 생산적 노동자들의 공급을 요구할 수 있다. 그런 기술은 첨단 산업 기업에서 잉여가치 전유의 존재 조건을 구성한다. 국가는 그런 기술을 가르치는 학교를 세워 운영할 수도 있다. 그래서 국가는 산업 자본가들의 존재 조건을 보장하는 비계급적 과정인 교육을 수행한다. 국가가 그 대가로 산업 자본가가 전유한 잉여의 몫을 세금 지불을 통해 분배 받는다면, 세금 지불을 받는 국가 관료는 부차적 계급 위치를 점한다. 이 예에서 공립학교 교육의 비계급과정은 부차적 계급과정과 함께 사회에서 일어난다. 다시 한 번 세금 지불과 부차적 계급 지불이 함께 일어날 필요가 없다. 잉여 전유자 외에 어느 누가 지불한 세금은 부차적 계급 지불이 아닌데, 그것은 전유한 잉여가치에서 지불된 것이 아니기 때문이다. 미 국세청은 기업 소득세와 개인 소득세를 구분하는데, 그 둘의 차이는 부차적 계급 지불인 세금과 부차적 계급 지불이 아닌 세금의 차이와 거의 비슷하다.

국가는 또 산업 자본가들에게 세금 지불을 요구하지 하지 않고 공립학교를 제공할 수도 있다. 이는 잉여 전유자들이 세금 지불에서 면제된다면 이룰 수도 있다. 그러면 기술을 가르치는 공립학교를 확보하기 위해 자본가들에게 어떤 부차적 계급 지불도 요구하지 않을 수도 있다. 마르크스주의 이론은 산업 자본가들이 자신들의 존재 조건을 위한 국가의 제도를 확보 하면서 과세 부담을 다른 이들에게 떠넘기는 것을 예상한다. 마르크스주의 이론은 또한 다른 이들이 마르크스주의 이론에 의해 자본주의 계급 구조가 세금 부담의 사회적 분배에 어떻게 영향을 주는지 깨닫는다면 저항할 수 있다는 것도 예상한다.

국가가 조직하고 유지하고 배치하는 군사력(또 하나의 비계급적 과정)은 (해외 또는 국내) 반대자들로부터 기존 계급구조를 보호할 수 있다. 안보는 산업 자본가들의 또 하나의 존재 조건이다. 국가는 안보를 제공하는 비용을 위해 산업 자본가들에게 과세할 수 있다. 그렇게 되면 국가의 군사안보 제공은 자본주의 부차적 계급과정과 함께 일어날 수 있다. 또는 군사력에 지불하는 세금이 모두 잉여를 전유하지 않는 개인들에게 과세될 수도 있으며, 그러면 자본주의 부차적 계급 세금지불이 필요하지 않다.

산업 기업들의 소유자들(기업 이사회와는 구별됨: 아래를 보라)은 부차적 계급 위치를 점한다. 주주들은 법적으로 법인 기업의 자산인 건물, 도구, 설비, 원료, 즉 일반적으로 생산수단을 소유한다. 주주들은 기업 이사회 구성원을 선택하는 권한을 가지는 대신에 그리고 때때로 정기적인 지불을 받는 대신에 기업의 산업 자본가들(일반적으로 기업 이사회)에게 이런 자산의 사용권을 수여한다. 역사적 이유로 그런 지불을 배당금이라고 부른다. 배당금은 생산수단에 대한 사용권을 보장받기 위해 수행되는, 기업이 전유한 잉여가치의 부차적인 계급 분배를 나타낸다. 어떤 상황에서는 분배된 배당금이 줄어들거나 심지어는 전혀 지불이 되지 않을 수도 있지만, 산업 자본가들은 생산수단에 대한 사용권을 확보할 수 있다.

배당금을 받을 때보다 주식을 판매하여 실현되는 자본이득에 대한 세율이 더 낮게 적용되는 세법이 존재할 수 있다. 그러면 소유자들은 당연히 산업 자본가들이 잉여를 배당금으로 지불하는 대신에 자본축적을 확대하고, 기업을 성장시키고, 생산성과 이윤을 증대하고, 그리하여 주가를 높이는 데 사용하길 선호한다. 이렇게 주가가 상승하면 소유자들은 부의 확대를 누릴 뿐만 아니라 주식을 일부나 전부를 판매할 때 자본이득을 실현할 수 있다. 가정한 세법에서는 자본이득이 배당금보다 낮은 (자본이득) 세율로 과세된다. 그런 이유로 소유자들은 당연히 배당금보다 오히려 이윤 확대를 촉진하는 잉여의 분배를 선호한다. 오늘날 많은 자본주의 기업들이 크든 작든 주주들에게 배당금을 전혀 지불하지 않는다.

일반적으로 기업 이사회는 관리자들에게 보상으로 급여에 더해서 스톡옵션을 주거나 아니면 급여 일부의 대체로써 그렇게 한다(이 또한 스톡옵션의 과세율이 급여보다 낮기 때문이다). 급여의 일부를 스톡옵션으로 대체하면 이사회는 급여를 위해 더 이상 사용하지 않는 잉여 부분을 다른 부차적 계급 분배를 위해 사용할 수 있다. 스톡 옵션은 급여와 같게 아니면 적게 지급이 되더라도 관리자들이 기업에 지속적인 충성심을 갖도록 하거나 다양한 비계급과정을 보장하는 데 도움이 되는 유인책이 될 수 있다.

여기서 특별히 관심을 가져야 하는 것은 생산수단 소유자와 잉여 전유자와의 차이다. 아주 종종 마르크스주의 전통에서 이런 상이한 위치를 동일시하거나 혼동하였다. 사적으로 소유한 생산수단의 사용권을 수여하는 것과 잉여를 전유하는 것은 우리가 묘사한 방식에서 서로 연결되어 있지만, 서로 다른 과정이다. 너무 자주 사회주의자들은 생산수단의 사적 소유를 집단적 소유로 바꾸면 계급 착취 자체를 없애거나 사회가 반드시 착취 폐지로 가는 여정에 오르게 한다고 주장해 왔다. 첫 번째 주장은 두 가지 위치를 동일시해 버렸고, 두 번째 주장은 결정론적 논리에 빠져 버렸다.

두 가지 과정을 동일시하는 것에 반대하여 우리가 주장하는 방식으로 두 과정을 구별하면, 즉 인과 논리로서 다중결정론을 주장하면 결정론 논리를 기각하게 된다. 의심의 여지없이 생산수단을 소유하는 주체에서 변화가 일어나면 자본주의 사회가 완전히 바뀔 수 있다. 비교적 소수 인구가 자본주의 사회의 생산수단의 거대한 비중을 소유하고 있다. 그런 집중 때문에 그런 소수 인구가 대다수에게 정치력을 행사할 뿐만 아니라 경제 이득도 올릴 수 있다. 또 법률과 법적조치는 그런 부(와 소득과 권력)의 집중이 세대에 걸쳐서 지속될 수 있게 한다. 재산을 모든 인구에 평등하게 분배함으로써 또는 생산수단의 사적 소유를 집단적 소유로 바꿈으로써 이 모든 것을 바꾸는 것은 경제와 정치의 혁명일 수 있다. 그러나 소유 주체의 변화가 잉여를 조직하는 (생산, 전유, 분배) 방식의 변화와 같지 않으며, 또는 반드시 일치하는 것은 아니다. 예를 들어 생산수단이 사적 소유에서 집단적 소유로 바뀌었다고 해도 생산 조직은 생산노동자가 생산하는 잉여를 전유하고 분배하는 다른 집단을 포함할 수 있다. 이런 경우 집단 소유화된 재산이 착취적인 (그리고 아마도 자본주의적) 계급구조와 공존할 수 있다. 우리는 제6장에서 소련의 역사를 논의할 때 이같이 중요한 점을 탐구할 것이다. 이제 교훈은 소유권 같은 비계급적 (정치적) 과정의 변화와 계급과정의 변화를 혼동하거나 하나로 보지 않는 것이다.

독점은 자본주의 부차적 계급과정과 함께 일어날 수 있는 또 하나의 비계급과정이다. 독점은 판매자가 구매자의 상품시장 접근을 통제하는 것을 수반한다. 독점 통제로 구매자들은 대안적 시장 또는 상품의 다른 공급처를 이용할 수 없게 된다. 독점기업은 시장 접근을 통제하여 구매자가 시장 접근을 추구할 때 수수료를 요구할 수 있다. 독점과 토지 사유재산의 유사점과 독점 수수료와 지대 사이의 유사점에 주목하자.

예를 들어 자신의 기업이 생산한 상품인 유일한 종류의 컴퓨터 게임의 판매자로서 독점 지위를 점하고 있는 산업 자본가를 고려해보자. 저작권법에서 다른 기업들이 같은 종류의 게임을 복제하고 판매하는 것을 허용하지 않는다면, 그 산업 자본가는 독점권을 갖는다. 그 자본가는 그 게임 시장에 진입하기를 원하는 구매자에게 수수료를 매길 수 있는데, 상품의 가치에 더해진 독점 수수료이다. 실제로 독점 생산자는 가치와 독점 수수료를 합하여 상품의 총판매 가격을 얻게 되고, 따라서 이는 상품의 가치보다 크다.

게임을 생산하는 산업 자본가의 관점에서는 생산적 노동자로부터 전유한 잉여에 고객의 독점 시장 접근 수수료가 추가된다. 게임을 노동자가 구매하든, 다른 산업 자본가가 구매하든, 상업자본가가 구매하든, 누가 구매하든지, 상품 가치를 초과하는 독점 수익은 산업 자본가에게로 간다. 물론 독점 수익은 구매자가 그 게임을 수요하지만 다른 공급처가 없는 한 생겨난다.

마르크스주의 계급 이론 관점에서 컴퓨터 게임 시장 접근에 대해 독점 수수료를 누가 지불하는지에 대해 더 자세히 살펴보자. 구매자가 자신이 운영하는 호텔의 고객에게 호텔 서비스의 부분으로 컴퓨터 게임을 제공하는 산업 자본가라고 가정하자. 그러면 게임은 산업 자본가가 생산하고 판매하는 호텔 서비스의 투입물(자본주의 상품 생산의 방정식 $C+V+S=W$에서 C이다)이 된다. 이 산업 자본가는 게임을 구매하면서 게임의 가치와 독점 수수료를 지불한다. 독점 수수료는 호텔 자본가가 전유한 잉여에서 지불된다. 이는 부차적 계급 지불인데, 게임 시장 접근은 호텔이 생산적 노동자들로부터 잉여가치를 지속적으로 전유하는 능력의 조건이 되기 때문이다. 이 경우 시장 접근을 통제하는 비계급과정이 자본주의 부차적 계급과정과 함께 일어나기 때문에, 시장 통제를 행사하는 독점 자본가는 자본주의 부차적 계급을 구성한다. 또한 그런 독점 자본가들이 게임을 산업 자본가가 아닌 구매자에게 판매한다면, 그들의 독점 수익은 부차적 계급 지불이 아니고 그런 독점 자본가는 자본주의 부차적 계급을 구성하지 않는다.

위에서 든 모든 예에서 부차적 계급과정은 화폐 대부, 관리, 상업, 토지 소유, 교육, 소유, 독점 같은 비계급과정과 다르다. 오직 잉여노동의 전유와 분배 과정만이 계급을 일컬을 수 있으며, 정의상 '비계급'은 사회생활의 그 외 모든 과정들을 포함한다. 마르크스주의 이론은 이런 비계급과정이 착취를 위해서 자본주의 근본적 계급과정에 존재 조건을 제공할 수 있는지, 그리고 언제, 어떻게 제공하는지를 검토한다. 마르크스주의 분석에서 하나의 중요한 목표는 자본주의 계급구조가 자신의 다양한 존재조건을 얼마나 잘 보장하는지 검토하고 평가하는 것이다(전유한 잉여가치가 얼마나 충분한지, 얼마나 효과적으로 분배되는지 등). 또 다른 것은 그 존재 조건 가운데 어떤 것이 위태롭고, 그것이 계급구조의 재생산에 어떤 영향을 줄 수 있는지 밝히는 것이다.

계급 위치와 개인 소득

마르크스주의 이론은 현대 사회에서 계급과정이 얼마나 중요한지 보여주기 위해 관심을 가지면서 개인 소득에 주목했다. 신고전학파 이론은 주로 (개인이 생산과, 노동이나 자본을 공급할지에 대한 결정에 기여하는) 개인 소득과 자원(노동 또는 자본)의 한계 생산성의 관계에 관심을 가졌다. 케인스주의 이론은 주로 개인이 소득을 소비와 저축을 어떻게 나누는지와 이것이 고용과 소득에 주는 영향에 관심을 가졌다. 대조적으로 마르크스주의 이론의 목표는 사회에서 개인 간 소득의 분배를 다중결정하는 계급의 역할을 보여주는 것이다. 계급과정과 소득분배의 상호작용을 탐구하는 것이다.

계급과정과 소득분배

마르크스주의 계급분석의 차원에서 자본주의 사회의 개인은 세 가지 방식으로 소득을 벌 수 있다. 우리가 의미하는 '소득'은 상품과 교환할 수 있는 가치의 흐름이다. 첫째, 개인은 자본주의 근본적 계급과정에서 잉여가치를 전유함으로써 소득을 번다. 그런 개인은 산업 자본가이다. 둘째, 개인은 잉여가치의 몫을 분배받는 부차적 계급 위치를 점할 수 있다. 화폐 대부자(은행가), 산업 자본가가 고용한 관리자, 지주, 독점자본가, 상인이 부차적 계급 지불의 수취자의 예다. 셋째, 개인은 가치 유입을 만드는 비계급적 과정에 참여함으로써 소득을 벌 수 있다. 예를 들어, 노동자는 물려받은 골동품 시계를 다른 노동자에게 팔 수 있다. 이는 상품 교환으로 소득을 버는 비계급적 과정이다. 골동품 시계와 화폐의 교환에는 어떤 근본적 계급과정도 관련되지 않으며, 잉여가치를 생산하거나 전유하지도 않는다. 또한 어떤 부차적 계급과정도 관련되어 있지 않는데, 노동자는 잉여가치를 전유하거나 분배하지 않기 때문이다. 골동품 시계를 판매하는 것은 근본적 계급과정 또는 부차적 계급과정 없이 소득을 버는 그야말로 비계급과정이다.

비계급적 소득의 다른 예가 선물 수령이다. 어떤 사람은 다른 사람에게 선물을 줄 수 있다. 그렇게 선물을 수령하면 소득이 되지만 선물을 주고받는 과정은 근본적 계급과정이나 부차적 계급과정이 아니다. 선물 수령은 많은 사회에서 소득을 발생시키는 상당히 중요한 비계급과정이다. 또 주목할 만한 비계급 소득은 주식 또는 채권 판매로 실현되는 자본이득에서 발생한다. 이런 자산의 매매에서 계급과정이 일어나지 않는다. 도둑질도 하나의 예이다. 실제 우리는 이미 자신의 노동력을 다른 노동자에게 판매하는 노동자, 산업 자본가가 아닌 개인에게 상품을 구매하는 상인, 산업 자본가가 아닌 개인에게 토지 사용권을 수여하는 지주 등을 논하면서 다른 비계급적 소득발생 과정을 다루었다. 그런 개인들은 소득이 발생하는 비계급적 과정에만 참여함으로써 가치유입을 얻는다.

마르크스주의 이론은 어떤 개인과 집단의 소득이 어떤 과정에서 발생하느냐에 따라 소득을 근본적, 부차적, 비계급적 종류로 나눈다. 마르크스주의 이론은 근본적, 부차적, 비계급적 (소득을 발생시키는) 과정에 있는 소득 수령과 참여 사이의 관계를 각각 강조한다. 마르크스주의 이론은 계급과 소득이 서로 어떻게 영향을 주는지에 관한 질문을 제기하고 답할 수 있다. 아주 대조적으로 신고전학파 이론과 케인스주의 이론은 일반적으로 계급을 무시하거나 계급과 소득을 하나로 묶어버려 한 사람의 계급 위치를 개인 소득액의 측면에서 (부자, 가난한 사람, 중간 계급으로) 정의한다.

소득분배에 대한 마르크스주의 계급이론을 기호로 요약하면 다음과 같다.

$$Y = Y_{fc} + Y_{sc} + Y_{nc}$$

여기서 Y는 개인이 벌어들인 총소득을 나타낸다. 그러나 마르크스주의 소득분석을 구체적으로 보여주기 위해서는 근본적 계급을 나타내는 하첨자 fc, 부차적 계급을 나타내는 하첨자 sc, 비계급을 나타내는 하첨자 nc를 도입한다. 따라서 Y_{fc}는 자본주의 근본적 계급과정에서 잉여가치를 전유하여 벌어들인 소득을 나타낸다. Y_{sc}는 자본주의 부차적 계급과정 참여에서 벌어들인 소득, 즉 잉여가치 전유자로부터 잉여가치의 몫을 분배받은 소득이다. 마지막으로 Y_{nc}는 스스로 가치의 유입을 발생시키는 비계급과정 참여에서 벌어들인 소득을 나타낸다.

일정 기간 동안 모든 개인이 벌어들인 소득은 이렇게 계급 및 비계급 항으로 분해해서 분석될 수 있다. 이 항들 가운데 어떤 것은 0이 될 수도 있다. 나이든 할머니 할아버지의 소득은 오직 자녀와 손자녀의 선물에 의존할 수 있다. 그런 이유로 그런 개인들의 소득 방정식은 $Y_{fc} = 0 = Y_{sc}$가 된다. 돈을 대부하는 은행 이사회는 이자 소득의 일부가 산업 자본가 대출에서 오고, 나머지가 산업 자본가가 아닌 대출자로부터 온다면, 이자소득을 Y_{sc}와 Y_{nc} 두 가지로 나눌 수 있다. 소득을 오직 노동력 판매로부터 벌어들이는 생산적 노동자는 방정식에서 $Y_{fc}=0=Y_{sc}$를 보여주는데, 소득이 오직 상품 교환이라는 비생산적 과정, 즉 노동력과 화폐의 교환과정 참여에서 오기 때문이다.

그런 방정식은 개인 소득의 계급적 분석을 세우기 위해, 또한 특정 계급/비계급적 소득분배를 공유하고 있는 개인들 집단의 소득에 대해서 그렇게 하기 위해 사용될 수 있다. 따라서 우리는 집단으로 나눈 산업 자본가들의 소득에 대한 방정식을 쓸 수 있다. 예를 들어 현대 기업의 이사회의 소득 같은 것이다. 우리는 또 국가로부터 소득을 버는 의회 구성원 같은 국가 관료나 종교 기관으로부터 소득을 버는 성직자 등을 위한 방정식도 쓸 수 있다. 그런 방정식을 만듦으로써 마르크스주의 이론은 계급과정과 '기업, 국가, 종교 기관 등의 소득' 사이의 관계를 탐구한다. 그런 탐구는 마르크스주의의 구체적인 사회분석의 한 부분을 구성한다.

다중적인 계급 및 비계급 위치 점하기

어떤 개인 또는 집단은 한 가지 이상의 계급 위치를 점할 수 있고, 그리하여 여러 종류의 계급 소득을 벌 수 있다. 이는 다른 비계급 위치와 여기서 발생하는 다양한 종류의 소득에 대해서도 그러하다. 예를 들어 노동력을 산업 자본가에 판매해서 임금소득을 버는 여성을 고려해보자. 이 여성의 소득 방정식은 비계급 (교환과정) 소득 항을 포함한다.

$$Y = Y_{nc}$$

그러나 이 여성은 또 어떤 산업 자본가 기업에 돈을 대부해줄 수 있다(예를 들어, 그 기업의 채권을 구입함으로써). 그러면 그는 이자를 받는데, 이는 부차적 계급 지불이 된다. 이자는 그 대출을 지속하기 위해 산업 자본가가 잉여가치를 분배한 것이기 때문이다. 따라서 우리는 이 여성의 소득 방정식을 부차적 계급 지위를 포함하는 쪽으로 확장해야 한다. 그러면 다음과 같이 된다.

$$Y = Y_{nc} + Y_{sc}$$

마지막으로 이 여성이 또한 지역 저축은행에 예금계좌를 가지고 있어서 이자 소득을 번다고 가정하자. 이는 두 번째 종류의 비계급 소득도 이 여성의 소득 방정식에 포함되어야 한다. 그 이유는 저축은행은 순수하게 대출하고 대부하는 기관이기 때문이다. 저축은행은 자본주의 상품을 생산하거나 생산적 노동자들을 고용하거나 잉여가치를 전유하지 않는다. 따라서 저축은행은 잉여가치를 전유하여 분배할 수 없다. 저축은행의 이자 지불은 이 여성이 돈을 산업 자본가 외의 다른 이에게 대부하는 비계급과정에 참여하여 얻는 비계급적 소득이다.

이 여성의 소득 방정식은 두 가지 다른 비계급 소득 원천에 대한 각 항을 포함시켜야 한다. Y_{nc1}항은 상품 교환 과정 참여(노동력 판매)에 대한 것이고, Y_{nc2}는 산업 자본가 외의 사람에게 대부하는 과정에 참여한 것에 대한 것이다. 방정식은 다음과 같다.

$$Y = Y_{nc1} + Y_{nc2} + Y_{sc}$$

두 번째 예로 친척으로부터 토지를 물려받아서 그 일부를 상품 생산공장 부지로 이용하려는 산업 자본가에게 임대한 남성을 고려해보자. 이 지주가 벌어들인 지대 지불은 부차적 계급 소득 Y_{sc}를 구성한다. 그래서 방정식은 다음과 같다.

$$Y = Y_{sc}$$

그러나 이 사람이 판매를 위한 곡식을 생산하는 토지에 일을 할 사람 두 명을 고용한다고 가정하자. 곡식을 판매하면 그 사람은 근본적 계급 소득, 즉 그 노동자들로부터 전유한 잉여가치를 실현한다. 이것을 설명하기 위해 우리는 그가 전유하는 잉여가치 Y_{fc}를 포함시켜 그의 총소득 방정식을 수정해야 한다.

$$Y = Y_{sc} + Y_{fc}$$

마지막으로 이 남성 또한 정규직 노동자라면, 즉 노동력을 판매한다면, 비계급 소득 Y_{nc}, 즉 노동력 교환 대가로 임금을 받을 것이다. 그러면 방정식은 다음과 같이 된다.

$$Y = Y_{sc} + Y_{fc} + Y_{nc}$$

이런 예들에서 시사하듯이, 마르크스주의 이론은 개인과 집단이 종종 소득이 발생하는 다중적인 계급 및 비계급 위치를 점한다고 가정한다. 또 개인들의 계급적 소득 및 비계급적 소득의 조합이 생에에 걸쳐 바뀔 가능성이 크다. 어떤 개인이나 집단의 소득액수를 알아내는 것으로 소득, 개인, 집단에 대한 마르크스주의 계급분석에는 충분하지 않다. 마르크스주의 계급분석은 누군가의 소득 가운데 계급적 및 비계급적 구성 요소를 정확하게 보여주도록 요구한다.

여기서 계급이 아주 중요한 이유는 마르크스주의 이론의 일반적 목적으로 돌아갈 수 있게 하기 때문이다. 마르크스주의자들은 계급구조를 변화시키는 데 관심이 있기 때문에 개인, 집단, 소득이 계급구조와 어떤 관계를 맺는지 알고 싶어 한다. 그런 이유로 개인의 소득 또는 집단의 소득 규모를 연구하거나 단지 소득의 한 구성 요소를 아는 것은 마르크스주의 관점과 맞지 않다. 그런 지식은 한 개인 소득의 계급적 복합성을 추상하고 무시하는 반면 그런 복합성이 정확하게 마르크스주의 분석이 이해하려고 목표로 삼는 것이다.

(근본적 및 부차적) 계급과정과 비계급과정의 차원에서 소득을 분석하면 계급구조가 어떻게 사회생활에 영향을 주는지 관심을 집중하는 데 도움을 준다. 마르크스주의 분석은 대부분의 개인들이 어떻게 다중적인 소득벌이 과정에 참여하는지 탐구한다. 따라서 사회의 계급구조를 바꾸기 위해 사람들을 운동에 참여시키려고 노력하는 정치 전략가들은 개인들의 소득이 반영하는 다중적이고 상이한 계급 관련성을 이해해야 한다. 게다가 정치 전략가들은 계급 변화가 다양한 사회 집단의 소득에 어떻게 영향을 미칠 것인지 예측하는 것도 필요하다. 마르크스주의 이론은 그런 필요에 대응한다.

그러므로 이 마르크스주의 이론은 사람들을 소득의 크기에 따라 '계급'으로 나누는 이론에 반대한다. '계급' 용어를 그렇게 사용하고 의미 부여하는 것은 우리가 지금까지 마르크스주의 이론에서 파악한 것과는 완전히 대립된다. 우리가 마르크스주의 이론을 이해하는 것처럼 이 이론은 명확하게 소득과 계급과정을 구별한다. 위의 예들에서 보여주듯이 우리는 소득의 규모에서 개인의 계급 위치를 추리할 수 없으며, 개인이 속한 계급으로부터 소득을 추리할 수 없다. 마르크스주의 이론에서 소득과 계급 간 관계는 그 이상으로 복잡하다.

자본주의 기업의 복잡한 계급구조

현대 경제 이론의 중심 부분은 자본주의 기업 행태의 원인 및 결과와 관련된다. 물론 상이한 이론은 상이한 기업 분석을 낳는다. 신고전학파 이론에서 자본주의 기업 행태는 궁극적으로 자원 공급자의 욕망, 기술 가능성, 고객의 선호로 환원된다. 케인스주의 이론은 기업 행동을 구성하는 불확실성, 행동규칙, '야성적 충동'을 강조한다. 우리는 마르크스주의 이론이 기업을 다루는 특유한 방식을 자세하게 설명함으로써 이 이론의 다른 결과와 함의를 보여줄 수 있다. 이 장의 '산업 자본가 기업의 복잡성'에서 소개한 마르크스주의 기업 이론에 기초하여 이 절에서 현대 자본주의 기업에 대한 기업 분석을 추가한다.

자본주의 기업에 대한 계급분석

우리가 '자본주의 기업'으로 의미하는 것은 초기 화폐 총액이 양적으로 증식하는 기업이다. 그 가치가 증대하기 때문에 화폐총액은 자본으로 기능한다. 이런 가치의 자기증식은 기업을 '자본주의 기업'으로 규정한다. 앞서 언급했듯이, 여러 종류의 자본주의 기업이 있다. 산업 자본가 기업은 상품을 생산하는 생산적 노동자가 생산하는 잉여가치를 전유함으로써 가치를 증식한다. 상업 자본가 기업은 상품을 구매해서 구매 가격보다 높은 가격에 되팔면서 가치를 증식한다. 화폐 대부 자본가 기업은 대부한 화폐에 대한 이자를 벌어들임으로써 자본을 증식한다.

각 자본가 기업에 대해 마르크스주의 이론은 아래와 같이 구체적으로 분석한 계급 항의 가치 유입과 유출을 명확하게 보여준다.

$$Y_{fc}+Y_{sc}+Y_{nc}=E_{sc}+E_{nc}$$

이 방정식에 있는 Y항들은 이 장에서 이미 설명했다. E항들은 짧은 설명이 필요하다. E_{sc}는 이 기업이 전유한 잉여가치에서 이루어진 지출을 일컫는다. 이는 이 기업이 잉여가치 전유(Y_{fc})를 위한 여러 존재 조건을 확보하기 위해 지출한 부차적 계급 분배이다. E_{nc}는 부차적 계급 지불이 아닌 지출(존재 조건을 확보하기 위한 잉여의 분배가 아닌 것)을 일컫는다. E_{nc}의 지출은 오히려 Y_{sc}와 Y_{nc}의 지속적 수취를 위한 존재 조건을 확보하는 것을 목표로 삼는다. 이런 방식으로 그 지출은 지속적인 잉여가치 전유를 확보하는 것을 목표로 삼는 E_{sc}의 역할과 유사하다.

모든 자본주의 기업은 그런 마르크스주의 계급분석 방정식을 가질 수 있다. 기업은 각자 가지는 방정식의 5가지 항이 취하는 값의 차이에 따라 서로 달라질 것이다. 예를 들어 오직 상품생산에 참여하는 산업 자본가 기업은 아래와 같이 간단하게 표시될 수 있다.

$$Y_{fc}=E_{sc}$$

이 기업의 자본가는 잉여가치 Y_{fc}를 전유하며, 잉여가치 전유의 존재 조건을 확보하려는 바람으로 이를 부차적 계급에게 분배한다(E_{sc}).

대조적으로 상업 자본가 기업은 다음과 같이 간단하게 나타낼 수 있다.

$Y_{sc} = E_{nc}$

이 상업 자본가 기업의 소득 Y_{sc}는 오직 자본주의 부차적 계급과정의 참여, 즉 산업 자본가로부터 할인된 가치로 상품을 구매하는 것에서 온다. 그러면 상업 자본가 기업은 Y_{sc}를 낳는 부차적 계급과정 참여의 존재조건을 확보하기 위해 E_{nc}를 지출한다. 이런 상업 자본가의 지출은 점원과 회계장부 직원의 비생산적 노동력에 대한 임금, 창고 지대, 산업 자본가의 상품을 구매해서 판매하는 것과 관련된 비용을 포함 할 수 있다.

마지막으로 마르크스주의 이론이 소비자 금융에만 참여하는 자본가 기업을 어떻게 다루는지 고려해보자. 이 기업은 소비 용도로 개인에게 돈을 대부하고 대출금과 이자 상환을 받으면서 자본을 증식한다. 마르크스주의 계급분석 방정식은 다음과 같이 된다.

$Y_{nc} = E_{nc}$

이 기업은 순전히 비계급 소득을 얻는다. 이 기업은 비근본적 계급 소득을 버는데, 돈을 대부하는 비계급과정 활동은 잉여가치 전유와 관련이 없기 때문이다(어떤 상품도 생산되지 않으며 어떤 생산적 노동자도 고용되지 않음). 이 기업은 또한 어떤 부차적 계급 소득도 벌지 않는데, 이 기업이 대부하는 소비자 금융의 대출자들이 산업 자본가가 아니기 때문이다. 그러므로 소비자 금융 대부 자본가들은 잉여노동을 전유하지 않으며, 잉여가치에서 이자를 지불할 수도 없다.

위에서 서술한 세 가지 종류의 자본주의 기업 가운데 어느 것도 특정한 소득 공급원에 영원히 묶여 있을 필요가 없다. 자본주의 기업들은 역사의 흐름에 따라 변할 수 있다. 자본주의 기업들은 자신의 환경에서 인지하는 기회에 반응하면서 소득 벌이 과정을 추가하고, 바꾸고, 버리기도 한다. 산업 자본가들은 수입을 노동자들에게 대출하여 Y_{fc}에 Y_{nc}를 추가함으로써 이익을 얻을 수도 있다. 상업 자본가들은 공급자로부터 상품을 공급받는 것에만 의존하는 것을 그만두고 판매할 상품을 생산하기 위해 생산적 노동자를 고용하여 Y_{sc}에 Y_{fc}를 추가할 수 있다.

일반적으로 Y_{fc}, Y_{sc}, Y_{nc} 항은 기업마다 특정한 역사가 전개되기 때문에 0과 같거나 0을 초과할 수도 있다. 다양한 시기에 개별 기업은 Y_{fc}나 Y_{sc}나 Y_{nc}를 벌 수 있고, 이 모두를 함께 벌 수도 있다. 예를 들어 제너럴모터스는 자동차를 만들면서(Y_{fc}를 벌고), 다른 산업 자본가들에게 대부하여 이자를 받으면서 (Y_{sc}를 벌고) 차를 사는 고객에게 대부하여 이자를 받을 수 있다(자회사 제너럴모터스어셉턴스코퍼레이션을 통해서 Y_{nc}를 번다). 어느 해에 Y_{fc}는 경제의 발전과 제너럴모터스 이사회의 기업 전략에 따라 Y_{sc} 또는 Y_{nc}보다 크거나 작을 수 있다.

최근 몇 십 년 동안 기업들은 종종 다른 기업들의 주식을 매입해서 그런 기업들을 하나의 회사로 합병했다. 예를 들어 어떤 산업 기업은 오직 철강 제품을 생산하면서 Y_{fc}를 벌수 있다. 그 기업의 이사회는 경쟁을 위해서든 투기를 위해서든 다른 이유로든 에너지 기업의 보통주를 매입하기를 결정한다. 에너지 기업을 새로 소유한 이사회가 보통주를 매입한 이사회에 배당금을 분배하면 새로운 수입 Y_{sc} 이 생겨난다. 어떤 시점에 철강 회사의 이사회는 에너지 기업에 대한 소유권을 이용하여 두 개의 독립된 회사를 하나의 이사회를 가진 법적으로 하나로 통합된 회사로 합병한다. 새로 합병된 기업은 두 가지 다른 상품(제품군이라 부름)을 생산하는데, 하나는 철강이고, 다른 하나는 에너지이다. 그 시점에 이전의 Y_{sc}는 0이 되고(부차적 계급 소유권 위치가 사라짐), Y_{fc}는 확대된다. 이는 완전하게 통합된 회사의 새로운 잉여가치는 에너지 상품 잉여와 철강 상품 잉여의 합이기 때문이다. 새로 합병된 회사는 변화되고 확대된 사업 운영을 반영하여 완전히 다른 이름을 가질 수도 있다. 유에스스틸(US Steel) 회사는 철강 사업과 에너지 사업의 합병을 반영하여 유에스엑스(US X)가 되었다.

자본가와 기업 이사회

자본가는 개인일 수도 있고, 개인들의 집단일 수도 있다. 현대 자본주의 기업(enterprise, 역사적인 이유로 '주식회사corporation'라고 불리는데)에서 자본가는 보통 9명에서 20명의 개인으로 이루어진 집단, 즉 이사회이다. 이 집단은 잉여가치를 전유하거나 부차적 계급 분배를 받거나 비계급 소득을 벌거나 이 모든 것을 다 하기도 한다. 기업이 이런 소득 벌이 과정 가운데 한 가지 또는 그 이상에 참여하면 이사회가 받는 소득의 종류와 크기가 결정된다.

많은 자본주의 기업의 초기 역사에서 한 개인이 자본가 위치를 점했다. 재계 거물, 강인하고 위험을 감수하는 개인 사업가, 치열한 경쟁자를 묘사한 다채로우면서 종종 신비로운 문학은 이런 초기 역사를 배경으로 한다. 그러나 자본주의 기업이 경쟁에서 살아남고 성장하면서 더 이상 자본가가 한 명의 개인이 아니라 이사회가 되는 주식회사로 진화했다.

마르크스주의 이론이 자본가에 대해 이야기하는 모든 것은 자본가가 한 개인이든 집단이든 적용된다. 그러나 마르크스주의 이론의 중요한 결론은 개인 자본가에서 이사회로 전환을 조사함으로써 생겨난다. 대중적이고 학문적인 마르크스주의 문헌과 대조적으로 '순수' 자본가들은 개인 자본가보다는 이사회에서 더 많이 볼 수 있다.

초기 산업 자본가 기업에서 개인 자본가는 회사 안에서 많은 다양한 기능을 수행했을 것이다. 초기 산업 자본가는 생산적 노동자로부터 잉여가치를 전유하는 것 외에 생산적 노동자를 관리하고, 상품을 홍보하여 시장에 판매하고, 노동자들과 함께 생산노동도 수행하고, 자신의 기업에 돈이나 자본을 대부 또는 대여하고, 생산수단을 소유했을 것이다. 달리 말하면 초기 산업 자본가들은 잉여가치의 분배자뿐만 아니라 잉여가치를 분배받는 수취자로서 부차적 계급과정에도 참여했을 것이다. 산업 자본가는 자본주의 근본적 계급과정의 존재 조건을 구성하는 다양한 비계급적 과정(우리의 예에서, 관리, 상업, 화폐 대부, 생산수단 사용권 제공)을 수행하고, 자신의 노동력을 판매해서 잉여가치를 전유했을 뿐만 아니라 스스로 생산도 했을 것이다.

개인 산업 자본가는 한 회사 내에서 많은 계급적, 비계급적 위치를 점했을 것이다. 그런 개인은 순수한 산업 자본가가 아닌데, 즉 잉여가치 전유자인 것만이 아니다. 대조적으로 현대의 산업 주식회사 이사회의 구성원들은 거의 '순수한' 자본가이다. 주식회사 이사회의 많은 구성원들은 기업 내에서 잉여가치를 전유하고 이를 부차적 계급에 분배하는 것 외의 다른 기능을 하지 않는다. 그런 이사회는 기업의 본부에서 주기적으로 모여서 회의를 한다. 그들은 말 그대로 기업을 인격화하며, 그와 같이 정치적으로, 경제적으로, 문화적으로 지명되어서 생산적 노동자들로부터 전유한 잉여가치를 집단적으로 수취하고, 다양한 부차적 계급에게 잉여가치의 일부를 집단적으로 분배한다.

그런 이사회 구성원들은 실제로 산업 자본가에 대한 마르크스주의 이론의 고전적 핵심을 보여준다. 그들은 잉여가치를 전유하고 분배한다. 많은 기업들은 이사회 구성원으로 그 기업의 최고 경영자들과 주요 주주를 포함하고 있다. 그런 '불순한' 자본가들은 두 가지 또는 세 가지 계급 위치를 점한다. 잉여가치 전유자로서 근본적 계급 위치에 고용된 경영자나 기업 소유자로서 하나 또는 두 개의 부차적 계급 위치가 더해진다. 이는 일반적으로 회사 내에서 많은 다른 계급 위치를 점했던 초기의 개인 자본가보다 훨씬 덜 불순한 종류의 자본가이다.

한 기업 내에서 다중적인 계급 위치를 점하고 있는 개인(예를 들어 잉여가치 전유자와 관리자로서)은 종종 가치 흐름의 양 끝에서 기능한다. 이사회의 구성원이기도 한 기업의 최고경영자(CEO)는 이사회 구성원으로서 잉여가치를 분배할 뿐만 아니라 고용된 관리자로서 잉여가치의 일부를 분배받는다. 마찬가지로 초기의 개인 자본가는 종종 개인 자금을 자신이 잉여노동을 전유하는 회사에 대부하는 과정에서 대부자와 대출자로서 기능과 대출금 이자 수취자로서 기능을 함께 했다. 초기의 잉여를 전유하는 사업가는 또한 단독 기업 소유자이거나 소수의 소유자 가운데 한 명일 수도 있었다. 그럴 때 이 잉여를 전유하는 사업가는 배당금의 분배자이면서 수취자로서 기능했다.

마르크스주의 이론은 기업 역사의 다양한 시점에서 개인 자본가들이 점했던 다중적 계급 위치에 초점을 맞춘다. 이런 분석의 목표는 사회의 계급구조에 대한 기업의 변화하는 관계를 강조하면서 기업에 대해 역사적인 평가와 현재적 평가를 하는 데 있다. 이런 관점에서 자본가들은 종종 자신들이 점하고 있는 다중적 계급 위치와 비계급적 위치를 통해 가치의 총액을 자신들에게 넘긴다. 좀 더 정확하게 말하자면, 산업 자본가로서 개인은 부차적 계급인 경영자, 화폐 대부자, 소유자로서 자신들에게 가치의 총액을 넘긴다. 게다가 마르크스주의 이론의 기업 회계 체계는 계급적 가치흐름과 비계급적 가치흐름을 측정하고 비교하여 일관성 있는 계산공식과 이론의 적용을 만든다.

이는 마르크스주의 이론의 산술적 측정이 비마르크스주의 이론의 산술적 측정과 다르다는 것을 의미한다. 이는 각 이론들이 대상을 다르게 정의하고 이해하기 때문이다. 우리는 널리 알려진 용어인 이윤에 대한 마르크스주의의 분석을 소개함으로써 예로 들 수 있다. 이윤은 거의 모든 종류의 경제 이론에서 아주 중요한 부분을 차지한다. 우리의 분석과 이 분석에서 보여주는 수치와 관계식은 산업 이윤에 대한 새롭고 다른 마르크스주의 해석과 의미를 낳는다.

마르크스주의 산업 이윤론

자본주의 기업의 소득 및 지출의 일반 방정식을 분석하면 '이윤'의 의미를 마르크스주의 계급으로 분석한 항으로 이해될 수 있다. 우리는 오직 상품 생산에 참여하여 소득의 유일한 원천이 잉여가치의 전유인 기업을 고려함으로써 시작할 수 있다.

$$Y_{fc} = E_{sc}$$

우리는 이 기업의 지출을 분해함으로써 위 방정식을 다음과 같이 확장할 수 있다.

$$Y_{fc} = +E_{sc1} + E_{sc2} + E_{sc3} + E_{sc4} + E_{sc5} + E_{sc6} + E_{sc7}$$

여기서 E_{sc1}은 지주에게 가는 부차적 계급 지불이고, E_{sc2}는 화폐 대부자(은행가)에게 가는 부차적 계급 지불이고, E_{sc3}는 관리자의 급여로 가는 부차적 계급 지불이고, E_{sc4}는 자본축적(더 많은 C와 V를 구매)을 위한 관리자에게 가는 부차적 계급 지불이고, E_{sc5}는 상인에게 가는 부차적 계급 지불이고, E_{sc6}는 국가에 가는 부차적 계급 지불(세금)이고, E_{sc7}은 주주에게 가는 부차적 계급 지불(배당금)이다.

일반적으로 현대 미국 기업들은 '이윤'(때때로 '순소득'이라고 부르기도 함)을 상품 판매로 벌어들인 '수입'에서 '생산비용'을 공제한 나머지라고 정의한다. 이윤을 계급적으로 분석하기 위해서 '비용'과 '수입'의 계급적 의미를 결정해야 한다. '수입'의 의미는 비교적 분명하다. 수입은 우리가 앞에서 $W(=C+V+S)$라고 했던 것과 같다. 그러나 비용 개념은 좀 더 문제를 제기한다.

현대 기업들은 계급 항들을 받아들이지 않거나, 알지 못하거나 사용하지 않는다. 경제 통계자료를 정의하고, 수집하고, 구성하고, 발행하는 각 정부의 통계청도 그렇다. 자본주의 국가의 대부분의 분석자들은 각 통계청의 경제 통계자료에 의존한다. 따라서 현대 기업들은 $C+V$ 차원으로 비용을 파악하거나 측정하지 않는다. 기업들이 비용을 $C+V$의 차원으로 파악하고 측정한다면, 그들의 비용 개념이 불변 자본+가변 자본($C+V$)라는 마르크스주의 개념과 같게 된다. 그러면 그들의 이윤 개념은 적어도 초기에는 마르크스주의 잉여가치 개념과 등가가 된다. 그러나 사실은 그렇지 않다.

일반적인 기업의 비용개념은 $C+V$이상을 포함한다. 예를 들어 일반적인 기업의 비용에는 보통 지대, 이자 지불, 관리자 급여, 상인 할인이 포함된다. 마르크스주의 이론에서 자본가의 이런 지불은 전유한 잉여가치의 부분과 부차적 계급에 분배하는 잉여가치의 부분이다. 따라서 일반적인 기업의 비용은 $C+V$와 아주 다른데, $C+V$는 잉여가치 생산 전에 구매되어 잉여가치의 생산에 소비된다.

기업이 이윤이라고 부르는 것은 마르크스주의 이론의 관점에서 다음과 같이 마르크스주의 항으로 이해될 수 있다.

$$이윤 = W - [C+V+E_{sc1}+E_{sc2}+E_{sc3}+E_{sc5}]$$

또는 $W-[C+V]=S$이기 때문에

이윤$=S-[E_{sc1}+E_{sc2}+E_{sc3}+E_{sc5}]$

여기서 E_{sc1}은 지주에게 가는 부차적 계급 지불이고, E_{sc2}는 화폐 대부자에게 가는 부차적 계급 지불이고, E_{sc3}는 관리자에게 가는 부차적 계급 지불이고, E_{sc5}는 상인에게 가는 부차적 계급 지불이다.

따라서 계급분석 항에서 자본주의 기업과 대부분 자본주의 국가의 정부 통계에서 이윤으로 보고하는 것은 정의상 마르크스주의자들이 의미하는 잉여가치와 같지 않다. 아주 대조적으로 기업과 정부 통계의 이윤은 단지 잉여가치의 일부분이다. 다시 말해 자본축적을 위한 관리자에게 가는 부차적 계급 지불(E_{sc4})과 주주에게 가는 부차적 계급 지불(E_{sc7})과 국가에 가는 부차적 계급 지불(E_{sc6})이다. 그래서 미국 기업의 대중적인 용어인 '세후 이윤'은 $E_{sc4}+E_{sc7}$이 된다.

마르크스주의 이론에서 잉여가치와 이윤의 기본적인 구별은 오직 계급적 분석의 기초 때문에 가능하다. 마르크스주의 이론이 이렇게 구별할 수 있는 것은 계급과정에 초점을 두고 있기 때문이다. 그리고 마르크스주의 경제학의 몇몇 핵심 결론은 잉여가치와 이윤의 이런 구별에 의존한다.

예를 들어 마르크스주의 이론은 기업 이윤의 감소에서 근본적 계급과정에 대한 필연적 결론을 끌어내지 않는다. 이는 앞서 우리의 방정식에서 보여주듯이 이윤 감소는 근본적 계급과정의 잉여가치 전유의 감소(S의 감소)나 전유한 잉여가치에서 부차적 계급 지불 증가(E_{sc1} 또는 E_{sc2} 또는 E_{sc3} 또는 E_{sc5}의 증가)에서 초래될 수 있기 때문이다. 산업 자본가의 이윤은 생산적 노동자로부터 잉여가치 전유가 감소해서가 아니라 다양한 부차적 계급이 분배받는 잉여가치가 커져서 감소할 수 있다. 두 종류의 변화가 함께 일어나서 이윤이 감소할 수 있다. 실제로 산업 자본가가 추가로 잉여가치를 전유하지만 부차적 계급이 그 추가분 보다 더 많이 요구하여 분배받게 되면 이윤은 감소하게 된다.

또한 마르크스주의 이론은 자본주의 기업이 한 지역에서 다른 지역으로 이동하는 것에서 '효율성'과 관련된 논리적 추론을 하지 않는다. 종종 그런 이동은 산업 자본가들이 단순히 이윤율의 차이에 대해 반응하면서, 즉 이윤율이 낮은 지역에서 높은 지역으로 이동한다는 근거로 설명되거나 정당화된다. 이런 주장에 따르면 그런 이동은 효율적이라고 간주되는데, 왜냐하면 이윤은 기업이 투입물과 노동력을 가지고 상품을 생산할 때 고려하는 효율성을 필연적으로 반영하기 때문이다. 그래서 이윤이 높은 지역으로 이동하는 것에서 효율성 이득을 추론하는 것은 말이 된다. 하지만 이런 주장은 마르크스주의 관점에서는 말이 안 된다.

마르크스주의 이론에서 더 많은 이윤을 얻기 위해 지리적 위치를 변경하는 산업 기업이 반드시 더 높은 '효율성'을 얻는 것은 아니다. 예를 들어 생산하는 상품 단위당 요구되는 총투입 노동량(*EL+LL*)의 차원에서 정의된 마르크스주의 효율성 척도를 고려해보자. 그러면 산업 기업의 이동은 지대나 상인 수수료나 관리자 급여가 북동부보다 선벨트(Sun Belt) 지역이 낮을 가능성 때문에 설명될 수 있다. 마르크스주의 관점에서 이동한 기업은 효율성에서 손실을 겪을 수도 있다. 즉 그런 기업이 총노동 투입(*EL+LL*) 단위당 상품 생산량이 적을 수 있다. 그러나 효율성 감소로 생산적 노동자들로부터 전유한 잉여가치량이 감소해도 지주, 관리자, 상인에게 가는 부차적 계급 지불이 그것보다 더 많이 감소할 수도 있다. 그래서 그 결과 이윤이 증가할 수 있고, 미국 북동부에서 남서부로 자본주의 기업이 계속 이동할 수 있으며, **마르크스주의 표현방식으로 효율성 하락 경향이 될 수 있다.**

비슷한 논리로 마르크스주의 이론가들은 산업 자본가의 이윤 증가가 잉여가치율 하락을 감출 수 있다는 것을 인식한다. 잉여가치율에 대한 산업 자본가와 생산적 노동자 간 계급투쟁은 자본가들이 전유하는 잉여가치의 양을 감소시킬 수도 있다(S 감소). 그러나 부차적 계급 지불이 훨씬 빠르게 감소한다면, 예를 들어 중앙은행의 정책으로 이자율이 빠르게 하락한다면, 그런 잉여가치 감소는 통계상 숨길 수 있다. 마르크스주의 이론은 근본적 계급과정과 부차적 계급과정 모두에서 일어나는 복합적 변화에 직접적인 관심 없이 발표된 기업 이윤의 통계 변화에서 끌어낸 계급구조와 계급 변화에 관한 추론을 거부한다.

물론 마르크스주의 이론은 산업 자본가들이 이윤 극대화 또는 이윤율 극대화라는 목표를 가지고 자주 결정을 내린다는 것을 거부하지 않는다. 마르크스주의 이론가들이 강조하려는 것은 그런 목표를 위한 결정은 부분적으로 자본가들의 마음에 자리 잡고 있는 비마르크스주의 이론의 특유한 결과라는 것이다. 그런 목표를 받아들이고, 그에 따라 결정하면 이윤을 극대화할 수 있을 것이다. 비마르크스주의 이론은 이윤 극대화와 그들이 개념화한 생산 효율성 간 필연적 등가성을 끌어낼 수도 있다. 그러나 마르크스주의 관점에서 이윤 극대화(위 방정식들에 있는 계급 항들로 이해되는 것)는 잉여가치 전유와 필연적 관계가 없거나 부차적 계급에 대한 잉여가치 분배와 필연적 관계가 없거나 투입에 대한 산출 비율과도 필연적 관계가 없다.

마르크스주의 이론에서 이윤 극대화는 잉여가치율 상승과 하락, 부차적 계급 지불의 증가 또는 감소, 총노동투입 대비 생산량의 효율성 비율의 상승 또는 하락 모두와 완전하게 정합적이다. 마르크스주의 이론은 비마르크스주의 이론이 몇 가지 절대적인 효율성 기준을 가지고 내리는 자본가의 결정을 법칙처럼 방정식을 만들어서 자본주의를 정당화하려는 것을 비판한다. 자본주의 기업의 이윤 극대화 법칙(신고전학파 기업 이론에서 가격이 한계비용과 같아지게 하는 것)은 비마르크스주의 이론가들의 교과서에서 신성하게 다루고 있는데, 최적의 효율성을 위한 도깨비 방망이가 아니다. 마르크스주의 이론은 투입물의 산출물로 전환뿐만 아니라 계급과정에 있는 모든 종류의 비효율성과 완전히 정합적인 법칙을 보여준다.

마르크스주의 이론이 도달한 기업 전략에 관한 하나의 결론은 이윤 극대화 법칙은 효율성에 기여하는 것이 아니라 다른 목적에 기여한다는 것이다. 이윤의 극대화는 위의 이윤 방정식의 S에서 공제되지 않는 부차적 계급 지불을 극대화하는데, 주로 E_{sc4}와 E_{sc7}이다.

그 방정식들의 항들에서 이윤 극대화는 가능한 최대의 가치 흐름을 주주에게 가져다주고(배당금), 가능한 최대의 가치 흐름을 이사회가 자유재량으로 관리할 수 있게 한다(사내 유보). 이윤 극대화 법칙을 추구하는 것은 효율성과 거의 관계가 없고, 더 나은 배당금, 기업의 사내 유보, 이사회가 그 사내 유보를 가지고 결정하려는 것(예를 들어 자본 축적)과 관련 있다. **이로써 이윤 극대화는 부차적 계급 분배의 일부에 대한 잉여가치 분배의 극대화 법칙으로 밝혀졌다. 그 이상도 그이하도 아니다.**

자본주의 역사의 흐름에 따라 이윤으로 정의된 부차적 계급 분배의 일부에 대한 구성이 변해 왔다. 때때로 자본가의 개인 소비를 위한 잉여가치 분배가 포함되었다. 현대의 대규모 산업 기업 논평가들은 배당금이 그런 일부에 대한 구성에서 제외되어야 하는지에 대해 논쟁하는데, 왜냐하면 기업은 배당 후 이윤 극대화를 목표로 하기 때문이다. 어떤 역사의 순간에서조차도 서로 다른 자본주의 기업들이 이윤을 극대화 하는 것 안에서 서로 다른 부차적 계급 분배를 포함할 수도 있다. 예를 들어 공공재 기업은 이윤율이 국가 규정으로 제약을 받는데, 배당금과 사내 유보 등을 제외한 부차적 계급 분배를 극대화할 수 있다.

따라서 기업들이 보고하고, 현대의 대부분 분석가 등이 사용하고, 신고전학파 이론과 케인스주의 이론이 정식화한 것으로서 이윤은 마르크스주의 이론에 속해 있는 범주와 다르다. 마르크스주의 계급분석은 이윤 개념을 부차적 계급 분배의 다양한 부분 집합 속에 넣으면서 완전히 바꾼다. 마르크스주의 계급분석은 이윤 극대화 법칙(현재 유행하는 일부 부차적 계급의 분배를 극대화하는 법칙)이 마르크스주의자의 관심사인 계급과정, 계급과정과 비계급과정의 상호관계, 상품 생산과정에서 투입물을 산출물로 전환하는 기술 효율성과 필수적인 관계가 없다고 강조하면서 훨씬 더 나아간다. 대부분 분야의 경제 분석처럼 마르크스주의 이론과 비마르크스주의 이론은 자본주의 경제의 활동과 성취에 대해 얼마나 다르게 이해하는지 다시 한 번 확인할 수 있다.

기타 사회적 장소에 대한 복잡한 계급분석

산업 자본가 기업에 대한 독창적인 마르크스주의 계급분석은 또한 다른 사회 제도에 적용될 수 있다. 우리는 '제도'를 다른 용어, 즉 사회적 장소로 대체할 것이다. 왜냐하면 우리는 종종 제도에 부여되어 있는 영속성의 의미가 필요하지 않기 때문이다. '장소'는 단순히 사회의 한 곳, 즉 어떤 사회적 과정과 관계가 일어나지만 길게 지속될 수도 있고, 지속되지 않을 수도 있는 지점이다. '장소'는 모든 과정과 관계가 다중결정되고, 모순적이고 그런 이유로 끊임없이 변화한다는 의미에서 마르크스주의 이론적 관점과 정합적이다. 이제부터 우리는 현대 사회의 세 가지 장소인 가정·국가·국제 경제관계에 대한 마르크스주의 이론의 접근법과 독창적 이해를 검토한다.

계급분석과 가정

기업처럼 가정은 많은 사회적 과정이 일어나는 사회의 장소이다. 예를 들어 기업이나 가정에서 많은 같은 과정이 일어난다. 사람들이 말하고, 꿈꾸고, 먹고, 숨쉬고, 명령하고, 노동하고, 세금을 내는 등을 한다. 그 외 과정들은 한 장소에서 주로 일어나고 다른 장소에서는 일어나지 않는다. 잠자기, 아이 돌봄은 가정에서 일어나지만 기업에서는 대부분 금지되며, 상품 생산과 판매는 가정보다는 기업에서 일어난다.

하지만 이 몇 가지 예에서 보여주듯이 특수한 과정들이 각 장소에서만 일어나는 고정된 장소의 구분은 없다. 예를 들어 가정은 역사상 때때로 판매용 상품(특히 농산품과 가내 수공업품)을 생산한 중요한 장소 내지 심지어는 주된 장소다. 그런 시기에 사람들은 거의 가정과 기업을 구별하지 않았다. 다른 시기에는 장소가 엄격하게 구분되었는데, 특수한 과정들이 어떤 장소에서는 금지되었고 다른 장소에서만 엄격하게 허용되었다. 예를 들어 성적인 과정은 가정에서만 엄격하게 또는 법적으로 허용되었고 다른 곳에는 금지되었다. 자녀 양육도 종종 비슷하게 취급되었다. 장소의 구분이 절대 영구적으로 고정되지는 않았지만, 특정 시기와 특정 사회에 따라 사회과정의 특수한 부분 집합으로 정의할 수 있다. 따라서 오늘날 세계의 많은 지역에서 기업들이 각 사회가 구성하는 사회과정의 여러 부분 집합에 따라 기업과 가정을 구분한다.

현대 자본주의 사회에서 가정은 양육, 식사, 성행위 등이 일반적으로(항상 아니더라도) 일어나는 장소다. 우리는 상품생산(산업 자본가의 경우), 자본축적, 노동력 구입, 배당금 분배의 과정이 기업에서 주로 일어나고, 가정에서는 그렇지 않다고 강조함으로써 가정과 대비되는 기업의 차이점을 보여줄 수 있다.

마르크스주의 이론은 다른 이론들이 하지 않는 사회적 장소에 대한 두 가지 큰 질문을 던진다. 계급과정이 이론의 검토를 위해 선택된 특정 장소에서 일어나는가? 그러하다면 거기서 어떤 계급이 생겨나고 그 계급과정은 다른 사회 과정들과 어떻게 상호작용하는가? 여기서 우리는 오늘날 가정과 관련하여 이 질문들을 던지고 간략하게 대답할 수 있다. 그 결과는 가정과 가정 및 현대 자본주의에 대한 놀라운 분석을 보여주는데, 신고전학파 또는 케인스주의의 가정에 대한 이론화와 완전히 다르다.

근본적 계급과정과 부차적 계급과정이 가정에서 일어날 수 있고 일반적로 일어난다. 마르크스주의 이론의 결론은 다음과 같은 분석을 통해 이뤄진다. 몇 가지만 예를 들어 말하자면, 가정 내 노동은 재화와 서비스를 생산하며, 식품 원료가 음식으로 전환되며, 청소 장비를 이용하여 더럽고 어지럽혀진 방이 깨끗하고 정돈된 곳으로 바뀌며, 찢어진 옷을 수선한다. 이런 생산적 과정은 드물게 상품으로 이어지지만(판매용 상품), 미국의 가정들은 일반적으로 요리한 음식, 청소 서비스, 옷 수선 서비스를 판매하지 않는다. 그러나 상품생산의 부재가 계급과정(잉여의 생산, 전유, 분배)의 부재와 같은 것은 아니다.

이렇게 음식, 청소 서비스, 수선 서비스의 생산은 노동을 통한 물질의 자연적 변형뿐만 아니라 근본적 계급과정과 부차적 계급과정과 관련된다. 가정에서 계급과정이 일어나는지와 어떤 계급과정이 일어나는지를 밝히기 위해서 우리는 필요노동과 잉여노동을 구분해야 한다. 우리는 가정 내에서 직접 노동자인 사람이 스스로 가정 내에서 소비하는 재화와 서비스를 생산할 뿐만 아니라 가정의 잉여를 생산하는 잉여노동을 한다는 것을 밝힐 수 있을까? 마르크스주의 이론은 그렇다고 단호하게 대답한다.

많은 주부들이 전통적으로 자신들이 먹는 음식을 만들고 자신들이 점하는 방을 청소하고 자신들이 입는 옷을 수선하는 데 요구되는 필요노동을 수행해 왔다. 그런 여성들은 전통적으로 또한 잉여노동을 수행했는데, 다시 말해 그들은 스스로 소비하는 양을 초과하는 음식, 방청소, 옷수선을 했다. 그들의 남편과 그들과 가정에서 함께 사는 다른 식구들은 종종 그런 잉여생산물에 투하된 잉여노동을 전유했다(그리고 종종 소비했다).

우리는 가정 내 잉여를 누가 생산하고 누가 전유하는지를 보여주는 특정 성 편향 조직화뿐만 아니라 가정 내의 근본적 계급과정의 존재를 밝혔다. 물론 이런 성 편향 조직화는 똑같을 필요가 없고 역사적으로도 항상 같지 않다. 남편과 부인은 계급 위치가 뒤바뀔 수도 있다. 코뮌, 종족 사회, 협동조합, 그 외 가정 형태는 역사적으로 남성과 여성 간 다양한 계급 위치의 분배를 보여주었다. 그러나 최근 역사의 대부분 전통적인 가정들은 여성을 가정 잉여 노동의 수행자로서, 남성을 그 잉여노동의 전유자로서 밝히는 계급분석과 일치한다.

현대 가정 내 계급과정에 대한 마르크스주의 이론의 주장을 고려하면, 어떤 종류의 계급과정이 가정에서 일어나는가? 분명하게 그런 것들은 자본주의 근본적 계급과정은 아니다. 남편들은 아내의 노동력을 구매하거나 아내가 가사노동으로 만든 생산물을 상품으로 판매하지 않는다. 그런 생산물에 가치나 잉여가치나 가격이 일반적으로 부여되지 않는다. 이런 가정 내의 계급과정은 그러므로 비자본주의적임이 틀림없다.

다음으로 가정 내에서 어떤 비자본주의 형태의 근본적 계급과정이 일어나는지 밝히기 위해 마르크스주의자들은 지금까지 자신들의 이론적 전통에서 밝혀진 다른 사회적 기본 형태들을 고려해야 한다. 마르크스주의자들은 오늘날 전통적인 가정은 봉건 사회와 거의 같은 계급과정을 보여준다고 빠르게 결론 내린다(12세기에서 16세기까지 중세 유럽에서 나타난 것으로). 마르크스주의 이론은 아내와 가정을 보호하는 남편의 전형적 '의무'

와 남편을 위해 '봉사'하고 '복종'하는 것과 관련된 아내의 의무를 지적한다. 아내는 많은 전통적인, 종교적인 법적인 제약에 묶여 남편을 위해 잉여노동을 수행하는데, 이는 영주를 위해 노동하는 농노와 아주 비슷하다. 전통적인 아내들은 남편에게 가정의 잉여(일반적으로 화폐 형태보다는 재화와 서비스에 투하되는 잉여노동)를 제공하는 것이 세상의 자연적이고, 도덕적이고, 종교적인 질서라고 믿어왔다.

따라서 최근 역사에서 전통적인 가정은 마르크스주의 관점에서 봉건적 계급과정의 장소였으며, 기업은 주로 자본주의 계급과정의 공간이었다. 따라서 마르크스주의 이론은 현대 사회에 대한 복합적 계급분석을 구축하는데, 두 개의 다른 장소, 즉 가정과 기업에서 두 개의 아주 다른 계급구조를 포함한다고 이해한다. 실로 이런 마르크스주의 분석은 많은 현대 국가들에 대해 '자본주의'라는 이름을 붙이는 것은 받아들일 수 없는 지나친 단순화여서 도전하는 것이다. 그렇게 하나의 이름만 붙이는 것은 봉건적 가정과 자본주의 기업 간 특수한 차이를 놓치고, 이렇게 다르고 종종 충돌하는 계급구조 사이를 이동할 때 마주치는 문제들을 놓치는 위험을 가진다. 마르크스주의 이론은 이 두 공간의 상이한 계급구조를 직접 마주하여 그 상이한 계급구조가 서로 어떻게 상호작용하고 사회의 비계급적 과정과 어떻게 상호작용하는지에 관한 질문을 제기함으로써 그런 위험을 피한다.

가정 내 봉건적인 근본적 계급과정의 존재는 봉건적인 부차적 계급과정의 존재를 의미한다. 남편은 봉건 잉여의 전유자로서 존재 조건을 확보하기 위해 자신이 전유한 가정의 봉건 잉여 생산물 일부를 분배한다. 우리가 예로든 가정에서는 오직 두 사람만 있기 때문에 그 중 한 사람이 봉건 잉여의 몫을 분배받는 봉건적인 부차적 계급 역할을 수행한다. 따라서 예를 들어 아내가 청소한 방 가운데 하나를 가정 관리와 관련된 서류 작업에 사용한다고 가정하자. 아내가 이 서류 작업 업무를 한다면, 그 업무용 방을 위한 청소는 아내가 생산하여 남편이 전유하고, 또 남편이 아내의 가정 관리 업무를 위해 분배하는 잉여가 된다. 가정 관리 업무는 봉건 잉여의 전유자로서 남편의 위치를 위한 존재 조건을 제공한다. 반대로 남편이 그 방에서 가정 관리 업무를 수행한다면 그는 아내의 잉여 생산물(방 청소)을 부차적 계급(관리자)으로서 자신에게 분배하게 된다. 그러면 남편은 가정에서 봉건적인 근본적 계급 위치와 가정의 관리자로서 봉건적인 부차적 계급 위치를 함께 점하게 된다.

마르크스주의 이론의 다음 단계는 가정과 기업에 존재하는 두 가지 다른 계급구조 간 상호작용에 대해 질문을 던지는 것이다. 매일 봉건 잉여의 전유자로서 가정 내 계급 위치와 자본주의 공장 내 임금소득을 버는 생산적 노동자로서 자본주의적 계급 위치를 오가는 남편을 고려해보자. 이 두 가지 다른 계급 위치를 오가는 것은 개인의 감정, 신체적 생산성, 이념, 정치적 충성에 어떤 영향을 미칠까? 개인이 여러 사회적 형태의 계급 과정에 속하는 것이 사회운동의 참여에 영향을 주는가? 마르크스주의 이론에서 남편을 이해하는 것은 그가 가정과 다른 장소에서 점하고 있는 특수한 그리고 다중적인 계급 위치를 포함한다. 배우자들 사이의 관계와 남성과 여성 사이의 관계를 이해하는 것은 일반적으로 그들의 다중적인 계급 위치와 그런 계급 위치가 그들과 그들의 관계에 미치는 영향에 대한 관심을 요구한다. 계급을 추상하는 이론들은 그런 질문을 던지거나 그런 질문들에 대답할 수 없으며 (잉여의 정의상) 계급이 인간관계에 미치는 영향을 탐구할 수 없다.

마찬가지로 농노로서 가정 내 봉건적 계급 위치를 점하고 있는 주부들을 고려해보자. 그들이 가정 내 봉건적 계급 위치에다 두 번째 계급 위치(예를 들어 자본주의 기업의 생산적 노동자로서)를 추가한다면 그들은 어떻게 바될까? 또는 마르크스주의 이론이 종교 제도의 사회적 역할을 어떻게 다룰 수 있는지 고려해보자. 마르크스주의 이론은 종교의 설교와 의식으로 기업 내 자본주의 근본적 계급과정과 가정 내 봉건적인 근본적 계급과정을 위한 존재 조건을 확보하는지 여부와 확보한다면 어떻게 확보하는지에 대해 질문할 수 있다. 그와 같은 마르크스주의 연구 방식은 남성과 여성이 종교에 대해 지속적으로 다른 태도를 갖는다는 특수한 이해를 가져다 줄 수 있다. 마찬가지로 봉건적 가정과 자본주의 기업에 대한 이해를 고려해보면 마르크스주의 이론은 어린이들에 대해서도 다른 질문을 던질 수 있다. 예를 들어, 엄마와 아빠 또는 그들의 본보기가 되는 사람이 점하는 계급 위치가 다르기 때문에 남자아이와 여자아이는 (의식적이든 무의식적이든) 계급에 대해 다른 태도를 가지게 되는가? 마찬가지로, 마르크스주의 이론은 아이들을 양육하기 위해 부모들로부터 생겨나는 가치의 흐름을 어떻게 설명하며, 그런 흐름은 전체 가정의 계급구조에 어떤 영향을 주는가?

우리는 여기서 마르크스주의 계급분석이 열어 놓은 가족 관계와 가정 관계에 대한 독창적이고 새로운 통찰(Cassano 2009)을 논하는 것을 차치하고라도 요약할 수도 없다. 이번 관에서는 마르크스주의 이론을 가정에 적용함으로써 그 연구 방식을 소개할 뿐이다. 이번 절의 나머지 부분에서는 현대 사회의 국가의 역할을 고려함으로써 마르크스주의 기초이론을 더욱 정교화할 것이다.

계급분석과 국가

국가는 대부분 현대 사회의 또 하나의 장소인데, 이 안에서 함께 일어나는 (따라서 국가를 구성하는) 사회적 과정의 특수한 부분 집합 때문에 자본주의 기업 및 봉건적 가정과 다르다. 일반적으로 다른 사회적 장소와 현대 국가를 구분 짓는 과정은 다음을 포함한다.

- 상비 군사력 유지
- 사회 전체를 위한 법률 고안 및 입법
- 그런 법률에 대한 분쟁을 판결하는 것
- 그런 법률 준수를 집행하는 것
- 교육체계를 운영하는 것
- 세금을 거두는 것

과거의 국가도 현재의 국가도 이런 과정이 일어나는 유일한 장소는 아니다. 어떤 사회에서는 국가가 유일한 상비 군사력을 유지하지 않는다. 상비 군사력 유지가 다른 장소에서도 일어난다(치안력을 유지하는 기업이나 경비 요원을 고용하는 가정처럼). 마찬가지로 어떤 사회에서는 국가 외의 다른 장소에서 법률을 고안하고, 법률을 집행하며, 법률에 대한 분쟁을 판결한다. 예를 들어 종교기관들은 국가와 더불어 그런 일을 할 수 있다.

그러나 현대 사회의 역사는 바로 위에서 열거한 목록을 국가에서 주로 점하는 과정으로 보여준다. 국가는 자연 과정(예로 야생보호), 문화 과정(예로 교육), 경제 과정(예로 세금 거두기), 정치과정(예로 군사적 조치와 법적 조치로 집단행동 통제하기)을 구성한다. 많은 분석가들이 주로 국가의 정치적 과정에 초점을 맞추고 있지만(국가는 보통 정치제도로서 다루어진다), 마르크스주의 이론가들은 국가를 구성하는 정치적 과정과 비정치적 과정의 모든 과정을 밝힌다.

마르크스주의 이론은 국가에 관한 특수한 질문들을 던지는데, 이 이론의 관심과 지향성을 반영하고 있다. 국가에서 계급과정이 일어나는가?

그렇다면 어떤 계급과정들이 일어나며, 그런 것들은 기업과 가정 같은 사회의 다른 장소에서 일어나는 계급과정 및 비계급과정과 어떻게 상호작용하는가? 마르크스주의 국가이론은 특히 국가와 '사회의 계급구조' 사이의 관계(모순을 포함함)에 초점을 맞춘다. 여기서 우리가 잠시 소개하는 것은 현재 미국에 존재하는 국가와 관련된다.

마르크스주의자들은 자본주의의 근본적 계급과정이 국가에서 일어나는지 질문한다. 국가는 생산적 노동자들을 고용해서 상품을 생산하고 잉여가치를 전유하는가? 미국 정부는 민간 기업과 더불어 자본주의 사업을 운영하는가? 미국 정부는 때때로 그렇게 한다. 자본주의 상품인 전기의 생산자이면서 판매자인 테네시강유역개발공사(Tennessee Valley Authority)가 자주 언급되는 예이다. 서유럽 국가들은 미국보다 훨씬 큰 규모로 그런 사업체를 운영한다. 어떤 경우에서든 대답은 '그렇다'이며, 국가가 자본주의 기업을 운영할 수 있다. 이런 경우에는 국가 수입의 또 하나의 원천(국가가 부과하는 세금과 대출 수수료에 더해지는)이 자본주의의 근본적 계급과정에 직접 참여함으로써 전유하는 잉여가치이다. 우리는 그런 국가 수입을 SY_{fc}로 표시할 수 있다.

현대 국가는 또한 일반적으로 자본주의 부차적 계급과정과 관련된다. 국가 스스로 잉여를 전유한다면 그 잉여를 국가의 자본주의 근본적 계급과정의 지속을 위한 조건을 확보하기 위해서 분배해야 한다. 국가의 산업자본가는 민간 기업의 산업 자본가들이 하는 것처럼 잉여를 분배한다. 우리는 국가의 부차적 계급 참여를 다음과 같이 나타낼 수 있다.

$$SY_{fc} = SE_{sc}$$

여기서 SE_{sc}는 국가의 지속적인 잉여가치 전유를 위한 조건을 확보하기 위해 행하는 SY_{fc}의 분배이다.

그리고 현대 국가는 일반적으로 민간 산업 자본가들이 납부하는 세금의 수취자로서 또 하나의 부차적 계급과정에 참여한다. 그런 세금은 민간 산업 자본가 기업들에서 전유한 잉여가치의 일부이다. 국가는 민간 산업 자본가들의 존재 조건을 확보하는 다양한 비계급과정을 수행한다. 그런 비계급과정에는 사유재산 제도 보장하기, 노동조합의 민간 기업 수익성 도전 제한하기, 생산적 노동자들이 생산성을 유지하기 위한 공적 보건의료 서비스 제공하기, 공공 교육 제공하기 등등을 포함한다. 그런 과정들을 수행하는 국가 비용(예를 들어 법원 직원, 관료, 군인, 그 외 정부 직원의 임금, 이들이 사용하는 설비와 빌딩)의 부분은 산업 자본가에게 세금의 형태로 부과되어 국가에 부차적 계급 지불로 간다.

우리는 이 두 번째 국가 수입원을 다음과 같이 통합할 수 있다.

$$SY_{fc}+SY_{sc}=SE_{sc}+SE_{nc}$$

여기서 SY_{sc}는 부차적 계급 수입이며, 추가로 필요한 항인 SE_{nc}는 그 부차적 계급 수입을 국가가 받는 것을 확보하는 데 필요한 비계급적 국가 지출이다. SE_{nc}는 국가가 민간 산업 자본가들의 납세를 확보하기 위한 비계급적 지출이다. 이런 지출은 비계급적 지출인데 국가가 전유한 잉여가치의 분배가 아니기 때문이다(그런 분배는 SE_{sc}항에 포함된다).

국가의 예산에 대한 마르크스주의 계급분석을 완결 짓기 위해서 국가의 비계급 수입(앞서 논의한 근본적 계급 수입과 부차적 계급 수입에 더해진다)의 회계가 고려되어야 한다. ①국가가 고용한 생산적 노동자로부터 전유한 잉여가치가 아니거나 ②민간 자본가들이 국가에 지불한 부차적 계급 분배가 아닌 가치가 국가에 들어갈 때 국가는 비계급 수입을 얻는다. 그런 예에는 생산적 노동자와 비생산적 노동자가 임금소득에서 지불한 개인 소득세, 소비세, 재산세가 있고, 노동자들로부터 잉여가치를 전유하지 않는 비산업 자본가(예를 들어 상인, 은행가)들이 지불한 법인 소득세가 있다. 그런 납세자들은 또한 국가가 자신들에게 재화와 서비스를 제공하길 기대한다. 그러므로 국가는 사람을 고용하고 설비를 구입해서 공공 수영장을 짓고, 정성을 들여 축제를 열고, 노인, 가난한 이들 또는 모든 사람들을 위한 보건의료 서비스를 제공하고, 군사 안보와 공공 교육을 제공한다.

국가는 이런 재화와 서비스를 일반적으로 시장에 판매되는 자본가 상품처럼 제공하지 않는다. 만약 국가가 그렇게 한다면 국가의 순수입은 전유한 잉여가치(SY_{fc})가 된다. 오히려 비계급 수입의 형태인 세금이 그런 서비스를 생산하고, 시민권, 나이, 필요, 위치, 그 외 비시장 가격 기준에 따라 대중들에게 제공하는 데 지불된다.

따라서 계급-가치 항으로 된 국가의 완전한 예산 방정식은 다름과 같이 나타낼 수 있다.

$$SY_{fc}+SY_{sc}+SY_{nc}=SE_{sc}+SE_{nc1}+SE_{nc2}$$

여기서 SY_{nc}는 비계급 국가 수입을 가리키고, SE_{nc1}은 국가의 부차적 계급 수입을 확보하기 위해 행해지는 비계급 국가 지출을 일컫고, SE_{nc2}는 국가의 비계급 수입을 확보하기 위해 행해지는 비계급 국가 지출을 가리킨다. 이런 현대 사회 내 국가에 대한 마르크스주의 분석은 다른 국가 이론들에서는 이용할 수 없는 많은 독창적인 결론을 보여준다. 첫째, 국가는 비계급과정뿐만 아니라 다중적인 계급과정이 일어나는 복잡한 사회적 장소이다. 둘째, 국가는 사회의 다른 공간에서 일어나는 계급과정 및 비계급과정과 여러 관계를 맺는다. 셋째, 국가는 사회적 장소로서 기업 및 가정 같은 다른 장소와 복합적으로 상호작용 한다. 그러므로 국가는 일상적인 사회생활의 소란스러운 과정을 넘어서서 존재한다는 의미로 '사회 위에' 존재하지 않으며, 기업이나 가정과 비교하여 무관한 기관도 아니다.

마르크스주의 이론은 국가의 사회적 역할의 다중성을 강조한다. 국가는 단순히 자본가들이 생산적 노동자들을 계속 착취하는 데 필요한 조건을 제공하는 자본가들의 도구가 아니다. 국가는 단순히 모든 시민들에게 과세해서 그 세금을 모든 이들의 혜택을 위해 공적 서비스를 제공하는 데 사용하는 모든 시민들에 의한, 모든 시민들을 위한 기구도 아니다. 앞의 분석은 국가 예산 방정식에서 오직 SE_{sc}와 SE_{nc1} 부분만 보기 때문에 부적절하다. 뒤의 해석은 마찬가지로 오직 SE_{nc}와 SE_{nc2} 부분만 보기 때문에 부적절하다. 마르크스주의 이론은 오히려 그 네 개의 항에 SE_{fc}와 SE_{sc}항을 더하여 국가를 적절하게 계급 및 비계급으로 구성된 개념으로 만든다.

마르크스주의 접근법이 제시한 결론은 정확하게 국가 예산 방정식의 SY_{fc}와 SE_{sc} 요소와 관련된다. 이것들은 국가의 근본적 계급 참여와 잉여가치 분배자로서 비근본적 참여를 나타낸다. 국가 자본가 기업이 바로 그것을 하는데, 그런 기업은 시장으로부터 생산적 노동자를 고용하여 잉여가치를 전유하고 부차적 계급 지불을 분배한다. 이 책에서 소개한 마르크스주의 이론으로 **그런 국가 자본가 기업의 존재 또는 성장은 비자본주의 경제체제 또는 자본주의 이후 경제체제로서 이해되는 사회주의 또는 공산주의로 이행이 아니라고 결론 내릴 수 있다.**

마르크스주의 이론에서 사회주의와 공산주의는 비자본주의 형태의 근본적 계급과정이 지배하는 사회를 일컫는다. 그런 사회는 국영 산업 자본가 기업이 생산적 노동자를 고용하여 잉여가치를 착취해서 전유하는 사회형태와 완전히 다르다. 민간 산업 자본가 기업들과 더불어 존재하는 국영 산업 자본가 기업이나 민간 산업 자본가 기업 대신에 존재하는 국영 산업 자본가 기업이 공산주의나 사회주의로 이행이나 실현을 나타내지 않는다. 대조적으로 대부분 신고전학파 경제학자와 케인스주의 경제학자들이 사회주의를 다루는 방식은 사회주의를 국가가 경제의 주요 역할을 하는 것으로 정의하거나 그렇게 관련짓는다. 그래서 신고전학파 경제학자들은 종종 케인스주의자와 사회주의자를 일치시키는데, 케인스주의자들은 일반적으로 사회주의자들보다 덜 하지만 국가의 역할을 어떻게 옹호할지가 중요하다고 강조하기 때문이다. 마르크스주의자는 경제에 대한 국가 역할의 상대적인 크기 또는 양을 사회주의로 정의하지 않는다. 그것은 오히려 자본주의를 넘어서려는 사회운동과 가장 관련 있는 국가 및 민간 기업의 질(특수한 계급 차원)이다.

마르크스주의 이론에서 '공산주의'는 한 사회 형태의 근본적 계급과정에 대한 이름인데, 일반적으로 다음과 같은 특징을 보여주는 분명한 비자본주의 형태이다.

- 생산적 노동이 집단적으로 기획되고 수행된다.
- 잉여노동이 집단적으로 전유된다.
- 생산적 노동자들이 생산한 잉여의 집단적 전유자들과 생산적 노동자들이 동일해야 한다.

공산주의의 근본적 계급과정에 참여하는 것은 잉여노동의 집단적 수행자가 동시에 집단적 전유자도 되는 것을 의미한다. 잉여 생산자와 잉여 전유자를 서로 다른 집단으로 분리시키는 자본주의 근본적 계급과정과 다르게 **공산주의 근본적 계급과정은 잉여의 생산자와 전유자를 같은 사람의 집단으로 통일한다.** 짧고 요약적인 성격에도 불구하고 공산주의 근본적 계급과정의 이 요약은 마르크스주의 계급분석의 관점에서 국가가 자본주의 산업 기업을 운영하는 결정이 대안적 계급체제로서 사회주의 또는 공산주의와 필연적 관계를 가지지 않는다는 것을 보여주기에 충분하다.

역사적 증거는 현대 사회가 종종 민간 산업 자본가 기업과 더불어 국영 산업 자본가 기업을 설립하는지에 대해 다른 설명을 보여준다. 때때로 민간 자본가들은 어떤 민간 산업 자본가가 생산한 상품의 가격이 잉여가치가 실현될 수 없을 정도로 매우 낮게 설정되길 원한다. 전화·전신·우편 서비스, 철도·항공 수송, 전기, 가스, 철강이 그런 예에 포함되는데, 대부분의 자본가 기업에 들어가는 투입물들이다. 한 가지 해법이 정부가 자본가 산업 기업을 설립해서 정부의 다른 수입으로부터 끌어온 보조금에 의존하여 민간 자본가들이 바라는 낮은 가격을 설정하는 것이다. 그런 국가 자본가 기업들은 민간 자본가들을 위협하기보다 강화시키기 위해 존재한다. 이 또한 역사적인 증거가 있는데, 가끔씩 시민운동은 민간 자본가들이 재화와 서비스를 대중의 소비를 위해 생산하는 것을 거부하거나 수용할 수 없는 높은 가격을 매기려고 할 때 국영 산업 자본가 기업으로 하여금 대중 소비를 위해 재화와 서비스를 생산하도록 압박을 가했다. 몇 개 주에 비싸지 않은 전력을 공급하는 테네시강유역개발공사는 부분적으로 이런 종류의 압박에 반응했다.

마르크스주의 이론은 또한 국가 예산에 관한 사회적 투쟁에 대한 독창적인 계급 관점을 제공한다. 국가에 대한 마르크스주의 계급 방정식은 6개 항 간 이동의 차원에서 그런 투쟁의 논리를 예측할 수 있다.

$$SY_{fc}+SY_{sc}+SY_{nc}=SE_{sc}+SE_{nc1}+SE_{nc2}$$

마르크스주의 분석은 민간 자본가 산업 기업이 SE_{nc1}를 늘리고 SY_{sc}를 줄이는 것에 관심이 있다는 것을 주목하면서 시작한다. 이런 기업은 착취를 위한 존재 조건의 국가 제공을 늘리는 것을 원하는 반면에 자신이 전유하는 잉여에 대해 낮게 과세하길 요구한다. 이런 민간 산업 자본가들이 그런 관심사를 실현시키는 데 성공하는 한 그들은 ①국가의 비용을 다른 SY쪽(SY_{sc} 또는 SY_{fc}나 두 쪽 모두에)로 이동시키거나, ②국가의 지출을 다른 쪽($SE_{sc}+SE_{nc2}$)에서 빼와서 자신들의 필요(SE_{nc1})로 이동시키거나 아니면 ①, ②모두를 할 것이다.

이와 같은 국가 비용의 이전은 정치과정과 문화과정을 통해 이루어질 것이다. 정치과정에서는 정치인들이 세율을 바꿀 것이고, 문화과정에서는 산업 자본가들에 대한 세금 인하가 일자리를 늘리는 수단으로 묘사하는 홍보 활동을 할 것이다. 그와 같은 국가 지출의 이전은 또한 기업에 도움을 주는 국가 지출(SE_{nc1})이 마치 대중들에게 도움을 주는 것(SE_{nc2})처럼 생각을 하게끔 대중의 인식을 바꾸는 데 목표를 삼는 문화 프로그램에 의해 이루어질 것이다. 예를 들어, 국가의 군비지출은 자본가들이 여러 방식으로 계속해서 생산적 노동자들을 착취할 수 있는 능력을 보장한다(국내외 자본주의 적으로부터 보호, 산업 자본가들의 상품 구매, 자본가들에게 군사 연구실에서 발견한 기술혁신 제공 등). 일치된 매체 홍보는 국가의 군비지출을 '테러리스트' 같은 이들로부터 '일반 대중'을 보호하기 위한 긴급 지출로 재정의 할 수도 있다. 그런 홍보활동이 성공한다면 군비지출을 늘리게 하면서 일반 대중에 대한 다른 국가 지출을 줄일 것이다(SE_{nc1} 증가, SE_{nc2} 감소).

마지막으로 현대 사회의 국가에 대한 마르크스주의 이론을 완전히 전개하려면 자본주의 계급구조와 상호작용하는 비자본주의 계급구조를 고려해야 할 것이다. 이런 방향으로 하나의 단계를 보여주기 위해, 우리는 국가와 자본주의 기업 및 봉건 가정의 관계를 표시할 수 있도록 국가 방정식을 확대할 수 있다. 그러면 다음과 같다.

$$SY_{fc}+SY_{sc1}+SY_{sc2}+SY_{nc}=SE_{sc}+SE_{nc1}+SE_{nc2}+SE_{nc3}$$

여기서 우리는 산업 자본가들한테 부과한 세금 SY_{sc1}과 봉건 가정에 부과한 세금 SY_{sc2} 을 새로 구별한다. 따라서 국가는 기업 내 자본주의 잉여 전유자뿐만 아니라 가정 내 봉건적 잉여 전유자에게도 부차적인 것이 된다. 국가는 이에 걸맞게 가정 내 봉건적인 근본적 계급과정의 존재 조건을 제공하는 비계급적 과정을 수행한다. 그런 예로 봉건적 가정의 계급 구조를 옹호하는 공공 교육과정, 그런 구조를 지지하는 재산, 유산, 결혼, 낙태, 이혼에 관한 법의 제정과 집행, 결혼할 때 보조금을 주고 가정과 관련된 세금 면제와 세액 공제해주는 것이 있다. 언급했듯이 동시에 국가는 산업 자본가들의 존재 조건을 확보하는 여러 비계급과정을 수행한다. SY_{sc1}은 산업 자본가들이 내는 부차적 계급의 세금 지불이며, SY_{sc2}는 봉건 가정이 내는 부차적 계급의 세금 지불이다.

같은 논리로 SE_{nc3}는 봉건 가정의 근본적 계급과정의 존재조건을 제공하는 과정에 대한 국가 지출을 보여주기 위해 국가 방정식에 추가되어야 한다. 그런 지출은 공공 교육, 입법, 사법행정, 세금 거두기에 대한 비용을 포함한다. 그런 비용은 가정의 봉건주의를 위한 존재조건을 보장하고 그리하여 가정의 봉건 잉여로부터 생기는 세수를 확보하는 것을 목표로 한다.

이 확장된 국가 방정식은 여러 계급 구성 요소 및 비계급 구성요소와 상호작용하는 차원에서 국가에서 들고나는 가치흐름을 분석한다. 그런 마르크스주의 범주들은 비마르크스주의 국가 이론에 사용되는 것들과 아주 다르다. 그러나 비마르크스주의 이론들과 그 범주들은 현대 사회의 국가에 대해 발행된 통계자료의 정의, 수집, 구성을 지배한다. 예를 들어 그런 통계자료는 일반적으로 영업세와 개인세를 구분한다. 그런 통계자료들은 마르크스주의 계급분석의 구분이 아니다. '영업세'는 마르크스주의 분석에서는 구분할 필요가 있는 것을 합쳐놓는다. '영업세'는 잉여 전유자(산업 자본가)에 대한 세금과 부차적 계급(은행가와 상인)에 대한 세금 사이의 차이를 추상한다(무시한다). SY_{sc1}과 SY_{nc}는 사회의 계급구조와 다른 관계를 가지는 세금이다.

똑같은 비판이 국가 지출에도 적용된다. 예를 들어 국가 지출에서 비마르크스주의 범주인 '입법 활동'으로 합쳐진 것을 고려해보자. 그런 지출은 마르크스주의 이론에서는 다르게 다루어진다. 그런 지출은 SE_{sc}, SE_{sc1}, SE_{nc2}, SE_{nc3}로 분해될 수 있다. 그런 분해의 내용은 입법 활동이 국가의 잉여가치 전유를 위한 존재 조건 또는 국가의 계급 수입과 비계급 수입의 다른 원천을 위한 존재 조건을 제공했는지에 좌우된다.

현대 자본주의 사회의 국가에 대한 마르크스주의 분석은 다른 질문들을 던지고, 다른 범주들을 가지고 가치 흐름의 회계를 구성하며, 비마르크스주의 이론들과 다른 대답을 제공한다. 마르크스주의 국가이론은 국가의 다양한 계급과정과 비계급과정에 관심을 둔다. 마르크스주의 국가이론은 특히 국가의 그런 과정들과 사회의 다른 장소들에서 일어나는 계급과정 및 비계급과정 간 복잡한 관계를 탐구한다. 마르크스주의 이론은 국가와 사회의 계급구조 간 관계를 이해하는 데 노력한다. 그것은 신고전학파 경제학 또는 케인스주의 경제학의 목표는 아니며 이런 경제학들이 성취하려는 것도 아니다.

계급분석과 국제 관계

이론적이고 실천적인 정치적 전통으로서 마르크스주의는 오랫동안 '국제주의'라고 부르는 것에 헌신해 왔다. 마르크스주의 관점에서 자본주의는 서유럽 기지에서 팽창하여 전체 세계 경제를 식민화하고 바꾸었다. 그리하여 오늘날 새롭고 더 나은 사회로 향한 이행은 필수적으로 국제주의 운동과 관련된다. 그런 더 나은 사회는 마르크스주의 관점에서 자본주의 이후 계급구조로의 국제적인 이행에 의존하며, 그런 자본주의 이후 계급구조는 잉여노동을 생산, 전유, 분배하는 형태가 평등하고, 민주적이고, 집단적이어야 '사회주의' 또는 '공산주의'라는 이름을 보증할 수 있다.

마르크스주의자들은 이렇게 국제주의에 관심을 가지기 때문에 국제 관계에 관한 질문을 던진다. 자본주의는 어떻게 세계 경제를 낳았는가? 계급과정은 어떻게 국가들을 함께 묶거나 나누는가? 계급과정은 어떻게 비계급과정과 국제적으로 상호작용하는가? 국제적 계급과정들과 국내 계급구조 사이에 어떤 관계가 존재하는가? 이런 질문들에 답하기 위해서 마르크스주의 이론은 자신의 계급 구성 요소에 초점을 맞춘 국제 관계와 그런 관계들이 어떻게 국내 계급구조와 상호작용하는지에 일반적 접근법을 적용한다. 그런 접근법의 핵심을 간략하게 보여주는 것이 여기서 우리의 임무다.

지난 몇 세기 동안 유럽의 팽창은 세계 국가들을 연결하는 과정의 복잡한 집합을 형성하고 재형성하는 주요한 힘이었다. 여러 시기에 다양한 정도로, 서로 다른 많은 과정들이 그런 연결을 구성했다. 약탈, 절도, 운동, 전쟁, 식민지화는 때때로 상이한 두 나라를 연결시켰다. 종교 전도사업, 상품 교환(무역), 해외 투자, 영화의 배급, 노동 이주가 했던 것처럼 말이다. 이것들은 지구의 진화하는 국제 관계를 구성해 온 몇 가지 주요 국제 연결 과정이다.

마르크스주의 이론이 국제 관계의 이해에 추가하는 것은 계급 차원의 탐구이다. 근본적 계급과정과 부차적 계급과정은 다른 두 국가사이에 존재할 수 있고, 그리하여 두 국가를 연결할 수 있다. 자본주의 근본적 계급 과정의 예를 들기 위해 우리는 한 국가의 기업을 고려할 수 있는데, 그 기업의 이사회가 다른 국가의 생산적 노동자들을 고용해서 그들로부터 잉여노동을 전유한다고 가정하자. 그런 잉여노동의 전유는 국가 간에 일어난다. 같은 것이 자본주의 부차적 계급과정에도 적용된다. 예를 들어 어떤 국가의 산업 자본가들이 그 나라의 생산적 노동자들로부터 잉여를 전유하여 다른 국가의 화폐 대부자에게 이자를 상환하거나 다른 국가의 주주들에게 배당금을 지급할 수도 있다. 그런 국제간 부차적 계급 지불은 국제 관계의 구성요소이다. 따라서 국가 사이에서 어떤 방향으로 일어난 대부는 국제 관계를 구성하는 비계급과정이며 반면에 반대방향으로 일어난 부차적 계급 지불은 국제 관계를 구성하는 계급과정이다. 물론 자본주의 계급과정뿐만 아니라 비자본주의 계급과정도 국제간에 일어난다.

몇 가지 예가 그와 같은 국제 관계에 대한 마르크스주의 계급분석의 의미를 제공할 것이다. 월스트리트의 투자은행은 브라질의 산업 자본가에게 돈을 대부한다. 후자는 그 돈을 사용해서 브라질의 생산적 노동자를 고용해서 컴퓨터 부품을 생산하고 유럽에 판매한다. 이 복합적 관계는 다음을 포함하고 연결시킨다.

- 브라질 내 자본주의 근본적 계급과정
- 뉴욕과 브라질 사이의 비계급적 대부과정
- 자본주의 부차적 계급과정: 뉴욕에 브라질 산업 자본가가 이자 상환
- 비계급적 상품교환 과정: 브라질의 수출

물론 이 목록은 일부다. 이는 이 예의 국제 관계와 관련된 모든 과정을 포함하지 않는다. 뉴욕과 브라질 사이의 서신과 전화 연락은 국제적인 문

화과정이고, 대부와 관련된 외교는 국제적 정치과정이며, 뉴욕과 브라질 사이의 항공 여행에 영향을 주는 기후 상황은 국제적 자연과정의 구성요소이다.

위 목록에 선택된 특정 과정들은 마르크스주의 이론의 초점을 반영한다. 그 과정들은 또한 국제 관계에 대한 독창적인 마르크스주의 결론이다. 첫째 우리 예에서 세 가지 특수한 자금의 국제적 흐름은 착취가 아니다. 즉 그 흐름들은 잉여가치의 전유가 아니다. 착취는 오직 브라질 내에서 일어나는데, 브라질 사람이 브라질 사람을 착취한다. 세계의 다른 지역에서도 브라질 착취의 존재와 지속을 위한 중요한 조건들을 제공한다.

반대로 미국에서 자동차 부품을 생산하는 다국적 산업 기업이 텍사스에 본사를 가지고 있으면서 라이베리아에 자회사를 설립하는 상황을 고려해보자. 이 자회사에서는 라이베리아의 생산적 노동자를 고용해서 같은 자동차 부품을 생산하여 텍사스 본사에 보내서 미국 전역에 판매한다. 이 경우 텍사스에 있는 이 다국적 기업이 라이베리아에서 생산된 잉여가치를 전유하는데, 가치가 라이베리아에서 텍사스로 국제적으로 이동한다. 따라서 이 자본주의 근본적 계급과정은 국제적이며, 두 국가 사이의 국제 관계의 부분이 된다. 마찬가지로 다국적 기업이 라이베리아에 자회사를 세우기 위해 행한 투자는 국제 관계를 구성하는 또 다른 가치 흐름이다.

여기서 마르크스주의 이론이 강조하는 것은 가치의 국제적 흐름을 구성하는 계급과정과 비계급과정 사이에 존재하는 차이다. 브라질에서 뉴욕의 투자은행으로 가치의 이동은 부차적 계급과정이지만 라이베리아에서 미국으로 가치의 이동은 근본적 계급과정이다. 두 경우에서 국제 관계는 서로 다른데, 두 종류의 상이한 계급과정이 낳은 사회적 결과가 다르기 때문이다.

우리는 두 예를 더 자세히 들여다봄으로써 사회적 결과의 차이를 보여 줄 수 있다. 뉴욕-브라질 경우의 국제 관계에는 브라질 산업 자본주의의 지원과 브라질의 산업 자본가들과 미국의 화폐 대부자들 사이의 열매 나누기를 수반한다. 텍사스-라이베리아 경우의 국제관계는 미국내 산업 자본주의의 축소와 라이베리아 내 산업 자본주의의 확대를 수반한다. 미국, 브라질, 라이베리아 세 나라 내에서는 이 특수한 국제관계의 복잡한 계급 및 비계급적 결과가 있을 것이다. 또 그런 결과들은 노동 이주, 이민자의 본국 송금, 상품 수출입의 변화와 관련된 국제 관계로부터 나타나는 것들과 다르다.

계급을 무시하거나 추상하는 비마르크스주의 분석은 국제 관계에서 계급이 가지고 있는 중요한 의미를 놓친다. 예를 들어, 브라질에서 미국으로 가치의 이동이 몇 십 년 동안 증가한다면, 비마르크스주의 관찰자들은 이는 브라질 자본주의 발전에 부정적인 신호라고 결론 내릴 것이다. 그들은 제국주의 또는 착취 같은 형용사를 가지고 두 국가 사이의 국제관계를 묘사할 수 있다. 마르크스주의 분석에서 중요한 질문은 미국과 브라질 사이의 관계 내 가치 흐름의 계급 및 비계급적 성질과 관련된다. 그 가치 흐름이 미국이 브라질에 수출하는 상품에서 얻는 독점가격의 증가를 반영한다면, 그런 부정적 결론은 타당하다. 그러나 그 가치의 흐름이 브라질 산업 자본가들이 팽창하여 미국 투자은행에 보내는 부차적 계급 지불의 증가를 반영한다면, 그 반대로 결론 내릴 수 있는데, 즉 미국과 브라질의 국제 관계 내 가치의 이동은 브라질 내 자본주의 발전을 보여주는 주요 증거라고 할 수 있을 것이다.

비마르크스주의 접근법은 일반적으로 그런 가치 흐름을 아주 다르게 다룬다. 브라질에서 뉴욕으로 가는 이자상환을 서비스 (대출 이용) 대가의 지불이라고 부를 것이다. 또한 라이베리아에서 생산하고 텍사스에서 전유한 잉여는 다른 종류의 서비스 대가의 지불, 즉 투자 자본에 대한 수입이라고 부를 것이다. 그런 접근법은 계급의 구분을 없애버리고, 계급 개념을 아예 차단해버린다. 그런 이유로 그들은 국제 관계 내 가치의 흐름에 있는 계급의 의미에 대한 질문을 하지 않거나 그런 질문에 답도 하지 않는다.

현대 세계의 국제 관계 체제에 대한 오래된 비판을 고려해보자. 그것은 중심부의 부유하고 산업화된 국가들과 주변부의 경제적으로 궁핍한 배후지 국가들 간의 부와 소득의 큰 차이를 설명한다. 비판자들은 주변부에서 중심부로 이동하는 그런 불의하고 편파적인 순가치 흐름의 양상을 비난하며, 순가치의 흐름을 바꿀 수 있는 새롭고 다른 국제 관계를 제안한다. 오직 그럴 때 아시아, 아프리카, 라틴 아메리카의 가난한 국가들이 마침내 극심하게 악화된 사회조건에서 일어설 수 있다고 주장한다.

이 책에서 전개한 마르크스주의 이론은 그런 논리에 동의하지 않는다. 물론 가난한 국가들을 변화시키는 목표에는 지지한다. 국제적인 가치 이동을 바꾼다고 아시아, 아프리카, 라틴 아메리카의 사회진보를 위한 중심 문제(그런 국가들의 계급구조)를 크게 변화시키지 못할 수 있다. 브라질 자본가들이 더 이상 뉴욕의 투자은행에 이자를 상환하지 않는다고 해도 문제는 크게 변하지 않을 것이다. 왜냐하면 브라질 자본가들은 노동자들을 더 강도 높게 착취하고 뉴욕으로부터 대출하는 대신에 스스로 증식한 잉여에 의존하는 방법을 찾기 때문이다. 브라질의 착취는 브라질 내 소득 및 부의 불평등을 악화시킬 수 있고 현재와 미래의 사회발전에 다른 부정적인 영향을 줄 수 있다.

마찬가지로 어떤 비마르크스주의 국제관계 이론은 신고전학파 경제학자의 사유재산 제도 및 시장에 대한 찬사에서 영감을 얻는다. 그들은 세계의 가난한 국가들이 가난에서 벗어날 수 있는 해법으로 상품 교역이 최대한 확대할 수 있도록 법적, 문화적, 정치적 장벽을 즉각 제거해야 한다고 주장한다. 가난한 국가들이 세계 상품시장으로 편입되면 세계 중심부의 부유한 국가들이 누리는 번영과 성장의 혜택을 얻을 수 있다고 주장한다.

마르크스주의 이론은 그런 처방에 움찔 놀라는데, 그 처방은 계급을 무시하기 때문이다. 그런 처방은 세계 자본주의 중심부와 주변부의 자본주의 계급구조를 보지 못한다. 그리하여 두 진영의 계급구조 간 상호작용이 그 두 진영 내의 사회적 문제와 두 진영 간의 커다란 불평등의 주요 근거라는 것을 평가하지 못한다. 그런 이유로 세계 무역 팽창을 통해 자본주의 계급구조를 확대하는 것은 그런 문제만 더 심하게 만들 뿐이다. 마르크스주의 이론가들은 자본주의 계급구조로부터 비자본주의 계급구조로 변화시키는 것을 목표로 하는 정책이 필요하다고 주장한다.

부록 A. 마르크스주의 이론은 왜 계급을 이론의 입구점으로 삼는가?

여기서 우리는 마르크스주의자들에게 던지는 질문을 고려한다. 당신들이 개인적 선호와 생산 능력이나 거시경제 구조와 그와 관련된 행동 법칙이나 정치권력이나 인종이나 성이나 사회의 많은 다른 측면들 말고 계급을 입구점으로 삼는 이유는 무엇인가? 우리가 앞서 이 주제를 다루었지만 여기서는 더욱 완전한 서술을 하려한다.

이제 대답은 (마르크스의 시대처럼) 마르크스주의자들이 이론의 사회적 역할이라고 믿는 것으로부터 나온다. 이론의 발명과 확산은 사회의 모든 과정에 영향을 미친다. 그런 영향의 일부는 이론의 입구점으로부터 생겨난다. 이론의 입구점은 여기에 관심을 끌어당기며 사회에 영향을 준다. 새로운 이론을 만드는 것은 다른 것들로부터 입구점에 관심의 초점을 맞추는 것이다.

마르크스주의 이론은 항상 계급과정에 자기의식적인 관심과 흥미를 가져왔다. 마르크스는 자신의 동료 혁명가들이 잉여의 사회적 조직화로 이해되고 정의된 계급을 제대로 이해하지 못했다고 생각했다. 또한 변화시키려는 사회와 세우려고 희망하는 사회에 대해 동료들이 계급과정(잉여의 생산, 전유, 분배)의 중요성을 놓쳤다고 생각했다. 그의 이론은 이런 상황을 바로 잡기위한 목표를 가졌고, 그리하여 계급에 그리고 계급과 사회의 다른 모든 비계급 측면들 및 사회 변화와의 관계에 관심의 초점을 맞췄다.

요점은 계급이 권력, 개인적 선호, 제도, 언어, 인종, 성보다 더 중요한 사회의 요소라고 주장한 것은 아니었다. 오히려 마르크스가 계급을 입구점으로 삼아서 사회를 분석한 목적은 계급을 무시하고 과소평가하는 것이 자신이 지지한 혁명 사업을 약화시키고 있기 때문에, 그런 무시와 과소평가의 문제를 해결하는 것이었다. 이런 방식으로 그는 동시대인들의 변화를 위한 의제와 전략에 계급 주제를 추가했다.

그러나 마르크스 이후 잉여 조직화의 측면에서 계급 주제는 수십 년간 사회변화를 위한 운동에 영감을 준 많은 주제들 사이에서 퇴색되었다. 더 최근에는 활동가들이 계급 대신에 권력의 민주적 분배와 인종 및 성 불평등의 주제를 강조했다. 전반적 사회 민주주의와 인종 및 성 평등을 위한 운동은 그 입구점을 권력, 인종, 성으로 하는 사회 이론들을 발전시켰다. 이런 이론들은 사회의 그런 특수한 측면에 관심의 초점을 맞춘다. 그런 이론들 가운데 어떤 것은 마르크스주의 이론으로부터 영향을 받았는데, 그런 이론들은 입구점을 비계급과정에서 계급과정으로 바꾸는 경향을 가진다.

이제 이런 상황은 잉여의 정의와 사용을 위해 계급분석에 다시 관심을 가지도록 했고, 사회변화를 위한 운동에 대해 마르크스가 기여한 통찰력을 잃지 않을 수 있었다. 마르크스가 그의 이론을 만들 때 가졌던 원래 동기와 아주 비슷한 이유로 마르크스주의 이론에 관심을 가지는 사람들이 늘어나게 되었다. 다시 한 번 2008년에 심각한 자본주의 경제위기가 폭발하여 수많은 사람들에게 자본주의의 위험과 문제를 상기시켰다. 마르크스와 마르크스주의 전통의 문헌을 읽으려고 하는 대중의 전반적 관심이 되살아났다.

마르크스주의 전통에 관심이 되살아난 하나의 결과가 여기서 소개된 마르크스주의 이론에 더 큰 관심이 생겼다는 것이다. 이는 사회 변화에 관심 있는 사람들이 계급 주제에 마주하여 이를 자신들의 전략에 통합시키려는 현재의 필요성을 강조함으로써 왜 계급이 마르크스주의 이론의 입구점인지 질문에 답을 준다. 일단의 사회적 상황이 마르크스를 만들고, 그가 살았던 시기의 혁명 운동을 낳았다. 현재 상황은 기본적으로 비슷한 이유로 마르크스주의 이론에 대한 관심과 이 이론에서 작업의 부활을 낳았다. 이는 계급이 마르크스주의 이론의 입구점으로 남아 있는 이유다.

부록B. 전형 문제

상품의 '가치'와 '가격'의 관계는 마르크스주의 경제학의 어떤 주제들보다 많이 마르크스주의 경제학, 신고전학파 경제학, 케인스주의 경제학 사이에서 논쟁되었다. 이 책에서 분명히 하고 있듯이, 가치는 착취와 경쟁과 경기순환과 그 외 대부분의 자본주의 경제 측면에 관한 마르크스주의의 핵심 논거이다. 그러나 신고전학파 및 케인스주의 경제학(따라서 지난 세기 대부분의 경제학 논의 주제임)은 자신들의 논거에서 가치가 아니라 가격을 사용한다. 그래서 다음 질문이 생겨난다. 가치 이론 및 분석과 가격 이론 및 분석은 그냥 다른 것인가? 둘은 자본주의를 이해하기 위해 서로 대체될 수 있는 방법인가? 둘 중 하나만 맞고 다른 것은 틀리는가?

애덤 스미스와 데이비드 리카도 같은 주요 고전 경제학자들은 자신들의 글에서 가치를 사용했다. 때때로 그들은 가치와 가격을 동일시했고, 때때로 가치를 매일 변동하는 가격의 평균 또는 그 변동의 중심이 되는 장기 가격으로 보았다. 일반적으로 고전 경제학자들은 가치-가격관계가 그렇게 중요하다고 생각하지 않았다. 그들은 경제 성장이 어떻게 일어나는지, 사회의 총생산이 자본가, 노동자, 지주 사이에 어떻게 나뉘는지, 경제위기는 왜 반복되는지 등과 같은 다른 주제에 초점을 맞췄다. 마르크스는 스미스와 리카도의 이론에 친숙한 사람으로서 이런 면에서는 그들을 따랐다. 그는 또한 가치-가격 관계를 부차적인 지위로 두었다(그의 주요 저작 『자본』 2권과 3권의 몇몇 장에서 논의되고 있음).

가치와 가격의 관계를 중요하게 만든 것은 반대자들 가운데 한 명인 오스트리아 경제학자 유진 폰 뵘바베르크(1851-1914)가 마르크스주의 이론에 날카로운 비판으로 공격을 가함으로써였다. 1896년에 뵘바베르크는 마르크스 경제학이 가치이론 때문에 근본적인 결함을 가지고 있다고 비판하는 책을 출판했다. 그는 마르크스의 경제학이 타당성을 가지기 위해서는 상품의 가치가 상품의 가격과 분명하고 일관성 있고 고정된 관계를 가지고 있다는 것을 보여주어야 했다고 주장했다. 가치—와 그런 이유로 가치분석—는 정확하고 일관성 있게 가격으로 전형될 수 있어야 하고, 그런 가격분석으로 될 수 있어야 한다고 주장했다. 뵘바베르크는 가치를 가격으로 '전형'시키는 마르크스의 노력은 논리적으로 모순되고 결함이 있어서 마르크스 경제학 전체가 타당성이 없다는 것을 보여주는 데 목적이 있었다.

마르크스주의자들은 이에 동의하지 않았다. 대부분은 마르크스의 '전형'을 논리적이고, 타당한 것으로 방어했고, 많은 이들은 마르크스의 전형에 대한 대안적인 해석에 대해 논쟁했고, 몇몇은 마르크스의 자본주의에 대한 비판의 대부분이 가치와 가격 간 수학적 관계의 치밀함에 의존하지 않는다고 주장했다.

20세기 동안 마르크스주의자와 반마르크스주의자들은 '전형 문제'로 알려진 것에 대해서 논쟁했다. 많은 문헌이 쓰였다(지난 10년 동안 관심이 식었지만). 신고전학파 및 케인스주의 경제학자들이 시장과 시장 가격에 초점을 많이 맞추었기 때문에, 그리고 마르크스와 마르크스주의를 싫어했기 때문에, 마르크스의 상품가치 개념은 형이상학적이고, 비현실적이고, 불필요한 (그리고 아마도 정치적 동기를 가지는) 것을 경제학에 집어넣었다는 생각을 받아들였다. 그래서 마르크스주의자들은 신고전학파 경제학자들과 케인스주의 경제학자들이 마르크스주의 가치론을 주로 공격하는 동안 방어를 했다.

지난 세대 동안 전형 문제에 대해 논쟁하는 동안에 등장한 하나의 입장은 일종의 해결책을 얻게 했다(Woff, Callari, Roberts 1984). 이 관점은 뒤에서 소개하는데, 마르크스주의 가치이론과 신고전학파 경제학자 및 케인스주의 경제학자가 지지하는 가격이론은 자본주의가 작동하는 방식을 이해하는 다른 방식으로써 인식되었다. 기독교가 옳은지 불교가 옳은지 논쟁할 필요가 없는 것처럼 어떤 것이 옳은지 논쟁할 필요가 없다는 것이었다. 더 좋은 접근법은 서로의 차이, 즉 각각 무엇을 가르치며 무엇을 우선시하고, 각각 무엇을 분명히 하고 있고, 모호하게 만들고 있는지를 탐구하고, 그 차이로부터 배우는 것이었다.

마르크스는 『자본』 2권의 몇 개의 절과 특히 『자본』 3권의 첫 번째 절에서 가치와 가격의 관계를 구체적으로 서술하고 있다. 거기서 그는 『자본』 1권에서 많은 기초적인 생각을 소개하기 위해 처음에 사용되었던 가치분석을 위한 조건들을 보여준다. 1권에서 마르크스는 노동가치론을 소개하며, 이는 스미스와 리카도의 노동가치론에 기초하고 있지만 중요한 방법들에서 아주 다르다. 이 장에서 보았듯이 마르크스의 정식화에서는 각 상품의 가치는 이 상품 생산을 위한 '사회적 필요 추상 노동시간'의 양으로 정의된다. 우리의 예에서 14시간 노동이 의자를 생산하기 위해 사회적으로 필요하다. 1권의 분석은 잉여가치 이론을 발전시키기 위한 단순화가 포함되는데, 이는 마르크스가 기여한 핵심이면서 경제학에 새롭고 다른 것이었다. 이는 상품 가격의 다른 모든 구성원인/결정요인을 추상하기 때문에 단순화였다. 이는 상품 생산에 필요한 사회적 필요 추상 노동시간이 시장 가격의 유일한 결정요인(이고 그래서 시장가격과 같다)이라고 가정함으로써 단순화한다.

『자본』 2권과 3권에서는 마르크스는 처음의 단순화 가정을 넘어선다. 그는 자본주의 경제의 추가적이고 일반적인 측면(상품 생산에 필요한 사회적 필요 추상 노동 외의)이 어떻게 상품의 시장가격에 영향을 주는지 보여준다. 이런 방식으로 마르크스는 처음에 사회적 필요 추상 노동시간으로 정의한 상품 가치와 구체화한 가격을 구별했다. 가격은 자본주의 경제의 많은 다른 측면에 의해 다중결정되며, 상품가치에 의해 본질주의적으로 결정되지 않는다(또는 가치와 같지 않다). 가능성 있는 많은 예 가운데 두 가지를 고려해보자.

『자본』 2권에서 마르크스는 두 가지 다른 상품이 생산되고 유통되는 데 걸리는 시간(회전 기간)의 차이가 가치와 가격의 차이를 만든다는 것을 명시적으로 보여준다. 이는 두 상품을 생산하는 두 자본주의 산업이 경쟁할 때, 그리고 경쟁하기 때문에 일어난다. 동일 이윤율을 낳게 하는 경쟁은 시장 수요와 관련되어 상품 수요를 변화시키고 이는 가격을 사회적 필요 추상노동시간으로 정의된 가치로부터 괴리하게 만든다. 왜냐하면 사회적 필요추상노동시간은 회전 기간 차이와 산업 간 경쟁이 가격에 미치는 영향을 추상(무시)하기 때문이다. 『자본』 3권에서 마르크스는 또한 상이한 산업의 상이한 자본구성(불변자본과 가변자본의 합에 대한 가변자본의 비율)이 어떻게 경쟁 및 이윤율 평균화와 상호작용하여 상품 가격과 가치를 더욱 차이 나게 만드는지를 보여준다.

우리가 독해하기에 마르크스의 노동가치론은 가격 이론을 대체하기 위한 것으로 개념화되지 않았다. 오히려 노동가치론은 시장 교환에서 발생한 상품 가격을 포함하는 자본주의 경제의 작동체계를 이해하는 하나의 특수한 방법이다. 그의 노동기치론은 시장과 가격을 그의 글에서 강조하듯이 자본주의 기업 내 착취로 환원되지 않는 관계의 차원에서 탐구하고 설명했다. 마르크스의 관점에서(특히 자본 2권 시작 부분의 '자본의 회전' 논의에서) 시장 및 가격이 잉여노동 및 잉여생산과 관련되지 않는 자본주의 경제에 대한 분석은 착취의 존재와 관련성을 사실상 기각하는 이론상 대처이다. 달리 말해서, 마르크스주의 이론은 가격을 복잡한 가치분석으로 설명하며, 많은 원인들을 고려하지만 가격의 착취에 대한 관계를 우선순위에 둔다. 반대로 신고전학파 이론 및 케인스주의 이론은 가격을 역시 복잡한 것으로 설명하지만, 착취와 사회적 필요추상노동시간을 설명의 역할에서 배제한다. 가격이론의 그런 큰 차이를 고려하면, 마르크스주의 이론의 결론이 신고전학파 이론 및 케인스주의 이론이 도달한 것과 다르다는 것은 말할 필요가 없다.

마지막으로 언급할 기술적인 측면이 중요한데, 마르크스의 가치와 가격 관계에 대한 20세기 논의는 가치와 가격 관계에 대한 수학이 중심 주제였다. 마르크스주의 전통 안팎의 분석가들이 ①사회적필요추상노동시간이 순수하고 배타적인 물리적/기술적 노동조건으로 정의되는 것으로 해석하고, ②시장가격(P)은 가치(V)에 의해 $V \rightarrow P$로 한 방향 관계로만 결정된다고 가정했다. 달리 말하면, 이런 논의는 가치는 오직 상품을 생산하기 위한 물리적, 기술적 필요조건에 의해서만 결정된다고 가정했다. 전통적인 마르크스주의 언어를 사용하면 가치는 본질적 원인인 생산력에 뿌리를 둔 결과였다.

이렇게 본질주의 방식(궁극적 원인으로서 생산력)으로 진행함으로써, 마르크스의 가치 및 잉여가치에 대한 일반 분석에서 (기본 전제들과 함께) 수학적 해법의 정합성과 관련하여 문제가 일어났다. 달리 말하면 마르크스 가치 이론이 기각되지 않았다 해도, 논리적 비정합성 때문에 의심을 사게 되었으며, 이는 이론에 대한 심각한 비판이었다.

하지만 1980년대 중반이 시작되면서 몇몇 마르크스주의자 연구자들은 그런 모든 정합성 문제는 분석가들이 다른 시작 가정으로 진행하면 해결될 수 있다는 것을 보여주었다. 이 새로운 접근법은 브루스 로버츠(Bruce Roberts)의 중요한 글에서 처음 나타났다(Roberts 1981). 로버츠(첫 연구자이면서 가장 중요함)와 그 이후 다른 연구자들은 논리적 비정합성은 분석가들이 본질주의 논리를 버리고, 다중결정론의 인과 논리를 가진다면 사라진다는 것을 보여주었다. 로버츠(첫 연구자이면서 가장 중요한 연구자)와 그 이후 다른 이들은 분석가들이 본질주의 논리를 버리고 대신에 다중결정론의 인과 논리를 받아들이면 논리적 모순은 사라진다고 보여주었다. 이들의 대안적인 주장의 개요는 다음과 같다. 전에 사회적 필요추상노동시간 차원에서 정의된 상품가치는 '사회적 필요'라는 구절을 강조하여 이해되었다. 그들에게 이것은 모든 자본가들이 상품 생산을 위한 투입물(생산수단) 구매에 지불한 가치량이 자본가들이 그 투입물에 지불해야 하는 가격과 일치한다는 것을 의미한다. 이 투입물 가격은 '사회적 필요'라는 것을 정의한다. 즉 자본가가 이 투입물을 구입하기 위해 시장에 지불해야 하는 것이다. **그래서 자본가의 생산물의 가치는 투입물 구입에 지불한 가격에 의해 부분**

적으로 결정된다. 우리의 예로 돌아가면 의자 하나의 가치는 산노동 8시간 더하기 이 투입물의 가격이다. 『자본』 3권에 있는 마르크스의 잘 알려진 가정 때문에(자본구성이 상이한 산업부문에 속한 자본가들이 가장 높은 이윤율을 추구하기 위해 경제 전반에 걸쳐 산업을 넘나드는 경쟁에 관한 것), 자본가가 구입한 투입물의 가격은 그 가치와 다르다는 것이 판명되었다. 예를 들어, 투입물이 나타내는 노동은 이제는 더 이상 우리가 본문에서 규정한 과거노동 6시간이 아니며, 다른 수치가 된다. 이 다른 수치는 마르크스가 고려한 다른 사회적 맥락을 반영하는데, 즉 자본구성의 차이와 경쟁과 관련된 마르크스의 두 가지 새로운 가정이 그 맥락이다. 그런 이유로 그 새로운 수치는 산노동 8시간에 더해져서 의자의 새로운 가치(V)를 낳는다. 『자본』 3권의 수정된 가치 공식을 기호로 나타내면, $P+LL= V$가 되며, P는 구매한 투입물의 가격을 나타낸다. 따라서 자본가들이 상품을 생산하기 위해 산노동에 결합시키려고 생산수단을 시장 가격으로 구매한다면, P는 산노동에다 더하는 새 수치를 나타낸다.

가치가 가격을 결정한다는 전통적인 한 방향 수학적 결정론 대신에 새로운 접근법은 이 책에서 쓰인 다중결정론의 의미처럼 가치와 가격이 다중결정된 것으로써 가치와 가격의 틀 내에서 가치가 가격을 그리고 가격이 가치를 양방향으로 상호 결정한다는 다중결정론을 가지고 전개한다. 기술적으로 가치와 가격이 관계를 맺어서 동시적으로 전형이 일어나는데, 가치가 가격으로 전형되고 가격이 가치로 전형된다. 기호로 나타내면 $P \leftrightarrow V$인데, 여기서 $\leftrightarrow$는 양방향 관계를 나타낸다.

따라서 기본적인 정합성 문제가 해결되면, 관심은 우리가 생각하기에 전형문제 문헌과 논쟁에서 얻을 수 있는 기본 교훈이라는 것으로 돌아갈 수 있다. 첫 번째 교훈에 대해서 말하면, 마르크스주의 이론은 경제에 대해 신고전학파 이론 및 케인스주의 이론과 다른 이해를 낳는다. 둘째 교훈은 이 이론들의 관계는 어떤 이론이 맞고 어떤 이론이 틀린지의 문제가 아니라 이 이론들 중에 어떤 것(어떤 조합이)이 설득력이 있다고 판단하느냐에 따라 우리가 세상에서 완전히 다르게 행동할 수 있다는 문제이다. 세 번째 교훈은 이 이론들의 옹호자들 간 투쟁이 세상의 모습을 만들고 우리 모두에게 영향을 주는 것을 돕는다는 것을 인식하는 것과 관련된다.

부록C. 자본가 경쟁

첫째 부분

동일한 의자를 생산하는 경쟁 기업이 세 개가 있는 의자 산업을 고려해 보자. 우리는 이 기업들이 동일한 비용 구조를 가진다고 가정하면서 시작한다. 이 논의를 수월하게 진행하기 위해, 우리는 또한 노동 한 시간이 1달러와 등가라고 가정한다. 다음 표 1열에 의자 생산기업을 1, 2, 3으로 번호를 매겨 목록을 작성했고, 1행에 각 값의 범주를 표기했고 각 열에 그 값을 달러 또는 노동가치로 표기했다. 본문과 같은 숫자를 사용하여, 기업1의 자본가는 6달러치 C와 6달러치 V를 구매하여 노동자들로부터 2달러치 S를 전유한다. 기업2와 기업3에도 같은 수치가 적용된다. 우리는 q를 각 기업이 생산하는 의자의 수량(1개)을 나타내기 위해 사용한다. W는 앞에서처럼 생산된 의자의 총가치를 나타내는데, 각 기업의 의자 생산량의 총가치는 14달러이다. 단위 가치는 W/q이며, 이 경우에는 14달러이다. 우리는 이 수치를 각 자본가가 의자 하나를 생산하는 데 필요한 노동의 양이라고 부를 수 있다. 모든 자본가들은 같다고 가정하기 때문에, 의자 하나를 생산하는 데 필요한 노동량은 의자 한 개의 평균 가치 또는 의자 한 개의 사회적 가치이다. 곧 보게 되듯이, 경쟁은 개별 기업의 생산물 단위 가치(사적 가치)와 모든 기업의 생산물 단위 가치 평균(사회적 가치)의 차이를 낳는다.

자본가	C	V	S	W	q	r	k	AC
1	6	6	2	14	1	$\frac{1}{6}$	$\frac{1}{2}$	12
2	6	6	2	14	1	$\frac{1}{6}$	$\frac{1}{2}$	12
3	6	6	2	14	1	$\frac{1}{6}$	$\frac{1}{2}$	12

그 외 중요한 비율이 각 기업의 경제활동 성과를 반영하여 각 행에 표기되어 있다. 각 기업의 사업 성공은 가치 이윤율로 측정되며 $r = \frac{S}{C+V} = \frac{1}{6}$, 기계화 지수는 k인데, 각 기업의 총자본의 비율로서 C의 양적 중요성을 $k = \frac{C}{C+V} = \frac{1}{2}$ 로 측정되며, 의자 산업에서 각 기업의 상대적 효율성은 평균 생산비 $AC = C + \frac{V}{q} = 12$ 로 측정된다. 마르크스는『자본』 1권에서 k로 측정된 기계화가 왜 자본주의가 발전하면서 상승하는 경향을 가지는지 설명하는데, 많은 지면을 사용한다. 우리가 보게 되듯이, 하나의 이유가 경쟁이다.

기업2의 생산성이 상승했다고 가정하자. 예전에 의자를 1개 만들던 노동시간에 이제는 2개를 생산한다. 우리는 본문에서 이 자본가가 더 많은 감독자(관리자)를 고용하여 효율성 이득을 얻는다고 가정했다. 이 하나의 변화가 의자 산업의 모든 것을 바꾼다.

기업2의 자본가는 이제 이 산업에서 최저 비용의 생산자가 된다. 우리는 이것을 평균 비용의 변화를 계산함으로써 이를 쉽게 볼 수 있다. 비용($C+V$) 12달러를 의자 2개로 나누면 새 평균 비용 6달러를 얻게 된다. 그러면 우리 표에서 자본가2의 평균 비용(*AC*)이 12달러에서 6달러로 감소하고, 경쟁자들의 평균 비용은 12달러 그대로인 것을 보게 된다. 또한 의자 산업에서 의자 1개의 가치는 10.5달러로 하락했다. 세 자본가 기업의 사적 노동시간의 (가중) 평균으로써 의자 단위당 가치의 새로운 수치는 14(의자 1개)+7(의자 2개)+14(의자 1개)=10.50달러로 계산된다. 여기서 4는 세 기업이 새로 생산한 의자 총량이다.

이 시장 단위가격이 나타내는 것을 정확하게 검토하는 데 시간을 들일 가치가 있다. 이는 각 자본가 기업이 의자를 생산하는 데 요구되는 **사적** 노동량을 전체 평균한 것이다. 자본가2의 사업전략은 의자 1개를 생산하는 데 필요한 노동량을 14에서 7로 줄이는 데 성공했지만, 그 경쟁자들은 여전히 의자를 생산하는 데 예전과 같은 시간이 필요하며, 그래서 더 많은 노동시간이 필요하다. 모든 기업들의 의자를 1개 생산하는 데 필요한 노동시간의 평균은 단지 시장이 이 상이한 사적 노동시간을 사회화하는 특수한 방식이다.

이제 각 자본가 기업이 의자를 새로운 시장가격 10.5달러에 판매하면 각 자본가 기업이 실현하는 이윤은 자본가2의 생산성이 상승하기 전에 실현했던 이윤과 아주 다르다. 먼저 자본가 기업1과 기업3을 고려해보자. 이 기업들은 의자당 14달러에 판매하기를 원하며 의자를 시장에 내놓는다. 이 판매 가격은 의자 1개를 생산하는 각 기업의 비용 12달러와 각 의자에 들어있는 잉여 2달러를 실현할 수 있게 한다. 그러나 불행하게도 이 두 기업의 기대는 무너진다. 이 기업들은 새로운 경쟁 단위 가치 10.5에 판매해야 한다.

이 두 기업의 굴복은 자본2가 생산성을 높인 사적 행동에서 온다. 이 전략으로 의자 1개의 시장가격을 14달러에서 10.5달러로 낮추었다. 인하된 새로운 가격으로 의자를 판매하면 나머지 두 자본가에게 의자 1개당 1.5달러의 손실을 만들며 의자를 계속해서 생산할 수 있는 능력에 위협이 된다. 우리는 다음 두 표에서 뚜렷한 결과를 보여준다.

자본가	총수입	총비용	이윤	평균비용
1	10.5	12	-1.5	12
2	21.0	12	9.0	6
3	10.5	12	-1.5	12

자본가1과 자본가3의 의자 1개당 2달러의 기대 이윤이 사라져버렸을 뿐만 아니라 더 큰 문제가 생겼다. 이 자본가들은 이 산업에서 사업을 운영하는 비용을 더 이상 충당할 수 없게 된다. 각 자본가는 생산비용을 대는 데 12달러가 필요하지만 고작 10.5달러를 받고 상품을 판매한다. 그러나 자본가1과 자본가3에 일어난 시장 손실은 자본가2가 이윤에서 얻은 이득과 정확하게 일치한다. 이를 설명해 보겠다. 자본가2는 시장에서 의자를 7달러에 판매해도 꽤 행복한데, 이는 의자 1개를 생산하는 데 필요한 사적 노동의 양이기 때문이다. 그러나 자본가2는 기쁘게도 그보다 높은 **사회적** 평균인 의자당 10.5달러에 판매할 수 있다. 두 번째 표에서 보았듯이, 자본가2는 의자 두 개를 팔고 총판매 수입으로 21달러를 버는데, 비용은 12달러로 변하지 않았다. 자본가2의 이윤은 2달러에서 9달러로 치솟았다. 달리 말해서 자본가2는 시장가격 하락에 비례해서 평균 생산비를 줄였다. 경쟁 시장에서 평균 비용을 낮추는 이 전략 외에 어떤 질문이 있는가?

시장 경쟁은 자본가1과 자본가3으로부터 자본가2에게 각각 3.5달러를 재분배하는 결과를 낳았고, 이는 자본가2의 이윤을 2달러에서 9달러로 늘릴 수 있게 했다. 7달러 차액은 마르크스가 초과이윤이라고 부른 것인데, 자본가2가 자신이 생산한 잉여가치 2달러를 초과하여 벌어들인 추가 이윤이다. 자본가1과 자본가3이 의자를 판매할 때 적은 가치를 받은 대가로 자본가2는 초과이윤 7달러를 번다.

두 번째 부분

본문처럼 기업2의 이사회가 앞서 첫 번째 부분에서 검토한 것과 다른 전략을 추구하기로 결정했다. 이사회가 잉여를 분배해서 감독자들을 확대하기보다 생산체계를 바꾸는 것을 목적으로 한 자본 축적을 위해 잉여를 분배했다. 이것의 목적은 기계화를 심화하는 것이다. 즉 자본집약이다. 이사회는 노동력은 추가로 구매하지 않고, 기계와 도구(불변자본)를 추가로 구입하며 이를 완수한다. 달리 말해서 이는 자본의 구성 k를 늘린다. 이 새로운 분배 전략은 다음 표에 나타나 있다. 거기서 자본가2는 노동자를 추가로 고용하지 않고 불변자본을 6달러에서 12달러로 늘린다. 그리하여 이는 k를 $\frac{2}{3}$로 높인다. 이런 축적 전략은 또한 자본의 생산성을 의자 한 개에서 2개로 증대한다(이전과 같은 수의 노동자들이 더 많은 장비와 도구를 다루며 더 많은 의자를 생산할 수 있다). 자본가2의 평균 생산비는 9달러로 하락한다.

자본가	*C*	*V*	*S*	*W*	*q*	*k*	*AC*
1	6	6	2	14	1	1/2	12
2	12	6	2	20	2	2/3	9
3	6	6	2	14	1	1/2	12

의자의 새 시장가치는 12달러가 된다. 자본가2가 기술을 혁신하고 생산성을 높이는 다른 방법을 도입함으로써 평균이 모두에게 적용된다. 다음 표는 각 경쟁기업의 새로운 이윤 상태를 보여준다.

자본가	총수입	총비용	이윤
1	12	12	0
2	24	18	6
3	12	12	0

자본가2는 자본가1과 자본가3가 직접 희생된 대가로 초과이윤을 번다. 앞의 경우처럼 자본가1과 자본가3이 대응하지 않으면, 이 두 자본가의 지속적인 사업 운영에 문제가 된다. 그러면 이 두 자본가가 존재의 지속에 위협이 되는 그런 상황에 대응한다고 가정하자. 이 두 자본가는 자본가2의 사업전략을 따라 하기로 결정했다. 이 두 자본가도 역시 *C*를 6달러치 축적하여 자본구성을 2/3으로 높였다. 이 두 자본가 역시 생산비용이 9달러로 줄어든다. 우리는 다음 표에서 새로운 결과를 보게 된다.

자본가	*C*	*V*	*S*	*W*	*q*	*k*	*AC*
1	12	6	2	20	2	2/3	9
2	12	6	2	20	2	2/3	9
3	12	6	2	20	2	2/3	9

명확하게 이 전략은 자본가1과 자본가3한테 효과가 있는데, 이 자본가들은 자본가2의 공격적인 행동을 취하기 전처럼 잉여가치 2달러를 전유하고 실현한다. 자본가2가 희생된 대가로 두 자본가가 회복되었다는 것도 역시 사실인데, 자본가2는 더 이상 초과이윤을 벌지 못하며, 다른 자본가와 마찬가지로 잉여가치 2달러를 전유하고 실현한다. 그러나 어떤 주요한 변화가 또한 일어나는데, 이런 변화들은 자본주의 모순과 관련된 마르크스의 가장 잘 알려진 주장 가운데 하나를 가리킨다.

한편 의자의 교환 가치가 개당 10달러로 하락했다. 경쟁으로 모든 자본가들은 자본구성(*k*)의 증가를 수반하는 자본축적에 내몰린다(아니면 파산하는 위험을 무릅써야 한다). 모든 자본가들이 만든 이런 경쟁 행동의 결과는 자본주의 세계 시민들이 더 쉽게 구입할 수 있는 가격으로 더 많은 부를 만드는 것이다. 이 자본주의 경제는 개당 12달러짜리 의자 3개가 아니라 개당 10달러짜리 의자 6개를 공급한다. 전통 마르크스주의 관점에서 본 자본가 경쟁은 더 많은 부가 앞으로 실현될 수 있도록 생산력 발전을 돕는다. 이 예는 식품에서 주택, 자동차, 전자제품까지 모든 종류의 자본주의 상품의 실제 역사를 반영한다. 각각, 자본가 경쟁과 축적이 상호작용하여 생산 평균비용과 단위 가치의 하락을 낳는다.

다른 한편, 새로운 심각한 문제가 등장한다. 우리가 잠시 마지막 표를 살펴보면, 모든 기업의 가치 이윤율이 1/6에서 1/9로 하락한다는 것을 볼 수 있다. 달리 말해서 전과 같이 잉여가치 2달러를 전유하기 위해 각 자본가는 이제 더 많은 자본(12달러가 아니라 18달러)를 선대해야 한다. 수익률에서 이런 하락은 이윤을 목적으로 하는 자본가들을 낙담시키며, 부차적 계급 지불을 줄이게 하며(실제로 자본 증식률을 줄인다), 그런 이유로 침체 또는 심지어 불황을 일으키게 한다. 이윤율 하락에 대응하면서 기업들은 새로운 자본 축적과 다른 분배(관리자에 대한 분배, 연구개발, 차입, 배당금 등)를 축소한다. 사업 지출 감소의 효과가 경제 전체에 영향을 주면서, 실직한 노동자와 유휴 생산수단이 증가한다. 실직과 과잉 생산 능력 외에 이윤율이 하락하지 않았다면 생산 가능했던 잠재적 부가 사회의 손실이 된다.

마르크스는 자본가 경쟁이 내재적 모순이며, 자본축적과 시장의 상호작용이 부의 생산 증대(경기확장 때 더 많은 의자생산)에 이르게 하고, 그 후에 부의 생산 축소(경기축소 때 더 적은 의자 생산)가 이어진다고 결론 내렸다. 우리가 보듯이, 이는 독립된 사건이 아니고, 자본주의가 어떻게 작동하는지에 관한 필수불가결한 두 부분이다.

부록D. 착취율 증가와 실질임금 상승의 동시 발생

노동력 가치 방정식을 돌이켜 보자.

$$V = e \cdot q$$

방정식 우변에 있는 두 요소들의 변화로 인해 V의 변화가 일어날 때, 두 요소 각각의 변화가 V변화에 얼마만큼 영향을 미치는지 계산해보자. 첫째 임금재 단위 가치의 변화 곱하기 처음 생활수준인데, 기호로 나타내면 $\Delta e \cdot q$이다. 둘째 처음 생활수준의 변화량 곱하기 처음 임금재 단위 가치인데, 기호로 나타내면 $\Delta q \cdot e$이다. 두 변화를 합하면 V의 변화량을 얻을 수 있다. 이를 기호로 나타내면 다음과 같다.

$$\Delta V = (\Delta e \cdot q) + (\Delta q \cdot e)$$

우리는 이 변화율의 차원에서 이 방정식을 다시 쓸 수 있다.

$$\frac{\Delta V}{V} = \frac{\Delta e}{e} + \frac{\Delta q}{q}$$

노동력 가치의 10% 하락($\Delta V/V$)과 동시에 임금재 단위 가치의 20% 하락($\Delta e/e$)이 실질임금 10% 상승($\Delta q/q$)과 같다는 결론이 나온다.

제5장

최신 신고전학파 이론

야하 M. 마드라(Yahya M. Madra)와 함께 저술함

들어가며: 왜 이 장이 있는가

이 장에서는 신고전학파 이론의 최근 몇 가지 흥미로운 발전과 확장을 소개한다. 이것에는 두 가지 이유가 있다. 첫째, 몇몇 경제학자들은 이런 변화들이 효과적으로 표준 신고전학파 이론에 대한 몇 가지 기본적 비판을 논박한다고 주장하며, 이런 변화들 가운데 많은 것은 충분히 표준 신고전학파 이론에 통합되어 많은 미시경제학 입문 교과서들에 포함되어 있다. 둘째 소수의 경제학자들도 또한 최근의 어떤 확장과 발전은 더 많은 것을 나타낸다고 주장한다. 이는 신고전학파 이론과 단절되는 새롭고 다른 종류의 경제학 이론의 탄생을 알리는 것이다. 두 번째 주장에 설득력이 있다면, 우리는 세 가지 이론에 더하여 네 번째 이론을 다룰 필요가 있다. 우리는 학생들이 이런 이론의 변화와 이를 둘러싼 주장을 알고 있을 필요가 있다고 생각한다. 이는 연구 분야로서 경제학 내 지속되는 투쟁에 아주 다른 차원을 보여주는 것이다.

어떤 연구 분야를 검토하는 부분은 현역 연구자들이 전통으로부터 단절하고 그 분야의 연구 대상을 고찰할 때 완전히 새로운 방식을 도입하는지, 언제 도입하는지, 어떻게 도입하는지를 살펴보는 것이다. 이것은 물리학이나 예술에서도 그런 것처럼 경제학에서도 사실이다. 실제 케인스주의 경제학은 1930년대에 주도권을 가졌던 신고전학파 전통과 그런 단절을 나타낸다. 마찬가지로 마르크스주의 경제학은 19세기에 스미스와 리카도의 고전학파 전통에서 단절했다. 이 장에서 우리는 신고전학파 경제학의 최근 발전과 확장이 경제 사상의 유사한 단절이나 격변을 만들지 않는 이유를 설명할 것이다. 신고전학파 전통은 오히려 입구점이나 논리의 수정 없이 최근의 변화에 통합되었다. 그래서 우리는 이 장의 제목을 '최신 신고전학파 이론'이라고 지었다. 우리 관점에서 신고전학파 이론은 진화를 계속하고 있으면서도 그 기본 접근법은 새로운 주제들에도 계속 이어지고 있다. 이 장에서 보여주듯이 신고전학파 이론의 진화는 중요한 주제와 논제에 대해 새롭고 흥미로운 이해를 만들었다. 이것들은 시장이 어떻게 그리고 왜 실패하는지 사회는 어떻게 대응해야 하는지, 기업과 개인의 상호작용하는 전략적 행동을 어떻게 분석에 통합할 것인지, 어떻게 기회비용 개념을 시장 거래 비용과 정보를 포함시키는 쪽으로 확대할 것인지, 어떻게 이기적 행동에 이타적 행동을 통합할 것인지를 포함한다. 그럼에도 불구하고 이런 최근 발전과 확장은 제2장에서 논의한 신고전학파 이론(과 단절하기 보다는)의 기본 틀 내에 머문다.

그러나 이 장의 존재는 다른 질문을 불러일으킨다. 오직 신고전학파 이론의 최근 발전과 확장은 포함시키고 또 그런 것에 초점을 맞추면서 다른 두 이론에 대해서는 그렇게 하지 않는 이유는 무엇인가? 실제 우리는 제한적이지만, 전통적 마르크스주의(결정론적 / 생산양식)와 비전통적 마르크스주의(다중결정론적 / 계급)를 구별할 때 마르크스주의 전통 내 최근 발전에 대한 비슷한 검토를 했다. 그리고 우리는 제3장의 포스트 케인지언 경제학 같은 케인스주의 접근법의 몇 가지 흥미로운 변화와 확장을 살펴보았다. 덧붙이자면 뒤에 나오는 제5장의 '행동경제학'은 포스트 케인지언 경제학의 요점을 다룬다. 즉 사회 환경이 어떻게 인간의 행동을 형성시키는지를 다룬다.

이 장을 넣은 이유는 두 가지 사건이 준 큰 영향이다. 첫째 신고전학파 경제 이론의 지난 세대 동안 학계, 매체, 정치 담론에서 가진 지배력을 고려하면 독자들이 이 이론의 진화와 이 이론과 단절되는 몇몇 사람들의 주장을 알아야 한다고 생각했기 때문이다. 둘째, 2007년 폭발한 세계 경제위기가 신고전학파, 케인스주의, 마르크스주의 접근법 및 정책 간 오래된 투쟁을 재개시켰다. 그 투쟁에서 위기를 이해하고 해결하는 데 완전히 새로운 방법이 있었다고 주장하는 학자들도 있다. 우리는 그들의 주장이 과장이라고 생각한다. 그런 급진적인 단절이 지금까지 전혀 일어나지 않았다. 세 가지 주요 이론 간 기본 경쟁은 계속되고 있다. 이는 우리의 세상과 미래를 형성하고 있으며, 따라서 이 책을 쓰는 데 주요 동기를 부여해 준다.

비판과 그 결과

경제 이론으로서든 다른 이론으로서든 신고전학파 이론은 이론이 발전해 온 많은 해 동안 비판을 받았다. 어떤 이들은 신고전학파 이론이 현실세계의 주요한 사건 및 변화들을 제대로 나타내지 못한다고 주장했다. 신고전학파 이론은 현실세계를 제대로 반영하지 못했고, 따라서 현실세계를 부적절하게 설명했다고 주장했다. 그런 비판자들은 신고전학파 이론이 현실에서 일어나는 일과 일치하지 않는다고 주장했다. 그 이유는 생산과 소비는 복잡하며 시장 외부효과('외부성'로 불림)를 설명하지 못하며, 거대 규모의 기업은 일반적으로 모든 종류의 시장에서 힘을 행사하며, 개인들은 선택의 공리로 설명될 수 없는 방식으로 행동하며, 국가와 국가기구들의 행태는 수요와 공급의 작동방식에 복잡한 영향을 주며, 경기후퇴와 경기상승 순환은 자본주의 경제국들에 영향을 주며, 사회의 계급구조는 경제의 다른 모든 것과 상호작용하기 때문이다. 이런 종류의 비판은 신고전학파 분석의 복잡성을 받아들이지만 현실 세계에서 일어나는 것을 실제로 반영하는지 제대로 파악하는지에 대해 질문하는 과정에서 일어난다. 이런 관점에서 이 이론은 '현실성' 결여를 겪고 있다.

다른 비판자들은 신고전학파 이론의 구조와 논리에 초점을 맞춘다. 예를 들어 심각한 내적 모순이 발견되었다는 주장이다. 그들에게 제2장에서 소개된 신고전학파의 가치와 분배에 대한 설명은 결함이 있는 것이다. 이런 비판 중에 가장 유명한 것은 신고전학파 이론이 자본의 가치를 측정하는 데 내적인 어려움을 가지고 있기 때문에 사회의 소득분배를 설명할 수 없다고 주장한다. 이 주장에서는 신고전학파 이론이 부분적으로 투입물의 양에 기초하여 설명할 수 있다고 주장하는 균형 가격과는 독립적으로 측정될 수 있는 단위가 있을 수 없다고 한다. 결과적으로 신고전학파 이론의 이 입구점 개념 가운데 하나인 초기 자본 부존량이 더 이상 본질로서 고려될 수 없다.[1]

다르지만 관련된 비판에서는 외생적인 개인 선호라는 신고전학파 개념에 대해 문제제기를 한다. 재화와 서비스, 여가와 노동, 현재 소득과 미래

---

1 신고전학파에 대한 이 특수한 비판은 엄청난 양의 문헌을 생산한 긴 역사를 가지고 있다. 가장 중요한 기여자 가운데 한 사람은 피에로 스라파(1898~1983)인데, 신고전학파 이론의 논리적 모순을 밝히는 데 목표를 삼은 학파를 만드는 데 일조했다. 스라파의 대표작에는 '경제 이론 비판의 서곡(1960)'이라는 부제가 붙어 있다.

소득에 대한 인간의 선호는 주어져 있지 않으며, 경제과정을 포함한 사회 변화에 반응하면서 항상 변화한다. 따라서 이런 비판자들은 신고전학파 이론이 시장가격과 다른 경제 결과들을 '주어진' 선호(본질적으로 원인이 되는 것)에 기초한 것으로 설명하면서 실수를 범한다고 말한다. 이는 선호가 주어진 것이 아니기 때문이다. 선호는 이것이 생겨나는 전체 사회 맥락에 의해 형성되며, 이 맥락은 경제 사건과 변화를 포함한다. 그런 이유로 시장가격, 소득, 미래 소비를 위한 저축은 단순히 선호의 결과일 뿐만 아니라 동시에 선호의 원인이기도 하다. 수학적인 차원에서 가격과 소득은 제2장에서 논의한 개인 효용함수에 포함된 변수여야 한다. 또 심리학에서 가르치듯이 우리는 선택에 영향을 주는 모든 사회 요인 및 자연 요인들 가운데 오직 몇 가지만 의식한다. 친구와 연인에 대한 선호는 경제 대상에 대한 선호처럼 부분적으로 무의식의 기능이다. 그리고 무의식은 문화 활동 및 정치 활동뿐만 아니라 경제 활동에 의해 계속해서 형성되고 바뀐다. 신고전학파 이론에 대한 이론 비판 때문에 선호(와 이 이론이 선호를 끌어내는 선택의 공리)는 경제 현상들의 본질적이고 궁극적인 원인이 될 수 없는데, 선호는 이 이론이 설명하려고 하는 현상들의 결과로 나타나고 그 현상들에 의해 변화하기 때문이다. 비판자들은 이 이론이 선호와 가격 및 소득 사이의 상호 인과성에 직면해서는 선호를 외생적인 것으로 다루는 것은 비논리적이라고 생각한다.

쉽지 않지만 분명하게 구분하면 신고전학파 이론의 현실성 결여에 대한 비판과 내적 모순에 대한 비판으로 나뉜다. 이 두 종류의 비판은 종종 한 저자의 글 속에 뭉뚱그려지거나 한 주장으로 뭉뚱그려진다. 또 이런 비판들은 신고전학파 이론가와 케인스주의 이론 및 마르크스주의 이론에 헌신하고 있는 분석가로부터도 일어난다. 예를 들어 케인스는 신고전학파 노동시장 이론의 기초가 되는 한계 노동생산성과 한계효용 개념을 비판함으로써 주요한 기여를 시작했다. 마르크스는 나중에 신고전학파 이론에 그대로 들어가게 된 고전학파 경제학의 가정들을 조롱했다. 예를 들어 마르크스는 자본가 이윤이 노동자와 자본가 사이의 특수한 관계에서 생겨났기에 이 이윤이 자본이라고 불리는 것에 대한 보상으로 정의한 것을 터무니없다고 생각했다. 케인스와 마르크스는 아주 다른 입구점(케인스에게는 구조적 법칙, 마르크스에게는 계급임)을 가지고 신고전학파 입구점 개념에 맞섰다. 그들의 비판은 신고전학파 이론의 논리적 정합성 또는 현실성 결여에 대한 공격이라기보다(그런 공격을 포함하고 있었지만) 현실 경제가 어떻게 조직되고 기능하는지에 대해 다른 이론을 주장하는 것이었다.

신고전학파 이론에 대한 비판들은 항상 다른 결과를 낳았다. 그런 비판들에서 긍정적 요소를 찾는 사람들은 신고전학파의 현실성 결여 및 논리적 비정합성을 극복하기 위해 경제 사건들을 설명하는 다른 방법을 발전시키려 한다. 그것들 가운데 어떤 것은 궁극적으로 새롭고 다른 입구점과 논리를 도입하여 '비신고전학파적'인 것이 된다. 마르크스는 19세기에 고전파 경제학과 단절하는 방식으로 했다면 케인스는 20세기에 비신고전학파 경제학이 되는 방식으로 했다. 다른 비판자들은 신고전학파 입구점 개념들과 논리를 수정했지만 여전히 신고전학파 사고방식의 기본 틀 내에 머물고 있다. 그런 이론가들은 신고전학파 이론의 논리적 정합성과 경험적 현실성을 개선함으로써 비판자들에게 대응하기 위해 신고전학파 이론의 기존 몸통을 발전시키는 데 목적이 있다. 최근 몇 년 동안 그들은 만연한 시장 불완전성, 신고전학파 전통의 가정과 차이가 있는 관찰된 인간행동, 예상된 다른 이들의 행동을 감안하는 전략 행동에 관한 새로운 생각과 주장을 발전시켰다. 신고전학파 이론은 자신에게 비난을 가하는 비판들의 결과로 최근 몇 년 동안 변화했다. 이 이론의 변화와 발전은 이 장의 주제이다.

비판은 모든 이론들의 변화를 만드는 상황에서 일어났다. 비판들은 신고전학파 경제학자들이 자신들의 이론에 새로운 종류의 질문을 하도록 압박했다. 비판은 신고전학파 이론에서 밝혀진 오류나 모순을 수정하는 노력을 하도록 촉발했다. 창조적인 개인들은 비판을 다루는 새로운 개념을 만들어내도록 자극받을 수도 있다. 역설적으로 신고전학파 이론의 풍부함, 힘, 독창성이 부분적으로 혹독한 비판자들의 공격으로부터 생겨났다.

우리의 논의는 비판들에 대해 구분되지만 연결되어 있는 신고전학파의 세 가지 대응으로 구성될 것이다. 대응의 첫째 집합은 신고전학파 이론의 시장 개념 및 비판자들의 일반적인 시장 불완전성 주장에 관한 것이다. 둘째 집합은 인간의 행동은 신고전학파 이론의 표준적인 합리성 가정과 부합하지 않는다는 비판자들의 주장을 다루는 것이다. 셋째 집합은 전통적인 신고전학파 이론은 반대로 가정하지만 현실세계에서 기업과 개인은 예상되는 다른 이들의 반응을 고려한다는 비판자들의 주장을 다루는 것이다.

대응: 개괄

신고전학파 경제학자들은 시장이 전통 이론에서 가정한 완전 경쟁보다 불완전 경쟁을 보일 때 시장 분석을 위한 새로운 접근법을 발전시켰다. 예를 들어 시장 불완전성은 한 명의 구매자 또는 소수의 구매자나 한 명의 판매자 또는 소수의 판매자가 가격을 결정하기 위해 힘을 행사하는 것, 구매자와 판매자 사이에 완전 정보의 부족, 시장 참가자들 사이에 완전히 규정되고 이행 가능한 계약서를 쓸 수 있는 것의 불가능성, 계약하지 않는 제3자에게 미치는 시장 거래의 외부효과, 끊임없이 생산을 증가시키고 평균 비용은 하락시키는 기술을 포함한다. 신고전학파 이론에서 시장 불완전성을 수용하고 이해하려는 이론적 노력에서 나온 흥미로운 결과 하나가 비시장 제도(기업, 정부, 사법 체계 등등)가 시장 불완전성이 초래하는 다양한 형태의 시장 실패에 대한 사회적 해법으로 등장하는 이유에 대한 새로운 설명이 되었다.

비판자들에 대한 대응과 그 결과로 나타나는 새로운 방법은 **최신 신고전학파 이론**이라는 이름에 포함된다. 그것들은 목표, 기준점, 최적의 기준으로서 계속해서 (완전경쟁 시장경제를 통한) 파레토 최적 자원배분을 참조했다. 파레토 최적이 어떤 이의 후생 증대는 다른 이의 후생 감소가 되는 경쟁 시장 균형을 가리킨다는 것을 떠올리자. 최신 신고전학파 이론은 그 기준을 취하지만 **파레토 최적으로부터 괴리를 최소화**하는 수정된 형태로 취해서 기업, 정부, 사법체계가 낳은 시장 불완전성에 대한 해법의 성공 또는 효율성을 측정한다. 달리 말하면 경제 분석을 하는 중심 목표는 경제가 전통적인 파레토 최적 기준에 더 가깝게 움직이도록 하는 방법이 된다. 그 기준은 최신 신고전학파 이론에 자리 잡고 있으며, 신고전학파 이론에 관한 장에서 논했듯이 그 기준은 신고전학파 이론의 전통적인 입구점과 본질주의 논리로부터 생겨났고, 또 이런 것들에 의존하고 있다. 그런 의미에서 최신 신고전학파 이론은 발전과 변화를 나타내지만 여전히 신고전학파 이론에 헌신하고 있다.

하지만 불완전한 시장 비판에 대응하는 것은 최신 신고전학파 이론의 오직 한 부분일 뿐이다. 신고전학파 이론이 인본주의의 영향을 받고 있다는 것을 고려하면 인간 행동에 관한 가정들도 면밀하게 검토되며, 비판된다. 비판자들은 신고전학파 연구자들로 하여금 그 이론의 가정들을 수정하도록 만들었는데, 특히 개인이 다른 사람과 무관하게 오로지 사적 이익을 추구한다는 생각을 수정하게끔 했다. 비이기적인 동기와 인간 마음에 대한 인식의 한계를 고려한 인간 행동에 대한 새로운 관념이 등장했다.

그럼에도 불구하고 최신 신고전학파 이론에 영향을 주고 있는 기본적인 인본주의는 여전히 신고전학파 전통이며, 다만 경제를 움직이는 인간 본성이 '더욱 현실적인' 구성에 나타난다.

최신 신고전학파 이론의 인간 행동에 대한 새로운 규정은 또한 합리성과 기호에 대한 전통적인 가정의 중요한 수정 및 확장과 관련된다. 전통적으로 신고전학파 이론은 재화와 서비스, 여가, 미래 소득에 대한 선호를 인간 본성의 부분이 되는 선택이라는 공리(제2장에서 요약함)로부터 생겨난 것으로 보았다. 이런 선택이라는 자연적 공리는 인간 합리성이 무엇인지 규정하는데, 사람은 주어진 제약에서 자신의 후생을 극대화 하려한다. 신고전학파 이론에서 인간은 한계를 고려하면서 원하는 대부분을 얻을 수 있다면 합리적으로 행동한다.

그 결과는 끊임없이 정의된 완전한 선호를 더 잘 충족시키기 위한 기회를 포기하지 않는 선택을 하는 개인이라는 전통적인 신고전학파 개념이다. 합리적 인간은 항상 기회주의적이고, 순전히 이기적이다(즉 오직 자신을 생각하고 관찰하는 사람). 진화론자들이 인간의 진화를 구분하기 위해 호모 하빌리스에서 호모 에렉투스와 호모 사피엔스까지 이름표를 붙였듯이, 경제학자들은 이런 종류의 기회주의적이고 이기적인 '합리적' 인간의 등장을 나타내기 위해 호모 에코노미쿠스라는 이름을 붙였다. 이는 '현대 인간'으로 이해되며, 그리하여 현대성을 신고전학파의 특수한 합리성 정의와 동일시한다.

항상 기회주의적이고, 오직 이기적이라는 인간 개념에 대해 가해지는 비판 때문에 어떤 신고전학파 경제학자들은 합리성의 정의를 수정하여 비사익적인 목표와 열망을 포함시켰다. 신고전학파 이론에 대한 케인스주의 비판(3장에서 논의됨)은 그것이 모든 인간 결정에 있는 불확실성의 역할을 적절하게 인정하지 않았다고 비판했다. 따라서 어떤 신고전학파 경제학자들은 인간의 선호를 가장 잘 충족시킬 수 있는 '합리적' 결정을 하는 데 필요한 상품에 관한 엄청난 정보의 양을 처리하는 개인의 인지 능력에 문제제기를 하면서 인간 합리성에 관한 전통적인 생각들을 변형시킨다.

전통적인 신고전학파가 가지고 있는 합리성 관념에 대한 그런 비판은 몇몇 흥미로운 발전을 낳았지만(특히 뒤에서 논의되는 '행동 경제학'이라는 새로 등장하는 분야에서), 사람이 어떻게 행동하는지에 대한 새로운 생각은 여전히 호모 에코노미쿠스라는 표준적인 모습과 관련하여 정의된다. 합리적 인간이라는 전통적인 생각은 (서술하지 않더라도) 계속해서 규범적인 기준으로 기능한다. 합리성이라는 더 새로운 관념은 다시 정의된 인간 합리성을 전체 경제를 결정하는 것으로 간주하는 전통(인본주의)을 유지한다. 그런 이유로 우리는 신고전학파 합리성 비판에 대한 최근의 대응들을 최신 신고전학파 이론 내에 놓으려고 결정했다.

새로운 균형이론은 개인들과 기구들 간 시장 행동에 관해 신고전학파 이론이 가지고 있는 관념 비판에 대한 대응이다. 표준적인 신고전학파 균형이론에서는 개인은 가격 수용자로 가정한다는 것을 떠올려라. 개인들은 결정을 할 때 자신들에게 주어진 자원 부존량과 이용할 수 있는 기술과 함께 상품의 주어진 가격으로 제공되는 정보를 고려하는 게 필요하다. 달리 말하면, 완전경쟁 사회라는 표준적인 신고전학파 경제모형에서 합리적 개인은 무엇을 구매하고, 판매하고, 저축하고, 투자할지 결정하기 위해서 다른 사람들은 어떻게 생각하는지 알 필요가 없다.

몇몇 신고전학파 경제학자들은 이런 종류의 의사 결정을 '전략적인' 의사 결정과 명확하게 구분하기 위해 '매개변수적' 의사결정이라고 부른다. 전략적인 의사결정은 개인 또는 기구가 다른 사람들 또는 기구의 예상되는 결정과 행동에 의존하여 의사 결정하는 것을 말한다. 비판자들은 매개변수적 환경이 의사를 결정하는 현실 세계를 제대로 반영하지 않는다고 주장한다. 불완전 경쟁 시장에서 현실적인 의사결정은 시장 참가자들이 할 수 있는 모든 행동과 반응을 고려해야 한다. 기본적으로 의사 결정자는 다른 사람들의 추론 과정을 자신의 추론 과정에 통합시켜야 한다. 의사 결정자의 생존과 성공을 위해서는 그런 상호 의존성을 다루는 전략의 정식화가 필요하다.

불완전 경쟁의 사업 환경, 즉 기업들이 더 이상 가격 수용자가 아니고 가격설정자인 환경을 고려해보자. 각 기업은 다른 기업들의 예상되는 행동들을 고려하면서 생산과 가격 결정을 전략적으로 해야 한다. 이런 (그리고 많은 다른) 전략적 의사 결정 상황을 분석할 때, 점점 더 신고전학파 경제학은 수학자 존 내시(John Nash)의 이름을 붙인 새로운 개념의 균형을 채택한다.

전통적인 신고전학파 시장균형은 수요와 공급이 교차하는 것이다. 내시 균형은 다른데, 상호작용하는 주체가 자신이 선택한 전략을 일방적으로 변화시키는 것에서 이익을 얻을 수 없을 때 일어난다. 최근 몇 년 동안 균형에 대해 아주 다른 관념이 등장했다. 어떤 경제학자들은 균형의 문제를 합리적 개인들 간의 상호작용이라는 미시적 수준에서 보다는 행동 특징을 가진 모집단 분포라는 전체 수준에서 정식화한다. 이런 경제학자들은 진화적인 안정성의 관념을 고안했다. 이는 주어진 모집단 내에서 행동 유형들의 안정적인 분포를 규정한다. 이런 경제학자들은 그런 관념이 내시 균형 아이디어라는 엄밀한 개인적 전제보다 훨씬 더 유용하다고 주장한다.

내시 균형 개념과 진화적인 균형 개념의 발전이 더욱 다양하고 수학적으로 복잡한 신고전학파 이론을 만들었지만, 신고전학파 이론의 전통적인 규범으로부터 단절하는 것은 아니다. 그런 개념들은 서로 다른 경제 이해관계를 조화시킬 수 있는, 논리적으로 일관성이 있고 보편적으로 적용할 수 있는 사회 화해이론을 설명하려는 오래된 신고전학파의 열망을 이어 나갔다. 균형해를 찾는 것(그것이 어떤 형태든)은 일반적인 사회와 특수한 자본주의 경제 내의 경제적 차이와 그런 결과로 나타나는 갈등을 다루는 방법에 대한 탐구이다. 사회 조화를 찾는 것은 스미스에서 시작되어 파레토를 거쳐서 최신 신고전학파 이론의 발전들로 이어지는 경제 이론화의 긴 지성사를 이룬다.

우리가 이런 신고전학파 접근법의 주요 확장을 더 자세히 조사하기 전에 다시 한 번 신고전학파 이론의 최근 표현으로서 자리매김하는 공통된 특성을 강조하겠다. 첫째 그 주요 확장은 계속해서 전통적 신고전학파 접근법을 (명시적이든 묵시적이든) 기준점으로 참조한다. 예를 들어, 그런 확장은 인간의 행동을 새롭게 개념화할 수 있지만 단지 선택이라는 기존 공리로부터 괴리 또는 위반을 통해서다. 둘째 그런 확장은 개인들의 다양한 이해관계가 조화롭게 화해할 수 있는 조건을 결정할 목적으로 경제에 대한 접근법을 세우려고 한다. 몇몇 최신 신고전학파 이론가들이 이런 두 가지 이론적인 실천으로부터 멀어져 가는 한에서만 신고전학파 이론을 벗어나는 움직임을 시작할 수 있다. 이런 가능성은 마르크스주의와 케인스주의 이론이 하는 것처럼 경제를 이론화하는 새로운 방법을 생각할 수 있는 이들에게 남아 있다.

시장 불완정성 이론

처음부터 신고전학파 이론은 완전경쟁 시장이라는 이상적 모형에 집착하고 있다고 비판받았다. 비판자들은 모든 경제 주체들(기업과 가계)이 가격 수용자이고, 계약의 내용이 모두 자세히 명시되며, 제3자에게 설명되지 않는 (외부) 효과가 없으며, 모든 개별 주체는 전체의 그리고 완전한 정보를 가지며, 시장 실패가 존재하지 않는다는 신고전학파 가정을 기각한다. 그런 비판자들에게 전통적인 신고전학파 경제 이론은 순조롭게 작동하는 경쟁시장에서만 서로 상호작용하는 합리적 개인들이 원자로서 구성된 세계를 묘사하는 데서 비현실적이다. 그 시작부터 신고전학파 이론가들은 완전경쟁이라는 이상적 세계로부터 어떤 가능한 괴리에 대한 분석을 통합하려 했다. 20세기 동안 연구된 괴리의 유형과 경제 정책을 통해 불완전성을 다루는 방법들이 비판의 지속과 변화에 대응하면서 바뀌어 왔다.

그런 비판들 대부분에 있는 공통된 비판은 시장 실패이다. 그 비판은 심각한데, 시장 불완전성은 자본주의 자기 정당성의 중요한 부분이었던 생산 효율성 또는 소비 효율성을 얻는 것을 배제하기 때문이다. 비판자들이 규정하는 시장 불완전성의 원천은 다양하다. 그것들은 생산과 소비로부터 생겨나는 외부성 또는 파급 효과를 설명하지 않는 것, 거대 기업들이 행사하는 시장력, 시장 조작에 대한 국가 개입, 인간의 미래 예측 불능을 포함한다. 그것들은 모두 생산과 소비의 파레토식 최적을 낳는 합리적 시장 선택을 하는 인간의 능력을 방해한다. 시장 불완전성은 사회 혼란을 낳는데, 시민들은 자신들이 누려야 할 것보다 적은 부를 얻고, 투입되지 않은 자원에서 발생하는 유해한 효과를 겪어야 하며, 가능할 수 있는 것보다 더 적은 부의 분배 때문에 시민 사이에서 일어나는 정치적 긴장의 증가에 직면한다. 이런 종류의 세계에 관한 최적은 거의 없다.

대체로, 신고전학파의 완전경쟁 시장 관념에 대한 비판은 주로 두 가지가 있다. 그것들은 서로 다른 역사적 맥락에서 생겨났다. 시장 불완전성 이론 비판은 비판자들이 자본주의 경제에서 보는 두 가지의 문제에 초점을 맞춘다. 첫째는 민간 경제 활동으로부터 생겨나는 설명되지 않는 사회

효과이고, 둘째는 기업 또는 다른 제도(즉, 노조 또는 정부기구)가 상품의 가격을 조절하는 집중된 힘을 사용할 때 생겨나는 사회 효과이다. 완전시장에 대한 최근 비판은 1950년 이후 생겨났고 시장실패의 원인을 '거래 비용'과 '정보 실패'로 돌렸다. 좀 더 새로운 이론들은 이전의 것들을 대체하지 않았지만, 논의의 중요한 측면 중 하나를 바꾸었다. 1세대 이론들에서 국가는 보통 불완전 시장에 유일한 해법을 제공하는 것으로 간주되었다. 최근의 이론들에서는 다른 종류의 다양한 제도들이 시장실패를 더욱 효과적으로 다루는 것으로 여겨진다.

외부성과 이를 관리하는 방법

표준적인 신고전학파 이론은 개인들이 오직 시장을 통해 서로 상호작용한다고 가정한다는 것을 떠올리자. 이는 개인들이 오직 자신들의 사적인 교환을 규정하는 계약에 명시된 것만 교환한다는 의미다. 그런 이유로 그들은 그런 시장을 통해서만 서로에게 영향을 준다. 그러나 시장 거래가 외부성, 즉 제3자나 자연에 영향을 줄 수 있는 효과(시장 거래 외부에 있는 효과)를 일으킬 수 있다고 가정하자. 전통적인 신고전학파 이론은 이런 외부성이 시장 거래의 비용과 편익과 효과성 목록에 속한다고 하더라도 그것을 인정하거나 설명하지 않는다.

예를 들어 어떤 개인의 담배 소비가 시장 관계가 없는 다른 개인의 효용에 역효과를 만든다고 가정하자. 담배 소비 또는 좀 더 확대해서 다른 상품들의 소비는 그런 외부성을 낳을 수 있다. 한 개인의 소비는 다른 사람들의 후생에 종종 영향을 끼치기 때문이다. 외부성이 긍정적일 수도 있다. 질병 예방 접종을 하는 개인들은 예방 접종을 하지 못한 제3자에게 편익을 줄 수 있다. 해상 유정에서 석유를 채굴하는 생산 사례를 고려해보

자. 이는 바다에 독소를 배출하여 물고기를 죽여서 수산업에 역효과를 준다. 그런 이유로 석유 산업에서 일어나는 경제 거래는 석유 시장에 참여하지 않는 제3자에게도 해를 끼칠 수 있다. 이런 경우에 소비자 또는 생산자들의 사적인 결정은 다른 이들에게 영향을 주지만 그런 영향의 사회적 비용과 편익은 시장에서 설명되지 않는다. 따라서 시장에서 이뤄진 그런 거래는 거래자들에게는 효율적이지만 거래자와 시장이 간과하는 실질적인 사회적 결과로 나타나는 비용과 편익을 고려하면 비효율적이다.

공공재는 다른 중요한 외부성의 예가 된다. 정부가 제공하는 국가 방위 또는 맑은 공기와 물을 고려해보자. 국가가 제공한 재화의 집단적 소비의 예에서는 전통적 신고전학파 이론이 이론화한 민간 시장이 있을 수 없다. 사회에서 각 시민들은 자신들이 원하든 원하지 않든 같은 양의 공공재를 소비한다. 누구도 국가 방위, 더 건강한 물리적 환경, 공공 교육의 혜택으로부터 제외될 수 없다. 다른 이들이 이런 혜택을 받지 못하게 할 수 없는 것이 공공재의 특징이다. 공공재 사례는 긍정적 외부성과 부정적 외부성을 판단하는 데 불일치가 있을 수 있더라도, 둘을 구분하는 유용함을 강조해준다. 예를 들어 많은 시민들이 국가 방위가 사회에 편익이 된다고 여기더라도 다른 이들은 군산복합체의 사회적 위험을 우려할 수 있고, 따라서 국가방위는 비용이라고 간주할 수 있다(부정적 외부성을 의미).

1920년대 영국 신고전학파 경제학자 아서 세실 피구(Arthur Cecil Pigou, 1877~1958)가 상품의 '사적' 비용과 '사회적' 비용을 구분함으로써 부정적인 외부성을 이론화하는 새로운 방법을 제공했다. 상품의 사적 비용(상품 생산의 한계비용)은 가격에 반영되지만, 상품의 사회적 비용(상품의 소비와 생산이 제3자나 자연에 부과하는 비용)은 그렇지 않다. 해상 오일 생산 사례로 돌아가서, 석유 채굴의 한계비용을 석유의 시장 결정 가격과 등치시킴으로써 이윤을 극대화하는 경쟁시장에 있는 석유 채굴 회사를 고려해보자. 다르게 말하면, $P_{oil}=MC_{private}$에서 $MC_{private}$은 석유회사의 사적인 한계생산 비용을 나타낸다. 석유 채굴이 환경 훼손을 일으키면, 이는 사회적 비용을 나타낸다. 그 사회적 비용은 일반적으로 기업의 사적 비용으로 고려되지 않는다. 이 사회적 비용은 민간 기업들의 석유의 사적 공급 외부에 있으며, 이 기업들의 다른 사업에 유사한 외부성을 만들 수 있다. 달리 말하면, 앞서 논의한 기업의 (사적) 한계비용 곡선은 이런 사회적 비용을 포함하지 않았다.

결과는 뚜렷하다. 이런 시장은 최적의, 사회적으로 효율적인 석유 생산을 가져오는 데 실패한다. 좀 더 확대하면, 같은 비판이 유사한 부정적 외부성을 보여주는 다른 시장에도 적용된다. 석유 시장가격은 사적인 한계비용보다 높아야 한다. 그러나 시장가격이 생산에서 일어나는 모든 실제 비용(환경 비용 포함)을 제대로 계산하지 못했다. 그래서 실제는 다음과 같다.

$$P_{oil} < MC_{private}+MC_{social}$$

새로 추가된 항 MC_{social}은 사적 기업의 석유 채굴이 환경에 미치는 사회적 비용을 나타낸다. 석유의 시장 가격은 모든 실제 (사적인 그리고 사회적인) 비용을 반영하지 못하기 때문에 신고전학파의 의미에서 효율적이고 최적인 것보다 더 큰 가격의 상품이 생산되고 소비된다. 따라서 그런 외부효과는 사회 전체의 후생을 줄인다. 여기서 파레토 효율성 기준이 남는다는 것에 주목하자. 그것은 가격에 반영되지 않은 환경 비용 때문에 외부성은 $P=MC$라는 전통적 최적 기준에서 괴리를 만든다는 것이다. 피구가 시작한 외부성 논의는 파레토 기준 자체는 문제제기를 하지 않았다. 그래서 정부가 석유에 적절한 세금(피구세로 알려짐)을 부과한다면, 석유 시장가격은 세금이 적용된 석유 가격을 나타내는 $P_{new} = MC_{private} + MC_{social}$을 보장하기 위해 오를 수 있다.

공급과 수요의 차원에서 피구의 신고전학파 이론 확장은 사회적 비용 추가를 포함하는 공급 곡선의 상승을 만든다(왼쪽으로 이동). 신고전학파의 새로운 주장이 바로 뒤따르는데, 세금을 통한 정부의 개입으로 석유에 가정된 불변의 수요와 공급곡선의 왼쪽 이동이 균형을 만든다. 그 결과로 나타나는 상승한 가격은 전통적인 신고전학파 이론이 제시한 정의로 된 사회 효율성으로 회귀한 시장 결과를 나타낸다. 전통적인 신고전학파 이론은 여전히 최신 신고전학파 이론의 기준점이다.

그런 피구세를 부과하는 국가 관료들은 관련된 사회적 비용을 추산해야 하는데, 절대로 투명하게 계산할 수 있는 것이 아니다. 긍정적 외부성에도 똑같이 적용된다. 예를 들어 국가가 개입하여 담배소비를 줄이면 사회에 건강 편익이 발생하지만 ①담배 농부, 그 가족, 그 공동체에 기회가 감소하고, ②담배 소비 감소 때문에 사람들의 수명 연장으로 사회 안전망 수요가 증가하여 비용이 발생한다.

실제 경제학자, 정치가, 다른 이들이 하는 것은 많은 비용과 편익 가운데 자신들이 중요하다고 생각하거나 적어도 자신들이 인지하고 있는 일부를 계산하는 것이다. 피구 전에는 계산된 것은 사적인 비용과 사적인 편익이었다. 피구 이후에는 적어도 몇몇 사회적 비용과 편익이 추가되었다. 물론 많은 사회적 편익과 비용 가운데 어떤 것이 계산 되어야 하는 지에 관한 근본적 질문은 경제학에서 하나의 이론적 주제로도 거의 되지 못했다. 오히려 우리는 사회적 비용과 편익의 인정과 포함을 가지고 투쟁하며 그런 투쟁의 성과는 사회적 의제에 포함된다. 명확하게 오늘날 우리는 사적인 산업과 사적인 소비가 자연 환경에 미치는 영향을 인정한다. 그런 영향과 그 비용을 계산하는 것은 많은 사회력으로부터 초래된다. 이것들은 우리의 사적인 삶이 자연에 영향을 주며 그런 이유로 우리가 삶의 지속성에도 영향을 준다는 것을 전체 대중이 깨닫게 하기 위한 조직화된 환경운동의 새로운 이론 작업(예를 들어 1962년 레이첼 카슨Rachel Carson의 획기적인 책 『침묵의 봄Silent Spring』)을 포함한다. 마찬가지로 자본주의 경기순환에서 발생하는 사적인 삶에 대한 부정적인 외부성이 다소 인정된다. 그런 것을 줄이거나 없애려는 시도가 케인스주의 경제학과 정책들에 동기를 부여한다. 그러나 자본주의 계급 착취에서 일어나는 우리 삶에 대한 비용은 지금도 잘 인정되지 않으며 그런 이유로 이런 것들은 거의 다뤄지지 않는다. 환경의 외부성 또는 경기순환의 외부성과 다르게 그것들은 여전히 대부분 인정되지 않은 채 가격에 포함되지 않은 채 남아 있다.

많은 신고전학파 경제학자들(특히 더욱 보수적인 이들)은 사적 편익을 위해 결정을 하는 기업과 개인에 대한 정부 개입과 제약을 우려한다. 자본주의 사회에서 정부가 거의 가능하지 않은 비용과 편익 계산을 시도하여 세금과 보조금을 만드는 것을 할 수 있게 해서는 안 된다고 주장한다. 그런 신고전학파 이론가들은 외부성 때문에 만들어진 세금과 보조금은 경제가 파레토 최적으로부터 멀어지게 하는 결과(시장의 외부성을 포함)를 시장에 준다고 주장한다. 그들은 진행하기에 훨씬 좋은 방법은 외부성을 인정해도 외부성으로부터 영향을 받는 당사자들이 사적으로 보상을 협상하도록 허용하는 것이라고 주장한다. 이런 경제학자들은 자신들의 해법을 코스의 정리(Coarse theorem)에 기초한다. 이 정리의 이름은 이 주장을 처음 한 신고전학파 경제학자 이름에서 따왔다(Coarse 1960).

이 정리에 따라 만약 확실한 소유권이 존재하고 완전하게 기술된다면, 거래 비용(예들 들어 변호사를 고용하는 비용)이 무시된다면, 사회적 비용의 문제는 외부효과로부터 영향을 받는 당사자들 간 상호 이익이 되는 거래를 통해 완전하고 효율적으로 해결될 수 있다. 해상 석유 채굴의 예를 돌아가 보면, 이것에서 편익을 얻는 사람과 역효과를 얻는 사람은 당연히 다르다. 파레토 효율성의 관점에서 보면 해상 석유 채굴은 어떤 이들에게 역효과를 주지만(즉 수산업, 오염된 수산물 소비자, 덜 오염된 환경을 좋아하는 이들) 다른 이들에게는 그렇지 않다(채굴 축소로 손실을 얻는 기업들, 그런 손실로 피해를 보는 노동자들, 지역 공동체들, 석유 채굴 축소로 높은 휘발유 가격을 지불해야 하는 자동차 운전자들). 이런 관점에서 석유 채굴 금지 또는 과세는 후자 집단들에 부당할 수 있고 이들의 손실에 보상이 필요할 수 있다.

석유 채굴이 계획된 해저 분지 재산권이 잘 기술되어 있다면, 오염되지 않기를 원하는 사람들은 석유 채굴을 원하는 이들의 손실을 보상해주어야 한다. 석유회사가 이 재산권을 가지고 있다면, 수산업 공동체에서는 이 사업 기회를 포기하는 석유기업에 보상을 해주어야만 한다. 수산업 공동체가 그 재산권을 가지고 있다면, 석유회사가 수산업 공동체에 석유 채굴로 발생하는 손실을 보상해야 한다. 제3자가 그 재산권을 가지고 있다면, 수산업 공동체와 석유회사가 그 재산권을 얻기 위해 가격 협상에 나서야 한다. 하지만 이 두 집단은 그 재산권 가격을 기대 수익을 초과하도록 가격을 부르지 않을 것이기에, 석유 채굴은 편익이 비용을 초과할 경우에 일어날 것이다. 여기서 누가 재산권을 소유하고 있는지는 중요하지 않으며 단지 그 권리가 완전하게 명시되어 있는지가 중요하다는 코스의 정리를 주목하자.

코스의 정리에서는 이런 가정된 조건(재산권이 존재하고 명시되어 있고, 거래 비용이 낮고, 너무 많은 당사자가 관련되어 있지 않음) 아래서 사적 시장 거래는 효율적이다. 달리 말해서 모든 외부성은 완전히 설명되며, 그것들은 시장거래로 내부화된다. 이런 놀라운 결과는 주요 비판에 맞서고, 그런 대응으로 개념을 조정하고, 최신 신고전학파 이론의 형태로 기본 전통을 다시 확인하는 신고전학파 이론의 힘을 보여준다. 코스 정리의 창시자 로널드 코스(Ronald Coarse)는 당연히 1991년 노벨 경제학상을 받았다.

물론 신고전학파 경제학자들과 그 비판자들은 코스가 외부성 문제에 적용할 '해법'에 필수적이라고 명시한 조건들을 분석했다. 비판자들은 재산권이 완전하게 명시되는 경우가 거의 없어서 거래에서 아주 많은 비용이 발생한다고, 특히 많은 당사자들이 외부성으로부터 영향을 받을 때 그러하다고 강조한다. 예를 들어, 정보를 완전하게 이용할 수 없을 때, 경제활동의 외부성 때문에 피해를 입는 당사자들이 그 역효과를 완전하고 비용 없이 평가할 수 있을 것이라고 가정하는 것은 오류가 될 수 있다. 시장에서 그런 정보를 얻을 수 있을지라도, 모든 사람들이 그 정보에 평등한 접근권을 가지고 있지 않거나, 그런 정보를 모든 사람이 얻을 수 있는 것이 아니다. 이 문제 하나만으로도 협상장을 공평하지 않게 만들 수 있다.

예를 들어 소득과 부가 불평등한 세계에서 수산업 공동체가 다국적 석유회사와 같은 재력을 가지고 있다고 가정하는 것은 역시 오류다. 불완전한 정보를 고려할 때(나중에 더 자세히 논의됨), 금융기관들은 유망 대출자의 채무 불이행 위험을 투명하게 평가할 수 없다. 채무 불이행 위험을 막을 수 있는 담보를 충분히 가지고 있지 못한 대출자는 신용에 차별을 받을 것이다. 이는 석유회사와의 비용이 많이 드는 협상, 즉 해상 석유 채굴의 외부성에 대한 코스 해법에 도달하는 데 필요한 협상을 수행하기를 원하는 수산업 공동체에는 불리한 점이 된다. 석유회사와 다르게 수산업 공동체가 담보물이 부족하다면 이런 협상을 지속하기 위해서는 신용이 필요하다. 수산업 공동체는 신용에 접근하지 않고서는 석유회사와 협상을 수행할 형편이 되지 못한다. 요약한다면, 양(+)의 거래 비용, 명시적으로 서술되어 있지 않는 재산권, 정보의 비대칭성, 부와 소득의 불평등을 갖는 세계에서 비판자들은 코스의 시장기반 해법이 피구의 정부기반 해법보다 문제를 더 잘 해결하지 못한다고 주장한다.

그런 비판은 일반적으로 어떤 신고전학파 경제학자들로 하여금 전통적 신고전학파 규범을 재확인하는 다른 방법을 찾도록 부추긴다. 그들 사이에서 더 보수적인 이들은 제도 및 법률 개혁을 통한 경제 질서의 구조조정을 주장할 수도 있다. 그들의 목표는 (민영화, 저작권법, 새로운 형태의 지식 특허 등을 통해) 재산권을 확대하고 (시장 규제완화, 디지털화, 새로운 형태의 민영화와 탈중앙화를 통해) 거래 비용을 줄이는 것일 수 있다. 말할 필요도 없이 이것은 끝없는 과정인데, 완전하게 기술된 재산권을 설정하지 않거나 모든 거래 비용을 제거하지 않는 것이 가능하기 때문이다. 덧붙이면 새로운 시장 불완전성은 재산권 확대로부터 생겨날 수 있다. 특허로 지식 발견이 사적 재산으로 전환된다면, 그 소유자들은 시장에서 독점력을 행사할 수 있다. 그러나 더욱 자유주의적인 신고전학파 경제학자들은 다른 접근법을 취한다. 그들은 모든 경우에서 정부 해법에 비해 시장 해법이 우월하다고 정립하기는 불가능하기 때문에, 그리고 그 반대의 경우도 마찬가지이기에, 각 해법의 비용과 편익은 선택하기 전에 비교해야 한다고 주장한다. 이런 자유주의적 신고전학파 경제학자들은 시장기반 해법만 옹호하기보다는 시장 및 정부 그리고 시민사회의 다른 제도들과 관련된 해법의 혼합을 주장한다.

자유주의 신고전학파 경제학자들의 혼합 접근법에서 적합한 정보를 모으고 분배하는 문제는 자동적으로 사적 시장에만 유리한 것이 아니다. 그런 이유로 공적인 문제제기와 논쟁은 어떤 외부성의 비용과 편익이 포함되는지 또는 외부성으로부터 영향을 받는 공동체가 비용-편익 분석을 어떻게 수행할 것인지와 관련하여 일어날 수 있다. 혼합 접근법은 경제 성장과 에너지 자원의 무제한적 사용에 대한 다양한 과학적 입장과 심지어는 그에 대한 원론적 입장과 윤리적 입장을 고려하는 것을 허용한다. 그것은 심지어 사회적 비용에 관한 정보를 모으고 전파하는 시장 능력에 대해 바로 문제제기를 허용한다.

더욱 보수적이고 친시장적 접근법은 사회 비용과 시장 능력에 대한 그런 공적인 문제제기를 비판하고 기각한다. 대신에 사회적 비용의 크기와 범위는 정확하게 시장과 시장에서 결정된 가격을 통해서 전달되는 정보에서 찾을 수 있다고 주장한다. 물론 가격을 통해 적절한 정보를 전달하는 데 시장 효율성에 그렇게 의존하는 것은 이 주제와 또 대부분의 경제 주제에 대한 전통적인 신고전학파 접근법에 완전히 부합한다. 놀랍지 않게 이에 비판이 일어난다.

첫째, 보수적인 신고전학파 접근법에서 경제 자원(이윤, 임금, 소유한 자본 수입) 접근권을 수취했거나 소유하고 있는 사람들만 사회적 비용에 자신들의 선호를 나타낼 수 있다. 개인의 유효한 선호는 자신들의 소득 또는 부의 크기에 의존하며 나타날 것이다. 소득이 없는 개인은 시장에 포함되어 있는 선호를 가지지 못할 것이다. 어떤 개인들이 시장에서 행사하는 투표권이 다른 이들보다 더 많을 수 있다. 왜냐하면 그들은 다른 이들이 받는 소득보다 더 많이 받으며 그런 이유로 그들은 사회적 비용과 관련된 시장 결과에 더 큰 영향력을 행사할 수 있다. 이런 의미에서 선호를 보여주는 시장기반 체제는 현대 민주주의의 1인 1투표 기준을 위태롭게 한다. 따라서 보수주의 접근법은 사회적 비용(특히 가장 일반적인 의미에서 삶에 영향을 주는 비용)과 관련된 결정은 개인 소득 또는 재산과 관련 없이 각 개인의 표가 평등하게 계산되어 민주적으로 이루어져야 한다고 주장하는 모든 사람들의 반대를 부추긴다.

둘째, 기후 변화와 같은 세계 문제를 고려할 때는 충분한 국제 협력과 장기 전망이 필요하다. 국제 협력은 어려울 수 있고, 시장 결과에 의존하는 것만은 매우 근시안적일 수 있다. 예를 들어 미래 사회가 경제 활동의 추정 비용을 현재 가치로 계산하기 위해 할인율을 결정해야 한다(우리는

제2장의 주석9에서 미래 소비의 현재 가치를 논의할 때 이자의 할인율을 소개했다). 신고전학파 이론가들은 일반적으로 해당 할인율이 장기 이자율과 같고 장기 이자율은 경제의 장기 실질 성장률과 같다고 주장한다. 이런 관점에서 할인율에 대한 협상은 동시에 경제의 장기 성장률에 대한 협상이다. 몇 가지 문제가 생겨날 수 있다.

상대적으로 가난한 국가들은 상대적으로 부유한 국가들과 아주 다른 할인율을 가지고 있다. 상대적으로 부유한 국가들에서는 장기 경제성장률과 이자율이 낮기 때문에, 사회 비용의 현재 할인율이 경제가 빠르게 성장하고 더 높은 이자율을 가지는 상대적으로 가난한 국가들보다 그 만큼 더 높다. 덧붙이면 시장은 장기적인 전망에서 결정이 이루어져야 할 때 사회에 가장 단기적인 전망을 제공한다. 이런 시장의 제약을 인식해야 대안적 제도를 고려할 수 있다. 시장의 대안을 찬성하는 경제학자들은 항상 시장이 최선의 해결책이라고 생각하는 경제학자들에 동의하지 않으며 그들과 논쟁한다.

오늘날 가장 발전한 자본주의 국가들에서 외부성에 대한 공공정책들은 정도의 차이가 있지만 피구세(예를 들어 담배 소비세, 물 오염을 줄이려는 목적으로 물 사용세)와 코스 시장화(Coasean marketization, 예를 들어 사법체계를 통해 외부성 다루기) 둘을 통합된다. 배출권 거래제는 두 가지 접근법을 결합한 제도로서 정부가 고안하고 제도화시켰다. 과학적 기준과 정치적 우려에 따라 한 국가의 독소 배출의 최대 수준을 제한하면서, 배출권 거래제는 또한 오염의 결과로 나타나는 비용의 분배를 배출권을 사고파는 기업 간 시장협상에 넘긴다. 전통적인 신고전학파 시장 제도와 파레토 최적을 외부성에 적용할 수 있는 것으로 재확인되었다.

불완전한 경쟁의 형태들

20세기에 걸쳐서, 심지어는 그 이전에도, 많은 관찰자들은 자본주의 경제가 엄청난 시장력을 행사하는 기업들에 의해 점점 더 특징지어졌다고 말한다. 한 산업에서 기업들의 경쟁이 있고난 후에는 단지 소수의 기업이 생존한다. 예를 들어 미국 자동차 산업에서 소수의 대기업이 산업을 지배하게 되었다(큰 해외 경쟁이 도래하기 전까지). 경제학자들은 또한 광고가 경쟁에서 생존한 소수 대기업한테 더욱 중요해졌다고 말한다. 그러나 시장력을 가지고 있고 엄청난 광고를 하는 소수 대기업은 전통적인 신고전학파의 시장 및 가격 결정 접근법에 쉽게 통합되어질 수 없는 현상이다.

신고전학파 전통의 두 가지 기본 요점을 되새겨보자. 모든 기업들은 가격 수용자이고 시장에서 결정된 가격으로 자신들이 원하는 수량만큼 판매할 수 있다. 기업들이 생산하고 판매하는 수량은 오직 한계비용에 의존한다. 어떤 기업도 광고에 지출하지 않는데, 그렇게 하는 것은 비합리적이기 때문이다. 정의상 경쟁 기업은 완전 경쟁 시장에 있는 많은 기업 가운데 하나로 항상 생산한 모든 것을 시장가격에 판매할 수 있다. 달리 말해서 이윤에 작동하는 제약은 매출이 아니라 비용이다. 그러면 왜 기업은 항상 광고비용을 지출하는가? 그 답은 경쟁이 신고전학파 이론에서 가정한 것처럼 완벽하지 않기 때문이다. 불완전한 경쟁의 세계에서 광고를 하는 것은 말이 된다. 신고전학파 이론은 관념을 거대 기업, 광고, 불완전한 경쟁이라는 새로운 세계에 맞춰 조정해야 했다.

우리의 논의는 독점의 경우에 초점을 맞출 것이고 그런 후에 독점기업의 존재와 그 효과 때문에 나타나는 불완전한 경쟁에 초점을 맞출 것이다. 독점기업은 어떤 부문 시장에서 모든 상품을 공급하고 통제한다. 독점기업은 그 부문 시장에서 상품을 생산하는 유일한 기업이며 유일한 판매자이다. 여러 산업 부문에서 독점기업이 생겨 날 수 있는 수많은 이유가 제공된다. 우리는 중요한 단 두 가지를 설명할 것이다.

독점이 발생할 수 있는 한 가지 원인은 기술이다. 많은 기업들이 있는 경쟁 산업에서 한 특정 기업이 다른 모든 기업들이 사용하는 것과 다른 새 기술을 도입했다고 가정하자. 기업이 생산량을 확대하는 것에 성공하면서 상품의 평균 단위 생산비용을 줄인다(이는 규모의 경제가 의미하는 것이다). 그래서 다른 기업들이 하지 못하는 것을 누리게 된다. 주어진 시장가격에서 그런 기업은 훨씬 많은 이윤을 버는데, 이 기업의 상품 단위당 비용이 시장가격 아래로 계속 떨어지기 때문이다. 그래서 이 독점 기업은 빠르게 성장할 수 있다. 결국 그 기업의 생산 확대 규모가 크게 성장하여 그 산업 부문의 공급량에 큰 부분을 차지하게 된다. 그 시점에서 그 기업의 생산 확대만으로도 시장가격을 인하시키는 데 영향을 준다. 그러면 같은 상품을 생산하는 다른 기업들은 큰 문제에 직면한다. 이 기업들은 규모의 경제를 낳는 기술을 가지고 있지 못하기 때문에 평균 생산비가 낮아지지 않는다. 가격 하락은 이런 기업들을 파산하게 한다. 유일한 생존 기업은 규모의 경제를 가진 기업이다. 독점이 만들어진다.

독점 기업은 광고비용으로 들어간 것보다 더 많은 수입을 올릴 수 있는 수요를 낳을 수 있다면 광고를 하여 더 많은 돈을 벌 수 있다. 독점 기업은 경쟁기업과 다르게 상품 단위 가격이 하락하거나 가격이 하락하지 않더라도 광고를 통해 추가 구매자를 얻을 수 있다면 더 많은 상품을 판매할 수 있다. 독점 기업은 어떤 것이 더 많은 순수입을 낳는지에 따라 이 두 전략 가운데 하나를 선택한다. 신고전학파 이론이 가정하는 경쟁 경제에서는 이와 같은 것 중에 어떤 것도 일어나지 않는다.

이 논의에서 신고전학파 경제 이론의 입구점 개념 가운데 하나가 바뀌었다는 데 주목하자. 우리는 기업을 팽창하게 하여 규모의 경제를 낳을 수 있게 하는 기술의 가능성을 소개했다. 신고전학파 경쟁 가정을 구제할 수 있는 한 가지 대응은 현실세계에서 어떤 투입물의 이용가능성이 제한되어 있고, 따라서 생산이 그 이용가능성의 한계를 넘어서 확대되어 비용이 계속 상승하게 될 때 모든 기술은 결국 규모의 경제를 잃게 된다는 주장이다. 달리 말해서 모든 기업들은 결국 투입물의 제한에 부딪치게 되며, 따라서 규모의 비경제를 겪게 된다. 이런 주장으로 신고전학파 경제학자들은 적어도 장기적으로는 독점기업이 생존할 수 없는 경쟁 경제를 가정하는 타당성을 구제하려 한다.

독점이 발생할 수 있는 다른 이유는 인간은 자신의 욕구를 더 잘 충족시킬 수 있는(기업의 경우 더 많은 이윤을 얻는 것) 기회를 영원히 추구한다는 신자유주의의 기회주의 가정에서 유래한다. 그런 인간은 기업에 존재할 뿐만 아니라 정부와 다른 곳에서도 존재한다. 기업은 (설득, 로비, 뇌물 등을 통해) 정부로부터 배타적 특허를 획득함으로써 한 산업 부문에서 독점 지위를 얻을 수 있다. 사익을 추구하는 관료들은 기업에 특권적인 시장 지위(독점 지위)를 제공하고 뇌물을 요구할 수도 있다. 독점은 민간 영역과 공공영역 두 부문에서 활동하는 기회주의자들이 주고받는 거래의 결과로 나타날 수 있다. 기술뿐만 아니라 인간 본성도 독점을 낳을 수 있다.

신고전학파 이론이 독점을 어떻게 다루고 독점이 신고전학파 이론의 타당성과 적용 가능성을 무너뜨린다는 비판자들의 주장에 어떻게 대응하는지에 대한 검토로 돌아가 보자. 신고전학파 경제학자들은 한계수입이라는 개념을 도입했고, 이를 불완전 경쟁을 뒷받침하는 논거로 발전시켰다. 그들의 논거를 설명하기 위하여 독점력을 가지고 있는 기업의 이윤 방정식을 고려해보자.

$$\Pi = p \times q - c(q)$$

Π는 기업의 이윤을 나타내고, p는 생산하고 판매하는 상품의 가격을 나타내며, 생산량의 증가함수로 규정된 $c(q)$는 총생산비용을 나타낸다. 우리가 제2장에서 논한 것에서 바뀐 두 가지를 주목하자. 거기서는 변수 $\overline{p}$가 시장가격, c는 총비용, $w \cdot h \cdot L_i$는 임금 총계, $r \cdot K_i$는 자본비용을 나타냈다. 여기서는 p에 더 이상 윗줄이 표시되어 있지 않는데, 기업이 가격설정자이고 가격수용자가 아니기 때문이다. 또 c는 다시 한 번 총비용을 나타내지만 이제는 생산량의 함수로 정의된다. 우리는 독점 기업이 p와 q 변수를 조작할 수 있을 때 어떤 일이 일어나는지를 더 잘 이해하기 위해서 이윤 방정식에 이런 변화를 주었다.

기업의 목표가 항상 이윤 극대화라는 것을 가정하면, 독점기업의 전략은 비용과 수입의 차이를 극대화하는 방법으로 생산량 수준과 그에 맞는 가격을 설정하는 것이다. 그러나 새로운 문제가 생겨난다. 가격에 대한 영향력을 얻는 것은 기업이 판매할 수 있는 수량을 정하는 것을 의미한다. 예를 들어 이윤을 더 많이 얻기 위해 가격을 올리는 것은 또한 상품에 대한 수요를 줄이며, 판매할 수 있는 상품 수량을 줄여서 이윤을 감소시킬 수 있다. 기업은 무엇을 해야 하는가? 여기서 한계수입 개념이 작용한다. 이는 기업이 생산하고 판매한 추가 상품 단위 당 얻는 추가 수입이다.

$$MR = \frac{\Delta TR}{\Delta q}$$

Δ는 전처럼 해당 변수의 변화량이다. 완전 경쟁 기업의 한계수입은 시장 결정 가격과 같은데, 기업의 수량 결정이 가격에 어떤 영향도 주지 않기 때문이다(이 기업은 시장에 상품을 공급하는 수많은 경쟁 기업 가운데 하나이기 때문이다). 그런 이유로 경쟁 기업의 총수입은 그자신이 생산하고 그 불변의 가격으로 판매하는 수량에 따라 변한다. 독점력을 가지고 있는 기업에게

는 문제가 아주 다르다. 독점기업의 총수입은 스스로 생산하고 판매하는 수량에 따라서뿐만 아니라 수량의 변화로 인한 설정 가격의 변화로 변동하기 때문이다(독점기업은 시장에서 유일한 판매자이기 때문이다). 우리는 이 두 가지 관련된 영향을 다음과 같이 쓸 수 있다.

$$\Delta TR = \Delta q \cdot p + \Delta p \cdot q$$

첫째 항($\Delta q \cdot p$)은 기업의 생산량 변화로 나타나는 수입의 변화를 가리키고, 두 번째 항($\Delta p \cdot q$)는 가격 변화로 나타나는 수입 변화를 가리킨다. 완전 경쟁과 다르게 두 변수는 독점기업이 통제한다.

방정식의 양변을 Δq로 나누면 기업의 한계수입을 얻게 된다.

$$MR = \left[\frac{P \cdot \Delta q}{\Delta q} + \frac{\Delta p \cdot q}{\Delta q} \right] = \left[p + \frac{\Delta p}{\Delta q} q \right]$$

이 방정식에서 두 번째 항($\Delta p / \Delta q \cdot q$)을 더 면밀하게 살펴보자. 이 항은 음의 부호를 가지는데, 이른바 가격과 판매량의 역관계를 나타내는 수요법칙을 반영하기 때문이다. 독점기업이 더 많은 재화를 생산하고 판매하기 위해서는 가격을 인하해야 한다[2]. 역설적으로 독점기업의 가격 영향력은 항상 스스로 판매 문제를 만들어낸다. 이것이 두 번째 항의 중요성이다. 독점력을 가진 기업에 내포된 판매 문제는 한계수입 개념이 담고 있는 것이다.

이윤을 극대화하기 위해서 독점기업은 시장 수요 상황과 생산비용을 고

2 $\frac{\Delta p}{\Delta q}$는 항상 음(-)이기 때문에, 괄호 속 두 번째 항은 가격 변화가 판매되는 모든 단위에 미치는 효과를 측정하는데, 단위 가격에서 공제된 부분이다. 그것을 독점력 존재 때문에 가격을 조정하는 '수정 요인'으로 생각할 수도 있다. 독점력이 없다면, 수정 요인이 필요 없고, 그 결과 $MR=p$이며, 독점이 있다면 $MR<p$ 이다.

려하여 설정 가격과 생산량의 최적 조합을 찾아야 한다. 이윤 방정식으로 돌아가서 생산량이 변화할 때 독점기업의 이윤이 어떻게 변화하는지 질문할 수 있다. $\Delta \Pi = \Delta TR - \Delta c$. 이 방정식 양변을 Δq로 나누어 보자. $\frac{\Delta TR}{\Delta q}$에 대해 한계 수입(MR) 개념, $\frac{\Delta c}{\Delta q}$에 대해 제2장에서 논의한 한계비용(MC)이라는 개념을 사용하자.

$$\frac{\Delta \Pi}{\Delta q} = \left[p + \frac{\Delta p}{\Delta p} q\right] - \frac{\Delta c}{\Delta q}$$

여기서 방정식 우변의 괄호 항은 한계수입을, 두 번째 항은 한계비용을 나타낸다. $\frac{\Delta \Pi}{\Delta q}$이 양이면 생산량 수준의 증가는 분명히 이윤을 증가시킨다. 달리 말하면, $\frac{\Delta \Pi}{\Delta q}$이 양이라면 $MR > MC$이어서 기업이 더 많이 생산함으로써 이윤을 확대할 유인이 존재한다. $\frac{\Delta \Pi}{\Delta q}$이 음이라면, 더 많이 생산하면 이윤이 줄어든다. $MR < MC$이기 때문이다. 이 경우 기업의 유인은 생산을 줄이는 것이다. 이윤 극대화 조건은 독점기업이 한계수입을 한계비용과 같게 설정할 때이다. 이 시점에서 이윤은 극대화된다. 이 시점에서 독점기업은 더 이상 가격을 올리거나(그리하여 더 적게 판매하거나) 가격을 내릴(그리하여 더 많이 판매하거나) 유인이 없으며, 두 경우 모두 이윤을 더 많이 얻지 못한다.

수요곡선과 한계수입 곡선의 관계는 〈그림 5.1〉에 나타나 있다. 벌어들이는 한계수입은 항상 설정 가격보다 낮을 것이기 때문에, 한계수입 곡선은 항상 수요곡선 또는 가격선 보다 낮은 위치에 있게 된다.

이 독점기업은 그래프 상 MR선과 MC선이 교차하는 B점에서 생산한다. 이는 독점 기업이 이윤을 극대화하는 최적 상태이다. 그러면 우리는 이윤을 극대화하는 생산량 수준(Q^*)과 가격수준(P^*)을 그래프상에서 확인하게 된다. 분명히 가격은 가격선 위에 위치한다. 가격선은 구매자들이

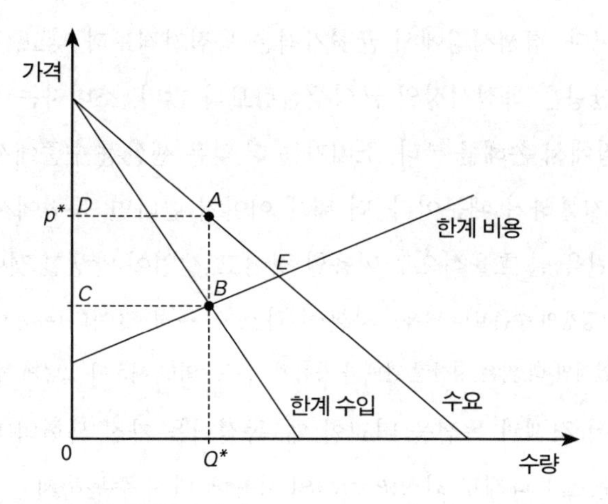

그림 5.1 독점기업의 이윤 극대화 점

결정된 생산량 수준에 대해 지불하려는 것을 나타내기 때문이다. 가격은 한계비용보다 높기 때문에(그리고 완전 경쟁 가격과 다름)독점기업은 양의 이윤, 즉 '경제 지대(economic rent)'를 벌 것이다. *A*, *B*, *C*, *D*으로 연결된 사각형은 독점 기업에 가는 총경제지대이다. 완전 경쟁과 다르게 불완전 경쟁에서 이 지대는 경쟁으로 사라지지 않는다.

독점기업 상황과 완전경쟁 시장 결과를 비교해보자. 비교의 편의성을 위해 〈그림 5.1〉 한계비용 곡선을 독점기업의 공급과 완전경쟁 조건 아래의 시장 총공급 둘 다 나타내는 것으로 해석할 것이다. 마찬가지로 같은 수치로 된 수요곡선은 독점기업의 수요와 경쟁시장에서 시장 총수요를 나타내는 것으로 가정한다(즉 각 경쟁 기업의 수요와 같지 않은데 이는 완전히 탄력적이다). 이런 가정이 만들어지면, 한계비용 곡선(현재 시장 공급곡선을 나타냄)과 시장수요곡선이 교차하는 *E*점을 완전경쟁 경우의 시장균형으로 밝히는 것이 가능하게 된다. *E*점과 *A*점을 비교해보자. 독점에서는 $P > MC$이고, 경쟁 시장에서는 $P = MC$이다. 이는 두 가지 다른 시장을 비교하는 간단한 방법이다. 경쟁시장에서 균형가격은 독점가격보다 낮고, 경쟁시장의 균형생산량은 독점시장의 균형생산량보다 많다. 소비자는 독점이 지배하는 시장에서 손해를 본다. 소비자는 더 낮은 생산량 수준에서도 더 높은 가격을 지불하기 때문이다. 더 넓게 이야기 한다면, 독점에서 사회는 희소한 자원을 덜 효율적으로 이용할 것이고, 실업이 발생할 것이며(생산량 수준이 완전경쟁의 수준보다 낮음), 자본이 과소 이용될 것이다(독점기업은 더 많이 생산할 수 있지만 더 많은 생산량 판매가 가격에 미치는 영향 때문에 그렇게 하지 못하게 된다). 따라서 경쟁과 독점을 비교할 때, 독점력을 가진 사회의 비용을 측정하는 기준으로 파레토 최적($P=MC$)의 사용에 다시 주목하자.

신고전학파 이론은 한계수입 개념을 추가함으로써 입구점을 수정하여 시장력 주제를 포함시켰다. 신고전학파 이론은 다른 입구점 개념들과 본질주의 논리를 여전히 사용하고 있고, 수정된 균형상태를 탐색하며 찾는다(이제 $MC=MR$이다). 또 그 새로운 균형은 보통 '최적' 파레토 균형과 관련하여 분석되기에, 파레토 균형은 이 최신 신고전학파 이론에서 경제 후생의 기준점 지위를 가진다. 그래서 신고전학파 이론에서 독점은 파레토 최적에서 괴리된 상태로 이해된다. 신고전학파 경제학자들은 경제가 완전경쟁으로 회복될 수 있도록 독점을 제거하거나 제약하는 것을 목표로 삼는 제정법을 고안하는 것을 도우며, 지지한다. 완전경쟁은 항상 신고전학파의 목표로 남아 있다.

신고전학파 경제학에서 독점력에 대한 논의는 항상 케인스주의 경제학에 영향을 미쳐왔다. 어떤 케인스주의 접근법은 독점력을 사용하여 거시경제에 대한 새로운 가격 방정식을 작성했다. $P=(1+m)\cdot MC$가 그 예다. 여기서 P는 총가격 수준이고, m은 '마크업'이라고 부르는 계수이며, MC는 한계비용이다. 경쟁시장에서 $m=0$이고, $P=MC$이다. 어떤 케인스주의 접근법은 새로운 구조법칙(마크업 m의 법칙)을 도입하고 이를 많은 거시경제 주제

(임금 협상, 인플레이션, 실업 등)에 적용하며, 또 다른 것들에도 그렇게 한다.

불완전 경쟁의 가능한 형태들이 독점과 완전 경쟁이라는 양 극단 사이에 연속하여 놓여 있다. 불완전 경쟁의 대부분 실례는 이 양 극단 사이에 속한다. 예를 들어 소비자들은 독점기업에서 좋은 대체 상품을 제공하는 다른 기업으로 (비누, 치약, 운동화 등의) 구매를 바꿀 수 있다. 이것은 독점기업들이 고객들의 충성심을 얻으려고 하는, 자신들의 상품에 대한 진짜 대체재가 없다고 확신시키려고 하는 이유이다. 독점기업들은 독점가격 때문에 고객이 떠나가지 않게 하기 위해 자신들의 상품을 다른 기업들의 상품과 차별화하려고 한다. 독점기업들은 광고, 마케팅, 상표, 포장, 상품 개발, 융자와 고객 충성 프로그램을 묶는 방법을 통해 그렇게 한다.

기업의 상품 차별화가 더 성공적일수록 기업은 더 큰 시장력을 행사한다. 물론 어떤 기술 또는 법적 제약이 다른 기업들이 산업에 진입하는 것을 막지 않는다면, 독점과 독점 이윤의 존재는 새로운 기업들이 진입하고 경쟁하도록 유인할 것이다. 이는 어떤 주어진 순간에 경쟁이 높은 곳에서 경쟁이 낮은 곳까지 포함하여 경제 전체에 걸쳐 산업이 변화할 가능성이 크다는 것을 의미한다. 시간이 지남에 따라 어떤 산업은 경쟁에서 독점으로 바뀔 수 있고 그런 후 다시 많이 되돌아갈 수도 있다.

신고전학파 경제학자들은 또한 불완전 경쟁의 다른 형태들에도 관심을 가지게 되었다. 과점 경쟁은 소수 기업이 활동하는 시장에서 각 기업의 규모가 커서 가격에 무시할 수 없는 영향을 미치는 시장 상황을 일컫는다. 우리가 앞에서 정의한 개념을 사용하면, 기업들은 서로 전략적(매개변수적인 것과 반대되는 것)으로 경쟁한다. 달리 말해서, 이 새롭고 중요한 가정은 각 기업의 생산 결정과 관련된 상호 의존적 결정 가운데 하나이다. 각 기업은 다른 기업이 할 것이라고 예상되는 개별 결정을 고려한다. 이렇게 결정하는 기업들은 모두 같은 규모일 수 없다.

예를 들어 스타켈버그 모형(Stackelberg model, 독일 경제학자 Heinrich Freiherr von Stackelberg의 이름을 땀)에서는 규모가 큰 선도 기업은 규모가 작은 추종 기업과 경쟁한다. 오직 두 기업이 산업에서 경쟁하기 때문에 시장 구조는 복점이라고 불린다. 선도기업은 자신의 생산 결정에 추종기업이 어떻게 대응할지 고려하면서 먼저 시작한다. 추종기업이 할 수 있는 최선의 대응에 기초해서 선도 기업은 이윤을 극대화하는 생산 결정을 한다. 이런 경제 행동은 완전 경쟁 기업들이 내리는 경제 결정을 신고전학파 이론이 묘사하는 하는 방식과 아주 다르다. 완전 경쟁 기업은 다른 기업의 결정을 주어진 것으로 고려하며 반면에 선도기업-추종기업 모형에서는 선도기업이 이윤 획득 결정을 내릴 때, (함수관계 형태로 된) 예상되는 추종기업의 대응 행동을 고려할 필요가 있다.

이런 접근법의 수학 공식에 관심 있는 사람들을 위해 우리는 간략하게 선도기업, 추종기업 이윤 방정식을 보여줄 수 있다.

$$\Pi_f = p(q_l + q_f) \times q_f - c_f(q_f)$$
$$\Pi_l = p[q_l + q_f(q_l)]q_l - c_l(q_l)$$

여기서 하점자 f와 l은 각각 추종기업과 선도기업를 가리킨다. 여기서 가격은 두 기업의 총생산량 결정의 함수로 규정된다는 것에 주목하자. 그래서 $p = p(q_l + q_f)$[3]이다. 이는 두 방정식에서 우변의 첫 번째 항은 모두 가격 함수라는 의미다. 이제 이 모형의 전략적 측면이 추종기업이 공급하는 양(q_f)을 선도기업이 결정하는 양(q_l)의 함수로 선도기업이 다룸으로써 반영

3 이것은 역수요 함수라고도 부른다. 지금까지 우리는 수요를 가격의 함수로 했으나, 여기서는 수요 함수가 역함수이기 때문에 가격을 수요량의 함수로 할 수 있다.

된다. 이런 전략 논리는 다음과 같이 작동한다. 추종기업은 먼저 어떤 주어진 양(q_l)에 대해 이윤을 극대화 하는 양(q_f)의 함수를 계산하는 것으로 가정된다. 달리 말해서 추종기업은 경쟁기업의 생산 결정을 주어진 것으로 고려함으로써 이윤을 극대화하는 양을 결정한다. 그러면 선도기업은 이 함수를 알고 있으며 이윤을 극대화하는 생산량(q_l)을 결정하기 위해 사용하는 것으로 가정된다. 마지막으로 일단 q_l이 설정되면, 추종기업은 자신의 생산량 수준($q_l(q)$)을 계산한다.

선도기업은 시장의 더 많은 부분을 차지하고, 추종기업은 더 적은 부분을 차지한다. 완전 경쟁의 경우와 비교할 때 과점 시장 구조는 더 높은 가격에서 더 적은 시장 상품을 생산하는 경향이 있다. 독점의 경우와 비교할 때, 과점 구조는 소비자의 관점에서 더 잘 작동하는 경향이 있다. 즉, 더 낮은 가격에서 더 많은 상품을 생산한다. 다시 한 번 이 분석의 기준점은 신고전학파 완전경쟁 개념에 적합한 가격과 양에 머물러 있다.

신고전학파 전통은 복점의 경우를 베르트랑 모형(Bertrand model, 프랑스 수학자 장 루이 프랑수아 베르트랑Jean Louis Francois Bertrand의 이름을 땀)을 통해 같은 규모의 경쟁 기업을 가지고 다루려는 경향이 있다. 이 모델에서는 어떤 생산물 차이도 가정되지 않는다. 소비자들은 더 낮은 가격의 상품을 구매하며 이는 기업이 가격을 인하하는 유인을 만든다. 기업들은 가격이 한계비용과 같아질 때까지 계속 가격을 가지고 경쟁한다. 그 결과 시장에 단 두 개의 기업이 있다고 하더라도 생산량과 가격이 완전 경쟁 아래서 일어날 수 있는 것과 같아진다. 베르트랑의 이런 결론은 경쟁 기업들이 담합 행위를 하지 않는다는 가정에서만 적용된다. 우리는 이 담합 문제를 균형 이론들 아래에 있는 게임 이론에서 최신 신고전학파 발전의 기본 윤곽을 논의할 때 다시 거론할 것이다.

신고전학파 이론은 불완전 경쟁에 대한 정부 정책의 범위를 만들었다.

한편으로 전통적인 반독점 입장에서는 정부가 독점력을 행사하는 기업에 반대하는 법을 만들고 시행해야 한다고 주장한다. 반독점법은 미국에서 생산과 거래를 제한하고 그리하여 높은 가격을 설정하는 독점의 발생 및 담합하는 기업 또는 합병 기업들(트러스트)의 발생에 관한 깊어진 우려로 19세기 말에 생겨났다. 셔먼 반독점법(1890), 클레이튼 법(1914), 로빈슨-파트만 법(1936)은 미국에서 경쟁을 회복시키는 것을 목적으로 한 세 가지 주요 법률이다. 몇몇 주요 법원 소송에서 스탠더드오일 회사와 아메리칸타바코 회사 같은 독점 기업들은 더 작고 개별적으로 소유되고 경쟁하는 기업으로 분리되도록 하는 대상이 되었다. 관련 정책에서는 과점의 담합 행위(예 가격조작)에도 정부가 조치를 취하도록 했다. 또 다른 정책은 독점기업이 독점으로 계속 운영될 수 있도록 허용될 때 독점기업의 경제 행위에 대한 정부 규제였다. 그 정책의 가장 좋은 사례는 아메리칸텔레콤앤드텔레그래프 회사가 독립된 회사들로 쪼개지기 전 몇 년 동안 행해진 규제였다. 많은 신고전학파 경제학자들은 또 국내 독점을 다루는 다른 방법은 국내 생산기업에 유리한 무역 보호(관세와 수입할당제)를 제거하여 시장을 탈규제하는 것이라고 주장한다. 이들은 시장 개방과 시장을 국제 경쟁에 열어 놓는 것을 옹호한다. 소비자 전자제품과 자동차는 국제 경쟁의 영향으로 시장구조가 극적으로 변화한 미국의 두 가지 산업이다.

그러나 수많은 신고전학파 경제학자들은 정부의 개인 또는 정부의 규제에 관해 더욱 경계하고 회의적인 경향이 있다. 어떤 이들은 기업이 독점 지위를 얻을 경우 경쟁에서 승리하여 받는 상으로 인식해야 한다고 주장한다. 새로운 기술을 도입하여 낮은 생산비용의 생산자가 되어 경쟁자들을 물리친 기업은 시장에서 독점 지위를 얻음으로써 받는 보상은 누릴 자격이 있다고 주장한다. 그런 경제학자들은 기업이 경쟁하여 독점 지위를 획득하는 데 사용한 생산 효율성에서 얻는 이득의 사회적 편익을 주장한다. 그들은 또한 독점 기업이 경쟁 기업들과 대비되게 지출하는 (새로운 기술과 상품을 위한) 연구 및 개발비를 강조한다. 전통적 신고전학파 이론이 완전경쟁에 초점을 맞추고 있는 것과 다르게 최신 신고전학파 이론은 불완전 경쟁에 관한 다양한 주장과 논쟁을 포함한다. 그러나 이 다양함은 전통적 신고전학파의 기본 입구점, 본질주의 논리, 파레토 최적 '성공' 기준 특징에 머물러 있다.

거래 비용과 경제 조직화

1937년 로널드 코스(Ronald Coarse)는 전통적인 신고전학파 경제 이론에 대한 다른 기본적이고 중요한 문제를 제기했다. 그것은 "왜 기업이 존재 하는가?"이다. 이 이론은 답을 거의 제공하지 않는다. 이 이론은 단순히 기업은 (기술과 가격을 고려하여) 이윤을 극대화하는 방식으로 자동적으로 투입물을 생산물로 변형시킨다고 가정한다. 기업에 대한 신고전학파 접근법의 비판자들은 그것은 기업을 신비에 싸인 '블랙박스'와 동일시하는 것이라고 일축한다. 그들이 의미하는 것은 신고전학파 관점에서 기업은 하찮은 계산 문제를 풀고 있다는 것이다. 기술과 가격을 고려하면서 얼마나 많이 생산할 것인가 말이다. 신고전학파 경제학에서 그 문제에 대한 해법은 가격이 한계비용과 같아지도록 생산하는 것이다. 이는 하찮은 문제이며, 기업의 복잡한 구조, 기능, 목적을 설명하지 않으며, 이론화하지 않는다. 비판자들이 주장하듯이 신고전학파 이론은 기업들의 모습과 행동을 형성하는 권력 조직과 그 외 무수한 경제 및 문화 과정에 관심을 두지 않는 것 같다.

기업은 다른 중요한 사회 제도처럼 신고전학파 이론에서 가정하는 것보다 훨씬 복잡한 주체인 것 같다. 앞서 논의한 불완전 경쟁 모형은 확실히 기업 행동에 대해 더 복잡하고 제도적으로 자세한 분석을 제공한다. 마지막으로 전통적 신고전학파의 기업 접근법은 아마도 더 기본적인 문제에 직면한다. 이 전통은 독립된 개인들 및 기업들 간 시장 거래는 위계적으로 통솔되는 제도 내의 종속적 관계에 비해 경제 측면에서 우월하다고 주장한다. 결국 애덤 스미스는 사적인, 독립된 시장 거래가 마치 보이지 않는 손에 의해 인도 되듯이 의도하지 않지만 사회적 최적을 낳는다고 주장했다. 그런 이상향을 달성하는 유일한 길은 사유재산 제도와 시장에서 찾아진다. 그것은 독재자나 기업의 위계적인 조직 체계나 정부 정책가들이 행사한 권력에서 찾아지지 않는다. 그러면 신고전학파 이론은 무의식적인 기업의 바다에서 의식적인 권력의 섬으로서 기업의 존재 지속과 성장을 어떻게 설명해야 하는가?(Coase 1937)

코스 대답의 핵심은 비용 없이 교환 과정 자체가 존재하지 않음을 인정하는 것이다. 시장 계약서를 작성하고 이행하는 것은 비용이 든다. 시장을 제도(다른 모든 제도처럼)로 유지하는 것은 비용이 든다. 이런 비용을 이전하는 것에 기초하여 코스는 조직화 형태로서 기업들이 시장이 하는 것보다 더 낮은 비용으로 일을 할 수 있기 때문에 기업이 존재한다고 주장한다. 달리 말하면 상품의 생산과 교환에 필수적인 어떤 업무를 위해 기업들은 시장에 최소한의 비용을 지불한다. 이 대답은 전통적 신고전학파의 효율성 기준에 의존하고 있다는 것에 다시 한 번 주목하자(좁게 정의된 비용 최소화).

거래 비용은 본질적인 예를 제공한다. 그런 비용은 구매와 판매의 행위에 내재되어 있기 때문에 발생한다. 예를 들어 구매할 집을 알아보는 방법은 두 가지가 있다. 한 가지 방법은 스스로 모든 일을 편성하고 수행하는 것이다. 당신이 여러 장소에 있는 원하는 크기의 집을 찾고, 여러 장소의 교육의 질에 관한 정보를 얻고, 집의 가격을 비교하고, 수집한 정보를 일관성 있게 종합한다. 이 업무 가운데 몇 가지는 구매를 통해 촉진되거나 성취될 수 있다. 예를 들어 신문은 부동산 지면에 집 가격을 제공한다. 노트북은 수집한 정보를 저장한다. 컴퓨터 프로그램으로 수집한 정보를 정리하고 인쇄한다. 그 외 업무들은 시간을 요하는데, 이는 구매할 집을 찾고 기록하고 집을 구입하는 전체 일을 수행 하는데 소비한 시간의 기회비용을 포함한다는 것을 의미한다(그렇게 하지 않았으면 지출되지 않았을 것이라고 예측된 잠재 소득 또는 효용).

집을 사는 다른 방법은 위에서 열거한 모든 업무를 수행하는 중개 회사를 이용하는 것이다. 중개 회사 이용은 구매에 수반되는 모든 업무를 스스로 할 때 발생하는 여러 거래 비용에 비해 하나의 거래 비용을 발생시킨다. 중개 회사가 더 값싼 비용(시간의 기회비용을 포함해서)에 서비스를 제공한다면, 그런 기업이 존재하는 이유에 대한 답이 될 수 있다. 시장에서 업무들이 각각 독립적으로 수행되어야 하는 경우보다 기업들이 그런 업무를 더 낮은 비용으로 수행할 수 있기 때문에(아마도 규모의 경제를 실현함으로써) 기업이 발생할 수 있다.

기업들이 실제로 하는 모든 일을 고려해보자. 생산에 더해서 기업들은 모든 종류의 다른 보충적 과정을 수행한다. 값싼 투입물을 찾고, 좋은 관리자를 찾고, 새로운 생산 기술과 상품 종류를 발견하고, 고객 기반을 유지 및 확대하고, 계약 협상과 법률 서비스를 다루고, 위험을 관리하는 등의 일을 한다. 어떤 기업은 이런 과정이 많은 시장 교환으로 더 낮은 비용에 수행될 수 있다면 국제화 하는 것을 선호할 수 있다. 코스의 기업 연구 작업에 영향을 받은 몇몇 신고전학파 경제학자들은 기업이 그 모든 과정을 시장 거래에 의존하는 대신에 (위계적인 조직체계 내에) 내부화하면 비용이 낮아질 수 있다고 주장해 왔다. 그것은 많은 다른 생산물에 총비용을 나누게 할 뿐만 아니라 규모의 경제를 실현할 수 있게 한다. 생산, 값싼 투입물 조사, 마케팅, 법무 등 각 업무에 전문성을 가진 개인을 고용하여 경제학자들이 '팀 생산'이라고 부르는 것은 규모의 경제와 관련된다. 관리자는 기업(팀의)의 생산성을 높이고 평균 비용을 낮추는 목표(게임에서 이기기)를 가진 다양하면서 관련된 많은 업무를 계획하고 구성하고 지휘한다. 이것에 성공하면 기업은 규모의 경제를 실현한다. 기업들은 보통 어떤 업무들을 내부화하고 다른 것들은 시장에 의존한다. 이런 선택은 무엇이 수익성에 이로운지에 달려 있다.

코스의 거래-비용 개념은 다른 신고전학파 경제학자들의 유사한 작업을 불러일으켰으며, 비시장 제도에 대한 더 일반적인 이론을 발전시켰다. 그 이론은 개인의 합리적인 사익 추구 행동 및 경쟁 시장 결과에 내재된 최적성과 관련된 전통적 신고전학파 관념과 부합한다. 그런 최신 신고전학파 이론에서 기업과 같은 비시장 제도는 시장거래보다 과정들을 더 값싸게 수행할 수 있을 때 생겨난다. 시장은 합리적 주체가 기회주의적 행동을 하는 경향(계약을 이행하지 않아도 되는 기회를 가진다면 그렇게 함으로써, 일단 고용되면 수고를 최소화함으로써, 무임승차할 수 있는 기회가 생긴다면 그렇게 함으로써 등)을 가지기 때문에 실패할 수 있다. 그 결과 수행 평가 및 계약 이행과 관련된 비용이 발생한다. 기업은 종종 감독과 집행의 내부 비용을 발생시킴으로써 종종 시장이 실패하는 문제를 다룬다.

전통적 신고전학파의 기업 '블랙박스' 이론(즉 노동의 한계 생산성은 비용 없이 추적 관찰되고, 측정되고, 재측정 된다)과 아주 대조적으로 최신 신고전학파의 기업 이론은 노동생산성을 문제로 삼는다. 그들에게 노동생산성은 주어진 것이 아니고 노동자들이 고용된 후 고용주들에게 가능성 있고 중요한 비용문제가 된다. 간단히 말해서 노동자들은 효율적인 작업을 피하기 위한 방법을 추구하거나 찾는다. 기업은 이런 생산성 문제를 다루려는 목적을 가진 조직 체계이다. 사실 어떤 신고전학파 경제학자들은 이런 틀을 확장해서 인간 역사에 걸친 제도의 진화를 설명한다(North 2005). 그들에 따르면 제도는 거래 비용을 아끼기 위해서뿐만 아니라 일상적인 기회주의로부터 일어나는 유인 문제를 해결하기 위해 생겨난다.

정보 실패와 시장 실패

몇몇 신고전학파 경제학자들의 관심은 시장에서 모든 사람들이 구할 수 있는 모든 상품에 관한 완벽한 정보를 똑같이 가질 수 있다는 전통적 신고전학파 가정에 대한 비판자들의 도전으로 향했다. 비판자들은 해당 시장 정보는 많은 시장에서 비대칭적(즉, 불균등하게, 불평등하게)으로 분배되고 전략적으로 사용된다고 주장해 왔다. 신고전학파 경제학자들은 계약 주체들이 교환되는 상품(재화 또는 서비스)의 질과 관련한 정보를 비대칭적으로 가질 때 어떤 일이 일어나는지 탐구함으로써 대응했다. 새로운 접근법은 정보 문제의 두 가지 종류를 구분했다. 하나는 정보를 숨기는 것에서 생기는 문제(**역선택**의 문제)이고, 다른 하나는 행동을 숨기는 것에서 생기는 문제(**도덕적 해이**의 문제)이다(Arrow 1974). 우리는 이것들을 차례로 살펴보겠다.

역선택의 문제는 시장 계약 주체 간 (교환 시점 전) 정보 비대칭에서 초래한다. 예를 들어 보험회사가 위험이 높은 집단과 낮은 집단을 구분할 수 없을 때(관련정보를 그들이 숨겨서), 보험회사는 전체 집단의 보험료를 올려야 한다. 이는 위험이 낮은 집단을 시장에서 퇴출하는 바람직하지 않는 효과를 가지게 되며(그들은 너무 높은 할증료를 감당할 수 없다), 그 보험회사에는 오직 위험이 높은 집단만 남게 된다(그들 가운데 어떤 이들에게는 할증료가 아주 낮다). 이는 이 문제를 역선택 문제라고 부르는 이유다.

도덕적 해이의 문제는 (이미) 계약한 주체의 행동을 감시하지 못하는 어려움에서 초래한다. 예를 들어 한 당사자(본인)가 자신을 위해 타인(대리인)을 고용했을 때 타인의 관심과 동기는 필수적으로 본인의 관심과 동기와 일치하는 것이 아니다. 대리인이 본인의 관점에서 바람직하지 않는 행동을 취할 유인을 가질 수 있다. 예를 들어 보험회사로부터 보험을 가입하려는 기회주의적이고 합리적 개인은 더 위험한 행동을 취할 유인을 가질 수 있다. 그 이유는 정확하게 그렇게 함으로써 나타날 수 있는 부정적 결과는 자신이 아니라 보험회사에 귀착될 것이기 때문이다.

그런 이론의 한 가지 중요한 적용은 투입물 시장의 분석에서 찾을 수 있다. 예를 들어 노동시장을 고려해보자. 기업들이 높은 자질의 노동자와 낮은 자질의 노동자를 적절하게 구분하지 못한다고 가정하자. 그 기업들은 역선택 문제에 직면한다. 게다가 회사의 관리자와 노동자 간 정보 비대칭은 노동자가 일단 고용되면 관리자들의 이익과 필수적으로 부합하지 않는 행동을 할 기회와 유인을 가질 것이다. 이 기업은 역시 도덕적 해이 문제에 직면한다.

이 두 가지 문제를 해결하기 위해, 기업들은 시장 청산 (완전고용) 임금을 초과하는 임금률을 지불한다. 이렇게 새로 인상된 임금률('효율성 임금'으로도 알려짐)과 그에 수반되는 노동시장의 실업은 단 일격으로 두 가지 비용 문제를 해결할 것으로 여겨진다. 시장 청산 균형 임금률보다 높은 효율성 임금은 적합한 자질을 가진 노동자를 끌어들이는 적절한 신호를 보내고, 기업의 역선택 문제를 개선한다. (효율성 임금률의 파급으로 일어난) 실업의 지속은 이미 고용되어 있던 노동자들에게 자신의 원래 업무를 제대로 수행할 유인을 제공한다. 노동자들이 그렇게 하지 않으면 그들은 현재의 일자리를 잃을 수도 있다. 그럴 경우 그들은 효율성 임금과 시장 청산 임금률의 차이를 잃을 뿐만 아니라 일자리 손실이라는 상당한 비용을 일으킨다(실업에서 고용되기까지 걸리는 시간, 재고용 가능성의 감소 등). 이런 '정보 접근법'은 지속되는 비청산 노동시장에 대한 설명을 만든다. 단지 그 이유로, 완전고용 균형이라는 전통적 신고전학파 모형보다 '더 현실적'이라고 주장된다. 정보 접근법은 최신 신고전학파 이론의 집합에 속한다. 왜냐하면 그 접근법은 전통적 신고전학파 이론을 확장하지만 모든 경제 주체들의 기회주의, 사익 추구 행동이라는 전통적 신고전학파 가정을 계속 사용하며 고수하기 때문이다. 여기서 또 호모 에코노미쿠스가 그 이론의 영역에 자리 잡고 있다. 그리고 여기서 또한 개인의 사적 선택은 사회 최적(효율성)을 낳는 것으로 보여준다.

정보 접근법은 또한 신용시장으로까지 확장되었다. 신용시장에서 대부자의 문제는 위험의 문제이다. 즉 대출자가 대출금을 상환하지 못할 수 있다. 대부자가 모든 대출자에게 똑같은 이자율을 매긴다면 대부자는 역선택 문제에 직면할 수 있다. 역시 소수만 낮은 상환불능 위험을 보여주며, 많은 이들은 높은 상환불능 위험을 가지고 있다. 모든 채무자에게 단일한 이자율이 매겨질 때, 더 위험한 채무자는 자신들의 높은 상환불능 위험을 반영한 높은 이자율을 적용받을 때보다 더 많은 대출을 할 것이고, 위험도가 낮은 채무자는 자신들의 낮은 상환불능 위험을 반영한 낮은 이자율을 적용받을 때보다 더 적은 대출을 할 것이다. 정보 접근법은 이렇게 다른 대출자를 결합하는 시장의 균형 이자율이 역선택 때문에 비효율적인 이유를 보여준다.

대부자들은 대출자들의 위험도에 따라 이자율을 다르게 매김으로써, 즉 위험도가 높은 대부자에게 높은 이자율을 매기고, 위험도가 낮은 대출자에게 낮은 이자율을 매김으로써 이 문제를 다룰 수 있다. 위험도에 따라 채무자를 구분하는 것은 신용시장을 상대적으로 비효율적인 신용배분에서 좀 더 효율적인 신용배분으로 만든다. 물론 대부자는 고객의 위험도 차이를 평가해야 한다. 대부자는 일반적으로 잠재 대출자에게 재정상태를 묻는다. 그러나 모든 개인이 기회주의적이고 사익을 추구하는 행동을 한다는 전통적 신고전학파의 가정을 고려하면, 대부자가 정보를 수집할 때 위험도가 좀 더 높은 대출자가 관련 정보를 숨기거나 왜곡하는 유인이 존재한다(그리하여 가능하면 상대적으로 낮은 이자율에서 대출을 얻는다). 이 정보문제를 다루기 위해 대부자는 상환불능의 경우에 상환을 보장받는 데 도움이 되는 담보를 요구한다. (최신 신고전학파 이론을 구성하는) 그와 같은 확장으로 신고전학파 경제학자들은 전통적 신고전학파의 완전 경쟁 모형에 맞지 않았던 다양한 경제 현상을 이해할 수 있게 되었고, 동시에 시장에서 최적 균형을 찾는 것을 유지할 수 있었다.

새로운 인간 행동 이론들

최신 신고전학파 이론은 기업을 전통적 신고전학파 이론에서 제안한 좁은 범위의 과학적 최적화 계산기로서 보다 훨씬 더 복잡하고 흥미로운 주체로 이해한다. 최신 신고전학파 이론은 전통적 신고전학파의 인간 행동에 대한 관점과 유사하다. 이 이론은 개인들의 선택을 순위 매기기, 비포화 등의 주어진 공리에 의해 결정된 외부에서 주어진 선호로 환원하는 것에 대해 타당성 문제를 제기한 비판자들에게 대응한다. 전통적 신고전학파 이론은 선택하는 개인을 컴퓨터로 인식한다. 즉 논리가 완벽하고, 일관성이 훌륭할 뿐만 아니라 감정, 욕망의 충돌, 선호의 모순이 없으며, 사회의 영향으로부터 흔들림이 없다. 그런 개념화는 또한 심리학적인 자문이 크게 필요한 사람을 낳았다. 최신 신고전학파 이론은 경제 행동에 대한 이런 기계적인 관점에서 벗어나 개인의 행동 이유에 대해 더욱 미묘하고, 불확실하고, 심리학적으로 풍부한 관점으로 이동했다. 이렇게 등장한 관점이 이 절의 주제이다.

신고전학파 경제학자들은 외생적으로 주어진 선호라는 관념을 약화시키지는 않더라도 문제제기하는 새로운 개념 및 연관성을 도입한다. 그들이 전통적인 신고전학파 이론의 개인 이미지를 사익추구를 기계적으로 최적화하는 사람이라고 비판하는 것은 최신 신고전학파 이론에서는 '행동 경제학'이라는 이름으로 분류된다. 흥미롭게도 최신 신고전학파 이론의 이 집단은 앞서 나왔던 마르크스주의 경제학에 관한 장에서 탐구되었던 개념인 다중결정론으로 잠시 돌아감으로서 유용하게 접근할 수 있다.

다중결정론의 관점에서 개인의 경제 행동(또는 어떤 행동이든지)은 개인이 존재하는 전체 맥락을 구성하는 모든 자연·문화·정치·경제과정에서 생기는 상이하고 다양한 결정의 산물로 이해된다. 당신, 당신의 욕망, 당신의 행동은 오랜 세대에 걸쳐서 대부분 알지 못하는 조상으로부터 물려받은 몸과 마음의 자연적 과정 전체와 사랑, 미움, 희망, 두려움, 시기심, 평정, 화, 공감 등 의식적인 감정과 무의식적 감정으로부터 생겨나는 정서과정이 결합된 결과이다. 게다가 당신, 당신의 욕망, 당신의 행동은 법률, 행정, 가족, 문중, 종족, 지역 공동체, 국가 내에서 창조된 규칙과 관습의 판단으로부터 영향을 받는다. 더욱이 당신, 당신의 기호, 행동은 또한 부분적으로 언어, 종교, 문학, 음악, 예술, 교육, 대중 매체를 통해 삶에 관한 의미를 생산하고 확산/소통하는 문화 과정의 결과이다. 마지막으로 우리의 행동과 우리 자신은 또한 부분적으로 재화와 서비스, 노동, 부를 생산하고 분배하는 방식의 집합인 경제과정의 결과이다. 그 모든 다양한 과정은 우리가 태어나고 우리의 삶이 결합되어 매 순간 우리의 존재가 구성될 수 있도록 하는 총체성을 구성하는 것이다. 개인의 행동이 경제적이든 다른 것이든 그런 의미에서 그 모든 과정에 의해 다중결정된다. 그것은 어떤 한 과정의 결과 또는 모든 과정의 부분 집합의 결과로 환원될 수 없다.

그것이 다중결정론이 의미하는 것이다.

이 다중결정론 방법으로 인식하면, 누구와 데이트를 할지, 멸치를 먹는 것, 소득을 벌기 위해 여가시간을 희생시키는 것, 빨간불에 달리지 않는 것 같은 모든 행동은 사회적으로, 정서적으로, 자연적으로 고안된 것이다. 많은 다양한 영향력을 포함하는 복합적 인과성이 우리의 행동을 설명한다. 경제적 원인, 즉 소득, 가격, 계급 등은 여기서 사회적이라는 용어가 의미하는 것에 포함되어야 한다. 선택에 대한 이런 다른 사고방식이 가지는 하나의 의미는 중요하다. 선택이 경제의 모습을 만드는 데 도움을 준다(신고전학파 이론의 핵심 주장)고 믿는 다면, 다중결정론 관점에서 경제가 그와 같은 선택들을 하도록 돕는다고 믿을 수 있다. 개인의 선택은 경제의 원인이며 결과이다. 둘 사이의 이런 상호적인 인과관계는 선호가 오직 원인이고 결과는 아니라는 전통적 신고전학파 이론의 생각과 아주 다르다.

다중결정론은 우리들 각자가 정확하게 다른 결정들이 결합되어 하나의 집합을 이루어서 각자를 구성하기 때문에 단일한 존재라고 의미한다. 따라서 우리는 다른 것을 접할 때는 각자의 기준으로 평가한다. 우리 각자를 초월하는 단일한 잣대는 존재하지 않는다. 공통된 평가 체계가 생겨날 때는, 그 시점에 우리들 사이에서 어떤 동의가 만들어졌다는 것을 의미할 뿐이다. 한 사람으로서 단일성과 다른 것들에 대한 평가자로서 위치에는 부분적으로 다른 사람들 즉, 조상, 부모, 친척, 스승, 친구, 장관, 국회의원, 스포츠 선수, 기업 임원, 관리자 등으로부터 영향을 반영한다. 하지만 사람은 수동적인 결정 주체, 즉 영향력의 단순한 수용자가 아니다. 오히려 이렇게 구성된 영향력 때문에 당신에게 영향을 미치는 사람들에게 영향을 주는 결정을 한다. 종합하면, 어떤 사람은 다른 이들의 행동의 원인이면서 결과이다.

달리 말하면, 그리고 이 관점과 신고전학파 관점을 대조하면 어느 누구도 의사를 결정하는 섬으로, 즉 고립된 존재로 인식될 수 없다. 오히려 우리는 모두 서로 연결되어 있다. 그러므로 기업의 전략적 행동에 대한 최신 신고전학파 이론의 관점과 아주 유사하게 개인들도 역시 유사한 상호 의존적 방식에 관여하는 것으로 이해될 수 있다. 그들은 다른 개인들의 선택에 의해 영향을 받으면서 영향을 주는 선택을 한다. 이런 관점에서 그리고 뒤에서 설명하듯이 선호의 상호의존성은 주식시장이 상승하고 하락하는 이유를 설명하는 데 도움을 준다. 주식 매입은 회사의 가치를 주의 깊게 그리고 논리적으로 조사하는 것과 거의 관련이 없을 수 있다. 대신에 이는 다른 매입자와 매도자('집단')가 어떻게 할지에 대한 매입자의 짐작을 더 많이 반영할 수 있다. 집단에 대한 우리의 짐작은 우리의 행동을 형성하고 그리하여 집단의 행동을 형성한다. 마찬가지로 우리의 소비 결정은 다른 이들의 소비 결정으로 영향을 받는다. 실제 우리가 상품 소비로부터 얻는 효용과 선호의 강도는 다른 이들의 효용과 선호를 반영한다. 그런 상호의존성이 없다면, 우리는 유행이라는 개념이 의미하는 것을 의심스러워할 수 있다. 옷, 자동차, 집, 전자제품의 현재 양식은 어떤 상품이 우리의 효용 함수에 어떤 상품이 들어가고, 그런 상품들의 순위를 매기고, 생활필수품으로 고려하는 것을 결정할 때 도움을 준다.

마지막으로 사회 이론의 최근 기여는 개인들 내에서 충돌하는 욕구를 강조하고, 개인들의 선호가 신고전학파 이론이 의미한 안정되고 일관성 있는 의사결정 체계가 되기 어려운 이유를 강조한다. 정치이론, 사회학, 여성주의 이론, 문화 연구, 심리학, 심리분석이란 분야에서 개인들은 다중적이고, 끊임없이 변화하고, 잠재적으로 충돌하는 '주체들'로 구성되는 것으로 이론화한다. 상이한 주체들은 충돌과 타협을 낳는데, 이는 자신의 행동과 다른 이들의 행동에서 관찰할 수 있다. 최신 신고전학파 이론의 인간 행동에 대한 탐구는 몇몇 비교 가능한 아이디어를 사용한다.

개인들은 일생을 통해 다중적인 과정에 참여한다. 개인은 임금을 받고 노동할 능력을 판매하는 시장 교환 과정에 참여할 수도 있다. 그러면 그 사람은 임금 노동 위치(주체)를 차지(창조)한다. 똑같은 사람이 종교과정에 참여할 때 다른 위치를 차지해서 주체성을 추가할 수도 있다. 마찬가지로 추가적인 경제·문화·정치 과정에 참여할 때 다른 주체성이 추가된다. 한 개인은 소비과정에 참여할 때 소비하는 존재가 되고, 투표과정에 참여할 때 정치적 존재가 된다. 이런 저런 참여는 개인의 다양한 주체성을 창조한다. 우리 모두는 서로 상호작용하고 경쟁하면서 사회적 행동을 다중결정하는, 잠재적으로 갈등하고 있고 또 갈등했던 주체성들의 복합적인 묶음이다.

그런 접근법은 투표에서 일어나는 갈등을 설명하는 데 도움을 준다. 임금 노동자는 노동자 건강보험 축소 또는 부자 감세를 옹호하는 후보에게 투표하는 쪽으로 기울지 않을 수 있다. 경제적 존재로서 노동자의 관점에서 그런 정책들은 자신들의 경제 이익에 도움이 되지 않을 수 있다. 그러나 같은 후보가 낙태권 제한과 '큰 정부' 축소를 옹호한다고 가정하자. 그런 입장이 그 노동자의 종교적 및 정치적 존재에 위안을 줄 수 있다. 그런 이유로 그 노동자는 갈등하는데, 동시에 그는 후보자에게 찬성과 반대를 동시에 느낄 수 있다. 갈등하는 노동자가 결국 그 후보자에게 투표를 한다고 해서 반드시 비합리성, 어리석음, 잘 속아 넘어가는 것을 의미하지 않는다(노동자들의 투표가 자신의 이익에 반하는 것으로 나타나기 때문에 때때로 그렇게 탓한다). 오히려 그 노동자는 그냥 다른 사람들처럼 노력해서 다양하고 상이한 내면의 주체들을 화해시키고 그에 맞는 이익을 계산했다. 투표자가 상이하고 갈등하는 존재로서 싸우기 때문에 투표는 불확실하면서 계속해서 변화한다. 우리는 성공한 많은 정치인들이 이런 교훈을 배웠다고 생각한다.

다중적이고 경쟁하는 주체성들에 대한 최근 이론화는 순위가 잘 매겨져 있고 항상 안정적으로 선택하는 개인이라는 전통적인 신고전학파 아이디어와 대립한다. 마지막 예로 두 가지 위치를 점하고 있는, 아이가 있는 결혼한 여성을 고려해보자. 한편 그는 집에 머물며 배우자와 아이들에게 가정의 재화와 서비스를 제공하는 모든 사회적 과정(결혼, 종교, 전통적인 사회적 성의 관념과 관련된)을 하도록 압박을 받는다. 다른 한편 다른 사회적 과정(여성해방 운동, 경제난의 시기, 새로운 사회적 성의 관념에서 일어남)에서는 그가 집에서 벗어나 임금노동을 하도록 압박을 받는다. 그는 갈등하는데, 집에 머물고 싶기도 하고 그러고 싶지 않기도 하다. 다시 한 번 이는 비합리성을 보여주는 것이 아니다. 대신에 이는 많은 여성들이 마주하는 현대의 딜레마의 부분을 보여준다. 실로 많은 이들의 경우에 반대되는 것들에 대한 선호의 갈등은 해결 될 수 없으며, 그래서 그들은 그 둘을 다한다. 그 결과 여성이 가정 밖에서도 안에서도 열심히 일하는 '이중 노동'은 새로운 갈등과 투쟁을 낳는다. 새로운 갈등과 투쟁은 두 위치 가운데 하나를 사라지게 하는 쪽으로 이어질 수 있다. 이혼은 남편을 위한 일의 책임을 없애준다.

우리의 선호가 상호의존적이고, 이미 결정된 것과 이제 결정하는 것이 섞여 있고, 대립적이고 일관성이 없다면, 이는 전통적 신고전학파 경제학이 제안한 호모 에코노미쿠스 모습과 아주 다른 인간 본성 관념을 낳는다. 우리는 인간 행동에 대해서 아주 다른 토대를 가진 두 심리학 이론을 비교하고 있다. 신고전학파 관점은 19세기 효용 심리학에서 생겨났고, 여전히 그것에 단단히 뿌리박고 있다. 최근 관점은 최근 20세기 심리학 및 정신 분석학 사상에 많이 빚지고 있다.

이번 절에서 우리는 일반적으로 전통적 신고전학파 인간행동 접근법과의 최근의 결별 그리고 특히 경제 합리성에 대한 전통적 신고전학파의 접근법과의 결별 몇 가지를 검토할 것이다. 우리는 신고전학파 합리성 개념의 두 가지 측면 ①의사결정에 영향을 미치는 선호와 ②의사결정 행동 그 자체를 구별함으로써 시작한다. 두 가지 측면 모두에서 신고전학파 전통과 이론적인 결별이 있다. 선호와 관련된 새로운 문헌들에서는 동기의 이질성을 주장한다. 예를 들어 개인의 선호가 사적 이익을 표현할 뿐만 아니라 다른 것에 대한 관심도 반영한다. 우리의 동기는 다양하고 대립하며, 이기적이지만 또한 이타적이다. 사회와 사회의 다중적이고 다양한 제도는 각 개인의 내면에 있는 동기의 집합을 끊임없이 변화하는 조합, 균형, 긴장의 상태로 만든다.

의사 결정과 관련된 새로운 문헌들에서는 인간 정신의 인식 한계와 의사 결정에 미치는 그 결과를 강조한다. 우리는 아주 제한되고 모호하게 이해된 것에 기초하고, 이용 가능한 대체물을 편향적으로 이해한 것에 기초하여 의사 결정을 한다. 이 두 가지 움직임을 조사한 후 우리는 행동 경제학이라는 새로 등장한 분야로 관심을 옮겨갈 것이다. 이는 실용적이고 문제를 해결하는 방식으로 합리성과 행동에 대한 논쟁에서 얻은 다양한 통찰을 함께 엮는다. 그런 점에서 우리는 행동 경제학이 호모 에코노미쿠스라는 신고전학파 전통의 관점과 완전히 단절했는지 검토할 것이다.

동기 다양성에 대한 이론

전통적 신고전학파 경제 이론은 개인이 계산해서 행동한다고 가정한다(즉 개인의 행동은 선택 공리에 부합한다). 따라서 개인은 자신의 사익을 진전시키기 위해 이용가능한 모든 기회를 활용하는 것을 추구한다. 20세기의 마지막 사반세기 동안 몇몇 신고전학파 경제학자들은 이런 '기회주의' 가정을 느슨하게 만들기 시작했다. 순수한 기회주의를 넘어서 동기 다양성

(이타주의와 호혜)에 대한 관심의 증가가 있었다. 그 결과 동기 다양성에 대한 연구와 논쟁은 두 가지 구체적 질문으로 집약되었다. 동기 다양성은 존재하는가? 존재한다면, 이유는 무엇인가?

첫 번째 질문은 상당한 수의 신고전학파 경제학자들이 동기 다양성이 존재해도 호모 에코노미쿠스가 정확하게 인간본성을 나타낸다고 주장하기 때문에 의미가 있다. 그런 신고전학파 경제학자들은 이타적으로 보이는 행동의 특징은 실제로는 이기적이며 이런 특징은 계몽된 것이고 장기적이지만 그럼에도 불구하고 여전히 이기적인 관점이라고 주장한다. 또는 그런 특징은 외부에서 부과한 제약 (규범, 행동규칙, 도덕률) 때문에 생겨나며 그렇지 않았으면 이기적인 행동이었을 것이라 주장한다.

그러나 최신 신고전학파 이론의 외부 부과 제약 도입은 때때로 구조주의에 기대지만 신고전학파의 본원적 인본주의에 대한 경향을 다시 한 번 보여준다. 이 경우에 최신 신고전학파 이론은 공인되지 않은 구조주의 형태를 스스로 공인하는 인본주의 접근법에 도입한 것이다. 이제 호모 에코노미쿠스의 행동은 타고난 어떤 인간 본성뿐만 아니라 호모 에코노미쿠스가 태어나고 자란 사회 구조가 도덕률과 행동규칙에 부합한다.

동기 다양성의 재미있는 적용 한 가지는 앞서 논의한 '효율성 임금'의 변종에서 나타난다. 애커로프(Akerlof, 1982)는 고용주와 피고용자의 노동계약을 '부분 선물 교환'으로 이론화했다. 고용주는 노동자의 추가 노력을 받는 대가로 시장 청산 임금 보다 큰 임금을 지불한다. 다시 한 번 이 아이디어는 시장 청산 임금으로 고용주와 피고용자는 비대칭 정보를 가지고 전략 결정을 하게 되어 비효율적인 성과로 이어진다는 것이다. 고용주는 단순 시장기구가 제공하는 것보다 높은 임금이란 선물을 줌으로써 피고용자를 축소하지 않은 채 고용할 수 있고, 또 그들로 하여금 자신들에게 손해를 주는 술책을 부리지 않게 할 수 있다. 그런 의미에서 노동자의 기회주의 행동이 인상된 임금이라는 부분 선물에 의해 수정되고, 조정되었다. 고용주와 노동자가 서로에게 편익을 주는 '선물교환'으로 자신들의 행동을 수정하지만, 그들은 기회주의 주체로 남아 있는데, 그들이 기회주의 주체가 아니라면 부분 선물 교환의 필요가 생기지 않았을 것이다. 그들은 계산적이고 기회주의적으로 행동하는데, 전략적인 의사 결정과 비대칭 정보 때문에 시장이 실패할 수도 있다는 것을 고려하면 전통적인 신고전학파 이론의 규범과 결별하는 것이 고용주와 노동자 두 주체의 후생을 개선시켜주기 때문이다.

대조적으로 몇몇 경제학자들은 신고전학파 전통과 분명한 단절로 진정한 동기 다양성을 주장한다. 실험 경제학이라는 새로운 분야에서 나온 증거에 근거하면서 그들은 개인이 '체계적으로' 비이기적인 방식으로 행동하며, 심지어는 사회적 제약(규범, 도덕 등)이 없는 상태에서도 그렇게 한다고 말한다. 이 분야의 하나의 전형적인 예는 '최후통첩 게임'이다. 두 주체가 관찰된다. 첫 번째 주체가 두 번째 주체에게 주고 싶은 만큼 파이 조각을 나누어서 제안하고, 두 번째 주체는 그 제안을 받아들이거나 거절할 수 있다. 이 게임의 규칙은 두 번째 주체가 제안을 거절할 경우 어떤 주체도 파이를 가질 수 없다. 전통적인 신고전학파 이론은 두 번째 주체(사적 이익을 추구하고 다른 이들과 독립적이고, 다른 이들의 선호와도 독립적임)가 항상 파이를 전혀 받지 않는 것보다는 가장 작은 조각이라도 받는 것을 선호하기 때문에 첫 번째 주체가 제공한 파이의 크기가 어떻든 간에 받아들인다고 예상한다. 그럼에도 불구하고 실험은 첫 번째 주체가 '공평한(5대 5)' 제안을 하지 않으면, 두 번째 주체가 그 제안을 거부하는 경향이 있다는 것을 보여주었다(Guth, Schmittberger, and Schwarz 1982). 이 결과는 전통적 신고전학파 이론의 비포화 공리와 어긋난다. 이 실험 결과는 많은 이들로 하여금 '공평함'에 대한 관심이 행동 동기의 수준에서 더욱 체계적인 방식으로 경제적 선택의 이론에 통합되어야 하는지에 대한 질문을 던지게 했다.

몇몇 실험 경제학자들은 완전히 새로운 인격 유형으로 **호모 리시프로칸스**를 도입하길 원한다. 그런 '호혜적인' 개인은 협력하려는 사람과 협력하고 그렇지 않은 사람은 처벌하는 것을 추구하는 인간 본성을 가지고 있다. 호모 리시프로칸스와 호모 에코노미쿠스가 다른 점은 전자는 개인적으로 어떤 비용이 든다고 해도 협력하거나 처벌하는 데 헌신한다는 것이다(fehr and Gacher 2000). 예를 들어, 호모 리시프로칸스가 납세 의무를 회피하는 시민을 목격한다면, 개인적으로 어떤 비용이 든다고 해도 그 납세 회피자에 맞서거나 당국에 신고한다는 것이다. 반대로 호모 에코노미쿠스는 계산을 했을 때 그렇게 하는 것이 현금으로 비용보다 편익이 크지 않는다면 행동을 하지 않는다는 것이다.

호모 리시프로칸스의 지지자들은 혼합된 인격 유형으로 구성된 모집단에서 호모 리시프로칸스가 중요한 숫자로 존재하는 것은 사회가 경제 분배의 평등한 체계와 정치 참여의 민주적 제도를 시행하고 지속하는 이유라고 주장한다(Bowles and Gintis 1998). 그러나 비판자들은 호모 리시프로칸스는 새로운 인격 유형이 아니라고 주장한다. 대신에 호모 에코노미쿠스는 이기적으로 선호를 극대화하는데, 여기에는 규칙 위반자 또는 비협조자의 처벌을 포함한다. 그런 주장에서는 인간 행동(자신에게 해가 되는 행동을 포함)의 동기가 항상 사익추구로 가정되며, 그 연구자는 항상 그 개인이 자신의 행동으로 얻는 어떤 이익을 찾고, 변함없이 찾아낸다. 동료 시민을 신고하면서 비용을 들인 개인은 여전히 사익추구를 극대화하기 위해서 행동하는데, 그 비용 때문에 포기한 효용보다 비행을 신고하는 즐거움으로부터 더 많은 효용을 얻는다.

개인들이 기회주의로부터 체계적인 괴리를 보여준다고 주장하는 사람들에게 그 중심 질문은 사람이 어떻게 기회주의, 이타주의, 호혜주의, 이런 것들의 특수한 결합으로 되는지는 무엇이 결정하는지와 관련된다. 그것은 진화 동학인가 아니면 이성적 선택인가? 진화의 관점에서는 동기 다양성 문제를 선호 유형(이기적, 이타적, 호혜적 등)의 모집단 분포의 문제로 정식화하지만 이성적 선택 관점에서는 그 문제를 상이한 선호 순위를 즐기는 인간의 자율성의 문제로 정식화한다.

몇몇 최신 신고전학파 경제학자들은 진화 생물학으로부터 방법론을 빌려와서 모집단 내에서 비이기적 행동 특징(이타주의와 호혜주의)의 지속과 생존을 설명했다(Smith 1982). 경제학자들은 개인들이 다양한 조합으로 이기적인 선호와 이타적인 선호 둘 다 보여주는 것을 밝혔다(Becher 1981). 그 경제학자들은 생물학의 '집단 선택' 모형을 사용하여 비이기적 개인들이 이기적 개인들에 의해서 학대당할 수도 있지만 비이기적 개인들이 공동체를 형성하여 이기적인 개인들과 상호작용을 최소화하면 그들은 자신들의 적응도를 강화하여 혼합된 인구 내에서 생존할 수 있다. 다른 최신 신고전학파 경제학자들은 상이한 행동 특징들을 개인들이 그대로 따라하고, 배우고, 흉내 내는 조건을 탐구했다. 이런 접근법들의 공통점은 다양한 행동 특징을 이성적 선택의 문제가 아니라 선택 과정의 결과 문제로 설명한다는 것이다. 선택 과정에서는 특수한 행동 특징들의 적응도가 그 특징들의 생존을 결정한다. 이 선택 과정은 행동 다양성을 결정하는 근저의 자연/사회 구조를 암시한다. 이는 인본주의 보다는 구조주의다.

노벨상을 받은 다른 경제학자 아마티아 센(Amartya Sen)은 개인 선호의 다양성을 다르게 다루었다. 센은 처음에 합리성을 개인들의 '합리적 정밀조사'로 아주 폭넓게 정의했다. 더 중요하게는 그는 합리성이 의미를 가지기 위해서는 단지 상품 꾸러미에서 상품을 선택하는 자유보다 더 깊은 종류의 개인적 자유와 관련되어야 한다고 주장했다. 합리적 개인은 선호 순위를 만들기 위해 사용된 여러 기준 사이에서 기준을 선택하는 능력을 갖는다고 이해되어야 한다. 따라서 센은 전통적인 신고전학파 이론이 합리성을 제약하에 사익추구를 극대화하는 하나의 특수한 과정 내에 있는 특수하고 미리 결정된 선택 공리로 환원하는 것과 단절했다. 센은 선호들에 대한 하나의 새로운 (메타) 선호의 층을 추가함으로써 개인들의 동기 다양성에 문을 열어놓았다. 동기 다양성은 선호들을 재고하고, 바꾸고, 수정하고, 대체하는 개인들의 자유로 깊어졌다. 이런 정식화에서 개인들은 상이한 선호 유형들 사이에서 자기반영적인 전환을 할 수 있는 것으로 인식된다.

실로 신고전학파 경제학에 대해서는 새로운 아이디어이지만 센의 주장에서 많은 부분은 선택하는 방법에 대한 이 메타선택이 어떻게 이뤄지는지에 의존한다. 한 가지 가능성으로 또 하나의 최적화 모형을 추구할 수 있다. 각 개인은 어떤 선호들의 집합을 사용할지 선택하면서 어떤 것을 최적화한다는 것이다. 아주 다른 가능성으로 각 개인의 선호 집합이 사회적으로 다중결정된다고 주장할 수 있다. 다중결정론 입장으로 향하는 것은 대가를 수반하는데, 분석의 엄격함에 대한 대가가 아니라 수학적 취급 용이성을 잃는 대가이다(McCloskey 2006).

앞서 서술한 진화의 관점과 합리적 선택 관점 사이의 선택은 실로 신고전학파 경제학자들에게 중요한 선택이다. 그들이 동기 다양성의 원인으로 진화 선택(구조적 방법)을 선택한다면 신고전학파 이론의 개인주의 방법론에 대한 헌신을 어기게 된다. 대신에 신고전학파 경제학자들이 합리적 숙고(개인들이 여러 선택 기준 사이에서 선택을 최적화하는 과정)를 선택하면 신고전학파 전통의 개인주의 방법론에 대한 헌신을 유지하게 된다.

전통적 신고전학파 이론가와 최신 신고전학파 이론가 사이의 논쟁으로 어떤 진화가 일어난다고 해도 여전히 그 이론가들에게는(심지어 자연 선택 아이디어라는 구조주의 또는 센Sen의 정식화에 도사리고 있는 다중결정론에 의해 이끌린 이들에게도) 기본적 인본주의라는 공통점이 존재한다. (어떤 고유한 합리성에 의해 주어졌거나 자연과 역사에 의해 형성된 본성을 가진) 인간이 입구점에 존재한다. 그와 같은 인간이 믿고 행하는 것은 경제 사건의 유형과 흐름의 원인이 되거나 결정하는 것이다. 그래서 전통적 신고전학파 경제학뿐만 아니라 최신 신고전학파 경제학도 입구점이 계급인 마르크스주의 경제학과 여전히 다르며, 대립한다. 그러나 신고전학파 경제학자 가운데 (인간 합리성을 자연적으로 그리고 사회적으로 다중결정된 것으로 이론화 하는 것에 다소 관심이 있는) 어떤 이들은 마르크스주의자들 사이에서 지지가 늘어나고 있는 다중결정론 논리에 더 가까운 입장으로 향하는 노력을 하기도 했다.

제한된 합리성 이론

전통 신고전학파의 합리성 및 최적화 과정(제약 아래서 효용을 극대화하는 것)과 또 하나의 최근 단절은 의사 결정을 할 때 활용할 수 있는 정보에 대한 인간의 인지 한계와 실천 한계에 초점을 맞췄다. 이런 한계는 경제학자 허버트 사이먼(Herbert Simon)으로 하여금 '제한된' 합리성이라는 관념을 발전시키게 했다(1978).

인간과 컴퓨터가 체스 게임을 하는 방법을 비교하는 것을 고려해보자. 이 예는 사이먼의 제한된 합리성 개념을 설명하기 위해 사용되는 전형적인 것이다. 컴퓨터는 체스 게임과 관련된 모든 가능한 길을 쉽게 찾을 수 있지만, 사람 선수는 그 경기에서 제한된 몇 수 앞만 생각할 수 있다. 사람 선수는 합리적이지만, 컴퓨터와 비교하면 인지 한계에 직면한다. 개인의 의사 결정은 제한된다.

이런 인간의 한계는 표준적 신고전학파 경제학자의 합리성 개념에서 인간의 인지 기능을 상당한 것으로 가정하기 때문에 특히 중요하다. 예를 들어 전형적인 경쟁 일반 균형 모형에서는 합리적 개인이 사적인 정보(자원 부존량, 기술, 선호)와 공적인 정보(모든 상품의 품질과 시장 가격, 경제 환경의 가능한 모든 상태에 관한)에 접근하여 처리할 필요가 있다고 가정한다. 필요한 정보의 모든 것을 인지할 수 있도록 처리하는 게 불가능하거나 이용할 수 없다면, 개인이 어떻게 최적의 결정을 내리는지 기대할 수 있을까? 신고전학파의 최적 가정은 인지 불가능성에 기초한다.

이 장에서 앞서 논의한 불완전 경쟁 모형들은 오직 개인들이 직면하는 정보 및 처리 요구에 추가된다. 선도자-추종자 모형에서 개인과 기업은 위에서 열거한 모든 정보에 추가하여 다른 모든 개인과 기업의 사적 정보를 처리할 수 있다. 더욱이 그들은 순간적으로 추리를 통해 상호의존적 의사결정을 할 수 있는 것으로 가정된다. 상호의존적 의사결정은 어떤 개인이나 기업의 결정이 다른 개인이나 기업의 결정에 따라 달라지는 전략적 결정 맥락을 가리킨다. 어떤 인간도 요구된 이 모든 정보를 모으거나 처리하는 인지 능력을 가지지 못할 수 있다.

사이먼은 개인들이 어떻게 의사결정을 하는지에 관해 생각하는 다른 방법을 제시했다. 개인들은 전통적 신고전학파 이론처럼 최적화 전략을 사용하지 않는다. 오히려 개인들은 '만족화' 과정을 사용한다. 최적화 개인과 다르게 제한된 합리성의 만족화 개인은 항상 제한된 정보에 기초하여 할 수 있는 최선의 결정을 한다. 개인들은 컴퓨터가 아니다. 사람들은 항상 의사결정을 하기 위해 추론 과정을 (인지 한계에 기초한) 임의의 목적에 사용할 필요가 있다. 합리성의 이런 만족화 개념화는 개인이 의사결정을 하기 위해 제도에 의존하고 경험칙, 관습, 다른 사회 도구(제도)를 사용한다고 이해한다.

사이먼의 제한된 합리성과 만족화 행동에 대한 최신 신고전학파의 한 가지 대응은 그것을 다시 최적화 담론으로 통합하는 것이다. 그러면 최적화는 비용을 수반하는 것으로 이론화된다. 인간의 인지 한계를 고려하면, 최적화는 비용을 치르게 하는데, 그런 인지 한계를 극복하는 데 수반되는 비용이다. 최적화 비용을 최적화 문제 자체에 포함시킴으로써 몇몇 최신 신고전학파 경제학자들은 전통적 신고전학파 경제학의 최적화 틀 내에서 제한된 합리성의 공식 모형을 만들 수 있었다. 제한된 합리성을 그렇게 다루는 것은 수학적으로 훌륭하지만 그들이 개인(그리고 기업)의 의사결정에서 제한된 과정에 사이먼이 가졌던 가치 있는 통찰을 놓친다고 생각한다. 사이먼의 작업은 근본적으로 자본주의 시장 경제가 사회적으로 최적 균형점에 도달 할 수 있는 방법과 이유를 규정하기 위한 신고전학파의 목적을 지니고 있는 장치와 기초에 도전한다.

행동 경제학

지금까지 검토한 동기 다양성 이론과 제한된 합리성 이론은 신고전학파 경제학에서 호모 에코노미쿠스의 주요한 입장을 제거할 수 없다는 것을 증명했다. 신고전학파의 본질적인 입구점(선호와 인간 본성을 가진 개인)은 남아 있다. 그러나 앞서 논의한 것처럼 다른 접근법들은 그런 본질적 입구점의 지위에 기본적이고 중요한 질문을 제기한다. 그럼에도 불구하고 그런 이론들과 도전이 이 책에서처럼 미시경제학 교과서의 추가된 장으로 나타나는 게 증가하고 있지만 주류 신고전학파 경제학의 주변에 남아 있다. 그런 도전들은 인정을 받고 가르치기에는 충분하지만 경제 이론화의 새로운 입구점을 만드는, 즉 신고전학파 경제학과 진짜 단절하고 또 뛰어넘는 지위에는 도달하지 못했다.

그러나 부분적으로 그런 이론적 도전들에 대한 대응으로, 호모 에코노미쿠스와 관련된 비판적 질문을 제기하는 것을 넘어서는 훨씬 새로운 발전들이 일어났다. 그것들은 개인들의 경제 행동을 규정하는 방법의 완전히 새로운 시각으로 진화할 수 있다. 그런 진화가 일어난다면, '최신 신고전학파 이론'이라는 이름은 더 이상 어울리지 않는다. 새로운, 비신고전학파의, 탈 신고전학파적 이론의 단절이 성취된 것일 수 있다. 이는 신고전학파 이론에 상당히 중요하기 때문에, 잠시 이 새로운 발전을 검토하겠다.

많은 경제학자들이 진화 생물학, 인지 심리학, 사회학, 인간 행동의 복잡성에 초점을 맞춘 관련 학문 분야를 탐구해 왔다. 하나의 결과는 행동경제학이라고 불리는 매우 변화된 새로운 연구 분야의 등장이다. 정의하기 어렵지만 이 새로운 분야는 몇몇 구별되는 특징을 가지고 있다. 이미 논의했던 행동경제학과 관련된 동기 및 인간의 인지 한계 주제를 제외하고 여기서는 행동 경제학의 심리학적인 통찰에 집중하겠다. 그렇게 하면서 우리는 신고전학파 이론의 틀과 단절을 만드는 그 연구 작업의 잠재력을 검토할 수 있다.

행동경제학의 한 가지 중요한 갈래는 (실험을 통해) 어떻게 전통 신고전학파 설명이 인간 행동의 복잡한 실체를 적합하게 나타내는 데 실패했는지를 보여주는 것이다. 예를 들어 신고전학파 이론에 따르면 합리적인 주체들은 그 문제가 표현되는 방식과 상관없이 항상 일관성 있는 방식으로 선택을 한다. 실험의 결과는 중심 가설을 지지하지 않는다. 오히려 실험은 인간이 선택 문제가 나타나는 방식에 의해 영향을 받는다(Tversky and Kahneman 1990). 선택 문제를 표현하는 다른 방식들은 다른 결론(선택)들을 만들어 낸다. 그런 이유로 사회적 맥락은 선택에 영향을 준다. 실제 선택이 사회적으로 성사되는 정도까지 신고전학파 경제학자들은 더 이상 사회 맥락과 독립적인 선택으로 이어지는 사전 결정된 일단의 공리를 상정할 수 없다.

사회 맥락이 얼마나 중요한지를 나타내는 다음 실험을 살펴보자. 사회가 900명의 사람이 죽을 것으로 예상되는 독감 전염에 직면했다고 가정하자. 정부는 독감을 물리치기 위해 두 가지 과학적인 조치 계획을 고안하여 발표했다.

계획1: 이 조치로 300명을 구할 수 있다.
계획2: 이 조치로 전체 사람의 1/3을 구할 수 있는 확률과 2/3는 구할 수 없는 확률을 가진다.

이제 정부가 제시한 다른 과학적인 발표(표현)를 살펴보자
계획3: 이 조치로는 600명이 죽는다.
계획4: 이 조치로 1/3은 죽지 않을 확률과, 2/3는 죽을 확률을 가진다.

잠시 살펴보면 계획1과 계획3은 동일한 결과를 가지고 계획2와 계획4도 그렇다. 이 계획들은 단지 정부가 사회에 발표하는 방식에서 차이가 있다. 표준 신고전학파 이론에서 합리적 경제 주체는 문제가 표현되는 방식에 의해 전혀 영향을 받지 않는다. 그 주체는 두 발표에서 똑같은 선택을 한다. 그러나 비슷한 성격을 가진 임의의 개인들을 대상으로 행한 반복 실험에서 계획1과 계획2가 선택지로 제시되었을 때 다수는 계획1을 선택하며, 계획3과 계획4가 선택지로 제시되었을 때 다수가 계획4를 선택한다. 이 같은 실험들은 맥락성과 텍스트성(말 그대로 내용이 어떤 말로 쓰여 있는지)이 인간의 결정에 중요하다는 것을 보여준다. 이런 저런 종류의 실험은 인간 행동이 사회적으로 조작된다고 시사한다. 이와 같은 실험은 단순히 주체적이고 합리적인 소비자 (자신이 원하는 것을 알고, 자신의 행동이 자신의 진정한 관심만을 반영하고, 항상 기회주의적으로 행동하는 사람) 문제를 제기하는 것을 넘어선다. 이런 실험은 신고전학파 전통과 아주 다르게 개인의 경제

행위를 이론화하는 완전히 새로운 방법의 필요를 보여준다.

신고전학파 이론에 대한 이런 비판적인 입장을 고려하면, 어떤 행동 경제학자들은 비판자들을 지지하기 위해 검토한다. 그렇게 하면서 그들은 이 책에서 대조하고 있는 두 가지 중요한 비판적이고, 대안적인 이론인 케인스주의 경제학과 마르크스주의 경제학을 만나게 된다. 대부분 케인스주의 경제학에 끌리게 되는데, 마르크스주의 경제학과 다르게 그 시각이 반자본주의가 아니기 때문이다. 행동경제학자들은 사회적 맥락이 투자자, 소비자, 노동자의 의사 결정의 틀을 만들고 영향을 주는 방식에서 생겨난 투자자, 소비자, 노동자의 행동에 있는 모순을 설명하기 위해서 케인스가 사용한 '야성적 충동', '군중행동', '화폐 환상' 개념에 대해 대응했다. 케인스에 따르면 인간이 어떤 행위를 결정할 때(예를 들어 기업 이사회가 새로운 공장과 설비에 투자할지 결정하는 것) 계획하는 행동에서 예상되는 모든 비용과 편익을 따져볼 수 없다. '예상되는'이란 표현은 미래와 이것의 미지를 의미한다. 케인스의 유명한 말은 "우리는 그냥 알지 못한다."이다. 그런 이유로 제3장에서 이미 설명했듯이 불확실성은 인간 조건의 한 부분이다. 그것이 우리가 점쟁이와 포춘 쿠키에서 똑같이 즐거움을 얻는 이유다. 어떤 이들은 여러 가능한 결과에 (객관적으로 또는 주관적으로 결정된) 확률을 매기면서 이 앎의 문제를 다룬다. 그러나 앞에서 설명했듯이 개인이 여러 결과에 확률을 매길 수 있다고 가정하는 것는 확률에 근거하는 것이지만 개인이 미래를 이미 안다는 전제 조건을 가정하는 것이다. 달리 말해서 이렇게 확률을 매기면서 개인은 불확실한 것을 확신하게 된다. 하지만 확신을 얻는 것, 즉 실제로 확실한 지식을 얻는 것은 정확하게 앎의 문제이다.

인간 행동을 둘러싼 근본적인 불확실성을 고려할 때, 가능성 있는 여러 전략의 모든 결과에 대해 비용-편익 분석은커녕, 경제 주체가 자기 행동의 결과를 예측하는 것은 불가능하다. 대신에 케인스는 경제 주체들(우리의 가정에서는 기업 이사회)이 야성적 충동에 따라, 즉 "행동하지 않는 것보다는 행동하려는 자발적인 충동"에 따라 행동한다고 주장한다. 예를 들어, 분위기가 좋지 않을 때 야성적 충동은 기업 이사회가 움츠러들고 행동보다는 행동하지 않는 것, 즉 투자보다는 투자하지 않는 것을 선호하는 동기를 불러일으키게끔 작용할 수 있다. 행동하지 않는 것이 당시 경제 사건으로 타당성을 얻지 못할 때조차도 그렇다.

유명한 포스트 케인지언 경제학자 하이먼 민스키(1914~1996)는 투자자들의 경제 행동은 경제가 호경기와 불경기의 순환을 지날 때 바뀐다고 주장했다. 호경기 때 경제 주체들은 아주 낙관적이게 되고, 전반적으로 행동하려고 하며, 침체기 때는 아주 회의적이게 되고, 행동하지 않으려 하는 경향이 있다고 한다. 심리적으로 변덕스럽고, 근본적으로 불안정한 경제 주체의 본성에 대한 케인스주의와 민스키의 이론은 현대 경제 인간에 대한 전통적 신고전학파 이론과 모순된다. 후자는 현재와 미래의 변화하는 상황을 정확하게 읽고 이해하면서 합리적인 기대를 만들고, 계속해서 자신의 행동을 조정하면서 대응한다(그 예로 제3장 부록을 보라). 전통적인 신고전학파 관념은 종종 거친 변화와 놀라움을 낳는 행동을 복잡하게 형성하는 피할 수 없는 사회적 영향력의 그물에 사로잡혀 있는 경제 인간이라는 케인스주의 및 포스트 케인지언의 생각과 아주 다르다.

행동경제학자와 케인스주의 및 포스트 케인지언 경제학자들은 맥락성이 중요하다는 공통된 인과적 생각을 공유한다. 행동경제학자들에게 의사결정을 연구하기 위해 구성된 실험은 이 생각에 대한 결정적인 증거를 제공한다. 케인스주의 경제학자와 포스트 케인지언 경제학자들에게 증거를 지지하는 것은 금융 투자자 및 기업 투자자가 거시 경기순환의 흐름에 걸쳐서 어떻게 행동하는지를 관찰하는 것에서 온다. 이런 유사성에도 불구하고 많은 행동경제학자들은 케인스주의 경제학의 구조주의 때문에 이 경제학을 회피한다. 행동경제학자들은 신고전학파 개인 관념을 훨씬 사회적으로 조건 지어진 개인으로 대체했지만, 경제 행동을 이론화하는 것에서는 신고전학파 경제학자처럼 인본주의 방법을 옹호한다.

'군중행동'과 '화폐 환상' 같은 다른 이론들도 역시 맥락성을 제공하는 것으로 이해될 수 있다. 케인스는 사람들이 단순히 다른 사람들을 쫓는 내적 경향이 있기 때문이 아니라 주식시장의 구조 때문에 군중행동 같은 것이 주식시장에서 팽배하다고 설명했다. 거래된 증권의 가격은 그 증권을 발행한 기업의 기초가치와 어떤 관련을 가질 수도 있다. 하지만 증권의 가격은 주로 거래 증권의 미래 가격에 대해 시장 참여자들(구매자와 판매자)의 추측을 반영한다. 그런 이유로 증권 가격은 거래 증권 가치에 대해 예상되는 대중의 평균적 의견을 반영한다. 개인의 시장 의사결정을 형성하는 것이 평균적인 시장 참여자들이 추측하는 것에 대한 개인의 추측이라면, 그 결과는 '군중행동'이 될 것이다.

'화폐 환상'과 관련된 설명은 개인의 인지 한계에 기초한다. 화폐 환상은 화폐의 명목가치를 실질가치(명목가치를 인플레이션율로 조정한 것)와 혼동하는 것을 일컫는다. 달리 말해서, 누군가 연 이자가 3%인 저축 계좌에 돈을 넣어 두고 있는데 물가가 연 3% 상승한다면, 저축에 대한 실질 수익은 0이다. 화폐 환상은 저축으로 3% 실질 수익을 번다고 생각할 수 있는 것이다. 케인스에 따르면 노동자들은 화폐 또는 명목 임금의 감소에 저항하는데, 심지어 물가가 하락할 때도 그렇다. 노동자들은 중요한 것이 실질임금이라고 이해하기보다 화폐(명목) 임금 차원에서 생각한다. 생산비용이 하락할 때조차 기업이 상품의 명목가격 하락에 저항하는 것도 화폐 환상에서 오는 것일 수 있다. 실질 차원에서보다는 명목 차원에서 생각하는 것이다. 여기서도 어떤 행동경제학자들은 케인스를 들먹이는 것을 피하는데, 그들은 케인스의 구주조의를 기각하기 때문이다. 대신에 그들은 화폐 환상의 원인을 인간 정신에 내재한 어떤 한계에 돌리고 있다.

행동경제학은 현대 사회 인간의 경제 행동에 대해 풍부하고, 미묘한 차이를 포함한 인류학을 발전시키기 시작했다. 실험에 기초하여 행동 경제학자들은 신고전학파 전통의 가정 및 예측과는 인간의 행동이 차이가 있다는 많은 방식의 목록을 제시했다. 심리학적 탐구에 기초하여 행동경제학은 하나의 선택에 직면해 있다. 이는 전통적인 신고전학파의 여러 결함과 인간 행동에 대한 설명을 단순히 열거하는 연구 분야로 남을 것인가 아니면 인간 행동의 새로운 이론을 정식화하기 위해 신고전학파 이론과 단절할 것인가이다.

새로운 균형이론들

합리성 개념처럼 균형 개념은 신고전학파 전통의 핵심이다. 경제에서 균형을 성취하는 것은 구매자와 판매자, 고용주와 피고용인, 대부자와 대출자와 같이 여러 다른 경제 주체들의 잠재적으로 대립하는 이해관계 사이에 화해, 즉 일종의 조화를 성취하는 것으로써 이해되었다. 각 개인이 경제적으로 합리적(자신의 선호를 가장 잘 만족시키는 결정을 한다)이라는 가정과 결합될 때, 균형은 자원 부존량과 기술의 초기 분배를 고려하여 모든 개인이 (소비할 상품을 선택하고, 현재 소비할지 미래에 소비할지를 정하고, 여가 시간과 실질소득을 선택하면서) 자신의 욕구를 완전하게 충족한 상태를 나타낸다. 이런 의미에서 신고전학파 경제학자의 합리성 및 균형 개념은 일종의 이상향을 향한 꿈을 구축하고 표현한다. 그것은 자본주의 시장과 사유재산제도를 설립함으로써 지구상에서 실현가능하다. 그런 이상향 측면은 신고전학파 경제학이 경제학 분야뿐만 아니라 다양한 학문과 정치에서 중요하고 힘 있는 인상을 가질 수 있도록 도움을 주었다.

신고전학파 경제학이 자신의 역사를 통해 다중적이지만 항상 상호보완적이지만은 않은 방식으로 균형을 개념화했다는 것은 사실이다. 신고전학파 연구자들의 우선적 목표 하나는 자본주의 경제에서 균형이 정의될 수 있고 달성될 수 있다는 것을 증명하는 것이었다. 이는 인간 행동, 기술, 주어진 초기 자원 부존량 분배를 고려하여 구매자와 판매자 간 시장 상호작용으로부터 생겨날 수 있는 균형점의 '존재'를 수학적으로 증명하는 것을 의미한다. 균형점이 존재한다는 것을 증명하는 기초 위에서 신고전학파 경제학자들은 그런 균형점이 또한 '유일'(여러 개가 있지 않다. 그런 이유로 여러 개의 다른 균형점들은 이것들 사이에서 선택이라는 곤란한 문제를 제기한다.)하고, '안정적'(균형에서 벗어나면 균형을 회복하는 작동체계가 시작된다.)이고, '효율적'(어느 누구의 후생을 감소시키지 않고 모든 이의 후생을 극대화할 수 있다는 파레토의 의미에서)이라는 것을 증명하려 한다.

우리는 전통적인 신고전학파 이론에 들어 있는 다른 균형 이론들을 검토하면서 이 절을 시작하겠다. 그런 다음 최신 신고전학파 이론이라는 제목 안에 들어가는 균형의 두 가지 새로운 개념을 살펴보겠는데, 이는 신고전학파 경제학자들이 점점 받아들인다. 이 가운데 첫 번째 것은 내시 균형을 말하며, 더 일반적으로는 고전적인 게임 이론 분야를 말한다. 두 번째 것은 진화 안정성을 일컬으며 더 일반적으로는 진화 게임 이론을 일컫는다.

고전적 게임 이론은 내시 균형을 어떤 주체도 자신의 전략을 바꾸는 것에서 일방적으로 이익을 얻지 못하는 안정점으로서 규정한다. 내시 균형의 주창자들은 그들의 균형 개념이 정확히 의사결정의 전략적 (상호작용적) 측면을 고려하기 때문에 전통적 신고전학파 균형 개념을 대체한다고 주장한다. 왜냐하면 내시 균형은 그런 전략 측면을 포함하지 않는 신고전학파 의사결정 접근법 보다 우월하기 때문이다.

진화 게임 이론은 균형을 한 점이 아니라 하나의 전략으로 인식하며, 모집단 분포의 측면에서 그렇게 인식한다. 이 이론은 '진화적 안정' 전략을 행동 유형으로 정의하며 그래서 일반적으로 모집단을 쫓아가는 적은 수의 사람들은 다른 이들보다 훨씬 적게 생존하게 될 것이다. 진화 게임 이론의 지지자들은 균형 문제를 행동 유형의 모집단 분포의 수준에서 모형화하는 것은 고전적 게임 이론의 좁은 개인 틀과 인간 합리성에 관한 비현실적 가정과 결별하는 것이라고 주장한다. 그들은 합리적 개인이 최선의 전략을 선택한다는 고전적 게임 이론과 결별하면서 개인은 배움을 통해서 게임을 되풀이하면서 자신의 행동을 조정한다고 주장한다. 합리적 사색과 즉각적인 계산이 아니라 이런 배움의 일반적 과정이 진화적 안정 균형을 세우고 실행하는 가장 높은 능력을 가진 전략의 집합을 낳는다.

다음에서 우리는 내시 균형 개념과 진화 게임 이론이 전통적 신고전학파 이론과 단절되는지 또는 어느 정도 단절되는지 또는 최신 신고전학 이론에 들어가는지를 검토할 것이다.

신고전학파 전통에서 다른 균형 개념

균형 개념의 초기 형태는 애덤 스미스의 '보이지 않는 손' 개념에 암묵적으로 들어 있었다. 모든 개인 주체가 경제적인 사익을 추구하면 경쟁시장이 인도하여 결국 대립하는 경제 이익의 조화를 만들고, 모두에게 실현 가능한 최대 부를 낳게 한다. 합리적 경제 주체들의 통제되지 않는 이기적인 행동은 사유재산제도와 경쟁시장이라는 주요 제도에 의해 다스려진다. 이 책 전체에서 언급하듯이, 정치적 귀결은 이 두 제도를 보장하기 위해 국가의 역할을 줄이는 것이다. 이 장의 앞부분에서 언급했듯이 신고전학파 전통은 민간 시장에서 제공할 수 없는 공공재를 국가가 공급하는 것을 포함시키는 데까지 확대되었다.

전통 신고전학파 경제학에서 균형은 아주 강한 규범력이다. 개인들이 통제 없이 자신들의 경제 이익을 위해 행동할 수 있게 허용될 경우에 홉스(Hobbs)가 예상한 혼돈에 대한 해결책으로 간주되었다. 홉스가 그와 같은 혼돈에 필요한 강력한 국가기구를 예상한 부분에서 전통 신고전학파 경제학은 그런 강력한 국가기구가 필요하지 않다고 반론을 폈다. 18세기와 19세기 초에 고전 자유주의 이론들은 무엇보다도 왕, 교회, 다른 강력한 사회 집단들의 침해에 맞서 개인과 시민사회의 권리를 세우고 보호하는 것을 목표로 삼았다. 그들은 (사유재산제도와 시장이라는 제도적 맥락에서) 이기적인 인간의 행동이 국가의 개입 필요 없이도 혼돈을 피하고, 조화로운 균형점에 도달할 수 있다고 밝힘으로써 홉스의 주장을 반박하려고 애썼다. 전통적인 신고전학파 이론의 균형은 이기적인 경제 이익 대립의 조화롭고 자발적인 화해를 표현했고, 이는 보이는 손(국가, 교회 등)의 개입을 요구하지 않았다. 따라서 스미스의 '보이지 않는 손'은 고전적 자유주의자들을 위한 대단한 규범적 가치와 정치적 의미를 가진다.

균형의 규범적 중요성과 정치적 중요성은 그 개념이 애덤 스미스 이후 2백년 넘게 아주 많은 경제학자들의 관심을 사로잡은 이유를 설명한다. 균형에 대한 초창기 신고전학파 개념화는 4명의 위대한 19세기 경제학자들에 의해 이루어졌다. 윌리엄 스탠리 제번스(William Stanley Jevons, 1835~1882)와 프랜시스 이시드로 에지워스(Francis Ysidro Edgeworth, 1845~1926)가 두 명의 이기적이고 경제적으로 합리적인 거래자 사이에 상호 이익이 되는 교환에 도달하는 측면에서 균형을 개념화했다. 레온 왈라스(Leon Walras, 1834~1910)가 표현한 균형의 관점은 상당히 달랐는데, 두 명의 거래 주체로 제한한 균형을 완전히 뛰어넘는 것이었다. 제번스와 에지워스가 시장을 두 경제 주체들 간 협상과 흥정의 과정으로 보여준 것과 다르게, 왈라스는 시장제도 전체에서 각 시장(여러 구매자와 판매자로 이루어진)이 동시적으로 균형에 도달하는 일반화된 균형의 상태를 생각했다. 왈라스의 일반 균형은 단일 경매 시장으로 상상되는 것인데, 여기서는 균형 가격은 구매자와 판매자의 반복 조정을 통해서 상상의 경매인에 의해 호가된 가격에 도달하는 것이다. 그런 경매인이 성공적으로 호가한 가격은 전체 시장에서 모든 공급과 수요가 균형이 되는 일반 균형에 도달할 때까지 지속될 것이다. 왈라스의 작업은 신고전학파 이론가들로 하여금 균형이 상호 연관된 많은 시장들을 가진 복잡한 현대 경제에서 가능하다고 주장할 수 있게 했다.

역설적으로 일반균형이라는 중요한 신고전학파 개념은 (이 이론의 두드러진 개인주의적 인본주의에 전제하고 있는) 구조주의 가정을 요구했고, 그런 가정에 의존한다. 균형에 도달하는 것은 상상의 경매인의 기능을 지배하는 구조법칙의 상세한 설명을 요구했다. 그래서 신고전학파 이론은 균형을 찾게 되고 얻을 수 있게 된다면, 인간 주체들이 따라야 한다는 구조를 도입한다. 인본주의는 자신의 목표를 달성하기 위해서 구조주의 계기에 의존할 수 있으며, 일반 균형이론의 경우에는 그렇게 하는 게 필요했다. 케인스주의 구조주의 경제학이 인본주의 계기를 도입하는 게 필요할 때 비슷한 일이 일어난다. 그 예가 야성적 충동을 가진 개인 투자가가 투자를 결정한다는 것이다.

세 번째 균형의 개념은 알프레드 마샬(Alfred Marshall, 1842~1924)의 글에서 등장한다. 그는 자신의 대표작 『경제학 원리(Principles of Economics)』(1920)는 신고전학파 경제학의 첫 번째 교과서가 된 것으로 유명하다. 마샬 균형 분석에서는 다른 모든 것이 불변이라고 가정하면서 단일 시장의 변화를 검토한다. 그 뒤부터 경제학자들은 시장을 분석할 때 라틴어 구절 세터리스 패러버스(ceteris paribus, 다른 모든 조건이 불변이라면)를 사용하는 것으로 유명해졌다(어떤 이들의 눈에는 악명이 높은 것으로). 사용된 모형은 부분 균형 모형으로 불렸는데, 그것들이 하나의 특정 산업과 시장의 변화에만 초점을 맞추었기 때문이다. 그것들은 관찰된 산업과 시장에서 발생한 변화 때문에 일어나거나 일어날 수 있는 다른 산업과 시장의 변화는 무시했다. 검토한 산업과 나머지 경제 간 어떤 상호적인 작용효과도 일어나지 않는다. 대조적으로 일반 균형 모형은 경제학자들로 하여금 가격의 변화가 특정 시장뿐만 아니라 실제로 모든 시장에 어떻게 영향을 주는지를 추적하는 것을 허용한다. 예를 들어, 단일 시장에서 일어나는 가격 변화는 경제 전체로 파급되며, 이는 가계로 하여금 가격이 변동한 재화에 대한 수요뿐만 아니라 욕구하는 다른 모든 상품들의 수요도 조정하게 한다. 그런 변화는 각 재화를 생산하는 각 산업의 기업에 영향을 주며, 그런 영향은 또 다른 변화로 이어질 것이다.

놀랍지 않게, 왈라스 일반 균형 분석을 가지고 작업하는 신고전학파 경제학자들은 마샬의 부분 균형 모형이 한계가 있고 부족하다고 하는 경향이 있다. 대조적으로 부분 균형 모형으로 작업하는 이들은 일반 균형 모형이 너무 추상적이고 다룰 수 없을 정도로 복잡해서 한 특정 산업을 분석할 때 실제 사용에 제한적이라고 한다.

전통적 신고전학파 이론은 교환 균형, 일반 균형, 부분 균형이라는 세 가지 다른 균형 개념과 용도를 포함하고 있다. 그 개념들이 신고전학파 이론가들 사이에서 주장과 논쟁을 야기하면서 세 가지 균형 개념 각각은 적어도 두 가지 아주 중요한 특징을 공통점으로 가진다. 첫째 그 개념들은 경제 합리성과 관련하여 전통적 신고전학파 가정들, 즉 모든 경제 주체들은 개인의 효용 또는 이윤의 극대화를 추구하는 이기적인 자들이라고 주장한다. 호모 에코노미쿠스는 그 개념들의 공통된 가정이다. 둘째, 차이에도 불구하고, 세 가지 가정 모두는 균형상태를 도달할 수 있는 수학적으로 다루기 쉬운 조건에 초점을 맞춘다. 그 개념들은 경쟁시장이 어떻게 그리고 왜 합리적인 경제 주체들의 충돌하는 이기적인 행동들이 균형을 낳을 수 있게 하는지를 증명하려는 욕구를 공유하고 있다.

그러나 20세기의 마지막 4반세기 동안 전통적 신고전학파 이론의 균형 개념들에 대한 비판이 일어났다. 이는 균형 개념을 새롭고 다르게 정식화하는 방식으로 이어졌다. 교환 균형과 부분 균형 개념은 경험적 적용 가능성에서 매우 제한적인 것으로 이해되었다. 추론할 때 '다른 모든 조건이 불변이라면'이라는 방법이 너무 많이 사용되어 우스꽝스러웠다. 실제로는 별 의미 없는 것을 말하기 위해 너무 많은 것이 불변이어야 했다. 일반 균형 체계도 더 나은 것은 아니었다. 일반 균형 체계의 효율성, 안정성, 독창성을 수학적으로 증명하기 위해 필요한 가정들의 집합은 너무 복잡하고 제한적이어서 분석을 '특별한 경우의 시나리오'로 바꾸어버렸으며, 그리하여 '일반적'이라는 수식 어구를 의미 없게 만들어버렸다. 이 모든 것에 덧붙여서 그리고 아마도 훨씬 중요한 것은 20세기 마지막 4반세기에 신고전학파 경제학자들이 경쟁시장 조정체계 밖의 문제를 다루는데 점점 더 많은 관심을 가지게 되었다.

신고전학파 경제학자들이 실제 시장은 불완전하고 체계상 완전시장이 의미하는 것으로 기능하는 데 실패했다는 주장에 대응하면서 경쟁 시장의 '보이지 않는 손'에 의존하지 않는 균형 개념이 필요했다. 이 장의 앞부분에서 우리는 최신 고전학파 이론이 불완전시장의 분석을 어떻게 기업, 가계, 관료제도 등으로 확대했는지 보여주었다. 경제학자들이 다른 학문의 학자와 의사결정자들과 점점 더 많이 상호작용하면서 경제학은 새로운 분야 또는 '응용' 분야와 하위 분야로 확산되었다. 이런 분야에는 공공 경제학, 환경 경제학, 산업조직론 경제학, 가계 경제학, 경제지리학, 스포츠 경제학, 보건 경제학, 젠더 경제학이 포함된다. 실로 현재 응용 미시이론이라고 불리는 것은 인간 행동에 대해 거의 다른 접근법이 되었다. 이런 이유로 신고전학파 경제학자들은 '시장 기구'에만 의존하지 않고, 더욱 다양한 사회적 맥락에 적용되는 더욱 다재다능한 균형 개념이 필요했다. 많은 이들에게 게임 이론의 접근법은 정확하게 이렇게 바란 다재다능을 제공했다.

내시 균형과 고전적 게임 이론

오귀스탱 쿠르노(Augustin Cournot, 1801~1877), 에밀 보렐(Emil Borel, 1871~1956), 존 폰 노이만(John von Newmann, 1903~1957), 오스카 모르겐슈테른(Oskar Morgenstern, 1902~1977)은 게임 이론을 경제학에 도입한 이들이다. 오늘날 고전 게임 이론으로 알려진 것은 1950년대에 프린스턴 대학(1951년)에서 존 내시와 함께 시작되었다. 그러나 경제학에서 게임 이론 연구의 확산은 앞에서 이야기한 이유로 부분 균형 및 일반 균형이라는 표준적 신고전학파 개념 때문에 경제학에서 점점 불평이 늘어나던 때인 1980년대에 시작되었다.

게임 이론은 경제주체들이 시장에서 어떻게 행동할지 결정을 내릴 때 자신들의 행동에 대한 다른 이들의 반응을 짐작하는 게 필요하다고 인정하면서 경제학과 관계를 맺었고, 경제학에서 중요한 이론이 되었다. 더 많은 경제학자들이 경제 주체들이 직면한 딜레마를 사람들이 게임을 하면서 겪는 딜레마처럼 생각하게 되었다. 예를 들어 드로 포커 게임에서 각 게임 참여자는 처음에 쥔 카드와 관련해서 전략 선택을 해야 한다. 즉 얼마나 많은 카드를 그대로 가지고 있을지 어떤 카드를 바꿀지이다. 이기고 지는 것은 게임 참가자의 전략 선택에 달려 있다.

각 게임 참가자들은 게임 규칙을 알며 다른 참가자들도 안다고 가정한다. 각 참가자들은 다른 참가자들의 행동을 고려하며 어떤 행동을 선택한다. 각 참가자들은 합리적(이기기를 바라지 지기를 바라지 않는다)이라고 가정하며 합리적인 방식으로 게임을 한다. 이것을 합리성 상식(common knowledge rationality, 보통 합리성의 공통지식 또는 합리성에 대한 공통지식으로 번역된다-옮긴이)이라고 부른다. 여러 종류의 게임에서 이기기 위한 전략의 조건과 운영의 검토는 실제 시장에서 개인과 기업이 취하는 유사한 선택과 행동에 대한 많은 통찰을 주는 것으로 밝혀졌다. 그 가운데 몇몇 통찰은 새로운 균형 개념을 낳게 했다. 우리가 논해야 하는 질문은 게임 이론 연구가 신고전학파 경제학에 미친 영향이 아직 새롭고 다른 종류의 경제학으로 분리를 만들지 않았는지와 그것이 최신 신고전학파 이론과 크게 다르지 않은 것이어서, 그렇게 부르는 게 더 좋은지이다.

예를 들기 위해 A와 B 두 명이 참가하는 게임을 고려해보자. 두 사람은 그들이 사용할 수 있는 두 개의 전략, 즉 '이기적인 전략'과 '이타적인 전략' 가운데 하나를 선택할 수 있다. 두 사람이 사용할 수 있는 전략을 '행동집합'이라고 부른다. 우리는 이것을 애덤 스미스의 '보이지 않는 손' 게임이라고 부르는데, 최선의 경제 및 사회 결과물은 모든 개인이 자신의 이익을 추구할 때 얻어진다는 고전학파의 주장을 증명하기 때문이다. 두 명의 게임 참가자 행동집합 내에서, 이기적 행동이 이타적 행동보다 우세하다. 이런 애덤 스미스 게임은 〈표 5.1〉에 표준형(또는 행렬) 형태로 나타나 있다.

잠시 설명하자면, 각 행렬의 첫 번째 값은 A에게 주는 보상의 숫자를 가리키고, 두 번째 값은 B에게 주는 보상의 숫자를 가리킨다. 따라서 A가 이타주의 전략을 추구한다면, 표에서 보여주듯이 B의 전략 선택과 상관없이 어떤 보상도 받지 못한다. 그래서 A는 이타적이기 보다 이기적인 전략

표 5.1 보이지 않는 손 게임

		참가자 B	
		이기적 전략	이타적 전략
참가자 A	이기적 전략	4, 4	2, 0
	이타적 전략	0, 2	0, 0

에 압도되며, 이는 경제 및 사회생활에서 그러하듯이 게임에서 최선의 결과를 얻게 한다. B의 경우를 검토해도 같은 결과를 얻는다. 이기적인 전략이 이타적 전략을 압도한다(우세하다).

게임의 결론은 이기적인 행동이 우월전략균형이라는 것이다.

이 게임에서 우월전략균형은 또 파레토의 효율적이고, 유일하고, 안정적인 균형이 될 수도 있다. 참가자 가운데 (다른 이에게 손실을 끼치지 않고서는) 어느 누구를 더 낫게 만드는 전략 조합이 없기에 그것은 파레토 효율이다. 그것은 균형을 낳는 다른 전략 조합이 없기 때문에 유일하다. 그것은 합리적인 참가자가 방법상 균형 상태로부터 벗어나려는 유인을 가지지 못하기에 안정적이다. 따라서 이 게임의 결과는 전통 신고전학파 경제학이 강조한 완전경쟁모형과 일치한다.

그러나 게임이 (시장처럼) 항상 유일한 우월전략균형을 필수적으로 갖는 것은 아니다. 신고전학파 경제학자들은 유일한 전략 균형이 없는 시장에 어떤 배울점을 제공할 수 있는지 알기 위하여 유일한 전략 균형이 없는 게임을 살펴보았다. 내시 균형 개념은 이 방식에서 유용하다고 증명됐다. 앞에서 언급했듯이 내시 균형은 상호작용하는 주체가 자신이 선택한 전략을 일방적으로 바꾸는 것으로부터 이익을 얻을 수 없는 안정된 상태로 정의된다. 이제 우리는 이 정의를 더 전개할 수 있다.

내시 균형 결과는 합리성 상식이라는 가정 아래 서로에게 최선의 대응을 하는 전략의 조합이다. 이 전략이 상대방의 행동 집합을 고려했을 때 가능한 최선의 결과를 만든다면 최선의 대응으로 여겨진다. 보이지 않는 손 게임으로 돌아가서 A의 이기적인 행동에 대한 B의 최선의 대응은 이기적으로 하는 것이다. 그 반대는 그 반대이다. 이기적으로 게임을 하는 것이 상호간에 최선의 대응이기 때문에 〈표 5.1〉에서 첫 번째 행렬이 내시 균형 결과이다. 이제 보게 되듯이 모든 우월전략균형은 또한 내시 균형이지만 모든 내시 균형이 우월전략균형은 아니다.

다른 예로 〈표 5.2〉의 '확신 게임'을 고려해보자. '오픈 숍'(고용주가 노동자를 노동조합 가입여부와 상관없이 채용할 수 있고, 노동자도 노동조합의 가입 또는 탈퇴가 자유로운 제도) 직장의 노동자들이 직면한 딜레마는 파업에 참여하느냐 마느냐이다. 게임 참가자들이 협력하여 파업에 함께 참여한다면 임금이 오를 수 있을 것인데, 이는 행렬에서 양(+)수로 표기된다. 대신에 참가자들이 협력하지 않아서, 한 명만 파업을 하고, 다른 한 명은 일을 계속한다면 파업에 참가한 이는 일자리를 잃게 되며, 이는 0으로 표기된다. 이런 확신 게임은 참가자들이 상호간에 이익이 되도록 직면한 사회 문제에 대해 자신들의 행동을 협력할 수 있는 협력 게임 종류이다.

이 확신 게임에서 우월전략은 없지만 두 개의 내시 균형이 있다. 즉 한 사람이 파업을 하지 않거나 모두가 동시에 파업을 하거나이다. 설명하자면, A가 파업을 한다면, B의 최선의 대응이 파업을 하는 것이고, B가 파업을 한다면, A의 최선의 대응도 파업을 하는 것이다. 두 경우에 4는 2보다 크다. 마찬가지로 A가 파업을 하지 않는다면, B의 최선의 대응은 파업을

표 5.2 확신 게임

		노동자 B	
		파업 불참	파업 참가
노동자 A	파업 불참	2, 2	2, 0
	파업 참가	0, 2	4, 4

하지 않는 것이고, 반대의 경우에는 반대이다. 두 경우에 2는 0보다 크다. 그러므로 윗줄 왼쪽 짝과 아랫줄 오른쪽 짝이 내시 균형 결과이다. 하지만 어떤 것을 선호할까? 게임 참가자들은 적합하고 협력적인 선택을 할 수 있는 충분한 정보를 가지고 있는가? 가정된 보상체계를 고려할 때, 파업 참가-파업 참가 결과 파레토가 파업불참-파업불참 결과를 지배한다. 즉 노동자들은 협력하여 파업한다면 더 나은 보상을 얻을 수 있다. 그런 이유로 이 게임은 심각한 문제를 불러일으키지 않는다. 게임 참가자들은 파업 참가-파업 참가 결과를 선택할 분명한 유인을 가진다.

'단순한 순수 협력 게임'이라고 불리는 다른 종류의 게임을 가정해보자. 여기서 결과는 동일한데, 내시 균형이 우세적이다. 그런 상황에서는 게임 참가자들의 선택을 조정하는 것에서 문제가 생겨난다. 〈표 5.3〉의 '운전 게임'을 순수 협력 게임의 예로 고려해보자.

이 게임에서 문제는 참가자의 행동을 조정하여 두 참가자가 오른쪽으로 운전할지 왼쪽으로 운전할지 정하는 것이다. 도구적 합리성(다른 사람에 상관하지 않고 더욱 분명하게 사익을 추구하는)을 가진 개별 주체는 협력하지 않아서 내시 균형(왼쪽 윗단 또는 오른쪽 아랫단)에 도달하지 않을 수 있다. 도구적 합리성을 지닌 참가자에게 둘을 위해 더 나은 결과를 얻을 수 있도록 각자 행동하는 것을 보장하는 명백한 보상이 전혀 없다.

그런 게임에서 유일하고 안정적인 균형을 만들기 위해서 몇몇 게임 이론가들은 게임 참가자들이 명확하게 서로의 행동을 조정하기 위해 도구적 합리성(더 분명하게 정의된 사익을 추구하는 것)을 거부해야 한다는 생각을 도입했다. 토머스 셸링(Thomas Schelling, 1960)은 그런 게임(의사소통의 형식 없이 되풀이 되지 않고 한 번에 끝나는 게임)에서 주체들의 결정을 조정하는 제도가 행하는 역할을 묘사하기 위해 '초점'(Salience 또는 focal point: 중심점도 괜찮은 번역어라고 생각함-옮긴이) 개념을 발전시켰다. 셸링의 예는 두 명의 낯선 사람

표 5.3 운전 게임

		운전자자 B	
		왼쪽	오른쪽
운전자 A	왼쪽	1, 1	0, 0
	오른쪽	0, 0	1, 1

이 미리 언제 어디서 보자고 결정하지 않은 채 어떤 날에 뉴욕에서 만나기를 의도하는 경우다. 그들은 의사소통을 할 수 없다.(그는 휴대폰이 있기 훨씬 오래 전인 1960년에 글을 썼다.) 셸링이 그들은 만나기 위해 어떻게 해야 할까라고 물었을 때, 학생들은 "정오에"(하루의 '초점focal point')와 "그랜드센트럴스테이션 안내실 앞에서"(주요 기차역으로 알려지고 받아들일 수 있는 '초점salience' 장소)라고 제안했다. 초점 개념은 참가자들이 행동을 조정하기 위해 참조할 수 있는 관습, 사회규범, 제도를 포함하는 데로까지 확장될 수 있다. 이렇게 가정된 다양한 체계를 언급하면서 참가자들은 마찬가지로 매력적인 또는 동일한 내시 균형 가운데 하나를 결정할 수 있다.

이제 유명하고 널리 언급되면서 자주 응용되는 '죄수의 딜레마' 게임(〈표 5.4〉)을 고려해보자. 이 게임의 전통적인 형태에서는 두 명의 용의자가 범죄를 저지른 것에 대해 심문 받는 것에서 시작한다. 분리된 채 심문을 받으면 이들은 서로 의사소통을 할 기회를 가지지 못한다. 그러나 그들은 범죄를 자백하지 않으려면 협력할-행동을 조정할-필요가 있다(이것을 '협력' 또는 '범죄 부인'이라고 부르자). 그러나 심문관이 현명해서 각 용의자들이 범죄를 인정하면('배신'하거나 범죄를 '자백'하면) 우대조치를 제공할 보상체계를 세운다.

각 용의자 또는 죄수는 딜레마에 직면한다. 한 명의 용의자가 배신하는(범죄를 자백하는) 것을 선택하고 다른 이는 협력(범죄를 부인)한다면, 배신한 이는 (상대방에 대해 증언하기로 거래하여) 출소하고, 협력한 이는 모든 형량을

표 5.4 죄수의 딜레마 게임

		용의자2	
		배신	협력
용의자1	배신	3, 3	0, 5
	협력	5, 0	0.5, 0.5

위해 교도소로 간다. 두 피의자가 협력한다면(범죄를 부인한다면), 좌절한 심문관은 두 용의자들에게 작은 형량을 매겨서 두 용의자는 짧은 형기를 받게 된다. 하지만 보상체계는 이런 방법적으로 합리적인 용의자들이 배신(자백)하도록 강제하기 때문에, 이들은 둘 다 그렇게 하며, 최대 형기보다는 짧은 형기를 받으며, 협력(범죄를 부인)했을 때 받을 수 있는 작은 처벌보다는 큰 처벌을 받게 된다. 그런 이유로 결정을 내리기 위해 조정하는 것이 자신들의 이익에 부합하여 범죄를 부인해야 하지만, 서로 협력할 수 없기 때문에 유일한 합리적 대안인 범죄 자백으로 서로를 배신한다. 이것이 유일한 대안인데, 각자 범죄를 부인할 때 상대방이 자백할 경우 그 상대방은 출소할 수 있다는 걸 알기 때문이다.

〈표 5.4〉에서는 수감기간을 보상으로 여겨라. 이처럼 특수하게 대칭적으로 설정된 게임에서는 두 용의자는 우월전략을 가진다. 각 값을 비교했을 때 배신(범죄 자백)이 협력(범죄 부인)을 지배한다(3〈5이고 0〈0.5이다.). 이 게임에서 우월전략(과 내시) 균형(배신, 배신)은 두 용의자가 협력해서 나타날 수 있는 결과와 비교하면 파레토 차선이 될 수 있다. 이런 경우 문제는 게임 참가자들 간 의사소통이나 신뢰나 확실한 위협이 없으면 도구적 합리성이 협력을 만들기 위해 작동하지 않으며, 따라서 자주 적은 형기(파레토 우월 결과)의 결과로 이어지지 않는다는 것이다. 이것이 이 게임을 죄수의 딜레마라고 부르는 이유다. 내시 균형은 게임 참가자들에게 최선의 결과가 아니기 때문에 이 게임은 사익을 위한 행동(즉 두 범죄자는 범죄를 자백한다)

은 사회 이상향을 낳는다는 애덤 스미스의 관점을 무너뜨린다.

죄수의 딜레마 게임은 균형 결과가 유일하고 안정적이면서 파레토 차선이기 때문에 특히 흥미롭다. 그리고 앞서 묘사한 순수 협력 게임처럼 도구적 합리성은 협력의 파레토 우월 결과에 도달하기에 충분치 않다. 파레토 우월 결과를 성취하기 위해서 게임 참가자들은 의사소통을 해야 하고 행동을 조정해야 한다. 이는 게임이 무한정 반복될 수 있고 참가자들이 협력에 대한 보상을 볼 수 있다면 가능하다. 예를 들어 게임 참가자들이 배신을 용서하지 않는 범죄 조직의 조직원일 가능성을 고려하자. 이는 게임을 반복 게임 형태(배신자가 출감된 후에도 게임이 '더' 일어나고)로 바꾸고, 협력정책에서 벗어나는 용의자에게 확실한 위협을 만든다(범죄 조직은 용의자에게 복수한다).

신고전학파 경제학자들은 '죄수의 딜레마' 게임을 여러 맥락에서 사용한다. 우리는 여기서 두 가지 예를 고려할 수 있다. 첫째 여러 학생들이 함께 사는 집을 고려해보자. 각 학생들은 각 학생들은 개인 침실을 가지고 있지만, 부엌, 욕실, 다른 공간을 공유한다. 공동의 공간을 유지관리하고, 정기적으로 청소를 하면 모든 이들에게 이득이 된다. 깨끗함은 '공익'이다. 어떤 이도 그 공익에서 배제되지 않으며, 깨끗함을 누리는 어떤 학생의 기쁨이 다른 이의 기쁨을 줄어들게 하지 않는다. 공동의 공간을 청소하는 데는 노력이 요구된다. 전통적 신고전학파 이론은 개별 학생들이 청소를 비효용(소득 없이 청소를 하면서 여가시간을 포기하는 것)으로 여긴다고 가정하며, 따라서 개별 학생들이 청소하는 데 노력을 최소화하려고 하고, 친구들의 청소에 '무임승차'하려고 한다고 예상한다.

모든 하우스 메이트가 이런 식으로 생각한다면, 균형 결과는 유일하고 안정적이지만 공동 공간에서는 파레토 차선의 깨끗함 수준이 될 것이다. 심해지는 더러움과 쌓여가는 쓰레기에 대한 긴장으로 인해 함께 살기가 파경으로 이어질 수도 있다. 그러나 함께 살기가 계속 유지되는 많은 사례가 있다. 그런 경우에는 학생들이 만나고 의사소통하며, 함께 헌신하고 행동을 조정하는 합의에 참여해야 한다는 것을 집단적으로 인식한다. 그런 셰어하우스는 비협력 게임을 협력 게임으로 바꾸면서 공익을 위한 문제를 해결한다.

문제의 공익이 가정 또는 이웃 수준에서 도시, 주, 국가의 수준으로 올라오면, 다른 종류의 집단 장치가 고안되어야 한다. 예를 들어, 그런 공익은 정부가 결정하고 만들 수 있으며, 세금으로 재정을 충당할 수 있다. 원칙이 남는데, 조정되고 조직된 사회 또는 정부 노력이 모두에게 더 낳은 결과를 얻는 데 필요하다는 것이다.

죄수의 딜레마 게임을 적용하는 두 번째 예에서 과점의 경우(앞에서 논의된 베르트랑 모형)로 돌아가서 시장 점유율을 위해 경쟁하는 같은 크기의 기업들을 가정해보자. 우리는 가능성 있는 게임의 결과에 초점을 맞추기 위해 자세한 내용을 생략할 수 있다. 기업이 담합하지 않는다면, 그들 간 경쟁은 가격이 한계비용과 같아질 때까지 가격을 낮출 것이다. 기업들이 협력한다면, 집단적으로 한계비용과 같은 한계 수입을 설정할 수 있고, 그 결과로 나타나는 가격으로 서로 경쟁 할 때 보다 더 많은 이윤을 벌 수 있다. 그러나 한 기업이 담합협정을 파기한다면, 이 기업은 담합하고 있을 때보다 훨씬 더 많은 이윤을 벌 수 있지만, 이는 다른 기업들의 이윤 감소 대가다. 모든 기업들이 담합협정을 파기한다면, 모든 기업의 이윤이 경쟁으로 같아지고, 시장이 가격과 한계수입이 같은 결과로 돌아갈 때까지 생산을 확대할 것이다. 질문은 기업들이 담합협정을 준수할 것인가 아니면 파기할 것인가이다.

이것이 계속되고, 반복되는 게임임을 고려하면 기업들은 담합을 해낼 수 있고, 담합을 유지하는 합의를 지킬 수 있고, 한계비용보다 높은 시장

가격을 성취하여 담합 기업들이 (소비자를 희생시켜) 더 높은 이윤을 얻을 수 있다. 제2차 세계 대전 후 30년 동안 7개 주요 국제 석유 기업들(7공주라고 알려짐)은 석유 생산의 통제를 유지하기 위한 협력을 했기에 그들 간 경쟁이 가격을 침체하게 하거나 예외적으로 높은 이윤을 위협하지 않았다. 이 경우에는 앞에서 예로든 공익의 경우와 다르게 기업의 이윤을 개선하는 협력 결과는 소비자의 이익에 손해를 끼친다.

이제 대부분의 신고전학파 교과서는 게임 이론과 그 응용에 최소한 한 장(章)을 할애한다. 최근 몇 년 동안 경제학에서 협력 게임과 죄수의 딜레마 게임 형태의 응용이 확산되었다. 두 종류의 게임은 제도적 맥락과 대책(contingency) 없이 오직 도구적 합리성에 의존하는 전통적 신고전학파 경제 이론의 한계를 보여준다. 게임 이론의 모형은 선호 균형 결과에 도달하기 위해 비시장 제도(예로 정부, 담합협정)의 발명을 정당화하는 데 돕는다. 그럼에도 불구하고 게임 이론은 호모 에코노미쿠스(아마도 더 강하게 가정하고 있음)라는 신고전학파 개념을 입구점의 하나로 가지고 있고, 균형 선택 문제의 중심성을 유지하고 있다. 이런 개념들을 유지하고 있다는 것은 게임 이론 모형들이 사회적 맥락의 중요성을 주장하고 개입주의 정책 의미를 지니지만, 신고전학파 전통의 틀에 초점을 맞춘 개인주의와 균형 내에서만 그렇게 한다는 것이다. 몇몇 옹호자들은 이것이 정확하게 자신들의 강점이라고 한다. 즉 게임 이론은 신고전학파 전통의 방법론적 틀을 지니면서 '보이지 않는 손'을 보완하기 위한 '보이는 손'의 이론적 정당화를 제공한다는 것이다. 다른 이들한테 이것은 그 이론의 한계이다. 고전적 게임 이론 연구는 신고전학파 전통을 확대하고 수정할 수도 있지만, 신고전학파 이론 범위 내에 확실하게 머물면서 그렇게 하기 때문이다.

진화 안정성과 진화 게임 이론

주체들이 행동을 바꾸지 않고 도구적 합리성에 따라 행동하는 고전적 게임 이론과 같지 않게, 주체들이 전략을 위해 소통을 하면, 진화 게임 이론은 다르게 전개된다. 이 접근법은 주체들이 게임이 되풀이 되는 과정에서 배우고 행동을 조정할 수 있는 동적 과정처럼 설계할 수 있도록 한다. 이 접근법 연구자들은 진화 생물학의 개념을 경제학으로 도입한다. 게임 이론가들은 적응도를 효용으로 자연선택(채택)을 배움(적응)으로 대체했다. 배우고 적응하는 주체를 옹호하여 도구적 합리성을 버린 것은 진화 게임 이론을 신고전학파 전통으로부터 떼어놓는 중요한 차이가 되었다. 진화 게임 이론에서 호모 에코노미쿠스라는 상징은 특수한 경우가 되었는데, 단지 채택될 수 있거나 적응되어 나타날 수 있거나 기각될 수 있는 많은 다른 것들 가운데 하나의 가능성 있는 행동 유형이다.

이런 중요한 차이에도 불구하고 이 진화적 접근법은 균형 문제에 초점을 맞추는 것에서 고전적 게임 이론과 유사하다. 하지만 진화적 접근법의 적응이라는 동적 과정에 대한 관심은 전통적 신고전학파 경제학과 고전적 게임 이론의 핵심적 균형 개념과는 다른 균형 개념을 요구한다. 진화적 접근법의 균형 개념은 진화적 안정성이라고 부른다. 이것은 사회적 관습들에 의해 촉진되는 자기 구속적 균형으로 묘사된다. 사회적 관습은 주체들로 하여금 게임이 일어나는 일련의 과정에서 안정적인 방식으로 자신들의 전략을 조정할 수 있게끔 한다. 진화적 안정 전략은 모집단 안에서 충분한 수의 주체들이 채택하면 이것을 채택하지 않는 적은 수의 사람들은 불리하게 되는 행동 유형이다.

진화 게임 이론을 보여주기 위해서 우리는 이 이론의 유명한 예가 되는 '매와 비둘기 게임' 보상 행렬(〈표 5.5〉, '보수 행렬'로도 번역됨-옮긴이)을 소개

표 5.5 비둘기와 비둘기 게임

		참가자2	
		매	비둘기
참가자1	**매**	0, 0	3, 1
	비둘기	1, 3	2, 2

한다. 이 게임에서 주체들은 매와 비둘기를 놓고 전략적 선택을 해야 한다. 둘 다 매를 선택하면, 둘 다 파이를 조금도 가지지 못하게 되고(왼쪽 상단), 둘 다 비둘기를 선택하면 파이를 나누게 된다(각자 2/4씩 가지게 된다. 오른쪽 하단).

다시 한 번 우월전략은 없지만 세 가지 내시 균형이 있다. 두 개는 순수전략이라고 부를 수 있는 것에 포함되는데, 주체들이 다르게 선택하는 것에 포함된다(한명은 매, 다른 한명은 비둘기). **순수 전략 균형은 주체들이 두 가지 전략 가운데 하나만 선택해야 하는 것이다.** 세 번째 내시 균형은 주체들이 혼합전략을 선택할 때 달성된다. **혼합전략 균형은 주체들이 어떤 확률을 가지고 두 전략을 혼합하여 선택할 수 있다.**

먼저 두 가지 순수 전략 균형과 선택에 집중해보자. 각 주체가 상대방이 어떻게 할지 모르지만 선택에 대한 보상은 상호 의존적이다. 참가자1이 매를 선택한다면, 참가자2는 비둘기를 선택해야만 한다. 참가자2가 비둘기를 선택한다면 참가자1은 매를 선택해야 한다. 같은 논리가 다른 균형 상태에도 적용되는데, 참가자1이 비둘기를 선택한다면 참가자2는 매를 선택해야 하고, 참가자2가 매를 선택한다면 참가자1은 비둘기를 선택해야 한다. 두 참가자간에 의사소통 없이 한 번으로 끝나는 (반복되지 않는) 게임에서는 이 두 가지 순수 전략 내시 균형 가운데 어떤 것이 게임의 결과가 되는가? 이것은 특히 흥미로운 균형 선택 문제인데, 두 균형 결과간 선택이 두 참가자 간 대립을 포함하기 때문이다. 즉 매를 선택하는 사람은 파이의 3/4을 가지게 되고, 비둘기를 선택하는 사람은 1/4을 가지게 된다.

균형 결과에 도달하는 한 가지 방법은 '관습'을 통해서이다(Sugden 1989). 균형 선택 문제에 대한 이 논리는 앞에서 논의한 셸링의 '초점' 개념과 닮았지만 좀 더 미묘함을 가진다. 다른 관습의 예로 '선착순', '찾는 사람이 임자', '후입 선출', '나이 많은 순', '나이 적은 순' 등이 있다. 어떤 경우에서는 제비뽑기가 하나의 관습으로 만들어질 수 있다. 관습은 특수한 균형 결과가 만들어질 수 있게 하는 사회적 규칙 또는 규범이다. 그런 의미에서 그것들은 게임 이론가들이 그 결과를 얻기 위해 언급하는 구조 법칙들과 아주 닮았다. 그러나 우리는 인본주의가 어떻게 구조주의로 기우는지 또 다른 예를 가지고 있다.

우리는 이제 혼합전략 내시 균형을 검토하는 쪽으로 돌아가자. 사실 매와 비둘기 게임의 전통적인 '생물학적' 모형에서 혼합전략 균형('모집단 분포'로서 해석됨)은 유일한 해결책이다. 참가자1이 매를 선택할 때 예상되는 보상의 값은 다음과 같은 방식으로 쓸 수 있다.

$$EV(H)=p(0)+(1-p)(3)$$

$EV(H)$는 참가자1이 매를 선택할 때 예상되는 값, p는 참가자2가 매를 선택할 가능성, 0과 3은 참가자1(매를 선택할 때)의 보상을 나타낸다. 이 방정식은 각 확률을 이용하여 가능한 행렬 보상을 계산함으로써 매를 선택하는 참가자1의 예상되는 보상을 계산한다. 마찬가지로 참가자1이 비둘기를 선택할 때 예상되는 보상의 값은 다음과 같다.

$$EV(D)=p(1)+(1-p)(2)$$

p는 매를 선택하는 참가자2의 확률이다. 혼합전략 해에서 예상되는 보상은 서로 같아야 하는데, 그렇지 않으면 선택에 대한 보상이 없기 때문이다. 그러므로 EV(H)=EV(D)라고 놓고 p를 풀면 다음과 같다.

$$p = \frac{1}{2}$$

참가자들이 동일하기 때문에 보상 체계를 고려하면 각 참가자는 게임을 하는 동안 매를 선택하는 경우가 절반이 될 것이다.

이 게임과 결과를 생각해보는 다른 방식은 제비뽑기인데, 각 참가자가 매를 선택하는 50%의 확률을 가진다. 모집단 해석으로 옮길 경우 이는 균형 상태에서 모집단의 절반은 매를 선택하고, 나머지 절반은 비둘기를 선택한다. 이런 종류의 틀을 고려할 때, 진화 안정성 전략은 게임 동안 절반은 매를 선택하고, 진화 안정성은 인구의 절반이 매를 선택할 때 달성된다. 이런 결과는 보상 체계가 바뀔 때 변화한다.

진화 게임 이론의 신고전학파 전통과 이와 관련된 진화 안정성 개념 내에서 증가하는 중요성에 대해 다르면서 아주 보충적인 많은 설명이 있다. 우리는 단지 그 가운데 세 가지만 강조하겠다. 첫째 가장 중요한 것은 학제 간 참여로 향하는 폭넓은 경향이 있는데, 이는 때때로 경제 분석 모형을 다른 학문 쪽으로 확대하는 형태를 취하며(정치학에 게임 분석 이론을 사용), 때때로 다른 학문으로부터 방법론을 빌려오는 형태(인지 심리학으로부터 실험 방법론을 빌려옴)를 취한다. 후자의 맥락에서는 우리가 앞에서 이미 논했듯이 동기 다양성을 연구하기를 원하는 신고전학파 경제학자들은 진화생물학으로부터 모형화 방법을 빌려왔다. 때때로 개념(또는 방법)이 경제 분석의 타당한 도구로서 전통으로 들어가게 되면, 빠르게 확산되고 생명력을 가지는 경향이 있다. 특히 그것을 경제학자들이 이용하는 것을 바람직하게 만드는 다른 요소들이 있을 경우에 그렇다.

두 번째, 일단 경제학에 도입되자 진화게임 모형의 사용은 게임 이론가들 사이에서 선호되었는데, 진화생물학의 균형 개념이 가능성 있는 내시 균형 집합을 좁혀주는 바람직한 특성을 가지고 있었기 때문이다. 그것은 균형 개념이 중심역할을 한다는 전통에 아주 유용한 결과였다. 그럼에도 불구하고 모집단 분포의 수준에서 그 문제를 정식화하고 개별 주체들이 어떤 행동 특성을 배울(조정할) 수 있도록 하는 것에서, 진화 모형은 인간 합리성과 관련해서 표준 신고전학파 가정과 단절을 나타낸다.

세 번째 논리(아마도 더욱 심오한)는 균형 문제를 진화론 차원에서 표현하는 더 광범위한 정치 및 경제 정책 의미와 관련된다. 일단 내시 균형이 먼저 있던 신고전학파 균형 개념을 대체하자, 균형 개념은 다양한 사회 주제들에 더 넓은 적용 가능성을 얻었다. 이는 균형 조건들에 대한 논의(가장 넓은 의미에서)가 사회질서의 상황에 대한 논의가 되도록 했다. 특히 논평자들은 매와 비둘기 게임 그리고 비슷한 종류의 진화게임 모형이 죄수의 딜레마 게임 같은 종류에서 생겨나는 개입주의 관점에 대한 특수한 해결책을 제공한다고 언급했다. 달리 말해서 게임 이론 내에서 우리는 앞서 논의했던 자유주의 신고전학파 경제학자와 보수주의 신고전학파 경제학자 간 차이의 또 다른 표현을 보게 된다.

좋은 균형의 세 가지 속성: 효율성, 안정성, 유일성을 떠올려보자. 정치적으로 우리는 이 세 가지 속성을 '좋은 사회'(대안이 필요 없는 안정적이고 효율적인 사회질서)를 위한 조건으로 다시 말할 수 있다. 이런 차원에서 말한다면, 이론가들은 균형 문제에 대해 엄청난 시간과 지적 노력을 지출하고 있음에 의심의 여지가 없다. 이를 염두에 두고 우리가 이미 논의한 게임들 가운데 몇 가지를 다시 살펴보자. 그것들 간 비교를 용이하게 하기 위해 우리는 〈표 5.6〉에 있는 각 접근법에 대해 이 세 가지 속성을 요약한

표 5.6 상이한 종류의 게임 비교

	보이지 않는 손 게임	확신 게임	죄수의 딜레마 게임	매와 비둘기 게임
효율성	✓	✓		
안정성	✓	✓	✓	✓
유일성	✓		✓	

것을 보여주고 있다.

먼저 '보이지 않는 손' 게임은 세 가지 속성 모두가 존재하며 이는 유일하고 효율적인 내시 균형을 가진다(그리고 모든 내시 균형은 안정적이다). 〈표 5.6〉의 첫 번째 열에서 세 가지 속성에 대해 표시를 하여 이를 보여준다. 이 게임과 속성 표시는 보수적인 신고전학파 경제학자들에게 호소력을 가지는 것 같다. 그럼에도 불구하고 이는 가능성 있는 많은 게임들 가운데 유일하다. 많은 경제학자들은 가능성 있는 사회 상황의 많은 부분이 다른 종류의 게임에 의해 더 잘 묘사되거나 모형화될 수 있다고 믿는다. 예를 들어 그런 종류의 게임은 확신 게임과 운전 게임 같이 협력 문제를 푸는 것을 요구하는 것들이다. 그런 게임은 경제학자들로 하여금 개인의 사익 추구 행동만으로 이르게 할 수 있는 사회적 결과를 개선할 사회 제도를 이용하는 것에 호의적이도록 만든다. 마찬가지로 죄수의 딜레마 게임도 강력한데, 이것은 시장에 대한 시장 외부의 개입(정부행동, 사회적 책임 행동, 단체 행동)을 위한 논리를 제공하기 때문이다. 죄수의 딜레마 게임의 결론은 그 의미가 극명하다. 유일하고 안정적인 균형은 시장 외부 제도에 의해서만 오직 달성될 수 있는 또 다른 (비균형) 결과가 지배하는 파레토이다. 이 게임은 순수한 보이지 않는 손 종류의 설명에 비판적인 신고전학파 경제학자들을 지지해준다.

매와 비둘기 게임은 중요한 측면에서 다른 세 가지 게임과 차별된다. 비교를 간단하게 하기 위해 우리의 논의를 이 게임의 순수전략 형태에 한정한다. 우선 보이지 않는 손 게임과 다르게 어떤 유일한 효율균형도 존재하지 않는다. 둘째, 두 가지 순수전략 내시 균형이 충돌을 보여주기에 (두 균형 가운데 하나의 선택은 참가자 중 한 명에 손해를 끼친다) 이 게임은 확신 게임과 다르다. 셋째, 이 게임은 유일한 파레토 우월 결과가 없다는 의미에서 죄수의 딜레마 게임과 다르다.

달리 말해서 매와 비둘기 게임은 파레토 효율 결과를 선택하는 차원에서 균형 선택 문제를 제기하지 않지만, 오히려 도구적 합리성이 적용되지 않고 선택이 충돌하는 (유명한 파이의) 분배 문제와 관련되는 상황에서 균형 결과를 선택하는 문제를 제기한다. 이런 의미에서 (시장 외부 제도가 모든 이의 후생을 개선하기 위해 개입하는) 죄수의 딜레마 이야기와 다르게 매와 비둘기의 균형 게임은 자발적으로 진화하는 관습의 산물이다. 이런 대조를 더욱 뚜렷하게 보여준다면, 죄수의 딜레마 게임이 파레토 효율성을 개선하기 위한 정부(다른 형태의 시장외부의) 개입에 근거를 제공하지만, 매와 비둘기의 게임은 균형이 정부개입을 위한 어떤 필요 없이 자발적으로 진화하는 관습을 통해서 도달할 수 있는 이야기를 말해준다. 이런 결과 그 자체로는 게임 이론 연구 분야에서는 중요한 차이의 계기를 구성하지만 매와 비둘기 게임은 사회 균형에 도달할 수 있는 적합한 조건을 찾기 위해 탐구하는 측면에서 다른 게임들과 공통점을 가진다. 이런 탐구는 한편 신고전학파 이론이 해왔던 것을 규정한다.

결론

1970년대부터 신고전학파 전통은 흥미로운 변화를 겪었다. 내부 및 외부 비판과 계속되는 학제 간 상호침투에 대응하여 신고전학파 전통은 전적으로 새로운 분야로까지 분석을 확대했다. 하나의 결과는 어떤 이는 특화라고 부르는 것, 다른 이는 분화라고 부르는 것이다. 이 장은 신고전학파 이론에서 있었던 최근 확장의 세 가지 중요한 전개, 즉 시장 불완전성, 인간 행동, 균형과 관련된 것에 초점을 맞추었다. 이런 전개는 신고전학파 이론의 특화 범위와 깊이를 강화해줄 뿐만 아니라 방법론적 기초를 풍부하게 해주는 다른 학문으로부터 도입된 연구 프로그램의 영향을 보여준다. 따라서 어떤 논평가들에게 신고전학파 경제학은 분화되고 있는 것으로, 그것의 핵심 명제들이 알아볼 수 없게 또는 모습이 다르게 수정된 것으로 이해 될 수 있다.

그러나 우리의 조사와 검토는 반대의 의미를 시사한다. 최신 신고전학파 경제연구 프로그램 사이에서 일어난 깊고 공통된 경향은 신고전학파 이론의 전통적 인본주의 입구점과 그것이 가지는 우선적인 사회적 목적을 유지하는 것이었다고 우리는 밝혔다. 경제를 움직이게 하고 결정하는 것으로 추정 되는 것은 선호를 극대화하는 합리적 주체들이고, 그들의 목표는 경제학의 목표와 마찬가지로 균형 형태로 표현된 사회적 조화를 달성하는 것이다. 최신 신고전학파 이론의 새로운 특화는 신고전학파 이론의 입구점을 원래 연구 영역을 뛰어 넘어서 새로운 연구 분야에 적용한 것이었다. 모든 종류의 사회제도에 대한 최신 신고전학파의 해석은 거래비용, 제한된 합리성, 정보 비대칭, 내시 균형, 진화 안정성 등의 개념을 사용하여 만들어졌다. 최신 신고전학파 경제학은 스스로를 사회 전체 분석과 결부시켰고, 사회 전체에 대한 분석을 제공했다. 이를 두고 어떤 이들은 경제학이 다른 학문을 식민지화 하는 것으로 간주한다.

우리는 이런 전개들 가운데 몇몇은 행동 경제학과 진화 게임 이론의 예처럼 전통적 신고전학파 입구점을 공공연하게 도전하지 않더라도 약화시켰던 경우를 언급했다. 우리는 신고전학파 내에서 진정한 단절이 일어나서 더 이상 신고전학파가 아닌 경제학자들로 된 상당한 집단이 새롭고 다른 입구점을 채택한다 해도 그렇게 놀라지 않을 것이다. 결국 그런 단절은 어떤 이론에서나 그리고 모든 학문에서 일어난다. 이 책의 소재는 다른 입구점에 기초해서 세워진 신고전학파, 케인스주의, 마르크스주의 이론 사이에서 벌어지는 경제학내에서 경합하는 차이들이다. 이런 차이들은 학문으로서 경제학 역사에서 일어난 단절들에서 생겨났다.

그러나 최근 몇 십년간 일어난 신고전학파의 주요 발전들에 대해 이 장에서 검토한 것을 보면 신고전학파 입구점이 단지 약간 수정되었음을 보여준다. 이 이론(출발 구성 관념과 논리)은 여전히 자신의 전통을 따르고 있다. 이것이 우리가 이 장의 제목으로 '최신 신고전학파 이론'을 쓰는 이유다. 시장 불완전성에서부터 인간의 다른 행동들과 게임 이론의 균형 개념까지 모든 종류의 흥미로운 대책을 받아들이면서, 신고전학파 경제학자들은 전통적 신고전학파 프로젝트가 사회적이고 지적인 상황의 변화에 대응할 뿐만 아니라 더욱 다재다능한 것으로 만들었다. 이런 의미에서 신고전학파 경제학은 몇몇 마르크스주의자, 케인스주의자, 게임 이론가와 다른 유사한 생각을 가진 비판가들이 주장하듯이 거의 죽은 것은 아니다. 실로 비판은 신고전학파 경제학을 살아남게 했고 번성하게 했다.

제6장

자본주의에서 진동과 경제 이론 간 진동

자본주의는 항상 변화하고 있다

자본주의는 경쟁이 심한 시장을 가진 경제에서부터 경쟁이 약한 시장을 가진 경제로까지 국영 기업보다 민영 기업이 상대적으로 많은 경제에서부터 그 반대의 경우로까지, 더 민주적인 정치를 가진 경제에서부터 더 권위적인 정치를 가진 경제로까지 항상 변화한다. 이렇게 다른 성격들이 혼합되어 역사적으로 다양한 자본주의의 종류와 형태를 만들었다. 이런 변화들 때문에 이렇게 변할 수 있는 경제를 언급할 때 '자본주의들'이라는 복수형태를 사용하는 게 더 정확할 수 있다. 물론 (대부분이 아니라 하더라도) 많은 경제학자들과 다른 사람들은 자본주의를 그런 방식으로 이해하지 않는다. 그들의 관점에서 자본주의는 사유재산 제도(와 민간 기업)가 대부분 또는 유일하게 도입되어 있고, 경쟁시장이 있는 사회이다. 어떤 이들은 이 두 가지에 정치적 민주주의를 더할 수 있다. 이런 사상가들에게는 사회가 자본주의의 정의인 사유재산 제도/시장/민주주의로부터 멀어져갈수록 (비민주적인) 사회주의와 공산주의로 더 가까워져가는 것이다. 우리는 이 장에서 다른 것을 주장하려고 한다. 우리는 자본주의가 잉여의 기본 조직화는 그대로이지만 시장, 소유, 권력의 구조가 변화함에 따라 어떻게 한 종류의 자본주의에서 다른 종류의 것으로 진동하는지 왜 그러한지 보여줄 것이다. 우리는 또한 민간 자본주의와 국가자본주의(이들의 대립은 20세기의 많은 부분을 형성함)라는 극단적 변화 사이의 특수한 유사점과 차이점에 특히 관심을 둘 것이다.

지난 140여 년 간 자본주의는 여러 형태 사이에서 진동했을 뿐만 아니라 자본주의를 이해하는 데 초점을 맞춘 경제 이론도 여러 종류의 논리 사이에서 진동했다. 더욱이 이 두 가지 진동은 서로 관련된다. 한 형태의 경제 논리에서 다른 형태로 변화는 자본주의 형태들 사이의 변화에 의해 영향을 받았다. 경제와 경제 이론 간 이런 복잡한 상호작용은 역시 이 장의 초점이 될 것이다. 우리는 자본주의의 불안정성, 모순, 주요 위기에 대한 논의로 시작할 것인데, 이런 요소들은 자본주의 변화와 (자본주의를 다르게 이해하고 그에 따라 자본주의 문제와 위기에 다른 해법을 제공하는) 상이한 경제 이론화의 기여 요인이다.

불안정성과 자본주의

자본주의는 유럽에서 천년 동안 존재했던 봉건주의를 뒤이은 체제로 18세기에 등장한 이래 불안정한 경제체제였다. 자본주의의 불안정성은 항상 다중적이었다. 하나의 불안정성은 생산체제 중심에 자리 잡고 있는 것인데, 고용주와 피고용자 간 관계의 내적 모순에서 생겨난다. 양쪽은 서로 의존하고 있지만 서로 의심하고 신뢰하지 못하고 종종 적대적이다. 고용주-피고용자 관계는 자본주의를 불안하게 하고 변화시키는 방식으로 주기적으로 폭발한다(쟁의 행위, 파업, 공장폐쇄, 시위, 노조 조직화 추진 등). 때때로 이런 변화들은 노동이 자본에 비해 상대적으로 강한 자본주의 형태를 낳기도 하고 때때로 자본가들이 우위에 있는 자본주의 형태를 낳기도 한다.

또 다른 불안정성은 자본가 간 경쟁에서 생겨난다. 이것은 종종 자본가들로 하여금 노동자들이 시간당 생산물을 더 많이 생산하도록 압박하게 하거나 복리(의료보험, 휴가 등)를 포기하도록 추진하게 한다. 때때로 고용주들은 경쟁의 위험 또는 비용을 피하기 위해서 협력하거나 뭉친다. 때때로 경쟁은 무자비하게 거의 한명 또는 소수만 제외하고 모두를 제거하기도 한다. 이런 방식으로 경쟁은 경쟁 자체를 무너뜨리고, 카르텔이나 과점이나 독점을 낳는다. 독점이 시장력을 사용하여 가격을 올리면 그런 가격을 지불해야 하는 이들의 반대가 일어난다. 그런 반대자들은 정부로 하여금 독점을 더 작고 경쟁적인 기업으로 분할하도록 함(트러스트를 부숨)으로써 종종 싸운다. 카르텔과 독점의 큰 이윤은 경쟁이 다시 생겨날 수 있는 새로운 진입을 부추길 수 있다. 따라서 진자는 대부분의 산업 내에서 경쟁과 독점 사이에서 진동하며 그런 이유로 경쟁이 심한 자본주의와 경쟁이 약한 자본주의 사이에서 진동한다. 경쟁 옹호자와 카르텔·과점·독점 옹호자 간 투쟁은 자본주의의 변화를 형성할 뿐만 아니라 자본주의를 불안하게 만드는 방식으로 되풀이해서 정치를 선동하고, 형성한다.

또한 경쟁은 노동자로 하여금 고용주와 거래할 때 노동자가 서로서로 저가로 공급하게끔 추동한다. 노동자들 간 협력은 고용주들 간 협력처럼 때때로 집단적으로 고용주를 대하면서 경쟁의 위험과 비용을 피할 수 있게 한다(종종 노동조합을 통해서). 노동자들의 단체 협상이 성공적일 때는 개별 협상 때보다 고용주로부터 더 나은 임금, 더 짧은 노동주, 개선된 노동조건을 얻을 수 있다. 이에 대응하여 고용주들은 노동자의 경쟁을 재개시키고 따라서 더 낮은 임금을 만들기 위해서 협력하여 노동조합을 약화시킬 수도 있다. 고용주와 피고용자들 둘 다 상대편의 이익에 반하고 자기편에 유리한 입법을 위해 국가를 압박한다. 생산물 시장처럼 노동시장은 더 심한 경쟁과 더 약한 경쟁 사이를 진동해 왔고, 그리하여 규제가 강화된 자본주의와 규제가 약화된 자본주의 사이를 진동해 왔다. 그런 진동은 때때로 분노와 적대감을 높여서 충돌(파업, 직장폐쇄, 폭력)을 낳았으며, 자본주의 사회들을 뒤흔들고 자본주의를 하나의 변종에서 다른 변종으로 변화시키는 것을 도왔다.

불안정성의 또 다른 원천은 사회적 차이를 줄이거나 확대하는 자본주의의 모순 경향에서 생겨난다. 예를 들어 어떤 점에서 자본주의의 기술적 동학, 세계 성장, 시장 민감성들은 보통의 배경을 가진 개인들이 높은 소득, 정치력을 얻을 수 있는 기회를 제공했다. 자본주의는 이전에 존재했던 것보다 출세할 수 있는 훨씬 큰 길을 제공하는 공공 교육체계를 발전시켰다. 세계 시장을 낳는 자본주의의 확대 경향은 다양한 배경의 사람들로 된 대규모 이민을 부추기고 가능하게 만들었다. 그러나 사회적 차이를 줄이는 이런 제도들은 그 반대 방향으로 압박하는 다른 것들과 함께 자본주의 내에서 존재한다.

자본주의 경제에서 부를 축적하는 이들은 다른 이들이 그렇게 하지 못하도록 부를 사용할 수 있다(독점화된 산업이 '진입 장벽'을 만드는 것처럼, 즉 상표명 및 허가법은 새로운 기업들이 경쟁하는 것을 막고 있다). 자본주의 발전은 종종 두 부류의 산업, 즉 독점기업과 소규모 경쟁기업을 창조하며 그들 사이에 오랜 적대를 조성한다. 더 많은 이윤을 추구하는 고용주들은 높은 임금의 토착 노동자들을 해고하기 위해 낮은 임금의 이민자들을 고용하여, 높은 임금의 남성 노동자들을 해고하기 위해 여성 또는 어린이를 고용하고, 높은 임금의 다수민족 집단을 해고하기 위해 소수민족 집단을 고용하는 등의 일을 함으로써 자본주의 사회 내 분열을 심화시킬 수 있다. 고용주들 간 갈등과 고용주와 피고용자 간 갈등으로 노동자들 사이의 경제 불평등은 커져서 때때로 사회갈등을 유발할 수 있다. 그것은 역시 자본주의 사회를 불안하게 만들 수 있고 자본주의 사회를 급진적으로 바꿀 수도 있다. 이런 불평등과 불평등으로 인한 갈등은 정부의 더 많은 경제 개입을 초래할 수 있다. 그것은 국가관리 자본주의 형태에 합쳐질 수 있는 시장 규제, 세금 부과, 복지 프로그램을 포함한다. 여기에 대응하여 민간의 개입이 더욱 강화되는 자본주의를 만들기 위해 그와 같은 국가개입의 부분을 많이 없애지 못한다면 줄이는 방향으로 사회 압박이 강화될 수 있다.

고용주와 피고용자 간 투쟁, 경쟁 기업과 독점 기업 간 투쟁, 불평등이 존재하고 분열되어 있는 사회집단 간 투쟁은 자본주의의 가변성과 자본주의의 여러 형태 사이의 변화에서 중요한 역할을 한다. (국가의 사회역할에 대한 상이한 관점 사이의) 다른 진동도 자본주의의 다른 형태 간 변화를 만든다. 어떤 관점에서는 국가를 모든 시민들에게 사회안전망을 제공하는 것으로 이해하고 기대한다. 다른 관점에서는 국가의 역할은 사유재산제도와 경쟁시장의 수호자로서 매우 한정된다. 전자의 역할이 지배적일 때, '큰 정부'와 '국가의 사생활 침해'에 대한 불만과 세금, 복지 지출, 규제에 대한 반대가 쌓일 수 있다. 훨씬 제한적인 국가 역할이 지배적일 때, 가난한 이들의 상황, 기업의 부당 행위에 대해 우려가 일어날 수 있고 세율 인하와 규제 완화로 이득을 얻는 기업과 부자들에 대해 분노가 생겨날 수 있다. 정부의 올바른 역할에 대한 관점이 이와 같이 다른 관점들 사이에서 진동하며 사회를 지배할 때, 자본주의 불안정성을 더 키우게 되며, 또 자본주의의 불안정성은 이 관점들 사이의 진동을 부추긴다.

자본주의와 경제 이론

자본주의 내 투쟁과 자본주의의 불안정성 및 가변성은 항상 경제 이론들을 자극했고, 경제 이론들에 영향을 주었다. 자본주의 역사에 걸쳐 경제학의 많은 주요 기여자들은 그런 투쟁과 불안정성에 대한 경제적 원인과 결과를 설명하는 데 이끌렸다. 예를 들어 신고전학파 경제학은 경쟁을 찬양하고 독점을 비난하는 데 목적이 있었다. 이 이론은 항상 개인 선택의 독립성과 자유가 소득, 부, 실업, 그 외의 많은 것들을 결정한다고 옹호했다. 이 이론은 끊임없이 너무 집중된 산업과 너무 강력한 국가가 개별 경쟁 자본주의와 이것이 보장할 수 있는 최적의 경제 후생을 무너뜨릴 수 있다고 걱정했다. 반대로 케인스주의 경제학은 자본주의 경기순환이 초래하는 대가를 피하고 모든 시민들에게 '건전하고 공정한 사회'를 위해 경제를 규제하기 위해 국가와 국가가 취할 수 있는 조치를 더 고려했다. 신고전학파 경제학자들에 대항하여 케인스주의 경제학자들은 자본주의의 생존과 자본주의가 보장할 수 있는 최적의 결과를 뒷받침하기 위해 강한 국가가 필요하다고 주장했다. 이 두 학파와 대조적으로 마르크스주의 경제학은 자본주의 내 노동자/고용주 간 갈등과 이 갈등의 대가가 사회에 미치는 영향에 초점을 맞췄다. 오직 마르크스주의 경제학에서는 자본주의의 결함과 대가를 극복하기 위해, 현대 기술의 잠재력을 실현하기 위해, 그리하여 일반화된 경제 후생이 가능하도록 하기 위해 노동자/자본가 관계의 혁명적 변화, 즉 자본주의의 모든 형태를 넘어서는 이행이 요구된다.

그러나 또 다른 자본주의 불안정성이 있는데, 이는 아마도 다른 것들보다 경제 이론 세 학파 사이에 주요 차이를 만드는 것이다. 이 불안정성은 자본주의 역사에서 많은 이름을 가졌었다. 위기, 과잉, 불경기, 과소소비, 과잉생산, 공황, 거품, 경기순환, 경기상승, 경기하강, 경기후퇴, 불황이 그 이름에 포함된다. 이 이름들은 모두 어디에서 뿌리를 내리든 몇 년마다 자본주의를 괴롭히는 반복 현상을 가리킨다. 이는 기업 파산, 은행 예금 인출 사태, 채권자의 상환 요구와 새로운 대출 제한 등을 동반하는 무역, 생산, 고용의 아주 급작스러운 감소와 함께 보통 시작된다. 기업과 개인 소득이 빠르게 감소하고 빈곤이 확산된다. 이런 경제 상황이 지속되면, 노동자들은 전보다 낮은 임금을 받아들인다. 파산한 기업들은 기계, 설비, 원료를 낮은 가격에 판매한다. 공장, 상점, 사무 공간 임대료가 하락한다. 결국 이런 사업 활동 비용의 하락이 어떤 자본가들로 하여금 생산을 재개하거나 새로 시작하도록 유발한다. 경기하강은 충분한 수의 자본가들이 고용과 생산을 결정하여 다른 자본가들도 그렇게 할 수 있도록 수요를 창출할 때 끝난다. 그리하여 불경기는 경기회복으로 전환되며 다음 번 불경기가 시작될 때까지 호황이 지속된다.

이렇게 반복되는 경기하강은 때때로 많은 해고를 낳고 많은 이들에게 타격을 줄 수 있으며 전반적인 경제 및 사회 상황에 따라 오랫동안 지속될 수 있다. 그러면 그 결과로 나타난 빈곤, 궁핍, 미래에 대한 비관이 특히 실직자와 직장과 소득의 불안에 직면한 사람들 사이에 분노와 울분을 불러일으킬 수 있다. 그들의 적대감은 ①자신들의 일자리 문제를 직접적으로 만드는 결정을 한 자본가들, ②여전히 직장에 다니고 있는 동료 노동자들, ④경기하강으로 부가 거의 영향을 받지 않은 사람들, ⑤전통적인 몇몇 사회적 희생양에게 향할 수 있다. 심한 경기하강으로 고통을 겪고 있는 이들은 결국 자본주의에 비판적으로 될 수 있다. 그러면 그들은 경기순환을 피할 수 있고, 일자리와 소득 등을 보장할 수 있는 다른 경제 체제로 전환을 포함하는 근본적인 사회적 변화를 요구할 수 있다.

경제위기는 어떻게 경제 이론에 영향을 주는가

호경기와 불경기의 순환이 그 반복을 방지하는 모든 노력에 굴하지 않고 지속되고 있기 때문에, 경제 이론가들은 자본주의를 이해하기 위한 흥미와 열정이 일어난다. 고전학파 경제학자들과 신고전학파 경제학자들은 부분적으로 경기순환이 자본주의에 대한 이론 및 정치적 반대를 낳기 때문에 대응한다. 신고전학파 설명들은 일반적으로 경기순환이 자본주의에 내재한다는 것을 기각하며 대신에 '외부 요인들'이 경기순환을 일으킨다고 주장한다. 그런 외부 요인들은 토양 비옥도로 인한 농산물 순환, 기후로 인한 자연 순환, 지구의 조수에 영향을 주는 태양 흑점과 달의 중력이라는 천문학적 순환을 포함한다. 다른 원인 요소는 권력의 집중과 사용이 될 수 있다. 기업과 노동조합은 따로 또는 함께 전체 경제를 힘 있는 소수의 결정에 취약하게 만들 수 있다. 예를 들어 임금-물가 소용돌이를 일으키는 독점은 끝내 경기후퇴로 붕괴하는 인플레이션 조건을 창출할 수 있고 에너지 가격 상승을 일으키는 카르텔은 팽창하고 있는 경제를 수축으로 밀어 넣을 수 있고, 시장가격을 결정하는 기업의 힘은 생산량과 고용을 악화시키고, 혁신을 억누르고 그런 이유로 성장도 그렇게 만들 수 있다. 그러나 가장 자주 이론화되는 자본주의 경기순환의 외부요인은 주로 민간 기업과 자유시장으로 이루어진 작동 체계(신고전학파 경제학자들이 자본주의로 엄격하게 규정하고 있는 것)에 정부가 개입하는 것이었다.

자본주의 위기에 대한 정부정책 비난은 17-18세기 유럽의 현대 자본주의와 함께 탄생한 자유방임 성향에서 논리적으로 생겨났다. 등장하던 자본주의는 당시 절대 군주제가 옹호하던 봉건체제에 대항하여 투쟁해야 했다. 영국혁명, 프랑스혁명, 미국혁명은 폭력적으로 봉건 경제체제와 절대적이고, 비대표적이고, 비민주적인 정치권력 둘 다 타도했다. 그 결과는 봉건주의로부터 자본주의로 이행과 함께 일어난 절대 중심 권력에서 의회의 견제와 균형이라는 탈중심화된 체제로 이행이었다. 그러므로 자본주의는 강한 정부를 반대하는 정서와 깊게 관련되었다. 이는 정부가 항상 중요한 역할을 중심적으로 하는 자본주의 경제의 구체적 현실에서보다 이론과 정치적 수사에서 더 많이 일어나는 경향을 가졌었다.

정부가 경기순환의 원인이라는 생각을 가진 신고전학파는 정부가 자본주의 경기하강에서 하는 역할에 항상 대응했다. 대규모 압박은 종종 정부로 하여금 실직자와 극빈자들에게 식량을 분배하도록 했고, 정부 일자리 프로그램, 자본가에 대한 세금(정부의 경제위기 대책에 비용을 대도록 하기 위해), 자본가에 대한 규제(미래의 경기순환을 피하기 위해)를 따냈다. 그와 같은 국가개입은 자본주의 자유방임 지지자들에게 걱정을 끼쳤다. 그들은 그런 정부개입이 영구화되고 확대되어 자신들의 자유, 특권, 이윤, 부, 사회적 지위가 쇠락할 수 있다고 우려했다. 신고전학파 이론의 관점에서 정부의 경제 개입은 자본주의의 성장을 방해하고 심지어는 몰락으로 이끌 수 있는 위협이었다.

시간이 지나면서 하나의 입장이 대부분 신고전학파 경제학자들을 지배하게 되었다. 경기순환은 주로 사유재산제도와 시장을 가진 체제('민간 기업' 또는 '민간 자본주의')에 대한 정부의 부적절한 개입 때문에 일어난다는 것이다. 이 체제는 어떤 개입도 없어야 가장 잘 작동할 수 있다. 민간 자본주의 경제에 경기순환이 일어날 때 그 자체의 작동체계에 의해 가장 잘 수정될 수 있다. 국가개입은 문제를 악화시킬 뿐이다. 정부지출의 증가가 더 많이 있을수록 민간 투자를 밀어낼 것이고 그런 이유로 생산성에 손상을 주고 경제 성장을 악화시킬 것이며, 정부적자는 인플레이션 상황과 피할 수 없는 세금 인상을 만들어서 민간 투자의 유인을 왜곡하고 무너뜨린다고 한다. 법, 규제, 세금, 지출을 통한 정부개입은 민간 기업과 소비자가 사적 이익을 위해 활동할 수 있는 재산권을 제한하거나 심지어는 빼앗아 버리는 방식으로 기능하여 신고전학파가 약속하는 전체 사회의 최적으로부터 멀어지게 하는 기능을 한다고 한다. 결론은 자본주의 경제체제(사유재산제도와 자유시장)는 그냥 내버려두는 것이 가장 좋은 자기치유 체제라는 것이다.

최신 신고전학파 경제학은 균형(이 균형에서 자원들이 완전히 고용되어 모두를 위한 '최적의' 부를 산출한다)으로 향하는 자본주의의 내적 경향에 관한 핵심 명제에서 이런 전통적인 주장을 재활용하고 있다. 그 명제들은 자본주의 호경기-불경기 순환에 대한 도전, 그런 경기순환을 다루기 위한 방법에 대한 요구, 덜 불안정한 자본주의 이후 경제 체제로 전환에 대한 압박 등의 문제에 대해 공들여서 마련한 신고전학파 대응의 긴 역사를 반영한다. 이런 의미에서 신고전학파 이론은 민간 자본주의 이론이 되었고, 신고전학파 이론만이 기업 불안정성에 대한 최선의 해법을 제공하는 이유다.

다른 경제학자들은 신고전학파 경제학자들의 이런 민간 자본주의 형태에 대한 선호의 많은 것을 공유하지만 그들의 분석에 대해서는 동의하지 않으며, 특히 정부에 대한 자유방임적 태도에 대해 그러하다. 그런 경제학자들은 자본주의의 자기치유 과정이 대규모 고통을 줄이거나 경기회복을 빠르게 하는 데 거의 아무것도 하지 못하거나 너무 늦다고 평가한다. 그들의 연구는 자본주의의 작동이 어떻게 경기순환을 만들고, 경기순환을 어떻게 줄이거나, 없애거나, 지속기간을 짧게 할 수 있는지에 초점을 맞춘다. 어떤 학자들은 임금 인상, 기술진보 확대, 신용 개선, 해외무역 기회 확대, 관세 인상, 그 외 다소 실질적으로 가능한 경제 측면의 조정과 같은 변화를 찬성하는 결론에 도달했다. 어떤 이들은 그런 변화를 달성하는 데 목표를 둔 정부 개입을 옹호했다. 그런 이유로 그들은 국가가 더 많이 개입하는 역할을 가진 형태의 자본주의를 옹호했다.

그러나 1930년대 대불황(자본주의 역사에서 최악의 경기침체) 때까지 경제위기가 어떻게 그리고 왜 일어나는지에 대한 일반이론이 등장하지 않았다. 마찬가지로 자본주의 위기를 막거나 반전시키거나 적어도 그것의 사회적 비용을 최소화하기 위해 정부의 어떤 종합 정책도 개발되지 않았다. 대불황은 거대한 고통, 자원의 엄청난 낭비, 부의 엄청난 생산축소를 수반했다. 그 결과 정치인과 언론인뿐만 아니라 빠르게 성장하던 노조와 사회주의 및 공산주의 정당으로부터 비판과 시위는 모든 자본주의 국가들에서 주요한 사회력이 되었다. 당시 세계의 유일한 사회주의 경제인 소련만 세계 자본주의 경기침체를 피했다. 그런 상황은 자본주의 위기의 새로운 일반이론이 나타나는 획기적 전환을 부추겼다. 케인스의 『고용, 이자 및 화폐의 일반이론』은 1936년 런던에서 발행된 후 가장 잘 알려진 획기적 전환이 되었다. 그와 같은 시작으로 케인스 경제학은 신고전학파 경제학 및 마르크스주의 경제학과 함께 정치인, 자본가, 노조, 학자, 언론인, 일반 대중의 마음과 정신을 차지하기 위해 경쟁하는 주요 경제학 이론으로 발전했다.

케인스 경제학 이론은 자본주의 경제가 경기순환을 피할 수 있거나 적절하게 자기치유를 할 수 있다는 신고전학파 이론의 주장에 직접 도전한다. 케인스주의 관점에서 자본주의 경제는 반복적으로 균형을 찾아가며, 이 상태에서는 노동자들이 비자발적으로 실업상태에 있고, 생산 자원들이 유휴하며, 사회에 필요한 생산물이 비생산적으로 된다. 불확실한 세계에서 기업 투자는 아주 위험하며, 이는 알 수 없는 미래에 판매할 상품을 생산하기 위해 현재 자원을 소비하는 것을 요구한다. 그리하여 기업(과 실로 모든 시장 참여자)은 위험 최소화, 사회 관습, 경험칙, 정서에 기초하여 의사 결정을 하는데, 이것들은 함께 좋지 않은 경제 결과를 낳을 수도 있다. 어떤 '보이지 않는 손'도 민간 기업, 노동자, 저축자, 소비자들이 자유시장에서 상호작용하는 경제에서 효율적이고 최적의 결과를 보장하지 않는다. 케인스주의 분석은 어떻게 그리고 왜 경제가 심해질 수 있고 오래 지속될 수 있는 주기적인 위기를 경험하는지 보여준다.

따라서 케인스주의 경제학자들은 정부개입의 선택으로 위기를 줄이거나, 상쇄하거나, 뒤엎을 수 있는 비신고전학파 자본주의 형태를 옹호한다. 정부의 통화정책은 화폐공급에 대한 통제와 따라서 경기대책 목적으로 이자율을 사용하는 것으로 재고되었다. 또 어떤 공공 서비스에 대한 정부의 역사적인 제공(군사 안보, 사법 체계, 입법 체계, 사회 보장 등)과 이에 맞게 과세하고, 차입하고, 지출하는 정부의 권한을 만들어 경기대책 개입이 되었다. 자본주의의 혜택(사유재산, 민간 기업, 시장에서 오는 경제 후생과 성장)을 얻기 위해 케인스주의자들은 정부가 적합한 통화 및 재정 정책을 가지고 체계적으로 개입해야 한다고 믿는다. 극심한 경제위기에서 국가는 불안정성으로부터 자본주의를 구하기 위해 개입하거나 말 그대로 사유재산을 차지할 필요가 있을 수도 있다. 케인스주의 이론은 국가관리 자본주의의 이념적 기초가 되었고, 자본주의의 불안정성에 대한 최상의 해법을 제공한다는 주장의 기초가 되었다. 1930년대 대불황 이후 케인스 이론을 가르치는 학교가 늘어났고, 언론인과 정치인들은 이 이론을 경제문제 해석의 기초로서 의존했다.

1945년부터 1975년경까지 거의 모든 곳에서 케인스주의 경제학 이론과 국가관리 자본주의가 지배할 때 신고전학파 관점에 머물러 있던 소수의 경제학자들은 케인스주의자들이 옹호한 민간부문 대 공공부문의 관계를 자본주의에 대단히 심각한 위협으로 보았다. 그들은 케인스주의 경제학과 이 경제학이 합리화하는 정부개입이 경기순환의 해결책이라기보다 원인이라는 관점을 다시 반복했다. 그들은 작고 약한 정부가 크고 강한 정부보다 낫고, 민간 자본주의가 스스로를 가장 잘 치유한다는 등의 고전적 주장을 새롭게 만들었다. 두 이론의 옹호자들은 서로를 의심의 눈초리로 보았다. 각 진영은 상대방이 자본주의의 생존을 위협한다고 주장했다. 어떤 신고전학파 경제학자들은 국가관리와 일반적인 '큰 정부'에 대한 옹호 때문에 케인스주의자들을 사회주의자라고 비난했다. 케인스의 『일반이론』 이후, 신고전학파 이론과 케인스주의 이론은 자본주의 위기와 그 해법(민간 자본주의 대 국가관리 자본주의)에 대한 지속적인 논쟁에 갇혔다.

자본주의 경기순환은 신고전학파나 케인스주의가 아닌 그 외 경제학 이론가들 사이에서도 상이한 반응을 부추긴다. 그런 경제학자들은 자본주의의 반복되는 위기의 사회적 비용이 자본주의가 최선의 경제체제라는 주장을 무너뜨린다고 믿는다. 경기침체와 관련된 분명한 고통, 자원의 낭비, 불의는 자본주의에 대한 다른 비판들을 강화했고, 북돋웠다. 신고전학파 및 케인스주의 경제학자들과 다르게 이런 경제학자들은 자본주의의 결함은 다른 경제체제, 즉 사회주의로 이행만을 요구한다고 결론 내렸다.

이들 가운데 사회에 가장 영향력 있던 집단인 마르크스주의자들은 자본주의의 불안정성은 자본주의 시작부터 전망된 평등, 자유, 박애를 막는 자본주의의 내적 구조로부터 생겨났다고 주장했다. 자유시장과 상호작용하는 민간 자본주의 기업이 되풀이하여 경제위기를 낳았기 때문에 그리고 케인스주의 개입이 경제위기의 반복을 막지 못했기 때문에 대부분의 마르크스주의자들은 기업과 시장이 사회주의화되어야 한다고 결론 내렸다. 이런 이해는 엥겔스가 『공상적 사회주의와 과학적 사회주의』에서 처음으로 체계적으로 서술했는데 전통적인 마르크스주의 관점이 되었다.

대신에 민간 기업들은 사회 전체가 소유해야 하고, 정부는 민간 기업을 주주와 이사회보다는 사회 전체의 이익을 위해 운영해야 한다. 이런 목적을 위해서 정부는 민간 시장에 의존하기보다는 생산자와 소비자 사이에 자원과 생산물의 흐름을 만들 계획을 짜야 한다. 공적 소유권과 합리적 계획이 자원과 사회적 욕구를 일치시킬 수 있고, 그런 욕구를 충족시키기 위해 자원을 이용할 수 있다. 그리하여 (모든 사람이 사적인 이익을 위해 거래하는) '시장의 무정부성'은 극복된다. 그런 무정부성은 규칙적으로 실직 노동자와 함께 유휴 원료와 생산수단을 초래했다. 따라서 그 무정부성은 시민들을 만족시키고 문제를 해결하는 데 필요한 사회 생산물을 거부한다. 엥겔스는 자본주의와 위기에 대한 최선의 답은 사유재산을 사회화된 재산으로 대체하고 민간 시장 거래를 중앙계획으로 바꾸는 사회주의로 이행이라고 주장했고, 대부분의 마르크스주의자들은 이에 동의한다.

재산의 사회화와 계획은 고전적 마르크스주의 이론이 사회주의를 정의하는 방식이다. 이는 공산주의의 첫 단계로 향하는 이행을 시작하는 것으로 간주되었다. 사회주의는 마침내 자본주의 위기와 그 대규모 고통과 손실을 끝낸다. 자본주의 아래서 발전된 생산과 분배의 기술 및 방법의 완전한 잠재력이 마침내 실현될 수 있고, 사적 이윤과 시장을 위한 도박이 더 이상 경제의 의사결정을 지배하지 않는다. 합리적으로 관리되고 사회적 욕구를 충족시키는(socially oriented) 경제체제에서 이성의 사용이 모든 개인간 비합리적인 자본주의 투쟁과 그 결과로 나타나는 불안정성, 낭비 및 불의에 대해 승리한다.

세 이론이 자본주의 경기순환을 이해하고 대응하는 상이한 방식은 각 이론이 많은 지지자들을 끌어들이는 방식에 대해 영향을 주었다. 경기침체기에 신고전학파 경제학은 보통 약해졌고, 케인스주의 경제학과 마르크스주의 경제학이 부상했다. 경기상승기에는 반대의 현상이 일어날 가능성이 높았다. 경쟁하는 이론들과 각 이론의 상대적인 사회력은 자본주의의 진동에 의해 만들어졌다. 마찬가지로 그런 후에 이론들은 정부가 자본주의 진동에 어떻게 대응할지를 만들면서 자본주의 진동에 영향을 미쳤다. 경제 및 이론의 진동은 계속해서 서로를 만들고 변형시켰다.

경제 진동과 이론의 진동

고전 정치경제학과 마르크스주의

현대 경제학의 탄생은 전반적으로 18세기 말과 19세기 초 애덤 스미스와 데이비드 리카도의 글과 관련된다. 그 글들은 봉건주의가 일찍이 자본주의에 의해 전복되고 당시 자본주의가 가장 발달했던 국가로서 영국의 위치라는 영향 아래서 쓰였다. 스미스와 리카도는 자본주의를 문명을 향한 큰 발걸음이라고 찬양했다. 그들에게 자본주의는 경제성장과 기술 역동성, 부의 축적, 봉건사회의 좁은 한계와 제한으로부터 개인의 자유, 경제 기회를 의미했다. 이것들은 그 후로 자본주의 옹호자들이 말하는 자본주의에 있는 덕목이다. 자본주의에 최초로 체계적 분석을 제공한 고전 정치경제학은 자본주의의 진보성을 찬양했다.

봉건주의 경제(농노가 영주를 위해 잉여를 생산하는 장원에 기초함)에서 자본주의 경제(노동자들이 자본가를 위해 이윤을 생산하는 민간 기업에 기초함)로 전환은 부분적으로 경제의 측면에서 찬양되었다. 자본주의는 봉건주의 아래서 제한되었고 억제되었던 생산성을 촉진했다. 자본주의는 봉건주의가 했던 것보다 훨씬 낫고 빠르게 '국부'(애덤 스미스의 가장 유명한 책 제목)를 확대했다. 그러나 17세기, 18세기, 19세기에 걸친 유럽의 봉건주의에서 자본주의로 이행은 정치적 측면에서 훨씬 자주 정의되고 열렬히 환영받았다. 농노는 봉건 영주의 종속으로부터 '해방'되었다. 전통, 종교, 영주의 무력 때문에 그들은 생산물의 많은 부분을 영주에게 지대로 바쳤다. 또한 농노는 유럽을 지배했던 봉건 위계 구조에서 꼭대기(왕가)에 있던 이들의 힘없는 '신민'으로서 지위에서 해방되었다. 절대 군주와 봉건 귀족의 공간인 유럽은 그 시기 동안 투쟁하여 개인의 해방과 자유로 대체되었다. 그 후로 정부는 정기적으로 선출된 의회로 제도화된 투표, 대의 민주주의, 보통 선거권에 의해 표현된 대중의 뜻에 의존했다.

새로운 경제체제인 자본주의의 열렬한 지지자들은 새로운 정치체제인 대의 민주주의의 열렬한 지지자들과 동맹을 맺었다. 자본주의와 대의 민주주의는 서로 지지하고 북돋우고 의존해야 하는 것으로 믿었다. 영국혁명에서, 나중에 미국혁명과 프랑스혁명에서 그리고 결국 모든 곳에서 자본주의와 대의 민주주의는 봉건주의와 절대 군주제를 대체했다. 스미스와 리카도에 의해 시작된 고전 정치경제학은 대략 1770년에서 1870년까지 그런 역사적 과정의 첫 번째 세기에 대한 이론적 표현과 찬양이었다.

그러나 자본주의의 확산은 비판과 불만을 낳았다. 자본주의는 혜택뿐만이 아니라 비용도 가져왔고, 혜택과 비용이 구성원들에게 평등하게 분배되지 않는다는 것이 밝혀졌다. 자본주의가 경제성장을 가속하는 것이 봉건주의 아래서 겪었던 빈곤의 끝을 의미하지는 않았다. 도시 산업주의로 향하는 자본주의의 경향은 런던과 파리의 번쩍거리는 중심지뿐만 아니라 끔찍한 빈민가도 만들어냈다. 자본주의의 확산은 현재까지 그와 같은 과정을 반복하게 만들었다. 1789년 프랑스혁명은 목표와 목적을 표현하기 위해 '자유, 평등, 박애'라는 구호를 내세웠다. 하지만 19세기가 펼쳐지고 자본주의와 생산이 성장하면서 어떤 이들의 부는 폭발적으로 성장했으며 모두를 위한 자유, 평등, 박애라는 목표는 성취되지 않았다.

자본가들이 고용한 노동자들과 프랑스혁명 및 미국혁명의 민주적 열망으로 고무된 지식인들 사이에서 비판적인 목소리는 자본주의는 봉건주의와 다르지만 정도에서는 크게 다르지 않는 착취와 억압의 새로운 형태를 만들었다고 주장했다. 천천히 그리고 꾸준히 노동자들과 지식인들은 자본가들로부터 양보를 얻어내기 위한 협회, 노동조합, 정당을 조직하기 시작했다. 자본가들은 반격했으며, 자신들의 특권, 부, 권력을 유지하기 위해 19세기에 걸쳐 격렬하고 폭력적인 충돌을 일으켰다. 자본주의가 오래된 몇몇 지역에서 노동자들이 상황을 개선시켰을 때 조차도 자본주의는 확산하여 유럽 식민지, 서반구, 아시아 및 아프리카의 탈식민지 지역과 다른 지역에서 착취와 비슷한 계급 충돌을 낳았다. 자본주의가 도래하는 곳에서는 옹호자와 찬양자와 함께 비판자와 반대자를 낳았다.

지식인들 사이에서 자본주의에 대한 비판적 대응은 많은 경로를 통해 일어났다. 하나의 길은 마르크스에게로 이어졌는데, 마르크스는 스미스와 리카도의 정치경제학을 근본적으로 비판했고, 대안 경제학 체계를 표현했다. 마르크스의 글은 자본주의 비판 이론에 가장 폭넓게 영향을 주는 원천이 되는 전통을 고무했다. 마르크스는 스미스와 리카도가 자본주의 찬양자들에게 했던 것을 자본주의 비판자들에게 했다.

우리가 논했듯이 마르크스는 자본주의가 어떻게 작동하는지 이론화하는 입구점으로써 계급과정을 가지고 시작했고, 이것에 초점을 맞추었다. 스미스와 리카도의 아주 다른 입구점은 시장과 가격, 경제성장, 자본가·지주·노동자 간 소득의 분배였다. 마르크스의 관점에서 스미스와 리카도는 노동과 생산에 오직 부차적으로 관심을 둔 이론을 발전시켰다. 그래서 마르크스는 노동가치론을 취하고, 적용하여, 자본주의 생산체계를 재해석했고, 완전히 다른 결론에 도달했다.

제4장에서 자본가들이 노동자들을 착취할 수 있다면(노동자들이 생산한 잉여를 전유할 수 있다면) 상품을 생산하기 위해 노동자들을 고용한다는 마르크

스의 결론을 탐구했다. 마르크스를 환기하는 말로, 자본주의는 잉여를 전유하고 그런 착취를 지속하기 위해 잉여를 분배하는 토대위에서 스스로를 재생산한다. 의식적으로든 무의식적으로든 노동자들은 착취를 피하거나 변화시키거나 끝내려고 애쓴다. 의식적이든 무의식적이든 자본가들은 자신의 사회적 지위와 경제 수입을 비마르크스주의 방식으로 이론화함으로써 그러한 것들을 정당화하려고 애쓴다. 제2장에서 자본가들의 이윤이 자본가들의 '저축'(자신들의 소득을 모두 소비하지 않는 것)과, 저축을 투자함으로써 감수해야 하는 위험에 대한 보상으로서 이론화되고 정당화될 수 있다는 것을 보여주었다. 자본가들의 이윤은 또한 자신들의 경영활동이나 (사업을 구상하고 수행하는) '기업가 정신'에 대해 스스로 지불하는 임금의 종류로 설명된다. 고전 정치경제학은 자본가/노동자 경제 조직화를 과거의 어떤 경제 조직화(봉건영주/농노, 노예주/노예 등)보다 그리고 미래에 상상할 수 있는 어떤 경제 조직화보다 더 효율적이고 더 큰 생산의 성장을 낳을 수 있는 것으로 개념화함으로써 자본가들을 추켜세웠다.

마르크스의 이론은 고전 경제학(그리고 나중에는 신고전학파 경제학)을 하나하나 논박했다. 마르크스의 이론은 또한 대안적이고 더 나은 사회를 위한 토대로서 대안적인 사회주의 생산 조직화를 제시했다. 마르크스는 소득이 자본가의 위험 감수에 대해 필요한 보상이라는 고전 경제학자의 주장에 대해 자본가들이 원할 때 그들로부터 해고될 수 있는 노동자의 위험에 관해 물으면서 비꼬았다. 자본가들이 경영 '노동'을 수행한다는 주장에 대해 마르크스는 이미 당시에 부상하고 있던 경영을 하지 않으면서 경영하는 사람을 고용하고 그들에게 보수를 지불하던 이사회로 이윤이 흘러들어가던 자본주의 기업형태에 대해 지적했다. 자본가들이 기업가 정신에 대한 보상으로 잉여를 가진다는 것에 대해 마르크스는 기업의 성공은 (잉여를 모두 가져가는) 자본가들만큼이나 (잉여를 전혀 가져가지 않는) 노동자들의 에너지와 창조성에 의존한다고 대응했다. 마르크스는 경영자, 기업가, 재화와 서비스의 생산에 직접 참여하지 않는 다른 이들(점원, 비서 등)을 보상하는 지급은 오직 생산 노동자들이 잉여를 생산하여 잉여가 그런 지불로 가기 때문에 가능하다고 주장했다. 이런 초기의 생산 노동자들이 생산한 잉여에 대한 자본가의 전유는 항상 마르크스주의 이론과 자본주의 비판에 기초가 되었다(입구점이 되었다).

마르크스는 또한 자본주의의 효율성과 '성장의 엔진'으로서 자본주의의 역할에 관한 많은 주장을 비판했다. 마르크스는 자본주의의 불안정성, 즉 ①노동자들이 일하고 싶지만 일할 수 없게 하고 ②이와 함께 원료, 도구, 설비가 유휴하여 먼지와 녹이 쌓이게 하고 ③그런 결과 사회가 생산할 수 있는 것보다 훨씬 적은 부를 가지게 하는 실업과 파산이 반복되는 순환을 강조했다. 그는 자본주의가 번영과 성장을 만드는 것처럼 불필요한 손실, 빈곤, 낭비를 규칙적으로 만드는 데도 성공적이라고 보여주었다. 자본주의는 모순적인 체제였고, 그 옹호자들이 주장하는 것보다 훨씬 비효율적이었다. 더욱이 마르크스는 주기적인 경기침체(나중에는 경기후퇴와 불황으로 불렸다) 동안 어떻게 경기침체의 커다란 비용이 부당하게 실직자들에게 지워져서 이들을 빈곤의 게토로 된 주변부로 거의 영구적으로 밀려나게 하는지를 보여주었다. 그런 '최하층 계급'은 역시 자본주의의 산물이었고 자본주의의 불안정성 때문에 지속되었으며, 자본주의의 비효율성과 불의의 끊임없는 표현이었다.

마르크스에게 자본주의의 착취와 불안정성은 자본가의 잉여전유를 노동자의 잉여전유로 대체하고, 사유재산을 사회화된 재산으로 대체하고, 시장을 사회 계획으로 대체하는 더 나은 체제를 위한 필요성이었다. 자신의 잉여를 전유하는 노동자는 계급착취와 그것에서 오는 원치 않는 결과들, 즉 노동으로부터 소외와 심지어 시민생활로부터 소외, 그 결과로 나타나는 노동자의 생산성 손상, 자본가와 노동자 간 갈등, 자신과 가족과 정부로 대신 향하는 불만, 울분, 분노를 끝내는 것이었다. 사회적으로 소유된 토지, 기계, 도구 등은 소수의 자본가 소유자를 위해서가 아니라 사회 전체의 이익을 위해 사용될 수 있는 것이었다. 시장보다는 정부계획이 자원과 생산물을 분배하는 체계로서 경기순환과 이것이 초래하는 비용의 결과들을 끝낼 수 있는 것이었다.

마르크스는 이런 체제를 '노동자들의 연합'라고 불렀는데, 여기서 그가 잉여의 계급 접근법을 좇으며 강조한 새롭고 혁신적인 생각은 잉여를 생산하는 노동자들이 집단적으로 잉여를 전유하고 분배하는 것이었다. 그래서 노동자들은 각 기업 내에서 자신의 이사회가 되는 것이었다. 이는 개별 기업이라는 미시경제 수준에서 자본주의를 넘어서는 이행에 관한 마르크스의 생각이었다. 거시경제 수준에서 마르크스가 상상한 자본주의를 넘어서는 이행에는 ①생산수단(토지, 공장, 사무실, 자본금 등)의 사적소유를 사회적 소유로 대체하고, ②자원과 생산물을 사회 전체에 분배하는 주요 수단으로서 시장을 민주적 계획으로 대체하는 것을 수반했다. 재산 소유권과 계획은 국가에 의해 중앙 집중적으로 달성되거나 주와 시·군의 수준에서 탈중앙화될 수도 있다(또는 중앙의 소유권 및 탈중앙화된 소유권과 계획의 조합이 시민이 선호하는 선택이 될 수도 있다).

마르크스는 절대로 자신이 가지고 있던 사회주의와 공산주의의 상에 대해 자세하게 얘기하지 않았다. 그가 말한 것은 윤곽이었고, 미래를 위한 청사진(그는 이것을 공상이라고 비웃었다)이 아니었다. 그는 실제의 사회변화(자본주의의 모순과 실패가 항의와 비판을 가진 강력한 운동을 만들 때)가 사회주의와 공산주의의 구체적 형태를 결정한다고 생각했다. 자본주의에 대한 그의 분석은 자본주의의 불의, 비효율성, 낭비를 극복하기 위해 그런 운동은 이런 저런 제도의 단순한 **개혁**보다 더 많은 것을 요구한다는 것을 보여주는 데 주요 목표를 삼았다. 실질적 사회진보는 자본주의를 넘어서 새로운 사회 체제로 가는 (우리가 개괄한) 세 가지 특징에 기초한 **혁명적 이행**을 요구했다. 이것에는 ①생산 조직화의 변화(여기서는 노동자들이 집단적으로 잉여를 생산하고 전유하고 분배한다), ②생산수단의 사적소유가 아니라 사회적 소유, ③자원과 생산물을 민주적으로 계획된 분배에 의해 사적 시장교환을 대체하는 것이 포함된다. 마르크스 이후 마르크스주의는 기업 내 생산 조직화의 변화를 무시하거나 나머지 두 가지를 성취하면 자동적으로 따라오는 것으로 가정했다. 우리는 뒤에서 생산의 변화가 일어나지 않은 이유와 결국 그것이 소련이나 동유럽처럼 '현실 사회주의 국가'의 경제를 어떻게 무너뜨렸는지 설명할 것이다.

전통적 또는 정통 마르크스주의는 빠르게 스미스와 리카도에서 시작된 고전 정치경제학에 대한 주요한 이론적 대안이 되었다. 그것은 또한 19세기 후반기와 20세기 전반기에 성장하고 확산되던 사회주의 운동의 큰 부분에서 이론적 영감과 틀이 되었다. 그런 다음 사회주의 운동은 마르크스주의에 대한 이해를 더욱 다양한 역사, 문화, 국가적 상황으로 옮겨놓았다. 그런 결과 마르크스 사상에 대한 다중적이고 상이한 이해가 나타났다.

마르크스주의 이론에 대한 이런 다양한 기여는 풍부하고 복합적인 사상의 전통을 축적했다. 마르크스 글에 대한 상이한 해석도 때때로 사회주의 분파 간 경쟁을 굳혔으며, 특히 그들이 주요 역사 사건에 대해 동의하지 않을 때 그랬다. 예들 들어 제1차 세계대전 동안 러시아의 레닌과 미국의 데브스(E. V. Debs)와 같은 몇몇 사회주의 지도자들은 노동자들이 자본가들의 이득을 목표로 삼은 그런 '제국주의 전쟁'에서 다른 노동자들과 싸우지 않도록 촉구했다. 다른 사회주의 지도자들은 그 전쟁에서 자신들의 정부를 지지했고 자신들의 국민이 싸우도록 촉구했다. 1917년 러시아 사회주의자들이 전국적으로 일으킨 반자본주의 혁명의 첫 성공은 전 세계 사회주의자들의 심화된 분열을 촉진했다. 모든 지역 사회주의자들의 우선적 지지를 받을 만하다며 러시아 혁명정부에 힘을 모은 이들은 소련이라고 이름 붙인 새로운 정부에 불편한 태도를 취하고 있던 사회주의자와 사회주의 정당과 자신들을 구별하기 위해 공산주의자로 이름 붙였다. 전자는 옛 이름 사회주의자를 유지했다. 그런 차이에도 불구하고 대부분의 사회주의자와 공산주의자는 넓게 정의된 마르크스주의에 대한 헌신을 공통점으로 가진다. 20세기 후반에 많은 사회주의자들은 마르크스주의를 기각했다. 그런 후 마르크스주의는 공산주의 및 공산주의자와 더욱 동일시되었다.

20세기 후반기 동안 마르크스주의를 떠난 사회주의 운동 분파들은 역시 자본주의에 더욱 제한된 비판을 내놓았다. 예를 들어 서유럽의 많은 사회주의 정당들은 기본적으로 민간 자본가 기업, 시장, 그 외 자본주의의 기본적 요소를 지지했으며, 다만 정부 프로그램이 자본주의의 어떤 결과들을 상쇄해야 한다고 주장했다. 그들은 '복지국가'를 지지했다. 이 체제는 정부 세금과 서비스가 경기순환을 조정하고 상쇄시키기 위해, 부자들로부터 약간의 소득과 부가 중간층과 빈곤층으로 재분배될 수 있도록 사용되게 하는 것이다. 사회주의자들은 더 나은 임금, 직장복리, 노동조건을 얻을 수 있도록 노동자들을 더욱 지지하고 협력하는 데 초점을 맞췄다. 스웨덴, 독일, 프랑스, 이탈리아 같은 국가들(선거를 통해 종종 사회주의자 정당이 정부를 운영하거나 때때로 노동당이 운영함)은 높은 세금과 국가건강보험, 대학까지 무상 공공교육, 높은 주택 보조금 및 대중교통 보조금을 함께 시행했다. 이런 국가의 법에는 모든 노동자들에게 몇 주간의 유급 휴가 등을 지시했다. 제2장에서 보았듯이 '시장 사회주의'가 이런 국가들의 일반적 접근법을 묘사할 수 있다. 이는 에너지, 통신, 운송, 자동차, 은행 같은 주요 산업으로 여기는 분야에서 국영기업 옹호(민간 자본가 기업과 함께 또는 민간 자본가 기업 대신에)를 포함한다.

20세기 후반기 동안 공산주의 운동 및 정당은 대체로 사회주의자와 의견을 달리하고 자본주의의 주기적 불안정성과 부의 불평등한 분배에 대한 대응으로 다른 프로그램을 제안하는 경향을 가졌다. 공산주의자들은 ①대부분의 민간 기업을 국유 및 국영 기업으로 대체하고, ②대부분의 시장을 국가중앙계획으로 대체함으로써 민간 자본주의를 폐지할 필요를 강조했다. 사회주의자와 공산주의자는 누구의 프로그램이 자유, 평등, 박애, 민주주의와 같은 사회적 가치를 더 잘 실현할 수 있는지에 대해 의견을 달리 했다. 일반적으로 사회주의자들은 선진 자본주의 사회에서 발전한 의회 민주주의의 틀을 더욱 존중했으며, 반면에 공산주의자들은 자본주의를 옹호하는 정당을 배제하는 노동자의 민주주의 또는 '인민의' 민주주의를 세우는 것을 선호했다.

대부분의 공산주의자와 사회주의자들이 자신들의 목표를 국유 및 국영기업과 국가 경제계획에 초점을 맞춤으로써 중대한 문제를 만들었다. 그들은 기업 내 생산자와 잉여 전유자의 관계를 변화시키는 것에 관심을 거의 가지지 않았다. 그들은 그 관계를 사회주의 변화를 요구하는 것보다는 덜 중요하고 재화 및 서비스를 생산하는 기술에 의해 결정되는 부차적 문제 보다는 더 중요한 것으로 보았다. 또는 그들은 일단 국영 및 국유 기업과 포괄적 계획이 실행되면 사회주의자와 공산주의자의 이상(노동자들이 스스로 생산한 잉여를 집단적으로 전유하고 분배하는 것)은 자동적으로 따라오는 것이라고 생각했다. 제1장의 차원에서 보면 그들은 기업 내 잉여 조직화의 변화는 소유권을 사회화하고 시장을 중앙경제계획에 종속시키면 필연적으로 나타나는 결과로 믿었다. 그러나 그런 믿음은 보장되지 않았다. 사실 결과는 종종 반대로 나타났다. 국가권력을 얻은 사회주의자와 공산주의자는 기업을 운영하기 위해 대주주들에 의해 선택되었던 이사회를 국가 관료로 대체했다. 그 관료들은 국가 기업에서 생산된 잉여를 전유하여 국가 계획에 따라 분배했다. 자신들의 잉여를 집단적으로 전유하여 분배하겠다는 노동자들의 생각은 퇴색되었다.

그러나 집단 소유, 계획, 노동자 국가가 사회 전체 이익을 추구하기 위한 헌신에도 불구하고 국가기업을 운영하는 국가 관료들은 그들이 대체한 착취하는 민간 자본가들과 닮았었다. 의심의 여지없이 사회주의자들과 공산주의자들은 생산수단의 소유권(사적 소유에서 사회적 소유로)과 생산된 부의 분배(시장에서 계획으로)에서 급진적 변화를 이루었다. 하지만 그들은 그 사회의 기업 내 계급구조를 (잉여 차원에서) 급진적으로 바꾸지 못했다. 사실, 현실 사회주의 및 공산주의 사회의 잉여 조직화를 검토하면 잉여의 생산자와 전유자를 핵심적으로 분리한 것에서 여전히 기본적으로 자본주의이다. 하지만 그것은 이제 민간 자본주의와 비교되는 국가자본주의이다. 중대한 변화이지만 기본적인 계급문제가 바뀌지 않은 채 남아 있는 변화였다.

국가자본주의는 국영 또는 국가관리 자본주의를 넘어선다. 후자는 국가와 국가 관료가 경제를 운영하는 데 주요한 역할을 차지하는 경제이다. 심지어 자원과 생산물을 배분하거나 생산수단을 소유하는 정도까지 하게 된다. 그러나 국가가 이런 방식으로 개입하더라도 민간 자본가들이 여전히 노동자들에 의해 생산된 잉여를 전유한다. 예를 들어, 1930년대 불황, 1940년대 전시, '2008~2009년 위기 때와 그 후'에 정부는 경기순환을 관리하는 데서 많은 투입물과 생산물의 배분자로서 심지어 어떤 투입물의 소유자로서 중요한 역할을 떠맡았다. 그러나 아주 적은 사례(즉 테네시강유역개발공사)를 제외하고, 국가 관료들은 아주 드물게 일시적으로 노동자들이 생산한 잉여를 전유했다. 대신에 민간 자본가들은 거의 국가가 통제하는 시장과 국가가 규제하는 재산 환경 내에서도 노동자들이 생산한 잉여를 전유했다. 대조적으로 국가자본주의에서 잉여 전유자들은 필수적으로 국가와 관계를 가지는데, 재산제도와 시장제도가 어떠하든지 그들은 국가관료이다.

자본주의를 극복하는 것은 잉여를 생산하는 노동자들이 집단적으로 잉여를 전유하고 분배하는 것이라는 마르크스의 혁명적 생각은 사회주의자 또는 공산주의자로부터 지속적인 관심을 얻지 못하거나 사업의 우선순위를 차지하지 못했다. 두 쪽 다 진지하게 노동자들이 스스로 기업의 집단적인 이사회가 되는 것으로 기업을 개혁하는 것을 제안하지 않았다. 마르크스의 그런 생각은 많은 사회주의자들이 모든 마르크스주의로부터 멀어지면서 그들로부터 버림받았다. 마찬가지로 대부분 공산주의자들은 기업 내 잉여 조직화를 변화시키는 것을 요구하는 자본주의 극복에 대한 생각을 거의 가지지 않는 마르크스주의 해석을 받아들였다. 기업 내 자본주의 극복에 관해 걱정하던 소수는 어쨌든 국영기업과 계획으로 결국 자본주의 극복을 달성할 수 있을 것이라 희망했다. 그러한 것들이 자본주의 극복을 이루지 못했을 때, 그 전체 이슈가 마르크스주의자의 시야에서 사라지고 그들로부터 무시되거나 소홀하게 다루어졌다. 반대였다면 마르크스주의자들은 마르크스의 이론을 껴안고 있었을 것이다. 역설적이게도 소련, 동유럽 국가들, 중국 그 외 지역에서 20세기의 상당 기간 동안 있었던 사회주의와 공산주의를 향한 투쟁은 의도치 않은 그리고 의식하지 못한 국가자본주의를 향한 투쟁이 되었다(Resnick and Woff 2002).

신고전학파 경제학

1850년대 후 마르크스주의 경제학은 스미스와 리카도와 관련된 고전 정치경제학의 독점적 지위에 점점 더 도전했다. 성장하던 자본주의는 심각한 경제 침체와 뒤얽힌 자본가와 노동자간 격렬한 투쟁을 많이 겪었다. 자본주의에 대한 비판적 태도는 확산되었고, 마르크스와 마르크스주의의 사상으로 점점 더 나아갔다. 마르크스주의의 자본주의에 대한 정치적 도전과 고전 경제학에 대한 이론적 도전은 그 옹호자들로 하여금 대응하도록 압박했다. 그 옹호자들은 반자본주의와 사회주의를 누그러뜨리고, 약화시키고, 패퇴시키고, 뒤엎으려고 노력했다. 그들은 경제학에서 마르크스주의 이론을 공격했고 자본주의에 대한 새로운 이론적 방어와 찬양을 만들었다. 마르크스주의 경제학이 고전 정치경제학으로부터 멀어진 이론의 진동을 나타내듯이, 마르크스주의 부상에 대한 반응은 신고전학파 경제학으로 알려지게 된 고전 정치경제학의 새로운 형태로 되돌아가는 또 다른 진동을 나타냈다.

1870년대 동안 윌리엄 스탠리 제번스(William Stanley Jevons, 1835~1882), 레온 왈라스(Leon Walras, 1834~1910), 카를 멩거(Carl Menger, 1840~1942)의 이론 경제학은 사회주의자들과 특히 마르크스가 전개한 방식과 다른 방식으로 고전 정치경제학을 되살리고 발전시키고 새롭게 하려고 시도했다. 그 시기 다른 주요 경제 이론가인 오이겐 폰 뵘바베르크(Eugen von Böhm-Bawerk, 1851~1914)는 그들의 이론적 토대 위에서 마르크스의 경제학, 특히 마르크스의 가격이론을 반박했다. 이 집단이 스미스와 리카도에 가졌던 이론적 부채 때문에(그러나 그들과 단절되었다) 신고전학파 경제학으로 이름이 붙었다. 이것은 마르크스 경제학의 부상하던 영향력에 대안적 체계로서 위치 때문에 자본주의를 옹호하고 찬양하던 이들에게 권장되었다.

신고전학파 경제학은 재빨리 대부분의 정치인, 재계 지도자, 언론인, 대학 교수들이 선호하는 주류 경제학이 되었으며, 그렇게 남아 있다. 신고전학파 경제학은 대부분 사람들이 의식적으로 또는 무의식적으로 자본주의 또는 '경제학' 자체를 이해하기 위해 사용하는 '상식'이다. 많은 부분에서 마치 대안 경제 이론이 없는 것처럼 또는 신고전학파 경제학에 도전하는 경제 이론이 없는 것처럼 진행된다. 20세기 동안 있었던 자본주의의 성장과 확산이 똑같이 세계에 신고전학파 이론을 확산하고 박아 넣었다.

1870년대부터 1914년까지 신고전학파 경제학은 효과적으로 마르크스주의 경제학을 사회의 주변으로 밀려나게 하여 주로 노동조합과 사회주의 정당 사이에서 중요함을 유지케 했다. 그러나 1914년과 1945년 사이에 일어난 역사적 사건들(경제학의 큰 진동을 포함)은 마르크스주의 경제학의 사회적 지위와 호소력을 북돋웠고, 또한 신고전학파 경제학의 또 다른 대안으로서 케인스 경제학을 탄생시켰다. 두 차례의 끔찍한 세계 대전(1914~1918년 전쟁과 1939~1945년 전쟁)은 수많은 사람들로 하여금 자본주의 자체가 그런 재앙에 기여하는 것으로 여기게 했다. 1917년 러시아 혁명은 마르크스주의 경제학을 공식적으로 지지하고 자본주의를 비난하는 정부에 권력을 가져다 주었다. 이 새로운 소비에트 사회주의 공화국 연방(USSR)은 전쟁과 혁명을 견뎌냈을 뿐만 아니라 빠른 산업화를 이룩하여 유럽의 가난하고 후미진 곳으로부터 세계 강국으로 변신했다. 소련은 경제성장의 많은 부분을 마르크스주의 덕분으로 돌렸고, 마르크스주의 경제학에 세계의 관심을 끌었다. 마지막으로 중요한 역사적 사건은 자본주의 경제의 세계적 대규모 붕괴를 가져온 1930년대 대불황이었다. 케인스 경제학은 신고전학파 경제학과 마르크스주의 경제학의 대안으로 부상했다. 케인스 경제학은 그 후로 계속 신고전학파 경제학 및 마르크스주의 경제학과 경쟁하고 있다. 실로 1940년대에서 1970년대까지 케인스 경제학은 일시적으로 신고전학파 경제학의 사회적 지배를 대체했다.

상대적으로 정부개입이 거의 없던 자본주의가 붕괴하고 정부 개입이 많은 자본주의로 전환되었던 1930년대 동안, 다시 한 번 경제의 진동은 마찬가지로 이론의 진동을 촉발했다. 사람들은 사고방식을 신고전학파 경제학으로부터 어떤 분야에서는 마르크스주의 경제학으로 그리고 사회적으로 지배적인 담론으로서 케인스주의 경제학으로 바꾸었다. 1970년대 또 하나의 경제 진동이 경제 이론을 반대 방향으로 움직이게 했다. 소련과 동유럽의 국가자본주의 경제와 다른 곳의 '복지국가 자본주의' 또는 국가관리 자본주의는 모두 적은 국가개입으로 회귀를 부추기는 심각한 문제를 만났다. 미국 대통령 로널드 레이건(Ronald Reagan)과 영국 총리 마거릿 대처(Margaret Thatcher)는 '탈규제' 자본주의로 되돌아가는 전환을 이끌었다. 더욱이 동유럽 국가자본주의 국가들은 붕괴하여 그런 탈규제 자본주의의 복제판이 되었다. 동유럽에서 일어난 것은 공산주의에서 자본주의로 전환이 아니라 국가자본주의에서 민간 자본주의로 전환이었다. 이는 국가 잉여 전유자 및 분배자가 민간 잉여 전유자 및 분배자로 바뀐 것이었다.

요약하면 1980년대와 1990년대는 세계 자본주의 경제에서 정부의 역할이 더 많은 개입에서 더 적은 개입으로 이동을 보여주었다. 그런 경제 측면의 전환은 신고전학파 경제학을 지배적 위치로 되돌렸고 케인스주의 경제학을 마르크스주의 경제학과 함께 아주 부차적인 위치로 밀어냈다. 이 장의 마지막 부분에서 우리는 21세기의 초기 동안 경제학의 경쟁 영역을 검토하기 위해 더욱 최근의 경제학 진동을 살펴볼 것이다.

신고전학파 대 마르크스주의

신고전학파 이론의 탄생부터 현재까지 이 이론의 목표는 스미스, 리카도, 특히 마르크스가 설명한 여러 노동가치론의 모든 잔재로부터 완전히 단절하는 것이었다. 우리는 마르크스주의 경제학 장에서 자본주의 기업에서 생겨나는 상품의 가격은 잉여, 즉 착취당한 노동자들이 지불받지 못한 노동의 열매를 포함한다는 마르크스의 주장을 소개했다. 따라서 도둑질이 자본주의 핵심에 존재한다. 노동자는 그 도둑질의 피해자들이고 자본가들은 범인이다. 경기순환, 소득, 부, 권력, 문화의 불평등한 분배는 자본주의 체제의 도둑질과 관련된다. 그런 이론화에 대응하여, 신고전학파 이론은 자본주의에 대해 아주 다른 이론에 도달할 수 있는 모든 노동가치론을 비판하고 기각했다.

신고전학파 이론에서는 노동보다는 (한계) 효용이 상품 가치를 이해하는 열쇠이다. 개인의 생산 능력을 고려하여, 재화, 여가, 미래 소비에 대한 개인의 욕구(선호)가 시장에서 공급되고 수요되는 상품을 결정하고 그리하여 가격을 결정한다. 그런 후 가격은 기술과 상호작용하여 모든 노동자들의 노동이 얼마의 가치가 있는지(임금)와 모든 자본가의 자본이 얼마의 가치가 있는지(이윤)를 결정한다. 요약하면, 이 기술을 고려하여 소득과 부의 분배는 사람들이 원하는 것(그들이 선호하는 대상과 활동)과 사람들이 생산에 기여하는 것의 생산성에 의존하고 또한 이 두 가지를 반영한다.

신고전학파 이론은 마르크스주의 계급 착취 개념을 완전히 기각한다. 오히려 생산은 자본과 노동 간 협력을 수반한다. 노동자는 노동을 투입하고 노동이 기여한 것에 비례하여 생산물의 몫(임금)을 받는다. 자본가는 생산수단을 투입하고 자본이 기여한 것에 비례하여 생산물의 몫을 받는다. 이런 소득과 부의 분배는 각자 기여한 것에 따라 노동자와 자본가를 보상한다. 마르크스주의와 반대로 자본주의는 도둑질, 착취, 불의를 수반하지 않는다. 착취가 없다는 것은 노동자의 소외, 자본가와 투쟁, 제한된 노동생산성, 무너진 가정생활이 계급착취와 관련이 없다는 것을 의미한다. 계급착취가 존재하지 않기 때문이다. 마르크스주의와 대조적으로 자본주의는 이윤의 극대화를 추구하는 이들 사이에 조화로운 균형을 만들고, 소비의 극대화를 추구하는 이들 사이에 조화로운 균형을 만든다.

신고전학파 이론에서 경제 성장은 소득 활동자들이 소득을 지출하는 것보다 저축하는 개별 결정을 반영한다. 저축자들은 소득의 지출을 선택하지 않고, 미래에 더 많은 소득을 벌기 위해 소득을 저축하고 투자하는 것을 선택한다. 각 개인의 투자 결정은 자본가에게 자금을 제공하고, 자본가는 생산 증대를 위해 자금을 사용할 수 있다. 성장의 발생은 개인들의 선택을 반영하며, 개인들의 선택에 보상을 준다. 경제 성장은 각 개인들의 사익추구 결정으로 애덤 스미스의 '보이지 않는 손'이 낳은 사회 '최적' 결과로서 일어난다.

신고전학파 경제 이론이 경제학을 사회적 노동이 아니라 개인 효용에 다시 근거를 둔 것은 마르크스주의 경제학을 당시의 시대사상에서 몰아내려는 것만이 아니었다. 그것은 또한 고전 정치경제학이 자본주의를 번영, 사회 정의, 성장, 진보를 위한 가능성 있는 최선의 틀로서 찬양하는 것을 부활시키려고 했다. 신고전학파 옹호자들은 신고전학파 경제학이 고전 정치경제학의 진정한 후계자라고 주장했다. 반대로 마르크스주의 경제학은 나쁜 의도와 정치적인 동기로 스미스와 리카도를 오독한 것이었다. 그런 관점에서 신고전학파 경제학자들은 마르크스주의 경제학에 거의 관심이 없었고 마르크스주의 경제학자들을 싫어했다. 놀랍지 않게 마르크스주의 경제학자들은 대학 교수 자리를 거의 가지지 못했다. 신고전학파 경제학자들에게는 교수 자리가 제공되어 이론적 전통을 만들어가고, 그들의 담론이 담긴 문헌을 확대할 수 있도록 시간, 봉급, 연구지원을 받을 수 있었지만, 많은 마르크스주의 경제학자들은 그런 교수 자리를 얻지 못했고, 기껏해야 소수만이 용인되었다. 마르크스주의자들은 학생을 거의 배출하지 못했고, 대중들을 설득할 수 있는 논문, 책 등을 거의 만들어내지 못했다. 1870년에서 1914년까지 신고전학파 경제학은 마르크스주의 경제학보다 빠르게 성장하여 현대 사회의 많은 부문에서 경제 사상의 사회적 지배 학파가 되었다.

제1차 세계대전은 경제와 경제학을 다시 한 번 바꾸었다. 이 전쟁으로 경쟁하는 자본주의 경제국들에 대대적인 파괴와 비용을 초래했고, 많은 유럽인들은 전쟁과 자본주의를 연관 지었고 마르크스주의를 훨씬 매력적인 대안으로 생각하게 되었다. 마르크스주의자가 이끈 1917년 러시아 혁명의 성공은 그런 이끌림을 강화시켰다. 그들이 공표한 목표는 소련에서 사회주의 국가를 건설하는 것이었다. 혁명 지도부는 자본가 공장과 기업에서 민간 자본가들을 몰아내고, 그것들을 혁명적 '노동자 국가'가 운영하는 전체 사회의 집단 소유로 만들었다. 혁명 지도부는 또한 분배 수단으로서 시장에만 의존하기 보다는 기초 산업 자원과 주요 생산물의 분배를 계획하는 국가 기구를 조직했다. 소련이 살아남고, 경제를 재건하고, 공업국으로 성장했을 때, 스탈린 치하 지도부는 소련을 사회주의 국가로 선언했으며, 소련은 자본주의가 지배하던 세계에서 유일한 현실적 대안('일국 사회주의')이었다.

1917년 이전 마르크스주의는 주로 자본주의에 대한 비판적 분석이었는데, 이는 가능한 사회주의 대안에 관한 몇몇 일반화와 결합된 것이었다. 소련의 경제 성장과 산업화는 완전히 다른 마르크스주의 경제학을 추가했다. 이는 사회주의의 하나의 사례로서 소련경제 체제가 어떻게 작동하는지에 초점을 맞췄다. 두 종류의 마르크스주의 경제학이 공존했지만 종종 불안정한 균형 속에서 서로를 변화시켰다. 예를 들어 소련 밖의 마르크스주의자들은 종종 마르크스주의 전통의 자본주의 비판을 가치 있게 생각했지만, 소련의 현실적 실천을 마르크스주의가 의미하거나 함의하는 것으로서는 지지하지 않았다. 어쨌든 소련은 사실상 모든 언어로 된 마르크스주의 경제학 책을 출판했고 세계적으로 유통시켰다. 1917년 혁명 몇 년 후에 마르크스주의 경제학의 큰 부활이 일어났으며, 소련 판과 다른 해석들이 종종 경쟁하면서 그 전보다 다양해지고 풍부하게 되었다.

1917년 혁명이 소련 내에서 강화된 후 신고전학파 경제학자들은 마르크스주의 경제학에 대한 소련의 해석(자신의 해석이 유일한 것인 것처럼 전개함)을 반박하고, 공격하고, 대체하는 데 더욱 역점을 두었다. 신고전학파 경제학은 생산수단의 사적 소유와 시장 경쟁이 생산자원의 가장 효율적 사용과 생산물의 사회적 최적 배분의 특징을 가지는 '일반 균형'을 어떻게 달성하는지를 보여줌으로써 자본주의에 대한 찬양을 강화했다. 신고전학파 경제학자들은 수학적으로 정교화한(그래서 그들은 지극히 '과학적'이라고 주장함) 자본주의의 일반 균형 이론을 설명을 했다. 뿐만 아니라 그들은 이론상으로 그리고 실제상으로 국가기업 및 중앙계획의 소련 체제를 자본주의와 비교했을 때 비효율적이라고 공격하기 위해 그것을 사용했다.

그러나 1929년 자본주의 국가를 경기에 떨게 한 대불황과 뒤이은 10년간의 기간은 신고전학파 경제학과 마르크스주의 경제학 사이에 있었던 이전의 반세기 동안 양자 간 논쟁을 바꾸었다. 대신에 논쟁은 신고전학파, 마르크스주의, 새로 생겨난 케인스주의 경제학 간 삼자간 논쟁이 되었다. 이 세 이론들의 정교화와 확장 그리고 세 이론 간 논쟁은 지난 75년간 경제학 분과 학문의 대부분을 구성했다.

케인스주의 경제학

이 장 앞부분에서 그리고 이 책의 그 외 부분에서 우리는 대불황에 대한 대응으로 도래한 케인스 경제학과 케인스주의 경제학을 언급했다. 파산 및 생산 감소와 함께 실업률이 치솟자 정치인들은 대규모 빈곤과 분노의 결과로 몰락했다. 자본주의에 대한 마르크스주의 비판은 대불황을 (대부분의 사회주의자와 공산주의자들이 여전히 자신의 정치와 목표를 위해 대항하는 체제인) 자본주의의 비효율성, 낭비, 불의의 사례로 보여주었다. 그러나 대불황은 또한 동시대 자본주의에 대한 다른 비판도 만들어 내거나 강화했는데, 그런 비판은 민간 자본주의만으로 제공할 수 있는 것보다 더 나은 경제 결과를 만들어내기 위해 국가개입으로 민간 자본주의를 수정하거나 개선하거나 아니면 국가 개입과 민간 자본주의가 협력하기를 원하는 사람들로부터 나왔다.

정치적 우익에서 파시스트 운동이 부상했고, 자본주의 자유 기업과 시장 폐지를 요구했는데, 그 두 제도가 재앙적인 위기를 만드는 경향이 있고, 노동자와 자본가를 분열적으로 분리시키고, 노동자와 자본가를 단일한 주체로서 국가로부터 소외시킨다는 근거에서다. 이탈리아, 스페인, 독일에서 이런 운동은 무솔리니, 프랑코, 히틀러의 지도력 아래서 국가 권력을 성취했다. 국가(그리고 종종 인종 차별적) 단결이라는 이름으로 파시스트들은 사회의 재조직화를 요구했다. 노동자와 자본가는 하나의 국가 경제 기구의 부분이 되어야 하고, 강력한 국가 기구에 의해 그들 사이의 적대감은 제거되어야 하거나 적어도 통제되고 관리되어야 한다고 주장했다. 사회주의자와 공산주의자와 다르게, 자본주의를 비판하는 파시스트들은 국가기업이 민간 기업을 대체해야 하고 중앙계획이 시장을 대체해야 한다는 생산의 재조직화는 추구하지 않았다. 대신에 파시스트들은 국가 기구와 민간 자본가 간 친밀한 상호협력 동반자 관계를 제안했다. 민간 자본가들은 대부분의 기업에서 소유권을 유지했고, 파시스트 정부는 군비 확대에 초점을 둔 국가 경제계획을 계속해서 높은 시장 의존과 결합시켰다. 파시스트의 관점에서 그런 협력은 노동자를 국가 부흥과 성장 사업에 결합하고 종속시키는 것이었다. 파시즘은 노동조합과 사회주의 정당 및 공산주의 정당(이런 정당의 국제주의는 대부분의 파시스트들을 쫓아냈다)의 필요를 제거했다. 실로 대부분 파시스트 정부는 그런 조직의 존재를 참지 못했고 종종 그런 조직의 많은 구성원들을 죽이거나 추방했다. 그 당시 파시즘은 소련의 국가자본주의와 달랐다. 독일에서 잉여를 전유하는 민간 자본가들은 소련처럼 잉여를 전유하는 국가 관료를 위해 쫓겨나지 않았다. 히틀러 통치하 독일 정부는 (다른 국가의 정부와 거의 비슷하게) 민간 자본가들과 정부 간 엄격하게 통제된 협력관계를 시행하는 데 주요한 역할을 했다.

자본주의를 비판하는 사회주의자/공산주의자와 자본주의를 비판하는 파시스트 사이에는 다른 큰 차이점들이 있었다. 파시즘은 기존 종교와 동맹을 추구하고 받아들인 반면 사회주의자와 공산주의자들은 종교의 개입을 반대했다. 노동자들이 사회주의자와 공산주의자에게 칭송받는 사회집단이었으나, 파시스트로부터 칭송받는 사회집단은 민족적으로 '순수한' 또는 민족주의적인 또는 애국적인 '시민'이었다. 사회주의자와 공산주의자에게 노동자와 자본가 사이의 계급 전쟁은 자본주의 사회를 패퇴시키고 사회주의 사회로 이행하기 위한 중요한 결과를 얻기 위해 수행되어야 하는 것이었다. 반대로 파시스트는 노동자와 자본가가 파시스트 정부와 자본가들 간 밀접한 협력에 의해 이끌어지는 단결되고 정화된 국가라는 몸통(신체) 안에서 서로의 차이를 해소할 것을 요구했다. 파시즘은 무솔리니, 프랑코, 히틀러 같은 독재자의 유기적이고 독재적인 국가 경영(촘촘히 위계화된 가족 같은 방식)을 옹호하여 민주주의를 비난하고 거부했다. 사회주의와 공산주의는 명백하게 민주주의를 옹호하고 지지했고 민주주의를 정치로부터 경제로까지 확장하려고 했다(자본주의는 이것을 하지 않는다). 그러나 권력을 잡았을 때 실천에서는 공산주의자들은 종종 비민주적으로 통치했다.

그러나 좌익의 사회주의자 및 공산주의자와 우익의 파시스트 사이에는 몇 가지 유사점이 있었다. 두 진영은 자본주의의 불평등과 불안정성 그리고 그런 것들이 초래하는 사회적 비용 때문에 자본주의를 공격했다. 두 진영은 정부가 완전고용을 얻기 위해 경제생활에 개입할 수 있도록 권력을 강화하는 것을 옹호했다. 두 진영은 대부분의 나라에서 대중지지 조직을 만들었다. 아마도 가장 중요한 공통점은 1929년까지 수십 년 동안 유럽에 존재해 왔던 자본주의 체제에 대한 강한 적대감일 것이다. 그러나 이렇게 적대감을 함께 가졌음에도 기업 내 잉여 조직화의 차원에서 계급 문제에 대한 공산주의자, 사회주의자, 파시스트들의 무시로 인해 자본가 계급의 착취와 이로써 나타나는 결과들은 공산주의 체제와 파시스트 체제 내에서 계속되었다.

공산주의 국가와 파시즘 국가의 경제 개입이 두 체제에서 고용 증가를 가능하게 했지만, 전 세계에서 다른 이들은 공산주의와 파시즘을 피하길 원했다. 그들은 자본주의의 모든 대안들이 피할 수 없어 보이는 전체주의 형태의 정부를 멀리했다. 그들은 자본주의의 불안정성이 만들어내는 결과로부터 자본주의를 구할 수도 있는 새로운 경제학을 추구했다. 그들은 사회주의자 및 공산주의자나 파시스트들이 옹호하는 큰 변화가 필요하지 않고도 고장 난 자본주의를 고치는 방법을 원했다.

케인스의 작업은 그 필요를 채워주었다. 자신이 이전에 받아들였던 신고전학파 경제학을 비판하면서 케인스는 경제 불황에 똑바로 마주했다. 그는 위기에 대한 설명에서 원인을 지적하며 정부의 적극적인 조치로 통제하거나 상쇄할 수 있다고 했다. 그런 국가조치는 국가 권력에서 오직 제한된 성장만 요구했고, 민간 자본가 기업의 내부 조직화에 대한 변화 요구가 있다하더라도 거의 요구하지 않았다. 사회주의 대안, 공산주의 대안, 파시스트 대안 모두를 피할 수 있었다(그의 정식화 가운데 몇 가지에서 케인스는 민간 기업 투자 결정에 대한 국가의 통제라는 온건 사회주의 생각을 제시했지만). 그런 대안들을 피할 수 있는 것은 케인스 경제학을 좌익과 우익의 혁명적 메시지에 비해 합리적이고 실현 가능한 대안으로 만들어 주었다.

자본주의가 어떻게 작동하는지에 대한 케인스의 구조분석은 왜 그리고 어떻게 자본주의 기본구조가 용납할 수 없는 경제 균형을 낳는 경제 행동을 일으키는지를 설명했다. 그것은 많은 사람들을 실업상태로 만들고, 많은 생산력을 유휴하게 하고, 따라서 이용 가능한 자원과 기술이 할 수 있는 것보다 훨씬 적은 생산량을 산출하는 균형이다. 케인스와 그의 추종자들은 적은 실업과 많은 생산량을 가진 더 나은 균형을 만들기 위해 국가가 어떻게 그런 구조의 결과를 수정하거나 상쇄할 수 있는지 보여주었다. 경기순환의 반복은 케인스주의 구조 경제학을 사용하고 이것의 정책 처방을 적용함으로써 피할 수 있고, 조정될 수 있고, 상쇄될 수 있었다. 중요한 점은 이 경제정책은 당시 선진 자본주의 국가가 적응해 온 의회 민주주의를 희생시키지 않고 성취될 수 있었다.

1930년대부터 1970년대까지 케인스주의 경제학은 처음에는 신고전학파 경제학과 투쟁하였고, 그 후에는 사회적 지배 이론으로서 신고전학파 경제학을 대대적으로 대체했다. 케인스주의 경제학은 대부분의 대학에서 교육되었고, 새로운 세대의 언론인 및 선출 정치인에 영향을 주었다. 이 이론의 열렬한 지지자들은 케인스주의 경제학이 자본주의 경기순환을 극복했거나 적어도 그것을 약하고 짧게 만들었다고 자랑했는데, 특히 1950년대와 1960년대에 그랬다. 그들의 관점에서 케인스주의 경제학은 자본주의의 주요한 결함을 극복했거나 고쳤으며, 상대적으로 사회적 격변 없이 그렇게 했다.

신고전학파 경제학은 1930년대부터 케인스주의 경제학에 종속된 관계로 전락했는데, 1970년대에 다시 패권을 회복할 때까지 그랬다. 그 시기 동안 대부분 대학의 경제학과에서는 미시경제학과 거시경제학의 '종합'

이라고 불린 것을 가르쳤는데, 미시경제학 과정으로 된 신고전학파 경제학 판을 가르치면서 거시경제학을 강조했다. 이 형태는 신고전학파의 자유방임 측면을 최소화했다. 개별 소비자, 노동자, 기업이 관계 되는 부분에서 옛 신고전학파 경제학을 대부분 학생들이 선택하고 대부분 교수들이 강조하는 더욱 흥미 있고 재미있는 거시경제학 주제를 위한 전제조건이 되는 미시경제학으로서 가르쳤다. 그 주제들은 경제 발전, 국제 금융, 공공재정, 경제사 등을 포함했다. 그런 주제들에 대한 교과 수업에서는 주로 케인스주의 경제학자들이 발전시킨 경제사건에 대한 구조적 분석과 통화 정책 및 재정 정책을 강조했다.

신고전학파 경제학 및 케인스주의 경제학의 이런 종합 안에서 케인스주의 부분을 강조한 사람들은 미국에서 대부분 민주당과 관련되었다. 신고전학파 부분을 강조한 사람들은 공화당과 더욱 관련되었다. 그러나 보수적인 공화당 대통령 리처드 닉슨(Richard M. Nixon)조차 한때 "우리는 이제 모두 케인스주의자다."라고 말한 것은 케인스주의 경제학의 지배를 보여주는 예이다. 1970년대 말까지 신고전학파 경제학자들은 순전히 또는 대개 경제학 내에서 아주 소수로 남아 있었다.

제2차 세계대전에서 모든 주요 파시즘이 패배하고, 바로 그 뒤에 이어진 소련, 동유럽, 중국과의 냉전은 이렇게 주요 이론으로서 케인스주의 경제학과 부차적 이론으로서 신고전학파 경제학의 종합을 촉진했다. 케인스 경제학과 신고전학파 경제학은 패배한 파시즘과 새로 확대된 공산주의에 맞서서 함께 일종의 '생명 중추(vital center)'를 지속할 수 있었다. 강한 정부는 경제와 정치 차원에서 민간 자본주의를 보호하고 진전시킬 수 있었다. 강한 정부는 제3세계에서 민간 자본주의를 깃들게 하고 보완하는 개발노력을 촉진하여 그곳의 혁명운동이나 공산주의 운동을 억제할 수 있었다. 강한 국제기구들(국제연합, 세계은행, 국제통화기금)은 정치 및 경제적 지원을 제공할 수 있었고 필요할 때는 자본주의 국가를 서로 연결하는 국제관계의 성장관리를 지원했다.

물론 모든 경제학자들이 이런 종합 진영이나 마르크스주의 진영에 정확하게 맞아 떨어진 것은 아니었다. 예를 들어 어떤 신고전학파 경제학자들은 케인스주의 경제학자와의 어떤 동맹도 거부했다. 그들은 변함없이 국가개입은 자본주의 문제의 근원이고 국가개입을 없애거나 엄격하게 제한하는 것이 자본주의가 걸린 어떤 병에도 가장 좋은 정책이라는 자유방임 관념을 주장했고 발전시켰다. 이런 경제학자 가운데 가장 돋보이고 성공한 사람은 시카고대학교 경제학 교수였으며 노벨상 수상자인 밀턴 프리드먼(Milton Friedman, 1912~2006)이었다. 그의 지도 아래서 엄격한 신고전학파 경제학자 핵심 조직이 등장하여 처음으로 케인스주의 경제학에 도전했고 그러고 나서 1970년대에 이론적 주도권을 거머쥐었다. 또 한 명의 시카고학파 경제학자이면서 노벨상 수상자인 프리드리히 하이에크(Friedrich Hayek)는 가차 없이 모든 형태의 케인스주의 거시경제 관리에 맞서 자유시장을 옹호했다.

마르크스주의 경제학자들 중에 어떤 이들은 소련과 성장하는 동맹국들의 강화를 위해 마르크스주의 이론의 방향을 바꾸면서, 마르크스주의 이론은 자본주의에 대한 비판이론으로서 약화되었고, 소련, 동유럽, 중국 등 현실 사회주의 경제를 위한 이론으로 강화되었다. 그들은 마르크스주의 이론과 그 정책의 의미가 가난한 나라들이 어떻게 가난에서 빠르게 벗어날 수 있는지 가장 좋은 방법을 보여주었다고 강조했다. 다른 마르크스주의 경제학자들은 그 대신에 케인스의 주장과 마르크스의 주장 중에 겹치는 부분이 있다는 것을 주장했다. 특히 민간, 자유방임 자본주의에 대한 비판적인 입장을 말하였다. 그들은 케인스/신고전학파 종합과 겨루기 위해 케인스-마르크스 동맹/종합을 추구했다. 또 다른 마르크스주의자들은 신고전학파와 케인스주의 경제학을 단순히 다른 자본주의 옹호론으로서 공격하는 강한 반대 입장을 취했다.

1930년대부터 1970년대까지 경쟁하는 세 주요 경제 이론(케인스주의, 신고전학파, 마르크스주의)의 옹호자들은 논쟁과 투쟁에 참여했다. 다른 두 학파를 비판했던 마르크스주의자들이 신고전학파 경제학자들에 대한 가장 날카로운 공격을 유보하는 동안, 케인스주의자들은 신고전학파 경제학자들에 우세를 점했다. 세 경제학 이론 모두 서로 논쟁을 하면서도 내부 갈등을 겪었고 세 이론 모두 변화했다. 그런 이론적 발전은 미국, 소련, 그리고 많은 다른 국가들이 경제에서 일어나는 각기 다른 경험들을 어떻게 관리할지, 즉 정부개입을 의미 있는 수준에서 지배적인 수준으로 범위를 정하고 결정하는 데 도움이 되었다. 1970년대와 1980년대에 위기가 그런 국가들의 경제를 괴롭혔을 때 각 정부는 급격하게 개입을 바꾸었다. 그런 결과로 나타난 경제, 정치, 문화의 변화는 경제 이론에 반작용하여, 경제 이론이 더욱 바뀌게 됐다. 이는 경제 이론과 사회현실 간 상호작용과 상호의존성에서 다른 단계였다.

두 차례 최근 진동: 1970년대와 2007년 시작된 위기

1970년대에 경제체제 간에 경제 이론들 간에 서로 얽힌 또 하나의 진동이 나타났는데 이는 동시 발생 이상이었다. 다양한 종류와 정도의 국가개입주의 자본주의는 민간 자본주의 형태의 갱신(종종 신자유주의로 불림)으로 대체되었다. 케인스주의 경제학과 고전 마르크스주의 또는 정통 마르크스주의 전통은 전통 신고전학파 경제학 재기로 대체되었다. 그리고 나서 예전에 일어났듯이 (그리고 이 책이 경제와 경제학에 발생한 이런 진동에 한 장 전체를 할애하고 있는 이유처럼) 2007년 폭발한 세계 자본주의 위기는 신고전학파 경제학의 지배에 타격을 주었고, 새로워진 케인스주의와 마르크스주의 경제학의 새로운 정식화에 활력을 주었다. 마찬가지로 이 최근의 자본주의 위기는 다시 엄청난 재정자극, 화폐 공급의 기록적인 증가, 위기를 극복하기 위한 모든 종류의 새로운 국가조치로 국가를 다시 대규모 경제개입으로 되돌렸다. 물론 가장 최근의 진동들에 대한 이런 전반적 개괄은 시간과 공간의 많은 특수성을 감춘다. 이 장의 나머지 절들은 이런 것 가운데 몇 가지를 서술한다.

국가개입, 케인스주의, 정통 마르크스주의의 붕괴

1970년대는 미국, 서유럽, 일본, 그리고 많은 다른 산업 자본주의 국가들의 복지국가 경제를 중대한 곤경에 빠뜨렸다. 복지국가의 비용을 대기 위해 세금을 내는 데 반대하는 자본가들이 늘어났고, 그들은 그런 세금이 세계 경제에서 자신들의 경쟁력을 손상시키며, 따라서 국가경제 전체를 손상시킨다고 주장했다. 동시에 복지국가에 대한 대중의 지지가 줄어들었는데 부분적으로 많은 국가들에서 실질임금의 상승이 멈추었던 시기에 국가 서비스가 좋아지지 않아 실망했고 부분적으로 국가 세금 부담이 기업에서 개인으로 이전되는 것이 늘어났기 때문이다. 1930년대 대불황의 여파로 민간 부문은 문제로 여겨졌고 정부개입이 해결책으로 생각되었다. 1970년대는 이런 생각이 크게 뒤바뀌었다.

놀랍도록 비슷한 움직임이 1980년대에 소련과 동유럽을 휩쌌다. 그런 '현실 사회주의'(또는 우리가 말하듯 국가자본주의)도 마찬가지로 중대한 곤경에 다다랐다. '사회주의 건설'을 위해 수십 년간 희생한 후에 인민 대중은 서구 자본주의 인민 대중의 생활수준이 뒤처지는 큰 격차에, 시민 자유의 부재에, 국가 관료와 공산당 관료의 과도한 권력에 불만을 가졌다. 동시에 현실 사회주의 국가 가운데 최강국인 소련은 제2차 세계대전 이후 냉전과 엄청난 비용을 지출하는 군비경쟁을 미국과 하는 미국 외의 유일한 최강국이라는 새로운 지위를 위한 비용을 모두 감당할 수 없었다. 군비 지출과 (서방을 따라잡기 위해) 산업화를 위한 엄청난 비용은 인민들을 희생시켰으나 약속했던 생활수준의 향상은 상대적으로 거의 이뤄지지 않았다. 또한 국가 기업내 잉여 생산자들과 잉여를 전유하는 국가 관료 간 긴장 증가를 거의 해결하지 않았다. 불만을 가진 노동자들과 인민들 때문에 국가의 억압은 강화되었고, 그런 체제에 대한 불만이 더 커지는 것은 예상할 수 있는 결과였다. 소련과 동유럽의 현실 사회주의는 1980년대 말에 상대적으로 평화롭지만 빠르게 무너졌다. 오직 두 대안 체제, 즉 '자본주의 또는 사회주의/공산주의 사이의 세계 경쟁'으로 정의된 냉전 세계에서 현실 사회주의/공산주의가 종말을 고한 움직임은 자본주의로 회귀 외에는 대안이 없음을 보여주었다. 이는 국가가 경제에 대해 해왔던 많은 역할을 해체하고 자본주의 기업과 시장의 역할로 대체하는 것을 의미했다.

미국과 다른 선진 자본주의 국가들에서 1970년대 중반에 대불황 이후 최악의 경기 침체가 발생했는데, 이는 케인스주의 경제학이 방지할 수 있다고 여겼던 것이다. '스태그플레이션'이라고 불린 인플레이션과 생산 침체의 결합은 체계적인 정부개입이라는 케인스주의 체제에 대한 많은 이들의 확신을 무너뜨렸다. 미국과 영국에서 레이건과 대처가 국가 지도자로 선출되어 더 많은 국가개입으로부터 더 적은 국가개입으로 큰 전환이 공식 정책으로 되었다. 탈규제, 민영화(국가의 사업 활동을 민간 기업에 팔거나 민간 기업으로 전환시키는 것), 세금 대폭 인하의 시대가 시작되었고, 2008년 대침체의 발발 때 까지 지속되었다. 이런 중대한 변화의 지지자들은 작은 정부가 민간 기업을 자유롭게 해서 지속적인 경제 성장을 만들고, 그리하여 자본주의의 문제를 해결할 것이라고 주장했다(또는 적어도 희망했다). 케인스주의 시대의 사회복지는 각국의 정치 및 문화의 상황에 따라 거의 줄어들었는데 미국과 영국에서는 유럽 대륙보다 빠르고 크게 감소했다.

이런 경제 변화에 따라 대부분의 국가에서 신고전학파 경제학 및 케인스주의 경제학과 경제학자들의 사회적 위치의 변화도 그에 상응하여 일어났다. 그들의 역할이 바뀌었다. 신고전학파 경제학자들은 지배적 위치로 되돌아갔고, 케인스주의 경제학자들은 정치, 언론매체, 대학에서 권력, 영향력, 자리를 잃으면서 아주 부차적인 협력자가 되었다. 케인스주의 학자들은 스스로를 개조해야 했고 아니면 불안을 겪어야 했다. 이론의 돌풍 같은 변동을 목격한 학생들은 교과목 선택, 포부, 진로를 조정했다. 또한 신고전학파 경제학의 보수적 기업 세력과 밀접한 동맹을 고려할 때, 이 이론의 부상으로 사회주의와 마르크스주의에 대한 더 일치된 반대에 참여가 이뤄졌다(예를 들어 레이건이 '악마의 제국'이라며 악마화하여 표현한 것). 그런 반대의 일환이 군비 경쟁의 가속화였는데, 소련보다 나토 동맹국들이 훨씬 감당할 수 있었고, 이는 소련 경제체제의 자원을 낭비하게 하여 몰락을 재촉했다.

국가자본주의로부터 민간 자본주의로-가장 극명한 예

그러나 레이건과 대처가 새로운 국가 지도자가 되면서 미국과 영국에서 국가 개입주의 자본주의에서 민간 자본주의로 전환이 역사적으로 일어나고 정치적 단절이 급격하게 일어났지만, 그런 전환이 소련과 동유럽 사회주의의 붕괴가 보여준 사회의 근본적 단절은 아니었다. 경제 및 사회 변화의 근본적으로 뚜렷한 사례(소련)를 잠시 논하면 그런 진동의 전 세계 과정에 대해 조명할 수 있다. 전체 논의는 레스닉과 울프(Resnick and Wolff,

2002)를 보라.

옛 소련과 다른 곳의 정통 마르크스주의자들은 소련의 몰락을 사회주의의 몰락으로 이해했다. 그들은 국가가 재산 소유권을 사회화했고, 시장을 중앙계획경제에 종속시켰기 때문에, 소련에 사회주의가 존재했다고 판단했다. 사회주의에 대한 이런 개념화는 소련의 기업 내 잉여의 조직화를 간과했다. 그런 개념화는 국가기업 내 잉여 전유자들이 소련 국가관료, 즉 그 유명한 각료회의였는데, 그들은 대주주들이 선택한 민간 자본주의의 이사회와 비슷한 활동을 했다. 소련 노동자들은 기업 또는 산업 내에서 자신들이 생산한 잉여를 집단적으로 전유하지 않았다. 이것이 국가자본주의라는 용어를 이 체제에 적용하는 이유다. 각료회의는 노동자들로부터 전유한 잉여를 분배하였는데, 공산당과 소비에트 정부 지도자들이 세운 우선순위에 따라 그렇게 했다.

50년 이상 동안 이 각료회의는 자신들의 국가자본주의를 건설하고 특히 산업화하기 위해 소비에트 노동자들로 하여금 훨씬 많은 잉여를 생산하도록 가차 없는 압박을 가했다. 공산당과 소비에트 정부처럼 각료회의는 이것을 사회주의 건설이라고 말했는데 그들의 정통적 정의로 사회주의는 국가의 재산 소유와 계획이었기 때문이다. 분배는 군사 장비를 포함한 중공업을 확대하고, 국가관료와 국가 안보기구에 제공하기 위해, 힘있는 공산당을 지원하기 위해, 엄청난 종류의 공공재에 자금을 대기 위해 이루어졌다. 더 많은 자원을 소비재보다는 자본재를 생산하는 기업에 할당하는 것은 공산주의 첫 번째 단계에서 일어나야 하는 것, 즉 '생산력의 발전'이라는 정통 마르크스주의 이론에 부합했다. 군사 장비를 확대하기 위한 분배는 미국과의 군비 경쟁뿐만 아니라 세계 곳곳에서 소련의 외교 정책을 지원하기 위해서 필요했다. 성장하는 국가 산업을 계획하고 조직하고 관리하기 위해 국가 관료의 증가가 필요했다.

전형적인 자본주의 긴장과 투쟁이 소비에트 국가기업 내에서 생겨났기 때문에, 잉여분배는 그런 긴장과 투쟁을 관리하는 공산당 간부들과 비밀경찰들에게 더 많이 갔다. 소비에트에서 삶에 만연한 스트레스와 긴장은 노동자들이 자신의 잉여를 전유하고 분배하지 못하는 무능과 함께 소련 간부들이 노동자들에게 할당하는 더 많은 잉여 생산에 대한 압박에서 직·간접적으로 생겨났다. 소비에트 국가는 노동자들에게 보조금을 지원한 교육·주택·운송, 감당할만한 비용의 또는 종종 무상의 보건서비스, 무상 스포츠·예술 프로그램을 제공했다. 그러나 소비에트 사회의 이런 혜택은 1970년대 후 심각해지는 소외를 극복하는 데 충분하지 않았다.

더욱 증가한 국가 수요를 맞추기 위해 노동자들이 더욱 많은 잉여를 생산하는 것은 마르크스주의 차원에서는 착취율 상승을 의미했다. 달리 말해서 노동자의 사회로 정의된 곳에서 노동자 착취가 악화되었다. 그렇게 심하게 착취당한 노동자들은 결국 분노 증가와 불성실로 대응했고, 소비에트 지도자들이 사회주의와 공산주의라고 주장한 체제에서 심해진 소외가 자리 잡았다. 국가가 더 많은 잉여를 생산하도록 노동자를 압박하는 역사가 길어지면서 1970년대 종반에 그 맥락이 바뀌었다.

1920년대 종반에서 1970년대까지 국가 관료들은 성공적으로 증가한 잉여를 전유하여 아주 가난한 차르 통치의 러시아를 주요 산업 강국 소비에트로 탈바꿈시켰다. 소련은 제2차 세계 대전 때 독일의 침범을 견뎌냈고 물리쳤다. 이 전쟁 바로 뒤에 소련은 미국과의 냉전을 치렀고 동시에 계속해서 산업을 발전시키고 자신의 방위에 거의 적합한 군사체계를 만들었고, 인민들에 대한 국가 서비스 제공을 증가시켰다. 소비에트 노동자들은 이런 성공적인 발전에 자금을 대기 위해 훨씬 많은 잉여를 공급했다. 소련의 편향된 자본재 산업으로부터 쏟아져 나온 기계 때문에 노동자들의 생산성은 끊임없이 상승했으나 그들의 임금은 이 반세기의 대부분

기간 동안 정체되어 있었다. 마르크스주의 경제학의 관점에서 이는 소비에트 노동자의 착취율이 상승했다고 말하는 또 하나의 방법이며, 소비에트 국가자본주의의 성공은 계급 착취율 상승에 토대를 두고 있다.

이 책의 비교 접근법을 고려하면 소련과 미국의 발전의 차이를 언급할 가치가 있다. 1970년대 이전 미국의 노동 생산성 상승은 부분적으로 상승하는 실질임금을 지불하기 위해 사용되었다. 실질임금 상승은 노동력 상승 스트레스에 대한 일종의 보상이었다. 소련에서는 그렇지 않았다. 생산성 상승은 거의 완전히 산업 발전과 국가와 당의 필요를 위해 사용되었다. 이런 차이는 1980년대 소련 노동자들의 임금이 미국과 비교했을 때 반대 수준으로 떨어진 것으로 반영된다. 역설적이게도 1970년대 미국은 생산성이 계속 상승했지만 실질임금은 상승을 멈췄다(그리고 결코 다시 상승하지 않았다). 이것이 소비에 미친 효과는 더 많은 가족 구성원들이 소득을 위해 노동하면서 그리고 대규모 가계 부채를 짊어짐으로서 미뤄졌지만 과도한 부채에 짓눌린 미국의 노동자 가계가 가졌던 그런 선택지의 종말은 2007년 시작된 위기를 일으키는 데 일조했고, 그 뒤에 이어진 미국 내 정치 긴장 증가에도 그랬다.

소련의 국가 관료 및 당 관료들은 노동자들의 착취 증가와 제기될 수 있는 가능한 위협을 상쇄하기 위한 효과적인 전략을 구사했다. 그것은 1980년대까지 성공했다. 그 전략은 소련 노동자들을 세계에 평화와 조화와 풍요를 가져다주는 새로운 사회주의 문명의 전위로 선언하는 것이었다. 그런 문명 달성에 중대한 장애는 1917년 소련이 물려받은 저발전 경제와 1917년 이후 사회주의 성공을 무너뜨리고 파괴하려는 자본주의 국가들의 노력이었다. 국가와 당은 그 두 가지 장애를 극복하기 위해서는 노동자들의 소비를 희생시켜 자원을 성장을 위해 이용하는 것이 필요하다고 노동자들을 설득하는 목표를 가졌다. 다른 공식 전략은 정치적이었다. 잉여를 경찰 기구에 분배함으로써 국가가 노동자들의 분노를 감시하고 통제할 수 있었다. 수십 년 동안 희생과 통제라는 두 가지 전략은 노동자와 각료들 간 긴장과 인민과 국가들 간 긴장을 억제하기 위해 작동되었다.

1970년대에 소련 주민들이 미국과 유럽의 생활수준을 누리겠다는 억눌린 욕망을 희생 세대 후로 더 이상 미룰 수가 없었다. 그러나 소련 경제는 증가하는 수요를 맞추기에 충분한 잉여를 생산하지 못했다. 군비경쟁 비용이 훨씬 더 높았고, 아프가니스탄에서 재앙적인 전쟁을 벌였고, 산업 성장의 지속을 위해 필요한 새로운 기술의 비용이 증가했고, 불만이 증가하는 주민들을 통제하기 위해 국가 관료와 당 관료가 늘어나는 등의 일이 벌어졌기 때문이다. 실질임금 인상은 그런 수요를 맞추기 위해 필요한 잉여를 축소할 수 있었다. 다양한 개혁의 노력이 대체로 실패했는데 충분한 잉여라는 근본적 문제를 해결할 수 없었기 때문이다. 노동자들의 분노는 판매할 소비재가 부족하여 똑같이 성난 점원과 화를 내면서 마주해야 하는 국가 소매상점에 대해, 가족과 가정에서 일어나는 서로 간의 긴장에 대해, 일이 제대로 마무리 되지 않는 기업에 대해, 더욱 싫어지는 체제와 공모하는 공산당 간부에 대해 들끓었다. 놀랍지 않게 노동자들과 다른 이들은 문제는 소진되고 더 이상 효과적이지 않는 국가자본주의가 아니라 사회주의와 공산주의라고 믿게 되었다.

소련과 동유럽 동맹국들이 무너졌을 때 새로 등장한 국가들은 사회주의/공산주의라고 인식했던 국가자본주의 경제의 논리적 다음 단계를 조직했다. 그들은 국가기업을 민간 소유로 되돌리고 계획기관들을 시장을 위해 해체함으로써 공식적으로 민간 자본주의로 회귀했다. 중화인민공화국에서도 유사한 위기와 상대적으로 약하지만 비슷한 변화가 일어났으며, 민간 자본가 기업의 빠른 발전의 시대로 접어들었다. 그러나 중국 공산당의 정치적 지배는 소련과 동유럽에서 일어났던 것처럼 바뀌지는 않았다. 늘 그렇듯 국가자본주의에서 민간 자본주의로 전환의 속도와 그 외 특수성은 국가마다 달랐다.

특수성의 차이에도 불구하고 러시아, 동유럽, 중국 경제에서 이런 진동은 미국, 유럽, 그 외 비슷한 경제국들에서 있었던 진동과 수많은 공통된 특성을 가진다. 전자에서 국유 산업기업과 국영 산업기업은 각국의 특수한 상황에 따라 정도의 차이는 있으나 민간 자본가 기업으로 대체됐다. 이런 기업들에서 민간 자본가가 이전의 국가 자본가를 대체했다. 더 많은 국가 규제에서 더 적은 국가 규제로 대체됐다. 계획분배 체계에 비해 시장분배 체계가 증가했다. 서방 민간 자본주의 국가들에서 아주 비슷한 방향의 변화가 일어났다(물론 그런 국가들에서는 처음부터 훨씬 적은 국가 개입이 있었고, 국가자본주의 전유의 역사가 더 짧았지만).

따라서 20세기 초 반대 방향의 진동(1917년에 러시아에서 더 많은 국가개입과 그리고 1930년대 대불황에 대한 다른 국가들의 대응에서 더 많은 국가개입)은 이제 1970년대와 1980년대 동안에 모든 곳에서 뒤집어졌다. 민간 자본주의 국가들에서 더 많은 국가개입에서 더 적은 국가 개입으로 진동은 케인스주의 경제학과 마르크스주의 경제학의 상대적 퇴조와 신고전학파 경제학의 재부상을 촉진했다. 소련식 경제를 거의 버린 국가들에서는 지배적이고 공식적으로 지지받은 정통 마르크스주의 경제 이론의 영향력이 빠르게 퇴조했다. 그 자리를 경쟁하는 세 경제학 이론, 즉 신고전학파, 케인스주의, 마르크스주의 경제학(여기에는 살아남기 위해 애쓰는 옛 정통 마르크스주의와 완전히 새로운 마르크스주의 경제학 해석을 포함한다)의 다양한 종류가 치지했다.

국가 개입으로 회귀

우리는 마지막으로 경제학과 경제 이론 모두에 영향을 미친 가장 최근의 진동을 살펴보겠다. 이 진동은 1930년대 대불황 이후 최악의 자본주의 위기인 대침체라고 불리게 된 2007~2008년 세계 자본주의 붕괴로 일어났다. 미국 주택시장의 가파른 붕괴는 빠르게 신용시장으로 확산되었고, 여기서 세계 시장을 통해 모든 곳의 일반적 경제 붕괴로 전환되었다. 수많은 사람들이 일자리와 집을 잃었고 세계 무역과 생산은 수축했고, 모든 곳의 정부는 경제활동의 임박한 붕괴로 인해 공황상태에 빠졌다. 미국, 영국, 독일, 중국, 일본, 그리고 그 외 많은 자본주의 정부들은 대불황 때 했던 것과 아주 비슷한 방식으로 경제에 대대적으로 개입했다. 정부는 대부의 재개를 북돋우기 위해 화폐신용 체계에 수조 달러 상당을 집어넣었다. 정부는 거의 가치가 없는 자산을 은행으로부터 사들여서 자본구성 재편을 해주었으며, 보험사와 다른 금융회사들을 인수했으며 대출과 직접 주식투자로 모든 종류의 기업들을 구제했다.

이렇게 정부 지원으로 혜택을 받은 은행과 기업들은 대부분 '대마불사'라고 여겨지는 것들이었다(그것들의 몰락은 통제할 수 없는 연쇄 반응으로 다른 기업들에게 영향을 주면서 붕괴를 초래한다). 그것들은 대규모 국가 지원을 받았는데, 그런 지원이 소규모 기업과 많은 노동자와 소비자들에게 '낙수 효과'로 혜택을 줄 수 있다는 가정에서였다. 비슷한 '낙수 효과' 경제학은 1930년대에 많은 사회 비판의 대상이었다.

각국 정부는 경제 개입을 위한 돈을 빌리면서 엄청난 적자를 만들었다(투자하지 않는 기업과 부자로부터 빌렸는데, 그렇게 하지 않았으면 빠르게 붕괴하는 세계 경제에 지출했을 돈이었다). 각국 정부는 대담하게 그 돈을 마련하기 위해 세금을 올리지 않았는데, 세금 인상이 휘청거리는 경제를 더욱 위험하게 하고, 기업의 양도를 또한 위험하게 하고, 정당과 정치인들을 지속시키기 위해 기부금을 늘리는 부자들을 위험하게 만들기 때문이었다. 각국 정부는 민간 부문의 붕괴를 벌충하기 위해 빌린 자금을 경제에 쏟아 부었다. 또 정부는 중앙은행(미국은 연방준비제도)을 이용해서 대대적으로 신용시장에 개입해서 화폐공급을 늘렸고 이자율을 역사상 최저로 낮추었다.

신고전학파 경제학이 사회 지배로 회귀하여 찬양하고 더욱 심화시킨 탈규제와 민영화 30년이 지난 뒤 세계 자본주의는 붕괴했다. 전 세계에 대규모 국가개입 프로그램이 부활하여 모든 곳에서 현재의 질서가 되었다. 탈규제와 민영화가 경제성장을 보장하고 경기순환의 불안정성을 방지하거나 극복할 수 있다는 신고전학파 경제학의 주장은 극적으로 틀렸음이 입증되었다. 실제로 민간 자본가 은행의 우두머리들은 종종 정부로 하여금 자신들의 실패한 투자와 대부로부터 구제하도록 주도적으로 관여한다. 경제 재앙을 두려워하며 거의 모든 사람들은 공적 자금을 파산한 민간 기업을 구제하는 데 사용하는 대대적인 정부 개입에 지지를 보낸다. 대부분 정부들이 정치적 색깔과 상관없이 한 것처럼 부시 대통령과 오바마 대통령 모두 정확하게 그렇게 했다.

이렇게 가장 최근의 국가개입주의 자본주의로 회귀하는 진동은 이 세 가지 경제학 이론에서 변화와 각 이론의 상대적인 사회 지위에서 변화를 다시 한 번 부추기고 있다. 신고전학파의 자신만만한 지배가 심하게 흔들렸다. 많은 신고전학파 경제학자들은 이론적 충성을 바꾸어서 케인스주의자가 되었다. 그러나 신고전학파의 지배는 너무도 강했기 때문에 여전히 상당한 영향력을 유지하고 있다. 현재 아주 일방적이지 않은 투쟁이 방어하려는 신고전학파 경제학과 정치 선거, 언론 매체, 학술 활동에 영향력을 미치려는 부활한 케인스주의 경제학 사이에 벌어지고 있다.

2007년 시작된 세계 자본주의 위기는 또한 마르크스주의 경제학에 복합적인 영향을 주었다. 한편 그 위기는 마르크스주의의 자본주의 비판(위기는 체제에 내재하고, 위기의 원인은 절대 극복될 수 없으며, 그 결과로 나타나는 고통, 자원 낭비, 생산 손실은 자본주의의 비효율성과 불의를 보여준다)을 타당한 것으로 보이게 했다. 마르크스주의의 자본주의 비판에 대해 전 세계에서 부활한 많은 관심의 표시가 있었다. 다른 한편 소련과 소련식 경제에 대해 지속되는 악평은 마르크스주의의 자본주의에 대한 비판의 호소력을 상쇄했다. 마르크스주의 경제학에 대해 부활한 관심을 확대하기 위해 학자들은 소련식 경제와 아주 다른 자본주의 대안의 상이나 모형을 만들 필요가 있다는 주장이 있었다.

여러 국가의 마르크스주의 경제학자들이 협력하여 결성한 한 단체는 그런 일을 하기 시작했다. 이 단체는 소련식 경제국들을 비판했다. 그 단체는 소련식 경제국들의 사회주의에 대한 정의는 너무 경제의 거시수준, 즉 '기업의 사적 소유권 대 사회적 소유권'과 '시장 대 계획'에 초점을 맞추었다고 주장했다. 그 국가들은 민간 이사회를 기업 전체에서 생산한 잉여/이윤을 수취하고 분배하는 국가 관료로 대체했다. 이는 대부분의 노동자들에게 미시적 수준에서 거의 변화가 일어나지 않은 것을 의미했다. 전처럼 그들은 출근해서 다른 사람을 위해 생산물과 잉여를 생산하고 퇴근했다. 그래서 그런 마르크스주의자들은 소련식 사회주의를 국가자본주의로 표현하는 것이 더 나은 것 같다고 주장했는데, 국가기업의 내부 조직화가 자본주의로 남아 있었기 때문이다. 계급 착취는 소수를 위해서 보전되었는데, 그 소수는 더 이상 (주주가 선출한) 민간인이 아니라 국가 관료였다.

그런 마르크스주의 경제학자들은 또한 그런 국가자본주의를 대체할 사회주의 대안을 위해서 기업 내 잉여 조직화의 근본적 변화가 있어야 한다고 주장했다. 마르크스의 제안을 좇아서 기업은 내적으로 재조직화되어 잉여생산 노동자들이 집단적으로 이사회가 되어야 한다고 주장했다. 대주주가 선출한 소수의 엘리트 이사회 대신에 잉여의 이런 재조직화는 노동자 자기주도의 기업을 만들고, 모든 노동자들에게 특수 및 일반 사무분장을 준다. 예를 들어 각 노동자는 월요일부터 목요일까지 각자의 업무를 할 수 있고, 금요일에는 모든 노동자들이 만나서 무엇을 어떻게 어디서 생산할지와 자신들이 생산하는 잉여/이윤을 가지고 무엇을 할지에 대해 민주적으로 결정한다. 이런 마르크스주의 경제학자들은 자신들의 제안을 경제 민주주의라고 표현했고, 그런 민주주의가 기업 내에서 도입될 때에만 사회는 진정한 사회주의의 미시수준 구성요소를 창조한 것이라고 설명했다(Wolff 2012).

이런 저런 종류의 새로운 마르크스주의 경제학이 현재 성장하고 있고, 발전하고 있고, 새로워진 틀에서 논쟁하고 있다. 오래된 자본주의 국가들은 대규모 국가 부채로 현재의 대규모 자본주의 위기를 관리하고 있기 때문에, 사회적 비용을 치르고 사회를 분열시키는 부채 관리 문제에 직면해 있다. 많은 경우에서 그런 문제들은 공공 노동자와 민간 노동자를 위한 일자리, 임금, 노동조건에서 장기적인 축소가 일어나는 위협을 만들었다('긴축 정책'으로 널리 일컬어지는 것). 마르크스주의의 자본주의 비판에 대해 그런 국가들에서 사람들의 관심이 높아지고 있다. 아시아와 다른 지역에서 새로 부상한 더욱 탄탄한 자본주의 경제국들은 부유층과 빈곤층의 양극화와 끔직한 노동조건으로 비판을 촉발하며 비판자들은 마르크스주의 경제학으로 향하고 있다.

미래는 위기를 맞은 민간 자본주의에서 국가개입주의 또는 국가자본주의로 회귀하는 최근의 경제 진동이 어떻게 경쟁하는 세 경제 이론에 영향을 줄지 우리에게 보여줄 것이다. 역사가 이미 보여준 것은 각 이론이 그런 진동에 대해 각자의 방식으로 변화하고 적응한다는 것이며 각 이론에 대한 상대적 우세와 지지도 또한 변한다는 것이다. 오늘날 지배 이론이 미래에도 그렇게 남을 것이라고 생각하는 것은 역사와 모순된다.

자본주의가 새로운 경제체제로 세계무대에 도래하고, 곧이어 지식인들을 자극하여 자본주의가 어떻게 작동하는지에 대한 이론들을 제공하게 했다. 자본주의가 영국에 일찍 도래했기 때문에 현재 우리가 '경제학'이라고 일컫는 초기의 주요 이론화를 제공한 이들은 영국 사상가들이었다. 자연적으로 확대되는 체제인 자본주의는 지역에서 지역으로 산업에서 산업으로 확산되었고 그리하여 유례없이 광범위하게 사상의 반응을 촉진했으며 이는 공식적인 이론화로 무르익었다. 자본주의는 종종 이전 생산양식을 난폭하게 또는 격렬하게 대체했기 때문에 자본주의 도래를 찬양하는 이론화와 함께 비판적인 이론화를 촉진했다. 자본가들은 종종 거대한 부를 생산했지만 또한 노동자들을 나쁘게 다루었기 때문에 그리고 노동-자본 갈등의 확산을 보여주었기 때문에 자본주의 비판자와 찬양자들은 이 체제를 다르게 이론화했다. 심각한 문제들이 늘 그랬던 것처럼 자본주의를 괴롭혔을 때, 자본주의를 찬양하는 이론가들은 이 체제가 어떻게 작동하는지와 이 체제가 어떻게 해서 가장 잘 지탱될 수 있고 유지될 수 있는지에 대해서 분열될 가능성이 있었고, 분열되었다. 자본주의가 성장과 상대적인 노동 평화의 시기를 누릴 때, 그런 비판은 종종 가라앉았고, 그런 비판가들에 대한 대중의 관심은 줄어들었다.

따라서 경제학으로 알려진 학문은 자본주의를 이론화하는 주요 전통으로서 경쟁하고 지속해 온 '고전학파 및 신고전학파', 케인스학파, 마르크스주의 학파를 포함한다. 자본주의는 이 모든 학파의 어머니요, 아버지다. 자본주의는 여전히 이 학파들의 분석의 대상인데, 이 학파들은 자본주의와 자신들의 체계에 대한 각 이론의 아주 다른 반응에 대해 서로 투쟁하기 때문이다. 자본주의를 이해하기 위해 그 모든 학파에 대한 관심이 필요하며, 우리 자신을 찾고 만들기 위해 그 다른 관점들에 관계할 필요가 있다. 또한 자본주의의 문제들을 풀기 위해 각 이론이 가르치는 것을 배울 필요가 있다. 이는 하나의 이론이 전체 진리를 가지고 있어서 상대방은 들을 필요도 없고 상대방으로부터 배울 필요도 없다는 어떤 이론 또는 이론가의 주장을 거부하는 것을 의미한다. 한 종류의 경제 체제에 대한 지지자들이 그 체제의 영원함을 선언하자 또 다른 진동으로 그 지지자들이 틀렸음을 증명한다. 한 경제 이론이 지배적으로 되고 그것의 절대적 진리를 선언하자마자 상황이 변하여 다른 이론이 지배적이 된다.

여기서 결론은 경제 이론은 중요하다는 것이다. 경제 이론들은 모두 어떤 체제를 좋아하든 싫어하든 (때때로 좋아함과 싫어함을 같이 가지든) 그 체제를 이해하려는 사람들이 정식화한 통찰력과 생각들을 포함하고 있다. 사회 지도자들이나 실질적인 다수가 믿고 있는 의미에서 어떤 이론이 지배적인지도 중요하다. 지배 이론은 대부분의 사람들이 경제에 관해서 어떻게 생각하는지와 경제에서 어떻게 행동할지를 만들고, 이는 경제가 어떻게 진화하고 작동할지를 결정한다. 신고전학파 이론 또는 케인스주의 이론의 지배는 자본주의를 지지하는 경향이 있으나 자본주의의 내적 모순과 문제가 그 이론들의 목표들을 억누르지 않는다는 보장은 없다. 마찬가지로 마르크스주의 이론의 지배는 자본주의 대안인 사회주의 경제체제를 지지하는 경향이 있으나 그것 역시 사회주의의 내적 동학이 이론의 목표를 억누르지 않는다는 보장이 없다. 모든 주요 경제 이론들 사이에 정직하고 열린 토론이 일어날 때 모든 통찰력을 사용하여 사회를 진전시킬 수 있다(그것이 자본주의 미래가 되든지 사회주의 미래가 되든지)는 최선의 희망을 제공할 수 있다.

제7장

이론적 차이의 중요성

마르크스주의 이론 대 케인스주의 이론 대 신고전학파 이론

이 책에서 지금까지 오늘날 세계에서 경쟁하고 있는 가장 중요한 세 가지 경제 이론을 검토했다. 앞 장들에서 각 이론을 설명했으며 각 이론으로부터 끌어낸 여러 결과들 가운데 몇 가지를 보여주었다. 이 결론의 장에서 우리에게 두 가지 목적이 있다. 첫째, 이런 이론들이 체계상 어떻게 다른지 요약하는 것이다. 둘째, 우리의 삶에 미치는 다른 영향을 설명하고 비교하는 것이다. 우리는 일반적으로는 다른 사고방식들이 그리고 특수하게는 이 세 가지 이론이 어떻게 아주 다른 방식으로 사회를 만드는지 보여주는 것을 목표로 삼는다.

각 이론은 고유한 구조를 가지고 있다는 것을 떠올리자. 각 이론은 세상을 이해하기 위해, 일반적으로 사회생활과 특히 경제생활에 대한 각 이론의 특수한 지식을 구축하기 위해 상이한 개념 또는 문장을 사용한다. 우리는 두 가지 질문을 제기하고 대답함으로써 각 이론의 고유성을 평가할 수 있다. 첫째 각 이론은 어디에서 시작되는가? 달리 말해서 각 이론의 입구점은 무엇인가? 둘째, 각 이론이 그 외 개념을 생산하고 모든 개념들을 연결하기 위해 사용하는 방법 또는 논리가 무엇인가? 즉 각 이론이 입구점들에서 경제에 대한 발전된 이해 또는 지식으로 어떻게 나아가는가? 마르크스주의 이론, 케인스주의 이론, 신고전학파 이론은 이런 질문들에 대해 각자의 대답이 아주 다르다.

다른 입구점들

마르크스주의 이론은 계급 개념으로 시작한다. 이것은 이해하고자 하는 세상의 모든 다른 대상 또는 측면에 대한 이해를 구성하는 출발 개념 또는 입구점 개념이다. 따라서 마르크스주의 이론은 항상 (관심을 가지는 특수한 대상들에 있는) 가격, 임금, 이윤을 계급 개념의 구성에 연결시킨다. 마르크스주의 이론은 그런 대상들에 대한 계급 지식을 만든다. 그러므로 우리는 마르크스주의는 이런 대상들의 의미를 위한 계급 이론이라고 말할 수 있다.

대조적으로 신고전학파 이론은 ①사익을 추구하고 효용을 극대화하는 개인 ②개인의 생산자원 부존량 ③생산자원으로 자연을 변형하는 개인에게 내재된 기술능력이라는 개념으로 시작한다. 이 세 가지 입구점 개념을 가지고 신고전학파 이론은 이해하려고 하는 모든 다른 대상에 대한 의미를 만들어낸다. 따라서 이 이론은 항상 가격, 임금, 이윤을 개인의 선호, 자원 부존량, 기술이라는 이론을 구성해내는 개념에 연결시킨다. 그래서 우리는 신고전학파 이론은 인간 개인들의 본성을 경제의 구조와 특성을 결정하는 개인주의 이론이라고 말할 수 있다.

케인스주의 이론은 ①경제 결정을 만드는 군중심리(소득으로 저축을 하는 대중의 성향)와 관습, ②시장에서 개인들의 행동을 만드는 제도의 힘(예를 들어 노동조합과 정부) ③언제 그리고 어디에 얼마를 투자할지에 대해 개별 투자자의 결정을 지배하는 '야성적 충동'을 입구 개념으로 도입한다. 마르크스주의 이론에서 계급 개념이나 신고전학파 이론에서 개인의 선호 또는 효용 극대화는 케인스주의 이론에서 입구점으로 기능하지 않는다. 오히려 한 사회의 어떤 구조적 특징들(사회심리와 중요 제도들)이 케인스주의가 경제의 이해를 만드는 입구점들이다.

마르크스주의, 신고전학파, 케인스주의 경제 이론 각각의 입구점들을 비교하면 각 이론이 다른 이해와 지식을 구축하기 위해 어떻게 시작하는지 매우 다르다는 것이 분명하다. 앞에서 각 이론에 대한 장들에서 보여줬듯이 다른 입구점들은 경제 관계와 사건들에 대해 다른 설명을 만들어 낸다. 신고전학파 이론에 설득된 사람들은 마르크스주의 또는 케인스주의 이론에 설득된 사람들과는 다르게 사회생활을 바라보고 참여한다. 이는 부분적으로 각 이론이 다른 입구점을 가지고 있기 때문이다.

줄이자면 개인들은 삶과 사회 환경의 경제 측면에 관해 생각하기 위해 사용하는 이론에 따라 다르게 행동할 가능성이 크다. 사람들이 관심을 가지는 다른 대상(사랑, 자연, 정치 등)을 이해하기 위해 사용하는 이론들처럼, 경제 이론은 사람들이 어떻게 생각하고 행동하는지에 의식적인 그리고 무의식적인 영향을 준다. 입구점의 중요성과 힘을 강조하기 위해서 우리는 이 장에서 몇 가지 구체적인 예를 제공할 것이다.

상이한 논리

세 경제 이론은 서로 다른 입구점 개념을 가지고 있을 뿐만 아니라 입구점들을 다른 방식으로 자신들의 이론에 있는 다른 개념들에 연결한다.

각 이론의 문장들은 경제가 어떻게 작동하고 진화하는지에 대한 전제와 주장을 세우기 위해 각자 입구점을 그 외 개념에 연결한다. 개념들을 서로 연결하는 방식(체계)도 각 이론의 입구점만큼이나 중요하다. 우리는 그 연결 체계를 이론의 논리라고 일컫는다. 이론은 입구점에서뿐만 아니라 그 논리에서도 다르다.

신고전학파 경제 이론은 철학에서 '연역법'이라고 알려진 논리를 채용한다. 입구점 개념 뒤에 도입된 모든 개념은 입구점에서 신중히 연역되거나 도출된다. 예를 들어, 신고전학파 경제학은 인간 선호, 기술, 자원 부존량을 연역법으로 모든 상품과 자원의 공급과 수요 같은 후속 개념들과 연결한다. 달리 말해서 공급, 수요, 가격은 선호, 자원 부존량, 기술에 의해 초래된다(도출된다).

우리는 이 마지막 문장을 반대로 읽을 수도 있다. 그러면 '도출된'은 그 반대인 '환원된'으로 대체된다. 신고전학파 이론에서 가격은 처음에 그것의 원인들인 '공급과 수요'로 환원되고, 그 다음에는 수요와 공급을 궁극적으로 초래하는 것, 즉 선호, 자원 부존량, 기술로 환원된다. 인간 본성의 이런 세 가지 측면은 경제에서 다른 모든 것의 궁극적 원인이 된다. 그것들은 다른 모든 것의 본질적 결정요인들이다. 경제에서 다른 모든 것은 입구점에 의해 결정되어 나타나는 결과인 것으로 신고전학파 경제 이론의 의해 논리적으로 환원된다. 신고전학파 경제학의 논리 체계는, 즉 개념들을 연결하는 연역적 방식 또는 환원적 방식 또는 결정론적 방식은 철학자들이 본질주의이라고 부르는 것의 한 예이다.

케인스주의 이론은 입구점 개념에서 신고전학파 이론과 다른지만, 그 논리에서는 다르지 않다. 케인스주의 이론도 본질주의다. 케인스주의의 명제들과 주장들은 자의식적으로 경제 사건과 상황들(특히 자본주의 경제의 주기적 순환 또는 위기)이 자기 이론의 입구점들(군중심리성향과 관습, 제도, '야성적 충동')에 의해 일어나거나 본질적으로 결정된다고 보여준다. 요약하자면 신고전학파 경제 이론은 개인에게 다른 모든 것의 본질적 원인이라는 특권을 부여하는 반면에 케인스주의이론은 사회 관습과 제도, 즉 '구조'에 본질적 원인이라는 특권을 부여한다. 두 이론은 경제의 구성요소를 본질적 원인과 결과로 나눈다.

이 책에 설명된 마르크스주의 경제 이론은 반본질주의라는 다른 논리를 사용한다. '다중결정론'이라고 불리는 이 논리는 입구점인 계급을 포함하여 그 이론 내에 있는 각 개념을 다른 모든 개념들의 원인이면서 결과가 되는 것으로써 연결한다. 마르크스주의 이론에서 어떤 것도 다른 것의 원인으로만 또는 결과로만 되는 것이 아니라 모든 것이 다른 모든 것에 의해 초래되면서 다른 모든 것을 초래하는 데 참여한다. 따라서 이 이론 안에 있는 어떤 개념도 한 개념의 결과나 다른 개념의 부분 집합으로 환원될 수 없다. 어떤 개념도 다른 개념의 원인이 아닌데, 각 개념이 다른 모든 개념에 의해 초래되며(다중결정되며) 다른 모든 개념 각각을 초래하는 데 참여하기(다중결정하기) 때문이다. 이 이론 내의 모든 것(이 이론에서 개념화된 모든 대상)은 다른 모든 것의 원인이며 결과이이다.

따라서 마르크스주의 이론은 계급을 본질로서 상정하거나 이해하지 않는다. 계급은 경제 및 사회 전반에서 일어나는 사건과 상황의 궁극적 원인이 아니며 또 그것들은 단순히 계급의 결과가 아니다. 오히려 마르크스주의 경제 이론은 경제 및 사회의 다른 측면들이 동시에 계급의 원인이면서 결과라는 것을 보여주면서, 계급에서 경제 및 사회의 다른 측면들(예를 들어 상품가격, 기업 이윤, 국가 경제 정책)로 나아간다. 그런 다른 측면들은 계급에 의해 궁극적으로 초래되거나 계급으로 환원될 수 있는 것으로 가정되지 않는다. 그것들 중에 어느 것도 계급의 본질적 원인이 아니듯이 계급도 그것들의 본질적 원인이 아니다.

따라서 마르크스주의 이론은 열려 있는 과정인데, 그 과정 속에서 계급(특수한 역사적 이유로 마르크스주의의 입구점과 중심 초점)이 계속 확대되는 다른 개념들, 즉 마르크스주의자들이 중요하다고 생각하여 이해하려고 하는 사회생활의 다른 측면들과 연결된다. 그 연결고리는 다중결정론이라는 연결고리이다. 삶의 계급 및 비계급 측면은 상호작용하고 상호의존적인 원인과 결과로서 함께 짜인다. 목표는 각 측면이 어떻게 동시에 다른 모든 것의 원인이면서 결과인지 설명하는 것이다. 마르크스주의 이론은 사회를 구성하는 계급과정과 비계급과정 간 다중결정적인 관계를 밝히는 것을 목표로 삼는다. 물론 모든 이론들처럼 마르크스주의 옹호자(마르크스주의자)들은 이 다중결정론의 특수한 분석에 동의하지 않을 수 있다. 그러면 역시 앞서 언급했듯이 전통 마르크스주의에서 활동하는 어떤 마르크스주의자들은 다중결정론은 거부하고 대신에 계급이 경제와 사회의 다른 측면들을 결정하는 본질로서 기능하는 결정론적 주장을 세울 수 있다.

신고전학파 이론은 또한 다른 방식으로 열려 있는 과정이다. 이 이론의 옹호자들은 개인주의 입구점과 결정론적/본질주의 논리의 각론에 동의하지 않을 수도 있다. 이렇게 동의하지 않는 것 가운데 어떤 것은 이 책의 최신 신고전학파 이론의 장에서 논하였다. 마찬가지로 케인스주의도 열려 있는 방식으로 이론을 확장하고 수정하기 때문에 이론의 각론에 대해 내부적 의견 불일치가 있다. 우리는 포스트 케인지언 경제학을 논의할 때, 이런 것 가운데 약간을 볼 수 있다. 하지만 신고전학파 경제학자와 케인스주의 경제학자를 나누는 것은 상이한 입구점 개념이며, 그들을 묶는 것은 공통된 본질주의 논리이다. 이 두 이론을 마르크스주의 경제 이론과 나누는 것은 상이한 입구점과 상이한 분석 논리이다.

세 이론에서 경제가 어떻게 작동하고 변화하는지에 대한 상이한 이해가 생겨나는데, 이는 서로 다른 입구점과 논리 때문이다. 실제로 이런 상이한 이해는 중요한 질문을 제기한다. 우리는 정말 세 경제 이론이 같은 단어를 사용할 때 같은 것을 분석하고 있다고 말할 수 있을까? 노동, 가치, 이윤, 자본 같은 단어로 표시되는 기본 개념들이 세 이론의 진술에 나타날 때 그것들은 같은 의미를 가지는가? 또는 세 이론은 상이한 입구점과 논리뿐만 아니라 분석의 대상의 차이도 보여주는가?

상이한 분석 대상

서로 다른 입구점에서 나아가면서 세 이론은 각자 논리를 사용하여 관심을 가진 분석 대상에 대한 설명을 구축한다. 우리는 어떤 주제에 대한 각 이론의 설명을 각 이론의 출구점으로서 말할 수 있다. 출구점은 각 이론이 자신의 논리를 가지고 입구점에서 나아가서 도착한 곳이다. 다른 입구점에서 출발하여 다른 논리를 사용해서 나아가기 때문에, 각 이론은 다른 출구점으로 도착한다.

이는 우리가 일반적으로 같은 이름표가 붙어 있지만 상이한 의미를 가진 분석의 대상(말과 글로 표현된)을 세상에서 마주한다는 것을 의미한다. 예를 들어 마르크스주의자와 비마르크스주의자들은 자본주의 개념을 다르게 정의하고 사용한다. 다른 많은 기본 경제 개념에도 똑같이 적용된다. 두 이론가 집단이 종종 같은 단어를 사용하지만, 이 단어들은 이를 정의하고 사용하는 각 이론에 따라 독특한 의미를 가진다. 같은 일이 다른 삶의 영역에서도 많이 일어난다. 예를 들어 사랑 또는 행복 같은 단어를 사용하는 사람에 따라 그 단어에 다른 의미를 담을 수도 있다.

때때로 경제 이론가들은 경쟁하는 이론에서는 존재하지 않는 새로운 단어를 만들어내는데, 그 특수한 의미를 구별하고 더 설득력 있게 만들기 위해서다. 예를 들어 마르크스는 그의 계급 개념과 다른 이론의 계급 개념을 구별하기 위해 '잉여가치'를 만들어서 '이윤'과 다른 것으로 정의했다. 신고전학파 이론가들은 자신들의 인간의 선택 개념과 다른 이론의 인간의 선택 개념을 구별하기 위해 '한계 효용'을 만들었다. 케인스주의 이론가들은 저축과 소비의 '한계 성향'을 개발했는데, 시장이 어떻게 작동하는지에 대한 자신들의 생각과 신고전학파 경제학자들의 그에 대한 생각을 구별하기 위해서였다.

같은 용어가 각 이론들에서 다른 의미를 나타낸다면, 한 이론의 용어가 옳거나 아니면 상대적으로 옳고, 다른 이론의 것은 틀리다는 것인가? 마르크스주의 이론의 자본주의의 의미 또는 신고전학파의 자본주의의 의미 또는 케인스주의의 자본주의의 의미는 참된 의미인가? 인간 사상의 오래된 한 전통에서는 어떤 대상(예를 들어 자본주의)에 대한 상이한 개념화 가운데 하나는 반드시 가장 참된 것, 즉 현실 세계에서 실제 존재하는 것에 가장 가까운 것이어야 한다고 주장한다. 우리는 이 장의 끝부분에서 이 중요한 문제를 다룰 것이다. 여기서 우리는 단지 사상의 이 오래된 전통 자체도 현실, 지식, 진실이 어떠한지에 관한 아주 특수한 이론들에 의존하고 있다는 것을 언급할 필요가 있다. 현실과 지식에 관한 상이한 이론들은 각자 이론의 '옳음'이 의미하는 것에 대해서도 아주 다른 정의를 부여한다고 밝혀졌다.

상이한 가치론

〈표 7.1〉은 앞에서 소개한 세 이론의 가치론을 요약했다. 이 표는 이론의 차이점을 압축적으로 보여준다. 입구점 열을 보면 이론의 상이한 구성 개념, 즉 중심 개념들을 알 수 있다. 대상 열에서는 우리는 가격과 소득에

표 7.1 가치 이론

이론	입구점	논리	대상
마르크스주의	계급(S/V)	↔	가격과 소득
신고전학파	욕구(U)와 희소성(기술과 자원 부존량)	→	가격과 소득
케인스주의	사회구조(군중심리, 사회 관습, 제도)	→	가격과 소득

대한 다른 설명을 관찰할 수 있다. 다른 논리들이 한 방향 화살표(본질주의/결정론) 또는 양방향 화살표(다중결정론)로 나타나 있다. 신고전학파와 케인스주의 행에서 우리는 이 이론들의 입구점이 대상을 결정한다는 것을 볼 수 있다. 마르크스주의 행에서는 모든 사회적 과정이 결합하여 서로를 다중결정한다는 맥락에서 다중결정론 논리가 입구점과 대상을 상호적인 결정요인으로 만든다.

분석 대상으로서 '가격'과 '소득'의 의미는 각 이론이 이것들을 정의하거나 이해하기 위해 사용하는 특수한 개념과 논리에 의존하며, 그에 따라 달라진다. 이는 또한 다른 개념들에도 적용된다. 예를 들어 '욕구'와 '희소성'(신고전학파 이론에서 본질적 원인)이라는 입구점 개념은 마르크스주의 이론에서는 아주 다른 의미를 갖는다. 마르크스주의 이론에서 그 개념들은 비계급과정과 계급과정에 의해 다중결정되는 것으로 인식된다. 신고전학파 이론에서 '욕구'와 '희소성'은 특수하고 고정된 의미를 가지지만, 마르크스주의 이론의 '다중결정론'에서는 끊임없이 그 개념들에 대한 개인들의 이해가 변화하며, 그리하여 '욕구'와 '희소성'에 대해 변화한 이해와 관련해서 어떻게 행동할지도 변화한다는 것을 의미한다.

이제 우리는 이제 이 장의 시작으로 되돌아왔다. 우리는 신고전학파 이론, 케인스주의 이론, 마르크스주의 이론의 입구점과 논리가 어떻게 다른지 보여줌으로써 두 가지 질문에 대답했다. 이로써 우리는 각 이론의 분석 대상도 필연적으로 다르다는 것을 볼 수 있었다. 우리는 이제 이 장의 다른 주요 주제와 마주할 수 있다. 이 이론들의 차이는 우리의 삶에서 어떻게 그리고 왜 중요한가?

경쟁하는 이론들의 분석 결과

신고전학파 이론, 케인스주의 이론, 마르크스주의 이론은 현대 사회에서 함께 존재한다. 개인과 집단은 세상을 이해할 때 세 가지 이론 가운데 하나를 사용하거나 아니면 다양하게 혼합하여 사용한다. 세상에 대한 사람들의 생각은 그들이 직면한 문제를 어떻게 이해하는지와 그들이 고안하고 추구하는 해결책을 만든다. 사람들이 사용하는 경제 이론들은 다른 경제 이론을 사용하는 이들을 어떻게 이해할지와 다른 경제 이론을 사용하는 이들의 생각과 계획에 동의할지, 동의하지 않을지, 무시할지, 동맹을 맺을지, 아니면 반대할지에 영향을 준다. 다른 이론은 다른 행동을 만들며 그래서 다른 방식으로 세상을 바꾼다.

이 절에서 우리는 세 가지 이론의 몇 가지 다른 사회적 결과들을 탐구할 것이다. 우리는 경제 대상에 대한 세 이론의 상이한 분석이 각 분석에 설득된 사람들이 상이한 행동을 취하는 데 영향을 준다는 것을 보여줄 것이다. 개인과 집단의 행동은 의식적으로 그리고 무의식적으로 그들이 사용하는 이론과 다른 이들의 행동 및 이론에 대한 그들의 반응에 의해 부분적으로 형성된다. 우리의 삶은 우리 주위의 사람들의 행동에 의해 영향을 받기 때문에 다른 이론들을 연구하는 것은 다른 이들의 행동을 이해하고 또 대처하는 데 도움이 된다.

소득분배, 신고전학파의 관점

케인스주의, 마르크스주의, 신고전학파 경제학자들은 경제학이 마주한 가장 중요한 질문 가운데 하나를 놓고 오랫동안 논쟁했다. 그것은 '왜 어떤 이들은 상대적으로 가난하고, 다른 이들은 상대적으로 부유한가'이다. 달리 말해서, 사회에서 일어나는 소득과 소득의 분배를 무엇으로 설명해야 하는가이다. 이 질문에 대한 (한편 다른 경제 이론에 기초한) 서로 다른 대답은 빈곤와 부유함에 대한 시민들의 의식적인 그리고 무의식적인 태도를 형성하는 데 돕는다. 그런 다음 이런 태도들은 우리가 어디서 살고 어디서 일하고 어떤 학교를 다니고 싶은지 또 그런 것을 어떤 방식으로 하려할지를 결정하는 데 영향을 준다. 부와 가난에 대한 다른 태도와 충돌하는 태도는 책, 연극, 영화, 라디오·텔레비전 프로그램에서 나타난다.

소득분배에 대한 상이한 이론들과 설명은 정치에도 영향을 미친다. 정당과 후보자들, 입법, 판사와 배심원들이 법을 어떻게 해석할지, 법을 실제로 시행할지와 어떻게 시행할지에 영향을 미친다. 상이한 이론들과 설명은 우리가 명확하게 지각하거나 인식하든 하지 않든 정치뿐만 아니라 우리의 일상생활에도 영향을 미친다. 실제로 이 책의 한 가지 목적은 상이한 경제 이론들이 우리 삶과 사회에 미치는 영향에 대한 지각을 정확하게 높이는 데 있다.

이제 소득분배에 대한 상이한 이론들의 설명을 직접 비교하고, 그런 상이한 설명이 어디로 이끄는지 살펴보자. 신고전학파 이론에서는 개인이 정하는 선택(선호)과 개인 각자가 재화와 서비스를 생산하기 위해 제공하는 기술 및 생산자원과의 결합에 의해 소득의 차이가 생겨나고 그리하여 소득의 차이를 설명한다. 따라서 부와 빈곤은 본질적으로 개인의 선택, 자원 부존량, 기술의 결과로 이해된다.

신고전학파 설명은 개인이 가진 자원 부존량과 이용할 수 있는 기술을 고려하여 결정된 선택을 검토함으로써 진행한다. 유명한 예를 하나 들자면, 개인들은 소득의 일부를 저축하는 것을 선택하여 소비에서 아낀 자원을 재화와 서비스의 생산의 증가를 위해 투자한다. 경제 용어로 말하자면, 개인들은 저축하기로 결정하여 저축을 생산과정을 위한 자본으로 제공한다. 다른 예를 들면, 개인들은 또한 어떤 시간의 양을 여가에 소비하지 않고 기업에 공급하는 것을 선택한다. 첫 번째 선택은 한 경제에서 투자를 위해 이용할 수 있는 자본의 양을 결정하게 하며 두 번째 선택은 한 경제에서 생산을 위해 이용 가능한 노동의 양을 결정하게 한다. 경제성장과 생산량은 어떻게 각각 개인의 선호에 기초한 개인의 선택에서 본질적으로 초래하는지 보여주는 것임에 주목하라.

신고전학파 이론에서 개인들은 소득에 대한 현재 소비와 여가시간을 희생하는 것을 선택할 때 자유의지를 행사한다고 여겨진다. 그런 희생을 만드는 유인은 그들이 그렇게 함으로써 기대하고 받을 수 있는 미래 보상이다. 스포츠 격언인 '고통 없이는 얻을 수 없다' 같은 것이다. 신고전학파 이론은 모든 사람의 소득이 궁극적으로 각자의 자유 선택으로 결정된다. 직접적으로 말하자면 당신의 소득은 당신의 자발적 선택으로 받는 것이다.

물론 신고전학파 이론에서 소득을 저축하고 노동을 수행한 것에 대한 보상은 또한 다른 이들의 선택, 특히 생산자원(땅, 기계, 설비 등)을 소유하고 있는(천부적으로 가지고 있는) 이들의 선택에 의존한다. 그들은 그런 자원들을 생산 용도로 기업에 제공하는 것을 선택할 수 있다. 그들이 생산자원을 제공하면, 대가로 생산량의 몫(토지 임대료, 기계와 설비 등에 대한 이윤)으로서 소득을 얻는다. 자원에 의해 산출 가능한 생산량은 물론 기술에 의존한다. 따라서 신고전학파 경제학 이론은 임금 소득자, 지대 소득자, 이윤

소득자 간 소득분배가 개인의 선택, 자원 부존량, 기술에 의존하며, 이 세 가지 요소를 반영한다는 결론에 도달한다.

신고전학파 이론은 각 개인의 소득을 이 이론의 입구점 개념으로 환원한다. 우리는 모두 우리의 시간과 우리에게 부존되어 있는 생산자원을 어떻게 사용할지 선택하는 것과 직접 관련하여 소득을 받는다. 우리가 더 많이 희생 할수록 생산에 더 많이 기여할 수 있고 그 생산의 열매에서 더 많은 것을 얻을 수 있다. 그러므로 우리는 소득이 많고 적음을 설명하기 위해서는 개인의 선택, 사익추구를 위한 행동을 살펴보아야 한다.

신고전학파 이론에서는 상대적으로 부유한 이들이 가난한 이들을 희생시켜서 소득을 벌지 않는다는 결론이 나온다. 길게 그리고 열심히 일하고, 절약하는 전자의 선택이 후자가 하는 정반대의 선택과 무관하다. 각 개인들은 생산에 기여하는 자신의 선택에 따라 보상(소득)을 받는다. 어떤 누구의 부도 다른 이의 가난의 결과가 아니다. 그러므로 자본주의에서 소득의 분배는 기본적인 종류의 정의를 보여준다. 가난한 사람들이 자신의 가난이 불만스럽다면 자신의 방식을 바꾸어야 하고 더 많이 희생하야 한다. 요약하자면, 부자들이 하는 것과 같은 선택을 해야 한다. 신고전학파 이론에서는 다른 길은 없다.

자본주의: 신고전학파 관점

신고전학파 경제 이론은 이런 강력한 결론을 정교화해서 사회 이론 어디에서나 찾을 수 있는 가장 영향력 있는 주장 중 하나로 만든다. 자본주의를 건설하는 사회는 시민들의 자유로운 선택에 부합하는 최대로 가능한 부를 달성한다는 것이다. 신고전학파 이론에서 자본주의의 건설은 두 가지 제도를 세우는 것을 의미한다. 첫째는 모든 자원과 생산된 재화를 위해 자유롭고 경쟁적인 시장이다. 어떤 개인도 가격을 통제할 수 없으며, 모든 개인은 자신의 경제적 사리사욕을 추구하는 시장이다. 둘째 법적으로 시행되는 사유재산인데, 자원과 생산물의 소유자가 마음대로 그것들을 처분할 수 있는 권리를 포함한다.

그러면 자본주의는 신고전학파 이론이 가정하는 인간의 재산축적 본성이라는 것과 가장 들어맞는다. 이 이론은 자본주의가 최적의 사회 체제(효율적이고 정당한)라고 이해하는데, 자본주의가 인간이 원하는 것, 즉 자신을 위해 부를 축적하는 것을 가장 쉽게 해주기 때문이다. 자본주의는 모든 시민들이 자신의 사리사욕, 즉 각 소비자와 각 생산자를 위해 최대의 부에 기초해서 의사결정을 하게끔 유인하고, 독려한다. 앞서 있던 신고전학파에 대한 장에서 보았듯이, 자본주의 사회의 기본 제도들은 생산자 이윤과 소비자 만족을 극대화시키는 사회 균형을 보장한다.

이 결론은 애덤 스미스가 처음으로 꺼냈고, 나중에 수학자 빌프레도 파레토(Wilfredo Pareto)가 수학을 사용하여 소개했으며, 훨씬 나중에 제라르 드브뢰(Gerard Debreu)가 공식적으로 증명(이것으로 제라르 드브뢰는 1984년 노벨 경제학상을 받았음)을 했다. 그것은 자본주의가 내재적으로 조화로운 경제 체제라고 의미한다. 그래서 사리사욕을 좇는 생산자들과 소비자들은 자동적으로 그리고 최적으로 서로서로의(그리고 사회전체의) 이익을 촉진한다. 모두가 최선으로 가능한 경제 위치를 얻는 결과를 가지며, 다른 사람에게 손해를 끼치지 않는다면 어떤 누구도 이익을 더 많이 취할 수(더 많은 부를 얻을 수) 없는 상태가 된다.

이런 신고전학파 주장은 가능한 빨리 자본주의의 제도들이 모든 곳에 설립되어야 한다는 것을 의미한다. 왜냐하면 그 제도들은 모든 합리적인 개인들과 국가가 원하는 것을 최선으로 가능하게 하고 용이하게 하기 때문이다. 자본주의가 존재하는 곳에서는 이 체제를 (사적 소유가 아니라) 집단적 소유와 (시장이 아니라) 중앙 경제계획과 같은 열등한 경제 및 사회 제도로 대체하려는 비합리적인 세력으로부터 보호해야 한다는 것이다. 그런 비자본주의 제도들은 모든 종류의 생산 효율성과 소비 불만을 만든다. 자본주의가 존재하지 않는 곳에서는 합리적인 사리사욕이 사람들로 하여금 이 체제를 세우게끔 한다. 특히 가난한 국가들은 자유로운 자본주의가 부국이 되는 유일한 최선의 길임을 인식해야 한다는 것이다.

신고전학파의 이 결론의 두 번째 의미는 자본주의가 근면과 절약을 보상한다는 것이다. 개인의 소득이 생산에 대한 기여에서 오기 때문에 개인이 더 많은 노동을 투입할수록 더 높은 임금소득을 받는다. 개인이 소득을 더 많이 저축해서 생산에 (자본으로) 더 많이 투입할수록 더 많은 이윤소득을 받는다. 근면과 절약은 자본주의 체제에서 가난한 사람들이 행하면 그들도 가난에서 벗어날 수 있는 한 쌍의 덕목이다.

그 결론의 세 번째 의미는 개인의 욕구와 자본주의 제도를 고려하여 부는 자원의 생산성을 높임으로써 늘릴 수 있다. 기술 변화는 이 변화로 향상된 생산성을 가진 자원을 공급하는 이들의 소득을 높일 수 있게 해준다. 따라서 자본주의는 기술이 역동하는 체제인데, 자본주의 사회의 모든 시민은 자신이 가진 자원의 생산성을 향상시켜서 생산에 투입함으로써 더 많은 소득을 얻는 데 관심을 가지고 있기 때문이다. 자본주의 제도, 기술 변화, 소득 증가가 보편적으로 조화롭고 서로 강화되는 상호작용이라는 것에 다시 한 번 주목하자.

빈곤: 신고전학파 관점

(개인적인 그리고 국가적인) 빈곤이 세 가지 이유 가운데 하나 또는 둘 이상의 이유 때문에 일어난다고 소득분배에 관한 신고전학파 이론에서 직접

나온다. 첫째, 사회적 장벽이 자유시장의 작동에 개입함으로써 개인의 합리적인 사리사욕의 추구를 막을 수 있다. 신고전학파 문헌에서는 세 가지 종류의 장벽을 인정하고 논의한다. 첫 번째 종류는 인간의 나약함에서 생겨난다. 예를 들어 개인들이 시장을 통제하고, 자원 또는 재화를 독점하고, 그리하여 가격을 조작하려는 바람에서 생겨난다. 두 번째 종류는 인간의 능력에 있는 자연적 한계와 관련된다. 예를 들어 인간이 미래를 예측할 수 없는 능력이다. 불확실성은 시장 선택을 왜곡할 수 있다. 세 번째 종류의 장벽은 독점이 시장에서 경쟁을 몰아내고 시장성과를 왜곡하는 독점가격을 부추길 수 있는 생산기술의 속성(예를 들어 규모의 경제)과 관련된다. 이 세 가지 종류의 장벽은 개인과 국가의 부를 장벽이 없을 때 생산할 수 있는 부 아래로 떨어뜨린다. 따라서 이 세 가지 모두 빈곤을 만들어낸다.

자본주의 사회의 빈곤에 대한 신고전학파의 두 번째 설명은 기초 이론에서 논리적으로 만들어지는데, 어떤 개인들이 빈곤을 선택한다는 것이다. 그들은 임금노동에 비해 여가를 선택함으로써 여가에 대한 선호를 표현한다. 또한 그들은 저축하여 미래 소득(이윤, 지대, 이자 등)을 벌기 위한 자본으로서 투자하기보다는 현재 소비하는 것을 선호한다. 그 결과 그들은 가난하다. 개인, 집단, 국가의 빈곤이 합리적 선택에 대한 장벽이 아니라 개인, 집단, 전체 국가의 선호와 이것에서 비롯되는 선택으로 설명된다.

빈곤에 대한 신고전학파의 세 번째 이유는 자유시장과 사유재산제도에 대한 장벽과 관련이 없고, 선호 및 선택과도 그러하다. 그것은 생산성과 관련된다. 개인이 생산에 투입하는 자원이 거의 쓸모가 없으면 그 개인은 보상을 거의 받지 못할 것이다. 낮은 생산성(미숙련 노동, 비옥도가 낮은 토지 등)을 가진 자원을 투입하는 개인은 그에 따라 생산량에서 적은 몫을 보상받을 것이다. 그들의 소득은 생산에 투입하는 노동과 다른 자원의 낮은 생산성에 비례하여 낮아질 것이다.

신고전학파 경제학자들은 이런 빈곤의 원인들을 상쇄하기 위하여 다음 같은 정책들을 제안한다. 합리적인 정부가 자유시장에 대한 장벽을 확인하고 제거해야 한다. 그 목표는 각 시민들이 개인의 선호와 선택 그리고 각자 소유한 자원의 기술적 생산성에 따라 부자 또는 가난한 사람이 되는 평등한 기회를 가지는 완전한 자본주의 시장 제도를 창조하는 것이어야 한다. 따라서 신고전학파 경제학자들은 시장 '불완전성' 제거를 요구한다. 그들이 이 공동의 목표를 달성하는 최선의 방법에 대해 의견이 다를지라도 말이다. 신고전학파 경제학자에게 개인이 자유롭게 선택한 빈곤은 정부의 조치가 필요한 문제가 아니다.

소득분배: 마르크스주의 관점

마르크스주의 이론은 ①자본주의 경제에서 소득분배는 본질적으로 인간 본성에 기인하며(선호, 기술적 능력 등) ②인간이 자유시장에서 사리사욕을 추구할 때 소득분배와 부의 생산이 어떤 '최적'을 달성한다는 신고전학파 주장을 기각한다. 대신에 마르크스주의 이론은 개인이 참여하는 계급 및 비계급과정을 조사함으로써 소득분배 논제에 접근한다. 특히 마르크스주의 이론은 (화폐 또는 상품의 형태로) 가치흐름을 받는 개인과 관련된 계급 및 비계급과정에 초점을 맞춘다. 이런 가치흐름을 마르크스주의 이론은 '소득'이라고 부른다.

소득을 벌기 위해서는 소득을 만들어내는 계급과정 또는 비계급과정 참여가 필요하다. 반대로 신고전학파 이론은 마르크스주의 계급 개념을 완전히 무시한다. 따라서 계급은 신고전학파 소득분배 이론에서 어떤 역할도 하지 않는다.

마르크스주의 소득분배 이론을 짧게 요약하기 위해 우리는 개인들에게 소득을 발생시키는 계급과정 및 비계급과정의 예를 고려할 것이다. 상품 교환이라는 비계급과정(잉여의 생산, 전유, 분배와 다른 경제과정이기 때문에 비계급과정이라 한다)이 소득을 발생시킨다. 존이 메리에게 셔츠를 판매하고, 메리는 존에게 돈을 지불하고 셔츠를 구매한다. 존은 상품 교환이라는 비계급과정에 참여하여 화폐소득을 얻는다. 메리도 소득을 벌었지만 그 소득은 셔츠의 형태로 가치가 전환되었고, 존의 소득은 화폐 형태를 취한다.

그러나 마르크스주의 소득분배 이론에 훨씬 중요한 것은 완전히 다른 상품 교환 과정이다. 메리는 자신의 노동력을 고용주에게 팔고 그 대가로 화폐 임금을 지불받는다. 메리는 이런 특수한 상품 교환 과정에 참여하기 때문에 임금소득을 번다.

자본주의 경제의 소득분배에 대한 이해를 추구하면서 마르크스주의 이론은 임금소득의 크기가 어떻게 결정되는지 질문한다. 마르크스주의 이론은 임금에 대한 두 가지 기초를 제시함으로써 시작한다. 그 두 가지는 ①메리는 매일 일할 능력, 즉 노동력을 생산하기 위해 상품(음식, 옷, 숙소 등)을 구매하고 소비해야 하며 ②노동력을 자본가에게 판매함으로써 메리는 그 상품들을 구매하기에 충분한 화폐 형태의 가치흐름을 얻는다는 것이다. 마르크스주의 이론은 먼저 두 가지 결정요인을 조사함으로써 노동력의 가치(노동력을 판매함으로써 얻는 임금소득)에 접근한다. 그 두 가지는 ①임금소득자가 자신이 판매할 노동력을 재생산하기 위해서 소비하는 특수한 상품의 꾸러미와 ②그 상품 꾸러미의 개별 상품 가격이다.

마르크스주의 이론은 임금의 그 두 가지 측면을 다중결정하는 아주 다양한 사회적 요인들을 설명하는 것으로 나아간다. 노동력 판매자가 소비하는 특수한 상품 꾸러미는 문화, 자연, 정치, 경제의 영향을 받으며, 역사와 지리에 따라 다르다. 더욱이 이런 영향은 끊임없이 변화하기 때문에, 임금 소득자의 상품 꾸러미 구성도 마찬가지로 변화한다. 동시에 상품 꾸러미에 속한 각 상품의 가치도 항상 변화한다. 각 상품의 가치는 사회의 다른 모든 과정(기술, 노동관계, 생산 조직화, 기후 등)에 의해 다중결정된다. 그런 과정들은 각 상품을 생산하는 데 필요한 노동의 양에 영향을 미친다.

따라서 마르크스주의 이론에서 임금소득은 모든 사회과정에 의해 다중결정된다. 임금소득은 어떤 하나의 사회과정 또는 사회과정의 부분집합으로 환원되지 않으며, 따라서 내재된 인간본성으로 환원되지 않는다. 마르크스주의 이론은 신고전학파 이론이 단지 결정요인 두 가지(실질소득과 여가의 선택 및 한계 노동생산성)만 살펴보면서 하는 것처럼 임금소득을 설명하지 않는다. 마르크스주의 이론은 개인의 선택과 한계생산성이 임금소득 결정에 참여한다는 것을 인정하지만 다른 모든 결정요인들을 무시하지 않는다. 마르크스주의 접근법은 임금의 다중결정을 강조하면서 계급과정의 역할에 특별한 관심을 둔다. 이 특별한 관심은 착취적인 계급과정 구조에 대한 마르크스주의 비판과 사회를 비착취 경제체제로 나아가게 하려는 것에서 비롯된다. 신고전학파 이론 및 케인스주의 이론은 그런 비판 또는 그런 관심에 대해 공통점이 없다.

마르크스주의 소득분배 이론의 폭을 보여주기 위해서 우리는 다음의 자본주의 근본적 계급과정을 살펴보자. 우리가 앞서 마르크스주의 경제학에 관한 장에서 보았듯이 이 과정은 잉여가치의 생산 및 전유와 관련된다. 산업 자본가들은 이 전유를 통해 자신들에게 가치흐름이 일어나도록 만든다. 생산적 노동자들이 생산한 상품을 자본가들이 판매할 때, 전유한 잉여가치는 자신들의 소득으로 실현된다. 판매된 상품의 가치와 고용된 노동력의 가치 및 상품 생산에 소모된 생산수단의 가치의 차이, 즉 마르크스가 잉여가치라고 부르는 것이 자본가의 소득이다. 이것은 자본가가 다시 돌려주지 않는 한 방향의 가치흐름이다. 이것은 '대가를 지불하지 않은 소득'으로 마르크스를 격분하게 만들고 그 현상을 '착취'라고 부르게 한 것이다.

소득분배의 분석에서 이 근본적 계급과정을 포함시킴으로써(그리고 이 근본적 계급과정에 초점을 맞춤으로써), 마르크스주의 이론은 신고전학파 이론 및 케인스주의 이론과 차별화했다. 또 마르크스주의 이론은 다른 계급 및 계급과정들도 소득을 만들고 그러므로 한 경제의 소득분배를 형성한다고 인정한다. 예를 들어 잉여가치를 전유하는 자본가들은 잉여가치의 일부(앞서 마르크스주의 경제학 장에서 분석한 부차적 계급과정)를 다양한 수취자에게 분배한다. 그렇게 분배된 잉여가치는 그들에게(관리자, 소유자, 은행가, 도매상과 소매상, 지주, 국가 관료 등) 소득이 된다. 그들은 자본주의 부차적 계급과정에 참여한 덕분으로 소득을 얻는다. 마지막 예로 마르크스주의 이론은 현금 혜택(이전 지불)을 제공하는 다양한 정부 프로그램에 등록하는 또는 규칙적인 선물을 제공하는 가족에 결합하는 그런 비계급과정에 참여하는 개인들을 고려한다. 그런 혜택과 선물은 그들의 소득으로 구성된다.

따라서 한 사회의 시민들 사이에서 일어나는 소득의 분배는 계급 및 비계급 소득 발생 과정의 집합에 의존한다. 그 과정들 가운데 어떤 것은 어떤 시대에서나 어떤 사회에서도 존재하며, 시민들이 그 과정들에 참여할 수 있는지 또는 없는지는 사회의 전체 문화, 정치, 경제, 자연환경에 의해 다중결정된 조건이다. 마르크스주의 이론에는 이런 복합성을 소득분배가 단지 선택, 기술, 자원 부존량에 의존한다는 신고전학파 전제로 환원하는 방법은 없다.

소득분배: 케인스주의 관점

소득분배 분석에서 신고전학파 이론과 케인스주의 이론 간 주요 차이는 저축과 투자의 관계에 대한 케인스주의 설명에서 생겨한다. 케인스주의는 저축과 투자가 본질적으로 현재 소비와 미래 소비의 선호를 토대로 개인의 저축 선호에서 발생하는 것은 아니다. 대신에 저축은 미래에 대한 불확실성을 고려하여 사회 심리(즉 한계저축성향)와 행동의 사회 관습을 반영한다. 투자는 '야성적 충동'(언제 어디에 어떻게 투자할지에 대한 기업의 결정 및 개인의 결정에 미치는 많은 다양한 영향력에 대한 요약 용어)의 결과이다. 기업과 개인들의 저축이 투자를 초과하면 실업이 증가하고 소득은 하락한다. 그러면 생산된 전체 부가 한 사회가 최대로 생산할 수 있는 것보다 훨씬 적은 경제 균형에 도달할 수 있다. 그 결과로 임금과 이윤의 분할은 그 실업 균형의 세부 내용에 의해 형성된다.

또한 케인스주의 이론은 노동조합과 같은 제도가 노동 수요에 대한 노동 공급을 만들고 그 결과로 나타나는 임금 수준을 형성한다고 주장한다. 이는 케인스주의 이론가를 실질임금과 여가 간 개별 노동자의 선택의 결과로 임금을 바라보는 신고전학파 이론가들과 차별화한다. 일반적으로 케인스주의 이론가들은 소득의 분배를 본질적으로 거시적 수준의 경제 구조 측면(저축 규칙, 사회 관습, 제도, 군중심리 등)에 의해 결정되는 것으로 간주한다. 다시 한 번, 케인스주의 경제학의 구조주의는 신고전학파 경제학의 개인주의와 거리를 유지한다.

마지막으로 케인스주의 이론은 마르크스주의 의미의 잉여가치 생산, 전유, 분배에 대한 계급 영향을 무시한다. 신고전학파 이론처럼 케인스주의 이론은 잉여를 언급하는 것 없이, 소득분배를 설명한다. 케인스주의 이론은 자본주의 경제가 최적 또는 정당한 소득분배나 부의 생산을 만드는 경향을 가진다는 신고전학파 관념을 기각하는 것에서 마르크스주의 이론과 공통점을 가진다. 그러나 케인스주의 경제 이론과 마르크스주의 경제 이론의 다른 입구점과 논리를 고려하면 그 이론들은 신고전학파 이론을 아주 다른 맥락과 논리 전개로 기각한다.

자본가 수입에 대한 상이한 설명

〈표 7.2〉에서는 자본가에게 가는 가치 수입의 원천에 대한 신고전학파, 케인스주의, 마르크스주의의 설명을 요약해 놓았다. 이 표에서 *MP(K)*는 자본의 한계생산물을 나타내고, *MP(L)*은 노동의 한계생산물을 나타낸다. *MRS*는 현재 소비와 미래 소비 사이의 한계대체율을 나타내는데, 미래 소비와 비교한 현재 소비의 선호도이다(그런 이유로 저축하여 그 저축을 생산과정에 자본으로 제공하려는 의향이다). 따라서 신고전학파 이론에 따르면 자본가 보상의 원천은 두 가지 본질로 설명된다. 첫째, *MP(K)*와 *MP(L)*로 측정되는 생산수단(기계, 도구 등등의 형태로 된 자본)과 노동에 내재된 생산성이고, 둘째, *MRS*로 측정되는 미래의 만족감을 위해 현재의 만족감을 희생시키는 개인적 선택이다. 요약하면, 자본가에게 가는 가치 수입은 개인적 희생과 생산에 기여하는 자원의 생산성에 대한 보상이다.

대조적으로 케인스주의 이론은 신고전학파 이론이 강조하는 개인의 선택(*MRS*)을 기각한다. 대신에 이 이론은 노동 공급, 소득의 저축, 투자 행동을 형성하는 구조적 조건들에 초점을 맞춘다. 케인스주의 관점에서 (자본 및 노동의 생산성과 함께) 그런 요인들이 보상을 결정한다.

마르크스주의 이론에 따르면 자본가 수입의 원천(잉여가치)은 고용된 생산 노동자가 생산하고 고용주, 즉 산업 자본가가 전유하는 잉여노동이다. 따라서 자본가의 가치 수입은 자본주의 근본적 계급과정(*FCP*)에서 일어

표 7.2 자본가 수입

이론	입구점	논리	대상
신고전학파	*MRS*와 *MP(K)*, *MP(L)*	→	자본가 수입
마르크스주의	근본적 계급과정	↔	자본가 수입
케인스주의	사회구조와 *MP(K)*, *MP(L)*	→	자본가 수입

나는 착취의 열매이다.

'사물' 및 노동의 한계생산성, 실질소득과 여가의 개인적 선택, 현재 소비와 미래 소비의 개인적 선택이 마르크스주의 이론에서는 본질적인 원인이나 설명이 아니다. 개인의 선택과 생산성이 마르크스주의 이론에서 중요하지만, 경제의 모든 것을 결정하는 본질로서는 중요하진 않다. 오히려 그것들은 단지 경제의 모든 측면을 다중결정하는 많은 요인들 가운데 두 가지, 즉 소득과 개인들 간 소득의 분배일 뿐이다. 마르크스주의 이론에서는 개인이 공급한 노동력은 아주 생산적일 수 있으나, 받는 임금은 그 높은 생산성과 거의 관계가 없을 수 있다.

마르크스주의 이론은 다른 이들이 생산한 잉여가치를 산업 자본가들이 전유한다는 것을 강조한다. 이 자본가들은 오늘날 주로 기업 이사회의 구성원인데, 스스로는 기업이 판매하는 상품을 생산하는 데 참여하지 않는다. 그런 의미에서 이 자본가들의 한계 생산성은 영(0)이다. 그들의 이윤 수입은 생산과정에서 소모되는 도구, 설비, 건물, 원료를 생산하는 결과나 그런 것들을 생산하는 것에 대한 보상이 아니다. 그렇게 소모된 생산수단은 모두 미리 다른 기업으로부터 구매한 것이다. 그런 기업 내에서 똑같이 착취당하는 노동자들이 그런 생산수단을 생산했다. 마르크스주의 이론에서 이윤 취득자들은 그들이 생산적인 어떤 일을 하기 때문이 아니라 자신들이 차지하는 사회적 지위(근본적 계급과정에서 차지하는 지위) 때문에 사회의 소득 가운데 일부를 얻는다.

물론 그런 산업 기업들 밖에 있는 정부 관료, 상인들, 기술 제공자들, 은행가들뿐만 아니라 산업 기업 내에 있는 관리자들과 소유자들은 자신들이 일을 하고, 위험을 감수하고, 자본을 기업 이사회에 제공하기 때문에 소득을 받는다. 이들 각자의 소득은 이미 기업 이사회가 전유한 잉여가치가 분배된 부분을 나타낸다. 이런 개인들은(부차적 계급위치 점유자들) 생산

노동자들이 (자본가들이 판매하고 자본가들이 전유하는 잉여가치를 포함하고 있는) 상품을 생산할 수 있는 어떤 조건을 제공했기 때문에 그런 소득을 받는다.

덧붙이자면, 기업 이사회 구성원은 한 종류 이상의 잉여가치를 받을 수 있다. 생산 노동의 집단적 착취자로서 잉여가치를 전유하는 것 외에 이사회 구성원은 기업의 소유자로서 배당금을 받을 수 있고, 기업 관리자로서 기능을 하면 봉급을 받을 수도 있다. 뒤의 두 가지 (부차적 계급) 기능 또는 지위 가운데, 소유자로서 개인은 기업에 재산의 접근권을 제공하고, 관리자로서 개인은 자본가들이 전유하는 잉여를 기업의 생산 노동자들이 생산하는 데 필요한 여러 가지 조건을 제공한다. 마르크스는 계급 착취로부터, 즉 잉여를 생산하는 부불노동으로부터 소득을 얻는 개인과 다른 활동으로부터 소득을 얻는 개인을 구분하기 위해 좀 더 나아갔다. 이 다른 활동들은 소유와 임대 또는 잉여를 생산하지 않고 오히려 생산 노동을 위한 존재조건을 제공하는 다른 종류의 노동(그래서 그는 비생산노동이라고 부른 것임)을 포함한다. 마르크스는 비판을 자본주의 착취, 자본가와 생산적 노동자간 착취 관계, 그가 재앙적인 사회적 결과라고 부른 것의 낭비성과 불의에 초점을 맞췄다.

이것이 마르크스주의 이론이 사회의 계급과정, 즉 부불노동을 강조하고 그것에 초점을 맞추는 이유다. 따라서 계급 개념은 마르크스주의 이론과 신고전학파 이론 및 케인스주의 이론 사이에 전체적으로 예리한 구분점을 제공하며, 특히 소득분배 접근법에서 예리한 구분점을 제공한다.

경쟁하는 이론들의 정치적 결과들

이 책에서 비교하는 세 가지 이론은 현대 세계에서 대립하고 있다. 예를 들어 신고전학파 이론의 요지와 주요한 목적은 정학하게 마르크스주의 이론이 주장하는 것, 즉 계급 착취가 소득분배의 결정요인이라는 것을 기각하는 것이다. 케인스주의 이론의 요지와 주요한 목적은 비효율적이고 자본주의 경제의 낭비적이고 사회 교란적인 불안정성과 경기순환을 설명하고 그런 것들을 상쇄하기 위해 정부의 경제개입(신고전학파 이론이 기각하는 주장)을 보장하는 것이다. 그리고 마르크스주의 이론은 신고전학파 이론이 주장하는 것, 즉 인간의 선택과 기술이 소득의 사회 분배를 결정한다는 것을 기각한다. 마르크스주의 이론은 또한 케인스주의 이론이 주장하는 것, 즉 정부의 개입으로 만들어지는 완전고용 노동력과 함께 좋은 임금 일자리는 사회 최적을 낳는다는 것을 또한 기각한다.

신고전학파 이론은 대부분 보수주의의자들의 정치 의제에 영향을 준다. 이 이론은 개인이 원하고 받아야 하는 소득, 즉 인간 본성과 모든 시민의 선호에 부합하는 소득분배를 가져오게 하는 결정을 막는 시장 불완정성이라고 부르는 것을 제거하기 위해 보수주의자들의 공통된 관심을 강조한다. 마르크스주의 이론은 마르크스주의자들의 정치 의제에 영향을 준다. 그들에게 주요 정치 목적은 노예제와 농노제가 폐지된 것과 같이 계급 착취를 끝내는 더욱 정의로운 사회로 향한 근본적인 변화이다. 마르크스주의자들은 비착취적인 계급구조에서 올 수 있다고 믿는 부와 소득(와 또한 정치권력과 문화 접근)의 대안적인 분배를 추구한다.

사회 민주주의자와 '자유주의자'(liberal, 이 용어에 대한 영국에서 정의보다는 미국에서 정의)는 주로 케인스주의 이론을 따르며, 효과적으로 소득을 재분배하는 규정, 이전 지불, 그 외 정부 개입을 선호한다. 그들이 그런 소득분배를 주장하는 이유는 정확하게 민간의, 자유시장의 자본주의 경제가 만들 수 있는 것보다 낮은 수준의 국부를 만들면서, 그들의 관점에서 비효율적이고 낭비적인 방식으로 기능하며 소득을 분배하기 때문이다. 마르크스주의자들은 소득과 부의 분배를 재구성하여 케인스주의 방식으로 정부의 후속적인 재분배가 필요 없는 계급 변화를 만드는 것에 더 관심이 있다.

이론의 차이는 광범위한 의미를 지닌다. 신고전학파 처방에 따라 어쨌든 시장 불완정성이 제거된다고 할지라도 마르크스주의자들에게는 계급 착취는 제거되지 않는다. 완전고용, 독점철폐, 정보의 완전한 확산, 인종 또는 성에 바탕을 둔 시장 차별의 종말이 달성된다 하더라도 계급 착취는 계속 될 수 있고 오히려 증대할 수 있다. 또한 마르크스주의 관점에서 케인스주의 재정 및 화폐신용 정책이 자본주의 경기순환을 완화시키더라도 해결되지 않는 노동착취와 그것에서 비롯되는 원치 않은 경제 및 사회적 결과들을 남긴다. 달리 말하면, 케인스주의자가 바라는 완전고용 노동력이라는 목표는 마르크스주의 관점에서 보면 완전고용된 노동력이 모두 착취당한다는 것이다. 신고전학파 경제학자들은 케인스주의자들이 제안하는 정부의 경제개입을 반대하는데, 그들은 그런 정부개입이 자유방임 자본주의가 달성할 수 있는 최적의 생산 및 소득분배를 왜곡한다고 생각하기 때문이다.

물론 세 이론의 지지자들 간 전략적 동맹이 때때로 일어난다. 예를 들어, 때때로 케인스주의 경제학자들과 마르크스주의 경제학자들은 침체기에 정부의 고용 프로그램에 대해 동의한다. 다른 예를 들면 신고전학파 경제학자들과 케인스주의 경제학자들은 마르크스주의 경제학자들이 대학의 경제학과에서 자리를 차지하지 못하게, 채용을 막는다. 그러나 세 이론들 간 깊은 이론적 차이와 그 정치적 의미의 깊은 차이로 보통 동맹은 일시적이고 제한적이다.

정치적 상황은 이론을 형성한다

마르크스주의 경제학자들은 특히 자신들의 이론과 그 결론을 공개적으로 설명할 기회를 얻는데 어려움을 겪는데, 20세기 동안 대부분 사회에서 마르크스주의에 대한 정치적 및 이념적 악마화가 있었기 때문이다. 냉전의 종말, 소련과 유럽 동맹국들의 체제 변화, 20세기의 다른 현실 사회주의 국가들의 중대한 변화로 경제 주제에 대한 논의와 논쟁에 마르크스주의 이론의 재진입이 일어나고 있다. 그러나 마르크스주의 악마화의 어떤 유산은 마르크스주의 이론의 주장을 폭넓게 무시하는 형태로 남아 있거나 왜곡된 고정관념의 형태로 남아 있다. 유사한 것이 1970년대 이후로 케인스주의 경제학 이론을 괴롭혔다. 그때 탈규제화되고 상대적으로 민영화된 자본주의의 재기가 신고전학파 이론을 되살렸고, 장려했다. 케인스주의 경제학은 대불황의 결과로 대학과 정책가들 사이에서 점했던 지배적 지위에서 물러났다.

이제 2007년 시작되어 이 글을 쓰는 와중에도 계속되고 있는 대침체의 결과로 신고전학파 경제 이론의 위상은 약해졌다. 이 위기 때문에 세계가 입은 정치적, 사회적, 문화적 손상은 신고전학파 경제 이론에도 도전이 되었다. 주류 경제 전문가들(압도적으로 신고전학파 이론에 헌신함)이 위기를 예측하고 성공적으로 해결하는 데 실패하여 그 이론의 사회적 지위도 무너졌다.

그래서 세 가지 주요 경제 이론 간 큰 논쟁이 재개되었다. 2007년 이후 경제위기는 전 세계 사람들에게 신고전학파 접근법 또는 케인스주의 접근법이 자본주의 경기순환을 막을 수 있기는커녕 관리할 수도 없다고 증명했다. 소련의 붕괴로 이미 마르크스주의 이론에 관해 근본적인 질문이 제기되었었다. 세 이론의 변하지 않은 정통 이론 옹호자들은 여전히 자신들의 주장을 하는 데 바쁘다. 그러나 세 이론들 간 재개된 토론으로 많은 옹호자들 사이에 자기비판과 자기탐구가 일어났다. 그들은 새로운 정식화와 새로운 이론 계획을 만들었다. 우리는 이런 것 가운데 몇 가지를 이 책에 포함시켜서 체계적이고 요약적인 소개와 비교를 했다. 예를 들어 신고전학파 이론에서 변화는 최신 신고전학파 이론에 관한 제5장에서 별도의 논의를 전개했다. 또 우리는 전통 마르크스주의 이론과 다중결정론 마르크스주의 이론 간 구별을 되풀이해서 시도했다. 우리는 또한 전통적인 케인스주의와 포스트 케인지언 및 새 케인지언 경제학의 새로운 발전에서 일어난 케인스주의 이론의 변화를 보여주었다.

이론 및 이론가들 간 투쟁

신고전학파 이론가, 케인스주의 이론가, 마르크스주의 이론가 간 상호작용(교류-옮긴이)은 가끔씩 있었던 공동작업에서 정중하지만 예의 있는 비동의로, 대부분 심한 적대감을 가진 대치로까지 다양했다. 이론가들을 말할 때 우리는 오직 직업적인 이론가만이 아니라 경제문제를 어떤 체계적인 방식으로 생각하는 모든 이론가들을 의미한다. 어떤 이론 또는 다른 이론에 의해 영향을 받은 정치집단 사이의 관계들은 동맹에서 박해로 때로는 완전한 물리적 파괴로 왔다 갔다 한다. 세 이론 집단 사이에 어떤 종류의 관계가 존재하는지는 당연히 특수한 시간과 장소의 복합적인 사회적 상황에 의존한다.

그러나 한 가지 지속되는 주제는 계급이다. 마르크스주의의 목표는 계급구조의 변화, 즉 어떤 사람들이 잉여가치를 생산하고 다른 사람들이 그것을 전유하여 분배하는 사회관계의 급진적인 변화를 포함한다. 신고전학파 및 케인스주의의 목표는 그런 사회 변화를 포함하지 않으며 그런 기본적 차이는 세 이론 간 토론에서 곧 드러난다. 또 하나의 지속되는 주제는 경제에서 하는 정부의 역할이다. 신고전학파 경제학자들은 최소한의 역할을 주장하는데, 이에 반해 케인스주의 경제학자들은 아주 큰 역할을 주장한다. 신고전학파 경제학자들은 정부의 가장 큰 역할을 지지하는 전통 마르크스주의자들을 더욱더 반대한다(마르크스주의 이론의 최신 정식화들은 전통 마르크스주의와 비교하면 국가의 권한에 대한 강조를 훨씬 적게 한다).

마르크스주의 경제 이론과 그 옹호자들의 정치적 요구와 전략은 별개다. 마르크스주의 이론가들은 그들 이론에 맞는 계급 변화를 정치적으로 어떻게 달성할지에 대해서는 서로 의견이 갈린다. 또한 신고전학파 경제학자 및 케인스주의 경제학자들도 각 이론과 관련하여 정치 의제들을 어떻게 진행시킬 것인가에 대해서는 의견이 갈린다. 세 이론 간 뜨거운 논쟁이 한 이론에 대한 헌신이 반드시 어떤 정치적 전략 또는 전술과 반드시 관련된다는 주장으로 이어지지 않기 위해 이것을 기억하는 것은 중요하다.

따라서 심화된 정치 투쟁 또는 이데올로기 투쟁의 과정에서 몹시 신중한 케인스주의자들과 마르크스주의자들은 신고전학파 경제학이 대중의 고통을 일으키는 경기침체와 실업을 용인하거나 심지어는 환영한다고 여겼다. 의심의 여지없이 어떤 신고전학파 경제학자들은 그렇게 했다. 하지만 많은 신고전학파 경제학자들은 그렇게 하지 않았으며 실업자들을 위한 많은 종류의 정부 지원을 지지했다. 신고전학파 경제학자들은 그들의 생각과 연관시켜서 정치 의제를 진행해 나가는 가장 좋은 방법에 대해 의견이 서로 다르다.

정치적으로 이데올로기적으로 긴장감이 있던 시기에 과열되어서 신고전학파 경제학자와 케인스주의 경제학자들도 때때로 비슷하게 마르크스주의 경제학자를 스탈린주의(1930년대부터 1950년대까지 소련의 압제적인 정책을 일컫는 것)와 동일시했다. 어떤 마르크스주의자들은 스탈린주의자였지만, 많은 이들은 스탈린주의자가 아니었으며, 오늘날은 스탈린주의자가 거의 남아 있지 않다. 마르크스주의 이론가도 다른 이론가들처럼 자신들의 이론과 관련하여 정치적 의제를 진행하는 가장 좋은 방법에 관해 서로 의견이 다르다.

다른 이론들이 입구점, 논리, 개념화, 결론을 소개하고 논쟁하는 기회를 가질 때 모든 사람이 이득을 얻는다는 것을 사회가 잊어버리면 위험하다. 20세기 신고전학파 이론, 케인스주의 이론, 마르크스주의 이론 간 논쟁의 역사는 이 이론들 가운데 어떤 것도 항상 모든 답을 한 것이 아니었다는 것을 보여준다. 경제위기와 실패는 이 나라 저 나라에서 그 이론 가운데 하나가 지배하는 중에 이 시기 저 시기에 일어났다. 이론적인 논쟁(정부 행동에 의한 것이든 민간 행동에 의한 것이든)을 막는 사회는 배제된 이론과 이론가들이 제공하는 질문, 비판, 분석에서 오는 혜택을 얻지 못한다.

최근 세계 자본주의 위기는 1970년대부터 널리 배제되었던 케인스주의 이론가와 마르크스주의 이론가를 포함하는 경제 논쟁에 대한 공간을 다시 열어주었다. 이런 이론가들의 신고전학파 이론에 대한 도전은 배가 되었는데, 위기 자체가 제공한 이 이론에 대한 도전이 큰 이유였다. 재개된 논쟁은 아주 늦게 일어난 만큼이나 환영받았다. 신고전학파 경제학자들조차도 다시 조사하고, 다시 질문하고, 다시 각자의 이론을 개선하는 이론 경쟁의 재개로 고무될 것이다. 경제 이론, 실제, 전략에 대한 진짜 논쟁을 재개함으로써 언론, 대학, 정책 결정, 정부, 노조 등에서 중요한 질문 제기와 재고가 되살아날 것이다.

우리는 어떤 이론을 선택할 것인가?

우리는 경제를 다르게 개념화하고, 무엇이 참인지에 대한 정의와 기준이 다르고, 우리 삶에 대해 다른 결과를 만드는 세 이론을 마주하고 있다. 이 세 가지 이론은 우리가 살고 있는 경제 체제가 자본주의라는 것에 동의하지만, 각 이론의 자본주의 개념에는 거의 공통점이 없다. 신고전학파 이론은 자본주의를 민간이 소유하고 민간이 운영하는 경제라고 생각하며, 이 경제는 경쟁시장이 생산자와 소비자를 최적화시키는 것과 관련된다. 케인스주의는 자본주의가 기본적으로 건전하고 효율적이지만 되풀이하여 비효율적이고 낭비적인 균형을 만들 수 있었으며, 이를 극복하기 위해서는 체계적인 정부 개입이 필요한 경제 구조라고 본다. 마르크스주의 이론은 자본주의를 착취가 재생산되고, 빠른 기술 변화와 함께 재앙적인 사회 결과를 낳는 특수한 종류의 계급구조라고 본다. 이론의 선택은 우리가 살고 있는 세상에 대한 개념화를 선택하는 것과 같다.

경쟁하는 경제 이론은 우리 사회에 실질적인 영향을 준다. 세 이론의 이론가들은 인플레이션, 경기후퇴, 전쟁, 가정 폭력, 극심한 부의 불평등, 그리고 대부분의 긴급한 사회적 문제를 이해하고, 그것들에 대응하는 방법에 관해 정기적으로 다른 결론에 도달한다. 이 이론들 간 대립, 이 이론들이 만드는 상이한 분석 간 대립, 이 이론들이 지지하는 정치적 해법 간 대립을 고려하면 우리 어떻게 그 이론들을 선택해야 할까?

우리는 삶의 다른 부분에서도 이런 딜레마에 익숙하다. 다른 종교들은 다른 개념의 신, 도덕, 삶의 의미를 제공한다. 다른 의료 전문가들은 다른 진단과 치유법을 제공한다. 다른 전통의 요리, 헤어스타일, 옷, 성적 관계는 마찬가지로 다른 생활방식을 보여준다.

사람들이 종교, 의료 행위, 삶의 양식, 예술적 판단에 일반적으로 관용을 옹호하고 심지어는 차이를 북돋우지만 경제 이론의 차이에 대해서는 아주 참지 못하는 것은 어떤 문화적 특성이다. 사람들은 의견의 차이가 없어져서 (해결되어서) 하나의 이론이 절대적으로 옳다고 간주되길 기대하는 것 같다. 그런 문화에서는 종종 신의 다양한 개념이 공존하고 서로 상호작용하며 그것들 사이에 어떤 것이 옳은지 묻는 것은 부적절하다고 믿는다. 그러나 그런 문화에서는 정확하게 상이한 경제학 이론 가운데서 그것을 묻는다. 어떤 이론이 옳은가? 어떤 이론이 '사실에 부합하는가'? 어떤 이론을 수용해야 하고 어떤 이론을 거짓의 영역으로 내버려야 하는가?

우리의 관점에서 지성적으로 성숙한 사회는 경제 이론들은 어쩔 수 없이 다를 수밖에 없다는 사실을 널리 받아들이는 특징을 가진다. 종교, 문화, 의료, 그 외 사회생활의 분야들에서 불관용을 거부하는 것이 경제 이론의 영역에까지 불관용을 거부하는 것으로 확장될 수 있으며, 그렇게 되어야 한다. 종교, 정치, 예술의 관용에서 비롯되는 상호교류, 다양성, 사회 전체의 풍부함은 세 경제 이론에 대한 관용에서도 생겨날 수 있다. 어떤 경우든, 관용이 있든 없든, 신고전학파 경제학, 케인스주의 경제학, 마르크스주의 경제학 간 차이와 논쟁은 수십 년간 계속되었다. 그래서 여전히 질문이 제기된다. 우리가 이 상이한 기본 이론들을 어떻게 선택을 해야 할까?

이론에서 나타나는 결과를 고려하여 이론을 선택하는 것

우리의 선택은 각 이론이 우리의 삶에서 만드는 다른 결과들에 바탕을 두어야 한다. 이런 결과들 가운데 몇 가지를 고려해보자. 마르크스주의 이론은 말 그대로 (다른 이론들이 인식하지 못하는) 인간관계에서 어떤 것을 보도록 가르친다. 마르크스주의 이론을 통해 계급을 인식하게 되면, 개인들은 종종 착취를 바꾸거나 없애려는 시도를 하게 된다. 마르크스주의가 착취를 계급과정의 측면으로 이해하는 데서 생기는 또 다른 결과는 사회의 비계급과정을 이해하는 다른 방법을 제공할 수 있다. 예를 들어 남성과 여성 간, 백인과 흑인 간, 자본가와 노동자 간, 유산자와 무산자 간 힘의 불평등한 분배로서 그런 비계급과정들은 계급과정과 다르게 간주할 수 있고, 또한 계급과정과 상호간 다중결정의 관계로 여길 수 있다.

이 책에서 논한 마르크스주의 이론을 수용하는 데서 나타나는 다른 결과는 본질주의보다는 다중결정론에 대한 헌신을 포함한다. 그런 헌신은 최종의, 궁극의, 본질적인 원인 또는 참을 찾는 필요를 끝낼 수 있다. 대신에 그 마르크스주의 이론은 상이한 이론들 또는 설명들이 복잡한 사회조건(자연, 정치, 경제, 문화 조건)에서 생겨날 수 있으며, 이 복잡한 사회조건들이 결합하여 원인을 다중결정한다고 가정한다. 각 이론은 구체적인 명제도 다를 뿐만 아니라 명제를 세우는 참, 논리, 일관성의 기준도 다르다. 그와 같은 반본질주의 사고방식에 대한 헌신은 사물에 대한 어떤 설명이 절대 종결된 상태가 아니며, 수정을 초월한 참이 아니며, 몇 가지 설명 가운데 하나일 뿐이라는 의미를 시사한다.

다중결정론에 대한 마르크스주의 이론의 일관성 있는 헌신의 결과는 이 이론 옹호자들이 자신의 입장도 몇 가지 이론 가운데 하나일 뿐이라고 본다는 것이다. 그들은 다른 이론들이 그렇지 않은 것처럼 마르크스주의 이론도 최종 진리가 아니라고 인정한다. 이런 인정은 차이가 있는 민주주의에, 현대 사회를 형성하는 복잡한 흐름의 다양하고 풍부한 반영으로서 사회이론들을 대하는 비교조적 태도에 마음의 문을 열어줄 수 있다. 그런 인정은 당파성을 가지는 것과 대립하지 않으며 그리고 사회적 결과가 반대로 나타나는 다른 이론들을 환영한다.

마르크스주의 이론을 고수하는 데서 생겨나는 결과들 가운데 열거한 몇 가지가 여러분들에게 매력적이라고 생각된다면, 여러분들은 신고전학파 이론 또는 케인스주의 이론보다는 마르크스주의 이론을 채택하고 사용할 수도 있다. 그러나 우리 주위를 배회하는 상이한 이론들을 각 이론의 사실성에 따라 순위를 매길 수 없다는 것을, 즉 각 이론은 모두 다르면서 우리의 충성을 요구하고 있으면서, 거기에 있을 뿐이라는 것을 받아들여야 하는 것에 대한 외견상의 혼란에 실망하여 체념할 수도 있다. 우리는 또한 이론들 가운데 하나가 본질적으로 옳은 게 없고, 따라서 다른 것들이 최종적으로 틀리지 않으면서 다르기만 하다면, 약간 끔찍하고 사악한 이론이 대부분의 사람들의 마음과 행동을 사로잡지 않을까 하고 우려할 수 있다. 마르크스주의 이론의 사용의 결과에 찬성하기 때문에 이 이론에 끌리는 사람들에게 이러한 우려는 완전히 합리적이다. 하지만 우리가 이런 우려를 논하기 전에, 신고전학파 경제 이론 또는 케인스주의 경제 이론을 채택하는 것에서 나타나는 다른 결과들을 고려해야 한다.

신고전학파 이론이 가져오는 큰 결과 가운데 하나는 자본주의 이전의 지배적 종교 이론에 의해 억압된 것을 인정하고 기리는 것이다. '그것'은 신고전학파 이론의 입구점인데, 경제와 사회의 본질을 만드는 개별 인간이다. 이 핵심 개념이 우리가 앞서 논의했던 것, 즉 '인본주의'의 발흥과 역사적으로 연결된다. 인본주의는 삶의 원인, 본질, 목적으로서 신에 초점을 맞춘 종교 이론에 충성이 없어진 많은 사람들을 매혹했다. 대신에 인본주의는 세계의 창조자와 중심으로서 개별 인간에 초점을 맞추었고 삶의 목표로서 개인의 행복에 초점을 맞추었다.

인본주의는 사회의 본성과 발전을 개별 인간과 모든 인간들이 사회의 제약에 맞서 주어진 잠재력을 발견하고 발전시키는 영웅적인 투쟁으로서 설명하는 폭넓고 일반적인 이론(아마도 우리는 이 이론을 하나의 철학이라 불러야 할 것이다)이다. 이 중심 관념은 신고전학파 경제학의 입구점이며 본질이기도 하다. 신고전학파 이론은 인본주의의 특수한 형태이다.

정리하자면, 개인은 신고전학파 이론의 결과가 개인의 자유를 극대화하는 것, 즉 개인의 잠재력을 실현하기 위한 본질적인 인간 투쟁을 허용하고, 실제로 촉진하는 사회 제도를 만드는 것을 목표로 삼는 조치들을 포함하기 때문에 이 이론을 선택할 수도 있다. 그런 개인들은 신고전학파 이론이 자본주의 제도를 찬양하고 논리적으로 이 제도와 연결되고, 자본주의 제도가 인간 본성에 최적인 것으로 이해하기 때문에, 이 이론을 선택할 수도 있다. 신고전학파 이론은 시장 불완전성을 끝내고, 경제 부문에 대한 정부 개입을 최소화하는 것을 약속하는 사회 변화를 위한 정치 프로그램으로 이어진다. 이런 이유에서 마르크스주의 또는 케인스주의 이론의 눈보다는 신고전학파 이론의 눈을 통해서 세상을 보는 것을 선택할 수 있다.

다른 개인은 자본주의의 불안정성, 반복되는 경기순환, 그런 것들이 포함하는 대규모 고통 때문에 곤란을 겪지만 자본주의를 체제로서 환영하고 찬양할 수 있다(케인스가 그랬던 것처럼). 그런 개인은 자본주의의 불완전함과 결함 때문에 괴롭힘을 당한다는 것을 인정하여, 왜 자본주의는 불안정하며, 정부는 자본주의 불안정성의 결과들을 수정하거나 최소한 완화하기 위해 어떻게 개입해야 하는지에 대해 케인스 이론에서 설득력을 찾을 수도 있다. 그런 개인은 케인스주의를 신고전학파 이론과 마르크스주의 이론이라는 양극단을 거부할 수 있는 중간점으로 환영하며 받아들일 수도 있다. 미국의 자유주의자와 많은 다른 국가들의 사회민주주의자들은 그런 이유들로 케인스주의 경제학 이론의 여러 변종들에 자신들의 방법을 찾았다.

실제로 계기의 반영은 각 개인이 어떤 이론을 다른 이론보다 선호하는 것이 많은 개인적 및 사회적 요인들로 영향을 받는다는 것을 확인해준다. 각 이론들의 결과보다 더 많은 것들이 개인의 이론 선택에 영향을 준다. 이론 선호에 영향을 주는 것들은 가족 배경, 학교 교육, 종교적 신념, 나이, 성, 현재 가정환경, 고용 상황, 정치적 태도 등이 있다. 또 이런 영향들은 생애에 걸쳐 변하기 때문에 이론적 선호 역시 변한다.

예를 들어 어떤 사람이 신고전학파 이론이 한편으로 마르크스주의 이론 또는 케인스주의 이론보다 정치적 함의가 덜 급진적이고 덜 위협적이기 때문에, 한때 신고전학파 이론을 선호할 수도 있다. 이런 선호는 또한 한편으로 어떤 사람이 서있는 계급구조에서 기인할 수도 있다. 이런 개인이 생산적 노동자로부터 잉여가치를 받는 사람이라면, 신고전학파 이론이 잉여의 전체 개념을 거부하고 모든 소득은 각자가 생산에 기여한 것에 대한 보상이라고 주장하기 때문에, 이 이론을 선호할 수 있다. 또 신고전학파 이론은 자유방임주의 정책, 즉 정부개입이 없어야 하고 보상으로서 이해되는 잉여의 전유를 방해하지 말아야 한다는 것 때문에 케인스주의 이론보다 선호될 수 있다. 고소득자들은 당연하게도 신고전학파 이론에 깊이 헌신할 수도 있으며, 심지어는 합리적이고 논리적인 다른 이론이 존재하지 않는다는 생각에까지 이를 수도 있다. 케인스주의 이론은 신고전학파 이론에 대한 헌신으로는 광범위하게 민영화된 시장자본주의 경제의 대규모 경제위기에서 살아남을 수 없는 사람에게 호소력을 가질 수 있다. 그러나 케인스주의자는 정부의 경제개입이 경제 상황(예를 들어 인플레이션 또는 성장)을 악화시키거나 낫게 만들지 못할 때는 이론적 충성을 바꿀 수도 있다.

마르크스주의 이론은 종종 자본주의가 무엇인지, 어떻게 작동하는지에 대한 사람들의 생각을 변화시킨다. 따라서 마르크스주의 이론은 자본주의 계급과정에서 이익을 얻거나 인본주의 철학을 받아들이거나 신고전학파 경제학을 지지하는 사람들을 공격할 수도 있고 그런 사람들을 불안하게 만들 수도 있다. 자본주의 계급구조가 지배하는 사회에는 종종 마르크스주의 이론을 괴로워하는 많은 사람들이 있다. 신고전학파 이론과 학교 교과서와 정치인들의 연설에서 찬양되는 개인의 자유는 대중의 착취를 위한 실제 조건이라는 마르크스주의 주장은 그들을 괴롭게 만든다. 어떤 이들은 마르크스주의 주장을 진지하게 취함으로써 생길 수 있는 개인적 삶의 혼란스러운 결과들을 원하지 않기 때문에 신고전학파 이론을 선호함으로써 대응할 수도 있다. 말할 필요도 없이, 자본주의 사회 내에서 다양한 종류의 차별, 불의, 억압을 겪은 개인들은 자본주의를 근본적으로 비판하는 이론을 더욱 환영할 수 있다.

이 세 이론이 수반하는 다양한 결과의 차원에서 한 이론을 선택하는 것은 우리의 태도와 선호를 형성하는 다양한 모든 영향과 관련되는 복잡한 문제이다. 이론의 선택은 우리가 생활 속에서 하는 다른 중요한 선택들만큼이나 복잡하다. 우리가 선택의 이유 가운데 몇 가지는 인식하지만 선택 후에도 오랫동안 인식하지 못하는 것도 있고, 절대 인식하지 못하는 것도 있다. 우리가 이론이 낳는 결과 때문에 이론을 선택할 때, 실제로 많은 다른 이유에서 선택하면서, 그 가운데 오직 몇 가지만 인식한다.

이 책에서 사용된 언어로 모든 선택은 다중결정적이며, 모순적이다. 우리 삶의 모든 측면은 선택을 만드는 데 다른 역할을 하며, 선택 이유들을 부분적으로 인식하는 데도 다른 역할을 한다. 우리의 선택은 모순적인데, 선택과 인식에 대한 무한하고 다양한 영향력이 상이한 방향과 종종 모순된 방향으로 우리를 밀고 당기기 때문이다. 선택하기 어려울 때, 찬성과 반대를 위해 투쟁해야 할 때(때때로 긴 시간 동안) 우리는 이것에 아주 민감하게 된다.

마르크스주의 이론에서 모든 선호는 사회의 모든 계급과정과 비계급과정에 의해 다중결정된다. 개인이 모든 다중결정 영향력을 인식하든 않든 그렇다. 이론의 선택은 오직 부분적으로 이론들이 낳는 상이한 사회적 결과들에 기초한다. 다중결정론의 논리는 이것이 설득력 있다고 생각하는 마르크스주의자들로 하여금 어떤 하나의 기준(예를 들어 결과들)이 이론 선택을 결정한다는 생각을 거부하게 한다. 마르크스주의 다중결정론적 논리는 계급과정이 다중결정되는 것처럼 개인의 이론 선택뿐만 아니라 사회에 존재하는 이론도 그렇게 결정된다고 의미한다.

절대 기준에 기초해서 이론 선택하기

신고전학파 이론, 케인스주의 이론, 마르크스주의 이론을 선택하는 다른 기준은 어떤 것이 진리에 가장 가까운지를, 즉 어떤 것이 경제의 실제 작동을 가장 잘 포착하고 있는지를 조사하는 것일 수 있다. 진리의 기준은 현실과 일치성, 즉 어떤 이론이 "가장 사실에 부합하는지"이다. 그것은 누군가의 관점에 따라 변하지 않는 절대적 기준이다. 사람은 현실과 일치성이라는 단일한 절대적 기준으로 세 관점(이론) 각각을 평가함으로써 하나의 관점(이론)을 선택한다.

그러나 이 절대 기준으로 선택하는 것은 이론들이 낳는 결과에 기초하여 선택하는 것만큼이나 복잡한 것으로 밝혀졌다. 선택해야 할 여러 이론들이 있는 만큼이나 선택해야 할 여러 방법이 있다. 경제학자들이 다른 이론을 가지고 논쟁하듯이 철학자들은 이론을 선택하는 다른 방법을 가지고 토론한다. 실로 그런 철학 논쟁은 인식론(생각과 진리 및 이 둘의 관계에 대한 연구)이라고 불리는 철학의 한 분야이다.

자본주의가 무엇인지에 대해 상이한 경제 이론이 있듯이 생각과 진리가 무엇인지에 대해서도 상이한 인식론이 있다. '진리'는 단순하고 꾸밈없는 것이라고, 즉 우리 모두가 똑같은 방식으로 정의하는 것이라고 믿는 것은 수세기 동안 논쟁과 논란을 초래했던 진리에 대한 상이한 생각과 정의를 무시하는 것이다. 어떤 이론이 가장 진리에 가까운지에 따라 이론을 선택할 수 있다고 믿는다면, 즉각 '무엇이 진리인지'에 대해서 상이한 이론 가운데 이론을 어떻게 선택할 것인지라는 문제에 직면하게 된다. '진리'에 대한 근사치를 기준으로 신고전학파 이론, 케인스주의 이론, 마르크스주의 이론을 선택하기를 제안하는 이들이 이 문제에 직면해 있다.

경험주의

진리에 대한 한 이론(한 인식론)은 진리를 생각과 현실의 일치로 정의한다. 그 주장은 다음과 같다. 사람들이 오감으로 알 수 있는 현실 세계가 있다. 시각, 후각, 촉각, 청각, 미각은 '현실 세계'라는 사실들을 우리 뇌에 새기는 통로로 기능한다. 우리는 생각할 때, 현실 세계가 어떻게 작동하는지에 관한 관념을 형성한다. 형성된 관념 가운데 어떤 것이 '참'인지 결정하기 위해서 우리는 관념을 오감을 통해 얻는 현실세계의 '사실들'과 비교한다. '사실에 가장 부합하는' 관념, 현실 세계에 대해 오감이 밝힌 것과 가장 일치하는 관념이 참으로 인정된다.

이 인식론은 '경험주의'라고 불린다. 이 이론은 오늘날 널리 영향력을 가지고 있으며, 많은 사람들이 진리가 무엇인지에 관한 다른 이론들보다 선호한다. 경험주의를 신봉하는 개인들은 신고전학파 이론, 케인스주의 이론, 마르크스주의 이론 간 선택은 어떤 이론이 가장 잘 '사실'과 일치하는지에 기초해야 한다고 생각한다. 경험주의자들은 (그들이 상이한 정치이론, 생물학 이론, 화학이론, 다른 이론들을 가지고 하듯이) 현실 세계의 사실과 이론의 일치의 차원에서 세 가지 경제 이론을 평가한다. 그래서 세 이론 사이에서 선택은 어떤 이론이 가장 현실의 사실과 가까운지에 따라 이뤄진다.

이 기준은 여러 사실이 중첩되는 가능성을 인정하지 않기 때문에 절대적이다. 이 기준은 어떤 이론에 '참'이라는 확신의 제목을 붙이고, 반면에 다른 이론들에는 '사실성 결여' 또는 '거짓'으로 기각한다. 경험주의는 우리 모두가 현실의 사실을 같은 방법으로 감지한다고, 동일한 방법으로 시각, 청각, 후각, 미각, 촉각을 통해서 '현실'을 감지한다고 주장한다. 오감은 현실을 지각하는 절대적으로 정확하고 신뢰할 만한 수단을, 그래서 현실에 관한 이론이 참인지(현실과 일치하는지) 아닌지 평가할 수 있는 절대적으로 정확하고 신뢰할 만한 수단을 제공한다는 것이다.

대부분 신고전학파 경제학자들은 그와 같은 인식론을 신봉한다. 그들은 케인스주의 이론 및 마르크스주의 이론과 대비하여 신고전학파 이론이 훨씬 현실주의적이고, 현실에 더욱 부합하다는 근거를 대며 자신의 이론을 방어한다. 대부분 케인스주의 경제학자 및 마르크스주의 경제학자들은 똑같은 인식론을 고수한다. 그들 또한 자신들의 이론이 참이며, 다른 이론들은 참이 아니라고 믿으며, 진리를 이론과 현실의 사실과의 일치성이라고 정의한다. 그러나 그들이 신고전학파 이론을 사실에 대해 검증을 할 때, 케인스주의 이론 또는 마르크스주의 이론이 더 나은 일치성을 가지며, 각 이론은 신고전학파 경제학과 대비하여 자신들의 이론이 참이라고 방어하며, 신고전학파 이론은 사실성이 결여되었거나 단순히 거짓이라고 한다. 세 경제 이론의 옹호자들 간 논쟁은 종종 각 이론이 사실과 가장 부합하다는 주장을 뒷받침하는 통계 자료 및 통계 측정의 대립과 관련되기도 한다.

경쟁하는 세 이론가들이 공통으로 가지고 있는 인식론 때문에 대단히 절대주의적인 전투가 벌어진다. 어느 누구도 다른 이론에 대해 오류 외에 다른 지위를 부여하지 않는다. 또 각 경험주의 이론가들은 결국 대립하는 이론가들에게 왜 자신들의 사실이 거짓이고, 사실성이 결여되어 있다는 믿음을 고수하는지 이유를 묻는다. 대부분의 경험주의 이론가들이 도달하는 답은 다른 이론의 이론가들이 '사실성에서' 사실이 아닌 것을 고수하도록 만드는 숨은 동기를 가지고 있다는 것이다. 상이한 경제 이론에 대한 많은 경험주의 이론가들의 논쟁은 허위 관념, 편향, 왜곡, 과학적 방법 또는 정직성의 결여를 교조적으로 고수하고 있다는 상호 비난으로 악화되었다. 그런 논쟁은 경제 및 사회적 변화를 촉진하거나 아니면 막기 위해서 허위 관념을 목적의식적으로 북돋우는 사람들을 비난하면서 분위기가 험악해질 수 있다.

합리주의

진리에 대한 다른 이론인 합리주의는 인간이 사고로, 즉 논리적 추론으로 현실 세계를 지각할 수 있다고 주장한다. 여기서 현실 세계는 인간의 이성이 파악할 수 있는 근본 논리 또는 근본 질서를 가진다고 가정한다. 실제로 합리주의자들은 신의 계시가 있건 없건 이성이 세상의 근본 질서에 관한 필수적인 참 지식을 축적해 왔다고 믿는다. 또 그 지식은 진리의 절대적 기준 또는 척도로 기능할 수 있고, 기능해야 한다. 세상에 관한 이론의 진술의 참됨은 축적된 지식과 그런 이론의 진술의 일치성을 측정함으로써 확인할 수 있다. 경제학에서 합리주의자들은 케인스주의, 신고전학파, 마르크스주의건 간에 자신들의 기초이론이 어떤 이론의 경제에 관한 진술의 참됨을 측정할 수 있는 지식을 제공한다고 믿는다.

합리주의가 경제학에서 사용될 때 경제에서 참의 관계가 오감에 의한 관찰로 발견될 수 없다고 주장한다. 왜냐하면 우리의 오감은 무수한 인상들의 혼란, 압도적인 양의 자료를 받아들이기 때문이다. 우리의 뇌는 그 모든 정보를 처리할 수 없으며, 그래서 오직 오감을 통해 모은 무수한 인상들 가운데 오직 몇 가지에 초점을 맞춘다. 예를 들어 사람을 관찰할 때 우리의 눈은 말 그대로 무한한 사실들을 보지만 우리의 뇌는 몇 가지를 선택하여 등록하고 '사고한다'. 합리주의자의 관점에서 사람은 피할 수 없이 오감을 통해 모은 모든 자료들 가운데 중요하거나 의미 있다고 생각하는 것을 선택한다. 아무도 어떤 관념을 경험주의자들이 주장하는 모든 사실에 대해 검증할 수 없으며, 하지도 못했다. 따라서 합리주의자들은 경험주의를 진리론으로서 불가능하고 비정합적인 것으로 기각한다.

합리주의자들은 모든 사람들이 어떤 이론에 따라 어떤 사실을 등록하고 고려할지를 선택한다고 주장한다. 각 개인들에게 나타나는 '경험적 사실들'은 최후 심급에서 감각인상(사이에서 선택)에 대한 개인의 수용성을 설명하는 이론에 의존한다. 그래서 합리주의자들은 각 이론의 옹호자들이 선택적으로 모으고 소개하는 특수한 '사실들'보다는 자신들이 이론의 핵심으로 보는 것, 즉 무한한 사실들 중에 선택을 지배하는 논리 또는 이성에 초점을 맞춘다. 합리주의자들이 어떤 이론이 가정된 경제 현실의 논리 질서에 가장 정확하게 일치하는 논리적 구조를 가지고 있는지에 대해 논쟁한다. 합리주의자들은 가장 좋은 이론은 그 논리가 현실의 내재한 논리를 그대로 비추며 현실 경제 사건의 설명과 관계있는 사실들을 가장 잘 선택한다고 확신한다.

어떤 신고전학파 경제학자, 케인스주의 경제학자, 마르크스주의 경제학자들은 합리주의 접근법을 지지하며, 때때로 의식적으로 그렇게 하고, 더 자주는 여러 인식론적 입장 가운데 하나를 선택하고 있다는 의식 없이 그렇게 한다. 신고전학파, 케인스주의, 마르크스주의 합리주의자들은 자신들의 이론은 그 논리가 경제 현실의 진실과 일치하는 하나의 이론이라고 주장한다. 각 이론의 합리주의 경제학자들은 자신의 이론이 경제학에 관한 합리주의 사상으로 도달할 수 있는 최고의 단계이며, 그래서 경제 현실이 어떻게 작동하는지에 가장 가깝다고 주장한다. 각 이론의 합리주의자들은 자신의 이론을 경제학에 대한 진술을 측정하는 절대적 기준이라고 본다. 그 결과 각 이론의 합리주의자들은 다른 이론은 현실을 이해하는 데 단순히 부적합한 것으로 기각한다. 각 이론의 합리주의자들은 다른 모든 이들은 오류가 있고 거짓인 것으로 공격한다.

경험주의자들은 어떤 이론이 '사실'에 가장 부합하는지를 놓고 투쟁한다. 합리주의자들은 어떤 이론이 경제 사건의 근본 논리를 가장 잘 포착하는지를 두고 논쟁한다. 세 이론의 진영의 경험주의자뿐만 아니라 합리주의자들도 다른 이론들이 '사실'을 무시하거나, '올바른 이론'을 무시하거나, 지적으로 부정직하고 숨겨진 목적을 위해서 낡은 관념을 무시하게 고수한다고 비난한다. 합리주의자나 경험주의자에게는 다른 이론들의 관념이 진리뿐만 아니라 세상을 이해할 수 있는 다른 방법을 제공한다고 생각할 여지가 거의 없다.

경제 이론 선택과 인식론 선택

'진리'를 정의하는 데 의견 불일치는 다른 이론들뿐만 아니라 경제 이론의 선택에도 영향을 미친다. 현실의 사실과 사고의 논리에 기초하고 있는 단일한 절대 진리라는 경험주의 및 합리주의 관념만이 우리가 사용할 수 있는 인식론적 관념이 아니다. 고려할 수 있는 다른 것들이 있는데, 경제 이론 선택은 여러 인식론 가운데 하나를 선택하는 것이기 때문이다.

경험주의 및 합리주의와 다른 인식론을 고려해보자. 이 인식론은 오감이 우리가 믿는 이론들에 영향을 주며, 또 이론들로부터 영향을 받는다고 주장한다. 이 이론은 또한 사고행위와 감각행위가 우리 생활의 다른 모든 측면들 및 행위들에 의해 형성된다고 주장한다. 달리 말해서, 오감과 사고는 다중결정되며, 따라서 서로 무관하지 않다. 오감과 사고가 어떻게 작동하는지는 우리의 역사와 환경에 있는 다른 모든 것에 의해 형성된다. 이런 진리에 대한 인식론은 경험주의처럼 상이한 이론을 '사실'에 대해 측정하고, 또는 합리주의처럼 상이한 이론을 '하나의 참된 논리'에 대해 측정하는 것이 어떤 절대적 진리를 낳지 않는다고 주장한다. 이것에 대한 근거는 '사실', '논리', 이론이 무관한 개체가 아니라는 것이다. 그것들은 서로를 다중결정한다. 따라서 사실 또는 논리가 이론적 진리를 위한 독립된 또는 절대적 기준으로 기능할 수 없다. 상이한 이론들은 각자가 진리의 기준으로 지니고 있는 사실과 논리에 영향을 주기 때문이다.

예를 들어 비관주의자와 낙관주의자는 같은 텔레비전 프로그램을 시청하면서도 아주 다르게 본다. 채식주의자와 비채식주의자는 같은 음식을 먹으면서도 맛의 다른 느낌을 경험한다. 종교인들은 종교의 유물을 만질 때도 종교에 관심 없는 사람들과 아주 다르게 느낀다. 대립되는 정치관을 가진 두 학생은 아주 다른 방식으로 교수의 강의를 듣는다. 우리 각자가 세상을 어떻게 생각하는지는 오감이 세상과 어떻게 상호작용하는지에 영향을 주며, 그 반대도 마찬가지다. 앞에서 든 각각의 예에서 어떤 사람의 감각(오감을 통해 사물에서 얻은 인상과 느낌 - 옮긴이)을 다른 사람이 절대 보지 못했거나, 맛보지 못했거나, 느끼지 못했거나, 듣지 못했다고 주장하는 것을 접하는 것은 놀랍지 않다. 유사한 방식으로 사람들은 사회에서 다른 계급 위치 및 비계급 위치를 점하면 다르게 추리한다. 예를 들어 어떤 개인에게 일어나는 생각이 다른 이들에게는 절대 일어나지 않는다. 세상이 합리적인 질서를 갖고 있는지와 그 질서가 무엇인지는 모든 사람들이 동의하지 않는 문제이다. 진리에 대한 하나의 절대적이고 보편적인 기준이 있다는 합리주의 주장은 타당하지 않다.

그와 같은 비절대적인 인식론의 관점에서 사람들은 사람들의 감각뿐만 아니라 개념화에 대해 서로 동의하지 않을 수 있다. 정리하면 사실이 어떤 사람과 부합한다(그 사람이 그 사실을 감각할 때)는 이론은 다른 사람에게는 그렇지 않을 수 있다. 어떤 사람에게 현실의 근본 논리를 포착한다는 이론이 다른 사람에게는 그렇지 않을 수 있다. 그러면 그와 같은 인식론적 입장의 정신에서 상이한 이론은 상이한 사람들에게는 참이다. 모든 사람이 '유일한' 진리의 기준으로서 감각하고 인정하는 한 집합의 사실이 없기 때문에 경험주의자들이 주장하듯이 '유일한' 사실에 부합하는 한 이론을 상상하거나 찾을 필요가 없다. 또한 모든 사람들이 똑같은 논리 순서를 터득하고 있지 않기 때문에 합리주의자들이 주장하듯이 현실의 논리 순서를 유일하게 포착하는 한 이론을 찾을 필요도 없다. 마찬가지로 모든 사람들이 서로 다르게 터득한 현실을 포착하는 이론도 없다. 대신에 사람들이 세상을 감지하고 사고하고 살아가는 다른 방식을 반영하고 형성하는 복수의 이론과 진리가 있다.

경제 이론의 차원에서 금방 서술한 세 가지 인식론에는 분명한 차이가 있다. 경험주의자들은 모든 것을 자신들이 '유일한' 사실이라고 감지한 것에 대해 검증함으로써 신고전학파, 케인스주의, 마르크스주의 경제학 사이의 논쟁을 해결한다. 합리주의자들은 모든 것을 각 이론의 합리주의자들의 현실의 논리 순서라고 고려하는 것에 대해 검증함으로써 신고전학파, 케인스주의, 마르크스주의 경제학 간 논쟁을 해결한다. 그들의 관점에서 현실의 논리 순서(절대적 기준)에 대해 검증하여 밝혀낸 참 이론은 모든 사람들에게 참이어야 한다. 또 다른 인식론적 접근법은 사고와 감각이 서로에 의해 다중결정되며 사회의 다른 모든 것에 의해 다중결정된다고 믿는다. 그러므로 상이한 이론이 다르게 세상을 감지하고, 사고하고, 살아가는 사람들에게 생겨나고 호소력을 가진다. 사람들은 진리에 대해 다른 정의와 기준을 믿는 만큼이나 상이한 이론들의 진리들에 관해서도 다르게 결론을 내릴 것이다.

진리가 무엇인지에 대해 서로 다른 관점을 가지고 있기 때문에 분명히 세상은 서로 다른 이론이 참이라고 믿는 사람들로 가득 차있다. 사회, 경제, 자연 등에 관한 상이한 이론들이 있는 것처럼 진리에 대해서도 다른 기준들이 있다. 이것은 비절대주의 인식론인데, 진리의 단일한 기준이 없다고 인식하며, 그런 이유로 하나의 참 이론이 거짓 이론들 사이에서 우뚝 서있지 않다고 인식한다. 이 관점에서 세상을 사고하는 상이한 방식은 세상을 감지하는 상이한 방식과 함께 존재한다. 이론들은 각자 참이며, 진리는 필연적으로 복수이다.

다시 한 번 진리의 복수성을 인정하는 것은 여러분들이 어떤 이론을 받아들이고, 어떤 이론을 반대하는지에 대한 선택을 결코 배제하지 않는다는 것임을 덧붙인다. 그것은 단지 여러분의 선택이 진리에 대해 하나의 절대적 기준이 아니라 다른 이론들과 관련시키는 아름다움이나 사회적 결과나 복잡성과 같은 다른 기준들에 기초할 수 있다는 것을 의미한다.

우리가 두 경제 이론 중에 하나를 선택하는 문제를 마주하면서, 인식론(또는 진리론) 중에 하나를 선택하는 비슷한 문제로 나아갔다. 경제 이론 선택에서 진리가 분명한 결정권자가 될 수 없다는 게 밝혀졌듯이, 우리는 이제 충분히 현명하여 상이한 인식론에 마주한 문제를 해결하기 위해 또 다른 절대적 기준을 탐색하지 않는다.

세상은 모든 학문에서 서로 다르고 경쟁하는 이론들로 가득 차있다. 우리가 그것들을 깨닫지 못할 수도 있지만, 상이한 이론들은 우리가 모든 것에 대해 생각하는 방식처럼 존재한다. 모든 사람들은 어떤 것에 대해서도 같은 방식으로 생각하지 않는다. 우리가 다른 이론들을 더 많이 이해할수록 (그것들을 선택하든 말든) 우리는 더 현명해진다고 믿을 수 있는 좋은 근거들이 있다. 선택의 자유는 아마도 도덕의 가치처럼 드러그스토어의 치약 진열대를 넘어서 우리 세계에서 유통되는 경제 이론의 진열장으로까지 확대될 것이다. 우리 책은 당신이 깨닫지 못했을 수도 있는 그리고 이해하지 못했을 수도 있는 다른 이론들과 선택들을 알리고자 의도했다. 더 훌륭한 선택으로 당신이 더 위대한 자유와 지혜를 가질 수 있다는 게 우리의 가정이다.

결국 여러분들이 하게 되는 선택은 여러분들을 다중결정하는 모든 영향에 의존한다. 여러분의 선택이 경험주의나 합리주의라면 여러분은 신고전학파 대 케인스주의 대 마르크스주의 이론 간 진리 논쟁에 참여하게 될 가능성이 크다. 여러분의 선택이 경험주의나 합리주의에 반대하고 비절대주의 인식론에 찬성하는 것이라면, 여러분은 진리의 기준에 기초하지 않고 세계에 존재하는 이론들의 상이한 결과와 연관성에 기초하여 경제 이론을 선택할 가능성이 높다. 두 가지 경우에서 우리는 여러분이 어떻게 해서 그리고 왜 사람들이 다르게 선택하는지를 깨닫게 되기를 희망한다. 우리는 또는 여러분이 경제학의 전통 내에서 그리고 미국의 전통 내에서 일반적으로 그리고 특수하게 해왔던 것보다 훨씬 더 이론의 차이에 대해 더 많이 깨닫고, 관용하고, 토론하기를 바란다.

오랜 경제학 문제들에 대한 해법을 구하려면 종종 그런 문제들에 대해서 다른 사고방식을 시도하고 상이한 이론을 가지고 씨름하는 시도가 요구된다. 마르크스주의 이론은 여전히 오늘날 미국을 지배하고 있는 신고전학파 정통과 아주 다르며, 재부상하고 있는 케인스주의 이론과도 그러하다. 이 두 이론은 마르크스주의 이론보다 훨씬 잘 알려져 있다. 마르크스주의 이론은 자본주의 경제에 대해서 신중하고, 논리적이고, 정교한 여러 사고방식을 포함한다. 마르크스주의 이론의 비판적이고 혁명적인 주장들은 어떤 이들을 괴롭히는 방식으로 차별화를 만든다. 그러나 그런 특성 때문에 다를 뿐만 아니라 눈에 띄게 독창적이고 괄목할 만한 경제분석이 가능하게 만든다. 자본주의 경제의 구조, 동학, 문제에 대한 마르크스주의 이론화를 계속 무시하면 많은 것을 잃게 된다.

우리는 선택에 직면하여 마음이 심각하게 작동하는 사람들에게 좌절감을 주려고 하는 게 아니다. 진리, 경제학, 모든 것에 대한 상이한 이론이 존재한다는 것이 이 책의 전제이다. 그래서 이 모든 상이한 이론들 가운데 이론을 선택한다는 것은 숨쉬고, 먹고 하는 등과 같은 삶의 조건이라고 우리는 믿는다. 우리의 관점에서는 선택이 존재하지 않는다고 생각하거나 믿는 사람들조차도 결코 선택의 자유를 피할 방법이 없다.

실제 가지고 있는 선택지에서 이용 가능한 선택을 하는 것, 주기적으로 다른 선택을 할 수 있는 가능성을 열어두도록 선택지를 다시 검토하는 것은 자기의식을 가진 전체 생애를 위해 아주 중요하고 즐겁고 기운 나는 부분이다. 우리는 이용 가능한 경제 이론 가운데 선택지가 있음을 깨달을 수 있도록 (의식하도록) 도움을 주기 위해 이 책을 썼다. 우리는 또한 우리가 할 수 있는 경제 이론 선택(의식적이든 아니든)의 중요성을 강조하기 위해 이 책을 썼다. 그것들은 사회에서뿐만 아니라 사적인 삶에서 엄청나게 중요하며, 사회의 방향과 미래는 그런 선택과 그 선택들의 복합적 결과에 달려 있다.

선택지가 존재하지 않는다고 가정하는 것은 전혀 존경할 만하지 않다. 우리는 사람들이 어려운 결정들에 직면하여 겁을 먹을 수 있다는 것을 이해한다. 그것은 실제로는 선택지가 없는 것처럼, 뻔하고 명백한 문제인 것처럼 행동함으로써 어려운 선택을 다루는 식으로 유도될 수 있다. 경제학을 사고하는 것에서 정말 너무나 많은 사람들이 모든 질문을 하고 답하는 오직 한 가지 방식만 있는 것처럼 진행했다. 그들은 경제 이론을 단수 개념으로서만 생각했고, 복수의 이론으로 생각하지 않았다. 그들은 어려운 이론적 선택을 무시함으로써 이런 선택을 회피했고, 동시에 다수의 관점에 따라 줄을 섰다. 그들은 자신들이 가지고 있는 선택의 자유에서 도망쳐서 그들 자신도 선택을 할 수 있고 다른 이론들이 존재한다는 것을 인식하지 못한 채 다른 이들의 선택을 받아들이는 평안과 안전으로 달려갔다.

여러분의 사고방식이 그런 다른 이론에서 선택한 것과 관련된다고 자각하게 되면, 그런 다른 이론들에서 더 많은 것을 배우길 원하게 될 것이라고 우리는 희망한다. 여러분이 과거의 선택이 오늘 하길 원하는 선택으로 남아 있는지 확인하기 위해서 정직하게 과거에 했던 그 선택들과 싸우는 것을 원하게 될 것이라고 우리는 희망한다. 우리의 말은 무엇보다 자신의 정신을 최대한으로 사용하겠다고 결심한 책임감 있는 시민으로서 스스로를 생각하는 사람들을 위한 것이다. 이론의 선택을 헛되이 하면 끔찍한 일이 된다.

참고문헌

Akerlof, George A. 1982. Labor contracts as partial gift exchange. *Quarterly Journal of Economics* 97 (4): 543-69.

Akerlof, George A., and Robert J. Shiller. 2009. *Animal Spirits: How Human Psychology Drives the Economy and Why It Matters for Global Capitalism*. Princeton: Princeton University Press.

Arrow, Kenneth J. 1974. *The Limits of Organization*. New York: Norton.

Becker, Gary S. 1981. Altruism in the family and selfishness in the market place. *Economica* 48 (189): 1-15.

von Böhm-Bawerk, Eugen [1884]. *Capital and Interest*. http://www.econlib.org/library/ BohmBawerk/bbCI.html.

Bowles, Samuel, and Herbert Gintis. 1998. How communities govern: The structural basis of prosocial norms. In A. Ben-Ner and L. Putterman, eds., *Economics, Values, and Organization*. Cambridge: Cambridge University Press, 206-30.

Cassano, Graham, ed. 2009. *Class Struggle on the Home Front: Work, Conflict and Exploitation in the Household*. London: Palgrave Macmillan.

Coase, Ronald H. 1937. The nature of the firm. *Economica* 4: 386-405.

Coase, Ronald H. 1960. The problem of social cost. *Journal of Law and Economics* 3 (4): 1-44.

Debreu, Gerard. 1959. *Theory of Value: An Axiomatic Analysis of Economic*

Equilibrium. New Haven: Yale University Press.

Engels, Frederick [1892]. *Socialism: Utopian and Scientific*. First English publication http:// www.marxists.org/archive/marx/works/1880/soc-utop/index.htm.

Fehr, Ernst, and Simon Gächter. 2000. Fairness and retaliation: The economics of reciprocity. *Journal of Economic Perspectives* 14 (3): 159-81.

Friedman, Milton. 1962. *Capitalism and Freedom. Chicago*: University of Chicago Press.

Gabriel, Satyananda J. 2006. *Chinese Capitalism and the Modernist Vision*. London: Routledge.

Güth, Werner, Rolf Schmittberger, and Bernd Schwarze. 1982. An experimental analysis of ultimatum bargaining. *Journal of Economic Behavior and Organization* 3(4): 367-88.

Hicks, J. R. 1937. Mr. Keynes and the "Classics." *Econometrica* 5: 147-59.

Hobbes, Thomas [1651]. *Leviathan*. http://oregonstate.edu/instruct/phl302/texts/hobbes/leviathan-contents.html.

Jevons, William Stanley [1871]. *The Theory of Political Economy*. http://www.econlib.org/library/ YPDBooks/Jevons/jvnPE.html.

Keynes, John Maynard. 1936. *The General Theory of Employment, Interest and Money. London*: Macmillan.

Lenin, V. I. [1902]. *What Is to Be Done?* http://www.marxists.org/archive/lenin/works/1901/witbd/.

Lenin, V. I. [1916]. *Imperialism: The Highest Stage of Capitalism*. http://www.marxists.org/archive/lenin/works/1916/imp-hsc/.

Lenin, V. I. [1917]. *State and Revolution*. http://www.marxists.org/archive/lenin/works/1917/staterev/index.htm/.

Marshall, Alfred. [1890] 1920. *Principles of Economics*, 8th ed. London: Macmillan.

Marx, Karl [1859]. *A Contribution to the Critique of Political Economy*. http://www.marxists.org/archive/marx/works/1859/critique-pol-economy/preface.htm.

Marx, Karl [1867-1895] 1991. *Capital*, Volumes 1, 2, and 3. London: Penguin.

Marx, Karl [1861]. Writings on the Civil War in the United States. h ttp://www.

marxists.org/archive/marx/works/1861/us-civil-war/.

Maynard Smith, John. 1982. *Evolution and the Theory of Games*. Cambridge: Cambridge University Press.

McCloskey, Dierdre N. 2006. *The Bourgeois Virtues: Ethics for an Age of Commerce*. Chicago: University of Chicago Press.

Menger, Carl [1871]. *Principles of Economics*. http://mises.org/etexts/menger/principles.asp.

Nash Jr., John F. 1951. Non-cooperative games. *Annals of Mathematics*, 2nd ser., 54 (2): 286-95.

North, Douglass C. 2005. *Understanding the Process of Economic Change*. Princeton: Princeton University Press.

Pareto, Wilfredo. [1927] 1971. *Manual of Political Economy* (transl. from French). New York: Augustus M. Kelley.

Piaget, Jean. 1971. *Structuralism*. New York: Harper and Row.

Resnick, Stephen A., and Richard D. Wolff. 1987. *Knowledge and Class: A Marxian Critique of Political Economy*. Chicago: University of Chicago Press.

Resnick, Stephen A., and Richard D. Wolff. 2002. *Class Theory and History: Capitalism and Communism in the USSR*. London: Routledge.

Resnick, Stephen A., and Richard D. Wolff. 2006. *New Departures in Marxian Theory*. London: Routledge.

Ricardo, David [1817]. *On the Principles of Political Economy and Taxation*. http://www.marxists.org/reference/subject/economics/ricardo/tax/index.htm.

Roberts, Bruce. 1981. Value categories and Marxian method: A different view of value-price transformation. PhD dissertation. Economics Department, University of Massachusetts, Amherst.

Samuelson, Paul. 1939. Interactions between the multiplier analysis and the principle of acceleration. *Review of Economic Statistics* 21 (2): 75-78.

Samuelson, Paul. 1948. Economics. New York: McGraw-Hill.

Schelling, Thomas C. 1960. *The Strategy of Conflict*. Cambridge: Cambridge University Press.

Simon, Herbert A. 1978. Rationality as process and product of thought. *American*

Economic Review 68 (2): 1-16.

Smith, Adam [1776]. *The Wealth of Nations* www2.hn.psu.edu/faculty/jmanis/adam-smith/Wealth-Nations.pdf.

Sraffa, Piero. 1960. *Production of Commodities by Means of Commodities*. Cambridge: Cambridge University Press.

Vickers, Douglas. 1994. *Economics and the Antagonism of Time*. Ann Arbor: University of Michigan Press.

Walras, Leon. [1874] 1965. *Elements of Pure Economics* (trans. By William Jaffe). Homewood, IL: Irwin.

Wolff, R. D. 2012. *Democracy at Work: A Cure for Capitalism*. Chicago: Haymarket Books.

Wolff, R. D., A. Callari, and B. Roberts. 1984. A Marxian alternative to the traditional "transformation problem." *Review of Radical Political Economics* 16 (2-3): 115-35.

찾아보기

ㄴ

ㄷ

ㅂ

ㅇ

ㅊ